Kohlhammer

Grundlagen des Strafverfahrensrechts

Ermittlung und Verfahren

von

Prof. Dr. Bernhard Kramer

9., überarbeitete Auflage

Verlag W. Kohlhammer

9. Auflage 2021

Alle Rechte vorbehalten
© W. Kohlhammer GmbH, Stuttgart
Gesamtherstellung: W. Kohlhammer GmbH, Stuttgart

Print:
ISBN 978-3-17-038970-0

E-Book-Formate:
pdf: ISBN 978-3-17-038971-7
epub: ISBN 978-3-17-038972-4
mobi: ISBN 978-3-17-038973-1

Dieses Werk einschließlich aller seiner Teile ist urheberrechtlich geschützt. Jede Verwendung außerhalb der engen Grenzen des Urheberrechts ist ohne Zustimmung des Verlags unzulässig und strafbar. Das gilt insbesondere für Vervielfältigungen, Übersetzungen, Mikroverfilmungen und für die Einspeicherung und Verarbeitung in elektronischen Systemen.
Für den Inhalt abgedruckter oder verlinkter Websites ist ausschließlich der jeweilige Betreiber verantwortlich. Die W. Kohlhammer GmbH hat keinen Einfluss auf die verknüpften Seiten und übernimmt hierfür keinerlei Haftung.

Vorwort zur 9. Auflage

Die Grundzüge des Strafprozessrechts sind Teil der Juristenausbildung an den Universitäten; jeder Kandidat der Ersten juristischen Prüfung muss sich darauf einstellen, im Überblick zu dieser Materie befragt zu werden. Umfassender wird das Strafverfahren in den strafrechtlich ausgerichteten Schwerpunktbereichen der Universitätsprüfung behandelt. Im Vorbereitungsdienst der Rechtsreferendare erfordern die Ausbildungsstationen bei einem Strafgericht oder der Staatsanwaltschaft schon vertiefte Rechtskenntnisse vom Strafverfahren. Bei einschlägigen Studiengängen an den Hochschulen – beispielsweise in der Ausbildung des Polizeivollzugsdienstes – kann das Strafverfahrensrecht gar zu einer zentralen Materie werden. Die vorliegende Abhandlung will dem Bedürfnis dieser Personenkreise nach einer komprimierten Einführung in das Strafverfahrensrecht entgegenkommen und dem Leser ein Grundraster strafprozessualer Kenntnisse vermitteln, ohne dass sich dieser in einer verwirrenden Vielfalt von Spezialproblemen verliert.

Ebenso kann der Praktiker – sei es als Zivilrechtler, Verwaltungsjurist oder Steuerexperte – unerwartet vor der Notwendigkeit stehen, sich in einem angemessenen Zeitraum in Grundlagen des Strafverfahrensrechts einzuarbeiten. Ausgangspunkt einer auch für die Praxis brauchbaren Darstellung hat der Standpunkt der Rechtsprechung zu sein, der kritisch zu würdigen ist. Dagegen vermag sich eine einbändige Einführung in das Strafprozessrecht nicht mit der Gesamtpalette wissenschaftlicher Lehrmeinungen vertieft auseinander zu setzen; hier musste sich der Autor vielfach mit Hinweisen begnügen.

Unbestritten ist inzwischen, dass nicht selten bereits im Ermittlungsverfahren, dem sog. vorbereitenden Verfahren, und nicht erst im gerichtlichen Hauptverfahren die maßgeblichen Weichen für den Ausgang eines Strafprozesses gestellt werden, auch wenn die Vorstellungen des historischen Gesetzgebers andere waren. Eine zeitgemäße Darstellung des Strafprozessrechts muss daher bemüht sein, diesen Gewichtsverteilungen gerecht zu werden, z. B. bei der Behandlung der Grundrechtseingriffe zur Aufklärung von Straftaten. Diesem Bestreben verdankt die vorliegende Abhandlung auch ihren Untertitel „Ermittlung und Verfahren". Dennoch wurden das gerichtliche Verfahren und die Rechtsbehelfe geschlossen abgehandelt, wobei zur Vermeidung einer kopflastigen Darstellung dem Ermittlungsverfahren und dem Hauptverfahren gemeinsame Fragestellungen in eigenen Abschnitten „vor die Klammer gezogen" wurden.

Der didaktischen Erfahrung zufolge, dass sich eine Rechtsmaterie dem Lernenden am ehesten in Fällen verständlich erschließt, ist die Darstellungsform systematisch-induktiv, geht also im jeweiligen Lernschritt von der Praxis entnommenen Fällen aus und kehrt zu deren Lösung nach Erarbeitung der theoretischen Grundlagen zurück. Diese Lernmethode ist für den Leser anspruchsvoll, aber nach dem Lehrerfahrungen des Autors die einzig erfolgversprechende, um sich ein Rechtsgebiet anzueignen. Der weiteren Veranschaulichung dienen die Schaubilder. Die 9. Auflage behält das bewährte Grundkonzept und die Gliederung der Vorauflagen bei.

Seit dem erstmaligen Erscheinen im Jahr 1984 unter dem Titel „Grundbegriffe des Strafverfahrensrechts" ist das Werk von Auflage zu Auflage immer wieder erweitert worden. Von der 8. Auflage bis heute hat sich das Gesicht des Strafprozesses deutlich verändert, nicht zuletzt durch die Gesetze zur Modernisierung des Strafverfahrens und zur Neuregelung des Rechts der notwendigen Verteidigung vom 10.12.2019 sowie wegen der strafprozessualen Folgewirkungen der materiellrechtlichen Umstellungen bei der Vermögenseinziehung, dem früheren Verfall, aus dem Jahr 2017.

Villingen-Schwenningen, im September 2020   Bernhard Kramer

Inhaltsverzeichnis

Vorwort zur 9. Auflage V
Verzeichnis der Schaubilder XI
Abkürzungsverzeichnis XIII

A. Einführung 1
I. Begriff und Standort des Strafverfahrensrechts 1
II. Rechtsquellen des Strafverfahrensrechts 5
1. Strafprozessordnung 6
2. Sekundäre Rechtsquellen des Strafverfahrensrechts 8
3. Abgrenzung: Allgemeine Verwaltungsvorschriften 8
4. Gesetzgebungskompetenz im Strafverfahrensrecht 9
III. Schrifttum des Strafverfahrensrechts 11
1. Kommentare 11
2. Lehrbücher und Studienbücher 11
3. Geschichtliche Darstellungen und Materialien 12
4. Handbücher, Monografien und sonstige Standardwerke 12
IV. Zielkonflikte im Strafverfahren 12

B. Der Beschuldigte 17
I. Der Begriff des Beschuldigten 17
II. Vernehmung des Beschuldigten 22
1. Grundsätzliches 22
2. Aussageverweigerungsrecht 28
3. Unerlaubte Vernehmungsmethoden 38
III. Festnahme des Beschuldigten 44
1. Vorläufige Festnahme 45
2. Untersuchungshaft 52
3. Haft zur Sicherung der Strafvollstreckung 63

C. Der Verteidiger und die Strafverfolgungsorgane 65
I. Verteidigung 65
1. Stellung des Verteidigers 65
2. Wahl des Verteidigers 67
3. Einschränkungen der Wahl und Ausschluss des Verteidigers .. 68
4. Notwendige Verteidigung und Pflichtverteidiger 70
5. Rechte des Verteidigers 72

Inhaltsverzeichnis

	II.	Staatsanwaltschaft	76
		1. Idee und Aufgabe der Staatsanwaltschaft.	77
		2. Organisation und Arbeitsweise der Staatsanwaltschaft.	80
	III.	Polizei	83
	IV.	Gericht	93
		1. Zuständigkeiten der Gerichte in der Strafrechtspflege.	94
		2. Voraussetzungen richterlicher Tätigkeit im Strafverfahren	98

D. Die Beweismittel 103

    I. Zeugenbeweis 103
        1. Grundlagen. 103
        2. Freistellung von der Aussageverpflichtung. 110
            a) Zeugnisverweigerungsrecht der Angehörigen 110
            b) Zeugnisverweigerungsrecht aus beruflichen Gründen 120
            c) Auskunftsverweigerungsrecht. 124
            d) Aussagegenehmigungspflicht 128

    II. Sachverständigenbeweis 130

    III. Augenscheinbeweis 135

    IV. Urkundenbeweis 137

    V. Beweisverbote 144

E. Die Ermittlungen 155

    I. Einleitung des Ermittlungsverfahrens 155

    II. Durchführung der Ermittlungen 162
        1. Generalklauseln und Aufgabenzuweisungen 162
        2. Personenfeststellung. 165
        3. Erkennungsdienstliche Behandlung 167
        4. Gegenüberstellung zum Wiedererkennen 170
        5. Sicherung der Beweisgegenstände und anderer Objekte 172
            a) Grundlagen der Sicherstellung und Beschlagnahme 172
            b) Beschlagnahmeverbote 178
            c) Herausgabepflichten bei Beweismitteln 185
        6. Telekommunikationsüberwachung und Einsatz technischer Mittel. 189
        7. Suche nach Personen und Sachen 201
            a) Grundlagen der Durchsuchung und anderer Fahndungsmaßnahmen. 201
            b) Ablauf und Förmlichkeiten der Durchsuchung. 211
        8. Untersuchung und Genanalyse 217
        9. Verdeckte Ermittlungen 225

	III.	**Abschluss der Ermittlungen**	229
		1. Einstellung des Verfahrens	229
		2. Anklageerhebung	237
F.	**Das Verfahren vor Gericht**		240
	I.	Zwischenverfahren	240
	II.	Hauptverfahren und Hauptverhandlung	242
	III.	Urteil	264
	IV.	Sonderformen des Hauptverfahrens	272
		1. Beteiligung des Verletzten	272
		2. Beschleunigung des Hauptverfahrens	275
		3. Verfahrensformen mit präventiven Bezügen	278
G.	**Die Rechtsbehelfe**		281
	I.	Rechtsbehelfe gegen Eingriffsmaßnahmen im Strafverfahren	281
		1. Beschwerde	281
		2. Rechtsbehelfe gegen Anordnungen der StA, ihrer Ermittlungspersonen und der Polizei	285
	II.	Rechtsmittel gegen Urteile	289
		1. Berufung	289
		2. Revision	293
	III.	Außerordentliche Rechtsbehelfe	303
		1. Wiedereinsetzung in den vorigen Stand	303
		2. Wiederaufnahme des Verfahrens	305
Stichwortverzeichnis			311

Verzeichnis der Schaubilder

Abb. 1	Straftatenpyramide in der StPO.	15
Abb. 2	Beschuldigter im weiteren Sinne.	17
Abb. 3	Belehrung des Beschuldigten vor seiner ersten Vernehmung.	22
Abb. 4	Berechtigung, nicht auszusagen.	27
Abb. 5	Belehrung des Beschuldigten bei der Festnahme.	49
Abb. 6	Gerichtlicher Instanzenzug.	93
Abb. 7	Zeugnisverweigerungsrechte.	111
Abb. 8	Zeugnisverweigerungsrechte aus persönlichen Gründen.	114
Abb. 9	Urkundenbeweis.	139
Abb. 10	Beweisverbote.	146
Abb. 11	Überblick über den Verfahrensgang.	156
Abb. 12	Arten des Lauschangriffs.	191
Abb. 13	Verdachtsgrade.	231
Abb. 14	Rechtsbehelfe.	282
Abb. 15	Zusammenfassung der Grundsätze des Strafverfahrens.	309

Abkürzungsverzeichnis

Paragrafen, die ohne Bezeichnung des Gesetzes angeführt werden, sind solche der StPO.

a. A.	anderer Ansicht
a. a. O.	am angegebenen Ort
abl.	ablehnend
Abs.	Absatz
abw.	abweichend
a. F.	alte Fassung
AG	Amtsgericht
allg.	allgemeine
Ans.	Ansicht
Alt.	Alternative
a. M.	anderer Meinung
ÄndG	Änderungsgesetz
Anm.	Anmerkung
AnwBl	Anwaltsblatt
AO	Abgabenordnung
Art.	Artikel
Aufl.	Auflage
ausf.	ausführlich
BayObLG	Bayerisches Oberstes Landesgericht
BayVerfGH	Bayerischer Verfassungsgerichtshof
Ba-Wü	Baden-Württemberg
BBG	Bundesbeamtengesetz
BDSG	Bundesdatenschutzgesetz
BerlVerfGH	Berliner Verfassungsgerichtshof
Beulke/Swoboda	Beulke/Swoboda, Strafprozessrecht, 14. Aufl. (2018), zit. nach Rn.
BezG	Bezirksgericht
BGB	Bürgerliches Gesetzbuch
BGBl.	Bundesgesetzblatt
BGH	Bundesgerichtshof
BGHR	BGH-Rechtsprechung in Strafsachen
BGHSt	Amtliche Sammlung der Entscheidungen des Bundesgerichtshofs in Strafsachen
BKA	Bundeskriminalamt
BRAO	Bundesrechtsanwaltsordnung
BRRG	Beamtenrechtsrahmengesetz
BT-Drucks.	Drucksache des Bundestages
BTMG	Betäubungsmittelgesetz
BVerfG	Bundesverfassungsgericht
BVerfGE	Amtliche Sammlung der Entscheidungen des Bundesverfassungsgerichts
BVerfGG	Bundesverfassungsgerichtsgesetz
BVerwG	Bundesverwaltungsgericht
BVerwGE	Amtliche Sammlung der Entscheidungen des Bundesverwaltungsgerichts
BZRG	Bundeszentralregistergesetz
bzw.	beziehungsweise
ca.	circa
CR	Computer und Recht
Dahs	Dahs, Die Revision im Strafprozess, 9. Aufl. (2017), zit. nach Rn.
DAR	Deutsches Autorecht
DB	Der Betrieb
ders.	derselbe
d. h.	das heißt

XIII

Abkürzungsverzeichnis

diff.	differenzierend
DÖD	Der Öffentliche Dienst
DRiG	Deutsches Richtergesetz
DRiZ	Deutsche Richterzeitung
DÖV	Die Öffentliche Verwaltung
DVBl.	Deutsches Verwaltungsblatt
ED	erkennungsdienstlich
EG	Einführungsgesetz
EGMR	Europäischer Gerichtshof für Menschenrechte
Einl.	Einleitung
Erhardt	Erhardt, Strafrecht für Polizeibeamte, 6. Aufl. (2020)
EuGRZ	Europäische Grundrechte
f.	folgend
Fischer	Strafgesetzbuch und Nebengesetze, 67. Aufl. (2020), zit. nach §, Rn.
ff.	folgende
Fn.	Fußnote
F.S.	Festschrift
GA	Goldammers Archiv für Strafrecht
gem.	gemäß
GG	Grundgesetz
ggf.	gegebenenfalls
Göhler	Gesetz über Ordnungswidrigkeiten, 17. Aufl. (2017), zit. nach §, Rn.
Gössel	Gössel, Strafverfahrensrecht (1977)
GüKG	Güterkraftverkehrsgesetz
GVG	Gerichtsverfassungsgesetz
GWB	Gesetz gegen Wettbewerbsbeschränkungen
Hellmann	Hellmann, Strafprozessrecht, 2. Aufl. (2005), zit. nach Rn.
h. L.	herrschende Lehre
h. M.	herrschende Meinung
Hrsg.	Herausgeber
H.S.	Halbsatz
i. d. R.	in der Regel
i. e. S.	im engeren Sinne
IGH	Internationaler Gerichtshof
IMSI	International Mobile Subscriber Identity
InsO	Insolvenzordnung
IRG	Gesetz über internationale Rechtshilfe in Strafsachen
i. V. m.	in Verbindung mit
i. w. S.	im weiteren Sinne
JA	Juristische Arbeitsblätter
JGG	Jugendgerichtsgesetz
JR	Juristische Rundschau
JURA	Juristische Ausbildung
JuS	Juristische Schulung
JVA	Justizvollzugsanstalt
JZ	Juristenzeitung
Kap.	Kapitel
Kissel/Mayer	Kissel/Mayer, Gerichtsverfassungsgesetz, 9. Aufl. (2018), zit. nach §, Rn.
KG	Kammergericht
KK	Hannich, Karlsruher Kommentar zur Strafprozessordnung, 8. Aufl. (2019), zit. nach Bearbeiter, §, Rn.
KMR	v. Heintschel-Heinegg/Stöckel (Hrsg.), Loseblattkommentar, Strafprozessordnung, zit. nach Bearbeiter, §, Rn.
Krey/Heinrich	Deutsches Strafverfahrensrecht, 2. Aufl. (2018), zit. nach Rn.

Abkürzungsverzeichnis

krit.	kritisch
Kühne	Kühne, Strafprozesslehre, 9. Aufl. (2015), zit. nach Rn.
Lackner/Kühl	Lackner/Kühl, Strafgesetzbuch mit Erläuterungen, 29. Aufl. (2018), zit. nach §, Rn.
LG	Landgericht
LK	Dannecker/Hilgendorf/Jeßberger, Leipziger Kommentar zum Strafgesetzbuch, 13. Aufl. (2020), zit. nach Bearbeiter, §, Rn.
LR	Löwe-Rosenberg, Strafprozessordnung und Gerichtsverfassungsgesetz, 27. Aufl. (2017 ff.), zit. nach Bearbeiter, §, Rn.
Maunz/Dürig	Maunz/Dürig, Grundgesetz, Loseblattwerk, zit. nach Bearbeiter, Art., Rn.
MDR	Monatsschrift für Deutsches Recht
MG	Meyer-Goßner/Schmitt, Strafprozessordnung mit GVG und Nebengesetzen, 63. Aufl. (2020), zit. nach Bearbeiter, §, Rn.
Mistra	Anordnung über Mitteilungen in Strafsachen
MRK	Europäische Konvention zum Schutz der Menschenrechte und Grundfreiheiten
MSchrKrim	Monatsschrift für Kriminologie und Strafrechtsreform
m. w. N.	mit weiteren Nachweisen
n. F.	neue Fassung
NJW	Neue Juristische Wochenschrift
Nr.	Nummer
NStZ	Neue Zeitschrift für Strafrecht
NStZ-RR	NStZ-Rechtsprechungs-Report
NVwZ	Neue Zeitschrift für Verwaltungsrecht
NZV	Neue Zeitschrift für Verkehrsrecht
OLG	Oberlandesgericht
OrgKG	Gesetz zur Bekämpfung des illegalen Rauschgifthandels und anderer Erscheinungsformen der Organisierten Kriminalität
OVG	Oberverwaltungsgericht
OWiG	Gesetz über Ordnungswidrigkeiten
Peters	Peters, Strafprozess, 4. Aufl. (1985)
PDV	Polizeidienstvorschrift
Pfeiffer	Pfeiffer, Strafprozessordnung, 5. Aufl. (2005)
RA	Rechtsanwalt
Ranft	Ranft, Strafprozessrecht, 3. Aufl. (2005), zit. nach Rn.
Rechtspr.	Rechtsprechung
RGSt	Amtliche Sammlung der Entscheidungen des Reichsgerichts in Strafsachen
RiStBV	Richtlinien für das Strafverfahren und das Bußgeldverfahren
RiUZw	Gemeinsame Richtlinien der Justizminister/-senatoren des Bundes und der Länder über die Anwendung unmittelbaren Zwangs durch Polizeibeamte auf Anordnung des Staatsanwalts
Rn.	Randnummer
Roxin/Schünemann	Roxin/Schünemann, Strafverfahrensrecht, 29. Aufl. (2017), zit. nach §, Rn.
S.	Seite/Satz
Schlüchter	Schlüchter, Das Strafverfahren, 2. Aufl. (1983), zit. nach Rn.
Schroeder/Verrel	Schroeder, Strafprozessrecht, 7. Aufl. (2017), zit. nach Rn.
Schönke/Schröder	Schönke/Schröder, Strafgesetzbuch, 30. Aufl. (2019), zit. nach Bearbeiter, §, Rn.
SK	Wolter, Systematischer Kommentar zur Strafprozessordnung und zum GVG, 5. Aufl., zit. nach Bearbeiter, §, Rn.
sog.	sogenannt
st.	ständig

Abkürzungsverzeichnis

StA	Staatsanwaltschaft
StGB	Strafgesetzbuch
StPO	Strafprozessordnung
str.	streitig
StraFO	Strafverteidiger Forum
StV	Strafverteidiger
StVÄG	Strafverfahrensänderungsgesetz
StVG	Straßenverkehrsgesetz
StVO	Straßenverkehrsordnung
SZ	Süddeutsche Zeitung
teilw.	teilweise
TKG	Telekommunikationsgesetz
TKÜ	Telekommunikationsüberwachung
unzutr.	unzutreffend
u. U.	unter Umständen
UWG	Gesetz gegen den unlauteren Wettbewerb
v.	von
VerwA	Verwaltungsarchiv
VGH	Verwaltungsgerichtshof
vgl.	vergleiche
Volk/Engländer	Volk/Engländer, Grundkurs StPO, 9. Aufl. (2018)
Vorb.	Vorbemerkungen
VRS	Verkehrsrechtssammlung
VwGO	Verwaltungsgerichtsordnung
VwVfG	Verwaltungsverfahrensgesetz
wistra	Wirtschaftsstrafrecht
WÜK	Wiener Konsularrechtsabkommen
z. B.	zum Beispiel
zit.	zitiert
ZRP	Zeitschrift für Rechtspolitik
ZPO	Zivilprozessordnung
ZStrW	Zeitschrift für die gesamte Strafrechtswissenschaft
zust.	zustimmend
ZVR	Zeugnisverweigerungsrecht

A. Einführung

I. Begriff und Standort des Strafverfahrensrechts

> A. hat seine 1977 geborene Stieftochter S. in den Jahren 1983 bis 1991 immer wieder sexuell missbraucht. Als sich die S. nach langer Überlegung Anfang 1997 endlich zu einer Anzeige bei der Polizei gegen ihren Stiefvater nach § 174 StGB (Missbrauch von Schutzbefohlenen) entschließt, meint A., ihm drohe keine Strafverfolgung, weil 5 Jahre nach dem letzten Vorfall alle seine Taten verjährt seien. Allerdings hat der Gesetzgeber mit Wirkung zum 30.6.1994 in § 78b Nr. 1 StGB bestimmt, dass bis zur Vollendung des 18. Lebensjahrs des Opfers eines sexuellen Missbrauchs die Verjährung ruhe[1]. A. ist der Auffassung die Neuregelung schade ihm nicht, weil sie zur Tatzeit ja noch nicht gegolten habe.

1

Maßgeblich dafür, dass § 78b Nr. 1 StGB rückwirkend für die früher begangenen Taten des A. gilt, ist, ob es sich bei den Vorschriften über die Verjährung um materielles oder formelles Strafrecht handelt. Der Grundsatz der Anwendung des mildesten Gesetzes nach § 2 StGB bezieht sich nur auf das materielle Recht[2]. Von den strafverfahrensrechtlichen Bestimmungen sind dagegen immer die zur Zeit der gerichtlichen Entscheidung geltenden heranzuziehen. Es kommt hier also darauf an, ob die Regelung nach § 78b StGB dem materiellen Strafrecht oder dem Strafverfahrensrecht zuzuordnen ist. Die Unterscheidung ist leider nicht so simpel, dass man sagen könnte, materielles Strafrecht stünde immer im Strafgesetzbuch (StGB) und Strafverfahrensrecht in der Strafprozessordnung (StPO). Die Abgrenzung muss vielmehr nach dem Inhalt der jeweiligen Vorschrift erfolgen.

2

Strafverfahrensrecht (= formelles Strafrecht = Strafprozessrecht) ist der Teil des öffentlichen Rechts, der sich mit der Art und Weise befasst, nach welcher die staatlichen Strafverfolgungsorgane die Feststellung treffen, ob und – gegebenenfalls – wie eine Person zu bestrafen ist. Es enthält ferner jene Rechtsnormen, welche die Vollstreckung der im strafprozessrechtlichen Erkenntnisverfahren getroffenen Entscheidungen betreffen. Man kann es auch als die Summe der Regeln bezeichnen, in denen sich das materielle Strafrecht in rechtsstaatlicher Justizförmigkeit bewährt[3]. Aufgabe des Strafprozesses ist es, den Strafanspruch des Staates um des Schutzes der Rechtsgüter Einzelner und der Allgemeinheit willen in einem justizförmigen Verfahren durchzusetzen und dem mit Strafe Bedrohten eine wirksame Sicherung seiner Grundrechte zu gewährleisten[4]. Das Strafverfahrensrecht dient also der Verwirklichung des Strafanspruchs des Staates, der sich aus dem materiellen Strafrecht ergibt; es ist das rechtliche Instrumentarium zur praktischen Umsetzung der Strafbestimmungen. Ähnlich wie das Bürgerliche Recht Grund und Umfang von Ansprüchen unter Privatleuten festlegt und das Zivilprozessrecht aufzeigt, wie der Einzelne den Anspruch durchsetzen kann, enthält das materielle Strafrecht die Festlegung der Strafbarkeit von Verhaltensweisen (z. B. § 211 StGB die Tatbestandsmerkmale des Mordes) und sieht bestimmte Rechtsfolgen dafür vor (z. B. Freiheitsstrafe, Maßregeln der Sicherung und Besserung, Einziehung), während das Strafverfahrensrecht den

---

1 30. StÄndG (BGB. 1994 I 1310). Normalerweise beginnt nach § 78a StGB die Verjährungsfrist mit Beendigung der Tat zu laufen; § 78b Nr. 1 will dem Sonderfall Rechnung tragen, dass bei Sexualdelikten häufig erst nach Ende altersbedingter Abhängigkeiten der Entschluss zur Anzeige gefasst wird; näher BGH NStZ 98, 244.
2 BGHSt 20, 22, 27; 26, 288 f.; vgl. auch BVerfG NJW 90, 1103.
3 So *Kempf* NJW 97, 1731.
4 BVerfG NJW 13, 1058, 1060 (Verständigungsgesetz).

Weg weist, wie die Begehung einer solchen Straftat im Einzelfall formell festgestellt wird, welche konkrete Rechtsfolge den Täter treffen soll und wie im Falle einer Verurteilung die Strafvollstreckung abzulaufen hat.

Die Verwirklichung des Strafanspruchs ist als Ausprägung des Rechtsstaatsprinzips nach Art. 20 GG zu betrachten und genießt damit Verfassungsrang. Das BVerfG hat die unabweisbaren Bedürfnisse einer wirksamen Strafverfolgung wiederholt anerkannt, das Interesse an einer möglichst umfassenden Wahrheitsermittlung im Strafverfahren betont und die Aufklärung schwerer Straftaten als wesentlichen Auftrag des Gemeinwesens bezeichnet[5]. Aus dem Prinzip, dass keine Strafe ohne Schuld verhängt werden darf, folgt die Aufgabe des Strafprozesses, den Strafanspruch des Staates in einem justizförmig geordneten Verfahren durchzusetzen, das eine wirksame Sicherung der Grundrechte des Beschuldigten gewährleistet. Die verfassungsrechtliche Pflicht des Staates, eine funktionstüchtige Strafrechtspflege zu garantieren, umfasst die Pflicht, die Durchführung eingeleiteter Strafverfahren sicherzustellen; der Rechtsstaat kann sich nur verwirklichen, wenn Straftäter im Rahmen der geltenden Gesetze verfolgt, abgeurteilt und einer gerechten Strafe zugeführt werden. Als zentrales Anliegen des Strafprozesses erweist sich die Ermittlung des wahren Sachverhalts, ohne den das materielle Strafrecht nicht verwirklicht werden kann[6].

Der Gesetzgeber ist angesichts der verfassungsrechtlichen Fundierung des Strafprozesses nicht frei, beliebige Normen zu erlassen, welche die Möglichkeiten der Realisierung des Strafanspruchs nachhaltig beeinträchtigen, z. B. im Bereich der Zeugnisverweigerungsrechte und Beschlagnahmeverbote. Beschränkungen bedürfen stets einer Legitimation, die vor dem Rechtsstaatsprinzip Bestand hat[7]. Dies gilt auch für die Anwendung und Auslegung des Strafverfahrensrechts, z. B. die Begründung von Beweisverwertungsverboten[8]. Erst recht muss eine „Verwirkung" des Strafanspruchs durch Fehlverhalten einzelner Strafverfolgungspersonen abgelehnt werden, denn der Begriff „Strafanspruch" darf nicht dahin missverstanden werden, dass es sich wie im Zivilrecht um eine verwirkbare günstige Rechtsposition handle; vielmehr geht es um eine Funktion des Staates, nämlich um seine Verpflichtung zum Rechtsgüterschutz durch die Verfolgung strafbarer Handlungen[9].

3 Im Schwerpunkt ist das deutsche Strafverfahrensrecht in der Strafprozessordnung (StPO) niedergelegt. Demgegenüber enthält das Strafgesetzbuch (StGB) vornehmlich materielles Strafrecht, aber nicht ausschließlich. Vereinzelt finden sich auch im StGB strafverfahrensrechtliche Regelungen. Dies gilt z. B. auch für die Verjährung, welche nicht die Frage berührt, dass kriminelles Unrecht vorlag, sondern nur, ob dem Täter Jahre später noch „der Prozess gemacht werden sollte"[10]. Gleiches gilt für die Bestimmungen des StGB über den Strafantrag[11]. Sie lassen die Strafbarkeit als solche, d. h. das sozialethische Unwerturteil des Gesetzgebers über eine von ihm pönalisierte Handlungsweise, unberührt. Das Antragserfordernis ist lediglich Voraussetzung für die Verfolgung eines strafbaren Verhaltens, mithin dem Strafverfahrensrecht zuzurechnen.

Da also § 78b StGB trotz seines Standorts im StGB eine strafprozessuale Regelung darstellt, gilt hier das Rückwirkungsverbot des materiellen Strafrechts nicht. A. muss also noch mit der Verfolgung seiner letzten Taten rechnen. Auch der umgekehrte Fall ist denkbar, wenn auch selten: ausnahmsweise kann auch in der StPO einmal eine Vorschrift des materiellen Strafrechts vorhanden sein[12].

---

5 BVerfGE 77, 65, 76; 80, 367, 375 (Tagebuch).
6 So BVerfG NJW 87, 266 f.
7 BVerfGE 33, 367, 383; 77, 65, 76; BVerfG NJW 01, 507.
8 Vgl. BVerfG NJW 10, 287.
9 BGHSt 32, 345, 353; vgl. auch Rn. 307.
10 BVerfGE 1, 418, 423; BGHSt 2, 300.
11 BGHSt 20, 22, 27; a. A. Maiwald GA 70, 33.
12 So BGH NJW 08, 1093; 2131 zu der inzwischen aufgehobenen Vorschrift § 111i a. F.

Die Unterscheidung von materiellem Strafrecht und Strafverfahrensrecht ist auch in anderen Bereichen von Bedeutung. Die sich aus Art. 103 Abs. 2 GG ergebenden methodischen Besonderheiten des materiellen Strafrechts (Analogieverbot, strenger Bestimmtheitsgrundsatz, Auslegungsgrenzen) gelten im Strafverfahrensrecht nicht, das deshalb bei weitem nicht so begrifflich geprägt ist wie das materielle Strafrecht. Ferner wirkt sich die Unterscheidung im Revisionsrecht aus, wo unterschiedliche Regeln für die Behandlung materiellrechtlicher Mängel (Sachrügen) und des formellen Rechts gelten (Verfahrensrügen)[13]. Schließlich findet auf die Normen des materiellen Rechts der sog. Strengbeweis in Verbindung mit dem Grundsatz *in dubio pro reo* Anwendung, während für verfahrensrechtliche Vorschriften der Freibeweis genügt[14].

3a A. ist wegen Serienbetruges zu einer Freiheitsstrafe auf Bewährung verurteilt worden. Er will sich nunmehr eine neue Existenz aufbauen. Zuvor möchte er sich aber informieren, welche Erkenntnisse bei der Polizei über ihn vorliegen, weil er sich durch das Strafverfahren als „gebrandmarkt" ansieht. Ihm ist aufgefallen, dass bei der Polizei nicht nur die später an die Staatsanwaltschaft übermittelten Ermittlungsakten, sondern auch polizeiliche Kriminalakten mit der Überschrift „E-Akte" über ihn angelegt wurden, in welche die Beamten jeweils Kopien und Durchschriften aller Protokolle, Vermerke und sonstiger Schriftstücke aus dem Ermittlungsverfahren eingelegt haben. A. klagt nach erfolglosem Vorverfahren vor dem Verwaltungsgericht auf Auskunfterteilung über den Inhalt der Kriminalakten, welche die Polizei über ihn führt, und beruft sich dabei auf eine Vorschrift des einschlägigen Polizeigesetzes.

3b Die Klage des A. wäre vor dem Verwaltungsgericht nach § 40 VwGO zulässig, wenn es sich bei der Führung der Kriminalakten der Polizei nicht um eine Maßnahme der Strafrechtspflege handeln würde. Das Strafverfahrensrecht lässt sich näher unterscheiden in das Strafverfahrensrecht im engeren Sinne und die Strafrechtspflege i. S. v. § 23 Abs. 1 EGGVG. Von **Strafverfahrensrecht i. e. S.** spricht man, wenn es um die Verfolgung des Strafanspruchs im einzelnen Falle geht, d. h. aufgrund eines zureichenden Tatverdachts (sog. Anfangsverdachts)[15], der sich jeweils auf ein bestimmtes Geschehen beziehen muss, von den Strafverfolgungsorganen ein Verfahren betrieben wird. Der Begriff der **Strafrechtspflege** ist umfassender. Hierzu gehört nicht nur die Durchführung von Straf- und Bußgeldverfahren sowie die Vollstreckung der Entscheidungen der Strafgerichte, sondern auch die damit in innerem Zusammenhang stehenden Maßnahmen der Justizbehörden zur Ermöglichung der geordneten Durchführung der Strafverfolgung und Strafvollstreckungstätigkeit, einschließlich der Tätigkeiten, die geeignet sein können, die Entschließung erst zu ermöglichen, ob überhaupt die Strafverfolgung rechtfertigende Sachverhalte gegeben sind und ob ein staatlicher Strafanspruch verfolgt werden soll[16]. Als anerkannte Beispiele gelten dafür die Führung des Bundeszentralregisters über Vorstrafen, des Erziehungsregisters jugendlicher Straftäter, Verwaltung von Akten, Erstellung der Schöffenlisten usw.[17]. Die StPO besteht ganz überwiegend aus Strafverfahrensrecht i. e. S., enthält aber vereinzelt auch Vorschriften, die der Strafrechtspflege zuzurechnen sind, wie z. B. die molekulargenetische Untersuchung nach § 81 g[18] und der § 484, der die Speicherung und Verarbeitung von Daten für Zwecke künftiger Strafverfahren regelt. Ebenso verhält es sich mit dem zentralen staatsanwaltlichen Verfahrens-

---

13 Vgl. Rn. 344, 347a.
14 BGH NJW 92, 1463, 1465; vgl. auch Rn. 120, 311.
15 Vgl. Rn. 171.
16 OVG Lüneburg NJW 84, 940; München NJW 77, 1790 f.
17 *MG-Schmitt* § 23 EGGVG, 4; *KK-Mayer* § 23 EGGVG, 54 f.
18 Das BVerfG NJW 01, 879 f. lässt offen, ob „genuines" Strafverfahrensrecht od. Strafverfolgungsmaßnahme „im weiteren Sinne" (so BGH StV 99, 303).

register nach § 492, in dem bundesweit alle eingeleiteten Strafverfahren erfasst werden. Entgegen der bisher h. M. gehören erkennungsdienstliche Maßnahmen nach § 81b 2. Alt. als Justizverwaltungsakte ebenfalls zur Strafrechtspflege[19]. Die Polizei wird hier angesichts der anerkannt funktionellen Betrachtungsweise[20] als „Justizbehörde" tätig. Die vom BVerwG vorgenommene Gleichsetzung von Strafverfolgung i. e. S. und Strafrechtspflege i. S. v. § 23 EGGVG[21] ist nicht haltbar. Gegen sie spricht schon der gesetzliche Terminus Strafrechts„pflege", der vom Wortsinn her besagt, dass losgelöst vom Einzelfall Aufgaben erfüllt werden, die der staatlichen Strafverfolgungsfunktion insgesamt zu dienen bestimmt sind. Bei Gleichsetzung der Begriffe ließen sich unstrittige Bereiche – wie z. B. die Führung des Bundeszentralregisters – nicht mehr sachgerecht einordnen. Schließlich bliebe für einen Rechtsschutz nach § 23 EGGVG kaum noch ein Anwendungsbereich übrig.

3c Der Begriff der **vorbeugenden Verbrechensbekämpfung** ist doppeldeutig[22]. Einerseits zählen dazu Maßnahmen im Vorfeld der Strafverfolgung i. e. S., welche diese vorbereiten und in innerem Zusammenhang mit der Ermöglichung der Strafverfolgungsaufgabe stehen („zu Zwecken künftiger Strafverfahren"[23]). Diese sind Teil der Strafrechtspflege und fallen somit in die vom Bund beanspruchte Gesetzgebungskompetenz für das gerichtliche Verfahren nach Art. 74 Nr. 1 GG[24]. Dies gilt auf jeden Fall für Informationsbeschaffung und andere Maßnahmen im Vorfeld des Anfangsverdachts, welche auf die Einleitung eines Ermittlungsverfahren abzielen, denn die StPO lässt insoweit keinen gesetzgeberischen Freiraum, sondern enthält im Umkehrschluss aus §§ 152 Abs. 2, 160, 161, 163 die Aussage, dass ohne zureichenden Verdacht Ermittlungen nicht zulässig sind[25]. Dies kann auch gar nicht anders sein, weil es ansonsten dazu kommen könnte, dass aufgrund landesrechtlicher Bestimmungen umfangreichere und schwerwiegendere Maßnahmen zulässig wären, solange noch kein konkreter Verdacht besteht, als nach Überschreitung der Schwelle des Anfangsverdachts. Andererseits versteht man unter „vorbeugender Verbrechensbekämpfung" auch präventive Maßnahmen, die der Verhinderung von Straftaten dienen, und die darauf bezogene Gefahrenvorsorge im Vorfeld der konkreten Gefahr (z. B. polizeilicher Streifendienst, Drogenaufklärungsprogramme[26]). Nur insoweit greift die Gesetzgebungskompetenz der Länder für das Polizeirecht ein. Beide Aspekte der vorbeugenden Bekämpfung von Straftaten sind daher streng zu trennen. Die neueren Polizeigesetze der Länder werden dem z. T. schwerlich gerecht und müssen – soweit möglich – verfassungskonform ausgelegt werden.

Das BVerwG vertritt die Auffassung, die Führung der Kriminalakten sei der Aufgabenstellung der Polizei im Rahmen der Gefahrenabwehr zuzuordnen; sie beruhe auf Polizeirecht, weil die Kriminalakten nicht zur Durchführung des konkret anhängigen Strafverfahrens als Ermittlungsakten dienten[27]. Tatsächlich besteht der Hauptzweck der Kriminalakten der Polizei jedoch in der vorsorglichen Bereitstellung eines Hilfsmittels für künftige Fälle der Strafverfolgung. Ihrer bedienen sich die Sachbearbeiter der Polizei, wenn erneut Verfahren gegen denselben Beschuldigten anhängig werden, um sich über

---

19 Näher dazu: *Kramer* JR 94, 224 ff.; vgl. auch Rn. 184c.
20 BVerwGE 47, 255, 266; BGHSt 28, 206, 209; *vgl. auch Rn. 334a.*
21 Vgl. BVerwG NJW 84, 2234; dagegen deutet das BVerwG in NJW 06, 1225 f. ein Abrücken von seiner bisherigen Meinung an.
22 Näher dazu: *Schoreit* DRiZ 91, 320; *Merten/Merten* ZRP 91, 213; *Wolter* StV 89, 358.
23 Vgl. § 81 g (DNA-Analyse); § 484 (Speicherung von Daten).
24 Vgl. auch BT-Drucks. 14/1484, S. 18; BVerfG NJW 01, 879 f.; I; 05, 2603, 2605 a. A. *Trurnit* VBlBW 12, 458 f.
25 Vgl. KG NJW 97, 2894, 2896; *Hund* ZRP 91, 463 ff.; s. auch Rn. 172.
26 Z.B. BVerfG NVwZ 01, 1261.
27 NJW 90, 2767 f. m. w. N.; ebenso OVG Berlin NJW 86, 2304; BayVerfGH NJW 86, 915; VGH Mannheim NJW 87, 3022; vgl. auch Krüger DÖV 90, 641; a. A. Hund ZRP 91, 463, 465; Peitsch ZRP 90, 384; Denninger CR 88, 51 ff.; *Burghard* Kriminalistik 87, 520.

dessen Person, Lebensgewohnheiten und Kontakte zu informieren oder um Verdächtige bei noch unaufgeklärten Straftaten aufgrund ihrer Vorgehensweise festzustellen und so Ermittlungsanhalte zu gewinnen. Das BVerwG ist über die Polizeipraxis schlecht unterrichtet, wenn es glaubt, die Kriminalakten würden vornehmlich zur Gefahrenvorsorge herangezogen. Dies mag im Einzelfall einmal vorkommen (z. B. zur Eigensicherung des Beamten), ist jedoch nur ein Nebenprodukt ihrer eigentlichen Zweckbestimmung als Hilfsmittel in künftigen Strafverfahren[28]. Damit gehört die Kriminalaktenführung zwar zur vorbeugenden Verbrechensbekämpfung, jedoch auf dem Sektor der Strafrechtspflege i. S. v. § 23 EGGVG. Eine Klage auf Auskunfterteilung aus den Kriminalakten ist daher nicht auf polizeirechtliche Bestimmungen zu stützen und vor dem Verwaltungsgericht unzulässig[29].

Das Strafverfahrensrecht bezieht sich grundsätzlich nur auf die Ahndung von Straftaten, während die Verfolgung von Bußgeldtatbeständen im Gesetz über Ordnungswidrigkeiten (OWiG) geregelt ist[30]. Jedoch finden über § 46 OWiG die Vorschriften über das Strafverfahren weitgehend entsprechende Anwendung. Ausgenommen sind davon verschiedene Zwangsmaßnahmen wie z. B. Anstaltsunterbringung, Verhaftung und vorläufige Festnahme, Beschlagnahme von Postsendungen sowie körperliche Eingriffe mit gewissen Einschränkungen (§ 46 Abs. 3 OWiG). Im Bußgeldverfahren besitzt die zuständige Verwaltungsstelle als Verfolgungsbehörde dieselben Rechte und Pflichten wie die StA bei der Verfolgung von Straftaten (§ 46 Abs. 2 OWiG). Ein grundlegender Unterschied zwischen der Ahndung von Ordnungswidrigkeiten und der von Straftaten liegt indes darin, dass nur bei der Strafverfolgung das Legalitätsprinzip (§ 152 Abs. 2) gilt, während das Bußgeldrecht schon bei der Einleitung des Verfahrens, erst recht dessen weiterer Durchführung dem Opportunitätsprinzip unterliegt (§ 47 OWiG). Allerdings sieht die Praxis anders aus: während bei der Verfolgung der Bagatellkriminalität und mittlerer Vergehen die StA in großem Umfang die Ausnahmevorschriften des Opportunitätsprinzips (§§ 153 ff.) anzuwenden pflegt, verfolgen die Bußgeldbehörden – jedenfalls bei Verkehrsordnungswidrigkeiten – regelmäßig, ohne von dem ihnen nach § 47 OWiG eingeräumten Ermessen Gebrauch zu machen; womit das Wertungsgefälle von Kriminalunrecht und Bußgeldrecht auf den Kopf gestellt wird.

II. Rechtsquellen des Strafverfahrensrechts

> Die Beamten eines Funkstreifenwagens der Polizei bemühen sich um die Befriedung einer Wirtshausstreitigkeit. Der daran beteiligte B. beschimpft sie als „Bullen" und tritt vor Wut eine Beule in den Kotflügel des Funkstreifenwagens. Der Polizeipräsident stellt daraufhin Strafantrag wegen Sachbeschädigung und Beleidigung gegen B. bei der StA. Staatsanwalt S. erkennt, dass B. bisher unbestraft ist und sich zur Zeit des Geschehens wegen ehelicher und beruflicher Probleme in einer Ausnahmesituation befunden hat. S. stellt das Verfahren nach § 153 wegen geringer Schuld und fehlendem öffentlichen Interesses ein, ohne dem Polizeipräsidenten vorher Gelegenheit zur Stellungnahme zu geben. Als der Polizeipräsident davon erfährt, beschwert er sich beim Vorgesetzten des S. mit der Behauptung, die Einstellung sei wegen Verstoßes gegen Nr. 93 der Richtlinien für das Strafverfahren und das Bußgeldverfahren (RiStBV) rechtswidrig.

---

28 Die §§ 483 Abs. 3 od. 484 Abs. 4 sind für Akten nicht einschlägig, sondern gelten nur für Dateien; s. Rn. 104a. Außerdem handelt es sich um verfassungsr. problematische dynamische Verweisungen; BVerfGE 47, 311; *Schenke* NJW 80, 743.
29 Dagegen gilt bei gemischt genutzten Dateien der Polizei das Polizeirecht; § 483 Abs. 3.
30 Abgrenzung erfolgt nach h. M. rein formal nach der Sanktionsandrohung: BVerfGE 27, 18, 30; 45, 272, 282; dazu Rosenkötter, Recht der Ordnungswidrigkeiten, 4. Aufl., 1995, Rn. 2 f.

Die Einstellung wäre dann rechtswidrig, wenn sie anwendbaren Rechtsvorschriften (Rechtsnormen) widerspräche. Es fragt sich daher, welches die Rechtsquellen des Strafverfahrensrechts sind, aus denen sich die Rechtslage ergibt.

1. Strafprozessordnung

6 Primäre Rechtsquelle des Strafverfahrensrechts ist die Strafprozessordnung (StPO) in der Bekanntmachung vom 7.4.1987[31]. Hinzugekommen sind seit 1987 zahlreiche bedeutsame Veränderungen einzelner Vorschriften, wozu gehören: das Gesetz zur Bekämpfung des illegalen Rauschgifthandels und anderer Erscheinungsformen der Organisierten Kriminalität (OrgKG) vom 15.7.1992[32], das Verbrechensbekämpfungsgesetz vom 28.10.1994[33], das Strafverfahrensänderungsgesetz 1999 (StVÄG 99) vom 2.8.2000[34], das 1. Justizmodernisierungsgesetz vom 24.8.2004, das Gesetz zur Neuregelung der Telekommunikationsüberwachung und anderer verdeckter Ermittlungsmaßnahmen vom 21.12.2007[35], das Gesetz zur Änderung des Untersuchungshaftrechts vom 29.7.2009[36], die Gesetze zur Stärkung der Rechte von Verletzten und Zeugen im Strafverfahren[37] und zur Regelung der Verständigung im Strafverfahren vom selben Tag[38] sowie zuletzt die Gesetze zur Modernisierung des Strafverfahrens und zur Neuregelung des Rechts der notwendigen Verteidigung vom 12.12.2019. Die modernen gesetzgeberischen Tendenzen sind charakterisiert durch eine ständige Aufweichung des Legalitätsprinzips[39], Schaffung zahlreicher neuartiger Einzelbestimmungen zur Regelung kriminalistischer Vorgehensweisen (z. T. unter Berufung auf Vorgaben des BVerfG im Volkszählungsurteil[40]), Erweiterung verdeckter Ermittlungsmethoden, Ausbau des strafprozessualen Opferschutzes sowie – dies allerdings noch eher in Rechtsprechung und Lehre – einer eigenartig schleichenden Anpassung an Vorstellungen des angelsächsischen Rechtskreises, wie die Stichworte „deal" (Verständigung, Absprache), Kronzeuge, Beweisverwertungsverbote („fruits of the poisinous tree"-Doktrin, Miranda[41]) erkennen lassen. Besonders besorgniserregend ist die Entwicklung in Richtung des amerikanischen Parteiprozesses in Strafsachen, welche sich in einem veränderten Rollenverständnis von Staatsanwälten niederschlägt.

7 Gleichwohl ist die Grundstruktur der RStPO vom 1.2.1877 (am 1.10.1879 in Kraft getreten) bisher erhalten geblieben, obwohl es im politischen Raum nicht an Stimmen fehlt, die einen radikalen Umbau fordern. Die StPO hat bereits zahlreiche Verfassungslagen in Deutschland überdauert; ausgerechnet das Strafverfahren als „Seismograph der Staatsverfassung" zu bezeichnen[42], trifft daher nur bedingt zu. Selbstverständlich aber ist, dass Novellierungen der StPO den jeweiligen Zeitgeist reflektieren und dass das Grundgesetz als höherrangiges Recht intensiv in das Strafverfahren hineinwirkt. Die StPO enthält demnach im Wesentlichen vorkonstitutionelles Recht[43]. Obwohl etwas ungenau als Strafprozess-„Ordnung" bezeichnet, stellt sie ein formelles Gesetz dar. Sie ist das Ergebnis einer viele Jahrhunderte währenden Rechtsentwicklung, die im Ausgangspunkt (Ge-

---

31 BGBl. 87 I 1074, 1319; Gesetzessammlung Schönfelder Nr. 90.
32 OrgKG BGBl. 92 I 1302; dazu *Möhrenschlager* wistra 92, 326 ff.; *Hilger* NStZ 92, 457 ff., 523 ff.
33 BGBl. 94 I 3186; Entwurfsbegründung in BT-Drucks. 12/6853; krit. *Dahs* NJW 95, 553.
34 BGBl. 00 I 1253; dazu Entwurf der Bundesregierung BT-Drucks. 14/1484; *Hilger* NStZ 00, 561, 2001, 15; *Brodersen* NJW 00, 2536; *Wollweber* NJW 00, 3623.
35 BGBl. 04 I 2198; 07 I 3198.
36 BGBl. 09 I 2274; BR-Drucks. 829/08; *Michalke* NJW 10, 17.
37 BGBl. 09 I 2280 (2. Opferrechtsreformgesetz); BT-Drucks. 16/12098; *Schroth* NJW 09, 2916.
38 BGBl. 09 I 2353; BT-Drucks. 16/12310; *Jahn/Müller* NJW 09, 2625.
39 Vgl. § 153 bis § 153 f.; BGBl. 02 I 2259.
40 BVerfGE 65, 1 ff.; BT-Drucks. 14/1484. Zu diesen Tendenzen: *Kramer* NJW 92, 2732, 2736 ff.
41 Vgl. z. B. Rn. 31, 50, 165, 274.
42 So *Roxin/Schünemann*, Strafverfahrensrecht, § 2, 1.
43 Insoweit gilt das Zitiergebot nach Art. 19 Abs. 1 S. 2 GG nicht: BVerfGE 35, 185, 188 f.

richtsentscheidung durch die Volksversammlung, sog. Thing) keinen Unterschied zwischen Straf- und Zivilprozess machte. Rudiment dieses Parteiverfahrens ist die Privatklage in §§ 374 ff. Im ausgehenden 15. Jahrhundert setzte in Deutschland die Rezeption des mittelalterlich-italienischen Rechts ein; diese fand ihren Niederschlag in der **Peinlichen Gerichtsordnung Kaiser Karls V.** (*Constitutio Criminalis Carolina* von 1532). Das Privatklageverfahren trat nunmehr in den Hintergrund; Strafverfolgung wurde mehr und mehr als Aufgabe staatlicher Instanzen erkannt. Offizialprinzip (d. h. das Strafverfahren wird von Amts wegen eingeleitet und betrieben) und Instruktionsmaxime (Sachverhaltsaufklärung von Amts wegen ohne Bindung an Anträge) sind inzwischen die StPO beherrschende Grundsätze geworden. Demgegenüber hat die StPO radikal mit dem Beweisrecht der *Constitutio Criminalis Carolina* und des auf ihr beruhenden gemeinrechtlichen deutschen Strafprozessrechts gebrochen: galten dort formale Beweisregeln (z. B. Beweis nur durch zwei einwandfreie Zeugen oder Geständnis), herrscht nunmehr nach § 261 der Grundsatz der freien Beweiswürdigung. Die StPO beruht vor allem auf dem Gedankengut der Aufklärung, die sich für die Abschaffung des Inquisitionsprozesses aussprach, den die Folter und die Identität von Ankläger und Richter kennzeichneten. Französischen Vorbildern folgend überträgt sie die Aufgabe der Strafverfolgung bis zur Anklageerhebung und dann die der Urteilsfindung zwei unabhängigen staatlichen Funktionsträgern, nämlich der Staatsanwaltschaft (StA) und dem Gericht, so dass nach §§ 155, 264 Gegenstand der gerichtlichen Urteilsfindung nur die in der Anklage der StA bezeichnete Tat sein kann (Akkusationsprinzip)[44].

Die StPO stellte 1877 einen wesentlichen weiteren Schritt zur Rechtseinheit nach dem kurz zuvor in Kraft getretenen StGB dar. Indes wurde die Kodifikation des Strafprozessrechts nach der Reichsgründung 1870/71 nicht einfach aus dem Boden gestampft. Als ein maßgeblicher Vorläufer kann das preussische „Gesetz betreffend das Verfahren in den beim Kammergericht und dem Kriminalgericht in Berlin zu führenden Untersuchungen" vom 17.7.1846 betrachtet werden. Mit diesem Gesetz bereits – von König *Friedrich Wilhelm IV.* erlassen und durch Vorarbeiten des preussischen Justizministers *v. Savigny* wesentlich geprägt – wurde in Preussen der Inquisitionsprozess abgelöst und das Anklageprinzip eingeführt. Die Fortentwicklung dieses grundlegenden Gesetzeswerkes in verschiedenen StPO-Entwürfen mündete in die StPO des Norddeutschen Bundes, welche schließlich die Grundlage der RStPO von 1877 bildete und teilweise schon wortgleiche Formulierungen von Bestimmungen enthielt, die noch heute gelten[45].

Will man den **Aufbau** der StPO durchleuchten, so lässt sich zunächst eine Gliederung in acht Bücher feststellen, die sich wiederum in Abschnitte unterteilen. Das erste Buch enthält die allgemeinen („vor die Klammer gezogenen") Vorschriften, die grundsätzlich für sämtliche Verfahrenszüge gelten. Es finden sich hier Vorschriften über die örtliche Zuständigkeit der Gerichte, die Verteidigung und die Gewinnung von Beweismitteln. Das zweite Buch betrifft das Verfahren im ersten Rechtszug, wobei der erste und zweite Abschnitt vor allen Dingen die Staatsanwaltschaft ansprechen. Sie enthalten nämlich die Regelung des Vorverfahrens (Ermittlungsverfahrens). Die sonstigen Abschnitte des zweiten Buches wenden sich insbesondere an den Richter, denn sie umfassen die Voraussetzungen und den Ablauf des Hauptverfahrens. Das dritte Buch ist für den Beschuldigten und den Verteidiger von größter Bedeutung, denn es behandelt Vorschriften über die Einlegung von Rechtsmitteln. Das vierte Buch spricht den Verurteilten an, wenn er eine Wiederaufnahme des Verfahrens erreichen will. Das fünfte Buch betrifft die Beteiligung des Verletzten am Verfahren. Das sechste Buch legt die Besonderheiten bestimmter

---

44 Ausführlich: Eb. Schmidt, Einführung in die Geschichte der deutschen Strafrechtspflege (1983); weitere Darstellungen s. Rn. 12 Nr. 3.
45 Vgl. *Otto*, Die preussische StA (1899), S. 52 ff., 80 ff.; ferner: *Schubert/Regge*, Entstehung und Quellen der StPO von 1877 (1989).

Verfahrensarten (z. B. Strafbefehlsverfahren) fest. Das siebente Buch wendet sich wiederum an den Verurteilten und an die Staatsanwaltschaft als Strafvollstreckungsbehörde, denn es regelt die Strafvollstreckung und Kosten des Verfahrens. Durch das StVÄG 99 ist ein achtes Buch hinzu gekommen, welches in Erfüllung der Vorgaben des Volkszählungsurteils des BVerfG die Rechtsgrundlagen für Auskunftserteilungen an nicht am Verfahren beteiligten Stellen und Personen sowie für die Dateien der Strafverfolgungsbehörden zum Gegenstand hat.

In unserem Ausgangsfall ist die Strafprozessordnung als Rechtsquelle einschlägig, denn sie sieht in § 153 Abs. 1 StPO die Möglichkeit der Einstellung des Verfahrens durch die StA vor, wenn die Schuld des Täters als gering anzusehen wäre und kein öffentliches Interesse an der Verfolgung besteht. Diese Voraussetzungen ließen sich nach dem Sachverhalt des Ausgangsfalls bejahen. Aus der StPO ergibt sich also die Rechtswidrigkeit der Einstellung nicht.

2. Sekundäre Rechtsquellen des Strafverfahrensrechts

9 Neben der StPO gibt es eine Vielzahl von Gesetzen, die ebenfalls strafverfahrensrechtliche Inhalte oder Bezüge aufweisen. So legt das Gerichtsverfassungsgesetz (**GVG**) den organisatorischen Aufbau und die sachlichen Zuständigkeiten der ordentlichen Gerichtsbarkeit und der Staatsanwaltschaft fest. §§ 169 ff. GVG bestimmen Einzelheiten des Ablaufs der Hauptverhandlung und ergänzen damit unmittelbar die StPO. Das Grundgesetz (**GG**) zeitigt als höherrangiges Recht einschneidende Wirkungen im Strafverfahrensrecht und modifiziert im Einzelfall die aus der Anwendung der einfachgesetzlichen StPO gewonnenen Ergebnisse. Demgegenüber steht die Menschenrechtskonvention (**MRK**) lediglich im Rang eines einfachen Bundesgesetzes[46]. Dennoch erfährt sie einen ständigen Bedeutungszuwachs als Auslegungsmaßstab des innerstaatlichen Strafprozessrechts und durch die Spruchpraxis des Europäischen Gerichtshofs für Menschenrechte (EGMR), bei dem einzelne Mitgliedsstaaten wegen Verletzungen der Konvention verklagt werden können, was auch zunehmend mit Erfolg geschieht[47]. Art. 6 Abs. 2 MRK enthält explizit die Unschuldsvermutung.

10 Ohne Anspruch auf Vollständigkeit sei noch auf eine Vielzahl sonstiger Gesetze hingewiesen, die im Einzelfall zur Lösung strafverfahrensrechtlicher Probleme heranzuziehen sind: Gesetz über die Entschädigung für Strafverfolgungsmaßnahmen (StrEG), Gesetz über die Entschädigung von Zeugen und Sachverständigen (ZuSEG), Gesetz über die Entschädigung von Gewalttaten (OEG), Deutsches Richtergesetz (DRiG), Bundesrechtsanwaltsordnung (BRAO), Bundeszentralregistergesetz (BZRG), Gesetz über die internationale Rechtshilfe in Strafsachen (IRG), Justizmitteilungsgesetz (JuMiG) und das Jugendgerichtsgesetz (JGG). In vereinzelten Vorschriften enthalten auch das StGB, die Abgabenordnung (AO) und das Gesetz über Ordnungswidrigkeiten (OWiG) strafverfahrensrechtliche Inhalte.

3. Abgrenzung: Allgemeine Verwaltungsvorschriften

11 Die Rechtsquellen des Strafverfahrensrechts werden durch eine Vielzahl von allgemeinen Verwaltungsvorschriften ergänzt, die nicht selbst Rechtsquellen darstellen und folglich den Richter in seinen Entscheidungen nicht binden. Sie wenden sich an die mit dem Vollzug des Strafverfahrensrechts betreuten Exekutivstellen. So sind die Richtlinien für das Strafverfahren und das Bußgeldverfahren (**RiStBV**) vornehmlich für den Staatsanwalt bestimmt und haben für den Richter nur empfehlenden Charakter[48]. Unter

---

[46] BGBl. 52 II 686; insbes. Art. 2 bis 8 im Strafverfahren zu beachten.
[47] Dazu Sommer, StPO und Europäische MRK, in: Brüssow/Krekeler/Mehle, Strafverteidigung in der Praxis, 1998, S. 151 ff. In letzter Zeit besonders bedeutsam: EGMR NJW 06, 2753; 03, 1229; 2297; 2893; s. auch Rn. 89.
[48] Vollständiger Text mit Anlagen bei *MG-Schmitt, StPO/GVG, Anhang 12.*

den Anlagen zu den RiStBV befinden sich höchst bedeutsame wie die Gemeinsamen Richtlinien der Justizminister/-senatoren und Innenminister/-senatoren des Bundes und der Länder über die Anwendung unmittelbaren Zwangs durch Polizeibeamte auf Anordnung des Staatsanwalts (Anlage A) und über die Inanspruchnahme von Informanten sowie über den Einsatz von Vertrauenspersonen (V-Personen) und Verdeckten Ermittlern im Rahmen der Strafverfolgung (Anlage D). Die Untersuchungshaftvollzugsordnung (**UVollZO**) wurde inzwischen durch Landesgesetze abgelöst[49]. Beträchtliche Auswirkungen auf den Ablauf der Ermittlungen zeitigen schließlich jene Polizeidienstvorschriften (**PDV**), welche inhaltsgleich von sämtlichen Bundesländern in Kraft gesetzt worden sind.

Im Ausgangsfall hat Staatsanwalt S. gegen Nr. 93 Abs. 1 RiStBV verstoßen, weil danach der Staatsanwalt verpflichtet ist, vor Einholung der gerichtlichen Zustimmung zur Einstellung nach § 153 StPO mit solchen Behörden oder öffentlichen Körperschaften in Verbindung zu treten, welche die Strafanzeige erstattet haben oder sonst am Verfahren interessiert sind. Dies war hier im Falle des Polizeipräsidenten gegeben. Damit hat S. aber nur innerdienstlich weisungswidrig gehandelt, was für ihn Folgen in der Dienstaufsicht haben könnte. Die Einstellung selbst wird damit jedoch nicht rechtswidrig, da die RiStBV keine Rechtsquelle darstellen, sondern lediglich eine allgemeine Verwaltungsvorschrift sind. Verstößt aber ein Staatsanwalt zum Nachteil eines Bürgers gegen die RiStBV (z. B. durch Berufungseinlegung entgegen Nr. 147), kommt dem infolge des Gleichbehandlungsgrundsatzes (Art. 3 Abs. 1 GG) Außenwirkung zu.

4. Gesetzgebungskompetenz im Strafverfahrensrecht

11a Polizeiobermeister P. hat Urlaub, ist aber nicht verreist. Bei einem Spaziergang durch die heimatliche Gemeinde, in der er sonst seinen Dienst versieht, begegnet ihm der aus der JVA entwichene Strafgefangene S., der mit Vollstreckungshaftbefehl gesucht wird und aufgrund staatsanwaltschaftlicher Anordnung zur Festnahme ausgeschrieben ist. P. erkennt den S. sofort vom Fahndungsfoto her wieder. P. ruft: „Halt, Polizei!" und erklärt den S. für festgenommen; dieser ergreift jedoch unmittelbar die Flucht. P. läuft dem S. nach, muss aber einsehen, dass S. schneller ist. Nur durch einen gezielten Schuss aus der von ihm mitgeführten Dienstwaffe auf die Beine des S. gelingt es ihm, diesen an der weiteren Flucht zu hindern.

11b Rechtsgrundlage der Festnahme ist § 457 Abs. 2; die Ausschreibung zur Festnahme beruht auf § 131; der traditionelle Begriff des „Steckbriefs" ist vom Gesetzgeber bewusst abgeschafft worden[50]. In der Ausschreibung des Haftbefehls durch die StA ist ein Ersuchen derselben an die Polizei gem. § 161 i. V. m. § 457 Abs. 1 zu sehen, den S. festzunehmen. An sich sind daher die Festnahmevoraussetzungen im Fall gegeben. Unschädlich ist, dass sich P. im Urlaub befand, denn nach den allgemein geltenden Polizeidienstvorschriften vermag sich ein Polizeivollzugsbeamter jederzeit durch ausdrückliche Erklärung in den Dienst zu versetzen, was hier geschehen ist.

Es fragt sich aber, ob der von P. ausgeübte Zwang – insbesondere der Schusswaffengebrauch – zulässig war. Die Zulässigkeit der Ausübung unmittelbaren Zwangs zur Durchsetzung strafprozessualer Zwangsmaßnahmen ist in der StPO grundsätzlich nicht besonders geregelt. Der im Verwaltungsvollstreckungsrecht geläufige Ausdruck „unmittelbarer Zwang" wird in der StPO prinzipiell nicht verwendet (Ausnahme: § 81c Abs. 6). Es gilt vielmehr der Grundsatz, dass die zur Durchsetzung eines strafprozessualen Eingriffs notwendigen Zwangsmaßnahmen auf der speziellen Ermächtigungsgrundlage der StPO für

---

[49] Dazu *Köhne* JR 11, 198.
[50] BT-Drucks. 14/1484, S. 19; siehe Nr. 39 ff. RiStBV.

den Eingriff selbst beruhen, dies allerdings unter Beachtung des Verhältnismäßigkeitsprinzips[51]. Die verwaltungsrechtliche Unterscheidung von Grundverfügung und Vollstreckungsverfahren ist dem Strafprozessrecht fremd. Nach ganz h. M. ergibt sich z. B. aus der richterlichen Durchsuchungsanordnung auch die Befugnis, zu deren Durchsetzung Türen aufzubrechen, Absperrungen vorzunehmen, sogar Behältnisse zu zerstören usw.[52]. Die StPO enthält zur Vollstreckung von Eingriffsanordnungen nur fragmentarische Bestimmungen und belässt es im Übrigen bei der Anwendung des Verhältnismäßigkeitsgrundsatzes. Die schwerfälligen, am Verwaltungsakt orientierten Strukturen des Verwaltungsvollstreckungsrechts lassen sich auf das Strafverfahren nicht übertragen. Daher ergibt sich die Zulässigkeit der Anwendung unmittelbaren Zwangs direkt aus § 457, wie dies auch die Formulierungen der Abs. 2 und 3 erkennen lassen. Es ist daher weder erforderlich noch zulässig, als *Grundlage* des unmittelbaren Zwangs auf die Vorschriften der Polizeigesetze zurückzugreifen[53].

11c Es fragt sich höchstens, ob die polizeigesetzlichen Regelungen verbindlich die *Inhalte* der „Erforderlichkeit" und „Verhältnismäßigkeit" konkretisieren können, also insofern als gesetzliche Ergänzung der strafprozessrechtlichen Regelung zur Anwendung kommen[54]. Diese Ansicht ist jedoch ebenfalls abzulehnen, denn der Landesgesetzgeber, der die Polizeigesetze erlässt, ist nicht befugt, auf dem Gebiet des Strafverfahrensrechts Regelungen zu treffen. Nach Art. 74 Nr. 1 GG besitzt der Bund u. a. die **konkurrierende Gesetzgebungskompetenz** auf den Gebieten des Strafrechts und des gerichtlichen Verfahrens, aber nicht mehr des Strafvollzugs. Die StPO als Bundesgesetz beruht auf der Zuständigkeit des Bundes für das gerichtliche Verfahren, und zwar nicht nur, soweit es um das gerichtliche Hauptverfahren geht, sondern – davon abgeleitet – auch sonst, z. B. im Vorverfahren[55]. Das BVerfG hat sogar die Gesetzgebungskompetenz des Bundes aufgrund von Art. 74 Nr. 1 GG für *künftige* Strafverfahren bejaht, wobei es ohne Belang sei, ob bereits ein Anfangsverdacht gegeben sei und ob die Regelung in einem Spezialgesetz außerhalb der StPO erfolge[56]. Von seiner Gesetzgebungskompetenz auf dem Gebiet des Strafverfahrensrechts hat der Bund durch die mehrfach neu verkündete StPO umfassend Gebrauch gemacht. Da es sich um eine Kodifikation des gesamten Rechtsgebiets (jedenfalls des Strafverfahrensrechts i. e. S.) handelt, kommen auch ergänzende Bestimmungen der Länder für solche Fragen nicht in Betracht, welche in der StPO nicht ausdrücklich geregelt worden sind. Dieses schon nach allgemeinen verfassungsrechtlichen Grundsätzen zwingende Ergebnis wird klargestellt durch § 6 EGStPO, wonach die prozessrechtlichen Vorschriften der Landesgesetze für alle Strafsachen außer Kraft treten, soweit nicht in der StPO auf sie verwiesen wird[57]. Die StPO lässt auch nicht Raum für eine Regelung der Art und Weise des Vollzugs der von ihr vorgesehenen Eingriffe, da sie zwischen dem „Ob" und „Wie" einer Maßnahme prinzipiell nicht unterscheidet. Auch die Art und Weise des Vollzuges einer Maßnahme wird partiell in der StPO ange-

---

51 Vgl. BGH NJW 97, 2189 (Ermittlungsrichter); KG JR 79, 347; OLG Celle NJW 97, 2463 f.; *Kleinknecht* NJW 64, 2181; vgl. auch Rn. 63, 182, 184a, 186a, 230; einschr. *Krey* ZStW 101, 857.
52 OLG Stuttgart MDR 84, 249; Karlsruhe StraFO 97, 13, 15; *Rengier* NStZ 81, 371. Zum Zwang bei körperl. Durchsuchung: OLG Celle NJW 97, 2464.
53 A.A. *Roxin/Schünemann* § 31, 11.
54 LG Ulm NStZ 91, 83; wohl auch, jedoch ohne Begründung BGH NJW 99, 2533. ähnlich: BayObLG NStZ 88, 519; OLG Karlsruhe NJW 74, 806; *MG-Schmitt* § 127, 20; *KK-Schultheis* § 127, 27; a. A. *Roxin/Schünemann* § 31, 11 ff.; *LR-Gärtner* § 127, 48 (mit Bedenken); *Borchert* JA 82, 346. Dagegen betrifft BGHSt 26, 99, 101 nur einen Fall der Gefahrenabwehr und BGHSt 35, 379 bundesrechtliche Bestimmungen über den unmittelbaren Zwang.
55 BVerfGE 36, 193, 202; *Sydow* ZRP 77, 119. Ausgenommen ist der Untersuchungshaftvollzug.
56 BVerfG NJW 01, 8790 f. (DNA-Untersuchung); 05, 2603, 2605 (Vorsorge für Verfolgung von Straftaten durch TKÜ).
57 Vgl. BGH NJW 62, 1020; *Rüping* ZStW 95, 904; *Kühne* 71; *Geisler* ZStW 93, 1117; *Denninger*, Polizei und Strafprozess (1978), S. 304 m. w. N.; *Ranft* S. 164; a. A. *Krey* ZRP 71, 226; *Peters* § 24 III.

sprochen und bleibt nicht etwa systematisch aus ihrem Regelungsanspruch ausgeklammert[58]. Wäre es dem Landesgesetzgeber überlassen, ergänzende Regelungen bezüglich des Vollzuges strafprozessrechtlicher Eingriffe zu regeln, liefe dieses auf eine unterschiedliche Handhabung, ja Zersplitterung des Strafverfahrens in den einzelnen Bundesländern hinaus, denn die Wertvorstellungen über das, was verhältnismäßig und zumutbar erscheint, gehen bei den Landesgesetzgebern weit auseinander. Schließlich vertrüge sich eine aus Polizeirecht abgeleitete Regelungskompetenz der Länder im Strafverfahren nicht mit der umfassenden Sachleitungsherrschaft der StA.

11d Eine gesetzliche Bindung an die polizeirechtlichen Vorschriften über die Anwendung unmittelbaren Zwangs besteht hier also nicht[59]. Als verbindliche Rechtsnormen verstoßen diese z. T. gegen die nach dem GG vorgegebene Gesetzgebungskompetenz des Bundes. Jedoch stellen sie durchaus taugliche Kriterien und Richtlinien dafür dar, was grundsätzlich als verhältnismäßiges Handeln eines Polizeibeamten angesehen werden kann, denn sie sind Ausdruck der in den Ländern vorhandenen Verwaltungserfahrungen im Umgang mit den Fähigkeiten und der Ausbildung von Polizeivollzugsbeamten. Daher eignen sich diese Vorschriften inhaltlich als – normativ allerdings nicht zwingende – Maßstäbe der Verhältnismäßigkeit, die auch dem Richter wertvolle Hinweise zu geben vermögen, ohne ihn jedoch in seiner Beurteilung der Verhältnismäßigkeit abschließend festzulegen[60]. Gemessen daran, kann hier die Verhältnismäßigkeit des Vorgehens des P. bejaht werden, denn bei entwichenen Strafhäftlingen ist als letztes Mittel des unmittelbaren Zwangs nach übereinstimmenden polizeirechtlichen Regelungen die Anwendung des Schusswaffengebrauchs vorgesehen, selbst wenn der Verurteilung kein Verbrechen zugrunde lag.

Dagegen richtet sich die Frage, ob P. überhaupt zuständig war, nach Landesrecht. Denn die Zuständigkeit der Beamten und Behörden des Polizeidienstes ist von der StPO und dem GVG gezielt ausgeklammert worden. Das Polizeiorganisationsrecht – auch soweit die Zuständigkeit für die strafverfolgende Tätigkeit der Polizei betrifft – unterliegt vielmehr der Verwaltungshoheit der Länder nach Art. 83 ff. GG. Hier besteht an der Zuständigkeit des P. in seiner Heimatgemeinde kein Zweifel; üblicherweise sind Polizeivollzugsbeamte im gesamten Landesgebiet zuständig[61].

III. Schrifttum des Strafverfahrensrechts

1. Kommentare

12

Löwe/Rosenberg, Die Strafprozessordnung und das Gerichtsverfassungsgesetz, 27. Aufl. (2017 ff.)
Meyer-Goßner/Schmitt, Strafprozessordnung, 63. Aufl. (2020)
Hannich (Hrsg.), Karlsruher Kommentar zur Strafprozessordnung und zum Gerichtsverfassungsgesetz, 8. Aufl. (2019)
v. Heintschell/Heinegg/Stöckel (KMR), Loseblattkommentar zur StPO
Wolter (Hrsg.), Systematischer Kommentar zur StPO und zum GVG (SK), 5. Aufl.
Münchener Kommentar zur StPO, Bd. 1 (2014), Bd. 2 (2016)
Graf, Strafprozessordnung, 3. Aufl. (2018)

2. Lehrbücher und Studienbücher

Roxin/Schünemann, Strafverfahrensrecht, 29. Aufl. (2017)
Krey/Heinrich, Deutsches Strafverfahrensrecht, 2. Aufl. (2018)
Beulke/Swoboda, Strafprozessrecht, 14. Aufl. (2018)
Volk/Engländer, Grundkurs StPO, 9. Aufl. (2018)

---

58 Z.B. §§ 81a Abs. 1 S. 2 (Arzt), 81d, 100b Abs. 3, 101, 104, 106–110, 116, 119, 111 l Abs. 5, 111 m Abs. 2.
59 A.A. *Roxin/Schünemann* § 31, 11 ff. m. w. N.
60 In diesem Sinne muss auch BGH NJW 99, 2533 sinnvoller Weise interpretiert werden, wo der methodische Ansatz nicht näher ausgeführt wird.
61 Vgl. z. B. § 75 Polizeigesetz Ba-Wü (entspricht § 63 a. F. bei LG Ulm a. a. O.).

3. Geschichtliche Darstellungen und Materialien

Eb. Schmidt, Einführung in die Geschichte der deutschen Strafrechtspflege, 3. Aufl. (1983)
Hahn/Mugdan, Die gesamten Materialien zu den Reichsjustizgesetzen, Bd. 3 (Materialien zur StPO, Abt. 1 und 2)
Rüping/Jerouschek, Grundriss der Strafrechtsgeschichte, 6. Aufl. (2011)
Schubert/Regge, Entstehung und Quellen der StPO von 1877 (1989)
Vormbaum, Einführung in die moderne Strafrechtsgeschichte (2005)

4. Handbücher, Monografien und sonstige Standardwerke

Alsberg, Der Beweisantrag im Strafprozess, 7. Aufl. (2019)
Breyer/Endler (Hrsg.), AnwaltFormulare Strafrecht, 4. Aufl. (2018)
Burhoff, Handbuch für die strafrechtliche Hauptverhandlung, 9. Aufl. (2019)
Burhoff, Handbuch für das strafrechtliche Ermittlungsverfahren, 8. Aufl. (2019)
Dahs, Handbuch des Strafverteidigers, 8. Aufl. (2015)
Dahs, Die Revision im Strafprozess, 9. Aufl. (2017)
Hamm, Die Revision in Strafsachen, 7. Aufl. (2010)
Hamm/Pauly, Beweisantragsrecht, 3. Aufl. (2019)
Heghmanns, Das Arbeitsgebiet des Staatsanwalts, 5. Aufl. (2014)
Eisenberg, Beweisrecht der StPO, 10. Aufl. (2017)
Meyer, Strafrechtsentschädigung, 10. Aufl. (2016)
Rinklin (Hrsg.), Der Strafprozess – Strategie und Taktik in der Hauptverhandlung, 2. Aufl. (2020)
Schomburg/Lagodny, Gesetz über internationale Rechtshilfe in Strafsachen (IRG), 6. Aufl. (2020)
Volk/Beukelmann (Hrsg.), Verteidigung in Wirtschafts- und Steuerstrafsachen, 3. Aufl. (2020)
Wabnitz/Janovsky/Schmitt, Handbuch Wirtschafts- und Steuerstrafrecht, 5. Aufl. (2020)

IV. Zielkonflikte im Strafverfahren

13 Die Durchführung des Strafverfahrens stellt keinen Selbstzweck dar[62], sondern zielt zunächst auf die Verwirklichung des einzelnen Strafanspruchs ab. Rechtssoziologische Betrachtungen, die in der Verfahrensdurchführung selbst den sozialen Sinn des Strafverfahrens sehen, enthalten zwar brauchbare Ansätze zur Beschreibung sozialpsychologischer Wirkungen des Strafverfahrens, sind aber normativ nicht fundiert. Immerhin lassen sie Äußerlichkeiten (z.B. Robenzwang, Architektur der Gerichtsgebäude) und Rituale der Hauptverhandlung (z.B. Aufstehen bei der Urteilsverkündung) verständlicher erscheinen; diese sind aber gerade nicht strafprozessrechtlich verankert. Rechtlich bleibt es bei der primären Aufgabe des Strafverfahrens, die nach materiellem Strafrecht **richtige Entscheidung** zu finden.

Voraussetzung dafür ist zunächst die Findung der **materiellen Wahrheit**, d.h. die Ermittlung des wirklichen Geschehens – anders als im Zivilprozess, wo das Prinzip der formellen Wahrheit gilt und die Parteien durch ihren Vortrag über den Sachverhalt verfügen, der vom Gericht zugrunde gelegt werden muss. Die Ausweitung von Beweisverwertungsverboten durch den Gesetzgeber und die Rechtsprechung sowie Absprachen zwischen den Verfahrensbeteiligten und dem Gericht (§ 257c) entfernen den Strafprozess allerdings inzwischen in bedenklichem Maße vom Prinzip der materiellen Wahrheit. Im Strafverfahren besteht der rechtsstaatliche Auftrag zur möglichst umfassenden Wahrheitsermittlung als Ausfluss des Gerechtigkeitsgedankens[63]; er besteht im öffentlichen Interesse und unterliegt nicht der Disposition der Verfahrensbeteiligten, z.B. im Rahmen einer „Verständigung" zwischen StA und Verteidigung.

---

62 Zu den daraus zu ziehenden Folgerungen allerdings z.T. unzutr.: Berliner VerfGH NJW 93, 517.
63 BVerfGE 77, 65, 76; 80, 367, 378; BVerfG NJW 10, 592 f.; zum Zweck des Strafprozesses: Murmann GA 04, 65.

13a Diese grundlegende Aufgabenstellung darf jedoch **nicht** dahin missverstanden werden, dass es Ziel des Strafverfahrens sei, **Wahrheitsfindung um jeden Preis** zu betreiben[64]. Die StPO und das GG lassen nicht jede nur wirksame Methode zu, um festzustellen, ob der Beschuldigte eine Straftat wirklich begangen habe, sondern in der Rechtsordnung ist das Strafverfolgungsinteresse nur *ein* Wert, der in mannigfache Spannungsverhältnisse mit anderen anerkannten Rechtswerten treten kann. So dienen zahlreiche Vorschriften der StPO nicht der Durchsetzung des Strafverfolgungsinteresses, sondern dem Schutz anderer Rechtsgüter, wie beispielsweise das Zeugnisverweigerungsrecht der Angehörigen nach § 52 dem Schutze des familiären Friedens oder das Verbot bestimmter Vernehmungsmethoden nach § 136a dem Schutz der Menschenwürde (Art. 1 Abs. 1 GG). Ein unter Beachtung dieser einschränkenden Vorschriften **prozessordnungsgemäß (justizförmig) zustande gekommenes Urteil** kann u. U. dem Ziel der materiell richtigen Entscheidung widersprechen, wenn beispielsweise wegen der Nichtverwertbarkeit einer glaubwürdigen Zeugenaussage der Richter entgegen seiner inneren Überzeugung freisprechen muss. Diese Zielkonflikte lassen sich nicht prinzipiell – etwa zugunsten des Strafverfolgungsinteresses oder der Justizförmigkeit – lösen, sondern sind eine Frage der Anwendung und Auslegung der jeweils betroffenen Vorschriften.

14 Bei der Begrenztheit menschlicher Erkenntnismöglichkeiten kann es natürlich dazu kommen, dass das angestrebte Ziel der materiell richtigen Entscheidung im Strafverfahren verfehlt wird. Erfolgt die Feststellung in Form eines rechtskräftigen Urteils, so kann nur im Rahmen eines Wiederaufnahmeverfahrens nach §§ 359 ff. oder einer nicht justiziablen Gnadenentscheidung dem wahren Sachverhalt Rechnung getragen werden. Man spricht teilweise aufgrund der Rechtsbeständigkeit der Urteile von einer **rechtsfriedenschaffenden Funktion** des Strafverfahrens[65]. Das trifft jedoch für die zahlenmäßig weitaus größere Form der Erledigung von Strafverfahren, nämlich die Einstellung, nicht zu, da eine Einstellungsentscheidung nicht oder nur sehr bedingt in Rechtskraft erwächst.

15 Der Hausdetektiv eines Kaufhauses beobachtet, wie der ca. zehnjährige A. eine Spielzeugpistole in seiner Jackentasche verschwinden lässt. Der Geschäftsführer des Kaufhauses stellt Strafantrag und verlangt von dem eilig herbeigerufenen Polizeimeister P., dass er den K. und dessen elterliche Wohnung nach gestohlenen Sachen durchsuche.

16 Eine Durchsuchung des K. nach § 102 scheitert daran, dass Verdächtiger i. S. dieser Vorschrift nur jemand sein kann, der als Täter einer verfolgbaren Straftat in Betracht kommt[66]. K. kann jedoch wegen offensichtlicher Strafunmündigkeit nicht verfolgt werden (§ 19 StGB). Nach § 103 ist hingegen auch die Durchsuchung von anderen Personen (Nichtverdächtigen) möglich. Es fragt sich jedoch, ob mit der geforderten Durchsuchung ein nach der StPO zulässiger Verfahrenszweck verfolgt wird. Das Strafverfahrensrecht hat eine dem materiellen Strafrecht dienende Funktion. Die Verfolgung **privater Interessen** ist dagegen die Aufgabe des Zivilrechts oder Zivilprozessrechts[67]. Auch die Befriedigung der zivilrechtlichen Ansprüche des durch die Straftat Verletzten ist nicht Zweck des Strafverfahrensrechts. Privatklage (§§ 374 ff.) und Nebenklage (§§ 395 ff.) ermöglichen es dem Verletzten lediglich, die strafrechtliche Verurteilung des Täters zu betreiben, lassen jedoch zivilrechtliche Ansprüche unberührt. Nur wenige Ausnahmevorschriften der StPO dienen der Verwirklichung zivilrechtlicher Interessen. Dazu gehören das sog. **Adhäsionsverfahren** (§§ 403 ff.) und die neuen Vorschriften über die **Vermögenseinziehung** (§ 111b StPO i. V. m. §§ 73, 75 StGB), soweit die von den Strafverfolgungsorganen belegten Vermögens-

---

64 BGHSt 14, 358.
65 *Krey/Heinrich* Rn. 30 ff.; *Lampe* GA 68, 33, 48.
66 Vgl. Rn. 22, 231.
67 Auch das GG kennt keinen Anspruch des Bürgers auf Strafverfolgung Dritter: BVerfG NJW 93, 915; 1577.

werte letztlich dem Verletzten zufließen sollen. In keinem Fall rechtfertigen private Interessen die Durchführung des Strafverfahrens selbst.
In letzter Zeit versucht der Gesetzgeber unter dem populären Schlagwort „**Opferschutz**" im Strafprozess die Rechte des Verletzten zu stärken[68], z. B. durch Mitteilungspflichten über den Verfahrensausgang (§ 406d), Akteneinsicht über einen Rechtsanwalt (§ 406e), das Recht auf einen Zeugenbeistand (§ 406f), Begrenzung von Personalienangaben (§ 68) sowie der Video-Vernehmung (§§ 58a, 255a)[69] und eine Einbeziehung des Täter-Opfer-Ausgleichs in den § 153a Nr. 5. Jedoch sind derartigen Tendenzen Grenzen gesetzt, denn strafprozessualer Opfer- und Zeugenschutz geht regelmäßig auf Kosten der Wahrheitsfindung. Abschirmung von Zeugen und Sachaufklärung verhalten sich wie kommunizierende Röhren. Treffend bemerkt *Robra*, „eine weitgehende Reprivatisierung von Täter-Opfer-Konflikten wäre in Wahrheit eine Reprimitivisierung des Strafprozesses und eine Umkehrung seiner langen Entwicklung zu höherer Rationalität"[70]. Strafprozessual unproblematisch ist dagegen eine Stärkung von Opferrechten im materiellen Strafrecht durch den sog. Täter-Opfer-Ausgleich (§ 46a StGB) oder durch besondere Gesetze wie das Opferentschädigungsgesetz (OEG) und das Opferanspruchssicherungsgesetz (OASG), das zugunsten des Opfers ein Pfandrecht an finanziellen Forderungen des Täters infolge einer öffentlichen Darstellung z. B. in den Medien begründet[71].

17 Ebenso wenig wie die Verfolgung privater Interessen ist es Aufgabe des Strafprozesses, **Gefahrenabwehr** zu ermöglichen. Diese ist vielmehr Gegenstand des materiellen Polizeirechts. Die Verfolgung präventiver Zwecke stellt einen Fremdkörper in der StPO dar, der nur in wenigen Ausnahmevorschriften durch den Sachzusammenhang mit dem Ziel der Strafverfolgung gerechtfertigt werden kann, wie dies z. B. für den Haftgrund der Wiederholungsgefahr (§ 112a) und die einstweilige Unterbringung nach § 126a angenommen wird. Zahlreiche andere Normen der StPO, denen auf den ersten Blick präventiver Charakter zugesprochen wird (z. B. § 81b 2. Alt., § 94 Abs. 3), entpuppen sich bei näherer Betrachtung als in Wirklichkeit durchaus systemtreu „repressiv"[72]. Von dem direkten Rechtsgüterschutz durch das materielle Polizeirecht ist strikt die mittelbare Prävention zu unterscheiden, die jeglicher Strafverfolgung zu eigen ist und sich mit den allgemeinen Straftheorien verbindet, wonach zum Sinn des Strafens die **Spezial- und Generalprävention** gehört[73]. Strafrechtsspezifische Prävention erfolgt jedoch nur indirekt, nämlich aufgrund der erzieherischen Einwirkung auf den Täter mittels einer Übelzufügung (Strafe) und nicht unmittelbar wie im Polizeirecht durch Abwehr und Beseitigung von Gefahren für konkret bedrohte Rechtsgüter[74]. Daher besagt der Aspekt der polizeirechtlichen Aufgabenstellung „Verhütung von Straftaten" seiner Qualität nach etwas völlig anderes als die vom Strafverfahren ermöglichte Spezial- und Generalprävention. Strafrecht und Strafverfahrensrecht sind nicht Teilgebiete des Polizeirechts. Weder ist es zulässig, mittels des polizeirechtlichen Instrumentariums Strafen zu verhängen[75] oder aufzuklären noch Ermittlungseingriffe im Strafverfahren vorzunehmen, um Gefahrenlagen zu bewältigen[76]. Die Ausschaltung von Gefahren darf höchstens – nicht be-

---

68 Dazu *Zätzsch* ZRP 92, 167; *Schädler* ZRP 90, 150; *Weigend* NJW 87, 1170; *Müller* DRiZ 87, 469; *Soiné* NJW 02, 470; ausführl. *Tampe*, Verbrechensopfer (1992).
69 BGBl. 98 I 820; dazu *Caesar* NJW 98, 2313 ff.; Rn. 124b.
70 Bericht vom 59. Deutschen Juristentag, NJW 92, 3011.
71 Vgl. BGBl. 98 I 905; dazu *Nowotsch* NJW 98, 1831.
72 Rn. 184c, 194, 196; problematisch aber „Wiederholungsgefahr": Rn. 74, 265b.
73 BGH NJW 17, 1373 (legendierte Polizeikontrolle); siehe auch *Kramer* JR 94, 224 ff.
74 Vgl. auch *Cassardt* ZRP 97, 372; a. A. *Krey*, Rechtsprobleme des Einsatzes Verdeckter Ermittler, 1993, Rn. 309.
75 Daher keine polizeirechtl. Beschlagnahme des Führerscheins zur „Erziehung": *Geppert* DAR 88, 12 ff. Beachte auch zu den Grenzen des Polizeirechts bei der Verhinderung von Straftaten: OVG Bremen NVwZ 01, 2; LG Berlin NJW 01, 162.
76 Unzutr. daher OVG Münster NJW 97, 1396 zum Wesen verdeckter Geschwindigkeitsmessungen.

Einführung

zweckter – Nebeneffekt strafprozessualer Maßnahmen sein[77], wie sich dies bei Untersuchungshaft und Beschlagnahmen im Dienste des Verfolgungszwecks zuweilen ergibt. Umgekehrt ist polizeirechtliches Einschreiten nicht gestattet, um Zwecke der Strafverfolgung zu erreichen. Rein konstruktiv wäre es denkbar, bei Gefährdungen des Strafanspruchs eine polizeirechtliche Gefahr zu begründen. Was jedoch zur Durchsetzung des Strafanspruchs geschehen darf und dem Bürger insoweit an Belastungen zuzumuten ist, ergibt sich abschließend aus dem Strafverfahrensrecht. Ein genereller Vorrang des einen Rechtsgebiets vor dem anderen kommt weder dem Strafprozessrecht noch dem Gefahrenabwehrrecht zu; das Auftreten eines zureichenden Verdachts einer Straftat sperrt damit auch nicht die Anwendung polizeirechtlicher Vorschriften, soweit es nur um die Abwehr konkreter Gefahren geht[78].

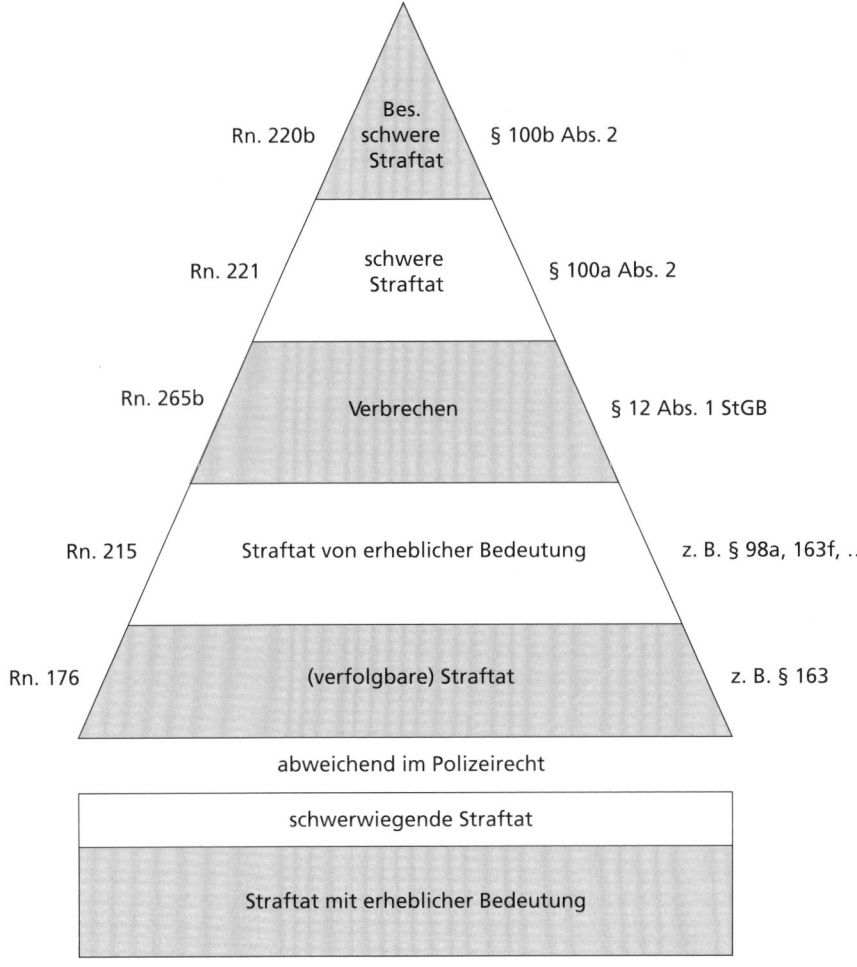

Abb. 1: Straftatenpyramide in der StPO

---

77 Vgl. KG NJW 97, 2894, 2896 zum Berliner Parkraumüberwachungskonzept.
78 Vgl. BGH NJW 17, 1373, 1376; siehe auch hier Rn. 334c.

Geht man im Kaufhausfall davon aus, dass die Strafunmündigkeit des K. sofort erkennbar ist und eine Beteiligung von älteren Personen nicht in Betracht kommt, besteht für die Einleitung eines Ermittlungsverfahrens kein Anlass. Durchsuchungsmaßnahmen können daher weder auf § 102 noch auf § 103 gestützt werden. K. dürfte lediglich nach den einschlägigen Ermächtigungsnormen des Polizeirechts zum Schutz privater Rechte durchsucht werden, was jedoch stets eine Ermessensentscheidung des P. wäre. Ob eine Durchsuchung der elterlichen Wohnung nach Polizeirecht zulässig wäre, hängt von den Umständen des Einzelfalles ab.

B. Der Beschuldigte

I. Der Begriff des Beschuldigten

> A. und B. haben gemeinsam einen Einbruch verübt. B. ist flüchtig; A. wird gefasst und angeklagt. Während schon gegen A. die Hauptverhandlung läuft, führt auch die Fahndung nach B. zum Erfolg. B. soll bereits am Tage seiner Festnahme in der Hauptverhandlung gegen A. vernommen werden. B. will dabei von seinem „Aussageverweigerungsrecht" Gebrauch machen und weder zur Person des A. noch zum Tatgeschehen irgendwelche Angaben machen.

18

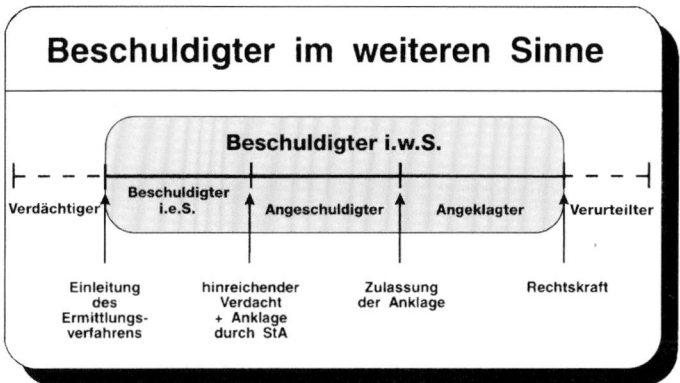

Abb. 2. Beschuldigter im weiteren Sinne

Auf das Aussageverweigerungsrecht des Angeklagten nach § 243 Abs. 5 S. 1 kann sich B. nicht stützen, da gegen ihn noch keine Anklage erhoben, geschweige denn das Hauptverfahren eröffnet worden ist. Es fragt sich jedoch, ob er das Aussageverweigerungsrecht eines Beschuldigten hat, das in § 136 Abs. 1 S. 2 seinen Niederschlag gefunden hat. Voraussetzung dafür ist, dass B. als Beschuldigter anzusehen ist. Die StPO setzt den Begriff des Beschuldigten voraus, ohne ihn selbst zu definieren. Beschuldigter ist diejenige Person, gegen die sich das Strafverfahren richtet[1]. Zum Beschuldigten wird jemand, wenn die Strafverfolgungsbehörden gegen ihn Ermittlungsmaßnahmen ergreifen, die der Feststellung dienen, ob und gegebenenfalls wie diese Person strafrechtlich verurteilt werden kann[2]. Dieser Akt ist nicht an besondere formelle Voraussetzungen geknüpft. Es genügen faktische Maßnahmen der Strafverfolgungsbehörde gegen einen Verdächtigen, die nach ihrem äußeren Erscheinungsbild darauf abzielen, gegen jemanden strafrechtlich vorzugehen[3]. So ist es zur Begründung der Beschuldigteneigenschaft nicht erforderlich, dass einer Person der gegen sie bestehende Tatverdacht eröffnet wird. Ebenso wenig ist es zwingend, dass ein Aktenvorgang unter namentlicher Bezeichnung des Beschuldigten oder ein schriftlicher Vermerk über die Einleitung des Verfahrens

19

---

1 BGHSt 10, 8, 12; 27, 141; NStZ 81, 487; MDR 84, 680; NJW 85, 76; § 136, 5; *Beulke* 111; *Roxin/Schünemann* § 26, 5 unter Aufgabe der früheren Gegenmeinung; dagegen für einen materiellen Beschuldigtenbegriff: *Peters* § 28 I; *Montenbruck* ZStW 89, 878; einschr. auch *Gössel* S. 202 ff.; *Schlüchter* 85, 479. Näher zum Beschuldigtenbegriff: *Jung* JuS 98, 1136.
2 Ähnlich § 397 Abs. 1 AO für das Steuerstrafverfahren.
3 BGH NStZ 15, 291 f.

angelegt werden. Ferner ist das Vorliegen einer Anzeige nicht notwendige Voraussetzung für die Begründung der Beschuldigteneigenschaft. Ausreichend ist vielmehr jede Ermittlungstätigkeit, die erkennbar dazu dient, die Täterschaft einer individuell zu bezeichnenden Person zu klären. Dies kann durch eine vorläufige Festnahme, eine Beschlagnahme, eine Vernehmung, Alibiüberprüfung, die Beiziehung von Akten usw. geschehen[4]. Ein Beschuldigter muss also den Ermittlungsbehörden von der Person – wenn auch nicht unbedingt vom Namen – her bekannt sein (z.B. ein auf frischer Tat Festgenommener, der seinen Namen verschweigt). Solange ein Ermittlungsverfahren offiziell „gegen Unbekannt" geführt wird, heißt dies nur, dass es zunächst noch keinen Beschuldigten gibt. Vom Beschuldigten im Sinne der StPO ist daher strikt der materiell-rechtliche Begriff des „Täters" (oder auch Mittäters bzw. Gehilfen) zu unterscheiden.

Die Beschuldigteneigenschaft ist demnach verfahrensrechtlich zu sehen (**formeller Beschuldigtenbegriff**). Allein durch den gegen ihn bestehenden Tatverdacht wird niemand automatisch zum Beschuldigten. Die Beschuldigteneigenschaft wird nicht durch die (objektive) Stärke des Tatverdachts, sondern einen Willensakt der Strafverfolgungsbehörde begründet[5]. Davon ist auch keine Ausnahme bei objektiv noch so *„starkem* Tatverdacht" zu machen, auch dann nicht, wenn die Verfolgungsbehörde ihren Beurteilungsspielraum verletzt, falls sie gegen jemanden pflichtwidrig nicht als Beschuldigten ermittelt[6]. Jedoch ist zu bedenken, dass dann, wenn aufgrund der bis dahin bekannten Beweislage die Polizei oder die StA ersichtlich von einem konkreten Tatverdacht ausgegangen ist und gegen eine bestimmte Person eine Strafverfolgungsmaßnahme ergriffen hat, die Verfolgungsbehörden sich nicht darauf berufen können, sie hätten diese Person nur als Zeugen angesehen. Da der „Willensakt" der Polizei oder StA, mit dem sie eine Person zum Beschuldigten machen, nicht weiter formalisiert ist z.B. durch ausdrückliche Bezeichnung als „Beschuldigter", kann dieser Willensakt der Sache nach bereits in jeder Strafverfolgungsmaßnahme gegen eine bestimmte Person liegen[7].

Aus dem verfahrensrechtlichen Beschuldigtenbegriff ergibt sich weiter, dass die Beschuldigteneigenschaft eine **relative** ist: dieselbe Person kann in Bezug auf ein und dasselbe Tatgeschehen in einem Verfahren Beschuldigter sein und daneben Zeuge in einem anderen, das sich auf einen anderen Tatbeteiligten bezieht. § 60 Nr. 2 spricht ein ausdrückliches Vereidigungsverbot für Personen aus, die der Tat, welche den Gegenstand der Untersuchung bildet, verdächtig sind. Folglich geht das Gesetz selbst von der Möglichkeit einer uneidlichen Vernehmung von Zeugen aus, die Tatbeteiligte sein können. Innerhalb desselben Verfahrens ist dagegen eine gleichzeitige Zeugen- und Beschuldigteneigenschaft ausgeschlossen; auch bezüglich solcher Taten eines Mitbeschuldigten, in die ein anderer Mitbeschuldigter in keiner Weise verwickelt ist, kann, darf letzterer nicht als Zeuge, sondern nur als Beschuldigter vernommen werden[8], wenn gegen beide ein einheitliches Verfahren geführt wird.

Im Ausgangsfall sind A. und B. zwar materiellrechtlich Mittäter, strafverfahrensrechtlich ist es jedoch wegen der Flucht des B. zu einer Trennung der Verfahren gegen die beiden Mittäter gekommen. Das Verfahren gegen A. hat nach der Verfahrenstrennung nicht mehr die Strafverfolgung des B. zum Gegenstand. Folglich ist B. in dem Verfahren gegen A., in dem er jetzt vernommen werden soll, nicht Beschuldigter, sondern Zeuge. Daher hat er kein umfassendes Aussageverweigerungsrecht nach § 136; vielmehr kann er nach § 55 als Zeuge nur punktuell die Auskunft auf solche Fragen verweigern, mit deren

---

4 Vgl. BGH NJW 19, 2627, 2630.
5 BGHSt 34, 138, 140; BGH NStZ 87, 83; NJW 97, 1591; 03, 3142.
6 Missverständl. daher BGH NJW 97, 1591; *Beulke* 112; zum Begriff Begriff der „Täters" in der StPO: Schroeder NJW 00, 2483.
7 BGHSt 10, 8, 12; BGH StV 85, 397 f.; NJW 97, 1591 03, 3142; BGHSt 38, 214, 228; 51, 150, 156. Zum notwendigen Grad der Individualisierung: LG Ravensburg NJW 01, 385. S. auch LG Koblenz NZV 02, 422.
8 Vgl. BGHSt 10, 8, 11.

Beantwortung er sich der Gefahr strafrechtlicher Verfolgung aussetzen würde[9]. Dies kann bei Einzelfragen zum Tatgeschehen der Fall sein, trifft jedoch nicht für Fragen zur Person des A. zu.

Der Begriff des Beschuldigten ist ein Oberbegriff, der den des „Nur"-Beschuldigten (von Einleitung des Ermittlungsverfahrens bis Anklageerhebung = **Beschuldigter i.e.S.**), aber nach § 157 auch den des **Angeschuldigten** (von Anklageerhebung bis Eröffnung des Hauptverfahrens) und den des **Angeklagten** (von Eröffnung bis zur Rechtskraft) umfasst. Vom Angeklagten spricht man nicht nur in der ersten Instanz, sondern auch noch im Berufungs- und Revisionsverfahren. Erst mit Rechtskraft einer Verurteilung wird der Angeklagte zum **Verurteilten**. Im Übrigen endet die Beschuldigteneigenschaft durch rechtskräftigen Freispruch oder formelle Einstellung des Verfahrens durch die StA. Im Bußgeldverfahren entspricht dem Begriff des Beschuldigten i.w.S. die Bezeichnung **Betroffener** (§ 55 OWiG).

> Nach einem Kunstdiebstahl werden blitzartig die Wohnungen und die Geschäftsräume mehrerer einschlägig bekannter Hehler, die in der Vergangenheit bereits ähnliche Kunstobjekte wie die jetzt gestohlenen aufgekauft hatten, aufgrund richterlicher Anordnung gem. § 102 durchsucht. Die Aktion erweist sich als völliger Fehlschlag. Sämtliche von den Durchsuchungen betroffenen Personen verlangen empört von dem zuständigen Staatsanwalt eine schriftliche Nachricht über die Einstellung des Verfahrens in Hinblick auf ihre Person.

Die StA müsste das Verfahren förmlich einstellen und entsprechende Nachricht erteilen (vgl. § 170 Abs. 2 S. 2), wenn es sich bei den Antragstellern um „Beschuldigte" gehandelt hätte. Nach dem bisher Gesagten läge es nahe, ihnen den Beschuldigtenstatus zuzusprechen, da gegen sie gerichtete Ermittlungsmaßnahmen – nämlich Durchsuchungen – erfolgt sind. Jedoch muss die rein verfahrensrechtliche Betrachtungsweise für die Begründung der Beschuldigteneigenschaft mit einer Einschränkung versehen werden: nur wenn der Ermittlungsbeamte aufgrund eines von ihm angenommenen **zureichenden Tatverdachts** i.S.v. § 152 Abs. 2 (sog. Anfangsverdacht) eine Ermittlungsmaßnahme gegen eine bestimmte Person richtet, versetzt er diese damit in den Beschuldigtenstatus. Ist der subjektiv angenommene Verdachtsgrad jedoch unterhalb dieser Schwelle angesiedelt, d.h. kommt die Person für den Beamten lediglich als Täter oder Teilnehmer einer verfolgbaren Straftat *in Betracht*, so spricht man vom **Verdächtigen**[10]. Das heißt: weder allein die gegen eine Person faktisch ergriffene Verfolgungsmaßnahme noch allein der (in den Augen des handelnden Beamten oder gar aus späterer Sicht) gegebene zureichende Verdacht begründen deren Beschuldigtenstatus. Vielmehr müssen beide Elemente – das objektive und das subjektive – zusammentreffen.

Diese Präzisierung des verfahrensrechtlichen Beschuldigtenbegriffs ist vom Gesetz her zwingend, da die StPO Maßnahmen kennt – wie z.B. die Durchsuchung nach § 102 und die Personenfeststellung gem. § 163b Abs. 1 –, die zwar unzweifelhaft gegen den Adressaten der Maßnahme gerichtet sind, also der Ermittlung *seiner* Strafbarkeit dienen, das Gesetz ihn aber gleichwohl noch nicht als Beschuldigten ansieht. In der Terminologie der StPO handelt es sich erst um „Verdächtige". Es geht dabei um einen allgemein-

---

9 Vgl. Rn. 139 ff.
10 Vgl. BGH NJW 09, 3589 (Stärke des vom Beamten gehegten Tatverdachts); NJW 19, 2630; StV 15, 337; OLG Hamm NJW 91, 1897 („Anhaltspunkte, die eine Täterschaft oder Teilnahme als möglich erscheinen lassen"); der Verdächtigenbegriff wird auch zugrunde gelegt bei BGH NJW 2904, 2907 (Sedlmayr); ferner BGHSt 37, 48, 52; 38, 214 ff.; NStZ 83, 86; 7, 103; *MG-Köhler* § 163b, 4; 102, 3; zu weitgehend: KK-*Griesbaum* § 163b, 9; LR-*Erb* § 163b, 11 (widersprüchl.); abl. *Achenbach* JA 81, 662; *Geerds* JURA 86, 10; *Krey/Heinrich* Rn. 456 ff.; LR-*Tsambikakis* § 102, 10 (für Durchsuchung).

gültigen Gedanken, der auch bei anderen Maßnahmen eingreift wie z. B. der Vernehmung, Alibiüberprüfung, Aufstellung von Fahndungsrastern usw. Bei dem Verdächtigen handelt es sich nicht um eine dritte Kategorie neben Beschuldigten und Zeugen. Vielmehr gibt es Verdächtige, bei denen sich der Verdacht in den Augen der Ermittlungsbehörden bereits so verdichtet hat, dass sie als Beschuldigte behandelt werden, und andere, die zwar als Täter in Frage kommen, gegen die sich aber konkretisierte Anhaltspunkte ihrer Täterschaft noch nicht nachweisen lassen und deshalb nur verdächtige Zeugen sind.

Die Abgrenzung ist deshalb schwierig, weil sie sich an den subjektiven Vorstellungen der Beamten von der Verdachtsstärke orientiert. Es bedarf einer Würdigung äußerer Indizien. Anhaltspunkte für eine bloße Behandlung als Verdächtiger sind, dass mehrere Personen in den Kreis möglicher Täter einbezogen sind, deren Täterschaft sich aber gegenseitig ausschließt; dass keine einzelfallbezogenen Verdachtsgründe gegen eine Person bestehen, sondern nur allgemeine kriminalistische Erfahrungssätze; dass jemand lediglich aufgrund seiner Vorstrafen, räumlichen Nähe zum Tatort, persönlichen Beziehung zum Opfer oder Zugehörigkeit zu einer bestimmten Personengruppe in das Blickfeld der Ermittlungsbehörden gerät. Andererseits gibt es Situationen, die dem äußeren Gehalt nach schon zwingend erkennen lassen, dass die Ermittlungsbeamten, jemanden als Beschuldigten betrachten, z. B. wenn sie eine Person vorläufig festnehmen oder erkennungsdienstlich behandeln (§ 81b),[11] aber gerade nicht bei Durchsuchungen nach § 102, da diese nach dem eindeutigen Gesetzeswortlaut auch schon bei bloß Verdächtigen zulässig sind.

23 Von der Frage, *ob* die Ermittlungsbehörden jemanden zum Beschuldigten gemacht haben, ist jene zu unterscheiden, wann sie dazu *verpflichtet* sind. Dies sagt das **Legalitätsprinzip** aus (§§ 152 Abs. 2, 163). Dabei unterliegt es der pflichtgemäßen Beurteilung der Strafverfolgungsbehörde, ob sie einen solchen Grad des Verdachts für eine strafbare Handlung für gegeben erachtet, dass sie ihn als Beschuldigten verfolgt; der Verdacht muss sich so verdichtet haben, dass die Person *ernstlich* als Täter der untersuchten Straftat erscheint[12].

Im Kunstdiebstahl-Fall fand die Durchsuchung bei den potenziellen Hehlern nicht aufgrund bereits konkretisierter Verdachtsmomente statt, aus denen auf eine Täterschaft im aktuellen Fall hätte geschlossen werden können. Vielmehr beruhte die Ermittlungsmaßnahme – was § 102 gestattet – nur auf einer sich aus kriminalistischer Erfahrung ergebenden Eingrenzung des möglichen Täterkreises. Daher haben die Antragsteller zu keinem Zeitpunkt den Status eines Beschuldigten innegehabt. Eine förmliche Einstellung des Verfahrens in Bezug auf ihre Person ist weder erforderlich noch möglich. Demnach ist auch eine förmliche Einstellungsnachricht nicht zu erteilen. Eine andere Frage ist, ob nicht der Staatsanwalt ihnen formlos mitteilt, dass das Verfahren niemals gegen sie betrieben wurde, wozu er allerdings nicht verpflichtet ist.

24 Richter R. führt eine Verhandlung gegen die beiden gemeinsam angeklagten Trickbetrüger C. und D. Als er in der Verhandlung nicht weiterkommt, weil beide von ihrem Aussageverweigerungsrecht Gebrauch machen, trennt R. einfach das Verfahren gegen C. ab und vernimmt C. in der gegen D. weitergeführten Verhandlung als Zeugen unter Belehrung nach § 55 StPO. Anschließend verbindet er beide Verfahren wieder.

---

11 Missverständlich daher BGH NJW 92, 1463, 1466; zutr. Richtigstellung bei BGH NJW 07, 2707 („regelmäßig").
12 Ähnlich BGHSt 37, 48, 51 f.; näher dazu: *Eisenberg/Conen* NJW 98, 2241 ff.

25 Der verfahrensrechtliche Beschuldigtenbegriff könnte die Ermittlungsbehörden zum Missbrauch verleiten, indem sie allein zu dem Zweck, einen Beschuldigten in die grundsätzlich schwächere Zeugenposition abzudrängen, Verfahrenstrennungen manipulieren. Dient die Trennung nicht der sachlichen Verfahrensförderung – wobei allerdings Zweckmäßigkeitserwägungen und Gesichtspunkte der Verfahrensbeschleunigung ausreichen –, sondern allein dazu, einen Beschuldigten um sein Aussageverweigerungsrecht zu bringen, handelt es sich um Fälle der **manipulierten Rollenvertauschung**, die unzulässig sind. Die Rechtsprechung nimmt in diesen Fällen einen nach § 338 Nr. 5 i. V. m. § 230 revisiblen Verfahrensverstoß an[13].

Im vorliegenden Fall wäre eine kurzfristige Abtrennung der Verfahren nach § 4 nicht von vornherein unzulässig gewesen[14]. Jedoch auch bei einer vorübergehenden Abtrennung nach § 4 darf die ohne den Angeklagten fortgesetzte Hauptverhandlung sich nicht auf einen Anklagevorwurf erstrecken, der ihn ebenfalls sachlich betrifft; denn das liefe auf eine Umgehung seines nach § 230 abgesicherten Anwesenheitsrechts hinaus[15]. So lag der Fall hier. Darüber hinaus diente die Abtrennung ersichtlich der Umgehung des Aussageverweigerungsrechts des Angeklagten, so dass auch ein Fall manipulierter Rollenvertauschung angenommen werden muss.

25a Die Problematik der Zulässigkeit von Verfahrensverbindungen und -trennungen ergibt sich nicht nur im gerichtlichen Verfahren, sondern zuweilen schon im Ermittlungsverfahren. Auch hier muss ein Verbot manipulierter Rollenvertauschung angenommen werden, wenngleich die revisionsrechtlichen Konsequenzen nach § 230 i. V. m. § 338 Nr. 5 nicht eingreifen. Grundsätzlich bedarf es daher besonderer Gründe (z. B. unterschiedliche Dezernatszuständigkeiten, abweichende Ausermittlungsreife bei mehreren Beschuldigten, unübersichtlich große Zahl von Mitbeschuldigten), wenn die Ermittlungsbehörde Verfahren trennt, obwohl ein strafprozessrechtlicher Zusammenhang besteht. Bleibt als Motiv einer Verfahrenstrennung nur Manipulation übrig, muss die fortbestehende (Mit-)Beschuldigteneigenschaft im ursprünglichen Verfahren angenommen werden.

Zweifelhaft ist die Frage, welche Stelle im Ermittlungsverfahren (sachlich berechtigte) Verfahrensverbindungen oder -trennungen vornehmen darf: nur die StA oder auch die Polizei? Der 1. Strafsenat des BGH hat hierzu die Ansicht vertreten, prozessuale Gemeinsamkeit mit der Folge, dass mehrere Personen zu Mitbeschuldigten werden, könne nur durch eine ausdrückliche Erklärung der StA, aber nicht der Polizei begründet werden[16]. Diese Ansicht ist zu eng. Sie argumentiert mit der Sachleitungsfunktion der StA im Vorverfahren und der Rechtsklarheit; dem Richter soll „zeitraubendes Studium umfangreicher Ermittlungsakten" erspart werden, um erkennen zu können, ob irgendwann einmal prozessuale Gemeinsamkeit bestanden habe. Die Sachleitungsfunktion der StA verlangt aber lediglich, dass die Polizei nicht eigenmächtig staatsanwaltschaftliche Entscheidungen zur Strukturierung des Verfahrens aufheben oder unterlaufen darf. Soweit sie aber im Rahmen ihrer eigeninitiativ bedingten Ermittlungstätigkeit nach § 163 vorgeht, ist es sachlich unvermeidbar, ihr auch die Kompetenz zur Verfahrensverbindung und -trennung zuzusprechen. Solange die Polizei selbstständig gegen mehrere Personen ermittelt, kann weder angenommen werden, dass dies immer „atomisierte" Einzelverfahren gegen Einzelpersonen sind noch dass es sich stets um ein einziges Großverfahren

---

13 BGHSt 24, 257 ff.; vgl. auch den umgekehrten Fall einer Manipulation durch den Mitbeschuldigten: BGHSt 27, 139. Manipulation ist auch als Verfahrensverbindung denkbar; im konkreten Fall aber abgelehnt: BGHSt 45, 342, 351. Missbräuchlich wäre auch eine Abtrennung von Verfahrensteilen zur Beschränkung des Akteneinsichtsrechts des Verteidigers, BGHSt 50, 224 ff.
14 Kein Ausschluss der Anwendbarkeit des § 4 durch Einführung des § 231c, BGHSt 32, 271 f.
15 BGHSt 32, 271, 273; anders BGHSt 33, 119 ff., wo ursprünglich nicht an eine nur vorübergehende Abtrennung gedacht war.
16 BGHSt 34, 215, 217.

gegen alle handelt. Richtig ist dagegen, dass bloße Gleichzeitigkeit polizeilicher Ermittlungen noch nicht als Verbindung von Verfahren betrachtet werden kann, sondern dass es dazu – nicht anders als bei der StA – einer nach außen erkennbaren Verfügung bedarf. Von einer Strukturierungsentscheidung ist die Polizei erst dann ausgeschlossen, wenn sie die StA in die laufenden Ermittlungen eingeschaltet hat und letztere die maßgeblichen Anordnungen für den Fortgang des Verfahrens trifft[17].

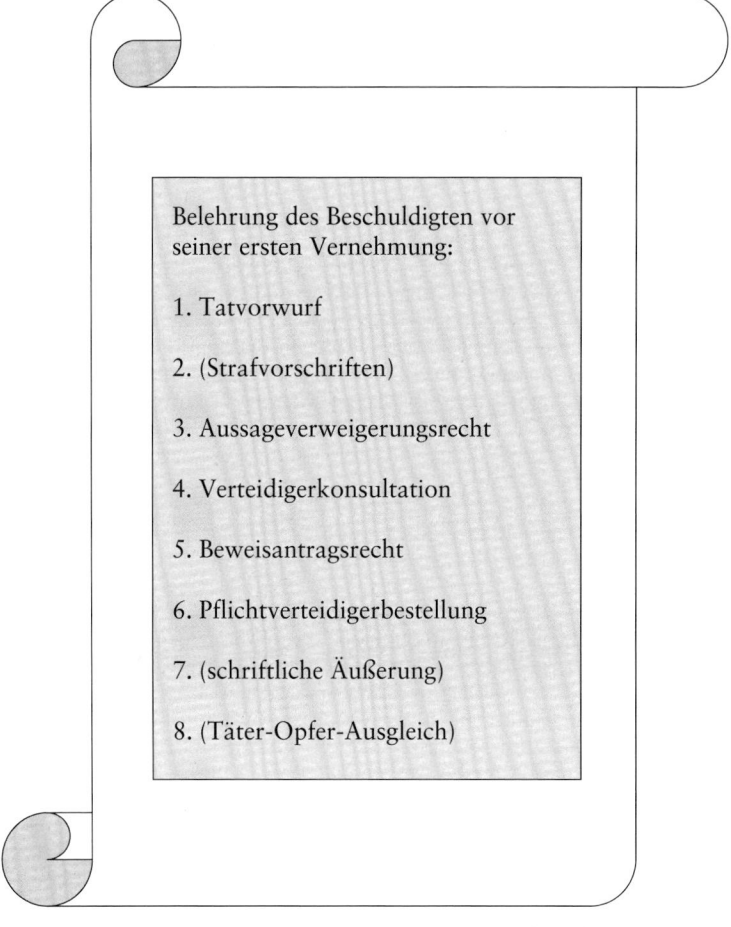

Abb. 3: Belehrung des Beschuldigten vor seiner ersten Vernehmung

II. Vernehmung des Beschuldigten

1. Grundsätzliches

26 Die Angaben des Beschuldigten sind im formellen Sinne kein Beweismittel. § 244 Abs. 1 formuliert, dass nach der Vernehmung des Angeklagten die Beweisaufnahme folge. Gleichwohl ist die Aussage des Beschuldigten ein wesentliches Mittel zur Wahrheitsfin-

---

17 BGHSt 34, 138, 141.

dung, nicht viel anders als eine Zeugenaussage. Die Aussage eines Angeklagten gehört zum Inbegriff der Hauptverhandlung (§ 261) und wirkt deshalb unmittelbar auf die Überzeugungsbildung des Gerichts ein[18]. Der Beweiswert der Angaben des Beschuldigten lässt sich nicht mit der Behauptung herabsetzen, er dürfe ja lügen[19]. Die Angaben des Beschuldigten unterliegen vielmehr nach § 261 der freien Beweiswürdigung des Richters, der dem Beschuldigten allerdings auch nicht jede Einlassung abzunehmen braucht, die nach seiner Überzeugung nur eine Schutzbehauptung darstellt. Ebenso unterliegt die Glaubwürdigkeit eines **Geständnisses** der freien Beweiswürdigung und ist für den Richter nicht bindend[20].

Die **erste Vernehmung** des Beschuldigten kann vor der Polizei, dem Staatsanwalt oder dem Ermittlungsrichter stattfinden. Nach § 78c Abs. 1 Nr. 1 StGB führt sie zur Unterbrechung der Verjährung[21]. Für den Beschuldigten besteht – anders als im eingeschränkten Maße bei Zeugen (§ 163 Abs. 3) – *keine* Verpflichtung, einer Ladung zur polizeilichen Vernehmung Folge zu leisten. Lässt er sich von Beamten des Polizeidienstes vernehmen, so haben diese ihm dabei zu eröffnen, welche Tat ihm zur Last gelegt wird (§ 163a Abs. 4 S. 1). Mit der „Tat" meint das Gesetz nicht etwa eine schlagwortartige Bezeichnung der Rechtsvorschrift, gegen die der Beschuldigte verstoßen haben soll („wegen Diebstahls, Mords" usw.), sondern das tatsächliche Geschehen, das ihm zum Vorwurf gemacht wird. Der ihm zur Last gelegte Sachverhalt muss ihm wenigstens in groben Zügen eröffnet werden, was z. B. nicht geschehen ist, wenn ihm der inzwischen eingetretene Tod des Opfers verschwiegen wird[22]. Ein vernehmender Richter oder Staatsanwalt muss dem Beschuldigten darüber hinaus eröffnen, welche Strafvorschriften in Betracht kommen (§ 136 Abs. 1 S. 1). Für die staatsanwaltschaftliche oder richterliche Vernehmung besteht eine Erscheinungspflicht des Beschuldigten, die notfalls durch Vorführung erzwungen werden kann (§ 163a Abs. 3, §§ 133 ff.)[23]. In jedem Falle ist der Beschuldigte bei seiner ersten Vernehmung über sein Aussageverweigerungsrecht und die Möglichkeit zu belehren, dass er auch schon vor seiner Vernehmung einen Verteidiger befragen kann. Die Beamten müssen es ihm ermöglichen, einen Verteidiger zu kontaktieren. Auch das Recht, zu seiner Entlastung einzelne Beweiserhebungen zu beantragen, gehört zu den **Belehrungspflichten** nach § 136, die ebenfalls für polizeiliche Vernehmungen gelten (§ 163a Abs. 4 S. 2). In den Fällen der notwendigen Verteidigung[24] ist der Beschuldigte darauf aufmerksam zu machen, dass er einen Antrag auf Bestellung eines Pflichtverteidigers stellen kann. Bei weiteren Vernehmungen des Beschuldigten zu einem späteren Zeitpunkt brauchen diese Belehrungen nicht wiederholt zu werden, falls sich nicht der Tatvorwurf durch Aufnahme zusätzlicher Taten im prozessualen Sinne erweitert hat[25]. Die Formulierung der Belehrung braucht nicht in jeder Beziehung dem Wortlaut des Gesetzes zu entsprechen, sondern muss nur auf einer dem Beschuldigten verständlichen Sprachebene die Inhalte der Belehrung sinngemäß wiedergeben. Erfasst der Beschuldigte aus in seiner Person liegenden Gründen die Belehrung nicht (z. B. alkoholisiert,

---

18 Ausführl. *Rogall*, Der Beschuldigte als Beweismittel gegen sich selbst (1977); s. auch *Beulke* StV 90, 180; *Kramer* JURA 83, 113.
19 Zur Frage der Wahrheitspflicht des Beschuldigten: BGHSt 3, 149; StV 85, 356; Bay ObLG NJW 78, 387; *Beulke* 125.
20 Zur Würdigung eines Geständnisses: BGH StV 87, 378; NJW 90, 461; *Stern* StV 90, 563.
21 Dazu BGH NStZ 85, 545; 90, 436; NJW 00, 2829; NStZ 19, 602.
22 BGH NStZ 12, 581 f.
23 Nach BGH NJW 93, 868 auch wenn der Beschuldigte nicht aussagen will.
24 S. Rn. 89 f.
25 Zur Tat im prozessualen Sinne s. Rn. 276.

unkonzentriert), obwohl der Beamte alles getan hat, um sich verständlich auszudrücken, so behauptet der BGH ein Beweisverwertungsverbot[26].

Aus dem Amtsermittlungsgrundsatz ergibt sich, dass die Vernehmung dem Beschuldigten Gelegenheit geben soll, die gegen ihn vorliegenden Verdachtsgründe zu beseitigen und die zu seinen Gunsten sprechenden Tatsachen geltend zu machen (§ 136 Abs. 2). Inhaltlich soll sich die Vernehmung auch auf die persönlichen Verhältnisse des Beschuldigten erstrecken (§ 136 Abs. 3). Falls das Verfahren nicht zur Einstellung führt, muss der Beschuldigte spätestens vor Abschluss der Ermittlungen gem. § 163a Abs. 1 vernommen werden, damit vor einer Anklageerhebung dem Grundsatz des **rechtlichen Gehörs** Rechnung getragen wird. Ansonsten fehlt es an einer Prozessvoraussetzung[27]. In geeigneten Fällen genügt es allerdings, ihm Gelegenheit zur schriftlichen Äußerung zu geben[28] und auf die Möglichkeit eines Täter-Opfer-Ausgleichs (§ 46a StGB) hinzuweisen. Bei der richterlichen Vernehmung des Beschuldigten besitzt der Verteidiger ein Anwesenheitsrecht (§ 168c Abs. 1); ebenso kann der Verteidiger verlangen, bei der staatsanwaltschaftlichen Vernehmung des Beschuldigten zugelassen zu werden (§ 163a Abs. 3 S. 2). Dies gilt jetzt auch für die polizeiliche Beschuldigtenvernehmung (§ 163a Abs. 4 S. 3 i. V. m. § 168c Abs. 1 und 5). Die Vernehmung des Beschuldigten kann in Bild und Ton aufgezeichnet werden (§ 136 Abs. 4 S. 1). Bei Verdacht eines vorsätzlichen Tötungsdelikts oder geistig-seelischer Behinderungen des Beschuldigten sind solche Videoaufzeichnungen sogar gesetzlich zwingend.

28 Im Anzeigenteil einer Tageszeitung fällt dem Kriminalbeamten K. folgendes Inserat auf: „Partnervermittlung für Sie und Ihn – schnell, preiswert, diskret. Telefon … 10.00 bis 20.00 Uhr." K. nimmt an, hinter der Anzeige stehe ein Betrieb, in welchem Prostituierte ausgebeutet würden (§ 180a StGB). Er wählt die angegebene Rufnummer an, verschweigt seiner Gesprächspartnerin seine amtliche Eigenschaft und vermittelt aus ermittlungstaktischen Gründen den Eindruck, er sei an einer solchen Partnervermittlung interessiert. Der Verdacht einer strafbaren Handlung bestätigt sich, als ihm nunmehr weitere Einzelheiten der Kontaktanbahnung mitgeteilt werden.

28a Es fragt sich, ob die Äußerungen der Gesprächsteilnehmerin des K. in einem Verfahren gegen sie wegen § 180a StGB verwertbar sind. Dies ist unter zwei Gesichtspunkten fraglich: zum einen könnte es sich bei dem Telefongespräch um eine erste Vernehmung einer Beschuldigten gehandelt haben, bei welcher K. die Belehrungen nach § 163a Abs. 4 hätte vornehmen müssen. Zum anderen wäre der Fall einer Täuschung i. S. v. § 136a mit der dort in Abs. 3 vorgesehenen Folge eines Beweisverwertungsverbots denkbar. In beiden Fällen müsste es sich bei dem Telefonat um eine „**Vernehmung**" gehandelt haben. Begriffliche Voraussetzungen einer Vernehmung sind keinesfalls besondere Förmlichkeiten wie z. B. Ladung, Belehrung, Protokollierung usw. Es sind auch formlose Vernehmungen denkbar. Die Anwendung gewisser Formvorschriften (z. B. §§ 136, 163a Abs. 4, 168c) ist umgekehrt die Folge dessen, dass eine Vernehmung sachlich vorliegt. Der formlose Charakter des Telefongesprächs, das K. geführt hat, schließt also die Annahme einer Vernehmung oder vernehmungsähnlichen Situation nicht aus. Die klassische Begriff der Vernehmung (im engeren Sinne) – wie sie der StPO vorschwebt – setzt allerdings die **persönliche Anwesenheit** einer fragenden und einer befragten Person voraus, wie man u. a. den §§ 163a, 161a, 49 f., 133 ff. entnehmen kann. Schriftliche[29]

---

[26] BGH NJW 94, 333 f.; auch BezG Meiningen DAR 92, 392; allerdings darf die Belehrung auch nicht einfach weggelassen werden in der Erwartung, sie werde sowieso nicht verstanden, LG Verden StV 86, 97.
[27] Vgl. Rn. 307; jedoch kann nach Gewährung rechtl. Gehörs erneut angeklagt werden.
[28] Im Bußgeldverfahren nach § 55 Abs. 1 OWiG immer möglich (z. B. Anhörungsbogen).
[29] Vgl. § 163a Abs. 1 S. 2; Nr. 67 RiStBV; OLG Dresden NJW 00, 3368.

und telefonische Befragungen könnten aber den Begriff der Vernehmung im weiteren Sinne oder **vernehmungsähnlichen Situation** erfüllen, für die dann dieselben Belehrungsregeln wie bei Vernehmungen im engeren Sinne gelten müssen[30]. Dies könnte hier der Fall sein, wenn die weiteren Voraussetzungen einer Vernehmung gegeben wären. Die StPO enthält keine Legaldefinition der Vernehmung, jedoch lassen sich einzelne Begriffselemente herausarbeiten, die vom Gesetz unterstellt werden. Zunächst setzt eine Vernehmung eine **Befragung** voraus; im Gegensatz dazu fallen **Spontanäußerungen** nicht unter den Begriff[31]. Die Formulierung der Frage muss nicht „konkret" oder „detailliert" sein; es kann auch in sehr pauschal gehaltener und allgemein formulierter Form „gezielt" gefragt werden. Entscheidend ist für die Abgrenzung vielmehr, von wem die Initiative zur Mitteilung ausgeht bzw. bei wem das Informationsinteresse liegt. Äußert sich eine Person ungefragt oder sucht sie von sich aus Strafverfolgungsbehörden auf, um dort Mitteilungen zu machen, liegt eine Spontanäußerung vor. Einzelne Verständnisfragen eines Beamten, mit denen der Redefluss unterbrochen wird, lassen den Charakter der Spontanäußerung noch nicht entfallen. Da hier K. den Kontakt durch seinen Anruf aufnahm und sein Interesse nach Information zum Ausdruck brachte, lag keine Spontanäußerung, sondern eine gezielte Befragung vor.

Die Befragung muss weiter **zu Zwecken der Strafverfolgung** stattfinden, was hier ebenfalls bejaht werden kann, da K. der Anzeige den Verdacht einer Straftat nach § 180a StGB entnahm, die er aufklären wollte. Ist die Zielrichtung dagegen primär präventiv oder sonst anders orientiert, so ist grundsätzlich eine Vernehmung i. S. d. StPO nicht gegeben[32]. Anders ist dieses nur im Zusammenhang mit dem Schutz der Zeugnisverweigerungsrechte nach § 252, bei dem entsprechend dem dortigen Schutzzweck (familiärer Friede, Vertrauensbeziehungen) der Vernehmungsbegriff auch auf präventiv-polizeiliches Handeln erstreckt werden muss[33]. Ferner gehört zum Vernehmungsbegriff, dass eine **Strafverfolgungsperson** die Befragung durchführt[34]. Wird jemand von **Privatpersonen** ausgehorcht – z. B. einem Privatdetektiv oder Mitgefangenen in der Haft – so liegt keine Vernehmung vor[35]. Auch ein Verteidiger nimmt bei eigenen Ermittlungen keine „Vernehmung" vor[36]. Hier wurde K. durchaus in seiner amtlichen Eigenschaft als Polizeibeamter tätig, der nach § 163 der Strafverfolgungspflicht unterliegt. Jedoch fehlt es an einem weiteren Erfordernis der Vernehmung, was das LG *Stuttgart*[37] im vorliegenden Fall verkannt hat: die amtliche Eigenschaft muss **nach außen deutlich** werden. Dies ergibt sich schon aus dem Wortsinn „Vernehmung", in dem ein autoritatives Informationsverlangen im Gegensatz zu zwanglosen Gesprächen oder Unterhaltungen privaten Anstrichs zum Ausdruck kommt. Es ist auch dem Sinn der Belehrungsvorschriften zu entnehmen, welche eine Vernehmung voraussetzen, denn sie haben die Aufgabe zu verhindern, dass sich der Bürger, der sich einem Auskunftsverlangen eines Beamten ausgesetzt sieht, irrtümlich verpflichtet glaubt, antwor-

---

30 Offen gelassen bei BGHSt 42, 139, 148, wo aber der Begriff „vernehmungsähnl." nicht präzisiert wird. Beispiel: Befragung durch einen Sachverständigen; vgl. Rn. 39, 146a. Ansonsten str. und uneinheitl. Begriffsbildung; sicher ist Anwendung des § 136a auf diese Fälle; BGH a. a. O.
31 BGH NJW 13, 2769; NStZ-RR 19, 315; 90, 461; 80, 1533; 09, 3589 (einschr. bei „beträchtl. Zeitspanne") NStZ 92, 247; MDR 70, 14; OLG Saarbrücken NJW 08, 1396; Hamm NStZ 12, 53 f.; LR-*Gleß* § 136a, 15; zu eng: BayObLG NJW 83, 1132; NStZ 05, 468.
32 BGH MDR 70, 14; KK-*Diemer* § 136a, 6.
33 BGH NJW 80, 1533; vgl. Rn. 134.
34 Richter, StA, Polizei; nicht jedoch ein deutscher Konsularbeamter, soweit er konsularische Betreuungstätigkeit ausübt; BGHSt 55, 314 = NJW 11, 1523.
35 BGHSt 34, 365, 370; 17, 14, 19; MDR 75, 23; NStZ 95, 557; auch NJW 89, 843, wo nur Analogie angenommen wird; *MG-Schmitt* § 136a, 4; KK-*Diemer* § 136a, 3; LR-*Gleß* § 136a, 10. Handelt eine Privatperson auf Veranlassung eines Strafverfolgungsbeamten, so kann eine Vernehmung vorliegen (vgl. LG Darmstadt StV 90, 104), aber nur wenn deren weitere Voraussetzungen erfüllt sind. S. auch BGH NJW 98, 3506.
36 BGH NJW 00, 1277; es kommt ledigl. eine analoge Anwendung einzelner Vorschriften in Betracht wie § 252. Dazu *Volk* JuS 01, 130.
37 NStZ 85, 568; abl. *MG-Schmitt* § 136a, 4; *Wieczorek* Kriminalistik 86, 170.

ten zu müssen, da **kraft staatlicher Autorität** gefragt wird. Diese Gefahr besteht aber nur, wenn der Strafverfolgungsbeamte als solcher erkennbar ist. Auch vom praktischen Ergebnis her kann nicht jede formlose Befragung eines Strafverfolgungsbeamten zu Zwecken der Strafverfolgung schon eine Vernehmung sein, ohne dass der amtliche Charakter offengelegt wird, weil dann *jede* Gesprächsführung eines Verdeckten Ermittlers eine nach § 136a verbotene Täuschung und unverwertbar wäre, was offensichtlich dem Willen des Gesetzgebers (vgl. § 110a) und der ständigen Rechtsprechung im Zusammenhang mit verdeckten Ermittlungsmethoden widerspräche[38]. Diese Grundsätze hat der BGH im *Sedlmayr*-Urteil und im Hörfallen-Beschluss ausdrücklich anerkannt; danach gehört zum Begriff der Vernehmung, dass der Vernehmende dem zu Vernehmenden *in amtlicher Funktion* (z. B. *als* Polizei- oder Zollbeamter, *als* Staatsanwalt oder Richter) gegenübertritt und *in dieser Eigenschaft* von ihm Auskunft verlangt[39]. Im Ergebnis lag im Fall also keine Vernehmung und auch keine vernehmungsähnliche Situation vor, da K. sich nicht als Polizeibeamter zu erkennen gab. Weder aus § 163a Abs. 4 noch § 136a ergibt sich ein Beweisverwertungsverbot[40]. Die Vorgehensweise der Polizei im Ausgangsfall (Rn. 28) wäre allenfalls dann zu beanstanden gewesen, wenn die Beschuldigte bei früherer Gelegenheit in dem gegen sie gerichteten Ermittlungsverfahren die Erklärung abgegeben hätte, keine Angaben machen zu wollen; in diesem Falle verdichtet sich der allgemeine Schutz der Selbstbelastungsfreiheit in der Weise, dass die Strafverfolgungsbehörden die Entscheidung eines Beschuldigten für Schweigen grundsätzlich zu respektieren haben[41]. Aber auch dann setzt ein Verstoß wohl beharrliche Einwirkungen der Polizei wie wiederholte Anrufe voraus.

28b Auf einer nächtlichen Streifenfahrt bemerken zwei Beamte der Schutzpolizei einen Pkw, der einen Laternenpfahl gerammt hat. Drei männliche Personen mittleren Alters stehen um das Fahrzeug herum und betrachten dieses ratlos. Als die Beamten aus dem Streifenwagen aussteigen, nehmen sie bei allen drei Personen Alkoholgeruch wahr. Ein Beamter fragt: „Hat jemand von Ihnen das Fahrzeug gesteuert?" Nunmehr gibt sich der Fahrer zu erkennen, gegen den wegen der Alkoholfahrt später Anklage erhoben wird.

28c Es fragt sich, ob der Beamte seine Frage mit den Hinweisen nach § 163a Abs. 4, insbesondere auf das Aussageverweigerungsrecht, hätte verbinden müssen. Dies wird z. T. mit der Begründung verneint, in einer solchen frühen Phase des „Herumfragens", um sich erst einmal zu orientieren, sei eine sog. **informatorische Befragung** anzunehmen, in welcher die Belehrungsvorschriften noch nicht eingriffen[42]. Dies ist jedoch missverständlich. An den Begriffsvoraussetzungen einer Vernehmung fehlt es auch bei einer „informatorischen Befragung" nicht, denn es handelt sich um eine Befragung eines Strafverfolgungsbeamten zu Strafverfolgungszwecken kraft erkennbarer staatlicher Autorität. Es liegt auch nicht nur „Vernehmungs*ähnlichkeit*" vor, sondern angesichts persönlicher Anwesenheit der Beteiligten eine echte Vernehmung. Die Formlosigkeit der Befragung und das Fehlen besonderer Rituale schließt den Vernehmungscharakter nicht

---

38 Vgl. BVerfGE 57, 250; BGHSt 32, 115 m. w. N.; GA 81, 89; näher zum Verhältnis verdeckter Ermittlungen und Vernehmung: *Kramer* JURA 88, 520 ff.
39 BGHSt 40, 211 = NJW 94, 2904 (Sedlmayr); dazu BVerfG StV 00, 234, 466; BGH StV 96, 465 = NJW 96, 2940 ff. (Hörfalle); dazu BVerfG NJW 00, 3556 f.; ebenso in BGHSt 55, 138 = NJW 10, 3670 (Bandidos); BGH StV 12, 130; BGH NJW 00, 1277 f.; NStZ 19, 36 (Brandstifter); *Beulke* 115; krit. *Renzikowski* JZ 97, 710; *Bosch* JURA 98, 236; s. ferner BGH NStZ 95, 557; NJW 96, 2941; 07, 3139.
40 Vgl. auch Gr. Senat StV 96, 465 ff. (Hörfalle). Dagegen erfolglose Verfassungsbeschwerde: BVerfG NJW 00, 3556 f.; s. auch BVerfG StV 00, 234; 466 (Sedlmayr). Aber bei verdeckter Vorgehensweise der Polizei ist das Verhältnismäßigkeitsprinzip zu beachten, s. Rn. 265a.
41 Vgl. BGH NJW 07, 3138 ff. (Tod auf Mallorca).
42 Vgl. *Geppert*, F.S. Oehler (1985), S. 323 ff.; auch BGHSt 10, 8, 10. Einschr. *Roxin/Schünemann* § 25, 11, der immerhin „Orientierungsfragen" noch nicht als Vernehmung ansieht.

aus. Daher ist der Begriff der informatorischen Befragung nicht als Gegensatz zur Vernehmung zu betrachten[43]. Er sollte besser ganz vermieden werden[44].

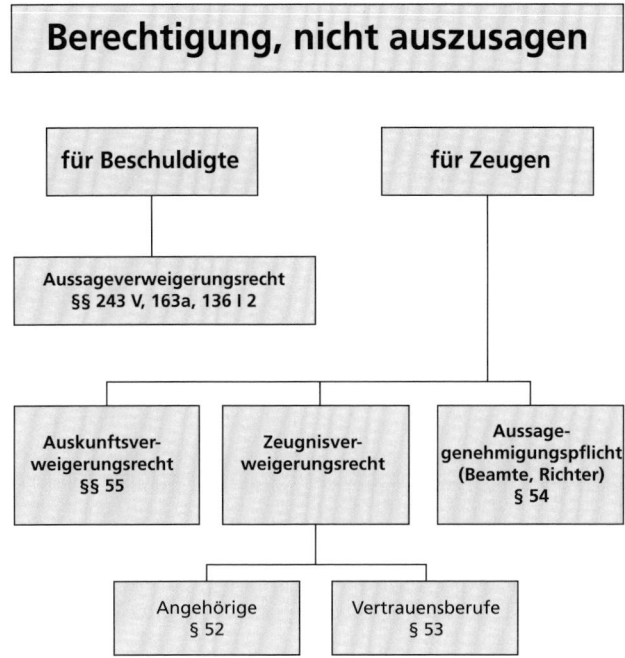

Abb. 4: Berechtigung, nicht auszusagen

Dennoch ist im Ergebnis richtig, dass in einer Situation wie der dargestellten keine Belehrung nach § 163a Abs. 4 erfolgen musste. Dies liegt jedoch nicht daran, dass es nicht um eine Vernehmung gehandelt hätte, sondern dass nicht die erste Vernehmung des *Beschuldigten* vorlag, wie die Vorschrift es verlangt. Die drei vorgefundenen Personen kamen aus der Sicht des Streifenbeamten lediglich als Täter der Trunkenheitsfahrt *in Betracht*, wurden aber noch nicht von ihm aufgrund eines von ihm angenommenen zureichenden Verdachts befragt. Es ging ihm in dieser Vorphase vielmehr darum, erst den konkretisierten Anfangsverdacht gegen eine Person zu gewinnen. Die drei angetroffenen Personen waren lediglich *Verdächtige* und damit Zeugen, deren Vernehmung noch nicht den Belehrungserfordernissen nach § 163a Abs. 4 (bzw. § 136) unterliegt[45]. Wenn man also den Begriff der informatorischen Befragung überhaupt verwenden will, sollte man ihn als „Vernehmung des Verdächtigen" definieren. Mangels Beschuldigtenstatus war im letzten Fall daher trotz Vorliegens einer Vernehmung keine Beschuldigtenbelehrung erforderlich. Dabei darf allerdings nicht übersehen werden, dass gegenüber verdächtigen Zeugen gem. § 55 Abs. 2 eine auch Belehrung vorgeschrieben ist, wenn auch nur über ein sog. Auskunftsverweigerungsrecht, das in seinem Umfang hinter dem Aussageverweigerungsrecht des Beschuldigten zurückbleibt[46]. Als der Beamte die Frage

---

43 OLG Köln StV 88, 289; auch BGH NJW 94, 2904 stellt Vernehmung und informatorische Anhörung gleich. Dagegen ist die Möglichkeit einer „informatorischen Ortsbesichtigung" anerkannt, BGHSt 3, 187.
44 Vgl. auch BGHSt 38, 214 ff. = NJW 92, 1463, 1466 (besser: „indifferente Informationssammlung").
45 Vgl. BGHSt 37, 48, 51 f.; NStZ 83, 86; NJW 19, 2627, 2630.
46 S. Rn. 140.

nach dem Fahrer stellt, ist ihm klar, dass einer der Anwesenden darauf positiv antworten könnte und er gegen diesen dann sofort zumindest ein Bußgeldverfahren, wenn nicht ein Strafverfahren einleiten würde. Dem Beamten ist also klar, dass die befragten Zeugen ein Auskunftsverweigerungsrecht nach § 55 besitzen. Daher muss er ihnen auch mitteilen, dass dieses Recht besteht.

2. Aussageverweigerungsrecht

29 Der Kaufmann K. wird in einer detaillierten Anzeige des sexuellen Missbrauchs von Schutzbefohlenen in Bezug auf eine Auszubildende verdächtigt. Auf Vorladung zur „Verantwortlichen Vernehmung" erscheint K. bei der Polizei und wird dort von der Vernehmungsbeamtin V. zum Tatgeschehen befragt, wobei V. in ihrer Empörung vergisst, den K. über sein Aussageverweigerungsrecht zu belehren. K. lässt sich zum Tatgeschehen ein. Danach belehrt die V. den K. nach § 163a Abs. 4 unter Hinweis auf sein Aussageverweigerungsrecht (Schaubild S. 30, 24). K. wiederholt seine bisherige Aussage. K. räumt in der Vernehmung zahlreiche Umstände ein, die ihn schwer belasten. Als gegen ihn Anklage erhoben wird, wird K. bewusst, dass er einen Fehler gemacht hat. In der Hauptverhandlung weigert sich K. standhaft, irgendwelche Fragen des Richters zu beantworten.

30 Aus § 243 Abs. 5 S. 1 ergibt sich, dass es dem Angeklagten freisteht, sich zur Anklage zu äußern oder nicht zur Sache auszusagen. Dieses Aussageverweigerungsrecht entspricht dem allgemein der Strafprozessordnung zugrunde liegenden Grundsatz, dass niemand gezwungen werden könne, aktiv an einem gegen ihn gerichteten Strafverfahren mitzuwirken *(nemo tenetur se ipsum accusare)*[47]. Ausgenommen davon ist lediglich die Verpflichtung des Beschuldigten, zu seiner Person Angaben zu machen, die seiner Identifizierung dienen. Nur zur Sache darf er schweigen. Weigert sich der Angeklagte, Angaben zur Person zu machen, so begeht er eine Ordnungswidrigkeit nach § 111 OWiG. Fragen nach dem Lebensweg, Vorstrafen und den Einkommensverhältnissen dienen nicht mehr seiner Identifizierung und fallen daher als Angaben zur Sache bereits unter das Aussageverweigerungsrecht (Aussage zur Sache i. w. S.)[48]. Im vorliegenden Fall wäre K. also verpflichtet, dem Richter Angaben zu seinen Geburtsdaten, zum Namen, Wohnort usw. zu machen. Äußerungen zu seinem Beruf könnten vorliegend jedoch schon Auswirkungen auf die Feststellung des Tatgeschehens haben und fallen bereits unter das Aussageverweigerungsrecht, das K. als Angeklagtem zusteht. Für den K. nachteilige Schlüsse aus seinem Schweigen darf der Richter nicht ziehen. Würde das Schweigen des Angeklagten als Indiz für seine Täterschaft gewertet werden, wäre ein **faktischer Zwang** zur Aussage ausgeübt, der dem Gesetzeswillen widerspricht[49].
Der Sinn des Aussageverweigerungsrechts liegt darin, dass es in einem rechtsstaatlichen Verfahren mit der **Menschenwürde** unvereinbar erscheint, auf einen Beschuldigten im Strafverfahren Zwang zur Herbeiführung von Aussagen auszuüben. Die Erfahrungen aus dem **Inquisitionsprozess**, wo eine aktive Mitwirkung des Beschuldigten verlangt wurde, zeigen auch die Zwecklosigkeit einer solchen Rechtspflicht im Streben um die Wahrheit. Ein Beschuldigter, der seine Verurteilung fürchtet, wird sich – ungeachtet etwaiger Aussagepflichten – weigern, diesen nachzukommen oder die Unwahrheit sagen. Erzwingbar ist eine solche Rechtspflicht des Beschuldigten mit Ordnungs- und Beugemitteln faktisch

---

[47] BVerfGE 56, 37, 49; BGHSt 14, 358, 364; 34, 39, 46; StV 96, 467; EGMR 02, 499; BGHSt 38, 214 ff. BGH NJW 07, 3138; näher zum „nemo-tenetur-Satz": *Verrel* NStZ 97, 361, 415; Kraft, Nemo-tenetur-Prinzip und die sich daraus ergebenden Rechte des Beschuldigten in der polizeilichen Vernehmung, Diss. Regensburg 2002; zum Aussageverweigerungsrecht des Beamten bei dienstlichen Befragungen: *Eckstein*, Die Polizei 11, 321.
[48] BGHSt 25, 13; BayObLG NJW 81, 1385; MDR 84, 336.
[49] BGHSt 20, 281; BGH NJW 00, 1426; NStZ 18, 229; 286; *Miebach* NStZ-RR 18, 265; siehe auch Rn. 34.

nicht; Bemühungen dahin eskalieren letztlich bis zur Anwendung der Folter, welche die logische Konsequenz des Inquisitionsprozesses im Kalkül des Beschuldigten zwischen zu erwartender Strafe und Beugemittel bildete. Denjenigen, gegen den das Strafverfahren betrieben wird, den Beschuldigten also, in demselben Verfahren zur aktiven Mitwirkung zu zwingen, ist nicht nur sinnlos, es respektiert auch nicht seine Subjektstellung im Prozess als Verfahrensbeteiligter, sondern drückt eine Betrachtung als bloßes Objekt der Wahrheitsfindung aus und verstößt damit gegen die Menschenwürde (Art. 1 GG). Auch vor dem Hintergrund des nach Art. 6 MRK garantierten fairen Verfahrens sieht es der EGMR als Sinn des Aussageverweigerungsrechts an, den Angeklagten vor unzulässigem Zwang durch die Behörden zu schützen und damit gleichzeitig dazu beizutragen, Fehlurteile zu vermeiden[50]. Das Aussageverweigerungsrecht ist eine Facette des allgemeinen **Passivitätsprinzips,** das für das Verhalten des Beschuldigten im Strafverfahren gilt und auch in anderen Zusammenhängen anerkannt ist[51]. Daher wird auch das Aussageverweigerungsrecht – im Gegensatz zum Zeugnis- (§§ 52, 53) und Auskunftsverweigerungsrecht (§ 55) nicht etwa konstitutiv durch positivrechtliche Bestimmungen begründet; die StPO setzt es vielmehr als Teil des ungeschriebenen Passivitätsprinzips einfach voraus. Bezeichnend ist, dass die §§ 136 Abs. 1 S. 2, 163a Abs. 4, 243 Abs. 5 S. 1 nur *Hinweispflichten* regeln, aber das Recht selbst nicht begründen.

Als irreführend ist die These zu betrachten, die Aufgabe des Aussageverweigerungsrechts bestehe darin, den Beschuldigten vor **Selbstbelastung** zu schützen[52]. Dieser verbreitete Irrtum beruht teilweise auf verkürzten Formulierungen aus höchstrichterlichen Urteilen; teilweise auch auf unzulässiger Übertragung des Modells des angloamerikanischen Strafverfahrens, der in den Formen eines Parteiprozesses abläuft und in dem in der Tat die „Selbstbelastung" als systemfremd erscheint. Im deutschen Strafprozess dagegen ist die Selbstbelastung als solche wertneutral; eventuell kann sie gar in der Form des Geständnisses bei der Strafzumessung honoriert werden[53]. Manche Eingriffsmaßnahmen – wie die Telefonüberwachung – enthalten zwangsläufig Elemente der Selbstbelastung, ohne dass dies den Prinzipien des Strafprozesses und der Verfassung zuwiderliefe[54]. Jedenfalls stellt das Aussageverweigerungsrecht nicht etwa auf *inhaltliche* Aspekte wie die Gefahr der Belastung ab, sondern resultiert aus der formalen Verfahrensrolle des Beschuldigten, mit welcher inhaltlichen Tendenz auch immer davon Gebrauch gemacht wird. Das Recht steht dem Beschuldigten daher nicht nur zu, wenn er sich *belasten,* sondern ebenso wenn er sich durch eine Aussage *entlasten* könnte, was in der Praxis gar nicht so selten aus den verschiedensten Motivationslagen heraus auch vorkommt. Es erstreckt sich auch auf Taten von Mitbeschuldigten, an denen der das Aussageverweigerungsrecht ausübende Beschuldigte gar nicht beteiligt war[55].

Insofern reicht das Aussageverweigerungsrecht des Beschuldigten nach der StPO einerseits weiter als der vom BVerfG als Ausfluss des Persönlichkeitsrechts nach 2 Abs. 1 GG i. V. m. Art. 1 Abs. 1 GG angesehene Grundsatz, dass „niemand gezwungen werden könne, durch eigene Aussagen die Voraussetzungen für eine strafrechtliche Verurteilung liefern zu müssen"[56]. Andererseits muss auch die Rechtsprechung des BVerfG zu diesem *nemo-tenetur*-Prinzip im rechten Licht gesehen werden: nicht die Selbstbelastung als solche verbietet die Verfassung, sondern nur die Ausübung von darauf abzielenden

---

50 EGMR NJW 10, 213, 215; daher gehen die Aufweichungstendenzen in BGH NJW 07, 3138 ff. in vermeintlicher Anpassung an die MRK ins Leere (vgl. auch BGH StV 12, 130).
51 Z.B. Alco-Test (BGH VRS 39, 184), Trinkversuch (BGH VRS 29, 203), Gehproben (OLG Hamm NJW 67, 1524), Sprechproben (BGHSt 34, 39, 46) Speichelprobe (BGHSt 49, 56); wohl zu weitgehend: Brechmittel (OLG Frankfurt NJW 97, 1647); weitere Beispiele bei *MG-Schmitt* § 81a, 11.
52 Missverständl. SK-*Rogall* vor § 133, 66, 130, der vom Verbot der „Selbstbelastung" spricht.
53 Zu den Einzelheiten: *Jerouscheck* ZStW 90, 793 ff.
54 BGHSt 33, 217, 223.
55 BayObLG NJW 78, 387.
56 BVerfG NJW 81, 1431; 99, 779. S. auch NJW 75, 103.

Zwangs im Rahmen einer Aussage. Daher besteht auch kein Widerspruch zwischen dem auf die formale Verfahrensrolle abstellenden Aussageverweigerungsrecht nach der StPO und der materiell interpretierten verfassungsrechtlichen Freiheit vor Selbstbezichtigung. Auch das BVerfG hat die im *Hörfallen*-Beschluss vom BGH zu Recht gezogenen Grenzen eines Schutzes vor Selbstbelastung bestätigt und die dagegen vorgebrachten Einwendungen aus Grundrechtsnormen für unsubstantiiert erachtet[57]. Daher muss auch die neuere Rechtsprechung des BGH, die vereinzelt den Begriff der „Selbstbelastung" verwendet[58], richtig gesehen werden: es geht nicht um die Vermeidung der Selbstbelastung als solcher, sondern um die Verhinderung eines darauf abzielenden Aussagezwangs.

30a Es fragt sich daher, ob nicht die Aussagen, die K. bereits vor der Polizei gemacht hat, in der Hauptverhandlung berücksichtigt werden können. Es wäre daran zu denken, das von V. aufgenommene Vernehmungsprotokoll in der Hauptverhandlung zu verlesen. Dies scheitert jedoch daran, dass nach § 254 nur **richterliche Protokolle** über Erklärungen des Angeklagten in der Hauptverhandlung verlesen werden dürfen, polizeiliche oder staatsanwaltschaftliche Vernehmungsprotokolle folglich nicht[59]. Hier liegt nur ein polizeiliches Vernehmungsprotokoll vor. Es käme jedoch eine Vernehmung der V. als Zeugin in der Hauptverhandlung in Betracht, die eine Aussage über den Inhalt der seinerzeit von ihr durchgeführten Vernehmung machen könnte. V. würde praktisch als **Zeuge vom Hörensagen** aussagen, eine Rechtsfigur, die dem deutschen Strafverfahren anders als dem angelsächsischen Recht nicht fremd ist[60]. Daher wäre gegen eine Aussage der V. als Zeugin vom Hörensagen grundsätzlich nichts einzuwenden. Die Aussage des Zeugen vom Hörensagen stellt auch **keine Umgehung** des Aussageverweigerungsrechts dar, da dessen Sinn sich darin erschöpft, einen Aussagezwang zu vermeiden. Aus § 252 ergibt sich, dass nur die nachträgliche Ausübung eines *Zeugnis*verweigerungsrechts in der Hauptverhandlung zur Nichtverwertbarkeit früherer Angaben eines Zeugen führt. In Bezug auf das *Aussage*verweigerungsrecht des Angeklagten enthält das Gesetz keine entsprechende Regelung. Im vorliegenden Fall könnte sich jedoch eine Besonderheit daraus ergeben, dass die V. bei ihrer Vernehmung zunächst die in § 136 Abs. 1 S. 2 i. V. m. § 163a Abs. 4 S. 2 vorgeschriebene Belehrung über das Aussageverweigerungsrecht des Beschuldigten, das diesem bereits im Vorverfahren zusteht, unterlassen hatte.

31 Die **Rechtsfolgen eines Verstoßes** gegen die Belehrungspflicht über das Aussageverweigerungsrecht waren lange Zeit zwischen Rechtsprechung und h. L. heftig umstritten. Als sicher galt nur, dass sich bei bewusster Vorspiegelung einer Aussagepflicht gegenüber dem Beschuldigten ein Beweisverwertungsverbot aus § 136a Abs. 3 (**Täuschung**) ergibt und dass die unterlassene Belehrung des **Angeklagten** in der Hauptverhandlung (§ 243 Abs. 4) die Revision begründet[61]; für andere Fälle (z. B. Belehrung im Vorverfahren vergessen oder rechtsirrtümlich nicht erteilt) lehnte die ständige Rechtsprechung des BGH ein Verwertungsverbot ab, während die Lehre ganz überwiegend dieses reklamierte[62]. Dem Drängen des Schrifttums gab schließlich der 5. Strafsenat des BGH in einem Beschluss vom 27.2.1992 nach und nimmt seitdem ebenfalls ein **Beweisverwertungsverbot** bei objektiver Verletzung der Belehrungsvorschriften an, auch wenn der Beamte nicht bewusst gegen die Vorschrift verstoßen haben sollte[63]. Dieser Beschluss

---

[57] BVerfG NJW 00, 3556 f.
[58] BGH NJW 07, 3140 f. (Mallorca); NJW 10, 3670, 3672 (Bandidos).
[59] Betrifft aber nicht den Vorhalt, BGH MDR 74, 725; vgl. Rn. 160a. Neuerdings könnte auch eine polizeiliche Bild-Ton-Aufzeichnung vorgeführt werden.
[60] Vgl. Rn. 121.
[61] BGHSt 25, 325; NJW 83, 2205.
[62] Vgl. BGHSt 22, 170, 172; GA 62, 148; weitere Nachweise zum früheren Streitstand bei BGHSt 38, 214 ff.
[63] BGHSt 38, 214 ff. = NJW 92, 14 63 ff.; auf Vorlage von OLG Celle NStZ 91, 403; dazu: *Kiehl* NJW 93, 501.

lässt sich in seiner grundlegenden Bedeutung durchaus mit seinem Vorbild, der berühmten *Miranda*-Entscheidung des *Supreme Court* der USA, vergleichen[64].
Die Kernaussagen des Beschlusses des 5. Strafsenats lassen sich wie folgt zusammenfassen: 1. Die Verletzung der Belehrungspflichten über das Aussageverweigerungsrecht – auch im Vorverfahren (§§ 136 Abs. 1 S. 2; 163a Abs. 4) – zieht grundsätzlich ein Beweisverwertungsverbot nach sich, aus welchen Gründen auch immer die Belehrung unterblieb. Der Beweis des Verstoßes unterliegt dem **Freibeweis** und nicht dem Grundsatz *in dubio pro reo;* bleibt unklar, ob belehrt wurde, darf der Richter vom Nicht-Vorliegen des Verstoßes ausgehen. 2. Der Beschuldigte ist von Gesetzes wegen ohne Rücksicht darauf zu belehren, ob er seine Rechte tatsächlich kennt. Ein Beweisverwertungsverbot ist jedoch bei unterbliebener Belehrung dann abzulehnen, wenn er erweislich **sein Recht gekannt** hat. Ob dies der Fall war, ist eine Frage des Einzelfalls; es darf nicht allgemein und auch nicht bestimmten Personengruppen (z. B. Vorbestraften) oder Berufsgruppen (z. B. Juristen) unterstellt werden, sie hätten Kenntnis des Rechts gehabt. Nur bei in Gegenwart ihres Verteidigers aussagenden Beschuldigten kann dieses generell angenommen werden. 3. Der Verstoß kann nachträglich geheilt werden, indem der verteidigte Angeklagte später in der Hauptverhandlung der Verwertung seiner früheren Aussage ausdrücklich **zustimmt**. Als Zustimmung gilt auch das Unterlassen eines Widerspruchs des Verteidigers gegen die Verwertung, der nur bis zu dem in § 257 genannten Zeitpunkt (Befragung des Angeklagten nach einer Beweiserhebung, ob er dazu etwas zu erklären habe) erhoben werden kann (sog. Widerspruchslösung). Die wirksame Zustimmung des unverteidigten Beschuldigten selbst setzt voraus, dass dieser nicht nur nachträglich eine korrekte Beschuldigtenbelehrung nach §§ 136, 163a Abs. 4 erfährt, wie sie ihm eigentlich von vornherein hätte erteilt werden müssen, sondern dass er zusätzlich auf die Unverwertbarkeit seiner bisherigen Aussage ohne seine Zustimmung (sog. qualifizierte Belehrung) hingewiesen wird.
Durch die Entscheidung unberührt bleibt die Frage, *ob und wann* die Belehrung über das Aussageverweigerungsrecht zu erfolgen hat; an der Abgrenzung zwischen erster Vernehmung des Beschuldigten und „informatorischer Befragung" des Verdächtigen hat sich nichts geändert; sie erlangt nur wegen der Konsequenz des Verwertungsverbots neuartige praktische Bedeutung[65]. Der Beschluss geht vom formellen Beschuldigtenbegriff aus; ein Verstoß gegen die Belehrungspflicht liegt daher nur dann vor, wenn der Vernehmungsbeamte tatsächlich eine Person als zureichend verdächtig angesehen und sie somit zum Beschuldigten gemacht hat. Das Beweisverwertungsverbot greift aber nicht schon ein, wenn sich infolge einer *ex post*-Betrachtung ergibt, dass der Beamte aufgrund der objektiven Verdachtslage eigentlich den Verdächtigen bereits hätte zum Beschuldigten machen müssen, gleichwohl aber den zureichenden Tatverdacht nicht erkannt hat. Es ist daher falsch, dem Beschluss zu entnehmen, das Beweisverwertungsverbot greife ein, wenn ein Richter später feststellt, dass *seiner* Meinung nach bereits zum Zeitpunkt der Vernehmung im Vorverfahren gegen die vernommene Person ein konkretisierter Anfangsverdacht vorgelegen habe, diese aber nicht belehrt worden sei. Maßgeblich ist vielmehr die subjektive Vorstellung des Vernehmungsbeamten von dem Verdachtsgrad. Die ursprünglich offen gelassene Frage, ob das Beweisverwertungsverbot auch zugunsten anderer Beschuldigter als dem nicht belehrten gilt, wird inzwischen von der Rechtsprechung und h. L. verneint[66]. Dagegen ist die Übertragung der Grundsätze von BGHSt 38, 214 auf das Bußgeldverfahren zu bejahen[67].

---

64 Dazu *Salditt* GA 92, 51 ff.
65 Vgl. z. B. BGH NJW 94, 2904, 2907 (Sedlmayr).
66 BGHSt 47, 233; BGH NJW 09, 1619 f.; *Nack* StraFO 98, 372; BGH wistra 00, 311; BayObLG NJW 94, 1296; a. A. *Dencker* StV 95, 232.
67 Str. dafür: *Brüssow* StraFO 98, 294; *Hecker* NJW 97, 1833; a. A. *Göhler* NStZ 94, 72.

Im Fall müsste nach der BGH-Rechtsprechung für die erste Einlassung des K. ein Beweisverwertungsverbot angenommen werden, denn V. hätte den K. als Beschuldigten nach § 163a Abs. 4 belehren müssen. Das Verfahren wird gegen ihn aufgrund eines konkreten durch Anzeige begründeten Verdachts betrieben. Es handelte sich um die erste („verantwortliche") Vernehmung als Beschuldigter. Unerheblich ist, dass V. die Belehrungspflicht nicht bewusst missachtete, sondern nur vergaß. Allerdings ergäbe sich kein Verwertungsverbot, wenn bereits in der schriftlichen Ladung alle nach § 163a Abs. 4 vorgeschriebenen Mitteilungen und Hinweise enthalten gewesen sein sollten, insbesondere die bestimmte Bezeichnung der Tat und der Hinweis auf das Aussageverweigerungsrecht, was aber meist nicht vollständig erfolgt.

32 Eine **Würdigung** des Beschlusses vom 27.2.1992 kommt nicht daran vorbei, anzuerkennen, dass dieser rechtsfortbildenden Charakter besitzt und sich die Praxis einhellig darauf eingestellt hat. Zahlreiche Folgeentscheidungen sind ergangen[68]. Auch wenn der Beschluss ganz überwiegend begrüßt worden ist, wirft er doch schwerwiegende methodische und praktische Probleme auf. Die Argumentation des Senats läuft darauf hinaus, dass sich Beweisverwertungsverbote aufgrund einer umfassenden **Abwägung** zwischen dem Gewicht und der Bedeutung der Norm, gegen die verstoßen worden ist, mit dem Interesse an einer funktionstüchtigen Strafrechtspflege ergäben; der Hinweispflicht nach § 136 Abs. 1 S. 2 über das Aussageverweigerungsrecht wird vom Senat der Vorrang vor dem Strafverfolgungsinteresse eingeräumt. Die axiomatische Begründung des Beweisverwertungsverbots bei Fehlen einer ausdrücklichen gesetzlichen Regelung mit einer Güterabwägung verfehlt eine methodisch gebotene, strikt an Sinn und Zweck der Regelung angelehnte Auslegung der betroffenen Regelung[69]. Der generalisierende Charakter des behaupteten Beweisverwertungsverbots – denn die Güterabwägung wird nicht etwa im Einzelfall vorgenommen, sondern ihr Ergebnis gilt für alle Fälle der Verletzung der Belehrungspflicht über das Aussageverweigerungsrecht ohne Rücksicht auf die Höhe des jeweiligen Strafanspruchs – zeigt an, dass der BGH letztlich an die Stelle des Gesetzgebers getreten ist.

32a Einer speziellen Kritik ist die **Widerspruchslösung** ausgesetzt, durch die der Senat den in der Praxis der Instanzgerichte weitgehend in Vergessenheit geratenen § 257 mit einer für den Angeklagten schicksalhaften Bedeutung wiederentdeckt hat. Die Fiktion einer unausgesprochenen Zustimmung zur Verwertung durch den Verteidiger lässt sich weder aus einer Gesetzesvorschrift noch aus dem vermuteten tatsächlichen Willen eines Verteidigers ableiten. Sie führt im Ergebnis dazu, dass sich die Rechtsstellung des Beschuldigten per saldo eher verschlechtert hat, da er in diesem Zusammenhang für die Fehler seines Verteidigers einzustehen hat. Es ist schon eine merkwürdige Vorstellung von Gerechtigkeit, wenn der anwaltliche „Sekundenschlaf" zu im Wortsinne lebenslänglichen Konsequenzen für den Mandanten führen kann[70]. Statt sich aber hinsichtlich der Widerspruchslösung zu korrigieren, hat der BGH diese Lehre in den Folgejahren lebhaft ausgebaut und verlangt nunmehr, dass nicht nur schlicht „Widerspruch" erklärt wird, sondern

---

68 BGHSt 38, 263 (Belehrung nach DDR-StPO), 372 (Verteidigerkontakt); BGH NJW 96, 1547 (Bemühen um Verteidiger); BGH NJW 94, 333 (nicht verstandene Belehrung); NStZ 95, 410 (Privatperson); BGHSt 47, 172 = NJW 02, 975 (keine Belehrung über Recht zur Verteidigerkonsultation); BGH NJW 07, 2706 (Belehrung nach § 55); NJW 08, 307, 1090 (konsularische Benachrichtigung); OLG Celle NJW 93, 545; NZV 93, 42 (Behandlung der Altfälle); OLG Oldenburg StV 95, 178 (Fernwirkung); BGH NJW 97, 2893 (Disziplinarmaßnahme im Strafvollzug); BGH NStZ-RR 16, 377; NJW 17, 3173 (legendierte Verkehrskontrolle); BayObLG NJW 97, 404 (fehlender Widerspruch); LG Dortmund NStZ 97, 356 (qualifizierte Belehrung) mit Bespr. *Neuhaus* NStZ 97, 312; auch *Beulke* 119.
69 S. dazu näher Rn. 163a ff.; sehr treffende Kritik am „Abwägungsstaat": Leisner NJW 97, 638.
70 Es ist in der Folge immer wieder zu Fällen des Unterlassens des rechtzeitigen Widerspruchs gekommen, z. B. in BGHSt 38, 214, 226; 39, 349, 353; 50, 272; NJW 06, 707. Näher: *Leipold* StraFO 01, 300.

dass dieser auch noch aus dem Stegreif spezifiziert und protokollreif begründet wird[71]. Außerdem wurde die Widerspruchslösung auf ganz andere Beweissituationen als der fehlerhaften Beschuldigtenbelehrung erstreckt wie z. B. bei Beweisverwertungsverboten für Zufallserkenntnisse bei einer TKÜ[72]. Andererseits soll die Widerspruchslösung aber auch nicht bei allen Beweisverwertungsverboten gelten[73]. Für die Unterscheidung, wann sie gelten solle und wann nicht, fehlt es bislang an einem gesicherten Kriterium.

32b Für seine zweite polizeiliche Einlassung, in welcher K. nach Belehrung gem. § 163a Abs. 4 die verfänglichen Angaben aus seiner ersten Vernehmung wiederholt, greift die bisherige Begründung eines Verwertungsverbots an sich nicht ein, denn die Belehrung mit den gesetzlich vorgesehenen Inhalt ist ihr ja vorausgegangen. Allerdings dürfte einleuchten, dass der juristische Laie sich sagen wird, dass eine Ausübung des Aussageverweigerungsrechts zum jetzigen Zeitpunkt zwecklos ist, da er sich ja bereits zuvor verraten hat. Daher macht in solchen Fällen die gesetzliche Belehrung praktisch nur Sinn, wenn sie mit dem Hinweis angereichert wird, dass ohne Zustimmung des Beschuldigten seine bisherige Aussage einem Beweisverwertungsverbot unterliegt. Die Rechtsprechung verlangt in diesem Sinne eine **qualifizierte Belehrung**[74]. Das gilt auch in solchen alltäglichen Vernehmungssituationen, in denen ein Kriminalbeamter mit einem zur verantwortlichen Vernehmung geladenen Beschuldigten erst einmal ein „entspanntes" Vorgespräch ohne Belehrung führt, bevor er anschließend zur förmlichen Vernehmung mit Belehrung und Protokollierung schreitet. Unterbleibt die qualifizierte Belehrung wie im Ausgangsfall bei der zweiten polizeilichen Vernehmung des K. liegt nach Auffassung der Rechtsprechung ein weiterer Belehrungsfehler vor. Bei unbefangener Betrachtung sollte man daher annehmen, dass damit ohne weiteres auch die zweite Aussage unverwertbar wäre. Dies sieht der BGH aber differenzierter. Der Verstoß gegen die Pflicht zur qualifizierten Belehrung hat nicht dasselbe Gewicht wie der Verstoß gegen die Belehrung nach § 136 Abs. 1 S. 2; deshalb ist in einem solchen Fall die Verwertbarkeit der weiteren Aussagen nach erfolgter Beschuldigtenbelehrung durch Abwägung *im Einzelfall* zu ermitteln[75]. Dies bedeutet vor allem, dass es im Gegensatz zu der ansonsten gebotenen pauschalen Betrachtung darauf ankommt, um welches Delikt es im konkreten Fall geht. Während bei Kapitaldelikten meist die Einzelfallabwägung zugunsten der Verwertbarkeit ausfallen dürfte, ist dies bei einem Delikt wie dem hier vorliegenden sexuellen Missbrauch von Schutzbefohlenen (§ 174 StGB), der als Vergehenstatbestand nur eine durchschnittliche Strafandrohung von bis zu 5 Jahren Freiheitsstrafe vorsieht, eher zu verneinen. Im Ergebnis führt hier die Einzelfallabwägung also zum Vorrang der Justizförmigkeit, sodass die zweite Aussage unverwertbar ist. Diese wichtige Fortentwicklung der Rechtsprechung ist vom BGH seitdem mehrfach bestätigt worden[76], sodass man inzwischen schon von einer gefestigten Linie der Rechtsprechung ausgehen kann.

33 (Fortsetzung des Falls Rn. 29) K. erklärt in der Hauptverhandlung nach Belehrung über sein Aussageverweigerungsrecht, er sei nach eingehender Überlegung nunmehr doch zur Aussage bereit. Er beantwortet eine Vielzahl von Fragen, die sein Unterneh-

---

71 BGHSt 52, 38 = NJW 07, 3587; OLG Hamm NJW 11, 469; Widerspruch kann auch vorweg erklärt werden (BGH NStZ 14, 722).
72 BGHSt 51, 1 = wistra 00, 432; aber auch NStZ 97, 502; BGHSt 42, 15, 22; NStZ 18, 737 (Durchsuchungsfund); BayObLG NJW 97, 404.
73 BGH 1 StR 458/95 v. 22.8.1995 (§ 136a); BGHSt 50, 206, 215 (Selbstgespräch im Krankenzimmer); BGH NJW 17, 1332.
74 BGH NJW 09, 1427; 2612; 3589; NStZ 19, 227.
75 BGH NJW 09, 1428; krit. *Roxin* JR 08, 16 f. Entsprechendes gilt für die nachträgliche Zustimmung eines Zeugen, der zuvor vom ZVR Gebrauch gemacht hatte; BGH NJW 12, 3192, vgl. Rn. 132.
76 BGH NJW 09, 2612; 3589.

men und das Verhältnis zu seinen Angestellten betreffen. Als der Staatsanwalt die Frage an K. richtet, ob er sich mit seiner Auszubildenden auch privat getroffen habe, äußert K., er habe sich die Sache überlegt und wolle jetzt von seinem Aussageverweigerungsrecht Gebrauch machen. Nunmehr redet der Vorsitzende dem K. ins Gewissen, „er solle doch reinen Tisch machen" und die Aussageverweigerung noch einmal zurückziehen. K. aber bleibt stur und macht keine weiteren Angaben.

34 K. braucht die Frage des Staatsanwaltes nicht zu beantworten, er darf von dem Aussageverweigerungsrecht auch zu jedem beliebigen späteren Zeitpunkt Gebrauch machen, ohne dass ein zuvor erklärter Verzicht bindend wäre. Es ergibt sich nun aber die Frage, ob die Verweigerung der Antwort auf die gezielte Frage des Staatsanwalts als Indiz gegen den K. gewertet werden darf. Macht der Beschuldigte bzw. der Angeklagte in vollem Umfange von seinem Aussageverweigerungsrecht zur Sache Gebrauch, kann ihm die Wahrnehmung dieses ihm gesetzlich zustehenden Rechts nicht zum Nachteil gereichen[77]. Sonst wäre er *de facto* doch zur Aussage gezwungen, um den nachteiligen Folgen zu entgehen. Hier jedoch sagt K. zum Teil aus, zum Teil verweigert er die Aussage. In solchen Fällen des **partiellen Schweigens** ist es erlaubt, nachteilige Schlüsse zu ziehen, denn der Angeklagte macht sich mit seiner teilweisen Aussage selbst zum Beweismittel[78]. Das von ihm einmal Gesagte bleibt verwertbar, auch in seiner Lückenhaftigkeit. Die Beurteilung, ob partielles Schweigen vorliegt, darf nicht formalistisch erfolgen. So ist von der umfassenden Ausübung des Aussageverweigerungsrechts auszugehen, wenn der Beschuldigte nicht zum eigentlichen Tatgeschehen, sondern nur zu Randfragen Angaben macht oder in einer allgemein gehaltenen Erklärung seine Täterschaft pauschal bestreitet[79]. Jedoch war das Vorgehen des Vorsitzenden, der versucht hat, den K. doch noch zu einem Verzicht auf sein Aussageverweigerungsrecht zu bewegen, rechtlich zu beanstanden. Das Schweigerecht zumindest der unverteidigten Beschuldigten darf nicht dadurch missachtet werden, dass beständig auf verschiedenen Wegen versucht wird, ihn doch noch zu Angaben in der Sache zu bringen[80]. Anders wäre es nur dann, wenn neue Informationen bekannt wurden, eine neue prozessuale Situation eingetreten ist oder eine gewisse Zeitspanne verstrichen ist, in der sich die Auffassung des Beschuldigten geändert haben könnte. Im vorliegenden Fall hatte das fehlerhafte Verhalten des Vorsitzenden aber keine Auswirkungen.

35 A. ist des unerlaubten Entfernens vom Unfallort angeklagt. Er hat in allen Phasen des Strafverfahrens umfassend von seinem Aussageverweigerungsrecht Gebrauch gemacht. Die Anklage stützt den hinreichenden Tatverdacht daher allein auf die bei der Kfz-Haftpflichtversicherung des A. beschlagnahmte Schadensanzeige des A., in welcher der A. gegenüber der Versicherung den Unfallhergang geschildert und mitgeteilt hatte, er habe das Unfallfahrzeug gesteuert.

36 A. war gemäß § 31 Versicherungsvertragsgesetz (VVG) gegenüber der Versicherung verpflichtet, an der Sachaufklärung mitzuwirken und auch eigenes strafrechtliches Fehlverhalten zu offenbaren, sofern dieses für den Eintritt des Versicherungsfalls ursächlich

---

[77] BGHSt 20, 281; 32, 140, 144; BGH NJW 00, 1426; NStZ 18, 229; BVerfG NJW 96, 449; KG NJW 10, 2900; EGMR NJW 11,201; dies gilt entsprechend bei § 55: BGH NJW 92, 2304. Ebenso bei der Weigerung, von der Schweigepflicht zu entbinden: BGH NJW 00, 1962.
[78] BGHSt 20, 298; BGH NJW 02, 2260; dagegen kein „partielles" Schweigen bei Ausübung des Aussageverweigerungsrechts in bestimmten Verfahrensabschnitten (BGH StV 83, 321; wistra 92, 191) oder bei mehreren selbstständigen Taten, BGHSt 32, 145; BGH NStZ-RR 19, 317. Näher *Miebach* NStZ 97, 234; 19, 318.
[79] BGHSt 34, 324, 326; MDR 84, 156; JR 81, 432; BayObLG GA 82, 504.
[80] BGH NJW 06, 1008 f.; auch BGH NJW 07, 3138 ff.

war, um nicht den Versicherungsschutz – wenigstens teilweise – zu verlieren. Auf ein „Aussageverweigerungsrecht" kann er sich gegenüber der Versicherung nicht berufen, denn dieses Recht beruht auf der StPO und gilt nämlich nicht in anderen Rechtsgebieten, wo es einen Beschuldigten nicht gibt. Das Aussageverweigerungsrecht ist spezifisch strafverfahrensrechtlicher Natur; es knüpft als Teilaspekt des Passivitätsprinzips an die formale Beschuldigtenstellung an. Es stellt sich höchstens die Frage, ob die Freiheit vor Selbstbezichtigungszwang (*nemo tenetur se ipsum accusare*) als verfassungsrechtliches Prinzip allgemeine Gültigkeit in allen Rechtsbereichen beansprucht und dort zu beachten ist. Das BVerfG hatte die Frage vor Jahren auf dem Gebiet des Konkursrechts zu entscheiden, wo der sog. Gemeinschuldner nach §§ 75, 100, 101 Abs. 2 KO a. F. notfalls durch Beugehaft dazu angehalten werden konnte, gegenüber dem Konkursgericht eigene Straftaten im Vorfeld der Konkursanmeldung anzugeben[81]. Überzeugend hat dort das BVerfG eine umfassende Freiheit vor Selbstbezichtigungszwang verneint. Die Rechtsordnung kenne kein ausnahmsloses Gebot, dass niemand zu Auskünften oder sonstigen Handlungen gezwungen werden darf, mit denen er selbst eine strafbare Handlung offenbaren müsste; dem GG sei ein solcher Verfassungsgrundsatz nicht zu entnehmen[82]. Ein von der Rechtsordnung auferlegter Zwang zur umfassenden Auskunftserteilung unter Einschluss strafrechtlicher Selbstbezichtigung ist gar nicht so selten[83]; z. B. muss der Steuerpflichtige nach der Abgabenordnung auch dann besteuerungsrelevante Sachverhalte dem Finanzamt offenbaren, wenn er damit eine eigene Straftat preisgibt (§ 93 AO)[84]; nach dem Volkszählungsgesetz mussten bezüglich der Wohnverhältnisse auch Sachverhalte mitgeteilt werden, wonach bußgeldbewehrte Verstöße gegen melderechtliche Bestimmungen vorlagen[85].

Wenngleich die Pflicht zur strafrechtlichen Selbstbezichtigung verfassungsgemäß ist, so ist sie doch nicht verfassungsrechtlich irrelevant. Es berührt sehr wohl die Würde des Menschen, einem Zwang zur *aktiven* Schaffung der Voraussetzungen der eigenen Verurteilung zu unterliegen. Diesen Konflikt löst das BVerfG im *Gemeinschuldner*-Beschluss dadurch, dass die in nicht-sanktionsrechtlichen Verfahren *unter Zwang* zustande gekommenen Selbstbezichtigungen bezüglich einer Straftat nicht zweckentfremdet und nicht in einem Strafverfahren verwertet werden dürfen. Notwendiges Korrelat des Selbstbezichtigungszwangs in anderen Rechtsgebieten ist daher ein strafprozessuales **Beweisverwertungsverbot**, das verfassungsrechtlich begründet wird. Mit der Lösung des Interessenkonflikts über ein Beweisverwertungsverbot im Strafverfahren trägt das BVerfG dem verfassungsrechtlichen Prinzip Rechnung, dass niemand gezwungen werden könne, durch eigenes aktives Handeln die Grundlagen zu seiner strafrechtlichen Verurteilung zu schaffen. Z.T. tragen dem bereits einfachgesetzliche Bestimmungen Rechnung, wie z. B. das Steuergeheimnis (§§ 30, 393 AO), das prinzipiell gewährleistet, dass die Angaben des Steuerpflichtigen nur zu Besteuerungszwecken benutzt werden. Ist dies nicht der Fall, so folgt daraus – jedenfalls bei vorkonstitutionellen Bestimmungen – nicht ohne weiteres die Verfassungswidrigkeit der Regelung, sondern die Lücke muss durch unmittelbaren Rückgriff auf die Verfassung geschlossen werden, indem aus Art. 1 Abs. 1 i. V. m. 2 Abs. 1 GG das strafprozessuale Beweisverwertungsverbot abgeleitet wird.

Daher ist der A. im Fall zwar verpflichtet, die Schadensanzeige gegenüber der Versicherung zu machen; es stellt sich aber die Frage der Verwertbarkeit dieser Mitteilung in dem gegen ihn gerichteten Strafverfahren. Auf den ersten Blick scheinen dessen Voraus-

---

81 Nunmehr § 97 der Insolvenzordnung v. 5.10.94 (BGBl. I 2806).
82 BVerfGE 56, 37 ff. = NJW 81, 1431 ff.; dazu *Streck* StV 81, 362; *Stürner* NJW 81, 1757 ff.
83 Beispiele werden erörtert bei *Stürner* a. a. O. (Fn. 73); *Michalke* NJW 90, 417; *Franzheim* NJW 90, 2049. *Bärlein* NJW 02, 1825; *Weiß* NJW 14, 503 (ZPO). Zur Frage, ob ein Selbstbezichtigungszwang für Beamte im Vorstadium eines Disziplinarverfahrens besteht: verneinend *Eckstein* DÖD 97, 237 ff.
84 Jedoch bei bereits laufendem Strafverfahren eingeschränkt: BGH NJW 01, 3638, 02, 1134.
85 Vgl. BVerfGE 65, 1 ff. (Volkszählungs-Urteil).

setzungen vorzuliegen, da A. finanzielle Nachteile erleidet, wenn er die Schadensanzeige unterlässt. Essenzielle Voraussetzung der Annahme eines Beweisverwertungsverbots nach den Grundsätzen der Gemeinschuldner-Entscheidung ist jedoch ein gesetzlicher **Zwang** zur Selbstbezichtigung. Erfolgen die Angaben „freiwillig", ist das Beweisverwertungsverbot abzulehnen. Oder sieht das einschlägige Rechtsgebiet – was dem Gesetzgeber zu regeln freisteht – ein Aussage- oder Auskunftsverweigerungsrecht vor (z. B. für die Parteien im Zivilprozess § 384 Nr. 2 ZPO), bleibt es ebenfalls bei der Verwertbarkeit im Strafverfahren. Der vorausgesetzte Zwang muss ein unmittelbarer – durch Beugemittel oder Sanktionsandrohung – vermittelter sein. Hat die Verweigerung der Angaben nur faktisch nachteilige Folgen und sind diese nicht direkt erzwingbar, so ist das Beweisverwertungsverbot abzulehnen. Letzteres gilt insbesondere bei sog. Obliegenheiten wie z. B. Nachteilen bei der Anerkennung als Asylbewerber[86] der Fall. Um eben eine solche Obliegenheit handelt es sich bei der Verpflichtung des Versicherungsnehmers gegenüber dem Versicherer, eine Unfallanzeige zu machen[87]. Dies ist auch daran erkennbar, dass die Erfüllung der Verpflichtung von der Versicherung nicht eingeklagt und durch staatliche Vollstreckungsorgane erzwungen werden könnte[88]. Die rein finanziellen Nachteile des A. bei Unterlassen der Anzeige bedeuten also noch keinen Zwang; daher liegt in diesem Fall kein Beweisverwertungsverbot vor.

Eine Verpflichtung zur Führung eines Fahrtenbuchs nach § 31a StVZO verfehlt dagegen bei Beachtung der Grundsätze des *Gemeinschuldner*-Beschlusses ihren hintergründigen Zweck: Verkehrsverstöße des Führers des Fahrtenbuchs selbst lassen sich mittels seiner eigenen Aufzeichnungen in einem Straf- oder Bußgeldverfahren gegen ihn nicht beweisen[89]. Selbstverständlich greift das Beweisverwertungsverbot auch dann nur ein, wenn sich der Zwang auf die Herbeiführung einer *Aktivität* bezieht, denn passive Duldung muss sogar der Beschuldigte im eigentlichen Strafverfahren hinnehmen und deren Ergebnisse gegen sich gelten lassen (z. B. Untersuchungen, Blutproben, Beschlagnahmen usw.)[90].

36a Die Zwillingsbrüder Heinz und Egon Groß wurden vor 53 Jahren zufällig während eines Urlaubsaufenthalts ihrer schwangeren Mutter in New York geboren. Daher besitzen sie seitdem die amerikanische Staatsangehörigkeit, haben aber nie in den USA gelebt und sprechen kaum Englisch. Sie leben in Deutschland in ungünstigen sozialen Verhältnissen und haben ihre amerikanische Staatsangehörigkeit weitgehend vergessen. Eines Tages verüben sie gemeinsam einen Raubmord an einem Drogeriebesitzer in Köln und werden von der Polizei bald gefasst. Vor ihrer ersten Vernehmung erfolgt eine zutreffende Beschuldigtenbelehrung nach § 163a Abs. 4, die sie auch verstehen. Als der ermittelnde Polizeibeamte aus ihren Ausweisen die amerikanische Staatsangehörigkeit ersieht und beide fragt, ob sie der deutschen Sprache mächtig seien, bejahen diese die Frage lachend und geben bei der folgenden Vernehmung die Tat unumwunden zu. Nach Anklage vor der Schwurgerichtskammer des Landgerichts verweigern sie auf Anraten ihrer Verteidiger die Aussage; die Verteidiger erklären außerdem einen Widerspruch gegen die Verwertung der Geständnisse.

36b Ein Beweisverwertungsverbot folgt hier nicht aus irgendwelchen Mängeln bei der Beschuldigtenbelehrung nach § 163a Abs. 4 oder in Zusammenhang mit der Beachtung dieser Rechte durch die Ermittlungsbehörden. Die Bundesrepublik Deutschland ist je-

---

86 BGHSt 36, 328; dazu auch OLG Hamburg NJW 85, 2541.
87 OLG Celle NStZ 82, 393; NJW 85, 640; KG NJW 94, 3114 = NZV 94, 403; BVerfG NStZ 95, 599.
88 Anders z. B. beim Vollstreckungsschuldner nach § 807 ZPO; BGHSt 37, 340, 342.
89 Nicht erkannt bei VGH Mannheim NZV 93, 47.
90 Daher folgt kein Verwertungsverbot aus § 142 StGB: Aktivität nur bezüglich Identitätsangabe verlangt. Vgl. auch BVerfG NStZ 95, 599.

doch dem Wiener Konsularrechtsabkommen vom 24.4.1963 (WÜK) beigetreten, das in Deutschland mit Gesetzeskraft gilt (BGBl. 69 II 1585). Nach Art. 36 WÜK muss ein Beschuldigter mit fremder Staatsangehörigkeit darüber belehrt werden, dass er das Recht hat, eine Benachrichtigung des Konsulats seines Heimatstaates zu verlangen, wenn er in einem fremden Land festgenommen wird. Mit einer ganzen Reihe von Staaten hat die Bundesrepublik noch weitergehend sogar vereinbart, dass die Konsulate gegen den ausdrücklichen Willen ihrer Staatsangehörigen von den deutschen Behörden zu verständigen seien (z. B. China, Bulgarien, Ukraine, Kuba usw.). Es fragt sich also, ob hier gegen die Belehrungspflicht nach Art. 36 WÜK verstoßen worden ist. Das WÜK ist als Völkervertragsrecht über Art. 59 Abs. 2 Satz 1 GG innerstaatlich wirksames Recht im Range eines Bundesgesetzes geworden. Inzwischen hat der deutsche Gesetzgeber auch eine entsprechende Hinweispflicht in § 114b Abs. 2 Satz 2 aufgenommen. Allerdings greift der Sinn und Zweck dieser Regelungen offensichtlich nicht in den Fällen ein, in denen der Festgenommene zwar formal eine fremde Staatsangehörigkeit besitzt, aber keinerlei oder kaum Bindungen zu diesem Staat aufweist, sondern voll im Rechts- und Kulturkreis des Staates verwurzelt ist, in dem die Festnahme stattfindet. Hier bedarf er der konsularischen Unterstützung eines ihm innerlich fernstehenden Staates nicht. Die Berufung auf Art. 36 WÜK stellt in diesen Fällen nicht mehr als einen advokatorischen Kunstgriff und Missbrauch von Verfahrensrechten dar. Gleichwohl hat der Internationale Gerichtshof (IGH) im *LaGrand*-Fall auf Betreiben des Bundesrepublik Deutschland die Auffassung vertreten, dass für die aus Art. 36 WÜK resultierenden Rechte allein die formale Staatsangehörigkeit entscheidend sei[91]. So wenig überzeugend diese Meinung auch sein mag, kann doch Deutschland als treibende Kraft dieser Position im Verfahren zur Anprangerung der USA vor dem IGH wegen völkerrechtlicher Verstöße im *LaGrand*-Fall nicht seinerseits die Geltung dieser Grundsätze für das eigene Land negieren. Nach Ansicht des BVerfG muss die deutsche Rechtsordnung die Auslegung der WÜK durch den IGH übernehmen[92]. Danach lässt sich Art. 36 WÜK im Ausgangsfall nicht teleologisch reduzieren; ein Verstoß ist trotz der Verwurzelung von Heinz und Egon Groß in Deutschland zu bejahen. Jedoch führt nicht jeder Verfahrensfehler automatisch zu einem Beweisverwertungsverbot. Bei einer Übertragung der bei Verletzung der Belehrungspflicht über das Aussageverweigerungsrecht und die Verteidigerkonsultation entwickelten Grundsätze wäre in jedem Fall ein späterer Widerspruch des Verteidigers gegen die Verwertung erforderlich[93], der hier aber vorliegt. Jedoch hat der BGH inzwischen zu Recht entschieden, dass die Abwägung der widerstreitenden Interessen namentlich unter Berücksichtigung von Art und Gewicht des Verstoßes hier zu einem anderen Ergebnis in der Verwertungsfrage als bei der Belehrung über das Aussageverweigerungsrecht führt[94]. Die Belehrungspflicht nach Art. 36 WÜK knüpft nicht an den Beginn der Vernehmung an, sondern stellt allein auf die Inhaftierung ab. Ein Bezug zwischen einer Aussage und dem Verfahrensverstoß ist also höchstens indirekt gegeben. Auch bietet das Recht auf konsularischen Beistand nur ergänzenden Schutz für inhaftierte Beschuldigte mit fremder Staatsangehörigkeit und hat nicht jene zentrale Bedeutung für die Rechtsstellung von Beschuldigten wie das Aussageverweigerungsrecht und der Verteidigerbeistand. Ein Beweisverwertungsverbot ist also abzulehnen. Dennoch kann der objektive Verstoß gegen Art. 36 WÜK nicht folgenlos bleiben; er lässt sich aber kompensieren, indem bei einer Verurteilung der Beschuldigten zu einer Freiheitsstrafe einer gewisser, vom Gericht festzulegender Zeitraum als bereits verbüßte Freiheitsstrafe fingiert wird.

---

91 EuGRZ 01, 287.
92 BVerfG NJW 07, 499 ff.
93 BGH NJW 07, 3587.
94 BGH NJW 08, 307 ff.; 1090 ff.; gebilligt von EGMR NJW 11, 207; BVerfG NJW 14, 532.

3. Unerlaubte Vernehmungsmethoden

37 Nach einer Kindesentführung wird das zehnjährige Opfer ermordet aufgefunden, obwohl die Eltern die Lösegeldforderungen erfüllt hatten. Der von der Polizei ermittelte Zeuge Z. erklärt, er habe beobachtet, wie das Kind in ein Fahrzeug gezerrt worden sei; an das Kfz-Kennzeichen könne er sich nicht mehr genau erinnern. Z. erklärt sich bereit, sich durch einen von der Polizei herbeigeschafften Psychologen unter Hypnose setzen zu lassen, um eventuell im Trancezustand das vollständige Kennzeichen in seine Erinnerung zurückrufen zu können. Dies geschieht so und führt zur Feststellung des Kfz-Halters H., dem zunächst vom Vernehmungsbeamten der Polizei vorgespiegelt wird, es werde nur in einer Vermisstensache ermittelt. H. macht widersprüchliche Angaben. Daraufhin wird ihm in einem stundenlangen Verhör vorgehalten, er bestehe gegen ihn eine Kette von Beweisen, die ihm keine Chance mehr ließen. Er könne seine Lage nur noch verbessern, indem er ein vollständiges Geständnis ablege. Tatsächlich hegt der Beamte die Befürchtung, ohne ein solches Geständnis den H. nicht überführen zu können.

38 Es könnten sich Beweisverwertungsverbote aus § 136a Abs. 3 i. V. mit § 163a Abs. 4 S. 2 ergeben. § 136a verbietet bestimmte Methoden der Vernehmung des Beschuldigten und knüpft an die Verletzung dieser Vorschrift ein ausdrückliches gesetzliches Verwertungsverbot. Diese Vorschrift wurde erst 1950 durch das sog. Vereinheitlichungsgesetz in die StPO eingefügt, weil die einfachen Gesetze den Wertvorstellungen des 1949 in Kraft getretenen Grundgesetzes angepasst werden sollten. § 136a ist in erster Linie als Ausformung der Achtung der **Menschenwürde** (Art. 1 Abs. 1 GG) anzusehen. In der früher geltenden Fassung der StPO war zwar eine § 136a entsprechende Vorschrift nicht enthalten; jedoch kam man weitgehend durch Auslegung anderer Vorschriften (z. B. § 343 StGB) oder durch gewohnheitsrechtliche Grundsätze zu ähnlichen Ergebnissen. Neben dem Zweck des Schutzes der Menschenwürde soll § 136a gewährleisten, dass die Aussage des Beschuldigten nicht „entpersönlicht" wird, d. h. der Aussagende soll voll als Person hinter seiner Aussage stehen, was bei unter Zwang zustande gekommenen Aussagen nicht der Fall ist. § 136a verbietet rechtsstaatswidrige Einwirkungen auf die Aussagefreiheit in Vernehmungen[95].

39 Aufgrund seiner systematischen Stellung **verpflichtet** § 136a zunächst den Richter zu seiner Beachtung[96]. Als Gehilfen des Richters treffen den Sachverständigen dieselben Bindungen. Kraft gesetzlicher Verweisungsvorschriften sind ebenfalls die StA und Polizeibeamte an die Vorschrift gebunden (§ 163a Abs. 3 S. 2 und Abs. 4 S. 2). Die strafprozessualen Wirkungen des § 136a treten hingegen nicht ein, wenn eine Privatperson dort bezeichnete Methoden anwendet[97]. Ein Privatdetektiv beispielsweise, der bei seinen Recherchen durch Gewaltanwendung Personen zum Reden bringt, macht sich zwar u. U. nach materiellem Strafrecht wegen Nötigung, Körperverletzung, Freiheitsberaubung usw. strafbar; die so erlangten Erkenntnisse bleiben aber für ein Strafverfahren verwertbar. Anders muss dies sein, wenn die Polizei oder StA Privatpersonen mit der Vornahme

---

95 Vgl. BGH NJW 92, 2903; ausnahmsweise erweiternd: BGH NJW 18, 1986 (polizeiliche Anwesenheit bei ärztlicher Untersuchung).
96 Grenzfall: Richter verbringt Angeklagten in Haftzelle, um ihn zur Aussage zu bewegen, BGH NJW 19, 789 = NStZ 19, 77.
97 BGHSt 34, 365, 369; BGH StV 12, 129 f.; *MG-Schmitt* § 136a, 3 (mit der dogmatisch nicht einsichtigen Einschränkung in Fällen „besonders krasser Verstöße gegen die Menschenwürde"); so aber auch KK-*Diemer* § 136a, 3. Auch keine Anwendung auf den Verteidiger, BGHSt 14, 189, 192; dies kann aber nicht für die Hauptverhandlung gelten. Verfolgungsbeamte ausländischer Staaten gelten als Privatleute, OLG Hamburg NJW 05, 2326, 2329.

von Vernehmungen beauftragt oder sie zu solchen hinzuzieht[98]. Die Strafverfolgungsbehörden können sich nicht durch Einschaltung Privater den Bindungen des § 136a entziehen. Im Ausgangsfall hat die Polizei einen Psychologen mit der Befragung des Z. unter Hypnose beauftragt, sodass § 136a Anwendung findet.

Schon aus der systematischen Stellung des § 136a im Abschnitt „Vernehmung des Beschuldigten" und als dem § 136 folgende Regelung ergibt sich, dass der **Vernehmungsbegriff** erfüllt sein muss, also eine Befragung durch eine Strafverfolgungsperson – bzw. eine in deren Auftrag handelnde Person – zu Zwecken der Strafverfolgung mit erkennbar amtlichem Charakter[99]. Dies ist auch bei Befragungen durch einen für das Strafverfahren bestellten Sachverständigen möglich[100], jedoch nicht im Falle eines Verdeckten Ermittlers oder Polizeispitzels, die ja gerade ihre Herkunft verschweigen[101]. Daher kann in letzterem Fall nicht jede Täuschung zur Anwendung des § 136a führen. Eine andere Frage ist, ob sich aus anderen Gründen Beweisverwertungsverbote aus dem Grundsatz des Fairen Verfahrens ergeben[102]. Auf die anderweitige Beschaffung von Beweismitteln als durch Vernehmungen ist § 136a nicht – auch nicht analog – anwendbar, denn seinem ganzen Wesen nach ist er nur auf die Sicherung der Aussagefreiheit gerichtet, was sich auf andere Ermittlungsansätze nicht übertragen lässt[103]. **40**

Unmittelbar **schützt** § 136a den Beschuldigten. Bei der Vernehmung von Zeugen und Sachverständigen gilt die Vorschrift entsprechend (§§ 69 Abs. 3, 161a Abs. 1 S. 2, 163 Abs. 3 S. 1, § 72). Daher findet § 136a auch in vollem Umfang auf die Vernehmung des Zeugen Z. Anwendung. Dem kann auch nicht entgegengehalten werden, Z. sei ja mit der Hypnose einverstanden gewesen. Denn wenn es in § 136a Abs. 3 ausdrücklich heißt, das Verbot der Absätze 1 und 2 gelte ohne Rücksicht auf die Einwilligung des Beschuldigten, so folgt daraus bei der entsprechenden Anwendung der Vorschrift auf Zeugen, dass es auf die Einwilligung des vernommenen Zeugen nicht ankommt. Der Gesetzgeber sieht die Verstöße gegen § 136a als typisierte Verletzungen der Menschenwürde an, über die der Einzelne nicht zu disponieren vermag. **41**

Gem. § 136a Abs. 1 darf die **Aussagefreiheit** in Vernehmungen nicht beeinträchtigt werden. Nach h. M. sind die in der Vorschrift ausdrücklich genannten verbotenen Vernehmungsmethoden nicht abschließend, sondern nur beispielhaft aufgeführt[104]. In der Vergangenheit galt die Benutzung des **Lügendetektors** im Strafverfahren als Paradebeispiel einer in § 136a zwar nicht ausdrücklich benannten, aber nach dieser Vorschrift unerlaubten Methode[105]. Diese Rechtsprechung hat der BGH inzwischen aufgegeben; er sieht in dem Lügendetektor (Polygraphen) nicht mehr einen Verstoß gegen § 136a und auch nicht gegen Art. 1 GG, hält ihn aber aber für ein völlig untaugliches Beweismittel und stützt dies überzeugend auf gründliche wissenschaftliche Untersuchungen, welche die Unzuverlässigkeit des Tests mittels eines Lügendetektors in jeder Beziehung entlarven[106]. Jedes sonstige Mittel, das sich in einer Verminderung der Freiheit der Willensentschließung und -betätigung auswirkt, ist nach § 136a verboten. Dennoch muss **42**

---

98 Vgl. BGHSt 44, 129 = NJW 98, 3506 (Wahrsagerin).
99 BGH NJW 94, 2904; 11, 1523; StV 12, 130; aber BGH NJW 18, 1986; OLG Frankfurt NJW 97, 1649; zum Vernehmungsbegriff s. Rn. 28a.
100 BGHSt 11, 211; LR-*Gleß* § 136a, 8; s. Rn. 28a, 146a („vernehmungsähnl.").
101 BGHSt 42, 139 ff.; BGH NJW 07, 3138 f.; StV 12, 130.
102 Dazu *Kramer* JURA 88, 524; vgl. auch Rn. 168a.
103 Vgl. BGHSt 24, 124, 129; 33, 217, 224; 34, 365, 369; GA 81, 89; MDR 75, 23; einschr. BGH NJW 18, 1986; BGHSt 34, 362 ff.
104 BGHSt 44, 129 ff. = NJW 98, 3506, 3508 (Wahrsagerin).
105 BGHSt 5, 332, 342; LG Wuppertal NStZ-RR 97, 75.
106 BGHSt 44, 308 = NJW 99, 667; dazu Hamm NJW 99, 922; *Jarowski* Kriminalistik 00, 23. S. auch BGH NJW 99, 662; OLG Karlsruhe NStZ-RR 98, 368; BVerfG NJW 98, 1939.

den gesetzlich aufgeführten Beispielen eine gewisse typisierende Bedeutung zugesprochen werden, die Ähnlichkeit mit der Regelbeispieltechnik des materiellen Strafrechts (z. B. § 243 StGB) aufweist. Die genannten Fälle sind daher nicht irrelevant, sondern lassen die Wertvorstellungen des Gesetzgebers erkennen und erlauben eine induktive Weiterentwicklung der Beispiele. Die nach § 136a verbotenen Zwangsmethoden lassen sich in eher physisch und psychisch wirkende gruppieren:

43 Als **physische** Einwirkung ist zunächst die **Misshandlung** untersagt, die wie in § 223 StGB als jede erhebliche Beeinträchtigung der körperlichen Unversehrtheit und eine ihr gleichkommende Herabsetzung des körperlichen Wohlbefindens definiert werden kann (Beispiel: Schläge, ständiges Stören im Schlaf, grelle Beleuchtung, hungern und frieren lassen)[107]. Auch wenn einem Gefangenen notwendige Medikamente vorenthalten werden, liegt eine Misshandlung – nämlich durch Unterlassen – vor. Keine Rechtspflicht besteht jedoch, dem zu Vernehmenden Alkohol und andere Rauschmittel zu verschaffen, selbst wenn er unter Entzugserscheinungen leiden sollte[108]. Bloße Unbequemlichkeiten der Vernehmungssituation gehören nicht zur Misshandlung. Der Unterschied zur Quälerei besteht darin, dass letztere vorwiegend seelisch wirkt[109].

43a Ermüdete Personen dürfen nicht vernommen werden. Der Fall der **Ermüdung** weist im Gegensatz zu den anderen verbotenen Vernehmungsmethoden die Besonderheit auf, dass es nicht darauf ankommt, ob die Strafverfolgungsbeamten den Zustand der Ermüdung herbeigeführt haben[110]. Entscheidend ist vielmehr, ob die Person tatsächlich so ermüdet ist, dass eine Beeinträchtigung der Willensfreiheit zu befürchten ist, gleichgültig welche Ursache die Ermüdung hat. Dies liegt darin begründet, dass die Vernehmung ermüdeter Personen, d. h. die Verweigerung des Schlafs durch Aufrechterhaltung der Vernehmungssituation, einen Sonderfall der vom Gesetz zuvor genannten Misshandlung darstellt. Die Ermüdung braucht also nicht etwa durch die Vernehmung hervorgerufen worden zu sein, z. B. greift sie u. U. auch ein bei einem Autofahrer, der wegen Übermüdung einen Unfall verursacht hat und anschließend verhört wird. Umgekehrt ist nicht jede zu einem Zustand der Ermüdung führende Vernehmung verboten; diese ist nur dann abzubrechen, wenn der Zustand der Erschöpfung der Willenskraft erreicht ist. Wann Ermüdung vorliegt, ist eine Frage der Beurteilung der tatsächlichen Verhältnisse des Einzelfalles[111]. Bei einem dreißigstündigen Schlafmangel wurde Ermüdung angenommen[112]; bei einer von 21 Uhr bis in den Morgen dauernden Vernehmung jedoch abgelehnt. Vernehmungen zur Nachtzeit sind nicht schlechthin unzulässig; jedoch spricht ein fehlender Anlass für nächtliche Vernehmungen dafür, dass ein Zustand der Ermüdung ausgenutzt wurde[113].

Der Umstand, dass H. im Ausgangsfall „stundenlang" verhört wurde, lässt nicht automatisch auf Ermüdung schließen. Zwar ist es denkbar, dass die Dauer der Vernehmung ein taktisches Mittel in der Hand der Ermittlungsbehörden ist, den Widerstandswillen eines leugnenden Beschuldigten herabzusetzen, jedoch dürfen die Anforderungen hier nicht überspannt werden. Es genügt für ein rechtlich einwandfreies Vorgehen, dass sich der Beschuldigte in einem Zustand befindet, der es ihm erlaubt, der Vernehmung in freier Willensentschließung zu folgen; das Gesetz verlangt nicht, dass der Beschuldigte „so

---

[107] LR-*Gleß* § 136a, 22; KK-*Diemer* § 136a, 11.
[108] Vgl. OLG Hamm StraFO 99, 93.
[109] Vgl. *Roxin/Schünemann* § 25, 23; eher auf Intensität und Dauer abstellend: KK-*Diemer* § 136a, 18.
[110] BGHSt 1, 376, 379; 12, 332; 13, 60; OLG Frankfurt VRS 36, 366; KK-*Diemer* § 136a, 13.
[111] Vgl. BGH NStZ 99, 630.
[112] BGHSt 13, 60; s. dagegen 12, 332; BGH NJW 15, 360 (38 Stunden).
[113] BGHSt 1, 376, 378.

frisch ist, wie er sonst an einem Tage nach gewohnter Nachruhe wäre"[114]. Der Begriff der Ermüdung ist daher im Lichte seiner Nähe zur Misshandlung abzugrenzen.

Körperliche Eingriffe (= Beeinträchtigungen der Körpersubstanz und Maßnahmen im Körperinnern, gleichgültig ob schmerzhaft oder schmerzfrei)[115] und die **Verabreichung von Mitteln** sind verboten, wenn sie Einfluss auf die Willensfreiheit haben können. Diese Methoden bleiben auch unter den Voraussetzungen einer nach § 81a angeordneten körperlichen Untersuchung unzulässig. Darunter fällt etwa die Injektion hemmungslösender Mittel (sog. Narkoanalyse). Demgegenüber ist die Verabreichung von Kopfschmerztabletten und Erfrischungsmitteln wie Kaffee oder Zigaretten nur in außergewöhnlichen Konstellationen geeignet, Einfluss auf die Willensfreiheit zu nehmen[116]. Steht die zu vernehmende Person unter dem Einfluss berauschender Mittel (Rauschgifte, Alkohol), ist die Vernehmung nach richtiger Ansicht durch § 136a nur dann verboten, wenn dieser Zustand durch die Strafverfolgungsbehörden herbeigeführt worden ist[117]. Anders als im Fall der Ermüdung kann in der Vernehmung von Personen, die sich selbst in einen Zustand alkoholischer Beeinflussung gesetzt haben, nicht eine der Misshandlung ähnelnde Einwirkung gesehen werden. § 136a schützt nicht die isolierte Aussagefreiheit, sondern nur vor der Einwirkung auf dieselbe durch rechtsstaatswidrige Vorgehensweisen (vgl. zulässige Vernehmung von Kindern, Geistesschwachen u.a.). Diese Betrachtungsweise ist auch in der Sache zwingend, da ansonsten die zu vernehmende Person es selbst in der Hand hätte, sich durch die Einnahme von Rauschmitteln in einen die Vernehmung ausschließenden Zustand zu bringen. Davon gibt der Fall *Weimar* ein beredtes Beispiel ab, wo die Angeklagte erst in der Revisionsinstanz mit der Behauptung aufwartete, sie habe schon bei der – entscheidenden – polizeilichen Vernehmung im Vorverfahren unter dem Einfluss eines von ihr selbst eingenommenen starken Psychopharmakons gestanden[118]. Die Aussagen berauschter Personen unterliegen lediglich nach § 261 einer behutsameren Beweiswürdigung. Von der Anwendung des § 136a ist logisch die Frage zu unterscheiden, ob der Beschuldigte infolge Alkoholgenusses verhandlungsunfähig ist, da § 136a nicht die Aufgabe hat, die Verhandlungsfähigkeit zu schützen[119]. Bei Zeugenvernehmungen, für welche die Vorschrift inhaltsgleich gilt, versagt der systemfremde Gesichtspunkt der Verhandlungsfähigkeit vollends.

44

Körperlicher Zwang darf zur Herbeiführung einer Aussage nur dann angewendet werden, wenn dieser nach der StPO – beispielsweise die Erzwingung der Aussage von Zeugen durch Beugehaft nach § 51 – vorgesehen ist. Die Untersuchungshaft und ihre Ausgestaltung darf nur den in § 112 Abs. 2 bzw. 112a genannten Zwecken dienen. Soll sie dagegen nur den Beschuldigten unter Druck setzen, um ihn aussagebereit zu machen, so liegt unzulässiger körperlicher Zwang i. S. v. § 136a vor[120].

45

Unter den **psychischen** Beeinträchtigungen ist der Hauptanwendungsfall der der **Täuschung**. Darunter ist das bewusste Aufstellen unrichtiger Behauptungen durch den Vernehmungsbeamten zu verstehen[121], beispielsweise die unzutreffende Behauptung, ein Mitbeschuldigter habe bereits ein Geständnis abgelegt. Auch die Täuschung in Bezug auf Rechtsfragen fällt darunter, z. B. die Vorspiegelung, es gehe nur um eine Ordnungs-

46

---

114 BGH NJW 92, 2903 f.
115 MG § 136a, 9; KK-*Diemer* § 136a, 14.
116 BGHSt 5, 290; anders bei Pervitin, Evipan, Rauschmitteln etc.
117 OLG Celle VRS 41, 206; *Gössel* § 23 B II b; näher dazu: *Kramer* Kriminalistik 91, 309 m.w.N.; offen gelassen bei BGH MDR 70, 14; a. A. OLG Köln StV 89, 520; LG Mannheim NJW 77, 346; LG Münster StV 81, 613; *MG-Schmitt* § 136a, 10; KK-*Diemer* § 136a, 16.
118 BGH NJW 89, 1741 ff.
119 So aber OLG Köln StV 89, 520; dazu *Kramer* Kriminalistik 91, 309.
120 Vgl. BGH NJW 90, 1188; 87, 2525; dazu *Kramer* JURA 88, 520 ff. Bedenklich BGH NStZ 19, 77.
121 BGHSt 31, 395, 400; 35, 328; KK-*Diemer* § 136a, 19 (ganz h. M.); a. A. *Grünwald* NJW 60, 1942.

widrigkeit, während tatsächlich eine Straftat verfolgt wird. Im Fall liegt in der Behauptung gegenüber H., es bestehe gegen ihn eine Kette von Beweisen, die ihm keine Chance ließen, eine solche Täuschung über die Beweis- und Rechtslage: ein Vernehmungsbeamter kann auch dann über Tatsachen täuschen, wenn er dem Beschuldigten gegenüber nur pauschal und ohne bestimmte Beweismittel vorzuspiegeln von einer Beweislage spricht, die ausreiche, ihn zu überführen[122]. Dies gilt jedoch nur, wenn der Beamte – wie im vorliegenden Fall – gezielt die Unwahrheit sagt, denn von einer rechtsstaatswidrigen Einwirkung kann nur bei bewussten **Lügen** gesprochen werden, nicht aber schon bei irrtümlichen – wenn eventuell auch fahrlässigen – Fehlbewertungen durch den Beamten selbst. Die Frage unterliegt dem Freibeweis; laut Sachverhalt war sich der Beamte über die wahre Beweislage im Klaren.

Der Begriff der Täuschung ist einengend auszulegen; er ist gegen den der **List** abzugrenzen, die in der bloßen Ausnutzung vorhandener Irrtümer besteht[123]. So ist der Vernehmungsbeamte z.B. nicht verpflichtet, den Beschuldigten im weiteren Verlauf der Vernehmung darüber aufzuklären, wenn er erkennt, dass der Beschuldigte fälschlich davon ausgeht, ein Zeuge habe ihn am Tatort erkannt. Er muss auch nicht die vernehmende Person über sein ganzes Wissen unterrichten; es geht aber über das kriminaltaktisch oftmals gebotene und erlaubte Verschweigen von Tatsachen hinaus, wenn der Vernehmende dem Vernommenen vorspiegelt, es werde in einer Vermisstensache ermittelt, die Ermittlungen tatsächlich aber zu einer Aufklärung eines Tötungsdelikts führen sollen[124]. Ähnlich wie beim Verteidiger gilt der Grundsatz: es muss nicht alles gesagt werden, aber was gesagt wird, muss zutreffen[125]. So liegt noch List vor, wenn die vom Beamten abgegebenen Erklärungen objektiv richtig sind, aber – vielleicht voraussehbar – falsch aufgefasst werden könnten. Kriminalistische List lässt sich nicht einfach als unfair oder rechtsstaatswidrig abstempeln; sie ist das notwendige Korrelat zur Sicherung der Beschuldigtenstellung durch den Grundsatz *in dubio pro reo*, das Passivitätsprinzip und die Sanktionslosigkeit eigener unwahrer Behauptungen, mit denen er sich verteidigen kann. Täuschung verlangt damit ein **positives Tun**. Ein Unterlassen der Aufklärung von Irrtümern wird von dieser Fallgruppe also nicht erfasst[126]. Daher fallen heimliche Tonbandaufzeichnungen nur dann unter § 136a, wenn besonders zum Ausdruck gebracht wurde, dass die Vernehmung nicht auf Band aufgezeichnet werde[127].

47 **Quälerei** ist die Zufügung lang dauernder, überwiegend seelischer Schmerzen[128]. Intensive Beleidigungen, Beschimpfungen und Anschreien können eine Quälerei begründen. Zweifelhaft erscheint es jedoch, eine Konfrontation des Mordverdächtigen mit der Leiche als Fall der Quälerei anzusehen, da § 88 S. 2 ebendies vorsieht[129].

48 **Hypnose** ist eine künstlich herbeigeführte Veränderung des Wachzustandes, die durch hohe Suggestibilität und Einengung des sozialen Kontaktes auf die Person des Hypnotiseurs gekennzeichnet ist. Die Beeinträchtigung der Freiheit der Willensbetätigung und -entschließung ist ihr in allen ihren Tiefenstufen begriffsimmanent. Daher ist sie *stets* durch § 136a als Vernehmungsmethode ausgeschlossen[130]. Im Ausgangsfall war es daher

---

122 BGHSt 35, 328, 330; BGH NJW 17, 1253. Dagegen soll das Vorspiegeln einer freundlichen Gesinnung (Methode „good cop, bad cop") nicht darunter fallen, BGH NJW 53, 1114.
123 BGH NJW 92, 2904; NStZ 97, 251; *Dahle* Kriminalistik 90, 451.
124 BGHSt 37, 48, 53.
125 Vgl. Rn. 85.
126 BGHSt 33, 217, 223; a.A. *Schlüchter* 96.
127 Weitergehend KK-*Diemer* § 136a, 25; näher zu heimlichen Tonbandaufzeichnungen: *Kramer* NJW 90, 1768.
128 Vgl. BGHSt 17, 364 str.; s. Abgrenzung zur Misshandlung, Rn. 43.
129 So aber BGHSt 15, 187 (dort aber einziges Motiv der Beamten: Geständnis herbeiführen).
130 KK-*Diemer* § 136a, 28; LR-*Gleß* § 136a, 53; a.A. *Peters* § 41 II 3; *Fuchs* Kriminalistik 83, 2; *Beetz/Wiest* Kriminalistik 08, 355.

unzulässig, den Z. unter Hypnose zu vernehmen, auch wenn sich die Ermittlungsbehörden davon vielversprechende Informationen erhoffen durften. Dass dies ohne Rücksicht auf die Einwilligung des Z. gilt, wird verständlich, wenn man bedenkt, dass die Hypnose unter totalitären Regimen häufig missbraucht wird und eine Selbstauslieferung des Einzelnen an den Staat bedeutet. Die Allgemeinheit besitzt daher ein Interesse an der Tabuisierung der Hypnose in der Hand der Strafverfolgungsorgane, ohne dass damit eine negative Bewertung der Hypnose durch private Therapeuten verbunden ist. Ein praktischer Ausweg aus dem Dilemma des Falls wäre es daher, wenn der Z. von sich aus einen Hypnotiseur einschaltet und die Ergebnisse einer unter privater Regie stattfindenden Hypnosesitzung an die Ermittlungsbehörden weiterleitet.

Drohungen mit nach der StPO unzulässigen Maßnahmen sind verboten, die beispielsweise in der Ankündigung einer Verhaftung liegen können, obwohl gar kein Haftgrund gegeben ist. Hinweise auf die Rechtslage (z. B. dass ein Geständnis tatsächlich bestehende Verdunkelungsgefahr ausräumen könne) fallen nicht darunter. **49**

Das **Versprechen** gesetzlich nicht vorgesehener Vorteile ist nur in eindeutigen Zusagen zu sehen, nicht jedoch in der Belehrung über günstige Auswirkungen seiner Aussage, die sich der Beschuldigte selbst sagen müsste[131]. So ist es erlaubt, den Beschuldigten darauf hinzuweisen, dass sich ein Geständnis bei Gericht günstig auf das Strafmaß auswirken kann. Unzulässig wäre das polizeiliche Versprechen, den Beschuldigten im Falle eines Geständnisses frei zu lassen, obwohl weiterhin Fluchtgefahr besteht[132]. Auch Millionen-Euro-Honorare für Bankdatendiebe sieht das ZuSEG nicht vor. **Absprachen** zwischen dem Verteidiger und dem Gericht bzw. der StA, welche eine Festlegung bezüglich des Strafmaßes im Gegenzug zu einem Geständnis des Beschuldigten enthalten, machen letzteres gem. § 136a unverwertbar, denn das Strafmaß kann gesetzlich nur aufgrund des Inbegriffs der abschließend durchgeführten Hauptverhandlung bestimmt werden. Feste Absprachen zum Prozessergebnis sind daher rechtlich unzulässig[133]; an sich ist es auch dem Gericht untersagt, sich auf einen Vergleich im Gewande eines Urteils, auf einen „Handel mit der Gerechtigkeit", einzulassen[134]; dies gilt allerdings seit Einführung des § 257c (formelle Verständigung) nicht mehr uneingeschränkt. **50**

Die nach § 136a Abs. 2 verbotenen Maßnahmen, die das **Erinnerungsvermögen** oder die **Einsichtsfähigkeit** beeinträchtigen, haben gegenüber dem Abs. 1 eine geringe eigenständige Bedeutung. Der Unterschied zwischen Abs. 1 und 2 besteht darin, dass der Abs. 1 die freie Willensentschließung und Willensbetätigung schützt, während Abs. 2 verhindern will, dass die Fähigkeit, in der Vergangenheit liegende Geschehnisse sich zu vergegenwärtigen (Erinnerungsvermögen) und die Möglichkeit, zu beurteilen, welche Folgen eine Aussage hat (Einsichtsfähigkeit), herabgesetzt werden. Hypnose fällt zwar als *Erhöhung* des Erinnerungsvermögens nicht unter Abs. 2 des § 136a, aufgrund ausdrücklicher Nennung aber bereits unter Abs. 1. **51**

Die **Folgen** eines Verstoßes gegen § 136a bestehen darin, dass die so erlangten Erkenntnisse für ein Strafverfahren als Beweismittel ausscheiden, d. h. absolut **unverwertbar** sind. Das gilt nach der ausdrücklichen Regelung des § 136a Abs. 3 S. 2 sogar dann, wenn der Beschuldigte der Verwertung zustimmt. Die Erkenntnisse begründen weder Verdachtslagen, noch können sie in irgendeiner Form in die Hauptverhandlung eingeführt werden. Ist den Ermittlungsbehörden ein Fehler nach § 136a unterlaufen, so kann dieser nur dadurch geheilt werden, dass die Vernehmung wiederholt wird, wobei ausge- **52**

---

131 BGHSt 1, 387; näher *Füllkrug* MDR 89, 119.
132 Vgl. BGH StV 89, 515.
133 BGHSt 37, 298, 304; aber: BGH NJW 03, 1615; vgl. auch Rn. 119a, 312.
134 BVerfG wistra 87, 134; anders in den USA das sog. plea bargaining, dazu *Massaro* StV 89, 454; s. Rn. 288a.

schlossen sein muss, dass die Zwangssituation latent noch weiter andauert[135]. Eine **Fernwirkung** des Beweisverwertungsverbots auf mittelbar erlangte Beweismittel ist aber mit § 136a nicht verbunden[136]. Daher sind die widersprüchlichen Angaben des H. im Fall nicht schon deshalb unverwertbar, weil seine Person nur aufgrund unzulässiger Anwendung der Hypnose bei Z. ermittelt werden konnte. Eine dauerhaft tragfähige Lösung des Hypnosefalls besteht aber nicht darin, prinzipiell zunächst die Methode anzuwenden, im Hinblick auf die grundsätzlich nicht gegebene Fernwirkung auf die spätere Einführung der Aussage des Z. vor Gericht von vornherein zu verzichten und sich mit dieser als Ermittlungsanhalt zur Feststellung des Kfz-Halters zu begnügen. Denn § 136a Abs. 3 verbietet in erster Linie die *Anwendung* der Methode (Satz 1) und erst in zweiter Hinsicht deren Verwertung (Satz 2).

52a In materiellrechtlicher Hinsicht wird § 136a neben den unspezifischen Tatbeständen der Freiheitsberaubung, Körperverletzung im Amt (§ 340) und Nötigung (§ 240 Abs. 1, 4: Amtsnötigung als besonders schwerer Fall) durch den Verbrechenstatbestand der **Aussageerpressung** nach § 343 StGB flankiert. Dieser gilt aber nicht für alle in § 136a genannten Methoden (z. B. nicht für die Täuschung), sondern nur bei körperlicher Misshandlung, Gewalt, Drohen mit Gewalt und Quälerei. Wie § 136a findet der Straftatbestand der Aussageerpressung, der infolge seiner Strafandrohung von mindestens einem Jahr Freiheitsstrafe automatisch zur Entfernung des Beamten aus dem Dienst führt, nur im Strafverfahren und in ähnlichen Verfahren (Bußgeld, Disziplinarverfahren, berufs- und ehrengerichtliche Verfahren, Verwahrung einer Person) Anwendung und nicht bei einem Handeln der Polizei im Rahmen der Gefahrenabwehr. Dies erfordert schwierige Abgrenzungen, die sich im Fall *Gäfgen*[137], weit reichend ausgewirkt haben, wo auf Anordnung des Polizeivizepräsidenten dem festgenommenen Beschuldigten Schmerzzufügung durch einen Kampfsportler angekündigt wurde, damit er das Versteck preisgebe und das Opfer gerettet werde. Allerdings ist auch der hier gegebene Tatbestand der Nötigung nicht etwa durch einen rechtfertigenden Notstand (§ 34 StGB) gerechtfertigt, da auch zur Rettung von Menschenleben eine Güterabwägung nicht die Anwendung oder Ankündigung von Folter rechtfertigen kann, was sogar formal aus der Angemessenheitsklausel des § 34 StGB folgt. Dagegen kann man sich in derartigen Entführungsfällen durchaus vorstellen, dass andere Vorschriften (z. B. Kontaktrechte nach § 148) im Rahmen einer Güterabwägung zum Zwecke der Rettung des Opfers einmal zurücktreten müssen[138].

III. Festnahme des Beschuldigten

53 Festnahmemaßnahmen stellen Freiheitsentziehungen i. S. von Art. 104 Abs. 2 GG dar. Die Festnahme ist von einem bloßen Festhalten zur Durchführung einer anderen strafprozessualen Zwangsmaßnahme zu unterscheiden; letzteres ist nur als Freiheitsbeschränkung zu werten und unterliegt nicht dem Richtervorbehalt nach Art. 104 Abs. 2[139]. Ihre Rechtmäßigkeit ergibt sich aus dem Vorliegen der Voraussetzungen der Ermächtigungsnorm, die zu dem jeweiligen prozessualen Zwangsakt legitimiert und dem Grundsatz der Verhältnismäßigkeit. So erlaubt § 81b die Durchführung einer erkennungsdienstli-

---

135 Vgl. BGHSt 13, 61; 129 ff.
136 BGHSt 35, 328, 332; s. auch Rn. 165. Davon zu unterscheiden ist eine mögliche „Fortwirkung" des Verstoßes, z. B. der Drohung bei wiederholten Vernehmungen: dazu *MG-Schmitt* § 136a, 30.
137 Dazu BVerfG NJW 05, 656; LG Frankfurt NJW 05, 692; EGMR NJW 07, 2461; 10, 3145; OLG Frankfurt NJW 13, 75; *Düx/Schröder* ZRP 03, 180; ferner *Schnorr* ZRP 03, 142.
138 S. Rn. 180.
139 BGHZ 82, 261 ff. = NJW 82, 753 m.w.N. grenzt überzeugend nach der Zielrichtung der Maßnahme ab; ebenso BVerwG DÖV 82, 35 f.; BayObLG DÖV 84, 515; abweichend BVerwG DÖV 82, 32 ff.; BVerfG NJW 02, 3161; 11, 2499.

1. Vorläufige Festnahme

Die wesentlichste Ermächtigungsgrundlage für vorläufige Festnahmen ist § 127. Sinn und Zweck der Vorschrift ist es, in Eilsituationen einer Person habhaft zu werden, damit eine richterliche Entscheidung über die Anordnung der Untersuchungshaft ergehen kann[141]. Die vorläufige Festnahme ist weder Selbstzweck noch als vorübergehende Erleichterung anderer Ermittlungstätigkeiten zu verstehen. Schon gar nicht dient sie präventiven Zwecken, so dass die Festnahme von strafunmündigen Kindern nach § 127 ausscheidet[142]. Die Festnahme ist auf eine Vorführung beim Richter (§ 128) gerichtet, der die weiteren Haftentscheidungen zu fällen hat. Werden Straftaten während einer Gerichtsverhandlung begangen, so kann gem. § **183 GVG** die vorläufige Festnahme durch ein ansonsten nicht zuständiges Gericht verfügt werden. Zur Erleichterung und Vorbereitung des beschleunigten Verfahrens[143] hat der Gesetzgeber mit § **127b** eine neue Grundlage zur vorläufigen Festnahme durch die StA oder die Beamten des Polizeidienstes geschaffen. Eine völlig anders geartete Zielrichtung liegt vorläufigen Festnahmen nach § **164** zugrunde. Danach können bis zum Ablauf einer Maßnahme nicht nur Beschuldigte, sondern auch andere Personen festgenommen werden, die bei der Durchführung einer strafprozessualen Amtshandlung vorsätzlich stören oder sich dabei zulässigen Anordnungen widersetzen. Wegen des Grundsatzes der Einheit der Rechtsordnung sind diese Ermächtigungsnormen auch alle als Rechtfertigungsgründe i. S. d. materiellen Strafrechts anzusehen.

54

Der Hauswart H. sieht sich zur Entspannung regelmäßig die Fernsehsendung „Kriminalreport" an. Dort werden eines Abends Phantombilder mehrerer mutmaßlicher Vergewaltiger gezeigt sowie ein von einer versteckten Kamera in einer Bank aufgenommenes Foto des B., wie dieser den Kassierer der Bank mit einer Waffe bedroht und zur Herausgabe von Bargeld zwingt. In der Sendung wird mitgeteilt, dass nach B. öffentlich zum Zwecke seiner Festnahme gefahndet werde. Am nächsten Morgen begegnet H. zufällig dem Freund der neuen Mieterin und erkennt in diesem eindeutig den am Vorabend gezeigten Bankräuber B. Geistesgegenwärtig schließt H. den B. in der Wohnung ein, um B. von der Polizei abholen zu lassen. Als die Beamten erscheinen, erstattet zunächst B. gegen H. Anzeige wegen Freiheitsberaubung.

55

H. hat den Tatbestand des § 239 StGB erfüllt. Die Rechtswidrigkeit könnte jedoch durch das Eingreifen des Rechtfertigungsgrundes nach § 127 Abs. 1 StPO ausgeschlossen sein. Danach ist **jedermann** befugt, Personen, welche auf frischer Tat betroffen oder verfolgt werden, vorläufig auch ohne richterliche Anordnung festzunehmen, wenn diese Personen der Flucht verdächtig sind oder ihre Identität nicht sofort festgestellt werden kann (sog. Flagranzfestnahme). Der Begriff „jedermann" ist wörtlich zu nehmen. Die Vorschrift gestattet daher auch **Privatpersonen,** durch vorläufige Festnahmen die Strafverfolgung zu sichern, sofern sie nicht gegen den erklärten Willen der Strafverfolgungsbe-

56

---

140 Vgl. OLG Stuttgart StV 88, 424; s. auch Rn. 11b.
141 Näher dazu *Kargl* NStZ 00, 8.
142 Vgl. BGH VRS 40, 104, 106; *MG-Schmitt* § 127, 3a; *Schlüchter* 253; a. A. *Gössel* § 6 B II a 2; einschr. *Fischer* vor § 32, 7. Für erkennbar Schuldunfähige, bei denen die Unterbringung zu erwarten ist, kommt aber § 127 Abs. 2 i. V. m. § 126a in Betracht; ungenau *Kühne* 213.
143 S. Rn. 319 ff.

hörden handeln[144]. Unter den Begriff „jedermann" fallen ebenfalls **Staatsanwälte** und **Polizeibeamte**, die sich außerdem auf den Abs. 2 des § 127 stützen können, was sich schon aus dem Wortlaut des Abs. 2 („auch dann") ergibt. Dies gilt entgegen der h. M. für *beide* Alt. des Abs. 1 (Fluchtverdacht *und* nicht feststehende Identität)[145]. Denn § 163b ist im Fall der nicht feststehenden Identität *keine* Spezialregelung der vorläufigen Festnahme, sondern betrifft nur Personenfeststellungsmaßnahmen, die eventuell einer Festnahmeanordnung nachfolgen, aber auch isoliert stattfinden können. Nichts anderes besagt der Wortlaut des § 127 Abs. 1 S. 2. Der Gesetzgeber wollte lediglich klarstellen, dass – entgegen früher vertretenen Ansichten – die Personenfeststellung selbst nicht mehr auf § 127 Abs. 1 als Ermächtigungsgrundlage gestützt werden soll, der allein Festnahmen rechtfertigt. § 163b ist dagegen keine „kleine" Festnahmevorschrift, sondern erlaubt nur ein Festhalten als Ausfluss unmittelbaren Zwangs bei der Durchführung von Personenfeststellungen. Die h. M. gelangt zu dem eigenartigen Ergebnis, dass dem Privatmann im Rahmen der Strafverfolgung mehr Rechte zustehen als den Strafverfolgungsbeamten.

Stützt sich ein Staatsanwalt oder Polizeibeamter auf § 127 Abs. 1, so bleibt seine Handlung eine Diensthandlung; nur weil es sich um ein Jedermanns-Recht handelt, geht der amtliche Charakter seines Tuns nicht verloren. Letztlich wird auch der Privatmann stellvertretend für die Strafverfolgungsbehörden tätig und ist verpflichtet, den Festgenommenen diesen so schnell wie möglich zuzuführen[146]. Der Hauswart H. kann sich demnach als Privatperson auf § 127 Abs. 1 berufen, wenn dessen weitere Voraussetzungen gegeben sind.

57 Das Gesetz lässt die Festnahme von Personen zu, die **auf frischer Tat betroffen**, d. h. während oder unmittelbar nach der Tatbegehung in räumlicher Nähe zum Tatort bemerkt werden[147]. Ein solcher räumlich-zeitlicher Zusammenhang zum Raubüberfall des B. ist für H. nach Ausstrahlung der Fernsehfahndung nicht erfüllt. Es käme aber als zweite Alternative **Verfolgung auf frischer Tat** in Betracht. Diese ist gegeben, wenn sich der Täter bereits vom Tatort entfernt hat, aber sichere Anhaltspunkte auf ihn als Täter hinweisen und kurz nach der Tat die Verfolgung zum Zwecke seiner Ergreifung aufgenommen wird[148]. Solche sicheren Merkmale können z. B. eine markante Täterbeschreibung oder am Tatort verlorene Papiere sein[149]. Der Verdacht muss praktisch sofort auf eine ganz bestimmte Person fallen. Betreffen und Verfolgung auf frischer Tat unterscheiden sich daher nicht in der zeitlichen, sondern nur in der räumlichen Komponente. Die Verfolgung muss nicht unbedingt auf Sicht und Gehör stattfinden, aber doch wie z. B. bei einer Ringalarmfahndung in akuten Ergreifungsbemühungen bestehen. Andauernde Verfolgungstätigkeit unterliegt auch keinen zeitlichen Begrenzungen[150]. Ist aber der Verfolgungszusammenhang einmal unterbrochen, scheidet die Flagranzfestnahme aus und es bedarf eines Haftbefehls.

H. hat die Tat des B. nicht selbst wahrgenommen. Es ist aber anerkannt, dass der Verfolger nicht unbedingt mit dem Entdecker der Tat identisch sein muss[151]. Jedoch müsste die Verfolgung vom ersten Verfolger, der diese auf frischer Tat begonnen hat, abgeleitet

---

144 LR-*Gärtner* § 127, 27; KK-*Schultheis* § 127, 8.
145 Ausführlicher zu der hier vertretenen Ansicht: *Kramer* MDR 93, 111 ff.; a. A. LR-*Gärtner* § 127, 30; KK-*Schultheis* § 127, 23; *Borchert* JA 82, 339; *Roxin/Schünemann* § 31, 3; *Benfer* MDR 93, 828 f.; EGMR NJW 99, 775.
146 BGH MDR 70, 197; KG JR 71, 30.
147 LR-*Gärtner* § 127, 17 (ganz h. M.); etwas enger *Peters* § 47 I B 1; etwas weiter wird inzwischen der entsprechende Begriff in § 252 StGB definiert, BGHSt 26, 95 ff.
148 OLG Hamburg GA 64, 341; KK-*Schultheis* § 127, 12.
149 Namentliche Identifizierung ist aber nicht notwendig; analog anwendbare Maßstäbe bei NStZ 87, 332.
150 LR-*Gärtner* § 127, 20.
151 KK-*Schultheis* § 127, 13.

werden. Das ist z. B. gegeben, wenn der Entdecker der Tat eine andere Person informiert, diese möge den Täter ergreifen. Im vorliegenden Fall kann H. seine Verfolgungstätigkeit nicht auf den Entdecker der Tat zurückführen. Zwar hat die Polizei in der Fernsehsendung die Bevölkerung zur Mithilfe bei der Fahndung aufgerufen. Eine individuelle Beauftragung des H. liegt darin jedoch nicht. Darüber hinaus sind auch ersichtlich die zeitliche Komponente und ein ununterbrochener Verfolgungszusammenhang nicht gegeben, wenn eine Fernsehsendung wie „Kriminalreport" vorbereitet werden musste. Aus den zuvor genannten Gründen greift jedoch für H. der Rechtfertigungsgrund nach § 127 Abs. 1 nicht ein.

Die hier vorliegende Öffentlichkeitsfahndung zum Zwecke der Festnahme des B., die Gegenstand der Fernsehausstrahlung war, ist nach § 131 Abs. 3 im Rahmen einer **Ausschreibung zur Festnahme** bei Straftaten von erheblicher Bedeutung zulässig und setzt grundsätzlich einen Haftbefehl voraus, dessen Existenz hier zu unterstellen ist. Das Verbrechen eines schweren Raubs mit Waffen (§ 250 Abs. 2 Nr. 1 StGB) ist zweifelsfrei als Straftat von erheblicher Bedeutung zu betrachten[152]. Bei anderen Straftaten ist dagegen nur die Ausschreibung zur Festnahme gegenüber den Strafverfolgungsbehörden, aber nicht in der Öffentlichkeit zulässig. Den überkommenen Begriff des *Steckbriefs* hielt der Gesetzgeber des StVÄG 99 für antiquiert und hat ihn abgeschafft[153]. Ausschreibungen zur Festnahme setzen grundsätzlich eine Anordnung des Richters oder des Staatsanwalts voraus; bei Gefahr im Verzug genügt die Ermittlungsperson der StA. Durch das StVÄG 99 ist auch die **Ausschreibung zur Aufenthaltsermittlung** eines Beschuldigten oder eines Zeugen gesetzlich geregelt worden; § 131a dient daher der Feststellung des Aufenthalts von Personen, ohne dass diese festgenommen werden sollen. Schließlich bildet der neue § 131b die Rechtsgrundlage für die **Aufklärungsfahndung** und Identitätsfahndung. Danach können Abbildungen eines Beschuldigten – unter engeren Voraussetzungen auch eines Zeugen – zum Zwecke der Aufklärung einer Straftat und zur Feststellung der Identität eines unbekannten Täters veröffentlicht werden. Der letzte Fall ist z. B. gegeben, wenn das **Phantombild** des ansonsten unbekannten Täters in den Medien ausgestrahlt wird[154] wie im Ausgangsfall.

In Bezug auf den B. liegt eine öffentliche Ausschreibung zur Festnahme gem. § 131 Abs. 3 vor. Diese Vorschrift ist aber nur die Ermächtigungsgrundlage für die Strafverfolgungsbehörden zu den mit einer Fahndung verbundenen Eingriffen in die Persönlichkeitsrechte des Beschuldigten. Die Festnahme selbst richtet sich nach den allgemeinen Vorschriften über den Vollzug eines Haftbefehls oder § 127. Daher ist das Einsperren des B. durch den H. auch nicht aufgrund des § 131 gerechtfertigt. Die Freiheitsberaubung ist damit rechtswidrig. Nur an der Schuld des H. könnte man Zweifel haben, da er irrtümlich meint, er sei aufgrund der öffentlichen Fahndung nach B. zur vorläufigen Festnahme befugt. Er irrt mithin über die rechtliche Auslegung des § 131 oder § 127 Abs. 1. Er befindet sich in einem Verbotsirrtum nach § 17 StGB, der bei Vermeidbarkeit die Schuld unberührt lässt und nur zu einer Strafmilderung führt. In der konkreten Situation hatte H. keine Möglichkeit mehr, Rechtsauskünfte einzuholen. Ob in der Öffentlichkeit allgemein bekannt ist, dass öffentliche Ausschreibungen zur Festnahme Privatpersonen nicht zur Festnahme befugen, kann bezweifelt werden. Letztlich hängt die Frage der Vermeidbarkeit des Verbotsirrtums und damit der Bestrafung des H. von den subjektiven Gegebenheiten des Einzelfalles ab. Nimmt man Strafbarkeit des H. an, könnte prozessual die Staatsanwaltschaft durch eine Einstellung des Verfahrens nach dem Opportunitätsprinzip (§ 153) die für H. missliche Situation bereinigen.

---

152 S. zum Begriff: Rn. 215.
153 BT-Drucks. 14/1484, S. 19.
154 BT-Drucks. 14/1484, S. 21.

59 Wegen wiederholter Einbrüche in den Keller des von ihm betreuten Hauses hat sich der Hauswart H. in der Nacht hinter einem Busch versteckt und beobachtet das ca. 15 m entfernte Kellerfenster. Als sich eine dunkle Gestalt nähert und in verdächtiger Weise am Kellerfenster zu schaffen macht, schleppt H. die heftig widerstrebende Person ins Haus, wo sich diese bei Licht als der Mieter M. entpuppt, der seinen Kellerschlüssel verloren hatte. M. stellt Strafantrag.

60 Wiederum ist zu fragen, ob die tatbestandliche Begehung des § 239 StGB durch H. nach § 127 Abs. 1 gerechtfertigt ist. Die Voraussetzungen des Betreffens auf frischer Tat scheitern nicht an einem fehlenden räumlich-zeitlichen Zusammenhang zum Geschehen. Es kommt jedoch darauf an, was hier unter dem Begriff „Tat" zu verstehen ist. Dabei ist heftig umstritten, ob es sich um eine wirklich begangene Straftat handeln muss, die zu einer Bestrafung des Festgenommenen führen kann, oder ob es sich nur so aus der Sicht des Festnehmenden darstellen muss. In Teilen des Schrifttums und der Rechtsprechung wird letztere subjektive Sicht vertreten, da das Risiko einer rechtswidrigen Festnahme nicht Privatpersonen aufgebürdet werden solle, die im Interesse staatlicher Strafverfolgung aktiv werden[155]. Richtig erscheint jedoch die ebenso stark vertretene gegenteilige Ansicht, es müsse objektiv eine zumindest tatbestandsmäßig und rechtswidrig begangene Straftat vorliegen[156]. Die Interessen des unschuldig Festgenommenen verdienen den Vorzug. Jemandem, der sich objektiv auf der Seite des Rechts befindet, kann nicht zugemutet werden, sich einer Festnahme durch eine erkennbar irrende Privatperson zu unterwerfen, z. B. sich durch einen Kaufhausdetektiv abführen zu lassen, nur weil dieser fälschlich annimmt, der Kunde habe gestohlen. Kriminalistisch nicht geschulte Privatpersonen, die sich auf § 127 Abs. 1 stützen, sollten sich bei Verwechslungsgefahr eher größere Zurückhaltung auferlegen. Die Irrtumsproblematik lässt sich angemessen durch das materielle Strafrecht lösen.

Hier lag nicht einmal der Versuch einer Straftat vor, da der Mieter M. nur deshalb den äußeren Anschein eines Einbruchsversuchs vermittelte, weil er seinen Schlüssel verloren hatte. H. handelte nach der hier vertretenen Ansicht rechtswidrig. Jedoch liegt ein Erlaubnistatbestandsirrtum analog § 16 StGB vor, wenn H. tatsächliche Umstände annimmt, bei deren Vorliegen ein Rechtfertigungsgrund nach § 127 Abs. 1 gegeben gewesen wäre. Hätte es sich wirklich um einen Einbruchsversuch gehandelt, wären neben der Voraussetzung der Verfolgung auf frischer Tat auch die sonstigen Tatbestandsmerkmale des § 127 Abs. 1 erfüllt gewesen.

61 Zu den weiteren Voraussetzungen des § 127 Abs. 1 gehört, dass der Täter der **Flucht verdächtig** ist. Dies ist gegeben, wenn der Festnehmende damit rechnen muss, dass der Täter fliehen werde[157]. Die zweite Tatbestandsalternative des § 127 Abs. 1 besteht darin, dass die **Identität** des Täters **nicht sofort festgestellt** werden kann. Hat der Täter keine oder nur unzureichende bzw. überprüfungsbedürftige Ausweispapiere bei sich, kann er festgenommen werden. Da § 127 zur Personenfeststellung selbst nicht mehr ermächtigt, darf der Privatmann diesbezüglich keine weiteren Handlungen vornehmen. Staatsanwälte und Polizeibeamte können sich für die Identifizierung dann auf die Ermächti-

---

155 BGH (6. Zivilsenat) NJW 81, 745; OLG Hamm NStZ 98, 370; BayObLG MDR 86, 956 (beschränkt auf „dringenden Verdacht"); *Gössel* § 6 B II 2; *Kühne* 214; offen gelassen in BGH NJW 00, 1348; BGH GA 74, 177; VRS 44, 437; OLG Zweibrücken NJW 81, 2061.

156 OLG Hamm NJW 72, 1826; KG VRS 45, 35; *Schönke-Schröder-Lenckner* vor § 32, 82; *MG-Schmitt* § 127, 4; *Schlüchter* 255; *Beulke* 235. Abzulehnen ist die differenzierende Sicht, wonach im Abs. 1 ein Irrtumsprivileg der öffentlichen Hand gelte; die Auslegung des Begriffs kann nur eine einheitliche sein.

157 BGH VRS 40, 104; KK-*Schultheis* § 127, 16; *Schlüchter* 250; anders bei § 112 Abs. 2 Nr. 2, wo objektive Fluchtgefahr erforderlich ist, a. A. *Roxin/Schünemann* § 31, 3.

Der Beschuldigte

gungsgrundlage des § 163b Abs. 1 stützen[158]. Hätte es sich im Fall tatsächlich um einen Einbrecher gehandelt, so wäre in der konkreten Situation Fluchtverdacht zu bejahen gewesen.

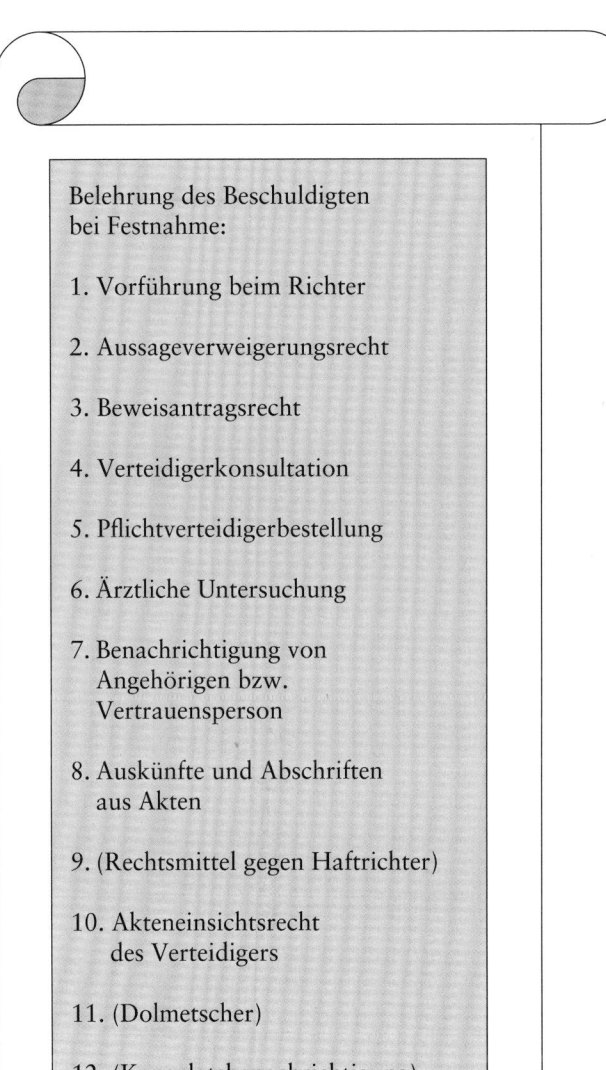

Belehrung des Beschuldigten bei Festnahme:

1. Vorführung beim Richter
2. Aussageverweigerungsrecht
3. Beweisantragsrecht
4. Verteidigerkonsultation
5. Pflichtverteidigerbestellung
6. Ärztliche Untersuchung
7. Benachrichtigung von Angehörigen bzw. Vertrauensperson
8. Auskünfte und Abschriften aus Akten
9. (Rechtsmittel gegen Haftrichter)
10. Akteneinsichtsrecht des Verteidigers
11. (Dolmetscher)
12. (Konsulatsbenachrichtigung)

Abb. 5: Belehrung des Beschuldigten bei der Festnahme

---

158 Die 12-Stunden-Frist nach § 163c Abs. 3 spielt in diesen Fällen keine Rolle, da bei vorläufig festgenommenen Personen § 128 Abs. 1 gilt, *Kramer* MDR 93, 112.

62 Vom Jedermanns-Recht des Abs. 1 zu unterscheiden ist das Recht zur vorläufigen Festnahme nach § **127 Abs. 2**, das nur der StA und allen Beamten des Polizeidienstes – also nicht nur den Ermittlungspersonen der StA – bei **Gefahr im Verzug** unter den Voraussetzungen eines **Haft-** oder Unterbringungs**befehls** zusteht. Gefahr im Verzug besteht, wenn die Festnahme infolge der Verzögerung gefährdet wäre, die sich durch das Erwirken einer richterlichen Haftentscheidung ergeben würde[159], nicht aber etwa weil mit einer ablehnenden Haltung des Haftrichters zum Erlass eines Haftbefehls gerechnet wird. Die sachlichen Voraussetzungen eines Haftbefehls nach § 112 bzw. 112a sind in den § 127 Abs. 2 hineinzulesen; eine eben solche Inzidenzprüfung muss der festnehmende Beamte im selteneren Falle der einstweiligen Unterbringung einer schuldunfähigen oder schuldverminderten Person nach § 126a vornehmen. Seinem Wesen nach stellt § 127 Abs. 2 den Ersatz für einen im deutschen Strafprozess aus grundsätzlichen Erwägungen verpönten Erlass eines Haftbefehls durch die StA und Polizei in Eilsituationen dar. Formal bleibt das Prinzip gewahrt, dass ein Haftbefehl ausschließlich seitens des Richters ergeht. Abs. 1 und 2 des § 127 stehen nebeneinander und führen jeder für sich zur Vorführung beim Richter. Eine zunächst vom Privatmann vorgenommene Festnahme braucht nicht nach Übernahme des Festgenommenen durch die Polizei auf Abs. 2 „umgestellt" zu werden.

63 Das Gesetz enthält keine ausdrücklichen Regelungen darüber, auf welche Art und Weise die vorläufige Festnahme zu vollziehen ist. Es gilt jedoch das **Verhältnismäßigkeitsprinzip**, auch soweit ein Privatmann die vorläufige Festnahme vornimmt, denn er handelt stellvertretend für den Staat zur Sicherung des Strafanspruchs der Allgemeinheit[160]. Jedenfalls ernsthafte Gesundheitsbeschädigungen, Gefährdungen des Lebens (z.B. Strangulation) und Schusswaffengebrauch durch Private werden im Rahmen des § 127 Abs. 1 als unzulässig angesehen[161]. Bei Polizeibeamten lassen sich die Wertungen über das, was für sie aufgrund ihrer speziellen Schulung für solche Situationen als verhältnismäßig erscheint, den landesrechtlichen Regeln über die Anwendung **unmittelbaren Zwangs** entnehmen, die zur Festnahme von Verbrechern beispielsweise Schusswaffengebrauch erlauben. Diese Bestimmungen sind zwar nicht unmittelbar anwendbar, aber Richtschnur der Verhältnismäßigkeit[162]. Im Fall hätte sich das Verhalten des H. zur Festnahme eines Einbrechers als verhältnismäßig dargestellt. Folglich hat sich H. eine Lage vorgestellt, bei welcher der Rechtfertigungsgrund nach § 127 Abs. 1 eingegriffen hätte. Wegen Vorsatzausschlusses geht er straflos aus; es liegt ein Erlaubnistatbestandsirrtum vor.

64 Nach der vorläufigen Festnahme einer Person erfolgen folgende weitere Schritte: zunächst ist der Festgenommene durch die Privatperson unmittelbar der Polizei zuzuführen. Diese klärt, falls erforderlich, seine Identität (§ 163b) und vernimmt ihn, wenn er dazu bereit ist. Die Beamten prüfen dann, ob nach ihrer Ansicht mit dem Erlass eines richterlichen Haftbefehls zu rechnen ist. Ist dies zu *verneinen*, prüfen sie weiter, ob **Sicherheiten nach § 132** verlangt werden können und lassen den Festgenommenen von sich aus frei. Scheidet eine Kautionsanordnung nach § 132 aus, haben die Beamten aufgrund des durch das Untersuchungshaftänderungsgesetzes 2009 eingefügten Abs. 4 des § 127 gem. § 114b zu belehren[163] und dem Festgenommenen unverzüglich Gelegen-

---

159 KK-*Schultheis* § 127, 35; LR-*Gärtner* § 127, 41.
160 OLG Stuttgart NJW 89, 1694; *Roxin/Schünemann* § 31, 7.
161 BGH NJW 00, 1348; dazu *Mitsch* JuS 00, 848; BGH NJW 81, 745; einschr. BGH MDR 79, 985 (bei schweren Straftaten), NStZ 81, 94; näher zu den Grenzen BGH NStZ 98, 50; KK-*Schultheis* § 127, 28.
162 Vgl. Rn. 11d; a.A. *Roxin/Schünemann* § 31, 11 ff. unter Darstellung des Meinungsstands; unklar BGH NJW 99, 2533.
163 Schaubild Nr. 5 (S. 55); s. Rn. 76. Ergeht dagegen eine Kautionsanordnung, die nicht befolgt wird, besteht gem. § 132 Abs. 3 die Möglichkeit der Sicherheitenbeschlagnahme.

heit zu geben, einen Angehörigen oder eine Person seines Vertrauens zu benachrichtigen. Bejahen die Beamten die Voraussetzungen eines Haftbefehls, so wenden sie sich der Frage zu, ob sie von der Aufrechterhaltung der Festnahme **nach § 127a** absehen können, weil nur ein Haftbefehl wegen Fluchtgefahr in Betracht kommt und nicht damit zu rechnen ist, dass wegen der Tat ein Freiheitsentzug durch Urteil verhängt werde. Jedoch muss der Beschuldigte bei der Polizei eine angemessene Sicherheit in diesen Fällen stellen. Für die Festsetzung der Höhe der Sicherheit ist – wie der Zusammenhang mit § 127 erkennen lässt – die StA oder Polizei zuständig.

Werden die Voraussetzungen des § 127a verneint, ist der Festgenommene gem. § 128 unverzüglich, spätestens am Tage nach der Festnahme (d. h. maximal nach 48 Std.) **dem Richter** beim Amtsgericht des Festnahmeortes **vorzuführen**. Wird es unterlassen, kann dies den Tatbestand der Freiheitsberaubung (§ 239 StGB) erfüllen[164]. Die zeitliche Befristung des § 128 trägt dem Art. 104 Abs. 2 S. 3 GG Rechnung, wonach die Polizei aus eigener Machtvollkommenheit niemanden länger als bis zum Ende des auf die Ergreifung folgenden Tages in eigenem Gewahrsam halten darf. Daher ist zu beachten, dass in die Berechnung außerstrafprozessuale Gewahrsamsformen mit einzurechnen sind[165]. Dies kann vorkommen, wenn z. B. die Polizei eine Person zunächst in polizeirechtlichen Ausnüchterungsgewahrsam nimmt und während dieser Zeit feststellt, dass die Voraussetzungen einer vorläufigen Festnahme nach § 127 vorliegen. Bei den möglichen 48 Stunden polizeilichen Gewahrsams handelt es sich nach dem klaren Gesetzeswortlaut nur um eine Höchstfrist; an sich ist der Festgenommene **unverzüglich** dem Richter vorzuführen. „Unverzüglich" ist nach allgemeinen Grundsätzen nicht mit „sofort" gleichzusetzen, sondern bedeutet – wie auch sonst – nur „ohne schuldhaftes Zögern"[166]. Es wäre sinnwidrig, wenn der Festgenommene unmittelbar dem Richter zugeführt würde, ohne dass dieser über ausreichende Entscheidungsgrundlagen verfügt. Es entstünde ein Schwebezustand, in welchem der Richter an einer Haftentscheidung gehindert wäre und das Ergebnis von Nachermittlungen abwarten müsste. Daher geht die Kritik des Schrifttums an dem Urteil des BGH vom 17.11.1989 ins Leere, in welchem der BGH der Polizei ausdrücklich zubilligt, innerhalb der Höchstfrist des § 128 Ermittlungen zu tätigen, um dem Richter eine umfassende Entscheidungsgrundlage zu vermitteln[167].

Mit der Vorführung beim Richter ist die körperliche Anwesenheit des Festgenommenen gemeint; die Vorlage der Akten allein genügt nicht[168]. Wo der Haftrichter und der Festgenommene mit einander konfrontiert werden, ist sekundär. Der Haftrichter ist daher nicht gehindert, seine Sitzung auch in Räumlichkeiten der Polizei abzuhalten[169]. **Zuständig** als Haftrichter ist nach § 128 der Richter des Amtsgerichts, in dessen Bezirk die Festnahme erfolgt ist. Hat der Beschuldigte zu diesem Zeitpunkt noch keinen Verteidiger, bedarf er aber des Beistandes eines solchen und liegt ein Fall der Pflichtverteidigung vor (§ 141), so muss der Staatsanwalt schon jetzt einen Beiordnungsantrag stellen[170]. Der Richter vernimmt den Festgenommenen unter Belehrung nach § 115 Abs. 3 und entscheidet sodann unter Mitwirkung der StA, ob er den Beschuldigten freilässt oder einen Haftbefehl nach §§ 112 ff. erlässt. Den Zeitpunkt der Vernehmung darf der Haftrichter nicht beliebig hinausschieben; auch wenn das Gesetz insoweit keine ausdrückli-

---

164 BGH NStZ 15, 641, 644.
165 BGHSt 34, 365.
166 BGHSt 21, 334, 339; BGH NJW 91, 1900; NStZ 18, 734; BayObLG NJW 92, 2247; siehe Rn. 107a.
167 BGH NJW 90, 1188; a. A. *Fezer* JR 91, 85; *Nelles* StV 92, 385. S. auch EGMR NJW 01, 51.
168 S. auch EGMR 07, 3699f. Die sog. symbolische Vorführung nach Nr. 51 RiStBV kommt nur bei Krankheit in Betracht.
169 Eine andere Frage ist, ob er dazu durch Verfügung des Gerichtspräsidenten verpflichtet werden kann, abl. OLG Frankfurt NJW 91, 1903.
170 BGHSt 47, 172, 176 (aber kein Verwertungsverbot); einschr. BGHSt 47, 233.

che Regelung enthält, besteht Einigkeit, dass mit der Vernehmung des Festgenommen spätestens am Tag nach der Festnahme wenigstens begonnen werden muss[171].

64a Die Rechtsgrundlagen zur vorläufigen Festnahme sind vom Gesetzgeber 1997 um eine weitere Variante angereichert worden[172]. Nach § 127b Abs. 1 sind die StA und die Beamten des Polizeidienstes bei auf frischer Tat Betroffenen oder Verfolgten auch dann zur vorläufigen Festnahme befugt, wenn eine unverzügliche Entscheidung im sog. **beschleunigten Verfahren** nach §§ 417 ff. wahrscheinlich ist und aufgrund bestimmter Tatsachen zu befürchten ist, dass der Festgenommene der Hauptverhandlung fernbleiben wird. Dadurch soll die Durchführung des beschleunigten Verfahrens, das bei einfachem Sachverhalt bzw. klarer Beweislage und einer Höchststrafe von einem Jahr Freiheitsstrafe in Betracht kommt[173] (z. B. nach Krawallen in Fußballstadien), erleichtert werden. Die Regelung erfasst vor allem solche Personengruppen wie „reisende Straftäter", Wohnungslose, Hooligans oder straffällige Ausländer, bei denen zwar nicht die überwiegende Wahrscheinlichkeit besteht, dass sie sich *gezielt* einem Strafverfahren entziehen und deshalb schon Fluchtgefahr oder wenigstens Fluchtverdacht besteht, bei denen aber Erkenntnisse vorliegen, die den Schluss zulassen, sie würden zu einer Verhandlung im beschleunigten Verfahren nicht erscheinen, z. B. jemand, der schon in der Vergangenheit gerichtliche Ladungen einfach ignoriert hat. Zwar sind die Unterschiede zu § 127 Abs. 1 sehr fein gesponnen, so dass die Zweckmäßigkeit der Neuregelung teilweise kritisch gesehen wird[174]. Jedoch erweist sich die eigentliche Bedeutung der Neuerung wohl eher darin, dass unter den Voraussetzungen der vorläufigen Festnahme nach § 127b Abs. 2 auch ein richterlicher Haftbefehl nach § 127b Abs. 1 ergehen darf, bei dem nur noch zusätzlich zu beachten ist, dass der Beschuldigte dringend tatverdächtig[175] und die Hauptverhandlung im beschleunigten Verfahren binnen einer Woche nach der Festnahme zu erwarten sein muss bzw. der Haftbefehl entsprechend zu befristen ist. Damit hat der Gesetzgeber eine sog. **Hauptverhandlungshaft** vorgesehen, der man infolge ihrer klaren Struktur nicht eine gewisse Eignung absprechen kann, die Durchführung beschleunigter Verfahren zu fördern[176].

2. Untersuchungshaft

65 Während vorläufige Festnahmen nur vorbereitenden Charakter haben, führen richterliche Haftbefehle vor Rechtskraft eines Urteils zur Untersuchungshaft, die in erster Linie dazu dient, die Anwesenheit des Beschuldigten während des Verfahrens zu erzwingen. Untersuchungshaft hat daher den **Zweck**, die Durchführung des Strafverfahrens zu gewährleisten und die spätere Strafvollstreckung sicherzustellen[177]. Die Sicherung der Strafvollstreckung ist jedoch nur ein sekundärer Zweck; primär soll das Urteil im Erkenntnisverfahren ermöglicht werden. Daher scheidet Untersuchungshaft keinesfalls aus, wenn Zweifel daran bestehen, ob die spätere Strafvollstreckung z. B. wegen Gebrechlichkeit oder Krankheit des dann Verurteilten überhaupt jemals stattfinden wird[178]. Im Gegensatz zur **Vorführung** beschränkt sich die Vollstreckung eines Haftbefehls aber nicht darauf, den Angeklagten dem Richter schlicht zuzuführen[179], sondern

---

171 BGHSt 38, 251, 295; OLG Frankfurt NJW 00, 2037.
172 BGBl. 97 I 1822; vgl. BT-Drucks. 12/6853 sowie 13/2576.
173 S. näher Rn. 319 bis 320b. Wegen § 79 JGG bei Jugendlichen (anders Heranwachsenden) ausgeschlossen.
174 Vgl. *Hellmann* NJW 97, 2149; *Asbrock* StV 97, 43; *Hartenbach* ZRP 97, 227.
175 Es gelten die in Rn. 67 dargestellten Maßstäbe. Beispiel bei AG Erfurt NStZ-RR 00, 46.
176 Krit. *Meyer-Gossner* ZRP 00, 348. Der schon früher bestehende § 230 Abs. 2 setzt zunächst eine erfolglose Ladung und – regelmäßig auch – einen erfolglosen Vorführungsversuch voraus; vgl. BVerfGE 32, 87, 93; OLG Düsseldorf NStZ 90, 295. S. zum Haftbefehl nach § 230 Abs. 2 Rn. 65, 287.
177 BVerfGE 19, 342, 349; 32, 87 ff.; BGHSt 34, 362 f.; NJW 91, 1043; OLG Düsseldorf NJW 97, 2965.
178 Bedenklich daher Berliner VerfGH NJW 93, 512 (Honecker); dazu *Schoreit* NJW 93, 881.
179 Vgl. §§ 134, 135, 230 Abs. 2 (Vorführung).

ist darauf gerichtet, dem Beschuldigten die körperliche Bewegungsfreiheit bis auf Weiteres zu entziehen. Die Untersuchungshaft ist damit Freiheitsentziehung im Sinne von Art. 104 Abs. 2 GG.

Trotz der Unschuldsvermutung nach Art. 6 Abs. 2 MRK mutet der Gesetzgeber dem Beschuldigten den gravierenden Eingriff der Untersuchungshaft zu, wenn seine Anwesenheit nicht anders gewährleistet ist, denn Hauptverfahren in Abwesenheit des Angeklagten sind im deutschen Strafverfahrensrecht auf wenige Ausnahmen beschränkt. Die klassischen Voraussetzungen der Anordnung der Untersuchungshaft werden in §§ 112 ff. StPO geregelt. Für die Praxis ist aber auch der Untersuchungshaftbefehl nach § 230 Abs. 2 von großer Bedeutung, weil danach schon das unentschuldigte **Ausbleiben** des Angeklagten **in der Hauptverhandlung** zur Verhängung der Untersuchungshaft ausreicht[180]. Ist wegen fehlender oder verminderter Schuldfähigkeit kein Haftbefehl möglich, kommt aber die spätere Unterbringung in ein psychiatrisches Krankenhaus oder in eine Entziehungsanstalt in Betracht, so tritt an die Stelle der Untersuchungshaft die **einstweilige Unterbringung** nach § 126a[181]. Im Bußgeldverfahren sind nach § 46 Abs. 3 OWiG Untersuchungshaft, vorläufige Festnahme und Anstaltsunterbringung unzulässig.

> Das Jugendamt zeigt den B. wegen Unterhaltspflichtverletzung (§ 170b StGB) an, da B. seit fünf Jahren für seinen nichtehelichen Sohn S. zuerst nur stockende, dann überhaupt keine Unterhaltsleistungen mehr erbracht habe. B. sei in dieser Zeit zwar meist arbeitslos gewesen, als Ingenieur hätte er jedoch leicht eine Arbeitsstelle finden können. Seit 3 Monaten arbeite er auf einer Baustelle in Saudi-Arabien und werde voraussichtlich erst in zwei bis drei Jahren wieder in die Bundesrepublik zurückkehren.

66

Wenn sich B. dem Verfahren nicht freiwillig stellt, käme die Erzwingung seiner Anwesenheit durch den Erlass eines Haftbefehls in Betracht, der möglicherweise im Wege der Rechtshilfe oder eher bei zwischenzeitlichen Aufenthalten des B. in der Bundesrepublik vollstreckt werden könnte. Erste Voraussetzung dafür ist nach § 112 Abs. 1 der **dringende Tatverdacht.** Dies bedeutet, dass nach gegebenem Verfahrensstand ein hoher Grad der Wahrscheinlichkeit besteht, dass der Beschuldigte verurteilt werde[182]. Eine nur „überwiegende" Wahrscheinlichkeit genügt nicht. Missverständlich, aber in der Sache nichts anderes besagend ist die zuweilen anzutreffende Definition des dringenden Tatverdachts als „große Wahrscheinlichkeit, dass der Beschuldigte Täter oder Teilnehmer einer Straftat ist"[183]. Denn wenn Rechtfertigungs- oder Schuldausschließungsgründe eingreifen, ist der dringende Tatverdacht unstrittig abzulehnen[184]. Gleiches gilt für nicht behebbare Strafverfolgungshindernisse. Nur auf einen an sich erforderlichen Strafantrag kann gem. § 130 vorübergehend verzichtet werden. Allerdings ist das Vorliegen von Rechtswidrigkeit, Schuld und der meisten Prozessvoraussetzungen der Regelfall, von dem mangels gegenteiliger Anhaltspunkte auszugehen ist. Die Maßgeblichkeit einer **Verurteilungsprognose** und nicht nur objektiver Täterschaft wird auch daran ersichtlich, dass der dringende Tatverdacht nur auf solche Beweise gestützt werden darf, die auch verwertbar sind[185].

67

---

180 Aber nicht bei Erwartung, dass Beschuldigter zum nächsten Termin erscheinen wird, BVerfG NJW 07, 2318.
181 Zu Voraussetzungen und Konsequenzen: BVerfG NJW 12, 513.
182 Vgl. BGH NJW 92, 1975 („mit großer Wahrscheinlichkeit überführt werde"); LG Frankfurt NJW 98, 3727. Amtspflichtverletzung bei unvertretbarer Annahme durch StA: BGH NJW 98, 751.
183 BGH NJW 03, 3694. NStZ 81, 94; KK-*Schultheis* § 112, 3.
184 *Roxin/Schünemann* § 30, 5.
185 BGHSt 36, 396, 398; vgl. auch Rn. 165.

Dringender Tatverdacht setzt eine höhere Intensität des Tatverdachts voraus, als zur Einleitung eines Ermittlungsverfahrens erforderlich ist, das nur **zureichende** tatsächliche Anhaltspunkte verlangt. Die Prognose über die Verurteilungswahrscheinlichkeit beruht auf dem jeweiligen Ermittlungsstand und wird nicht dadurch ausgeschlossen, dass noch Unklarheiten und aufklärungsbedürftige Lücken der Ermittlungsergebnisse verbleiben. Ein **hinreichender** Tatverdacht i. S. von § 203, der zur Eröffnung des Hauptverfahrens notwendig ist, braucht nicht gegeben zu sein, denn hinreichender Tatverdacht wird durch die Verurteilungswahrscheinlichkeit nach Abschluss der Ermittlungen gekennzeichnet[186]. Der dringende Tatverdacht bezeichnet zwar einen vergleichsweise höheren Grad der Wahrscheinlichkeit; der hinreichende Tatverdacht beruht aber dafür seinem Begriff nach auf einer Ausschöpfung aller wesentlichen Aufklärungsmöglichkeiten und Erkenntnisquellen[187]. Dringender Tatverdacht wird demnach nicht durch Unsicherheiten im Tatsächlichen ausgeschlossen; hingegen muss der angenommene Sachverhalt alle rechtlichen Voraussetzungen erfüllen, die für eine Verurteilung des Beschuldigten notwendig sind. In Rechtsfragen ist eine Wahrscheinlichkeitsbeurteilung nicht durchzuführen.

Aus der Anzeige des Jugendamtes, die Glaubwürdigkeit für sich beanspruchen kann, ist zu entnehmen, dass B. mit großer Wahrscheinlichkeit die Tatbestandsmerkmale des § 170b StGB erfüllt hat. Er ist seinem nichtehelichen Sohn gegenüber unterhaltsverpflichtet. Wenn B. jahrelang trotz Leistungsfähigkeit keiner Beschäftigung nachgeht, verletzt er damit seine gesetzliche Unterhaltspflicht. Nach vorliegendem Ermittlungsstand ist also damit zu rechnen, dass B. wegen Unterhaltspflichtverletzung verurteilt wird. Dringender Tatverdacht kann somit bejaht werden.

68 Die zweite Voraussetzung für die Anordnung der Untersuchungshaft ist ein **Haftgrund** (Flucht, Flucht-, Verdunkelungs- oder Wiederholungsgefahr). **Flucht** oder **Verborgenhalten** liegen vor, wenn der Beschuldigte vorsätzlich seinen bisherigen räumlichen Lebensmittelpunkt aufgibt, um für die Strafverfolgungsbehörden unerreichbar zu sein[188]. Beispielsweise liegt dies vor, wenn er ständig den Aufenthaltsort wechselt oder falsche Namen benutzt. „Flucht" beinhaltet nach richtiger Auffassung stets eine *räumliche* Komponente; daher überzeugt es nicht, wenn nach der Rechtsprechung z. T. darunter auch Situationen gefasst werden, in denen sich der Beschuldigte bewusst in einen Zustand der Verhandlungsunfähigkeit versetzt, aber sonst körperlich anwesend ist[189]. Eine solche extensive Auslegung des Fluchtbegriffs ist auch aus praktischen Gründen nicht mehr erforderlich, seit in § 231a diese Konstellation ausdrücklich geregelt ist. Im Fall wäre an den Haftgrund der Flucht zu denken, da B. sich in Saudi-Arabien aufhält und damit für die Strafverfolgungsbehörden nicht erreichbar ist. Jedoch setzt „Flucht" voraus, dass sich der Beschuldigte der Strafverfolgung *bewusst* entzieht[190]. B. ist demgegenüber berufsbedingt im Ausland aufhältlich. Ihm kann nicht unterstellt werden, er habe sich schon in Erwartung eines drohenden Strafverfahrens ins Ausland abgesetzt, denn alle Haftgründe des § 112 Abs. 2 müssen aufgrund bestimmter Tatsachen begründet sein[191]. Aus diesem Grund kann auch nicht in den Fällen einfach Flucht angenommen werden, in denen der gegenwärtige Aufenthaltsort des Beschuldigten den Ermittlungsbehörden schlicht unbekannt ist und dieser vielleicht nicht einmal weiß, dass ein Verfahren gegen ihn anhängig ist.

---

186 Vgl. Rn. 267; s. auch Schaubild Nr. 13.
187 BGHSt 36, 133, 136; dagegen Quantifizierungsversuche zur Abgrenzung bei *Kühne* 174 ff.
188 Vgl. BGH NStZ 19, 487 f.; OLG Düsseldorf NJW 97, 2965; *Schultheis* NStZ 18, 323.
189 KG JR 74, 165; OLG Oldenburg StV 90, 165; a. A. *Kühne* 189.
190 BGH NJW 71, 334; OLG Zweibrücken wistra 91, 358; LG Verden StV 86, 256; Berlin StV 89, 253.
191 Vgl. auch KG wistra 15, 37; OLG Naumburg wistra 97, 80; Bremen StV 97, 533; Karlsruhe StV 99, 36; a. A. Stuttgart StV 99, 33.

Fluchtgefahr (§ 112 Abs. 2 Nr. 2) bedeutet, dass bei Würdigung der Umstände des Einzelfalles es wahrscheinlich erscheint, dass sich der Beschuldigte dem Verfahren entziehen wird[192]. Es handelt sich dabei um *den* klassischen Haftgrund, der bei weitem am häufigsten angenommen wird. Die Beurteilung erfordert eine einzelfallbezogene Wahrscheinlichkeitsprognose unter Berücksichtigung kriminalistischer Erfahrung. Anhaltspunkte für die Annahme von Fluchtgefahr sind beispielsweise fehlende familiäre Bindungen[193], kein fester Wohnsitz, keine feste Arbeit, Auslandsbeziehungen, Verhalten in früheren Verfahren, konkrete Fluchtvorbereitungen, Verstecken von Ausweispapieren und vor allem die Höhe der Straferwartung. Die Praxis verfährt teilweise recht schematisch, indem bei gesetzlichen Strafandrohungen von mehr als einem Jahr Fluchtgefahr großzügig bejaht wird. Jedoch reicht die hohe Straferwartung für sich allein noch nicht aus, um Fluchtgefahr zu begründen, es handelt sich nur um ein Indiz neben anderen, das jedoch um so größeres Gewicht erlangt, je höher die Straferwartung ist[194]. Droht das Gesetz mehrjährige Mindeststrafen an (z. B. § 250 StGB: mindestens drei bzw. fünf Jahre Freiheitsstrafe bei schwerem Raub) liegt regelmäßig Fluchtgefahr vor. Liegt in einem Fall als einziger für Fluchtgefahr sprechender Gesichtspunkt eine hohe Straferwartung vor, so kann der Haftgrund nach § 112 Abs. 1 Nr. 1 nicht bejaht werden, denn dies ist weder mit der Unschuldsvermutung noch mit der Fassung des § 112 Abs. 3 vereinbar, der dann überflüssig wäre[195]. Letztlich wirkt die hohe Straferwartung nur als „Verstärker" oder „Multiplikator" in Hinblick auf andere Indizien, die für Flucht sprechen. Fluchtgefahr muss objektiv gegeben sein und geht daher über den Flucht*verdacht* nach § 127 Abs. 1 hinaus[196]. Besteht tatsächlich keine Fluchtmöglichkeit für den Beschuldigten, darf ein Haftbefehl auf diesen Haftgrund nicht gestützt werden.

Die Auslandskontakte des B. im Ausgangsfall sprechen dafür, dass er sich leicht dem Verfahren entziehen könnte. Auch sind seine beruflichen und familiären Bindungen offenbar nicht besonders stabil. Dagegen ist die Straferwartung bei einer Erstverurteilung nach § 170b StGB nicht sehr hoch. Wegen des Vergehens der Unterhaltspflichtverletzung kommt es regelmäßig nur zu geringen Freiheitsstrafen oder gar der Einstellung des Verfahrens gegen Auflagen (vgl. § 153a Abs. 1 Nr. 4). Bezieht man jedoch in die kriminalistische Prognose das typische Täterverhalten bei dem Vorwurf des § 170b StGB mit ein, so spricht etwas mehr dafür, Fluchtgefahr zu bejahen.

Ein Haftbefehl muss darüber hinaus auch dem Grundsatz der **Verhältnismäßigkeit** entsprechen. § 112 Abs. 1 S. 2 verdeutlicht dies dadurch, dass die Untersuchungshaft nicht angeordnet werden darf, wenn sie zu der Bedeutung der Sache und der zu erwartenden Strafe oder Maßregeln der Besserung und Sicherung außer Verhältnis steht[197]. Dabei ist konkret die zu erwartende Strafe unter Berücksichtigung eines eventuellen Strafrestes zu errechnen[198]. Dies heißt allerdings nicht, dass nicht auch einmal bei bloß drohender Geldstrafe Untersuchungshaft eingreifen könnte, falls es keine andere Möglichkeit durch Durchführung des Verfahrens gibt[199]. Im Ausgangsfall ist insoweit zu bedenken, dass die Vollstreckung eines Haftbefehls im fernen Ausland und die dann erforderliche Überführung des Beschuldigten in die Bundesrepublik *wesentlich* längere

---

192 BGH NStZ 19, 438 f.; OLG Köln NJW 59, 544; Dresden NStZ 18, 304.
193 Dazu OLG Hamburg NStZ 87, 57.
194 OLG Karlsruhe NJW 78, 333; Celle StV 89, 253; OLG Hamm StV 99, 37; KG StV 12, 350; näher *Benfer* Die Polizei 83, 81.
195 Im Ergebnis wie hier OLG Bremen StV 95, 85; *Dahs,* in: F.S. Dünnebier, 1982, S. 227, 233; etwas großzügiger: *MG* § 112, 25; KK-*Graf* § 112, 18; *Roxin/Schünemann* § 30, 8.
196 Zur Abgrenzung zwischen Fluchtverdacht und Hauptverhandlungshaft nach § 127b Abs. 2 s. Rn. 64a.
197 Gilt auch für außer Vollzug gesetzte Haftbefehle, BVerfG StV 96, 156.
198 Vgl. LR-*Lind* § 112, 7; allerdings muss entgegen der h. M. die Verhältnismäßigkeitsgrenze deutlich unter der zu erwartenden Strafhöhe liegen, da ansonsten Rechtsmittel entwertet werden.
199 OLG Düsseldorf NJW 97, 2965 f.

Zeit in Anspruch nehmen dürfte, als an Freiheitsstrafe in einem Verfahren wegen Verletzung der Unterhaltspflicht zu erwarten ist. Bezieht man noch die Überlegung ein, dass es sich bei B. um einen Ersttäter handelt, so ist ein Haftbefehl in diesem Fall als unverhältnismäßig zu betrachten.

Bei Taten, die mit bis zu 180 Tagessätzen bedroht sind, findet der Verhältnismäßigkeitsgedanke in § 113 gesetzlichen Ausdruck. In diesen Fällen darf die Untersuchungshaft wegen Fluchtgefahr nur unter den besonderen dort genannten Voraussetzungen, wegen Verdunkelungsgefahr überhaupt nicht angeordnet werden. Gesundheitliche Gründe in der Person des Beschuldigten, die Haftunfähigkeit bedingen, führen grundsätzlich nicht zur Unverhältnismäßigkeit des Haftbefehls, sondern höchstens des Vollzugs desselben. In solchen Fällen kann zwar der Haftbefehl ergehen, aber er muss gem. § 116 außer Vollzug gesetzt werden[200].

70 Gegen C. wird wegen des Verdachts des § 315c StGB ermittelt, weil er im betrunkenen Zustand einen schweren Unfall verursacht hat, bei welchem sein Schwager S. lebensgefährliche Verletzungen erlitt. Als S. im Krankenhaus von Polizeibeamten aufgesucht wird, teilt er diesen mit, der C. besuche ihn täglich und versuche ihn davon zu überzeugen dass dem Familienfrieden am besten gedient sei, wenn er – der S. – von seinem Zeugnisverweigerungsrecht Gebrauch mache.

71 Im vorliegenden Fall kann zwar von dringendem Tatverdacht ausgegangen werden, es bedarf jedoch zusätzlich eines Haftgrundes, um die Untersuchungshaft gegen C. anordnen zu können. Fluchtgefahr dürfte ausscheiden, da bei Verkehrsdelikten die Straferwartung begrenzt ist und die Beschuldigten meist aufgrund persönlich geordneter Verhältnisse Bindungen an ihren bisherigen Aufenthaltsort besitzen. Hier käme jedoch **Verdunkelungsgefahr** in Betracht. Ein häufig anzutreffender Fehler besteht darin, sich mit einer abstrakten Beurteilung des Begriffs der Verdunkelungsgefahr zu begnügen und diese – wie bei der Fluchtgefahr zulässig – isoliert mit kriminalistischen Wahrscheinkeitserwägungen zu begründen. So gesehen bestünde bei dringendem Tatverdacht so gut wie immer Verdunkelungsgefahr. In Wirklichkeit hat der Gesetzgeber die Verdunkelungsgefahr weit restriktiver als die Fluchtgefahr geregelt und gesetzlich in § 112 Abs. 2 Nr. 3 definiert. Danach muss aufgrund *bestimmter Tatsachen* durch das *Verhalten* des Beschuldigten der *dringende Verdacht* begründet sein, der Beschuldigte werde *unlauter* auf sächliche oder persönliche Beweismittel einwirken, *und* wenn *deshalb Verdunkelungsgefahr* droht. Daher genügen die bloße Möglichkeit oder allgemeine Erfahrungssätze aus vergleichbaren Fällen nicht, um Verdunkelungsgefahr zu bejahen[201]. Keine ausreichende Begründung besteht darin, dass noch ein Mittäter flüchtig ist[202]. Allerdings brauchen nach bisher noch überwiegender Ansicht die erforderlichen konkreten Handlungen des Beschuldigten, die auf Verdunkelungstendenzen schließen lassen, nicht unbedingt in einem Verhalten *nach* der Tat liegen; sie können sich auch aus früheren Verurteilungen z. B. wegen Aussagedelikten, Strafvereitelung u. Ä. oder aus der Eigenart der verfolgten Tat selbst ergeben[203], z. B. wenn sich der dringende Tatverdacht auf Körperverletzungen einer jugendlichen Bande bezieht, die „Plaudertaschen" so zum Schweigen bringen wollte.

C. hat keine sächlichen Beweismittel vernichtet, verändert, beiseite geschafft, unterdrückt oder gefälscht. Es fragt sich, ob er auf einen Mitbeschuldigten, Zeugen oder

---

200 Bedenkl. daher Berliner VerfGH NJW 93, 515, 517 (Honecker); BVerfGE 72, 105, 116 betrifft nur Strafhaft.
201 Vgl. OLG Köln StV 99, 37.
202 Auch nicht die Weigerung, den Mittäter zu benennen, LG Verden StV 82, 374.
203 So auch OLG Bamberg StV 91, 167, wenn auch restriktiv; a. A. OLG München StV 95, 86; NJW 96, 941 f.; *Krekeler* wistra 82, 8.

Sachverständigen in unlauterer Weise eingewirkt hat, indem er den Zeugen S. dazu aufforderte, von seinem Zeugnisverweigerungsrecht Gebrauch zu machen. Zwar droht durch dieses Ansinnen die Gefahr, dass nach Ausübung des Zeugnisverweigerungsrechts, das S. nach § 52 Abs. 1 Nr. 3 zusteht, die Ermittlung der Wahrheit über das Unfallgeschehen erschwert werde. Die Einwirkung muss aber auf **unlautere Weise** geschehen, d. h. in einer von der Rechtsordnung nicht gebilligten Form. Dazu gehört beispielsweise die Anstiftung eines Zeugen zu einer Falschaussage oder die Bedrohung eines Mitbeschuldigten. Demgegenüber hat der Beschuldigte das Recht, eigene Ermittlungen nach Entlastungszeugen aufzunehmen und diese zu befragen[204]. Allein dadurch, dass der Beschuldigte kein Geständnis ablegt, wird noch keine Verdunkelungsgefahr begründet, denn es ist sein gutes Recht, im Strafverfahren jede aktive Mitwirkung zu verweigern. Jedoch kann ein Geständnis im Einzelfall eine aus anderen Gründen zu bejahende Verdunkelungsgefahr beseitigen. Denn Verdunkelungsgefahr ist nicht gegeben, wenn der Sachverhalt schon in vollem Umfang aufgeklärt ist und die Beweise so gesichert sind, dass der Beschuldigte die Wahrheitsfindung nicht mehr behindern kann[205]. Hier gibt der Beschuldigte C. nur seinem Schwager S. – ohne ihn unter Druck zu setzen – den Ratschlag, ein ihm nach der Rechtsordnung zustehendes Zeugnisverweigerungsrecht in Anspruch zu nehmen. Die Beschränkung der Wahrheitsfindung durch Zeugnisverweigerungsrechte sieht die Rechtsordnung selbst vor. Daher wirkt C. nicht auf unlautere Weise auf S. ein[206]. Haftgründe sind demnach nicht gegeben. Ein Haftbefehl kann gegen C. nicht ergehen.

> Der über 80 Jahre alte Admiral a. D. A. ist des Mordes verdächtig. Er soll 1944 als Marineattaché der deutschen Botschaft in Tokio den Befehl gegeben haben, Untersuchungsgefangene, die auf Blockadebrechern nach Deutschland verschifft wurden, im Falle der Selbstversenkung mit dem Schiff untergehen zu lassen. A. weiß seit fünf Jahren von den Ermittlungen gegen ihn. Als Anklage gegen ihn erhoben wird, ergeht gleichzeitig Haftbefehl. A. hält den Haftbefehl für rechtswidrig, zumindest verlangt er Haftverschonung.

72

Es kommt Untersuchungshaft nach § 112 in Betracht. A. ist des Mordes nach § 211 StGB dringend verdächtig. Der Haftgrund Flucht liegt nicht vor. Fluchtgefahr ist abzulehnen, da aufgrund des hohen Alters des A. und des Umstandes, dass er seit fünf Jahren von dem Verfahren weiß und nicht die Flucht ergriffen hat, nicht die Wahrscheinlichkeit besteht, er werde sich jetzt dem Verfahren entziehen. Für Verdunkelungsgefahr bietet der Sachverhalt keine Anhaltspunkte. Es könnte der **absolute Haftgrund** nach § 112 Abs. 3 greifen. In § 112 Abs. 3 ist auch der dringende Verdacht des Mordes neben anderen Tatbeständen der Schwerstkriminalität genannt, der den Erlass eines Haftbefehls ohne Haftgrund nach Abs. 2 des § 112 erlaubt. Für diese Vorschrift ist teilweise als Begründung angeführt worden, es sei für das Volksempfinden unerträglich, wenn sich Personen in Freiheit befänden, die der dort genannten schweren Straftaten dringend verdächtig seien. Diese letzten Endes auf eine vorweggenommene Strafvollstreckung hinauslaufende Sinnverkehrung der Untersuchungshaft hat das BVerfG mit Recht zurückgewiesen[207]. Sie würde der Wesensgehaltsgarantie für das Grundrecht der Freiheit der Person gem. Art. 2 Abs. 2 GG widersprechen. Daher muss § 112 Abs. 3 verfassungskonform dahin ausgelegt werden, dass der dringende Tatverdacht allein nicht ausreicht, sondern die Untersuchungshaft die Durchführung eines geordneten Strafverfahrens zu-

73

---

204 LR-*Lind* § 112, 95.
205 So OLG Karlsruhe NJW 93, 1148; näher zum Haftgrund Verdunkelungsgefahr: *Nix* StV 92, 445.
206 So auch OLG Frankfurt StV 10, 583.
207 BVerfGE 19, 342, 347 ff.

mindest erleichtert[208]. Zwar brauchen die Haftgründe des Abs. 2 nicht in der strengen Auslegung erfüllt zu sein, die den Begriffen ansonsten gegeben wird. Es reicht vielmehr aus, dass Flucht- oder Verdunkelungsgefahr nicht auszuschließen sind oder Wiederholungsgefahr ernsthaft befürchtet werden kann. Im vorliegenden Verfahren ist zwar die Flucht des A. nicht wahrscheinlich, jedoch trotz seines Alters wegen der hohen Straferwartung nicht völlig auszuschließen. Daher darf hier nach § 112 Abs. 3 die Untersuchungshaft gegen A. angeordnet werden. Gegen die Verhältnismäßigkeit der Anordnung der Untersuchungshaft bestehen deshalb keine Bedenken, da § 211 StGB sogar lebenslange Freiheitsstrafe androht.

74 Der Haftgrund der **Wiederholungsgefahr** (§ 112a) fristete in der Vergangenheit eher ein Mauerblümchendasein und wurde praktisch selten relevant. Dies liegt außer an der unübersichtlich-perfektionistischen Gesetzesfassung daran, dass einerseits sehr strenge Voraussetzungen für die Annahme der Wiederholungsgefahr gesetzlich gefordert sind, andererseits aufgrund der Subsidiaritätsklausel des § 112a Abs. 2 der Haftgrund der Wiederholungsgefahr *nicht*, also auch nicht kumulativ, anwendbar ist, wenn schon ein anderer Haftgrund greift[209]. Regelmäßig liegt aber in den von § 112a tatbestandlich beschriebenen Fällen bereits Fluchtgefahr vor, so dass die Regelung nur in Ausnahmefällen zum Zuge kommt, z. B. bei Sexualstraftätern oder manchen jugendlichen Rechtsbrechern. Neben einer in § 112a genannten Katalogtat (Landfriedensbruch, gefährliche Körperverletzung, schwere Eigentums- und Vermögenskriminalität, Brandstiftungs- und Betäubungsmitteldelikte) muss eine Freiheitsstrafe von mehr als einem Jahr zu erwarten sein. Außerdem muss die Tat wiederholt begangen worden und auf aufgrund bestimmter Tatsachen die erneute Begehung zu erwarten sein. Bei schweren Sexualdelikten (§§ 174, 174a, 176 bis 179 StGB) sind die Voraussetzungen etwas großzügiger.

Die Wiederholungsgefahr stellt einen Fremdkörper in der StPO dar, da sie **präventive** Zielsetzungen verfolgt („zur Abwendung der Gefahr erforderlich")[210]. Gleichwohl hat das BVerfG die Verfassungsmäßigkeit der Bestimmung, die eigentlich der Regelungskompetenz der Länder für das Polizeirecht unterliegt, anerkannt[211]. Dabei mag die geringe praktische Relevanz des § 112a eine Rolle gespielt haben; angesichts der ständigen Erweiterungen der Vorschrift durch den Gesetzgeber stellt sich die Frage aber immer wieder neu. Sie einfach mit dem Hinweis auf einen Sachzusammenhang zum Strafverfahren abzutun, der auch sonst nicht selten zwischen Gefahrenabwehr und Strafverfolgung besteht, überzeugt nicht. Die Verfassungsmäßigkeit der Norm lässt sich daher wohl nur durch eine verfassungskonforme Interpretation ähnlich wie beim absoluten Haftgrund nach § 112 Abs. 3 halten, indem als ungeschriebene Voraussetzung des § 112a zu fordern ist, dass die Haft sich in irgendeiner Weise auch förderlich auf das Strafverfahren auswirkt (z. B. Vermeidung von Fluchtrisiken), ohne dass ein Haftgrund im technischen Sinne gem. § 112 Abs. 2 vorliegt.

75 Zuständig für den **Erlass des Haftbefehls** ist vor Erhebung der Anklage nach § 125 der Richter bei dem AG, in dessen Bezirk ein Gerichtsstand begründet ist oder der Beschuldigte sich aufhält[212]. Im Vorverfahren bedarf es hierzu grundsätzlich eines Antrags des Staatsanwalts[213]. Wurde bereits Anklage erhoben, so ist nach § 125 Abs. 2 das Gericht der Hauptsache für den Erlass des Haftbefehls zuständig. Für den Haftbefehl ist nach

---

208 BVerfG a. a. O., OLG Düsseldorf StV 82, 585.
209 LG Gera StraFO 00, 205 restriktiv auch OLG Braunschweig und Oldenburg StV 12, 352.
210 Näher *Wieneck* NStZ 19, 702.
211 BVerfGE 35, 185.
212 Für weitere Entscheidungen gilt § 126; näher *Cassardt* NStZ 94, 523. Zur Behandlung in der Revision: BGH NJW 96, 2665; NStZ 97, 145.
213 Ausn.: § 165: Richter als „Notstaatsanwalt"; dazu Rn. 115. u. U. muss die StA damit einen Auftrag auf Beiordnung eines Pflichtverteidigers verbinden, BGHSt 47, 172; s. Rn. 90.

§ 114 Schriftform vorgeschrieben. Er muss bestimmte in § 114 Abs. 2 genannte Mindestangaben enthalten[214] und ausreichend bestimmt die Vorwürfe erkennen lassen[215]. In Aufbau und Struktur ähnelt der Haftbefehl einer kurzen Anklageschrift. In verschiedenen gegen denselben Beschuldigten anhängigen Verfahren (jedoch nicht in demselben) können mehrere Haftbefehle ergehen[216], allerdings nicht gleichzeitig vollstreckt werden. Man spricht in diesen Fällen von **Überhaft**[217].

Der sog. **Europäische Haftbefehl** bildet keine eigenständige Ermächtigungsgrundlage zur Festnahme neben dem Haftbefehl nach der StPO; er stellt vielmehr ein neuartiges Institut der internationalen Rechtshilfe für die Mitgliedstaaten der Europäischen Union dar. Das Europäische Haftbefehlsgesetz – in Wahrheit ein deutsches Gesetz zur innerstaatlichen Umsetzung des Abkommens[218] – folgt dem Gedanken der gegenseitigen Anerkennung und Vollstreckung von Haftbefehlen im europäischen Raum. Erfüllt ein nationaler Haftbefehl bestimmte formale Voraussetzungen, um als Europäischer Haftbefehl zu gelten, oder liegt eine Ausschreibung zur Festnahme im Schengener Informationssystem vor (SIS) vor, so bedarf es nicht eines förmlichen staatlichen Auslieferungsersuchens, wie dies im traditionellen internationalen Rechtshilfeverkehr üblich war und außerhalb Europas auch so bleibt. Deutschland liefert nunmehr unter erleichterten inhaltlichen und formalen Voraussetzungen sogar eigene Staatsangehörige an fremde Staaten aus, wenn diese dies verlangen[219]. Allerdings setzt die Auslieferung eines Deutschen einen maßgeblichen Bezug seiner Tat zu dem ersuchenden Staat und dessen Garantie voraus, dass der Verurteilte zur Strafvollstreckung nach Deutschland rücküberstellt wird. Unter Einhaltung eines bei der Generalstaatsanwaltschaft durchzuführenden Bewilligungsverfahrens und eines beim OLG angesiedelten Zulässigkeitsverfahrens erlaubt das Vorliegen eines Europäischen Haftbefehls ohne große Probleme einen Auslieferungshaftbefehl. Eine „Klatsche" erfuhr jetzt die deutsche Justiz durch eine Entscheidung des EuGH[220], wonach deutschen Staatsanwälten die zur Ausstellung eines europäischen Haftbefehls notwendige Unabhängigkeit fehlt. **75a**

Die **Vollstreckung** des Haftbefehls nach §§ 112, 125 erfolgt auf Anordnung der StA (§ 36 Abs. 2 S. 1). § 114a sieht dabei vor, dass der Haftbefehl dem Beschuldigten bekannt gegeben werden muss und ihm eine Abschrift, falls erforderlich mit einer Übersetzung in eine ihm verständliche Sprache auszuhändigen ist. Nach seiner Verhaftung ist der Beschuldigte unverzüglich dem **zuständigen** Richter vorzuführen (§ 115). Anders als bei § 128 sind hier keine weiteren Ermittlungen gestattet[221]. Ist die Vorführung nicht spätestens am Tage nach der Ergreifung möglich, so ist er unverzüglich dem Richter des nächsten Amtsgerichts vorzuführen, dem allerdings nur eingeschränkt das Recht zusteht, den Haftbefehl aufzuheben (§ 115a). In Befolgung europarechtlicher Vorgaben – so wie der deutsche Gesetzgeber sie versteht – sieht nunmehr § 114b eine 12 Punkte umfassende „**Beschuldigtenbelehrung**" vor, die bei seiner Verhaftung, aber analog auch bei seiner vorläufigen Festnahme und dann zu erteilen ist, wenn er zu Zwecke der **76**

---

214 Dazu OLG Karlsruhe NStZ 86, 134; Düsseldorf StV 88, 534.
215 Vgl. OLG Brandenburg NStZ-RR 97, 107; Düsseldorf StV 96, 440. Zur erforderlichen Begründungstiefe: *Mayer/Hunsmann* NStZ 15, 325.
216 Jedoch nicht wegen nur einer Tat, BGHSt 38, 54 ff. (Mielke).
217 Zu den Rechtsbehelfen bei Überhaft: LG Saarbrücken NJW 90, 1679; *Hohmann* NJW 90, 1649.
218 BGBl. 06 II 537; dazu *Böhm* NJW 06, 2592; *Rosenthal* ZRP 06, 105; jetzt normiert in §§ 80ff. IRG. Zu verfassungsrechtlichen Einwänden der ursprüngl. Fassung: BVerfG NJW 05, 2289; aber nach Meinung des EuGH europarechtskonform, NJW 07, 2237.
219 Z.B. OLG Stuttgart NJW 07, 613; 1702; Karlsruhe NJW 07, 615; 617; abl. BGH NJW 08, 1968 bei verjährter Strafbarkeit in Deutschland. Keine Einschränkungen bei in Deutschland lebenden Ausländern, EuGH NJW 13, 141.
220 EuGH NJW 19, 2145. Zur Zuständigkeit der Ausstellung jetzt: OLG Frankfurt NStZ-RR 19, 356.
221 BGH NJW 90, 1188; vgl. Rn. 64.

Identitätsklärung nur festgehalten wird (Schaubild Nr. 15). In weiten Teilen ist diese Regelung systemfremd, denn im deutschen Strafprozessrecht erfolgt die Beschuldigtenbelehrung aus Anlass der ersten Vernehmung[222], während das angloamerikanische Recht an die Festnahme anknüpft. Soweit § 114b nur in einer Wiederholung von schon bei der ersten Vernehmung mitgeteilten Rechten besteht, ist er überflüssig und dient höchstens der Verhinderung von Spontanäußerungen, gegen die aber im Interesse der Wahrheitsfindung nichts spricht. Besonders merkwürdig mutet in Deutschland das Recht des Beschuldigten, „einen Arzt oder eine Ärztin seiner Wahl zu verlangen", an. Damit wird die latente Gefahr unterstellt, dass verhaftete Beschuldigte von der Polizei körperlich misshandelt würden, ohne dass sich dies später ohne vorherige ärztliche Untersuchung beweisen ließe. Den ganz andersartigen Charakter von Belehrungsinhalten nach § 114b hat auch schon der BGH anerkannt, indem er dem Fehlen des Hinweises auf das zuständige Konsulat die Folge eines Beweisverwertungsverbots abspricht[223]. Dagegen bleibt es natürlich angemessen, dass gem. § 114c einem verhafteten Beschuldigten unverzüglich Gelegenheit zu geben ist, einen Angehörigen oder Person seines Vertrauens zu benachrichtigen, sofern nicht der Zweck des Verfahrens dadurch gefährdet wird. Hat ein Beschuldigter, gegen den Untersuchungshaft vollstreckt wird, noch keinen Verteidiger, so ist diesem auf seinen Antrag hin oder von Amts wegen ein Pflichtverteidiger zu bestellen (§ 140 Abs. 1 Nr. 4 i. V. m. § 141 Abs. 1 und 2 Nr. 1). Die Kopflastigkeit der Beschuldigtenbelehrung bei Festnahme hat der Gesetzgeber neuerdings noch verstärkt, in dem durch das „Gesetz zur Stärkung der Verfahrensrechte von Beschuldigten im Strafverfahren vom 2.7.2013"[224] weitere differenzierte Belehrungspunkte hinzugefügt wurden, die sich auf Akteneinsichtsrechte und Rechtsmittel gegen die Festnahme beziehen. Der **nächste** Richter hat die Aufgabe zu überprüfen, ob der Haftbefehl überhaupt noch besteht und der Festgenommene die im Haftbefehl bezeichnete Person ist[225]. Der zuständige Richter kann demgegenüber aufgrund der Vernehmung des Beschuldigten zu der Überzeugung gelangen, dass die Voraussetzungen der Untersuchungshaft nicht mehr gegeben sind und den Haftbefehl aufheben (§ 120 Abs. 1). Zwingend ist auch die Aufhebung des Haftbefehls durch den Richter im Vorverfahren auf Antrag der StA (§ 120 Abs. 3), selbst wenn aus der Sicht des Richters der Haftbefehl aufrechterhalten werden sollte, denn in diesem Verfahrensabschnitt liegt die Verfahrensherrschaft noch bei der StA. Im Vorgriff auf diese Folge seines Antrags darf der Staatsanwalt den Beschuldigten schon vorher freilassen.

77 Die weitere Aufgabe des Haftrichters besteht in der Prüfung, ob nicht eine sog. **Haftverschonung** in Betracht kommt. § 116 Abs. 1 sieht die **Aussetzung des Vollzuges** eines Haftbefehls wegen Fluchtgefahr – unter Einschränkungen auch bei Verdunkelungs- und Wiederholungsgefahr – vor, wenn der Zweck der Untersuchungshaft auch durch weniger einschneidende Maßnahmen erreicht werden kann. Dies kann beispielsweise durch polizeiliche Meldeauflagen, Einbehaltung des Passes[226], Aufenthaltsbeschränkungen u. Ä. erreicht werden. Die Aufzählung in § 116 ist nur beispielhaft. Die gewählte Auflage muss jedoch der Menschenwürde (Art. 1 GG) entsprechen, was z. B. bei der im angelsächsischen Raum praktizierten und neuerdings auch in Deutschland in begrenztem Maße eingeführten elektronischen Überwachung eines auf freiem Fuß befindlichen Beschuldigten mittels eines an seinem Körper angebrachten Peilsenders („elektronische Fessel") fraglich erscheint. Dieses vermindert zwar die Belegungsquote der Haftanstal-

---

222 Rn. 27; Schaubild Nr. 3.
223 BGH NJW 08, 307; 1090; s. auch Rn. 36b.
224 BGBl. 13 I 1938; BT-Drucks. 17/12578.
225 Zu den Kompetenzen des nächsten Richters: *Schröder* NJW 81, 1425; *Maier* NStZ 89, 59. Zur Zuständigkeitsverteilung: *Fischer* NStZ 94, 321; *Koch* NStZ 95, 71; *Schmitz* NStZ 98, 165.
226 BVerfG NJW 06, 1787; OLG Celle StV 88, 207; Saarbrücken NJW 78, 2460; KG NJW 91, 2656.

ten, drückt aber eine objekthafte Betrachtung es Beschuldigten aus[227]. Verstößt der Beschuldigte gröblich gegen die im Haftverschonungsbeschluss festgelegten Auflagen oder trifft er Anstalten zur Flucht, so kann die Aussetzung der Vollstreckung der Untersuchungshaft **widerrufen** werden (§ 116 Abs. 4)[228].

In § 116 Abs. 1 Nr. 4 ist als Auflage ausdrücklich die Leistung einer angemessenen Sicherheit (**Kaution**) vorgesehen. Die Kautionsstellung besitzt im deutschen Strafprozess bei weitem nicht die praktische Bedeutung wie in den USA. Sie hat den Geruch des „Sich-Freikaufens" an sich und ist nur bedingt wirksam. Mit dem Verlangen nach Kaution dürfen nur Sicherungszwecke zugunsten der Durchführung des Strafverfahrens verfolgt werden. Insbesondere darf nicht dadurch nach Art einer Strafe ein Rechtsgüterschutz vorweggenommen werden, dem das materielle Strafrecht dient[229]. Die Sicherheit verfällt nach § 124 schon dann, wenn sich der Beschuldigte bewusst (zumindest mit bedingtem Vorsatz)[230] dem Verfahren entzieht, ohne dass strafrechtliche Schuld i. S. v. §§ 20, 21 StGB gegeben sein müsste, denn der Verfall der Sicherheit enthält kein sozialethisches Unwerturteil[231]. Unter den Voraussetzungen des § 127a kann schon die StA oder Polizei eine Sicherheit verlangen und auf die Aufrechterhaltung einer Festnahme und damit die Vorführung beim Richter verzichten. **78**

Zu unterscheiden ist davon das praktisch bedeutsame **Kautionsverlangen nach § 132**, das gerade in den Fällen in Betracht kommt, in denen *kein* Haftbefehl ergehen kann (z. B. im Bußgeldverfahren oder aus Verhältnismäßigkeitsgründen), aber der Beschuldigte dringend verdächtig ist und über keinen festen Wohnsitz oder Aufenthalt im Geltungsbereich der StPO verfügt (z. B. ausländische Kraftfahrer)[232]. Im Gegensatz zu der im Haftverschonungsverfahren zu leistenden Kaution dient die nach § 132 vorgesehene Leistung der Sicherung einer späteren Geldstrafe und der Verfahrenskosten. Der Gesetzgeber geht in diesen Fällen davon aus, dass auch ein Verfahren in Abwesenheit durchführbar ist (z. B. Strafbefehl oder Bußgeldverfahren). Außerdem ist sie direkt erzwingbar durch Beschlagnahme von Beförderungsmitteln und anderen dem Beschuldigten gehörenden Sachen, die er mit sich führt. Zuständig ist für das Vorgehen nach § 132 grundsätzlich der Richter, bei Gefahr im Verzug auch die StA und ihre Ermittlungspersonen. **79**

Der Haftrichter hat den Beschuldigten über sein Aussageverweigerungsrecht und über die Rechtsbehelfe zu belehren, die ihm gegen die Anordnung der Untersuchungshaft zustehen. Der Beschuldigte kann gegen einen Haftbefehl zwei förmliche Rechtsbehelfe wahlweise einlegen. Wie gegen jede richterliche Entscheidung ist das Rechtsmittel der **Beschwerde** nach § 304 zulässig[233], wobei die Besonderheit der Haftbeschwerde darin liegt, dass nach § 310 eine zusätzliche Beschwerdeinstanz durch die Möglichkeit einer **weiteren Beschwerde** zum OLG geschaffen wird. Größerer Beliebtheit erfreut sich der Rechtsbehelf der **Haftprüfung** nach § 117, die der Beschuldigte jederzeit beantragen kann. Sie ist schneller[234], wird grundsätzlich mündlich durchgeführt und birgt nicht die Gefahr der Schaffung faktisch negativer Präjudizien. Zur Durchführung der Haftprüfung ist im Gegensatz zur Haftbeschwerde nicht das nächsthöhere Gericht berufen, **80**

---

227 Vgl. zur Praxis: NJW-Wochenspiegel 97, Heft 27; *Ostendorf* ZRP 97, 473.
228 KG JR 89, 260; OLG Bremen StV 88, 302; Düsseldorf StV 88, 207.
229 BVerfG NJW 91, 1043.
230 S. auch OLG Hamm NJW 96, 736.
231 Anders als bei Ordnungsmitteln: BGH NJW 91, 1043. S. Beispiele für Kautionsverfall bei OLG Karlsruhe NStZ 92, 204; Hamm NJW 91, 2717; München MDR 90, 567; Düsseldorf StV 87, 110. S. auch Rn. 64.
232 Zum praktischen Anwendungsbereich des § 132: *Geppert* GA 79, 281. S. auch Rn. 64.
233 Vgl. Rn. 330 ff.; aber nicht gegen einzelne Haftgründe: BGHSt 47, 249; Beurteilungsspielraum des Haftrichters, BGH NJW 13, 247; 17, 3410.
234 Zum Beschleunigungsgrundsatz im Haftprüfungsverfahren: BVerfG NJW 06, 677.

sondern der erstzuständige Richter[235]. Zu einer mündlichen Verhandlung zwingt der Haftprüfungsantrag grundsätzlich jedoch nur alle zwei Monate (§ 118). Gegen eine negative Entscheidung im Haftprüfungsverfahren vermag der Beschuldigte immer noch Beschwerde einzulegen; jedoch können beide Rechtsbehelfe nicht gleichzeitig betrieben werden (§ 117 Abs. 2)[236].

Ist der Beschuldigte erst einmal festgenommen, so dürfen der Haftbefehl und die ihn bestätigenden richterlichen Entscheidungen in einem Haftprüfungs- oder Haftbeschwerdeverfahren nach einer Entscheidung des BVerfG *nur* auf solche Tatsachen gestützt werden, die dem Beschuldigten *vorher* bekannt waren und zu denen er sich äußern konnte[237]. Dem ist nachhaltig zuzustimmen, denn dieser Grundsatz rechtfertigt sich nicht nur verfassungsrechtlich aus dem Grundsatz des rechtlichen Gehörs nach Art. 103 Abs. 1 GG, sondern er beendet auch die skandalöse Taktik mancher Ermittlungsbehörden, die Haftprüfungsanträge und Haftbeschwerden des Beschuldigten ins Leere laufen zu lassen, weil er gar nicht weiß, welche Argumente er zu entkräften hat. Das BVerfG ist der Ansicht, dass in vielen Fällen zwar die mündliche Unterrichtung des Beschuldigten von den gegen ihn sprechenden Umständen bei der Eröffnung des Haftbefehls oder der mündlichen Haftprüfung genügen werde, aber bei komplexen, mündlich nicht mehr ohne weiteres mitteilbaren Tatsachen ein Akteneinsichtsrecht der Verteidigung bestehe. Sei Akteneinsicht aus ermittlungstaktischen Gründen nicht möglich, könne der Haftbefehl auf die geheim gehaltenen Tatsachen nicht gestützt werden und müsse gegebenenfalls aufgehoben werden.

81 Hält der Richter nach Benachrichtigung der Angehörigen des Verhafteten oder einer Person seines Vertrauens gem. § 114c[238] die weitere Vollstreckung des Haftbefehls für erforderlich, so veranlasst er die Überführung des Beschuldigten in die Untersuchungshaftanstalt. Der **Vollzug** der Untersuchungshaft erfolgt nach Maßgabe des § 119 und der landesrechtlichen Untersuchungshaftvollzugsgesetze. Der Grundgedanke des Vollzugs der Untersuchungshaft liegt darin, dass dem Beschuldigten nur solche **Beschränkungen** auferlegt werden dürfen, die sich aus dem Zweck der Untersuchungshaft und der Ordnung der Vollzugsanstalt ergeben (§ 119 Abs. 1). Zu diesen Beschränkungen gehört beispielsweise die Kontrolle des Besucherzugangs und des Briefverkehrs durch den Richter oder Staatsanwalt[239]. Eine vorweggenommene Strafhaft ist die Untersuchungshaft nicht, obwohl bei einer späteren Verurteilung zu einer Freiheitsstrafe die bereits erlittene Untersuchungshaft angerechnet wird (§ 51 Abs. 1 StGB). Der **Unschuldsvermutung** ist in der Gestaltung der Untersuchungshaft Rechnung zu tragen; er braucht keine Anstaltskleidung zu tragen, es besteht kein Arbeitszwang wie im Strafvollzug usw. Bei einem späteren Freispruch erhält der Freigesprochene für erlittene Untersuchungshaft Entschädigungszahlungen nach dem Gesetz über die Entschädigung für zu Unrecht erlittene Strafverfolgungsmaßnahmen.

82 Die Untersuchungshaft soll möglichst nicht **sechs Monate** überschreiten. § 121 sieht bei Ablauf der 6-Monats-Frist eine obligatorische Haftprüfung durch das zuständige **OLG** vor. Diese bei den Strafverfolgungsbehörden gefürchtete Prüfung erstreckt sich

---

235 Innerhalb kürzester Frist, EGMR NJW 19, 2143.
236 Auch kein Anspruch auf Haftprüfung gegeben, wenn der Haftbefehl außer Vollzug, LG Saarbrücken NJW 90, 1679; anders bei Beschwerde, OLG Frankfurt StV 89, 113; Koblenz NStZ 90, 102; Celle StV 83, 466; a. A. Düsseldorf MDR 90, 463. Näheres: *Matt* NJW 91, 1801.
237 BVerfG NJW 94, 3219 ff.; EGMR NJW 02, 2013, 2015; ähnl. schon KG StV 94, 318 mit Anm. *Schlothauer*; OLG Brandenburg NStZ 97, 107; insoweit restriktiv: BGH NJW 96, 734. Jetzt auch in § 147 Abs. 2 S. 2: Akteneinsicht.
238 Kein Verzicht mögl., KK-*Graf* § 114b, 5.
239 Zu den Beschränkungen: BVerfG NJW 97, 185; 93, 3059; NStZ 96, 613; StV 91, 306; EGMR NJW 03, 1439; BGH NJW 03, 3698; 98, 2296; NStZ 98, 205; Übersicht bei *Ranft* 686 ff.

auf die Frage, ob wegen der besonderen Schwierigkeiten oder des besonderen Umfangs der Ermittlungen oder wegen eines anderen wichtigen Grundes ein Urteil nicht möglich gewesen und daher die Fortdauer der Haft gerechtfertigt ist[240]. Stellt das OLG fest, dass die Polizei, StA oder das zuständige Gericht verzögerlich gearbeitet haben, hebt es den Haftbefehl ohne Rücksicht auf Fortbestehen der Haftgründe auf[241]. Der Beschuldigte muss dann aus der Haft entlassen werden. Die **Berechnung** des 6-Monats-Frist beginnt mit dem Erlass des Haftbefehls (nicht schon mit der vorläufigen Festnahme) und ruht mit der Vorlage der Akten beim OLG oder dem Beginn der Hauptverhandlung (§ 121 Abs. 3). Unterbrechungen des Vollzuges eines Haftbefehls z. B. wegen Haftverschonung nach § 116 zählen nicht mit.

Der **wichtige Grund** muss sich auf diejenigen Taten beziehen, die im Haftbefehl aufgeführt sind und deretwegen die Untersuchungshaft vollzogen wird[242]. Die besonderen Schwierigkeiten oder der besondere Umfang der Ermittlungen ist aufgrund eines Vergleichs mit einem durchschnittlichen Ermittlungsverfahren zu beurteilen[243], z. B. anzunehmen bei einer ungewöhnlich großen Zahl aufklärungsbedürftiger Einzeltaten, zu vernehmender Zeugen oder Mitbeschuldigter, umfangreichen Gutachten u. Ä. Bedenklich erscheint es, die Ausübung des Aussageverweigerungsrechts durch den Beschuldigten und eine damit bewirkte Verlängerung der Ermittlungen als wichtigen Grund anzuerkennen[244], denn dies ist nicht außergewöhnlich. *De facto* würde dann Aussagezwang vorliegen. Andere wichtige Gründe sind **Überlastung** und Bearbeitungsengpässe bei Gericht und der StA, wenn es sich um kurzfristige, nicht oder kaum vorhersehbare und durch organisatorische Maßnahmen nicht behebbare Schwierigkeiten handelt[245]. Dauerhafte Überlastung stellt dagegen einen justizinternen Organisationsmangel dar, der mit dem Anspruch des Beschuldigten nach Art. 6 MRK auf zügige Behandlung seiner Sache nicht vereinbar ist[246]. Der wichtige Grund ist eng auszulegen, da der Freiheitsentzug des noch nicht verurteilten Beschuldigten den Strafverfolgungsbehörden ständig als Korrektiv entgegenzuhalten ist und sich sein Gewicht gegenüber dem Strafverfolgungsinteresse mit zunehmender Dauer der Untersuchungshaft vergrößert[247]. Beschließt das OLG die Fortdauer der Haft, so muss es den wichtigen Grund darlegen und darf sich in seinem Beschluss nicht mit formelhaften Wiederholungen des Gesetzestextes begnügen[248]. Kommt es später zu einer Verurteilung des Angeklagten zu einer Freiheitsstrafe, so endet die Untersuchungshaft mit der Rechtskraft des Urteils und der anschließenden Einweisung in eine Justizvollzugsanstalt und geht damit in die Strafhaft über.

3. Haft zur Sicherung der Strafvollstreckung

Während die Untersuchungshaft in erster Linie bezweckt, die Herbeiführung eines rechtskräftigen Urteils zu ermöglichen, und nur in diesem Rahmen gleichzeitig dazu dient, die spätere Strafvollstreckung zu sichern, gibt es auch Haftbefehle, deren ausschließlicher Sinn darin liegt, eine rechtskräftig verhängte Freiheitsstrafe gegen den Verurteilten zu vollstrecken. Hat sich der Verurteilte auf die an ihn ergangene Ladung zum Antritt der Strafe nicht gestellt oder ist er der Flucht verdächtig, nachdem ein auf

---

240 Vgl. OLG Köln NJW 97, 2252; Frankfurt NJW 96, 1485; zur Praxis: *Temming/Lange* NStZ 98, 62. Das Beschleunigungsgebot gilt auch für außer Vollzug gesetzte Haftbefehle, KG StV 91, 473.
241 Beispiel: OLG Düsseldorf NJW 96, 2588; abw. Maßstäbe bei vorl. Unterbringung, OLG Düsseldorf NJW 08, 867.
242 BVerfG NJW 92, 1749 f.; OLG Stuttgart Justiz 97, 62.
243 Ähnl. KK-*Schultheis* § 121, 15.
244 Bei Sabotage des Verfahrens, OLG Frankfurt MDR 86, 954.
245 BVerfGE 36, 264, 272; NJW 03, 2895; 02, 207.
246 BGHSt 38, 42 ff.; NJW 91, 3042; OLG Düsseldorf NJW 93, 1088; Koblenz NJW 90, 1375.
247 So BVerfG NJW 91, 2821; OLG Bremen StV 89, 487.
248 BVerfG NJW 92, 2280; 91, 689; 00, 1401; dazu *Happel* StV 86, 501.

Freiheitsstrafe lautendes Urteil gegen ihn ergangen ist, so hat die StA als Vollstreckungsbehörde nach § 457 die Möglichkeit, sich eines Vorführungs- oder Haftbefehls (**Vollstreckungshaftbefehls**) zu bedienen. Diese Vollstreckungshaftbefehle werden bei der StA vom Rechtspfleger erlassen. Ist der Angeklagte nur zu einer Freiheitsstrafe verurteilt worden, deren Vollstreckung zur Bewährung ausgesetzt wurde, kommt ein sofortiger Vollzug nicht in Betracht. Erst wenn sich Widerrufsgründe, beispielsweise Verstoß gegen Bewährungsauflagen, ergeben haben, stellt sich die Frage eines ausdrücklichen Widerrufs der Bewährung. In dem Widerrufsverfahren bedarf es einer Anhörung des Verurteilten zu den geltend gemachten Widerrufsgründen. Die Anhörung könnte ihn jedoch dazu veranlassen, nunmehr der drohenden Strafvollstreckung durch Flucht entgehen zu wollen. Um dieses zu verhindern, erlaubt § 453c den Erlass eines richterlichen **Sicherungshaftbefehls** bei Flucht oder Fluchtgefahr, wenn hinreichende Gründe für die Annahme vorhanden sind, dass die Aussetzung widerrufen werde. Der Ablauf der Strafhaft selbst ist in den Strafvollzugsgesetzen geregelt. Vollstreckungsbehörde ist die StA, die jedoch nur grundsätzliche Entscheidungen trifft (§ 451), während die Justizvollzugsanstalt als Vollzugsbehörde die Gestaltung der Strafhaft bestimmt. Durch die Föderalismusreform wurde leider das Recht des Strafvollzugs – wie auch das des Vollzugs der Untersuchungshaft – von der konkurrierenden Gesetzgebungskompetenz des Bundes nach Art. 74 Abs. 1 Nr. 1 GG ausgeschlossen und zur landesrechtlichen Materie, die hier nicht näher dargestellt wird[249].

---

249 Näher *Arloth*, StVollzG (Bund, Baden-Württemberg, Bayern, Hamburg, Hessen, Niedersachsen), 3. Aufl. (2011).

C. Der Verteidiger und die Strafverfolgungsorgane

I. Verteidigung

Rechtsanwalt R. wird von dem nach Marokko geflüchteten A. mit seiner Verteidigung beauftragt, nachdem gegen A. Anklage vor der Wirtschaftsstrafkammer des LG wegen umfangreicher Betrügereien erhoben worden ist. Gleichzeitig mit der Anklage erging gegen A. auch Haftbefehl. R. sucht seinen Mandanten in Tanger auf und lässt sich von diesem eine angeblich von marokkanischen Behörden beglaubigte Sterbeurkunde aushändigen. Auf Geheiß seines Mandanten legt R. diese auf A. ausgestellte Urkunde bei der Wirtschaftsstrafkammer vor und stellt einen Antrag auf Einstellung des Verfahrens. Bei Überprüfung der Sterbeurkunde durch das Gericht stellt sich ihr Charakter als Totalfälschung heraus.

84

1. Stellung des Verteidigers

Der Verteidiger ist ein unabhängiges, selbstständiges **Organ der Rechtspflege**[1]. Die besonderen Rechte des Verteidigers nach der Strafprozessordnung rechtfertigen sich daraus, dass sich der Gesetzgeber vom Verteidiger einen Beitrag zur Wahrheitsfindung und zur Wahrung der Justizförmigkeit des Verfahrens verspricht. Er ist nicht Gegner, sondern Teilhaber einer funktionsfähigen Strafrechtspflege[2]. Anders als die Strafverfolgungsorgane (Gericht, StA, Polizei) ist der Verteidiger jedoch nicht zur Objektivität verpflichtet; zur Belastung des Beschuldigten ist er weder verpflichtet noch befugt; er darf grundsätzlich alles tun, was in gesetzlich nicht zu beanstandender Weise seinem Mandanten nützt[3]. Gerade durch seine einseitige Interessenwahrnehmung zugunsten des Beschuldigten im Rahmen der Rechtsordnung stärkt er die Autorität der richterlichen Entscheidung und die Glaubwürdigkeit der Strafrechtspflege, denn wenn trotz Ausschöpfung aller Möglichkeiten einer effizienten Verteidigung das Gericht zur Überzeugung der Schuld des Angeklagten gelangt, ist die größtmögliche Gewähr dafür gegeben, dass Justizirrtümer ausgeschlossen sind.

85

Mit der Stellung eines Organs der Rechtspflege sind jedoch nur Handlungen vereinbar, die sich im Rahmen des Gesetzes bewegen und nicht den grundlegenden Zielsetzungen des Strafverfahrens (Wahrheitsfindung, Prozessordnungsmäßigkeit, Rechtsfrieden) zuwiderlaufen. So ist eine reine **Prozessverschleppung** durch missbräuchliche Antragstellungen unzulässig[4], nicht aber die zuweilen notwendige „Verunsicherung" eines Zeugen, dessen Aussage der Verteidiger auf ihre Stichhaltigkeit zu untersuchen aufgerufen ist. Der Verteidiger darf auch dann **Freispruch** beantragen, wenn er selbst von der Schuld seines Mandanten überzeugt ist, aber die in die Hauptverhandlung eingebrach-

---

1 Vgl. § 1 BRAO; BVerfGE 38, 119; 53, 207, 214; OLG Hamburg NJW 98, 622; Hamm NJW 91, 1317; Düsseldorf NJW 91, 996; *Pfeiffer* DRiZ 84, 341 f.; *Kühne* 79; *Beulke* 150 f.; a. A. *Eisenberg* NJW 91, 1257. Grundlegend zur Stellung des Verteidigers: Hamm NJW 93, 289; *Paulus* NStZ 92, 305; *Vehling* StV 92, 86; *Beulke*, Der Verteidiger im Strafverfahren (80). Zur sog. Konfliktverteidigung: *Malmendier* NJW 97, 227; *Hamm* NJW 97, 1288; *ders.* NJW 06, 2084: ist Strafverteidigung noch Kampf?
2 OLG Hamburg NJW 98, 621 f.
3 BGHSt 46, 53; OLG Düsseldorf NJW 91, 996. Scharfe Formulierungen sind hinzunehmen: BVerfG NJW 00, 199.
4 *Kühne* 91.1. Weitere Einzelheiten bei *Ernesti* JR 82, 221; *Pfeiffer* DRiZ 84, 341 ff.; OLG Hamburg NJW 98, 621 ff. Zum Begriff der „Konfliktverteidigung": *Schroeder* 156. Zur „Abmahnung" bei prozesswidrigem Verhalten: OLG Hamburg NJW 98, 1328.

ten Beweise für eine Verurteilung nicht für ausreichend hält[5]. Er hat sich dagegen jeder aktiven Verdunkelung und Verzerrung des Sachverhalts zu enthalten; hierzu zählt auch die Verfälschung von Beweismitteln oder die Verwendung gefälschter Beweismittel wie im vorliegenden Fall[6]. Mit der Organstellung nicht vereinbar ist es, das Gericht zu belügen[7]. Am treffendsten wurde dies von *Dahs*[8] auf die Formel gebracht: „Der Verteidiger braucht nicht alles zu sagen; aber alles, was er sagt, muss wahr sein." Der Verteidiger darf sogar ihm zweifelhaft erscheinende Behauptungen aufstellen; hält er die Richtigkeit solcher den Beschuldigten entlastenden Behauptungen nicht für ausgeschlossen, so verpflichtet ihn sein Mandat, sie dem Gericht vorzutragen, selbst wenn er ihre Unrichtigkeit für wahrscheinlich hält[9]. Im Fall jedoch lag direktes Wissen des R. von der Unrichtigkeit der Sterbeurkunde vor, da er seinen Mandanten lebend vor sich gesehen hatte. In derartigen Fällen macht sich der Verteidiger sogar nach § 258 StGB wegen (versuchter) Strafvereitelung strafbar, obwohl ansonsten dieser Tatbestand bei **verteidigerspezifischen Handeln** nicht anzuwenden ist[10]. Umgekehrt lässt sich aus berufsrechtswidrigem Verhalten allein auch noch nicht eine Strafbarkeit nach § 258 StGB herleiten; den Selbstschutz des Vortäters unterstützende Handlungen, die nur darin bestehen, in diesem den Selbstschutzwillen hervorzurufen und ihn in diesem Willen zu bestärken, kommen als strafbares Verhalten nicht in Betracht[11]. Die Vorlage einer falschen Sterbeurkunde durch den Verteidiger geht darüber aber weit hinaus.

85a Gegenpol der Organstellung des Verteidigers ist seine selbstständige **Beistandsfunktion** gegenüber dem Beschuldigten, in dessen Interesse er Schutzaufgaben wahrzunehmen hat; er ist der „Vertrauensmann" des Beschuldigten[12]. Aufgrund seiner juristischen Ausbildung und forensischen Erfahrung ist er vielfach besser befähigt als der rechtsunerfahrene Beschuldigte, für diesen Antragsrechte auszuüben, Erklärungen abzugeben, Schutzschriften einzureichen und ihn rechtlich zu beraten. In seiner Beistandsfunktion tritt der Verteidiger aber grundsätzlich *neben* den Beschuldigten und nicht an seine Stelle: er ist **nicht** der **Vertreter** des Beschuldigten[13] und – soweit nicht wie in § 297 ausnahmsweise anders bestimmt – nicht dessen Weisungen unterworfen. Der Verteidiger kann sogar z. B. Beweisanträge gegen den ausdrücklichen Willen seines Mandanten stellen[14]. Seine Rolle unterscheidet sich damit grundlegend von der eines Rechtsanwalts als Prozessvertreter einer Partei im Zivilprozess oder des Verletzten im Privatklageverfahren. Im Ausgangsfall war R. daher nicht etwa an die Weisung des A. gebunden, die gefälschte Sterbeurkunde bei Gericht vorzulegen und einen Antrag auf Einstellung des Verfahrens zu stellen. Ergeben sich schwerwiegende Konflikte über die richtige Verteidigungsstrategie, muss der Verteidiger notfalls sein Mandat niederlegen oder der Beschuldigte kann ihm dieses von sich aus entziehen.

85b Die Funktionen von StA und Verteidigung sind keinesfalls spiegelbildlich zu sehen. Der Begriff der **Waffengleichheit** ist eher missverständlich und entstammt dem Denken in

---

5 BGHSt 2, 377; NJW 93, 273 f.
6 BGH NJW 18, 3261: Vereiteln der Beweismittelbeschlagnahme durch falsche Angaben des Verteidigers.
7 Dagegen keine Lüge bei auf unrichtigem Protokoll gestützte Verfahrensrüge, LG Augsburg NJW 12, 93; s. Rn. 286.
8 Handbuch des Strafverteidigers, Rn. 44.
9 BGH NJW 93, 273 f.; BGHSt 46, 53 (aber kein Erfolgshonorar für entlastende Aussage).
10 BGH a. a. O.; dies gilt aber nicht für andere Tatbestände (z. B. §§ 153, 267 StGB); *Beulke* 174 ff.: insbes. darf er mit der Honorarannahme keine Geldwäsche begehen; BGHSt 47, 68, aber: BVerfG NJW 04, 1305.
11 OLG Nürnberg NJW 12, 1895 f.; anders bei darüber hinausgehende „Bearbeitung" einer falschen Erklärung des Mandanten mit täterschaftlicher Qualität.
12 OLG Düsseldorf NJW 91, 996.
13 BGHSt 12, 367; OLG Hamburg NJW 98, 622; Celle NJW 89, 992; gesetzliche Ausn.: §§ 145a, 234, 350 Abs. 2, 387 Abs. 1, 411 Abs. 1.
14 *Gössel* ZStW 82, 5 ff.; *Kühne* 82.

den Kategorien des Parteiprozesses. Die These des BVerfG, der Grundsatz der Waffengleichheit werde vom Recht auf ein faires Verfahren erfasst und gehöre zu den wesentlichen Grundsätzen eines rechtsstaatlichen Verfahrens[15], ist eher ein frommer Wunsch. Waffengleichheit i. S. e. echten Machtbalance kann es hier nicht geben, denn die Aufgabenstellungen von StA und Verteidigung sind spezifisch und damit auch das jeweilige rechtliche Instrumentarium zu deren Erfüllung[16]. Richtig ist nur, dass der Beschuldigte effiziente Beteiligungsrechte am Strafverfahren besitzen muss, um nicht von einer übermächtigen Strafverfolgungsmaschinerie, die Eigeninteressen entwickeln kann, überrollt zu werden. So mag sich aus dem Grundsatz der Waffengleichheit das Gebot der **Parität des Wissens** zwischen den Verfahrensbeteiligten im Hauptverfahren ergeben[17]; weit reichende Folgerungen wie Prozesshindernisse bei Bekanntwerden des Verteidigungskonzepts durch die StA lassen sich daraus nicht ziehen[18].

2. Wahl des Verteidigers

Nach § 138 Abs. 1 können bei einem deutschen Gericht zugelassene **Rechtsanwälte** zu Verteidigern gewählt werden[19]. Diese Wahl kann der Beschuldigte in jeder Lage des Verfahrens vornehmen (§ 137 Abs. 1 S. 1)[20]. Wegen der Verweisung des § 46 OWiG auf die StPO kann ebenso der Betroffene des Bußgeldverfahrens einen Verteidiger wählen. Auch der Einziehungsbeteiligte im Strafverfahren (z. B. wenn eine Vermögenseinziehung gegen Dritte betrieben wird) kann nach § 428 Abs. 1 S. 2 einen Rechtsanwalt als Verteidiger wählen. In diesen Fällen können die Verteidigerrechte auch auf der Grundlage eines Mandats einer juristischen Person ausgeübt werden[21]. Bei welchem Gericht der RA zugelassen ist, spielt in Strafsachen weder örtlich noch instanziell bzw. funktionell eine Rolle. Jeder in Deutschland frisch zugelassene Rechtsanwalt darf sogar beim BGH als Verteidiger auftreten. Er muss keineswegs ein Fachanwalt für Strafrecht sein.
§ 138 Abs. 1 erlaubt auch die Wahl eines **Rechtslehrers** an einer deutschen Hochschule zum Verteidiger. Dabei mag es zweckmäßig sein, dass dieser Strafrecht oder Strafverfahrensrecht lehrt, rechtlich zwingend ist dieses jedoch nicht. § 138 Abs. 1 ist weit auszulegen; dies ergibt sich schon aus den Motiven zur StPO und ist in dem möglichst umfassenden Recht des Beschuldigten begründet, sich von einer Person seines Vertrauens verteidigen zu lassen, das sich auf das Rechtsstaatsprinzip (Art. 20 i. V. m. Art. 2 Abs. 1 GG) stützt[22]. Entgegen einer früher im Schrifttum vertretenen Meinung fallen darunter auch Professoren an **Fachhochschulen**, die dort rechtswissenschaftliche Fächer lehren und die Befähigung zum Richteramt besitzen[23], wie der Bundesgerichtshof entschieden hat[24]. Die Neufassung des § 138 Abs. 1 stellt dies nur klar. Sieht man den Sinn und Zweck der Gleichstellung von Rechtslehrern an einer deutschen Hochschule mit Rechts-

---

15 BVerfGE 38, 105, 111; zur „Waffengleichheit" in den verschiedenen Verfahrensstadien: *Kühne* 80 ff.
16 *Beulke* 148: „ein im Grundsatz anzustrebendes Verfahrensziel".
17 BGHSt 36, 305, 309; Konsequenzen bei Akteneinsicht, s. Rn. 94.
18 Vgl. BGH NJW 84, 1907.
19 Jedoch kann ein Rechtsanwalt nicht sein eigener Verteidiger sein, BVerfGE 53, 207; BGH NJW 98, 2205; LG Berlin NJW 07, 1477. Zur Frage, ob auch sog. Syndikusanwälte verteidigen dürfen: *Kramer* Anwaltsblatt 01, 140; anders EuGH NJW 10, 3557.
20 Geschäftsfähigkeit des Beschuldigten nicht erforderl., OLG Schleswig NJW 81, 1081; anders beim Zeugenbeistand, KG NJW 12, 2293.
21 Dazu LG Braunschweig NStZ 16, 308 mit Anm. Schneider (Diesel-Skandal); ferner *Trüg* NStZ 20, 180.
22 BVerfG NJW 93, 2301 (nicht unbedingt Anwalt); ferner BVerfGE 68, 237, 255; 66, 313, 318; BGH NJW 88, 3273; Hess. StGH NVwZ 92, 768; s. auch Art. 6 Abs. 3c MRK.
23 *Wochner* NJW 75, 1899; *Mösbauer*, Steuerstrafverfahren- und Steuerordnungswidrigkeitenrecht (1989), S. 170; *Schachtschneider* JA 77, 121; BVerfG NVwZ 93, 663 f. lässt die Frage ausdrücklich offen. Nicht zu § 138 Abs. 1 StPO, sondern zur anders gelagerten Problematik bei § 67 VwGO erging eine – inzwischen aufgrund BGBl. 2001 I 3987 überholte – Rechtsprechung des BVerwG NJW 75, 1899; 79, 1174; 97, 2399.
24 BGH NJW 03, 3573; so schon OLG Dresden StraFO 00, 338 ff. = StV 00, 408 (Ls.).

anwälten in § 138 Abs. 1 in einer Förderung des Austauschs von Praxis und Lehre[25], ist es gerade geboten, Fachhochschulprofessoren in § 138 Abs. 1 einzubeziehen[26]. Für die durch § 138 Abs. 1 zu gewährleistende Fähigkeit, den Angeklagten in praktischer Anwendung des Rechts gegen einen Tatvorwurf zu verteidigen, erscheint ein Fachhochschullehrer, der gerade eine besondere Befähigung in der Anwendung wissenschaftlicher Methoden in der Praxis besitzt, nicht weniger geeignet als ein Rechtslehrer an einer sog. wissenschaftlichen Hochschule[27].

86a In Einzelfällen können nach § 138 Abs. 2 auch andere Personen **mit Genehmigung des Gerichts** zu Verteidigern gewählt werden[28]. Jedoch werden hier spezielle Kenntnisse verlangt; die allgemeine Ausbildung zum Volljuristen genügt nicht[29]. In den Fällen der notwendigen Verteidigung muss der Verteidiger, der sich nur auf eine Genehmigung des Gerichts stützt, in Gemeinschaft mit einem „geborenen" Verteidiger nach § 138 Abs. 1 auftreten[30].

Keine Verteidigerstellung besitzt der sog. **Beistand** nach § 149[31]. Als solcher kann auf seinen Antrag hin zugelassen werden: der Ehegatte oder gesetzliche Vertreter des Angeklagten. Die Rechte des Beistandes erschöpfen sich aber in der Abgabe von Stellungnahmen und der Beratung des Angeklagten. Er ist ein „Fürsprecher". Ihm steht in der Hauptverhandlung zwar ein Fragerecht an Zeugen zu[32], nicht jedoch vermag er selbständig Rechtsmittel einzulegen[33]. Nur im Jugendgerichtsverfahren verfügt der Beistand des Beschuldigten über die Rechte eines Verteidigers (§ 69 Abs. 3 JGG).

Die Rechtsstellung des Verteidigers wird begründet mit der Bevollmächtigung *und* der Annahme des Mandats; in der Vorphase spricht man von einem **Anbahnungsverhältnis**, das noch nicht die vollen Verteidigerrechte beinhaltet[34]. Der Umfang des Mandats ergibt sich aus dem Inhalt der Bevollmächtigung[35], für welche das Vorliegen einer Vollmachtsurkunde nur äußeres Nachweismerkmal ist[36]. Das Mandat endet in jedem Fall mit dem Tod des Beschuldigten[37] oder mit dem Entzug oder der Niederlegung des Mandats.

3. Einschränkungen der Wahl und Ausschluss des Verteidigers

87 Der Gesetzgeber hat die Zahl der gewählten Verteidiger **auf drei beschränkt** (§ 137 Abs. 1 S. 2), da eine übergroße Zahl von Verteidigern, die sämtlich von ihren Antrags- und Erklärungsrechten Gebrauch machen, zu einer Lähmung des Verfahrens führen würde[38]. Es bedarf aber der ausdrücklichen Zurückweisung durch das Gericht, um die Verteidigerstellung des überzählig gewählten Verteidigers zu beenden (§ 146a). Bei Anwaltssozietäten und erst recht bei Bürogemeinschaften zählt jedes Mitglied einzeln[39].

---

25 Vgl. *Schröder*, Strafprozessrecht 1993, S. 144.
26 Ausführl. dazu: *Kramer*, in: Gedächtnisschrift für Gülzow, 1999, S. 83 ff.
27 Vgl. OLG Dresden StraFO 00, 340.
28 Die Genehmigung hat konstitutive Wirkung, OLG Karlsruhe NJW 88, 2549.
29 Dazu OLG Karlsruhe NJW 88, 2549; Düsseldorf NStZ 88, 91; *Hilla* NJW 88, 2525.
30 Ebenso verhält es sich mit den gem. § 392 AO im Steuerstrafverfahren zulässigen Verteidigern: Wirtschaftsprüfer, Steuerberater, Steuerbev., vereidigte Buchprüfer.
31 Z.B. deshalb auch kein Recht auf unüberwachte Besuche in der U-Haft; BGHSt 44, 82 = NJW 98, 2296.
32 BGHSt 47, 62; a. A. BayObLG NJW 98, 1655.
33 OLG Düsseldorf NJW 97, 2533.
34 KG JR 85, 74; StV 91, 524. Aber bereits ein ZVR, BGH StV 16, 414; NStZ 16, 740.
35 Zum Umfang von Zustellungen: vgl. § 145a; dazu BGH NStZ 97, 293; NStZ-RR 97, 364.
36 Vgl. BVerfG NJW 12, 141; BGH NStZ-RR 98, 18.
37 OLG Düsseldorf NJW 93, 546.
38 Zu den Problemen der Verteidigung durch mehrere Personen: *Richter* II NJW 93, 2152 ff.
39 Zur Zulässigkeit der Verteidigung durch Sozietätsmitglieder: OLG Frankfurt StV 96, 84; Karlsruhe NStZ 99, 212; Stuttgart StV 00, 656; LG Regensburg NJW 05, 2245.

Sollte ausnahmsweise auch noch ein Pflichtverteidiger bestellt werden, reduziert sich die Zahl der zulässigen Wahlverteidiger dadurch nicht.

88 Die Wahl von Verteidigern wird ferner durch § 146 eingeschränkt, der die Verteidigung mehrerer Beschuldigter durch einen **gemeinschaftlichen Verteidiger** für unzulässig erklärt. Der Zweck dieser Vorschrift besteht darin, Interessenkollisionen zu vermeiden, die sich regelmäßig bei gemeinschaftlicher Verteidigung ergeben würden. Gemeinschaftliche Verteidigung mag zwar kosten- und zeitsparend sein, jedoch werden wesentliche Verteidigungsstrategien ausgeschlossen, wie z. B. schon die gegenseitige Abwälzung der Schuld von einem Beschuldigten auf den anderen. Das Verbot der Mehrfachverteidigung greift in zwei Fällen ein: bei Tatidentität (mehrere Beteiligte an einer Tat) oder Verfahrensidentität (mehrere Mitbeschuldigte in einem Verfahren), wobei beide Fälle überwiegend zusammentreffen. Für die Annahme der Tatidentität ist ein Sachzusammenhang ausschlaggebend, sodass bei einer Tat im prozessualen Sinne, aber auch bei einem Zusammenhang i. S. v. § 3 die Beschränkung des § 146 eingreift[40]. Die frühere Fassung des § 146 verbot ebenfalls die **sukzessive Mehrfachverteidigung**, d. h. die Übernahme des Mandats für einen weiteren Tatbeteiligten nach Abschluss der ersten Verteidigung. Diese langzeitig wirkende Einschränkung der Mandatsübernahmen hat der Gesetzgeber durch Einführung des Merkmals „gleichzeitig" beseitigt[41]. Wie bei den Verstößen gegen die zahlenmäßige Begrenzung der Verteidigerwahl gilt auch hier, dass es einer besonderen Zurückweisung bedarf und bis dahin vorgenommene Verteidigungshandlungen, z. B. Rechtsmitteleinlegungen, wirksam bleiben (§ 146a Abs. 2).

88a Für Fälle, in denen der Verteidiger selbst in die Tat seines Mandanten verstrickt ist, hat der Gesetzgeber seit 1974 ein förmliches **Ausschlussverfahren** nach §§ 138a ff. vorgesehen[42]. Danach muss ein Verteidiger vom zuständigen OLG – d. h. nicht vom Gericht der Hauptsache – von der Mitwirkung in einem Verfahren ausgeschlossen werden, wenn er *dringend* oder *hinreichend* (in einem die Eröffnung des Hauptverfahrens rechtfertigenden Grade) verdächtig ist, an der Tat seines Mandanten beteiligt zu sein, den Verkehr mit einem inhaftierten Beschuldigten zur Begehung von Straftaten oder zur Gefährdung der Sicherheit der Vollzugsanstalt missbraucht zu haben oder eine Handlung begangen zu haben, die für den Fall der Verurteilung des Beschuldigten eine Begünstigung, Strafvereitelung oder Hehlerei wäre[43]. Der Verdachtsgrad ist bei Verfahren, die den Vorwurf der Bildung oder Mitgliedschaft in einer terroristischen Vereinigung und bestimmter Staatsschutzdelikte zum Gegenstand haben, etwas herabgesetzt (§§ 138a, b). Bis zu einer vorläufigen oder endgültigen Entscheidung des OLG behält der beteiligungsverdächtige Verteidiger seine Rechte und Pflichten. Unter den Voraussetzungen des § 138a Abs. 3 kann die Ausschließung auch wieder aufgehoben werden.

Im Ausgangsfall ist Rechtsanwalt R. hinreichend verdächtig, durch Vorlage der Sterbeurkunde zumindest den Versuch einer strafbaren Strafvereitelung (§§ 258, 22, 23 StGB) vorgenommen zu haben[44]. Daher ist gegen ihn das Ausschlussverfahren nach §§ 138a ff. zu betreiben. Für den Ausschluss ist nicht erforderlich, dass gegen R. bereits ein eigenes Ermittlungsverfahren eingeleitet und bis zur Anklagereife gediehen ist; es genügt rein sachlich das Vorliegen eines hinreichenden Tatverdachts[45]. Im Fall ließe sich aber wohl

---

40 BVerfG NJW 82, 1803; auf einen konkreten Interessenwiderstreit kommt es nicht mehr an, OLG Düsseldorf StV 91, 251. Beachte § 356 StGB, BGH NJW 08, 2723. Sockelverteidigung ist aber zul.; OLG Düsseldorf NJW 03, 3267.
41 Vgl. OLG Jena NJW 08, 311.
42 Konsequenz aus BVerfGE 34, 293 (Schily); dazu *Rieß* NStZ 81, 328 ff.; aber einfache Zurückweisung, wenn Verteidiger zugleich Mitbeschuldigter, OLG Celle NJW 01, 3564.
43 Dazu OLG Celle NJW 97, 1167. Zur Frage, inwieweit durch die Honorierung des Verteidigers Geldwäsche nach § 261 StGB gegeben sein kann: BVerfG NJW 04, 1305; anders BGHSt 47, 68.
44 Zum Verteidigerausschluss wegen Strafvereitelung: BGH NJW 06, 2421 (Zündel); dazu *Böhm* NJW 06, 2371.
45 BGHSt 36, 133 f.

zusätzlich der dringende Tatverdacht mit seiner gesteigerten Wahrscheinlichkeitsprognose begründen. Aus der Stellung des Ausschlussverfahrens in der StPO muss entnommen werden, dass für die Annahme des dringenden oder hinreichenden Tatverdachts an den Bedeutungsgehalt im Strafverfahren angeknüpft wird, sodass auch alle Voraussetzungen der Strafbarkeit einschließlich des Fehlens von Prozesshindernissen gegeben sein müssen (z. B. Strafantrag). Dies mag im praktischen Ergebnis misslich sein, ist aber nach der Gesetzesfassung zwingend[46].

4. Notwendige Verteidigung und Pflichtverteidiger

89 Das Strafverfahrensrecht kennt keinen allgemeinen Verteidigerzwang, sondern überlässt es grundsätzlich der Entscheidungsfreiheit des Beschuldigten, ob er die Beauftragung eines Verteidigers und die damit verbundene Kostenbelastung für angebracht hält. In bestimmten Konstellationen gebietet es der rechtsstaatliche Schutz des Beschuldigten hingegen, die Mitwirkung eines Verteidigers zwingend vorzuschreiben[47]. Diese Fälle der „notwendigen Verteidigung" werden in § 140 StPO benannt. Ein Grund dafür kann in der relativen **Hilflosigkeit** des Beschuldigten liegen, z. B. wenn er zur Entscheidung über Haft oder Unterbringung einem Gericht vorzuführen ist[48], d. h. er vorläufig festgenommen oder verhaftet wurde, oder wenn er seh-, hör- oder sprechbehindert ist. Zuweilen gebietet die **Schwierigkeit der Sach- oder Rechtslage**[49] die Mitwirkung eines Verteidigers bzw. der Beschuldigte kann sich ersichtlich aus anderen Gründen nicht selbst verteidigen[50]. Ferner kann die **Schwere** der möglichen Folgen des Verfahrens für den Beschuldigten den Beistand eines Verteidigers erfordern, so der Fall der Hauptverhandlung im ersten Rechtszug vor dem Schöffengericht oder einem noch höheren Gericht (OLG oder LG); außerdem, wenn dem Beschuldigten ein Verbrechen zur Last gelegt wird (Nr. 2), eine Untersuchung in einem psychiatrischen Krankenhaus nach § 81 in Betracht kommt (Nr. 6), das Sicherungsverfahren durchgeführt wird, das zur Unterbringung des Beschuldigten führen kann (Nr. 7); wegen der Schwere der Tat ganz allgemein (§ 140 Abs. 2). Bei der Beurteilung der **Schwere der Tat** ist auf die möglichen Rechtsfolgen abzustellen[51], aber auch auf andere erhebliche Nachteile, z. B. drohende Entlassung aus dem Beamtenverhältnis[52]. Jedenfalls bei der Erwartung einer Freiheitsstrafe von mehr als zwei Jahren ist ein Verteidiger erforderlich[53]. Insgesamt besteht zu § 140 eine nahezu unübersehbare Kasuistik[54], deren Bedeutung sich aber daran erweist, dass eine fehlerhafte Beurteilung des § 140 als absoluter Revisionsgrund nach § 338 Nr. 5 durchschlägt. Neben den in § 140 genannten Fällen sieht es der BGH in der Konsequenz des Art. 6 MRK, der eine direkte Befragung des zentralen Belastungszeugen durch den Verteidiger garantiert[55], auch als erforderlich an, dass eventuell schon bei der Vernehmung eines Zeugen vor dem Ermittlungsrichter im Vorverfahren (z. B. wegen später zu

---

46 Dagegen stellt BGH NJW 84, 316 auf den hinreichenden Verdacht in anderen Verfahrensarten ab.
47 Wesentl. Erweiterungen nimmt das Gesetz zur Neuregelung des Rechts der notwendigen Verteidigung v. 10.12.2019 (BGBl. 2019 I 2128) vor; dazu *Böß* NStZ 20, 185.
48 Aber auch im Fall seiner sonstigen richterlichen Vernehmung kann dies zur Wahrung seiner Rechte erforderlich sein.
49 Z.B. Verfahrensumfang (OLG Köln StV 87, 8), Beweisführung (Hamm StV 84, 16), Revisionseinlegung (Celle StV 83, 187), strittige Rechtsfragen (BayObLG NStZ 90, 142); Akteneinsicht (LG Stuttgart StV 92, 103); Beweisrecht (OLG Hamm StraFO 02, 293); anwaltlich vertretener Nebenkläger (OLG München NJW 06, 789).
50 Z.B. Ausländer mit Verständigungsschwierigkeiten, OLG Köln NJW 91, 2223; LG Freiburg StV 91, 458; Aachen StV 91, 457. Ausdrückl. vom Gesetz genannte Fälle: taub oder stumm (§ 140 Abs. 2, letzter Satz). Auch bei Legasthenie (LG Hildesheim NJW 08, 454).
51 OLG Köln NJW 91, 2223; z. B. drohender Bewährungswiderruf; BayObLG NJW 95, 2738.
52 KG StV 83, 186.
53 BayObLG NStZ 90, 250.
54 Übersicht bei *Molketin* AnwB 91, 615.
55 EGMR NJW 03, 2893; 2297.

erwartender Ausübung eines Zeugnisverweigerungsrechts) ein Verteidiger notwendig ist, weil vielleicht später der unmittelbare Zeuge in der Hauptverhandlung nicht mehr zur Verfügung steht[56].

Wählt sich in einem dieser Fälle der Beschuldigte nicht selbst einen Verteidiger, so bestellt auf Antrag das Amtsgericht oder das Gericht der Hauptsache einen Rechtsanwalt zum Verteidiger. Dieser bestellte Verteidiger wird als **Pflichtverteidiger** bezeichnet. Die Bestellung zum Pflichtverteidiger ist eine besondere Form der Indienstnahme Privater zu öffentlichen Zwecken[57]. Der Sinn der Pflichtverteidigung ist es nicht, dem Anwalt zu seinem Nutzen und Vorteil eine zusätzliche Gelegenheit beruflicher Betätigung zu verschaffen; vielmehr besteht ihr Zweck ausschließlich darin, im öffentlichen Interesse dafür zu sorgen, dass der Beschuldigte in schwerwiegenden Fällen rechtskundigen Beistand erhält und der ordnungsgemäße Verfahrensablauf gewährleistet wird[58].

90

Die **Auswahl** des zu bestellenden Verteidigers erfolgt aus dem Gesamtverzeichnis der Bundesrechtsanwaltskammer. Der Vorzug gebührt solchen Rechtsanwälten, die ihr Interesse an der Übernahme von Pflichtverteidigungen angezeigt haben. In solchen und anderen Gründen, die vor allem in einer stärkeren Abhängigkeit des Pflichtverteidigers vom Vorsitzenden wurzeln, liegt die Problematik der Pflichtverteidigung. Der Beschuldigte kann aber auch einen Rechtsanwalt seines Vertrauens von sich aus benennen, der grundsätzlich auch zu bestellen ist, wenn nicht wichtige Gründe entgegenstehen (§ 142 Abs. 5). Er wird dies tun, wenn ihm die finanziellen Mittel zur Beauftragung eines Wahlverteidigers fehlen. Dennoch handelt es sich nicht um „Armenrecht", denn der Staat streckt die gesetzlichen Gebühren nur vor und versucht sie sich von einem Verurteilten wieder zu holen.

Neben Wahlverteidigern ist die Bestellung eines zusätzlichen Pflichtverteidigers gem. § 144 zulässig, wenn die reibungslose Durchführung des Verfahrens dies erfordert[59]. An sich erscheint es nach dem Konzept der Pflichtverteidigung als überflüssig, neben einem oder mehreren Wahlverteidigern einen weiteren Verteidiger zu bestellen, wie auch § 143 erkennen lässt. Jedoch hat es sich in umfangreichen Strafverfahren (sog. Mammutverfahren) wie Terroristenprozessen und Wirtschaftsstrafverfahren als geboten erwiesen, neben den Wahlverteidigern einen Pflichtverteidiger als sog. **Sicherungsverteidiger** zu bestellen[60]. Dort schleppt sich zuweilen die Hauptverhandlung monatelang, eventuell jahrelang hin, und in einem fortgeschrittenen Verfahrensstadium legt der Wahlverteidiger aus taktischen Gründen sein Mandat plötzlich nieder. Zwar könnte sofort ein Pflichtverteidiger zur Fortsetzung der Verteidigung bestellt werden (vgl. § 145 Abs. 1), jedoch benötigt dieser in Großverfahren eine Einarbeitungszeit in den Prozessstoff, die über die zulässige Unterbrechungsfrist von i. d. R. maximal drei Wochen (§ 229) hinausgeht. Es wäre dann eine Wiederholung der gesamten Hauptverhandlung erforderlich. Solche Situationen werden durch die Bestellung des Pflichtverteidigers vor Beginn der Hauptverhandlung vermieden.

Die Rechtsstellung des Pflichtverteidigers unterscheidet sich grundsätzlich nicht von der des Wahlverteidigers[61]; insbesondere übt er seine Tätigkeit als Angehöriger eines freien Berufs und nicht etwa als Beamter oder Beliehener aus. Die Einrichtung eines staatlichen „Pflichtverteidigerbüros" kennt das deutsche Recht nicht. Lediglich die Beendigung der Verteidigerstellung unterscheidet sich von der Lage beim Wahlverteidiger. Ein Entzug oder eine Niederlegung des Mandats scheiden aus. Dafür kann die Bestel-

---

56 BGHSt 46, 93; einschr. 47, 233.
57 BVerfGE 39, 238, 241. Bestellung wirkt bis ins Wiederaufnahmeverfahren, KG NJW 13, 182.
58 BVerfGE 68, 237, 254. Daher auch keine nachträgl. Bestellung mögl. (OLG Brandenburg NJW 07, 3796).
59 BVerfGE 66, 313, 321; OLG München wistra 92, 237; *Gössel* § 19 III d; *Kühne* 88; a. A. *Peters* § 29 III 4e; einschr. *Schlüchter* 106.1; KG StV 92, 58.
60 Vgl. OLG Hamburg NStZ-RR 97, 203; LG Koblenz NStZ 95, 250.
61 BVerfGE 68, 237, 254; aber EGMR NJW 03, 1229.

lung **aus wichtigem Grund** zurückgenommen werden, z. B. bei groben Pflichtverletzungen oder gestörtem Vertrauensverhältnis zum Beschuldigten[62]. Inzwischen hat sich die Auffassung durchgesetzt, dass das ursprünglich für den Wahlverteidiger vorgesehene Ausschlussverfahren nach §§ 138a ff. ebenfalls auf den Pflichtverteidiger Anwendung findet[63].

5. Rechte des Verteidigers

91 Die ihm von der Rechtsordnung zugedachte Funktion vermag der Verteidiger nur zu erfüllen, wenn sich der Beschuldigte darauf verlassen kann, dass die Vertraulichkeit der Gespräche zwischen Mandanten und Verteidigern gewahrt werden kann. Daher billigt die StPO dem Verteidiger in § 53 Abs. 1 Nr. 2 ein **Zeugnisverweigerungsrecht** zu; materiellrechtlich formt § 203 Abs. 1 Nr. 3 StGB das Schweigerecht zu einer strafbewehrten Pflicht aus. Eigenes strafbares Tun des Verteidigers, das dieser bei Gelegenheit seines Mandats jenseits aller denkbaren Verteidigungszwecke entfaltet (z. B. Beschaffung von Waffen oder Betäubungsmitteln für seinen Mandanten) steht selbstverständlich nicht mehr unter dem Schutz des § 53[64]. Einer Umgehung des Zeugnisverweigerungsrechts des Verteidigers beugt das Beschlagnahmeverbot nach § 97 vor[65]. Aus § 148, der generell den freien mündlichen und schriftlichen Verkehr zwischen Verteidiger und Beschuldigten gewährleistet[66], wird schließlich ein Beschlagnahmeverbot für Verteidigerpost auch außerhalb des Gewahrsamsbereichs des Verteidigers gefolgert[67]. § 160a Abs. 1 schließt auch sonstige Ermittlungsmaßnahmen (z. B. Telefonüberwachung, Verkehrsdatenabfrage) gegenüber dem Verteidiger aus. Einen „beleidigungsfreien Raum" in der Kommunikation zwischen Verteidiger und seinem Mandanten ähnlich dem innerhalb enger Familien- und Vertrauensbeziehungen[68] lehnt der BGH dezidert ab[69], was daran vorbeigeht, dass das Verteidigungsverhältnis mehr als nur eine „geschäftsmäßige Beziehung" darstellt, sondern durchgängig emotionale Ausnahmesituationen berührt, in denen nicht jedes Wort auf die Goldwaage gelegt werden kann, damit eine Vertrauensgrundlage gedeihen kann. Die in dem vom BGH in NJW 2009, 2690 vom Verteidiger in einem Brief an seinen Mandanten verwendeten Bezeichnungen für einen Richter waren nicht einmal überzogen scharf; sie als strafwürdige „Schmähungen" zu betrachten verletzt auch die Meinungsfreiheit und lässt eher argwöhnen, dass ein besonders empfindlicher Berufsstand sich selbst vor Kritik schützen will.

92 Vor allem die Aufgabe der Beratung durch den Verteidiger erfordert eine Vielzahl von **Kontaktrechten**. Die insoweit für das Verhältnis Verteidiger/Beschuldigter grundlegende Norm des § 148 Abs. 1 erfährt Einschränkungen in Verfahren wegen des Verdachts der Bildung oder Mitgliedschaft in terroristischen Vereinigungen (§ 129a StGB), beim Postverkehr (§ 148 Abs. 2), durch § 99 InsO[70] und durch das Kontaktsperregesetz

---

62 BVerfGE 39, 238, 244; NJW 90, 1373; NStZ-RR 97, 202; BGH NJW 93, 3275; NStZ 95, 296; KG StV 90, 347; OLG München NJW 10, 1755; Hamburg NJW 98, 621; Köln NStZ 91, 248. Grundsätzl. vorher Abmahnung erforderlich: OLG Hamburg NJW 98, 623; 1328. Zum einverständl. Wechsel: OLG Bamberg NJW 06, 1536.
63 BGH NStZ 97, 46; NJW 96, 1975; OLG Düsseldorf NStZ 88, 519; a. A. OLG Koblenz NJW 78, 2521; Köln NStZ 82, 129.
64 BGHSt 38, 7 ff. (Pinzner).
65 Beachte die teleologische Reduktion des § 97 Abs. 1 Nr. 3 auf das Verhältnis zu einem Beschuldigten, sodass interne Ermittlungen eines von einem Unternehmen beauftragten Rechtsanwalts keinen Beschlagnahmeschutz genießen, BVerfG NJW 18, 2385 (Day Jones); siehe Rn. 208.
66 Auch freien Telefonkontakt, BVerfG NJW 12, 2799.
67 BGH StV 88, 468; NJW 73, 2035; LG Mainz NStZ 86, 473. Auch eigene Verteidigungsunterlagen des Beschuldigten unterliegen nicht der Beschlagnahme: BGHSt 44, 46.
68 BVerfG NJW 95, 1015; 07, 1194 f.
69 BGH NJW 09, 2690; BVerfG NJW 10, 2937 („unfähiger und fauler Richter").
70 Postsperre bei Insolvenz, aber Beweisverwertungsverbot nach § 97 InsO; BVerfG NJW 01, 745.

(§§ 31 ff. EGGVG)[71]. Aus § 148 ist unabhängig von § 160a Abs. 1 zu folgern, dass Verteidigerpost nicht einer inhaltlichen Kontrolle[72] und der Fernsprechanschluss des Verteidigers nicht einer Überwachungsmaßnahme nach § 100a unterworfen werden darf[73].
Nach § 137 Abs. 1 kann sich der Beschuldigte *in jeder Lage des Verfahrens* eines Verteidigers bedienen, also auch anlässlich einer ersten Vernehmung, bei welcher überhaupt erst ein Mandat erteilt werden soll[74]. Wird dem Beschuldigten die von ihm gewünschte Kontaktaufnahme mit einem Verteidiger von der Polizei untersagt, so nimmt der BGH selbst dann ein **Beweisverwertungsverbot** an, wenn der Vernehmung eine einwandfreie Belehrung vorangegangen ist[75]. Genauso greift ein Beweisverwertungsverbot ein, wenn der Beschuldigte bei seiner ersten Vernehmung nicht über das Recht zur Verteidigerkonsultation belehrt wurde[76]. Verlangt der Beschuldigte vor der Vernehmung einen Verteidiger zu sprechen, so ist die Vernehmung zu diesem Zweck sogleich zu unterbrechen[77]. Es darf keinerlei Druck auf den Beschuldigten ausgeübt werden, sich auf eine Vernehmung ohne Verteidiger einzulassen. Ändert der Beschuldigte aber freiwillig seine Meinung und entschließt er sich ohne Irreführung seitens der Beamten, doch ohne Verteidiger auszusagen, so wäre es ein Verstoß gegen seinen Anspruch auf rechtliches Gehör (§ 163a Abs. 1), wenn sich die Strafverfolgungsbeamten in diesem Falle weigerten, den Beschuldigten im Rahmen der von ihm selbst gewünschten Vernehmung, die in seinem Interesse liegen kann, anzuhören[78]. Zu weit geht der 5. Strafsenat des BGH, wenn er sogar aktive Bemühungen der Polizei verlangt, dem Beschuldigten zur Herstellung eines Kontakts in effektiver Weise zu helfen, und es dazu nicht einmal ausreichen lässt, wenn von der Polizei das Branchentelefonbuch überlassen wird, weil dies „wegen der sehr großen Zahl von Eintragungen" von Rechtsanwälten keine Hilfe sei[79]. Eine solche Aktivitätspflicht lässt sich dem Gesetz nicht entnehmen; sie würde auch zum Missbrauch einladen und könnte dem Beschuldigten letztlich schaden.
Bei Beschuldigtenvernehmungen durch Strafverfolgungsorgane jeder Art (Richter, Staatsanwalt, Polizei) besitzt der Verteidiger ein Anwesenheitsrecht und ist rechtzeitig zu laden (§ 168c Abs. 1, 5, § 163a Abs. 3 S. 2, Abs. 4 S. 3). Auch bei richterlichen (aber nicht bei staatsanwaltschaftlichen oder polizeilichen) Vernehmungen von Zeugen und Sachverständigen (§ 168c Abs. 2) und bei der Einnahme richterlichen Augenscheins (§ 168d) ist der Verteidiger zur Anwesenheit berechtigt. Einschränkungen gelten bei Gefährdung des Ermittlungserfolges durch die Benachrichtigung des Verteidigers[80]. Das aus der MRK resultierende Recht auf **konfrontative Befragung** des zentralen Belastungszeugen[81] wird i.d.R. nicht der Beschuldigte selbst, sondern der Verteidiger ausüben. Darüber hinaus besteht ein Anwesenheitsrecht des Verteidigers während der gesamten Hauptverhandlung[82].

---

71 Ersatzverteidiger nach § 34a EGGVG vorgesehen, s. auch *Kühne* 95 ff.
72 OLG Stuttgart NJW 92, 61; zur Postkontrolle *Kreitner* NStZ 89, 5. Notebook des Verteidigers in Haftanstalt: BGH NJW 04, 457.
73 BGHSt 33, 347, 359 f.; anders aber bei Gesprächen mit Dritten, BGH StV 88, 468 ff.
74 S. auch EGMR NJW 09, 3707.
75 BGHSt 38, 372 ff.; fortgeführt in BGH NJW 96, 1547; StV 99, 354; vgl. Rn. 27.
76 BGHSt 47, 172; s. auch Rn. 27, 31; EGMR NJW 19, 1999.
77 BGHSt 38, 372, 373; 42, 15, 19; dazu *Beulke* NStZ 96, 257 ff.; einschr. BGH NStZ 13, 299.
78 Vgl. schon BGH NJW 92, 2903, 2905 (von BGHSt 38, 375 f. bestätigt); ebenso BGH NJW 96, 2242 f.
79 BGHSt 42, 15 ff.; abl. auch der 1. Senat des BGH NJW 96, 2242 f. Allerdings war es irreführend, das Branchentelefonbuch auszuhändigen, aber die Existenz eines Anwaltsnotdienstes zu verschweigen.
80 Vgl. BGH NJW 84, 247 ff. (praktisch nur unter zeitlichen Aspekten begründbar).
81 BGHSt 51, 150 ff., s. Rn. 132a; BVerfG NJW 07, 204; EGMR NJW 03, 2893.
82 Verteidiger wird in § 177 GVG nicht genannt. Nur in Extremfällen ist eine Entfernung aus dem Sitzungssaal nach § 176 GVG mögl., BGH NJW 78, 437; auch BVerfGE 28, 21; a.A. KK-*Diemer* § 176 GVG, 1, 4; *Kühne* 102.1.

93 Die Tätigkeit des Verteidigers wird nach außen hin am deutlichsten sichtbar durch Erklärungs- und Antragsrechte, insbesondere in der Hauptverhandlung[83]. Breiten Raum nimmt dabei der in seiner sachlichen Bedeutung manchmal überschätzte Schlussvortrag des Verteidigers (**Plädoyer**) ein. Von starkem Gewicht für die spätere Durchführung von Revisionsverfahren ist dagegen das Beweisantragsrecht des Verteidigers[84]. Grundsätzlich sichert § 33 Abs. 1, dass der Verteidiger rechtliches Gehör findet. Im Vorverfahren vermag der Verteidiger durch die Einreichung sog. **Schutzschriften** bei der StA teilweise effektiv auf die Nutzung von Einstellungsmöglichkeiten hinzuwirken.

94 Eine wirkungsvolle Verteidigung ist erst dann möglich, wenn der Verteidiger in der Lage ist, sich über den Verfahrensstand und die Beweislage zu informieren. Die Informationsrechte sind teilweise auch im Grundsatz des rechtlichen Gehörs (§ 33. Abs. 1) fundiert. Sie finden ferner im Fragerecht während der Hauptverhandlung Ausdruck (§ 240 Abs. 2). Der Verteidiger ist zur Führung eigener Ermittlungen befugt[85]. Das wesentlichste Informationsrecht ist jedoch das Recht auf **Akteneinsicht** nach § 147[86]. Bis zum Inkrafttreten des StVÄG 99 im Jahr 2000 besaß der Beschuldigte überhaupt kein eigenes Akteneinsichtsrecht und war häufig allein schon deshalb gezwungen, sich eines Verteidigers zu bedienen. Nach geltendem Recht steht jetzt einem Beschuldigten, der keinen Verteidiger hat, gem. § 147 Abs. 4 ein Einsichtsrecht in die Akten zu, wobei ihm auch Kopien zur Verfügung zu stellen sind. Jedoch reicht das Akteneinsichtsrecht des Verteidigers nach wie vor deutlich weiter und bezieht sich auf die Originalakten. Ein Antrag des Verteidigers auf Akteneinsicht kann bereits im Vorverfahren geltend gemacht werden und ist dann an die Staatsanwaltschaft zu richten. Jedoch kann der Staatsanwalt bis zum Abschluss der Ermittlungen die Akteneinsicht mit der Begründung verweigern, sie gefährde den Verfahrenserfolg[87], da der Verteidiger dem Beschuldigten Mitteilungen vom Akteninhalt machen darf[88]. Ausgenommen von der Verweigerung der Akteneinsicht sind stets Niederschriften über Vernehmungen des Beschuldigten, Protokolle über richterliche Untersuchungshandlungen, bei denen ein Anwesenheitsrecht des Verteidigers bestünde und Gutachten von Sachverständigen (§ 147 Abs. 3)[89]. Nach Anklageerhebung befindet der Vorsitzende des Gerichts der Hauptsache über den Antrag auf Akteneinsicht, ohne dass irgendwelche Verweigerungsmöglichkeiten geltend gemacht werden können.

Dem Umfang nach erstreckt sich das Recht auf Akteneinsicht auf die Akten, die dem Gericht vorliegen bzw. im Falle der Anklageerhebung vorzulegen wären, d. h. nicht auf die **Handakten** des Staatsanwalts, und auf die **Beweisstücke**, die besichtigt werden können[90]. Zu den Akten gehören auch die **Beiakten**, z. B. frühere Strafverfahren oder die beigezogenen Akten anderer Behörden, z. B. Steuerakten[91], wobei die Akten dem Verteidiger grundsätzlich in seine Geschäftsräume oder Wohnung mitgegeben bzw. ge-

---

83 Zu den Grenzen der Wahrnehmung berechtigter Interessen: BVerfG NJW 96, 3268.
84 Vgl. Rn. 294 ff.
85 BGH NJW 00, 1274; *Ernesti* JR 82, 227; *Jungfer* StV 89, 495 ff.
86 Zu den Grundproblemen: *Schneider* JURA 95, 337.
87 Z.B. noch nicht vollzogener Haftbefehl, KG NStZ 12, 588. Auch der Erfolg anderer Verfahren, BGH StV 12, 321.
88 BGHSt 29, 99, 102 (auch Kopien und Abschriften); einschr. *Kühne* 100; fragl. ob auch, wenn bevorstehende Durchsuchung u. Ä. ersichtl., verneinend KK-*Willnow* § 147, 14; großzügiger OLG Hamburg StV 91, 551.
89 Daneben ist bei Haftprüfungs- und Haftbeschwerdeverfahren eine wesentl. Erweiterung der Akteneinsichtsmöglichkeiten durch BVerfG StV 94, 465 eingetreten; aber BVerfG NStZ-RR 98, 108; vgl. auch Rn. 80a.
90 Vgl. Nr. 189 RiStBV; auch Videobänder, BayObLG NJW 91, 1070; ferner Diskette, Computerdatei, BGH StV 10, 228 usw.; die Ausübung der Akteneinsicht kann auch auf Hilfskräfte delegiert werden, OLG Brandenburg NJW 96, 67 ff. Für Videokopie als Teil der Akten: OLG Stuttgart NJW 03, 767; ebenso: Audio-Dateien, Karlsruhe NJW 12, 2742; Saarbrücken NStZ 19, 362; Hamburg NStZ 16, 695; Celle NStZ 16, 305; Messdaten: Karlsruhe NStZ 19, 620; insg. digitalisierte Aktenteile, AG Lemgo NStZ 12, 287.
91 BGH NStZ 97, 43; *Burkhard* StV 00, 526.

gen eine Gebühr übersandt werden (§ 147 Abs. 4)[92]. Die dem Gericht einmal vorliegenden Beiakten lassen sich vor dem Verteidiger nicht mehr verbergen, auch wenn dessen Akteneinsicht dem Willen einer anderen Behörde widerspricht; dagegen geht sein Einsichtsrecht ins Leere, wenn sich das Gericht weigert, die Beiakten anzufordern. In diesem Fall könnte höchstens die Aufklärungspflicht nach § 244 Abs. 2 verletzt sein[93]. Durch das Akteneinsichtsrecht soll eine lückenlose Information über die im Verfahren angefallenen schriftlichen Unterlagen ermöglicht werden[94]. Fraglich ist, ob auch **Spurenakten** (Vorgänge in Bezug auf Dritte, nicht auf den Beschuldigten) zu den Gerichtsakten gehören. Die Rechtsprechung hat dies in Hinblick auf die Persönlichkeitsrechte Dritter verneint und verweist auf einen außerhalb des § 147 liegenden selbstständigen Antrag, der bei besonderem Bedürfnis nach § 23 EGGVG eingeklagt werden könnte[95]. Formal scheint die Begründung der Rechtsprechung zuzutreffen, da sich das Akteneinsichtsrecht nach § 147 nur auf die dem Gericht vorliegenden Akten (vgl. § 199 Abs. 2, S. 2) erstreckt und die Spurenakten bei der Polizei verbleiben. Aber gerade letzteres dürfte nach dem **Grundsatz der Aktenvollständigkeit**[96] nicht sein. Zwar entscheidet die StA nach ihrem pflichtgemäßen Ermessen darüber, was sie als verfahrenserhebliche *Beweisstücke und Beiakten* ansieht, die dem Gericht mit vorgelegt werden. Jedoch sind die Spurenakten – auch wenn hier andere Personen unmittelbar betroffen werden – Teil des Aktenvorgangs, der zur Aufklärung der dem späteren Angeklagten vorgeworfenen Tat selbst geschaffen wurde und *de facto* auch der Ermittlung seiner Täterschaft – mittels negativer Abgrenzung – dienen. Die äußerliche Behandlung in eigenen Heftern, Ordnern usw. ändert daran sachlich nichts. Unter dem Gesichtspunkt einer effizienten Verteidigung kann dies auch gar nicht anders sein, denn wenn man das pauschale Akteneinsichtsrecht des § 147 dem Verteidiger in diesem Fall nicht zubilligt, so kann er eine seiner wichtigsten Aufgaben nicht erfüllen, nämlich zu überprüfen, ob nicht gerade von Seiten der StA und der Polizei andere Spuren, die nicht seinen Mandanten, sondern Dritte betreffen, – vielleicht ohne bösen Willen – vernachlässigt oder unterbewertet wurden. Die Geschichte spektakulärer Justizirrtümer lässt gerade solche Fälle immer wieder erkennen[97].

Die h. M. hält die Versagung des Akteneinsichtsrechts nach § 147 für eine **unanfechtbare** Prozesshandlung[98], was unter dem Blickwinkel des Art. 19 Abs. 4 GG nicht überzeugt, da eine Überprüfung mit dem späteren Urteil zu spät kommt, um noch auf den Umfang der Beweiserhebungen Einfluss nehmen zu können. Das Recht des Beschuldigten auf wirksame Verteidigung würde irreparabel beschädigt. Der Gesetzgeber hat diese Bedenken erkannt, aber im StVÄG 99 nur halbherzig darauf reagiert, indem lediglich in sehr eingeschränkten Fällen eine gerichtliche Kontrolle einer staatsanwaltschaftlichen Versagung in § 147 Abs. 5 S. 2 durch Antrag auf gerichtliche Entscheidung vorgesehen ist[99]. Dies soll nur gelten bei Vorliegen des Abschlussvermerks, bei uneinschränkbarer Einsicht nach § 147 Abs. 3 oder wenn sich der Beschuldigte nicht auf freiem Fuß befindet[100]. Diese Fälle sind aber so eindeutig, dass insoweit eine Versagung der Aktenein-

---

92 Die Übersendung darf nicht willkürlich verweigert werden, BVerfG NJW 12, 141.
93 Z.B. bei Akten eines Parallelverfahrens, BGHSt 49, 317, 328 ff. (Thyssen). Zur Einsicht in Akten des Ausgangsverfahrens nach Verfahrenstrennung: BGHSt 50, 224 ff.
94 BGH NJW 91, 435; daher keine Beschränkung durch den Vorsitzenden auf „relevante" Akten.
95 BVerfG NJW 83, 1043; BGHSt 30, 131; a. A. *Schlüchter* 108.1; *Peters* § 29 V 2.
96 Dazu BVerfGE 63, 45, 61; BGHSt 36, 305; BGH NJW 06, 3290, 3296 (Allianz-Arena).
97 Umfassend zu der Problematik: *Wasserburg*, Die Wiederaufnahme des Strafverfahrens (1983), S. 138 ff.
98 BVerfG NJW 85, 1019; StV 94, 1; 465 ff.; OLG Karlsruhe NStZ 97, 49; mit spitzfindiger Begründung baut das OLG Hamm NJW 04, 381 zusätzl. Revisionsfallen auf; a. A. OLG Celle NStZ 83, 379; Koblenz NStZ 88, 89; *Beulke* 162.
99 BT-Drucks. 14/1484, S. 21 f.
100 Vgl. BVerfG NJW 94, 3219; EGMR NJW 02, 2015, 2018.

94b Während das Akteneinsichtsrecht des Verteidigers nach § 147, das des Privatklägers und Nebenklägers nach § 385 Abs. 3 und das des Sachverständigen nach § 80 Abs. 2 der Förderung des anhängigen Strafverfahrens dienen, sieht die StPO verschiedentlich auch Auskünfte und ein **Akteneinsichtsrecht zu verfahrensexternen Zwecken** zugunsten von Nichtverfahrensbeteiligten vor. So kann der **Verletzte** gem. § 406e unter ähnlichen Voraussetzungen wie ein Beschuldigter Akteneinsicht über einen Rechtsanwalt erlangen, z. B. zur Vorbereitung eines Zivilprozesses[102]. Andere **Privatpersonen** erhalten nach § 475 bei Darlegung eines berechtigten Interesses **Auskünfte** aus den Akten[103]; ein Akteneinsichtsrecht über einen Rechtsanwalt ist hier jedoch der Ausnahmefall und bezieht sich vornehmlich auf die Fälle, in denen eine Auskunftserteilung einen unverhältnismäßigen Aufwand verursachen würde. Privilegiert sind im Rahmen der Akteneinsicht zu verfahrensfremden Zwecken **öffentliche Stellen**. Gerichte, Staatsanwaltschaften und andere Justizbehörden können gem. § 474 Abs. 1 für jegliche Zwecke der Strafrechtspflege Akteneinsicht beanspruchen[104]. Zu etwas eingegrenzten Zwecken – vor allem zu ihrer eigenen Aufgabenerfüllung – erhalten gem. § 474 Abs. 2 sonstige öffentliche Stellen Akteneinsicht. Die Übermittlung personenbezogener Daten in Akten zu wissenschaftlichen Zwecken an **Hochschulen** (z. B. auch bei der Erstellung von Bachelorarbeiten durch Studenten) und ähnliche Forschungseinrichtungen ist in § 476 geregelt[105]. Gemeinsam ist diesen Regelungen, dass grundsätzlich die StA für die Entscheidung über die Gewährung der Auskünfte oder Akteneinsicht zuständig ist (§ 478), Einschränkungen durch bereichsspezifischen Datenschutzes unberührt bleiben (§ 477 Abs. 2) und die nach §§ 474 und 475 erlangten Informationen nur zweckgebunden verwendet werden dürfen, was wohl kaum realisierbar sein dürfte, soweit Privatpersonen betroffen sind[106]. Insgesamt war die Schaffung des Abschnitts in der StPO über die Erteilung von Auskünften, Akteneinsicht und sonstige Verwendung von Informationen zu verfahrensübergreifenden Zwecken nach dem Volkszählungsurteil des BVerfG längst überfällig.

II. Staatsanwaltschaft

95 Ein umfangreiches Ermittlungsverfahren wegen Steuerhinterziehung wurde von Anfang an von Staatsanwalt S. bearbeitet, der im Verlauf der mehr als zweijährigen Ermittlungen zahlreiche Vernehmungen persönlich durchführte, Durchsuchungen leitete und die Anklageschrift verfasste. S. nimmt nun als Sitzungsvertreter der StA an der Hauptverhandlung teil. Die Verteidiger erkennen schnell, dass das Detailwissen des S. über den bisherigen Verfahrensgang die denkbaren Verteidigungstaktiken einengt und großen Eindruck beim Gericht hinterlässt. Ein Rechtsanwalt A. stellt als Verteidiger beim Gericht den Antrag auf Ablehnung des S. als Sitzungsvertreter wegen Befangenheit mit der Begründung, S. habe gegenüber Pressevertretern geäußert,

---

101 Vgl. *MG-Schmitt* § 147, 40 m. w. N.
102 Zu der dabei erforderl. Abwägung: BVerfG NJW 07, 1052. Ferner LG München NStZ 10, 110; Hildesheim NJW 09, 3799.
103 Z.B. die Presse: OVG NRW AfP 02, 349. Vorher ist der Beschuldigte anzuhören, BVerfG NJW 07, 1052.
104 Spontanauskünfte zu Zwecken der Strafverfolgung: s. § 479.
105 Dazu LG Bochum NJW 05, 999; *Keller* NJW 04, 413.
106 Weitreichende Folgerungen zieht aber OLG Braunschweig NJW 08, 3294.

er halte A. aufgrund der vorliegenden Beweise für überführt. Der zweite Verteidiger, ein Rechtslehrer des Strafprozessrechts, Prof. Dr. B. beantragt seinerseits, S. als Zeugen zum Ablauf einer Durchsuchung zu vernehmen, weil er meint, nach der Vernehmung des S. könne dieser nicht weiter als Sitzungsvertreter der StA fungieren, sondern müsse durch einen anderen Staatsanwalt ersetzt werden.

Eine Ablehnung wegen Besorgnis der Befangenheit sieht die StPO nur für Richter und Sachverständige vor (§§ 24, 74); das Gesetz sagt in Bezug auf den Staatsanwalt dazu nichts aus, sodass sich die Frage einer analogen Anwendung des unmittelbar für den Richter geltenden § 24 auf den Staatsanwalt stellt. Dann müssten der Normzweck des § 24 und die durch ihn geregelte Interessenlage ebenso auf den Staatsanwalt wie auf den Richter zutreffen. Daher kommt es darauf an, wie die Stellung der StA im Vergleich zu der des Gerichts zu charakterisieren ist. Dies gilt auch für den Antrag des zweiten Verteidigers; ob die Vernehmung eines Sitzungsvertreters der StA in der Hauptverhandlung dazu führt, dass er diese Funktion nicht mehr weiter ausüben kann, legt die StPO nicht ausdrücklich fest. Auch hier muss nach dem Wesen der staatsanwaltschaftlichen Aufgabe gefragt werden, welche mit der Rolle eines Zeugen unvereinbar sein könnte.

95a

1. Idee und Aufgabe der Staatsanwaltschaft

Der Inquisitionsprozess vergangener Jahrhunderte kannte die Institution der StA nicht. Ermittlungen, Anklage und Hauptverhandlung mit Urteilsfällung lagen in einer richterlichen Hand. Dies war möglicherweise der Schlagkraft des Strafprozesses zuträglich, einer objektiven Entscheidungsfindung aber gewiss nicht, da die Vorprägung des Ermittlungsführers – gerade wenn sich die Ermittlungen längere Zeit hinziehen – eine unvoreingenommene Urteilsfindung psychologisch erheblich erschwert. Die Trennung der Leitung der Ermittlungen und der Anklageerhebung einerseits von der Durchführung der Hauptverhandlung und Urteilsfällung andererseits wurde ermöglicht durch die Schaffung einer neuartigen Behörde, der StA, die dem Vorbild des französischen Rechts folgte[107]. Dieses sog. **Akkusationsprinzip** („kein gerichtlicher Strafprozess ohne staatsanwaltschaftliche Anklage") hielt unter napoleonischem Einfluss auch in Deutschland Einzug und ist heute aus dem Strafverfahrensrecht nicht mehr wegzudenken. Die absolute Macht des Richters als eines der hauptsächlichen „Gebrechen" des Inquisitionsprozesses[108] konnte durch die Einführung der StA als Gegenpol zum Richter im Sinne einer justiziellen Gewaltenteilung beseitigt werden. Die StA hat sich inzwischen nahezu weltweit als integrierender Bestandteil der Strafrechtspflege durchgesetzt; eine Ausnahme bildete lange Zeit England, wo Anklage von jedermann erhoben werden kann, tatsächlich aber die Polizei diese Aufgabe wahrnimmt[109].

96

Die institutionelle Trennung von StA und Gerichten kommt in §§ 150, 151 GVG zum Ausdruck, wonach die StA in ihren amtlichen Verrichtungen von den Gerichten unabhängig ist und richterliche Geschäfte nicht wahrnehmen darf. Der Staatsanwalt ist deshalb **nicht Richter**, sondern ein selbstständiges Organ der Strafrechtspflege. Die StA genießt nicht die richterliche Unabhängigkeit des Art. 97 GG, denn sie übt – funktionell gesehen – keine Rechtsprechungstätigkeit aus[110]. Eine lupenreine Zuordnung der StA zur Exekutive lässt sich aber auch nicht vornehmen. Organisatorisch gehört die StA

97

---

107 Näher *Carsten*, Die Geschichte der StA in Deutschland bis zur Gegenwart (1932); *Rüping*, Die Geburt der StA in Deutschland, GA 92, 147 ff.; *Schaefer* NJW 01, 1396.
108 Vgl. *Zachariae*, Die Gebrechen und die Reform des deutschen Strafverfahrens (1846).
109 Vgl. *Huber*, in: *Jescheck/Leibinger*; Funktion und Tätigkeit der Anklagebehörde im ausländischen Recht (1979), S. 546 ff. Inzwischen hat sich aber auch in England eine StA entwickelt.
110 BVerfG NJW 02, 815. Daher spricht EuGH NJW 192145 dem deutschen Staatsanwalt die Fähigkeit ab, einen europäischen Haftbefehl auszustellen.

zur Justiz, dennoch ist der Staatsanwalt **Beamter**. Auch gelten für Staatsanwälte zwar dienstrechtlich die Beamtengesetze[111] und nur ausnahmsweise das DRiG, jedoch ist seine Rechtsanwendung von strafrechtlichen Normen geprägt. Die vielbeschworene Weisungsgebundenheit des Staatsanwalts (vgl. § 146 GVG) bedarf in der Lebenswirklichkeit der Relativierung: tatsächlich bearbeitet der Dezernent der StA seine Verfahren in wesentlich größerer Unabhängigkeit von seinen Vorgesetzten als dies für Verwaltungsjuristen gilt, was auch schon in den Zeichnungsrechten zum Ausdruck kommt (§ 144 GVG). Die Voraussetzungen der Ernennung zum Staatsanwalt sind nach § 122 Abs. 1 DRiG mit denen des Richters identisch[112]; § 122 Abs. 2 DRiG bewertet richterlichen Dienst und staatsanwaltschaftliche Tätigkeit gleich.

98 Durch das **Legalitätsprinzip** (§ 152 Abs. 2) wird die StA verpflichtet, wegen aller verfolgbaren Straftaten einzuschreiten, sofern zureichende tatsächliche Anhaltspunkte vorliegen[113]. Daraus ergibt sich die erste und zentrale Funktion der StA: den Sachverhalt erforschen, um zu einer Entschließung zu gelangen, ob Anklage zu erheben ist (§ 160 Abs. 1). Die Verfolgungspflicht des Staatsanwalts besteht gegenüber der Allgemeinheit, nicht etwa gegenüber dem Geschädigten[114]. Die StA ist die „**Herrin des Ermittlungsverfahrens**", ein Schlagwort, das sich seinem historischen Herkommen nach nicht auf das Verhältnis StA/Polizei bezieht, sondern sich gegen den Machtanspruch des Inquisitionsrichters richtete. Weder der gesetzlichen Aufgabe noch dem überlieferten Selbstverständnis der StA entspricht die Annahme, sie habe möglichst viele Personen einer Bestrafung zuzuführen. Vielmehr ist es ihre Pflicht, objektiv festzustellen, ob nach materiellem Strafrecht ein Strafanspruch besteht, und dessen Durchsetzung nach formellem Strafrecht zu betreiben. Die StA ist deshalb nicht Partei, sondern zur **Objektivität** verpflichtet[115]. Sie hat nach § 160 Abs. 2 nicht nur die zur Belastung, sondern auch die zur Entlastung dienenden Umstände zu ermitteln. Dass in der Wirklichkeit der Staatsanwalt nur in relativ seltenen Fällen persönlich Ermittlungen durchführt (Ausnahme: Kapital- und Wirtschaftsdelikte, wie z. B. im Ausgangsfall) und diese überwiegend von der Polizei vornehmen lässt (vgl. § 161), ist keine Verirrung der Praxis, sondern war von Anfang an den Schöpfern der StPO bewusst[116]. Wesentlich ist vielmehr, dass er seine Sachleitungsfunktion bei den Ermittlungen gegenüber der Polizei wirksam wahrnimmt und sich nicht auf die Rolle eines „Notars" polizeilicher Aktenvorgänge beschränkt[117].

99 Die wesentlichste Aufgabe der StA besteht darin, das Vorverfahren abzuschließen. Die abschließende Verfügung kann in der Fertigung und Einreichung einer **Anklageschrift** oder in der **Einstellung** des Verfahrens bestehen (§ 170)[118]. Die sachliche Entscheidung, ob **hinreichender Tatverdacht** i. S. d. § 203 besteht, also die nach justiziell-forensischen Maßstäben zu treffende Prognose über die Wahrscheinlichkeit einer Verurteilung, kann als die Kernfunktion der StA betrachtet werden. Die StA ist damit der maßgebliche

---

111 Z.B. Dienstgeheimnis nach § 61 BBG (i. V. m. § 353b StGB). Abwegig OLG Dresden NJW 07, 3509, wonach dies nicht bei „vom Staatsanwalt selbst geschaffenen Geheimnissen" gelten soll.
112 Befähigung zum Richteramt; Ausn.: Amtsanwälte nach § 142 Abs. 2 GVG; d. h. Beamte des gehobenen Dienstes, die nur bei Amtsgerichten auftreten dürfen; näher *Grohmann* ZRP 86, 166; *Rüping* DRiZ 99, 114.
113 StA muss deshalb auch Verjährungseintritt verhindern, BGH NJW 18, 322.
114 Daher keine Amtspflicht i. S. d. § 839 BGB; OLG Düsseldorf NJW 96, 530; BGH NJW 96, 2373; dazu *Vogel* NJW 96, 3401; s. auch EGMR NJW 01, 1989.
115 Schlagwort „objektivste Behörde der Welt", so *Döhring* DRiZ 58, 285. Begrenzte Einseitigk. billigt *Beulke* 93 zu; s. auch *Klug* ZRP 99, 288; *Eisele* NJW 19, 2365.
116 Vgl. *Hahn*, Die gesamten Materialien zum GVG (1879), S. 152 ff. Die schon bisher seltenen Zeugenvernehmungen durch den Staatsanwalt werden durch die Neufassung des § 163 Abs. 3 noch seltener werden.
117 Lesenswert dazu: BGH NJW 09, 2612 ff.
118 Vgl. Rn. 266 ff.; zur Einstellung als Amtspflicht des Staatsanwalts i. S. v. § 839 BGB: BGH NJW 89, 96 ff.; nach BGH NJW 98, 2051 kommt auch eine Amtshaftung der StA bei nicht vertretbaren Anklagen in Betracht; ferner BGH NJW 00, 2672; 03, 3693.

Filter bei der Abwicklung von Strafverfahren. An sich ist dabei die StA genauso wenig wie sonst jemand an die Rechtsauffassung der Gerichte gebunden, da auch diese nur das geltende Recht anwenden und auslegen, aber nicht Recht setzen. Jedoch ergibt sich aus dem Wesen der nach § 170 Abs. 1 i. V. m. § 203 der StA obliegenden Prognose über den Verfahrensausgang, dass sie diese auf der Basis der **gefestigten höchstrichterlichen Rechtsprechung** vorzunehmen hat[119]. Daher kann es sein, dass ein Staatsanwalt auch einmal eine Anklage erhebt, weil er unter Berücksichtigung der höchstrichterlichen Rechtsprechung mit der Verurteilung rechnet, obwohl er persönlich eine abweichende Rechtsauffassung vertritt. Es bleibt ihm dann unbenommen, als Sitzungsvertreter einen Freispruch zu beantragen und dabei seinen Rechtsstandpunkt darzulegen. Solches Verhalten der StA kann nicht als widersprüchlich betrachtet werden, da nur auf diesem Weg die Rechtsprechung die Möglichkeit hat, sich fortzuentwickeln. Das Bedürfnis nach Rechtsfortbildung kann allerdings nicht dazu führen, dass der Staatsanwalt anklagen darf, wenn er nach gefestigter Rechtsprechung mit einem Freispruch rechnen muss[120], denn der Streit um Rechtsmeinungen darf nicht auf dem Rücken des Beschuldigten ausgetragen werden. Dies wäre eine Missachtung der Schutzfunktion des Zwischenverfahrens; die Anklage würde voraussichtlich auch gar nicht zugelassen[121].

Auch bei Bejahung des hinreichenden Tatverdachts hat die StA im Rahmen ihrer Abschlussfunktion zu überprüfen, ob sie nicht eine Einstellung des Verfahrens nach den Bestimmungen des Opportunitätsprinzips (§§ 153 ff.) vornehmen sollte. Dabei hat die staatsanwaltschaftliche Tätigkeit seit Einführung des § 153a eine neue Qualität erfahren, weil diese Vorschrift dem Staatsanwalt die Möglichkeit gibt, gegen bestimmte, von ihm selbst entwickelte Auflagen von der Anklageerhebung abzusehen. Ihm kommt seitdem eine Quasi-Sanktionsmacht zu; ihn deshalb als „Richter vor dem Richter" zu bezeichnen[122], geht allerdings zu weit, da das Vorgehen nach § 153a auf der freiwilligen Unterwerfung des Beschuldigten beruht.

In der Hauptverhandlung tritt ein Staatsanwalt – allerdings keineswegs immer der Anklageverfasser – als **Sitzungsvertreter** der StA gesetzlich zwingend auf (§ 227), um eine Kontrolle der Justizförmigkeit des gerichtlichen Verfahrens auszuüben[123]. Dies geschieht durch Fragen, Anträge und Erklärungen – insbesondere durch das Plädoyer – der StA. Die Einflussmöglichkeiten des Staatsanwalts in der Hauptverhandlung werden – weil in der Öffentlichkeit sichtbarer Teil seiner Tätigkeit – vielfach überschätzt; die Verfahrensherrschaft gibt er mit der Anklageerhebung an das Gericht ab. Seine Aufgabe in der Hauptverhandlung besteht nicht darin, dem Verteidiger Paroli zu bieten, sondern auch hier die Objektivität zu wahren. Die aus dem französischen Recht stammende Kontrollfunktion der StA gegenüber der Tätigkeit der Gerichte setzt sich fort in der Aufgabe, gegen gesetzeswidrige Entscheidungen der Gerichte **Rechtsmittel** einzulegen und zu betreiben, und zwar auch zugunsten des Beschuldigten (vgl. § 296). Ein in der Praxis anzutreffender Missbrauch der Rechtsmittelbefugnis der StA besteht darin, Berufung nur deshalb einzulegen, um den Angeklagten um das mit seiner eigenen Berufungseinlegung verbundene Verschlechterungsverbot (§ 331) zu bringen; dies verbietet an sich auch Nr. 147 Abs. 1 S. 3 RiStBV.

100

Die StA ist außerdem **Vollstreckungsbehörde** (§ 451), wenn es zu einer rechtskräftigen Verurteilung gekommen ist. Die Aufgaben im Vollstreckungsbereich nimmt regelmäßig

100a

---

119 Vgl. BGHSt 15, 155, 158; zust. *Peters* § 23 IV 1a; *Gössel* § 3 AIV; KK-*Moldenhauer* § 170, 6; a. A. *Bottke* GA 80, 298.
120 So aber *Schlüchter* 61.4.
121 Vgl. Rn. 279 ff.
122 Vgl. *Kausch*, Der Staatsanwalt – ein Richter vor dem Richter (1980).
123 Zum während der Sitzung schlafenden Staatsanwalt: OLG Hamm NJW 06, 1449; zur Tätigkeit der Referendare als Sitzungsvertreter: *Landau/Globuschütz* NStZ 92, 68; *Lenz* JuS 92, 419.

nicht ein Volljurist als Staatsanwalt, sondern ein Rechtspfleger bei der StA wahr. Vollzugsbehörde ist dagegen die Justizvollzugsanstalt. Das Vollstreckungsmonopol der StA gilt auch bei sonstigen Entscheidungen der Gerichte in Strafsachen, z. B. Durchsuchungs- und Beschlagnahmebeschlüssen; ausgenommen davon sind lediglich Entscheidungen, welche die Ordnung in der Sitzung betreffen (§ 36 Abs. 2). Daher ist ein Richter nicht befugt, seine Beschlüsse unmittelbar der Polizei zum Zwecke der Vollstreckung zuzuleiten[124].

Die außerstrafprozessualen Aufgaben der StA, die historisch bedeutsam waren (z. B. in Pressesachen, Entmündigungs- und Ehescheidungsverfahren[125]), sind inzwischen auf ein Minimum geschrumpft und betreffen zumeist sanktionsähnliche Verfahrensformen, z. B. das Bußgeldverfahren (§ 69 Abs. 3, 4 OWiG) und ehrengerichtliche Verfahren gegen Rechtsanwälte.

101 Die Verpflichtung der StA zur Objektivität gilt – wie zuvor ausgeführt – ebenfalls in der Hauptverhandlung. Eine unvoreingenommene Würdigung der Beweislage ist dem Sitzungsvertreter der StA aber nicht möglich, wenn er zuvor als **Zeuge** ausgesagt hat und damit selbst Teil des Beweisergebnisses geworden ist. Die Rechtsprechung erkennt in solchen Fällen an, dass der Staatsanwalt in seinem Schlussvortrag (Plädoyer) seine eigene Aussage nicht unbefangen würdigen kann, und folgert daraus, dass der Teil des Plädoyers, der sich mit der Würdigung der Aussage des Sitzungsvertreters befasse, von einem anderen Staatsanwalt übernommen werden müsse[126]. Die nach dem Inhalt der Aussage des Sitzungsvertreters differenzierende Lösung der Rechtsprechung stellt gerade in Verfahren mit langer Dauer ein erhebliches Revisionsrisiko dar. Eine Aufspaltung des Beweisergebnisses in Teile, die der Sitzungsvertreter unbefangen würdigen könne, und andere, bei denen dies nicht möglich sei, widerspricht der Funktion der StA, im Schlussvortrag dem Gericht einen Entscheidungsvorschlag aus der *Gesamtheit* (dem „Inbegriff") der Hauptverhandlung zu unterbreiten. Die Objektivität der StA ist nach der Zeugenvernehmung des Sitzungsvertreters während des gesamten folgenden Verhandlungsverlaufs – z. B. in der Frage, ob noch weitere Beweiserhebungen beantragt werden – und nicht nur während des Schlussvortrags gefährdet. Daher erscheint es angebracht, nach jeglicher Zeugenaussage eines Staatsanwalts ihn aus der Funktion des Sitzungsvertreters zu entlassen.

Andererseits gilt es auch zu vermeiden, dass der Verteidiger mit beliebigen Beweisanträgen die taktische Möglichkeit erhält, den lange in die Sache eingearbeiteten Sitzungsvertreter aus den Verfahren „herauszuschießen". Diesen Bedenken kann Rechnung getragen werden, indem in Fällen, in denen der Staatsanwalt nichts Wesentliches zur Sachverhaltsaufklärung beizutragen hat, er von seinem Dienstvorgesetzten keine **Aussagegenehmigung** nach § 54 erhält und daher nicht als Zeuge vernommen werden darf[127]. Zielt ein Beweisantrag des Verteidigers erkennbar nur darauf ab, eine Ablösung des Sitzungsvertreters herbeizuführen, wie dies im Fall bei dem Antrag des Prof. B. gegeben ist, wird durch die Zeugenaussage des Sitzungsvertreters die Erfüllung öffentlicher Aufgaben wesentlich erschwert, sodass die Voraussetzungen einer Ablehnung der Aussagegenehmigung vorliegt. Der Beweisantrag betrifft dann ein unzulässiges Beweismittel.

2. Organisation und Arbeitsweise der Staatsanwaltschaft

102 Nach § 141 GVG soll **bei jedem Gericht** (der ordentlichen Gerichtsbarkeit) eine Staatsanwaltschaft bestehen. Bei den Amtsgerichten ist diese Vorschrift nicht oder nur sehr

---

124 A.A. LR-*Graalmann-Scheerer* § 36, 27, 29; unklar BGH NJW 06, 3412.
125 Vgl. §§ 632, 646 ZPO; §§ 16, 30 Verschollenengesetz.
126 RGSt 29, 236; BGHSt 14, 267; 21, 85; NStZ 83, 135; 89, 583; BGH NStZ 18, 482; 19, 234; 20, 180; dazu *Kramer* JURA 83, 113, 116 ff.
127 Vgl. Rn. 144 ff.

unvollkommen realisiert worden. Die staatsanwaltschaftlichen Funktionen werden bei den Amtsgerichten von den StAen bei den Landgerichten miterfüllt. Die h. M. rechtfertigt diese weder dem Sinn noch dem Wortlaut des Gesetzes entsprechende Handhabung mit der Erwägung, in § 141 GVG sei nur gemeint, dass für jedes Gericht eine StA „zuständig" sein müsse[128]. Tatsächlich lassen sich dahinter eher fiskalische Überlegungen vermuten. Denn allein ein organisatorisches Verständnis wird dem § 141 GVG gerecht, wie schon die Formulierung „bestehen" zeigt. Die Missachtung des § 141 GVG in der Justizorganisation ist die Ursache zahlreicher Missstände, so z. B. die Strapazierung des Rechtsinstituts des Richters als „Notstaatsanwalt" (§ 165)[129], der sich mit der Polizei „kurzschließt" und damit die StA ausschaltet, die weite Ausdehnung des sog. Ersten Zugriffs der Polizei ohne Verständigung der StA (§ 163) und vor allem der schlecht vorbereitete Sitzungsvertreter der StA vor dem Amtsgericht, der – vom LG angereist – gleich ein Bündel von Verfahren vertreten muss, von denen er nur wenige selbst angeklagt hat.

Das Rückgrat der heutigen staatsanwaltschaftlichen Organisation stellen die StAen bei den Landgerichten dar. An der Spitze einer solchen StA steht ein **Leitender Oberstaatsanwalt** als Behördenchef; die ihm unterstehenden Staatsanwälte handeln stets als seine Vertreter, ohne dass dieses Vertretungsverhältnis nach außen zum Ausdruck kommen müsste (§ 144 GVG). Regelmäßig stehen den Abteilungen einer StA **Oberstaatsanwälte** als Abteilungsleiter vor, die Führungsaufgaben wahrnehmen (z. B. Kontrolle der zügigen Verfahrensbearbeitung, Einteilung der Sitzungsvertretungen usw.) und in gewissem Umfang eigene Sachbearbeitung von Verfahren übernehmen. Zu einer Abteilung gehören ein oder mehrere Dezernate, in denen ein Aktenvorgang von seinem Eingang bis zum Weglegen der Akten nach Verfahrensabschluss von einem Staatsanwalt als **Dezernenten** bearbeitet wird[130]. Man unterscheidet dabei „Buchstabendezernate", die einer Einteilung nach dem Anfangsbuchstaben des Namens des Beschuldigten folgen, und „Spezialdezernate", z. B. für Verkehrsdelikte, Kapitalverbrechen, politische Straftaten usw. Wirtschaftsstrafsachen (vgl. § 74c GVG) sind regelmäßig bei einer bestimmten StA bei einem LG bezirksübergreifend konzentriert in einer sog. **Schwerpunkt-StA** für Wirtschaftsdelikte, was ein noch höheres Maß an Spezialisierung erlaubt[131]. Funktionell, aber nur selten organisatorisch sind die **Ermittlungspersonen der StA** (§ 152 GVG) als Teil der StA zu betrachten. Spricht die StPO von der „Staatsanwaltschaft", so sind damit aber gerade *nicht* diese Ermittlungspersonen der StA gemeint, denn gem. § 142 GVG wird das Amt der StA ausgeübt von: Staatsanwälten, Amtsanwälten, Bundesanwälten und dem Generalbundesanwalt. Zustellungen an die StA erfolgen gem. § 41 durch Vorlegung der Urschrift des zuzustellenden Schriftstücks, d. h. regelmäßig, wenn sie in dem Machtbereich eines Geschäftsstellenbeamten der Behörde gelangen[132].

102a

Bei der Sachbearbeitung unterliegen Staatsanwälte der **Weisungsgebundenheit** durch ihre Vorgesetzten (§ 146 GVG)[133]. Die Grenze bildet das Legalitätsprinzip. Weist ein Vorgesetzter einen Dezernenten zu einem Tun an, das den Tatbestand einer Strafvereitelung im Amt (§ 258a StGB) oder der Verfolgung Unschuldiger (§ 344 StGB) erfüllt, ist

102b

---

128 KK-*Schmidt/Mayer* § 141 GVG, 1.
129 Näher *Thewes* NJW 15, 2848.
130 Teilw. ist in der Praxis auch als Stufe zwischen Abteilungsleiter und Dezernenten auch noch der „Gruppenleiter" gebräuchlich. „Erster Staatsanwalt" ist eine herkömml. Bezeichnung für erfahrene Dezernenten. Allg. zur Arbeitsweise der StA: *Schneider* Jura 99, 62.
131 Vgl. § 143 Abs. 4 GVG; näher dazu *Kramer*, Ermittlungen bei Wirtschaftsdelikten (1987), Rn. 5 ff.; *Montenbruck* JuS 87, 713 ff.
132 Nicht unbedingt der Geschäftsstelle des zuständigen Dezernats und schon gar nicht des Leitenden OStA persönlich, OLG Braunschweig NStZ 88, 514 f.
133 Zu unterscheiden sind das interne (innerhalb des staatsanwaltschaftl. Behördenaufbaus) und externe (Justizminister) Weisungsrecht; dazu *Krey/Pföhler* NStZ 85, 145 ff.

diese Anordnung unverbindlich[134]. Im weiten Bereich des Opportunitätsprinzips und bei Unklarheiten im rechtlichen oder sachlichen Bereich ist das Weisungsrecht demgegenüber durchsetzbar[135]. Der Behördenchef ist nach § 145 GVG sogar befugt, bei allen Gerichten seines Bezirks die Amtsverrichtungen der Staatsanwälte selbst zu übernehmen (**Devolutionsrecht**) oder einem anderen Beamten zu übertragen (**Substitutionsrecht**). Weisungen hinsichtlich der Antragstellung des Sitzungsvertreters in der Hauptverhandlung (z. B. bezüglich des Strafmaßes oder gar des Schuldspruchs) wären gesetzeswidrig, da der sich der Schlussantrag des Staatsanwalts auf den Inbegriff der Hauptverhandlung stützen muss. Das Ergebnis der Hauptverhandlung lässt sich nicht vorwegnehmen[136].

103 Der Leitende Oberstaatsanwalt steht seinerseits unter der Dienstaufsicht und dem Weisungsrecht der ersten Beamten der übergeordneten StA beim OLG, der die Bezeichnung „**Generalstaatsanwalt**" trägt. Auch der Generalstaatsanwalt verfügt über eigene Dezernenten, meist Oberstaatsanwälte, welche die Vertretung der StA in den Verfahren vor dem OLG und Aufgaben der Dienstaufsicht wahrnehmen. Beschwerden über Entscheidungen der StA bei einem LG werden hier bearbeitet und beschieden. Der Generalstaatsanwalt unterliegt den Weisungen des jeweiligen Landesjustizministers (§ 147 Nr. 2 GVG)[137], nicht jedoch denen des **Generalbundesanwalts**. Dieser wird nur soweit mit seinen **Bundesanwälten** und sonstigen Behördenangehörigen tätig, als es um die Vertretung der StA bei der Ausübung der Gerichtsbarkeit des Bundes geht, also in Verfahren vor dem BGH und in gewissen Staatsschutzsachen vor den Oberlandesgerichten. Das **Bundeszentralregister**, in das bundesweit sämtliche rechtskräftige Verurteilungen eingetragen werden, ist seit 2007 beim Bundesamt für Justiz (Sitz: Bonn) angesiedelt. Nunmehr wird auch dort das **zentrale staatsanwaltschaftliche Verfahrensregister** geführt (§§ 492 ff.), das es einem Staatsanwalt endlich ermöglicht, problemlos einen Überblick über sonst bei anderen Staatsanwaltschaften gegen denselben Beschuldigten anhängigen Strafverfahren zu gewinnen[138]. Aufsichtsbehörde des Generalbundesanwalts ist der Bundesjustizminister, dem ebenfalls keinerlei Weisungsrechte über die Generalstaatsanwälte der Länder und deren Untergebene zustehen[139].

103a Weitere **Dateien der Strafverfolgungsorgane** auf jeder Ebene dürfen nach § 483 eingerichtet werden, soweit dies zu Zwecken des (konkret anhängigen) Strafverfahrens erforderlich ist. Während die Erhebung der Daten sich nach § 161 oder speziellen Ermächtigungsnormen der StPO richtet[140], stellt § 483 die Rechtsgrundlage für deren Speicherung, Veränderung und Nutzung in Dateien dar, d. h. Sammlungen personenbezogener Daten, die entweder durch automatisierte Verfahren nach bestimmten Merkmalen ausgewertet werden können oder die gleichartig aufgebaut sind und manuell nach bestimmten Merkmalen geordnet, umgeordnet und ausgewertet werden können[141]. Die Datenverarbeitung für Zwecke *künftiger* Strafverfahren – ein Fall der Strafrechtspflege wie bei § 81b 2. Alt. [142] – richtet sich nach § 484 und ist im Vergleich zur Datenverarbeitung für das laufende Verfahren eingeschränkt. Eine Selbstverständlichkeit stellt die Zulässigkeit von Dateien der Gerichte, Strafverfolgungsbehörden, Vollstreckungsbehörden, Bewährungshelfer, der Gerichtshilfe usw. zum Zwecke der Vorgangsverwaltung dar

---

134   BGHSt 15, 155, 161.
135   Dazu *Schairer*, in: F.S. *Lenckner* (1998), S. 739 ff.; *Schaefer* NJW 97, 109.
136   *Roxin/Schünemann* § 9, 13; *Peters* § 23 III 3; ähnl. *Beulke* 86.
137   Der Justizminister darf die ihm gegenüber obliegenden Berichtspflichten des Staatsanwalts nicht missbrauchen, BGH NJW 08, 2057 (Werwigk-Hertneck).
138   §§ 474 bis 478 StPO eingefügt durch Gesetz v. 28.10.94 (BGBl. I S. 3186); vgl. *Schneider* NJW 96, 302.
139   Dies gilt erst recht für die europäische StA bei der EU; *Stiegel* ZRP 03, 173.
140   BT-Drucks. 14/1484, S. 31.
141   Vgl. § 3 Abs. 2 BDSG. Bei „gemischten" Dateien der Polizei (Präventiv- und Repressivdaten) gilt gem. § 483 Abs. 3 das Polizeirecht.
142   Vgl. Rn. 185.

(§ 485). Der Austausch und die Durchlässigkeit von Daten zwischen den verschiedenen Strafverfolgungsorganen wird durch §§ 486 ff. erleichtert. Die Grundsätze der Berichtigung und Sperrung von Daten sind § 489 zu entnehmen.

Zum Ausgangsfall: Auch bei Presseerklärungen muss ein Staatsanwalt Zurückhaltung wahren und in seinen Formulierungen die Unschuldsvermutung beachten[143]; stellt er – wie hier – den Beschuldigten als abschließend überführt dar, lässt er Befangenheit erkennen. Die Stellung von Richter und Staatsanwalt unterscheidet sich aber danach so schwerwiegend, dass eine analoge Anwendung des Ablehnungsverfahrens für Richter (§ 24) auf Staatsanwälte ausscheidet[144]. Die Ablehnungsvorschriften sind spezifisch auf den sonst unabhängigen und unabsetzbaren Richter zugeschnitten, während das Devolutionsrecht und Substitutionsrecht bei der StA ein Ablehnungsverfahren erübrigen[145]. Auch eine partielle Anwendung der für Richter geltenden Ablehnungsvorschriften, indem die **Befangenheit** des in der Hauptverhandlung abgelehnten Staatsanwalts als relativer Revisionsgrund behandelt wird[146], befriedigt nicht, denn es kann nicht sein, dass der befangene Staatsanwalt zu einem höheren Revisionsrisiko als beim Richter führt, dessen Befangenheit in einem formellen Ablehnungsverfahren zur sofortigen Klärung des Konflikts führt. Im Rahmen einer Dienstaufsichtsbeschwerde wäre allerdings ein **Antrag nach § 145 GVG** auf Auswechslung an den Dienstvorgesetzten des Staatsanwalts möglich[147], denn selbst nach allgemeinem Verwaltungsverfahrensrecht lässt sich die Befangenheit eines Beamten geltend machen. Für Staatsanwälte kann insoweit kein rechtsfreier Raum existieren. Den §§ 20, 21 BVwVfG sind allgemeine Rechtsgrundsätze zu entnehmen, wann ein Beamter in einem von ihm bearbeiteten Verfahren ausgeschlossen ist, ohne dass dies mit einem formellen Ablehnungsverfahren wie bei Richtern verbunden ist. Diese Grundsätze gelten auch für Staatsanwälte. In der Hauptverhandlung könnte der Antrag auf Ablösung des befangenen Staatsanwalts auch mittelbar bei dem Gericht angebracht werden, das aus dem Grundsatz des fairen Verfahrens heraus verpflichtet wäre, seinerseits beim Vorgesetzten des befangenen Staatsanwalts auf dessen Ablösung hinzuwirken[148].

III. Polizei

Bei der Kripo läuft seit Monaten ein Ermittlungsverfahren wegen des Verdachts der Hehlerei gegen den Nachtclubbesitzer N. Der sachbearbeitende Kriminalmeister K. hält den N. für überführt und legt eine polizeiliche „Anzeige" nebst Akten bei der StA vor. Staatsanwalt S. überzeugt dies nicht. In einem Telefonat mit K. erfährt S., dass die Kripo in dem Nachtclub des N. seit geraumer Zeit einen Gewährsmann hat, der jedoch nicht bereit ist, als Zeuge auszusagen. K. hat diesem auf seinen Wunsch hin „Vertraulichkeit" zugesichert und versprochen, dass sein Name nicht in den Akten erwähnt wird. S. weist K. an, ihm den Namen und die ladungsfähige Anschrift des Gewährsmanns mitzuteilen, weil er ohne dessen zeugenschaftliche Aussage nicht mit einer Verurteilung des N. rechnet.

---

143 Vgl. EGMR NJW 12, 1789. Zum Rechtsmittel gegen Presseerklärungen der StA: OLG Stuttgart NJW 01, 3797: dagegen nicht überzeugend zur Amtshaftung: OLG Düsseldorf NJW 05, 1791 (Mannesmann).
144 BVerfG JR 79, 28; BGH NJW 80, 845; 84, 1907; KK-*Scheuten* § 24, 13; abw. *Hilgendorf* StV 96, 50; zur Gesamtproblematik: *Schairer*, Der befangene Staatsanwalt (1983).
145 Daher auch kein Anspruch auf Ablösung nach § 23 EGGVG; so aber OLG Frankfurt StraFO 99, 162; dagegen: OLG Hamm NJW 69, 808; *Beulke* 96.
146 BGH NStZ 83, 135; 91, 595; *Beulke* 97; *Pawlik* NStZ 95, 309.
147 BGH NStZ 89, 14.
148 LG Mönchengladbach StV 87, 333.

106 Für die Verbindlichkeit der Weisung des S. kommt es darauf an, wie das Verhältnis von Polizei und StA ausgestaltet ist. Die StA besitzt keinen eigenen organisatorischen Unterbau, der die Ermittlungstätigkeit bewältigen könnte. Sie muss sich insbesondere der Polizei bedienen, die ihr dienstrechtlich nicht untersteht, sondern beim jeweiligen Innenminister ressortiert[149]. Aus der organisatorischen Trennung von Polizei und StA resultiert ein gewisses Spannungsverhältnis und ergeben sich zuweilen auch Reibungsverluste. Jedoch darf das Verhältnis StA/Polizei nicht nur unter Effizienzgesichtspunkten gesehen werden. Ihre Trennung hat den Vorteil einer zusätzlichen Kontrolle und Machtteilung, ähnlich wie zwischen StA und Gericht. Dem entspricht es, dass persönliche Dienstaufsichtsbeschwerden über Polizeibeamte, deren Verhalten in einem Ermittlungsverfahren von einem Bürger beanstandet wird, der polizeiliche Dienstvorgesetzte bearbeitet, während Beschwerden über die sachliche Ermittlungsführung eines Polizeibeamten in die Zuständigkeit der StA fallen[150].

106a Die Tätigkeit der Polizei im Strafverfahren beruht auf den §§ 161, 163. Wenn dort von den „Behörden und Beamten des Polizeidienstes" die Rede ist, meint das Gesetz damit nur den **Polizeivollzugsdienst**, also die Kriminal- *und* die Schutzpolizei[151]. Die Vorschriften knüpfen nicht an den materiellen Polizeibegriff an[152], sodass die für die Gefahrenabwehr zuständigen Behörden und die Ordnungsverwaltung (z. B. Ordnungsamt, Ausländerbehörde, Bürgermeister als Ortspolizeibehörde, Umweltschutzbehörde, untere Verwaltungsbehörde als Kreispolizeibehörde) hier *nicht* betroffen sind. Zwar ist der Wortlaut der §§ 161, 163 nicht eindeutig, aber die Indienststellung der Polizei zugunsten der StA erfolgt aufgrund der Vollzugskompetenz der Polizei, da ein Ersatz für den fehlenden organisatorischen Unterbau der StA, einem „Kopf ohne Hände"[153], geschaffen werden musste. Gefahrenabwehr i. S. d. materiellen Polizeirechts weist dagegen nur einzelne Berührungspunkte mit der Strafverfolgung auf, die nicht aufgebauscht werden dürfen. Wollte man in den §§ 161, 163 tatsächlich den materiellen Polizeibegriff zugrunde legen, so wäre eine unübersehbare Zahl von Behörden der Gefahrenabwehr dem Legalitätsprinzip unterlegen und müsste selbstständig und auf Weisung der StA strafrechtliche Ermittlungen tätigen, wozu deren Beamte weder ausgerüstet noch ausgebildet sind.

106b Durch die §§ 161, 163 wird die Polizei mit einer **eigenen Aufgabe** im Rahmen der Strafverfolgung durch das Gesetz betraut; sie ist **nicht nur Mandatar** der StA, wie vielfach behauptet wird[154]. Die verbreitete, teilweise wohl aber auch gedankenlos verwendete Formel vom „Mandat" wird der Aufgabenstellung der Polizei im Ermittlungsverfahren weder vom Umfang noch von der Qualität her gerecht. Dahinter verbirgt sich die Vorstellung, die Polizei führe nur eine *fremde* Aufgabe aus. Richtig ist dagegen, dass die StA zwar gesetzlich festgelegte Weisungsrechte (**Sachleitungsfunktion**) gegenüber der Polizei besitzt und dass die Ergebnisse polizeilicher Ermittlungstätigkeit nicht dort verbleiben (vgl. § 163 Abs. 2), sondern dazu bestimmt sind, der StA ihre Abschlussentscheidung zu ermöglichen. Daraus folgt aber nicht, dass die Polizei insofern keine eigene Aufgabe erfülle. Das Wirken der Polizei im Strafverfahren ist sogar historisch älter als das der StA. Die Motive zur StPO lassen deutlich erkennen, dass die eigene Aufgabenstellung der Polizei im Strafverfahren, wie in Preussen überliefert, durch die den heuti-

---

149 Gegen die Beseitigung unterschiedlicher Ressortierung durch Zusammenlegung von Innen- und Justizressort bestehen verfassungsrechtl. Bedenken: NRWVerfGH NJW 99, 1243; *Arnauld* AöR 99, 658.
150 OVG Hamburg NJW 70, 1699 f.; s. auch Rn. 330.
151 *Geppert* JURA 82, 141; *Gössel* § 3 B I 3; KK-*Griesbaum* § 163, 5.
152 Wohl überholt BGHSt 12, 277 (Bürgermeister hat Prügeln im Gemeinderat anzuzeigen).
153 *Roxin/Schünemann* § 9, 16 (Zitat nach Kern).
154 So insbes. *Görgen*, Die organisationsrechtl. Stellung der StA zu ihren Hilfsbeamten (1973), S. 74 ff.; *Rüping* ZStW 95, 910; *Geißer* GA 83, 393; zurecht a. A. *Gössel* § 3 B I 2; GA 80, 346; *Kaiser* NJW 72, 15.

gen §§ 161, 163 entsprechenden Vorschriften nicht angetastet werden sollte[155]. Vielmehr sollten nach der Reichsgründung 1870/71 *zwei* Modelle den Reichsländern zur Wahl gestellt werden, die es der StA ermöglichen, die notwendigen Ermittlungen zu veranlassen: einmal das preussische Modell einer eigenen Tätigkeit der Polizei zugunsten der StA, das in die StPO (§§ 161, 163) einging; zum anderen das süddeutsche (aus dem französischen Recht abgeleitete) Modell einer Gerichtspolizei (*police judiciaire*), welches zur Aufnahme des Rechtsinstituts des „Hilfsbeamten der StA" in das GVG (§ 152) führte, den das Gesetz seit einigen Jahren „Ermittlungsperson der StA" nennt. Nur für Letzteres trifft der Gedanke eines gesetzlichen Mandats zu.

Nach § 163 Abs. 1 haben die Behörden und Beamten des Polizeidienstes Straftaten zu erforschen *und* alle keinen Aufschub gestattenden Anordnungen zu treffen, um die Verdunkelung der Sache zu verhüten. Die zuweilen unscharf als „**Erster Zugriff**" charakterisierte Norm verpflichtet die Polizei zum **eigeninitiativ bedingten Tätigwerden**, d. h. zum selbstständigen Einleiten von Ermittlungsverfahren bei zureichendem Tatverdacht (wie in § 152 Abs. 2) und eigener Ermittlungsführung zu dem in § 160 bezeichneten Zweck. Die Aufgabenstellung von StA und Polizei ist im Ermittlungsverfahren in jeder Beziehung deckungsgleich. Die Polizei braucht und darf im Rahmen des § 163 nicht eine Weisung der StA abwarten. Aufgrund stärkerer Präsenz der Polizei nehmen daher die meisten Ermittlungsverfahren dort ihren Ausgang, z. T. aufgrund amtlicher Kenntnisnahme, überwiegend durch Anzeigen Privater, welche die Polizei nach § 158 Abs. 2 (wie auch StA und Amtsgerichte) entgegenzunehmen *verpflichtet* ist. Ob die Polizei darauf Ermittlungen aufnehmen muss, richtet sich nach dem **Legalitätsprinzip**, das über § 163 inhaltsgleich für die Polizei wie für die StA (§§ 152 Abs. 2, 160) gilt[156].

107

In der Masse der Verfahren ermittelt die Polizei zunächst auf der Grundlage des § 163 ohne Einschaltung der StA bis zu der von dem polizeilichen Sachbearbeiter angenommenen Abschlussreife der Sache[157]. Die Rechtmäßigkeit dieser **Ausermittlungspraxis** ist strittig[158], da § 163 Abs. 2 bestimmt, die polizeilichen „Verhandlungen" (gemeint: Akten) seien **ohne Verzug** der StA zu übersenden. „Ohne Verzug" heißt hier aber – wie auch sonst[159] – nicht „sofort", sondern nur „ohne schuldhaftes Zögern". Dies bedeutet: § 163 Abs. 2 enthält keine materiell-inhaltliche Bestimmung des Zeitpunkts, wann der Vorgang der StA zuzuleiten ist, sondern nur die Aussage, dies habe so frühzeitig, wie nach den Umständen möglich, zu geschehen. Dabei ist zu berücksichtigen, dass § 163 Abs. 1 bei richtigem Verständnis *zwei* Aufgaben beschreibt, die strukturell vollkommen der für die StA etwas ausführlicheren Regelung nach § 160 Abs. 1 und 2, 2. HS entsprechen, nämlich: Erstens Straftaten erforschen *und* Zweitens unaufschiebbare Beweissicherungsmaßnahmen treffen. Die Pflicht zur Erforschung von Straftaten wird nicht durch den zweiten Teil des § 163 Abs. 1 begrenzt. Die Sachleitungsfunktion der StA führt zu keiner anderen Betrachtung: wollte man verlangen, dass alle bei der Polizei vorhandenen Unterlagen im Ermittlungsverfahren gleich nach ihrer Entstehung an die StA weiterzuleiten sind, würde dies in der Praxis nur zu einem ungewollten Hin- und Herschieben der Akten führen und die Verfahren weiter verzögern, ohne die Sachleitung der StA effizient zu stärken, die in dieser frühen Phase regelmäßig nur formelhafte Verfügungen erlassen könnte. Daher entspricht die Ausermittlungspraxis Wortlaut und Sinn des § 163. Die Polizei bewegt sich hier nicht in einer Grauzone ihres Wirkens, die durch den Gesetzgeber in irgendeiner Form legalisiert werden müsste.

107a

---

155 *Otto*, Die preussische StA (1899), S. 55.
156 S. dazu OLG Koblenz NStZ-RR 98, 332 (an Fachhochschule abgeordnete Polizeibeamte).
157 Nach § 482 ist die StA verpflichtet, der Polizei ihr Aktenzeichen und den Ausgang des Verfahrens mitzuteilen.
158 Für unzulässig: *Peters* § 24 III; *Schlüchter* 71; *Kühne* 62; für zulässig: KK-*Griesbaum*; § 163, 4.
159 Vgl. BGHSt 21, 334, 339; NJW 91, 1900; BayObLG NJW 92, 2242; auch Rn. 64.

107b Im Ausgangsfall war K. daher berechtigt, zunächst ohne Verständigung der StA das Ermittlungsverfahren gegen N. zu betreiben, bis er die Abschlussreife annahm. Ein Bedürfnis nach früherer Einschaltung der StA ergab sich hier nicht, da eine der StA vorbehaltene Antragstellung an den Ermittlungsrichter (§ 162) wegen irgendwelcher Zwangsmaßnahmen nicht notwendig war. Nach § 163 Abs. 2 war K. nicht unbedingt verpflichtet, dem Staatsanwalt auch den Namen seines Gewährsmanns mitzuteilen. Der darin verankerte **Grundsatz der Aktenvollständigkeit** besagt nur, dass die *entstandenen* Vorgänge vollständig der StA weiterzuleiten sind und nicht selektiert werden dürfen, z. B. ein Schriftstück mit dem Namen des Gewährsmanns nicht wieder entfernt werden darf. *Was* aber die Polizei aktenkundig zu machen hat, ist damit noch nicht festgelegt; § 168b ist auf die StA bezogen und gilt für die Polizei höchstens als Richtschnur[160]. Hat K. also den Namen des Gewährsmanns an keiner Stelle in die Akten aufgenommen, so hilft dem Staatsanwalt § 163 Abs. 2 in dieser Frage nicht weiter.

108 Nach § 161 S. 1 kann die StA zum Zwecke der Strafverfolgung Ermittlungen jeder Art entweder selbst vornehmen oder durch die Behörden und Beamten des Polizeidienstes vornehmen lassen. Nach S. 2 sind diese *verpflichtet*, dem **Ersuchen** oder **Auftrag** der StA zu genügen. Zuweilen wird der Begriff „Ersuchen" für Weisungen an Behörden und Beamte des Polizeidienstes verwendet, während der Ausdruck „Auftrag" den Sonderfall der Weisung an eine Ermittlungsperson der StA betreffen soll[161]. Solcher Terminologie widerspricht, dass § 161 den Begriff der Ermittlungsperson nicht verwendet und auch § 152 GVG nur von „Anordnungen" gegenüber Ermittlungspersonen spricht. Dem Aufbau des § 161 wird es eher gerecht, Weisungen an die *Behörde* Ersuchen zu nennen und Weisungen an den einzelnen *Beamten* als Auftrag zu bezeichnen. Der Staatsanwalt kann seine Anordnung an die Behörde richten, braucht aber nicht zwingend den Dienstweg einzuhalten, sondern kann sich nach dem eindeutigen Wortlaut des § 161 auch **unmittelbar** an den einzelnen Polizeibeamten mit einer verpflichtenden Weisung wenden, eine bestimmte Ermittlungshandlung vorzunehmen[162].

Allerdings verleiht § 161 der StA nicht das Recht, in organisatorische Strukturen der Polizei einzugreifen, sodass der Staatsanwalt kein Recht zur **Auswahl** des sachbearbeitenden Polizeibeamten besitzt[163]. Ist aber ein Beamter von seinen polizeilichen Vorgesetzten einmal zur Bearbeitung einer bestimmten Sache bestimmt worden, so kann der Staatsanwalt nicht nur bezüglich des „Ob" einer Ermittlungsmaßnahme, sondern auch bezüglich der **Art und Weise** der Durchführung und der Zweckmäßigkeit verbindliche Anordnungen treffen[164]. In der StPO wird zwischen dem „Ob" und den „Wie" einer Maßnahme prinzipiell nicht unterschieden[165]. Selbst bei Anordnung unmittelbaren Zwangs und dessen Ausführung besteht ein staatsanwaltschaftliches Weisungsrecht, wie auch die *Gemeinsamen Richtlinien der Justizminister/-senatoren über die Anwendung unmittelbaren Zwang durch Polizeibeamte auf Anordnung des Staatsanwalts (RiUZw)* anerkennen[166]. In der Regel überlässt die StA der Polizei jedoch einen weiten ermittlungstaktischen Spielraum, um sich der dortigen Erfahrung und überlegenen technischen Mittel bedienen zu können.

Ihrem dogmatischen Gehalt nach stellen die Aufträge und Ersuchen der StA nach § 161 eine Fortentwicklung des Rechtsinstituts der Amtshilfe dar, welche sich jedoch nicht mehr nach allgemeinen Amtshilferegeln (Art. 35 GG, §§ 4 bis 8 BVwVfG), sondern nach

---

[160] A.A. KK-*Griesbaum* § 168, 1 unter Berufung auf BGH NStZ 97, 611; vgl. auch AG Frankfurt StV 14, 728; LG Lüneburg StV 16, 348.
[161] KK-*Griesbaum* § 161, 28; *Schlüchter* 71; dagegen wie hier: *Gössel* § 3 B IIb.
[162] KK-*Griesbaum* § 161, 28.
[163] Einschr. KK-*Griesbaum* § 161, 28.
[164] KK-*Griesbaum* § 161, 27; a. A. *Krey* ZRP 71, 225; *Weyer* Die Polizei 72, 2; *Wolf* Die Polizei 75, 393.
[165] Vgl. auch Rn. 11c.
[166] Vgl. Anlage A der RiStBV unter II.

der speziellen Bestimmung des § 161 StPO richtet. Insbesondere darf die Polizei den Staatsanwalt nicht darauf verweisen, er könne die gewünschte Amtshandlung ebenso leicht selbst vornehmen. Die umständlichen Formen und sachlichen Begrenzungen der allgemeinen Amtshilfe werden hier zugunsten eines spezifisch strafprozessualen Rechtsinstituts aufgegeben, sodass es sich rechtfertigt, dieses mit der Bezeichnung „**Ermittlungshilfe**" zu charakterisieren. Dem eindeutigen Wortlaut des § 161 zufolge („Zu dem im vorstehenden Paragraphen bezeichneten Zweck") und aufgrund der Stellung der Vorschrift im 2. Abschnitt der StPO („Vorbereitung der öffentlichen Klage") gilt die Ermittlungshilfe *nur* im Ermittlungsverfahren, nicht dagegen nach Anklageerhebung und schon gar nicht für außerhalb der StPO liegende Aufgaben der StA. Die gängige Ansicht, § 161 könne auch noch für Nachermittlungen der StA im Zwischen- und Hauptverfahren herangezogen werden[167], entbehrt daher jeder Grundlage. Es besteht auch kein praktisches Bedürfnis, für diese vergleichsweise weniger häufigen Fälle das besonders schlagkräftige Instrument des § 161 zu bemühen, da die StA insoweit auf die allgemeine Amtshilfe oder auf das Rechtsinstitut der Ermittlungsperson der StA (§ 152 GVG) zurückgreifen könnte[168].

Im vorliegenden Fall handelt es sich nicht um einen Ermittlungsauftrag, den S. an K. richtet. Es ist vielmehr ein **Auskunftsverlangen**. Nach § 161 S. 1 sind alle öffentlichen Behörden verpflichtet, Auskunftsverlangen der StA, die zum Zwecke der Strafverfolgung ergehen, Folge zu leisten[169]. Auch die Behörden des Polizeivollzugsdienstes fallen darunter. S. hätte sein Auskunftsverlangen nicht an K. persönlich, sondern an dessen Dienststelle richten müssen, soweit er sich auf § 161 hätte stützen wollen. Dem Wesen nach beinhaltet § 161 S. 1, 1. Alt. einen Fall der **gesteigerten Amtshilfe**. Satz 1 der Vorschrift regelt nicht spezifisch das Verhältnis StA/Polizei, sondern ist die Rechtsgrundlage der Weitergabe auch personenbezogener Daten *aller* Träger der Öffentlichen Verwaltung. Die allgemeinen Datenschutzregelungen schränken diese Verpflichtung nicht ein; lediglich die Bestimmungen des *bereichsspezifischen* Datenschutzes (z. B. das Steuer-, Sozial-, Postgeheimnis usw.) erfordern zu ihrer Einschränkung eine über § 161 S. 1 hinausgehende Spezialvorschrift[170].
Aufgrund des StVÄG 99 sind auch die Behörden und Beamten des **Polizeidienstes** selbst berechtigt, sonstige Behörden um Auskünfte zu Zwecken des Strafverfahrens zu **ersuchen** und von diesen – teilweise verbindlich – zu verlangen[171]. Andere Behörden sind verpflichtet, dem Auskunftsverlangen der Polizei nachzukommen, wenn dieses seinerseits auf eine Ermittlungsweisung der StA zurückgeht (§ 161 Abs. 1 S. 2, 2. HS) oder bei eigeninitiativ bedingter Ermittlungsführung der Polizei im Falle der Gefahr im Verzug (§ 163 Abs. 1 S. 2).
Allerdings ist auf Auskunftsverlangen nach § 161 an öffentliche Behörden **§ 96 analog** anzuwenden, sodass die *oberste* Dienstbehörde – d. h. bei der Polizei der zuständige Innenminister[172] – durch Abgabe einer **Sperrerklärung** die Auskunft verweigern kann, wenn das Bekanntwerden des Inhalts dem Wohl des Bundes oder eines deutschen Landes Nachteile bereiten würde[173]. Das Zusammenspiel der §§ 161 und 96 analog gehört

---

167 LG Münster JR 79, 40; *Schlüchter* 71; KK-*Griesbaum* § 161, 24; 4; a. A. *Strate* StV 85, 337; *Hahn* GA 78, 332.
168 Vgl. Rn. 109; für die hier vertretene Ansicht spricht auch, dass § 457 Abs. 1 ausdrückl. § 161 für entsprechend anwendbar erklärt, dazu Rn. 32 ff.
169 Dagegen stützen sich Auskunftsersuchen der StA an private Stellen auf § 161 Abs. 1 S. 1, 2. Alt. (Ermittlungen jeder Art, z. B. Kreditkartenabfrage), BVerfG NJW 09, 1405.
170 Vgl. BGHSt 36, 328, 337; s. auch *Kramer* CR 85, 103 ff. Zur Reichweite des Personalausweisgesetzes: OLG Frankfurt NJW 97, 2963.
171 BT-Drucks. 14/1484, S. 23 f.
172 Vgl. BGH NJW 95, 2569.
173 BGH NJW 81, 1052 (st. Rechtspr.).

zu den Dreh- und Angelpunkten der verdeckten Ermittlungsführung. Nur die Abgabe einer Sperrerklärung nach § 96 erlaubt die Abschirmung von verdeckten Ermittlern, Gewährsmännern und V-Leuten der Polizei[174]. Damit wird jedoch – wie im Ausgangsfall ersichtlich – die erforderliche Wahrheitsfindung im einzelnen Strafverfahren empfindlich gestört, da der StA und dem Gericht der Zugang zum sachnäheren Beweismittel verwehrt wird. Daher dürfen die Sperrerklärungen der obersten Dienstbehörde nicht etwa nach Gutdünken, ja nicht einmal nach Ermessen, sondern nur aufgrund einer rechtlich gebundenen Entscheidung abgegeben werden, welche grundsätzlich den Bedürfnissen der Strafverfolgung vor anderen Interessen den Vorrang einräumt[175].

Die Entscheidung ist **gerichtlich nachprüfbar**, allerdings nicht im laufenden Strafverfahren, sondern nach Ansicht des BGH und der Verwaltungsgerichte im Verwaltungsrechtsweg[176], nach überwiegender OLG-Rechtsprechung im Verfahren nach § 23 EGGVG[177]. Richtigerweise wird nach der Zielrichtung der Sperrerklärung zu differenzieren sein: sollen allgemeine Verwaltungsinteressen geschützt werden (z. B. präventive Einsätze der Polizei, militärische Geheimnisse), so gilt § 40 VwGO; geht es um die Strafrechtspflege (z. B. Schutz von V-Leuten, die in künftigen Strafverfahren Verwendung finden sollen), sind die OLGe zuständig. Im Ausgangsfall erfolgte die Inanspruchnahme des Gewährsmanns des K. aus repressiven Motiven, auch wenn der Kontakt über das einzelne Verfahren hinausgegangen sein sollte.

Die Begründung einer Sperrerklärung darf sich nicht in formelhaften Wendungen erschöpfen, sondern muss die sachlichen Erwägungen der obersten Dienstbehörde erkennen lassen. Die schlichte Behauptung, die Offenbarung der Identität eines Informanten der Polizei würde den Bruch einer **Vertraulichkeitszusage** bedeuten – wie im vorliegenden Fall – ist rechtlich nicht ausreichend[178]. Vertraulichkeitszusagen darf ein Polizeibeamter nicht ohne weiteres abgeben; nur in Bereichen schwerwiegender Kriminalität (illegaler BTM- und Waffenhandel, Falschgeld- und Staatsschutzdelikte, organisierte Kriminalität) wäre dies gerechtfertigt. Einzelheiten dazu sind in *Gemeinsamen Richtlinien der Justizminister/-senatoren und Innenminister/-senatoren der Länder über die Inanspruchnahme von Informanten sowie über den Einsatz von Vertrauenspersonen (V-Personen) und verdeckten Ermittlern im Rahmen der Strafverfolgung* bundesweit einheitlich festgehalten worden[179]. Sie sehen auch vor, dass grundsätzlich *vor* Zusicherung der Vertraulichkeit gegenüber einem Informanten die Einwilligung der StA herbeizuführen ist. Bagatellkriminalität erlaubt überhaupt keine Vertraulichkeitszusagen; mittlere Kriminalität, zu der wie hier Hehlerei gerechnet werden kann, rechtfertigt Zusagen der Vertraulichkeit nur ausnahmsweise, z. B. bei Massierung gleichartiger Straftaten, die hier nicht ersichtlich ist. Daneben müssten eine erhebliche Gefahr oder andere unzumutbare Nachteile bei Bekanntwerden der Identität drohen. Daher ist es sehr fraglich, ob die von K. richtlinienwidrig vorgenommene Vertraulichkeitszusage eingehalten werden könnte, indem eine Sperrerklärung des Innenministeriums erfolgt[180]. Ohne Sperrerklärung nach § 96 sind „Vertraulichkeitszusagen" einzelner Strafverfolgungsbeamter nicht mehr als Schall und

---

174 Dazu näher *Vitt* JURA 94, 17 ff.; OVG Lüneburg NJW 2001, 1665 (V-Mann). Sehr fragl., ob diese den Ausschluss des Verteidigers bedingende Praxis nach EGMR 03, 2893 noch haltbar ist. S. auch BGHSt 51, 150; BVerfG NJW 07, 204; ferner Rn. 92, 132a (konfrontative Zeugenbefragung).
175 Vgl. BGHSt 35, 83, 85.
176 BGHSt 44, 107 = NJW 98, 3577 ff.; BVerwG NJW 84, 2233; 87, 202; VGH Mannheim NJW 91, 2097; OVG Lüneburg NJW 12, 2372. Dazu *Katholnigg* NStZ 99, 63.
177 OLG Hamm NStZ 85, 566; Celle NJW 91, 856; Stuttgart NJW 91, 1071 f.
178 BGHSt 36, 159, 163; NJW 93, 1214: keine Verbindlichkeit der Zusage für die Gerichte.
179 Anlage D der RiStBV; ferner zu den von der Rechtspr. geforderten Voraussetzungen einer Vertraulichkeitszusicherung: OLG Stuttgart NJW 91, 1071; Celle NJW 91, 856; dazu auch *Lisken* NJW 91, 1658. Beachte ferner das Zeugenschutz-Harmonisierungsgesetz (BGBl. 01 I 3510).
180 Allerdings müssen die Strafgerichte und die StA auch rechtswidrige Sperrerklärungen faktisch hinnehmen, wenn sie nicht offensichtl. willkürl. sind; BGHSt 33, 178, 180; NJW 93, 1214; KG NStZ 89, 541.

Rauch[181]. Über § 96 hinaus erkennt das BVerfG auch noch einen „Kernbereich exekutiver Eigenverantwortung" an, der aber nur einen nicht ausforschbaren Beratungs- und Handlungsbereich der Regierung selbst betrifft[182].
Aber auch wenn festgestellt werden kann, dass die Sperrerklärung wirksam und rechtmäßig ist, bleibt noch die Frage offen, wie sich dies auf ein laufendes Strafverfahren auswirkt. Welche rechtlichen Folgen es nach sich zieht, wenn ein wichtiges Beweismittel nicht in das Verfahren eingeführt werden kann, weil die Exekutive dies durch die Abgabe einer Sperrerklärung oder die Verweigerung der erforderlichen Aussagegenehmigung verhindert mit der Folge, dass offen bleibt, ob die Beweiserhebung für den Angeklagten Be- oder Entlastendes erbracht hätte oder unergiebig geblieben wäre, ist noch nicht abschließend geklärt. Nach st. Rechtspr. des BGH darf jedoch ein Konflikt zwischen Geheimhaltungsinteressen der Exekutive einerseits und den Verteidigungsinteressen des Angeklagten sowie der Pflicht des Gerichts zur Wahrheitsermittlung andererseits nicht dazu führen, dass sich die Geheimhaltungsinteressen nachteilig für den Angeklagten auswirken. In derartigen Fällen muss durch eine besonders vorsichtige Beweiswürdigung und gegebenenfalls die Anwendung des Zweifelssatzes der Verkürzung der Beweisgrundlage und damit der Erkenntnismöglichkeiten des Gerichts Rechnung getragen werden[183]. Dies geht in aller Regel allerdings nicht so weit, dass ein Prozesshindernis entsteht, das die Einstellung des Verfahrens zur Folge hätte.

108b Die Tätigkeit der Behörden und Beamten des Polizeidienstes beschränkt sich nicht auf die Strafverfolgung, sondern ihnen ist gleichermaßen auch die Aufgabe der **Gefahrenabwehr** nach den Polizeigesetzen anvertraut. Dies gilt nicht nur für die Angehörigen der Schutzpolizei, sondern ebenso für Kriminalbeamte. Es versteht sich von selbst, dass die Weisungsrechte der StA sich nicht auf den Bereich präventiv-polizeilichen Tätigwerdens erstrecken, auch nicht in dem negativen Sinne, dass der Staatsanwalt einen Polizeibeamten anweisen könnte, eine Maßnahme der Gefahrenabwehr zugunsten der Strafverfolgung zurückzustellen[184]. Welcher Aufgabe in der konkreten Situation der Vorrang gebührt, ist eine Frage der Güterabwägung, die sich nicht generell zugunsten eines Rechtsgebiets entscheiden lässt[185]. Die Maßstäbe, nach denen man feststellt, wie ein Polizeibeamter für sich selbst die **Dominanzentscheidung** bei potenziell doppelfunktionellen Maßnahmen (d. h. auf beiden Rechtsgebieten möglichen) getroffen hat, sind in Zusammenhang mit der gerichtlichen Anfechtung dieser Handlungen entwickelt worden[186]. Durch die januskopfige Stellung der Polizei ist von jeher die gegenseitige Verwendbarkeit der auf einem Rechtsgebiet erlangten Informationen jeweils auf den anderen Sektor polizeilichen Tätigwerdens gewährleistet gewesen[187]. § 481 StPO stellt daher klar, dass Polizeibehörden nach Maßgabe der Polizeigesetze personenbezogene Informationen aus Strafverfahren verwenden dürfen; eine Ausnahme gilt dann, wenn die Polizei ausschließlich zum Schutz privater Rechte tätig wird. Die allgemeinen Verwendungsbeschränkungen nach § 161 Abs. 3 bei Erkenntnissen zu Katalogtaten gelten auch in diesem Zusammenhang (§ 479 Abs. 2 S. 1). Umgekehrt erlaubt das Polizeirecht die Verwendung von Präventivdaten in Strafverfahren, wobei dahin stehen mag, ob es spezieller Öffnungsklauseln im Polizeirecht überhaupt bedarf[188]. Eine Ausnahme macht insoweit § 161 Abs. 3 für in Wohnungen im Rahmen der Eigensicherung (z. B. Abhör-

---

181 Vgl. auch BGH NJW 96, 2171 („unbeachtliche" Vertraulichkeitsbitte); ferner BGH NJW 03, 3142, 3144; StV, 5 („ohne Bedeutung").
182 BVerfGE 67, 100, 139; 110, 199, 214; NJW 07, 1706.
183 BGHSt 49, 112 ff. = NJW 04, 1259, 1261 (El Motassadeq).
184 Vgl. unter III der Anlage A der RiStBV.
185 BGH NJW 17, 3173 (legendierte Polizeikontrolle).
186 S. daher dazu Rn. 334c und 334d.
187 Vgl. BGHSt 54, 69; BGH NJW 17, 3173 stützt dies auf § 161 Abs. 3 S. 1.
188 Z.B. § 37 Abs. 2 S. 2 PolG Ba-Wü; dazu *Wolf/Stephan*, PolG Ba-Wü, 4. Aufl., § 37, 21.

sender bei einem gefährdeten Verdeckten Ermittler) erlangte Informationen, die danach nur dann strafprozessual verwendet werden dürfen, wenn das Amtsgericht zuvor die Rechtmäßigkeit der Maßnahme festgestellt hat. Die Vermischung von Präventiv- und Repressivdaten in den Dateien der Polizei lässt die StPO ausdrücklich zu (§§ 483 Abs. 3, 484 Abs. 4), wonach in diesen Fällen die StPO die Polizeigesetze vorrangig gelten lassen will, es sei denn, die Verwendung erfolge für Zwecke des Strafverfahrens.

109 Strikt zu unterscheiden von der Strafverfolgungstätigkeit der Behörden und Beamten des Polizeidienstes als eigener Aufgabe (§§ 161, 163 StPO) ist das Rechtsinstitut der **Ermittlungsperson der StA** nach § 152 GVG. Zur Verwirrung trägt hier bei, dass die meisten Polizeivollzugsbeamten durch Rechtsverordnung *daneben* die Eigenschaft einer Ermittlungsperson der StA zuerkannt worden ist[189]. Dies gilt jedoch nicht für den gesamten Polizeivollzugsdienst, z. B. nicht für die Eingangsämter wie Polizeiwachtmeister. Neuerdings sind sogar die Angehörigen des höheren Polizeivollzugsdienstes – von Ausnahmen abgesehen – Ermittlungspersonen der StA geworden. Ferner gibt es außerhalb des Polizeivollzugsdienstes Ermittlungspersonen der StA, z. B. die Steuer- und Zollfahndung (§ 404 AO), in der Forstverwaltung, Wirtschaftsreferenten der StA u. a.[190]. Die vom Gesetz in keiner Weise abwertend gemeinte ursprüngliche Bezeichnung „Hilfsbeamter" der StA geht auf eine Übersetzung aus dem französischen Strafprozessrecht zurück[191] und rezipiert das dortige Rechtsinstitut der *police judiciaire*, d. h. einer Justizpolizei, welche der StA untersteht. Durch eine rein symbolische Neuregelung im Jahr 2004 hat der Gesetzgeber den „Hilfsbeamten der StA" umetikettiert in „Ermittlungsperson der StA", ohne dass damit sachliche Änderungen verbunden gewesen wären. Spricht das Gesetz von der „Staatsanwaltschaft", so sind gerade nicht die Ermittlungspersonen der StA gemeint, sondern Staatsanwälte, Amtsanwälte und Bundesanwälte (vgl. § 142 GVG). Die beiden Modelle des Tätigwerdens von Polizeibeamten im Strafverfahren – einmal als eigene Aufgabe der Polizei nach §§ 163, 161 StPO, zum anderen als Ermittlungsperson der StA nach § 152 GVG – stehen nebeneinander und haben prinzipiell nichts miteinander zu tun. Ein Polizeibeamter, der die Eigenschaft einer Ermittlungsperson der StA besitzt, handelt immer nur entweder als Polizeibeamter *oder* als Ermittlungsperson der StA, aber niemals gleichzeitig in beiden Eigenschaften[192]. Innerhalb eines Verfahrens kann es sein, dass er als Ermittlungsperson der StA eine Beschlagnahmeanordnung bei Gefahr im Verzug trifft, die er wenige Minuten später als Angehöriger der Polizei vollstreckt.

Die Grundidee der Gerichtspolizei und damit der Ermittlungspersonen der StA besteht darin, dass durch sie die StA *selbst* tätig wird, d. h. mittels eines *eigenen* Unterbaus, der aber nur ausnahmsweise (wie z. B. bei den von den Schwerpunkt-StAen beschäftigten Wirtschaftsreferenten) in die StA organisatorisch integriert ist. Regelmäßig werden die Ermittlungspersonen der StA dieser von anderen Behörden (Polizei, Finanzverwaltung usw.) in einer Art Organleihe zur Verfügung gestellt. Der Staatsanwalt und seine Ermittlungspersonen bilden zwar keine organisatorische, aber eine **funktionale Einheit.** Daher auch musste das Weisungsrecht der StA gegenüber ihren Ermittlungspersonen konstitutiv in § 152 GVG geregelt werden. Hier gilt das **Prinzip der Subordination**, sodass die beamtenrechtlichen Regelungen über die Verbindlichkeit rechtswidriger Weisungen – anders als bei Aufträgen und Ersuchen nach § 161 StPO – entsprechende Anwendung finden. Handlungen, die eine Ermittlungsperson in dieser Eigenschaft ausgeführt hat, sind unmittelbar der StA zuzurechnen. Ein polizeilicher Vorgesetzter (z. B. des höheren

---

189 Übersicht über die geltenden Rechtsverordnungen bei *MG-Schmitt* § 152 GVG, 6.
190 Aber infolge des Postneuordnungsgesetzes (BGBl. 94 I 2325) nicht mehr bei der Post; vgl. OLG Hamburg NStZ-RR 96, 13.
191 „Officier de police judiciaire auxiliaire au procureur impérial"; vgl. *Görgen*, a. a. O., S. 54.
192 Diese Unterscheidung liegt auch BVerwG NJW 89, 848, 850 zugrunde. Ausdrückl. a. A. *Nelles*, Kompetenzen und Ausnahmekompetenzen in der StPO (1980), S. 87; *Görgen*, a. a. O., S. 97.

Dienstes, der selbst nicht Ermittlungsperson der StA ist) ist nicht befugt, seinen Untergebenen zu solchen Handlungen anzuweisen, die dieser nur kraft seiner Eigenschaft als Ermittlungsperson der StA vornehmen dürfte, z. B. die Anordnung einer Durchsuchung bei Gefahr im Verzug. Aus dem Prinzip der funktionalen Einheit leitet sich ab, dass die StA ihre Ermittlungspersonen soweit heranzuziehen vermag, wie ihr eigener Aufgabenbereich reicht – ohne Rücksicht darauf, ob es sich um strafrechtliche oder außerstrafrechtliche Aufgaben der StA handelt[193]. Dies ergibt sich schon aus der gerichtsverfassungsrechtlichen (und nicht strafprozessrechtlichen) Verwurzelung des Rechtsinstituts. Die StA kann ihre Ermittlungspersonen bei der Steuer- und Zollfahndung auch zur Durchführung einzelner Handlungen bei der Ermittlung von Delikten heranziehen, die nicht Steuerdelikte sind, falls ihr dies im Einzelfall opportun erscheint[194], denn maßgeblich ist nur die Zuständigkeit der StA und nicht die der Behörde, welcher die Ermittlungspersonen dienstrechtlich angehören.

109a

Die Entwicklung des Rechtsinstituts des Hilfsbeamten der StA ist nicht so verlaufen, wie der historische Gesetzgeber ursprünglich erwartet hatte; es ist eher verkümmert. Ganz überwiegend werden strafrechtliche Ermittlungen auf das strafprozessuale Modell (§§ 161, 163 StPO) und nicht auf die gerichtsverfassungsrechtliche Regelung des § 152 GVG gestützt. In der Regel genügt es dem Staatsanwalt, sich an die Polizei als solche zu wenden; die Zusammenarbeit auf der Basis der §§ 161, 163 funktioniert in der **Praxis** meist erstaunlich gut. Der schon geforderten Abschaffung des Rechtsinstituts des Hilfsbeamten bzw. der Ermittlungsperson der StA ist jedoch zu widersprechen, denn die potenzielle Bedeutung des § 152 Abs. 1 GVG erweist sich gerade in den nicht häufigen Fällen von **Meinungsverschiedenheiten** zwischen StA und Polizei über die Rechtmäßigkeit von Ersuchen und Aufträgen. Verweigert die Polizei abschließend die Durchführung von Maßnahmen, zu denen sie nach § 161 aufgefordert wird, so vermag die StA diese notfalls *selbst* auszuführen – wobei sie dann auch die alleinige Verantwortung trägt – und zu ihrer Unterstützung die notwendige Zahl von Ermittlungspersonen zu aktivieren[195].

Abgesehen von diesen seltenen Fällen spielt die Eigenschaft einer Ermittlungsperson der StA in einer Reihe von Ermächtigungsnormen der StPO eine Rolle, die es den Ermittlungspersonen der StA – nicht also der Polizei als solcher – gestatten, bei **Gefahr im Verzug** bestimmte **Zwangsmaßnahmen** ebenso wie der Staatsanwalt (ohne weitere Stufung)[196] anzuordnen (z. B. §§ 98, Abs. 1, 105 Abs. 1, 81a Abs. 2, 81c Abs. 2, 111e Abs. 1, 111 Abs. 2). Blutproben können bei bestimmten Verkehrsdelikten auch ohne richterliche Entscheidung angeordnet werden. (§ 81a Abs. 2 S. 2). Nur in Ausnahmefällen ermächtigt die StPO die Polizei bzw. Polizeibeamte als solche zur Anordnung von Zwangsmaßnahmen, so z. B. nach § 127 Abs. 2 (vorläufige Festnahme), § 163b (Personenfeststellung) und ED-Behandlung (§ 81b). Das früher nur dem Richter und der StA vorbehaltene Recht, Zeugen *verpflichtend* zu laden, die auch einer Aussagepflicht unterliegen, wird durch § 163 Abs. 3 n. F. nunmehr auch auf Ermittlungspersonen der StA erstreckt. Der früher als ehern geltende Grundsatz, dass kein Bürger gezwungen werden könne, bei Polizeibeamten zu erscheinen und dort auszusagen, wurde damit – fast unbemerkt – aufgegeben.

Eine weitere Abstufung in dem Sinne, dass die Ermittlungsperson auch noch zunächst versuchen müsste, eine Anordnung der StA zu herbeizuführen und erst dann selbst die Anordnung treffen dürfte, wenn nicht nur der Richter, sondern ebenfalls der Staatsan-

---

193 Vgl. auch *Kramer* wistra 90, 169, 176; a. A. *MG-Schmitt* § 152 GVG, 5; *Gössel* § 3 B IIb.
194 Daher im Ergebnis zutreffend: BGHSt 36, 283 ff. Zu Ermittlungen der Steuer- bzw. Zollfahndung bei allgemeinen Delikten; zu gemeinsamen Ermittlungsgruppen Polizei/Zoll: *Kramer* wistra 90, 169 ff.
195 Vgl. zu so lösbaren Konfliktsituationen StA/Polizei: *Schultz/Leppin* JURA 81, 521 ff.
196 Ausführl. dazu teilw. abw.: *Müller/Trurnit* StraFO 08, 144.

walt nicht erreichbar ist, lässt sich dem Wortlaut der Eilkompetenzregelungen nicht entnehmen, wo StA und Ermittlungsperson nebeneinander gestellt sind. Dennoch wird in diesem Zusammenhang eine solche Nachrangigkeit der Ermittlungsperson gegenüber der StA vertreten[197]. Es widerspricht aber dem Charakter einer Eilregelung, die gerade die Notwendigkeit schnellen Handelns voraussetzt, dass der Beamte erst mehrere Stellen „abklappen" muss, bevor er endlich entscheiden kann. Die Gegenmeinung, die mit der Formel von der StA als Herrin des Ermittlungsverfahrens argumentiert, ist nicht praktikabel. Es bleibt daher dabei, dass Gefahr in Verzug nicht mehr bedeutet als: eine sofortige Entscheidung des Richters (nicht des Staatsanwalts) ist nicht herbeiführbar, ohne dass der Erfolg der Maßnahme gefährdet wäre. Die Grundidee des Gesetzes – an das französische Recht angelehnt – geht dahin, dass die Polizei grundsätzlich (Ausnahme: § 127 Abs. 2) keinen strafprozessualen Zwang anordnen sollte, sondern dies nur von einem besonders herausgehobenen, erfahrenen „Angehörigen" der StA, wenn auch nicht unbedingt durch den Staatsanwalt selbst, nach justiziell geprägten, also eher zurückhaltenden, Maßstäben zu geschehen hat. Gerade diese Erweiterungen des Handlungsspielraums der Hilfsbeamten und nunmehrigen Ermittlungspersonen der StA haben dazu geführt, dass der vom Sinn des Gesetzes eigentlich restriktiv zu handhabende Kreis der Hilfsbeamten/Ermittlungspersonen der StA im Laufe der Entwicklung geradezu inflationär ausgeweitet wurde, sodass heutzutage nahezu der gesamte Polizeivollzugsdienst die Eigenschaft einer Ermittlungsperson der StA besitzt. Mit diesem Missbrauch der nach § 152 Abs. 2 GVG eingeräumten Verordnungsmacht führt man das Rechtsinstitut der Ermittlungsperson der StA allerdings *ad absurdum.* Der StPO-Gesetzgeber hat seinerseits darauf so reagiert, dass besonders gravierende Zwangsmaßnahmen im Strafverfahren nur noch der Staatsanwalt selbst und nicht mehr seine Ermittlungsperson anordnen darf (vgl. §§ 100 Abs. 1, 98b Abs. 1, 100b Abs. 1, 105 Abs. 1 S. 2; 111a Abs. 1, 111n Abs. 1). Auch das BVerfG steuert dieser Tendenz neuerdings entgegen durch ein restriktives Verständnis des Begriffs der „Gefahr im Verzug"[198].

Im Ausgangsfall hat K. seine Informationen über den Gewährsmann nicht in seiner spezifischen Eigenschaft als Ermittlungsperson der StA erlangt, sondern aufgrund regulärer Ermittlungen auf der Grundlage des § 163 StPO. Eine Ausübung des Weisungsrechts nach § 152 GVG mit dem Inhalt, den K. zur Mitteilung des Namens und der Anschrift des Gewährsmannes zu verpflichten, muss daher als unzulässig betrachtet werden.

---

197 BVerfG NJW 07, 1345 f. (ohne Begründung); *Müller/Trurnit* StraFO 08, 147; OLG Nürnberg NStZ-RR 17, 286; KK-*Greven* § 98, 11.
198 BVerfG NJW 01, 1121; s. Rn. 234.

IV. Gericht

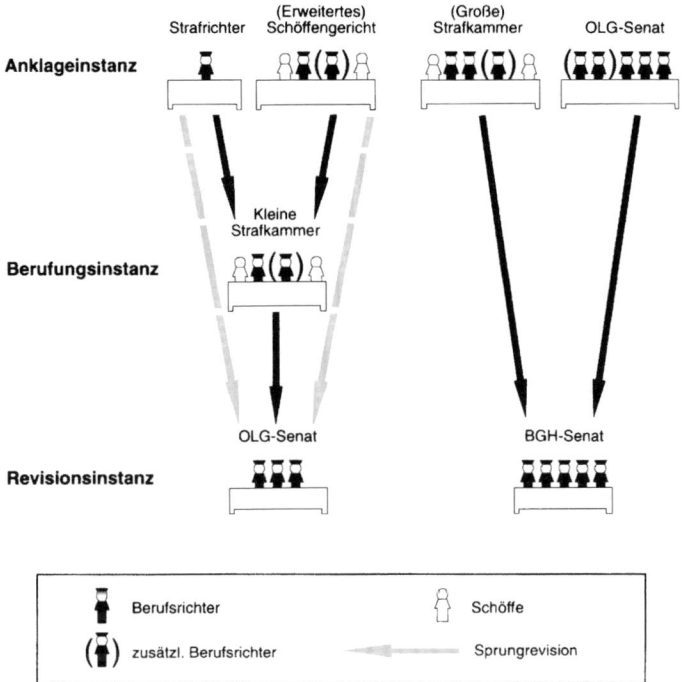

Abb. 6: Gerichtlicher Instanzenzug

J. ist dringend verdächtig, mehrere Prostituierte auf grausame Art und Weise umgebracht zu haben. Der Dezernent der StA für Kapitaldelikte hat Zweifel an der Schuldfähigkeit des J. und möchte ihn von einem Sachverständigen auf seinen Geisteszustand untersuchen lassen. In einer Vorbesprechung mit dem Sachverständigen gibt dieser zu verstehen, dass es zur Vorbereitung seines Gutachtens unumgänglich ist, den J. längere Zeit in einem psychiatrischen Krankenhaus zu beobachten. Außerdem sei es erforderlich, das Gehirn des J. röntgenologisch zu untersuchen. Der Staatsanwalt verspricht, die notwendigen Schritte einzuleiten.

110

Als Herr des Ermittlungsverfahrens kann der Staatsanwalt die Sachverständigenbestellung selbst vornehmen (§§ 160, 161), denn mit der Stellung eines Sachverständigen als solcher sind noch keinerlei Zwangsrechte verbunden[199]. Die Einschaltung eines Richters wäre insoweit rechtlich unzutreffend. Dagegen bedarf es bezüglich der Unterbringung in einer psychiatrischen Krankenanstalt und der Röntgenuntersuchung einer richterlichen Gestattung, da es sich dabei um gravierende Eingriffe in die Rechte des J. handelt.

110a

---

199 Gössel § 26 II a 1; vgl. Nr. 69 f. RiStBV; auch Rn. 148.

Dies gilt insbesondere für die vorübergehende Unterbringung in der Psychiatrie; daher schreibt § 81 Abs. 3 hier sogar die Zustimmung des Gerichts vor, das für die Eröffnung des Hauptverfahrens zuständig wäre.

1. Zuständigkeiten der Gerichte in der Strafrechtspflege

111 Die Grundlagen der ordentlichen Gerichtsbarkeit sind im Gerichtsverfassungsgesetz (GVG) niedergelegt. Zu den ordentlichen Gerichten gehören gem. § 12 GVG **Amtsgerichte (AG)**, **Landgerichte (LG)**, **Oberlandesgerichte (OLG)** und der **Bundesgerichtshof (BGH)**. Die ordentliche Gerichtsbarkeit ist nach § 13 GVG für bürgerlich-rechtliche Rechtsstreitigkeiten und Strafsachen zuständig. Diese Zweispurigkeit führt dazu, dass bei den Amtsgerichten besondere **Abteilungen** für Strafsachen, bei den Landgerichten **Strafkammern** und bei den Oberlandesgerichten und dem BGH **Strafsenate** bestehen. Außer dem BGH als reiner Revisionsinstanz sind alle Gerichte der ordentlichen Gerichtsbarkeit zur Behandlung von Anklagen der StA und Durchführung erstinstanzlicher Hauptverhandlungen zuständig.

Beim AG befindet ein Einzelrichter als sog. **Strafrichter** über Anklagen der StA, bei denen keine höhere Strafe als zwei Jahre zu erwarten ist, sowie über Privatklagen[200]. Abzulehnen ist die Ansicht, dass auch bei geringerer Straferwartung als zwei Jahre Freiheitsstrafe der Strafrichter nur für Fälle „minderer Bedeutung" zuständig sei[201], denn für diese Einschränkung gibt es keine gesetzliche Grundlage. Stellt sich am Ende der Hauptverhandlung heraus, dass eine höhere Freiheitsstrafe angemessen erscheint, kann der Strafrichter jedoch einen Strafrahmen von bis zu vier Jahren ausschöpfen (§§ 24, 25 GVG). Im Übrigen klagt die StA beim **Schöffengericht** des Amtsgerichts an, einem Spruchkörper mit einem Berufsrichter und zwei Schöffen, falls nicht die Zuständigkeit eines höheren Gerichts gegeben ist[202]. In umfangreicheren Verfahren („Punktesachen") kann gem. § 29 GVG beim Schöffengericht ausnahmsweise auch ein weiterer Berufsrichter zugezogen werden (**Erweitertes Schöffengericht**).

112 Beim LG muss Anklage zur **Strafkammer** erhoben werden, wenn mehr als vier Jahre Freiheitsstrafe – z.B. bei Raub unter Verwendung von Waffen oder Unterbringung in einem psychiatrischen Krankenhaus oder Sicherungsverwahrung zu erwarten ist (§ 24 Abs. 1 S. 2 GVG). Ebenso ist beim LG anzuklagen, wenn es sich um Delikte handelt, die in die Spezialzuständigkeit der Schwurgerichtskammer (§ 74 Abs. 2 GVG) – insbesondere Tötungsdelikte – oder der Staatsschutzkammer (§ 74a GVG) fallen. Im Ausgangsfall wäre wegen des Mordverdachts in mehreren Fällen gegen J. nach § 74 Abs. 2 Nr. 3 GVG bei der Schwurgerichtskammer des LG Anklage zu erheben. Bedenklich erscheint unter dem Gesichtspunkt des Anspruchs auf den gesetzlichen Richter (Art. 101 Abs. 1 GG) die Regelung des § 24 Abs. 1 Nr. 3 GVG, wonach die StA wegen der „**besonderen Bedeutung**" eines Falles Anklage beim LG erheben darf. Das BVerfG sieht darin jedoch keine Ermessensvorschrift; es nimmt nur einen unbestimmten Rechtsbegriff an, der gerichtlicher Nachprüfung unterliegt[203]. Folglich *muss* die StA bei besonderer Bedeutung Anklage zum LG erheben. Von besonderer Bedeutung ist eine Sache, die sich aus tatsächlichen oder rechtlichen Gründen, etwa wegen des Ausmaßes der Rechtsverletzung, wegen der Auswirkungen der Straftat, wegen der Erhöhung des Unrechtsgehalts durch die hervorragende Stellung des Beschuldigten oder Verletzten aus der Masse der durchschnittlichen Strafsachen nach oben heraushebt oder wenn die rasche Klärung einer grundsätzlichen, für eine Vielzahl gleich gelagerter Fälle bedeut-

---

200 Nur solche nach §§ 374 ff. StPO, nicht zu verwechseln mit Zivilklagen; s. Rn. 316.
201 So AG Höxter MDR 94, 1139 in Fortschreibung der Grundsätze von BVerfGE 22, 254; ebenso *Bachem* NStZ 96, 207; a.A. OLG Hamm StV 96, 300; Düsseldorf NStZ 96, 206; *Rieß* NStZ 95, 376.
202 Die Abgrenzung der Zuständigkeiten zwischen Strafrichter und Schöffengericht darf nicht willkürlich erfolgen; dazu BGH NJW 97, 204; *Kalf* NJW 97, 1489.
203 BVerfGE 9, 223; 22, 254.

same Rechtsfrage ermöglicht werden soll[204]. Neuerdings reicht auch das Bedürfnis, dem schutzbedürftigen Zeugen Mehrfachvernehmungen zu ersparen (§ 24 Abs. 1 Nr. 3 GVG). Wenn ein außerordentliches Bedürfnis vorliegt, in einer streitigen Rechtsfrage alsbald eine grundsätzliche Entscheidung des BGH herbeizuführen, wird ebenfalls besondere Bedeutung angenommen[205]. Neben den bereits erwähnten Spezialkammern des LG bestehen dort im Rahmen der allgemeinen landgerichtlichen Zuständigkeit auch **Jugendstrafkammern** (§ 74b GVG) und **Wirtschaftsstrafkammern** (§ 74c GVG)[206]. Die **Strafvollstreckungskammern** des LG (§ 78a GVG) bilden dagegen keine Anklageinstanz; sie sind gem. § 462a nur für bestimmte Entscheidungen zuständig, die während der Vollstreckung einer Freiheitsstrafe notwendig werden können[207]. Bei vorübergehender Überlastung eines ständigen Spruchkörpers des LG dürfen im Einzelfall auch sog. **Hilfsstrafkammern** aufgrund eines Präsidiumsbeschlusses gebildet werden[208].

Die traditionelle Besetzung einer Strafkammer besteht aus drei Berufsrichtern (ein Vorsitzender und zwei Beisitzer) und zwei Schöffen (**Große Strafkammer**). Jedoch ist der Gesetzgeber aus durchsichtigen fiskalischen Motiven heraus seit einigen Jahren bemüht, die personellen Ressourcen der Justiz zu strecken und sieht nach § 76 Abs. 2 GVG vor, dass die Strafkammer anlässlich ihrer Entscheidung über die Eröffnung des Hauptverfahrens auch gleich einen Beschluss darüber fasst, ob sie in einer Besetzung mit drei oder zwei Berufsrichtern (neben zwei Schöffen) tagen wird. Die Dreierbesetzung ist vorgeschrieben, wenn die große Strafkammer als Schwurgericht zuständig ist bzw. es zu einer Anordnung der Sicherungsverwahrung oder der Unterbringung in einem psychiatrischen Krankenhaus kommen könnte. Außerdem muss die Kammer in voller Besetzung tagen, wenn nach dem Umfang oder der Schwierigkeit der Sache die Mitwirkung eines dritten Richters notwendig erscheint, was in der Regel anzunehmen ist, wenn die Hauptverhandlung voraussichtlich länger als 10 Tage dauern wird oder sie als Wirtschaftsstrafkammer zuständig ist. Hat die Hauptverhandlung einmal begonnen, ist der Beschluss nicht mehr abänderbar[209]. Von der konkreten Besetzung für die Durchführung des Hauptverfahrens zu unterscheiden ist die Zahl der Richter, die dem Spruchkörper organisatorisch zugewiesen ist. Diese kann höher sein, da die Praxis eine gewisse, wenn auch nur begrenzte „**Übersetzung**" zulässt, wenn dies zur sachgerechten Erledigung der Aufgaben der Kammer unvermeidbar ist[210]. Die Hauptverhandlungen werden dann in unterschiedlicher Zusammensetzung durchgeführt. Die interne Geschäftsverteilung innerhalb der Kammer, aus der sich auch ergibt, welcher beisitzende Richter als Berichterstatter das Verfahren vorbereitet und schließlich auch die schriftliche Urteilsbegründung entwirft, ist auch von vornherein festzulegen und lässt sich vom Verteidiger einsehen[211].

Anklagen vor einem **Strafsenat des OLG** (aufgrund des neu gefassten § 122 Abs. 2 GVG grundsätzlich nur noch 3 Berufsrichter) sind selten und auf die in § 120 GVG genannten schweren Staatsschutzdelikte wie Hochverrat, Friedensverrat usw. beschränkt. Das OLG übt in diesen Fällen eigentlich Gerichtsbarkeit des Bundes aus, sodass der Generalbundesanwalt diese Fälle staatsanwaltlich vertritt (§ 142a GVG). Die frühere Zuständigkeit des BGH als erster und letzter Instanz erschien rechtsstaatlich bedenklich.

---

204 BGHSt 47, 16; s. auch Nr. 113 RiStBV.
205 BGH NJW 60, 543. Zur Frage des Medieninteresses: BGHSt 44, 34.
206 Zu deren Zuständigkeit: *Kramer*, Ermittlungen bei Wirtschaftsdelikten (1987), 48 ff.
207 Dies wirft erhebl. Abgrenzungsprobleme auf; vgl. BVerfG NJW 86, 288; 92, 2947 BGH NJW 93, 1084.
208 BGHSt 31, 389 (grundlegend); sie dürfen aber nicht zu einer ständigen Einrichtung werden, BGHSt 33, 303. Zu den Begründungsanforderungen: BGHSt 53, 268.
209 Ausnahme: BGHSt 53, 169.
210 BGHSt 33, 234 ff.; zulässig auch „Ergänzungsrichter" für den Fall, dass in einem länger andauernden Großverfahren ein Richter ausfällt.
211 BGH NJW 19, 3307.

Im Ausgangsfall wäre wegen des Tatvorwurfs Totschlag oder Mord bei der **Schwurgerichtskammer** des LG Anklage zu erheben (§ 74 Abs. 2 Nr. 4 GVG). Auch diese Kammer verfügt über keine „Geschworenen", sondern trägt ihre Bezeichnung nur aus Gründen der Tradition. Außerdem kommt auch als Rechtsfolge der Tat eine Unterbringung in ein psychiatrisches Krankenhaus nach § 63 StGB – nicht zu verwechseln mit der hier anstehenden strafprozessualen Untersuchungsmaßnahme nach § 81 StPO – in Betracht, sodass die amtsgerichtliche Zuständigkeit ausscheidet (§ 24 Abs. 1 Nr. 2 GVG). Daher muss die StA ihren Antrag auf Untersuchung in einer psychiatrischen Anstalt bei der Schwurgerichtskammer stellen. Der außerhalb der Hauptverhandlung zu fassende Beschluss der Kammer ergeht nur durch die drei Berufsrichter, d. h. noch unter Ausschluss der beiden Schöffen[212].

113 Während sich die sachlichen Zuständigkeiten aus dem GVG ergeben, legt die StPO in den §§ 7 ff. die **örtlichen Zuständigkeiten** bei der Behandlung von Strafsachen fest, die aufgrund der Verweisungsnorm des § 143 GVG entsprechend für die StA gelten (**Sequenzzuständigkeit**). Als rechtlich gleichberechtigte Gerichtsstände führt die StPO den des **Tatorts** (§ 7 i. V. m. § 9 StGB), des **Wohnsitzes** bzw. Aufenthaltsorts des Angeschuldigten (§ 8)[213] und des **Ergreifungsorts** (§ 9 Abs. 1) auf, wobei unter mehreren zuständigen Gerichten demjenigen der Vorzug gebührt, das die Untersuchung zuerst eröffnet hat (§ 12). Darunter ist die Eröffnung des Hauptverfahrens zu verstehen, die weitgehend davon abhängt, welche StA Anklage erhoben hat. Nach Nr. 2 Abs. 1 RiStBV führt aus praktischen Gründen (Verfügbarkeit der Zeugen, Nähe zu den Tatspuren usw.) grundsätzlich diejenige StA die Ermittlungen, in deren Bezirk der Tatort liegt.

Zur Vermeidung von Überschneidungen in Beweisaufnahmen ist es zuweilen sinnvoll, ganze Verfahrenskomplexe vor einem Gericht zusammenzuziehen. Diese Möglichkeit eröffnet § 13 durch den Gerichtsstand des **Zusammenhangs,** der unter den Voraussetzungen des § 3 die örtliche Zuständigkeit eines Gerichts über die bisher genannten Fälle hinaus erweitert. Ein solcher Zusammenhang ist gegeben, wenn *eine* Person *mehrerer* Straftaten beschuldigt wird oder wenn bei *einer* Tat *mehrere* Personen als Täter, Teilnehmer oder der Begünstigung, Strafvereitelung oder Hehlerei beschuldigt werden. Zu beachten ist dabei, dass der Begriff der Teilnahme hier weiter verstanden wird als im materiellen Strafrecht. Es genügt schon die strafbare, in dieselbe Richtung zielende Mitwirkung an einem einheitlichen geschichtlichen Vorgang[214].

114 Bei der Behandlung von **Rechtsmitteln** gegen erstinstanzliche Urteile werden am LG **Kleine Strafkammern** (1 Berufsrichter, 2 Schöffen) als Berufungsgericht tätig. Dies gilt für *alle* Berufungen, auch die gegen Urteile des Schöffengerichts[215]. Die (Große) Strafkammer behandelt nur noch erstinstanzliche Sachen. Das **OLG** ist Revisionsgericht in allen Verfahren, die ursprünglich beim Amtsgericht ihren Ausgang genommen haben[216]; in diesen Fällen ist ein Senat jedoch immer nur mit drei Berufsrichtern besetzt. Der **BGH** (5 Berufsrichter im Senat) behandelt die übrigen Revisionen, die sich gegen Urteile des LG und des OLG richten. Derzeit bestehen beim BGH sechs Strafsenate (4 in Karlsruhe, 2 in Leipzig), deren Zuständigkeitsbereich sich primär an den Grenzen festgelegter OLG-Bezirke orientiert[217]. Bei Steuerstrafsachen ist jedoch einheitlich für das ganze Bundesgebiet der 1. Strafsenat in Karlsruhe zuständig.

---

212 S. § 76 Abs. 1 S. 2 GVG; vgl. auch OLG Köln NJW 93, 608.
213 Bei Wohnsitz im Ausland: letzter inländischer Wohnsitz (§ 8 Abs. 2); Besonderheiten bei Auslandsbeamten (§ 11) und Soldaten im Auslandseinsatz (§ 11a); Zimmermann NJW 13, 904.
214 BGH NJW 88, 150; aber immer inländ. Gerichtsstand für § 13 erforderlich, BGH NJW 92, 1635.
215 S. auch Rn. 336.
216 In Bayern ist das BayObLG für alle Revisionen in Strafsachen zuständig, die in den Zuständigkeitsbereich eines OLG fallen, Art. 11 Abs. 2 BayAGGVG i. V. m. 9 EGGVG.
217 Zu den Streitigkeiten über die Besetzung des Vorsitzes eines BGH-Strafsenats: BVerfG NJW 12, 2334.

In der Strafrechtspflege werden die Gerichte grundsätzlich infolge des Akkusationsprinzips erst nach staatsanwaltschaftlicher Anklage tätig. Selbstständige Aufklärungsbefugnisse eines „**Untersuchungsrichters**" gibt es im geltenden Strafverfahrensrecht nicht mehr. Jedoch ist es teils aufgrund verfassungsrechtlicher Vorgaben, teils nach einfachgesetzlicher Wertung notwendig, gewisse einschneidende Maßnahmen im Vorverfahren von der Entscheidung eines unabhängigen Richters abhängig zu machen. Dieser sog. **Ermittlungsrichter** hat gerade nicht die Pflicht Ermittlungen zu führen, sondern als Kontrollorgan der Strafverfolgungsbehörden die Messbarkeit, Überprüfbarkeit und Begrenzung von Eingriffen in Grundrechte sicherzustellen[218]. Dabei handelt es sich z. B. um den Erlass von Durchsuchungsbeschlüssen (§ 105), Beschlagnahmeanordnungen (§ 98), Haftbefehlen (§ 114), Anordnungen zur Untersuchung[219] (§§ 81 ff.), die vorläufige Entziehung der Fahrerlaubnis (§ 111a), die Einrichtung einer Kontrollstelle (§ 111), die Rasterfahndung (§ 98b), den Lauschangriff (§ 100d) usw. Auch zur Sicherung von Beschuldigten- und Zeugenaussagen kommen richterliche Vernehmungen im Vorverfahren auf Antrag der StA in Betracht. Für diese Maßnahmen ist derjenige Ermittlungsrichter zuständig, in dessen Bezirk die StA ihren Sitz hat (§ 162)[220]. Ermittlungsrichter gibt es i. d. R. bei den Amtsgerichten, in Staatsschutzsachen auch beim OLG und BGH (§§ 116, 120 GVG). Dem Wesen nach handelt es sich bei der Tätigkeit des Ermittlungsrichters um eine spezielle Form der Amtshilfe gegenüber der StA, was nicht ausschließt, dass bei der Anordnung von Eingriffsmaßnahmen funktionell Akte der Rechtsprechung vorliegen[221]. Die Entscheidungen des Ermittlungsrichters entfalten Wirksamkeit, auch wenn sie im Einzelfall rechtswidrig sein sollten, sofern sie nur nicht willkürlich sind[222]. Grundsätzlich wird der Ermittlungsrichter auf Antrag der StA tätig[223]; lediglich wenn kein Staatsanwalt erreichbar ist, darf er als sog. **Notstaatsanwalt** unaufschiebbare Ermittlungshandlungen ohne Antrag – eventuell auf polizeiliche Anregung – vornehmen (§ 165). Die Bezeichnung „Notstaatsanwalt" ist irreführend, denn auch in diesen Fällen bleibt die Qualität richterlicher Tätigkeit erhalten. Der Ermittlungsrichter wird nicht ausnahmsweise zum Staatsanwalt; nach § 165 bzw. 163 Abs. 2 S. 2 wird lediglich auf den sonst erforderlichen Antrag der StA verzichtet. Die Funktion des Ermittlungsrichters, die im Gegensatz zu dem im romanischen Rechtskreis verbreiteten Untersuchungsrichter immer nur fragmentarisch ist, wird in der Praxis regelmäßig mit der des **Haftrichters** nach § 125 verbunden. Jedoch darf der Ermittlungsrichter aufgrund der eindeutigen gesetzlichen Regelung des § 162 Abs. 3 nicht die Zweckmäßigkeit einer beantragten Maßnahme, sondern ausschließlich deren rechtliche Zulässigkeit prüfen[224], zu der allerdings auch das Verhältnismäßigkeitsprinzip gehört. Ist die beantragte Maßnahme gesetzlich zulässig, *muss* der Richter den Beschluss erlassen. Den zureichenden Tatverdacht (Anfangsverdacht) darf der Ermittlungsrichter nur unter Beachtung des der StA zustehenden Beurteilungsspielraums nachprüfen[225].

Ob die Ermittlungs- und Haftrichter in der Praxis den hohen Erwartungen in sie gerecht werden, wird mit guten Gründen zunehmend bezweifelt[226]. Das Selbstverständnis vieler Ermittlungs- und Haftrichter läuft eher auf eine Absegnung staatsanwaltschaftlicher Anträge hinaus, statt kritisch ihrer „Bremserfunktion" gegenüber der StA nachzukommen.

---

218 Vgl. BVerfG NJW 92, 531 f.; s. auch Rn. 190a, 234.
219 Gem. § 81a n. F. bedarf es bei Blutproben bei §§ 315a, 315c, 316 StGB keiner richterl. Anordnung mehr.
220 Zur Vernehmung eines dem Zeugenschutzprogramm unterliegenden Zeugen: LG Karlsruhe NJW 97, 3183.
221 Abweichend *MG-Köhler* § 162, 1; *Rieß* NStZ 91, 513. S. auch *Hilger* JR 90, 485.
222 BGHSt 36, 242, 248.
223 Mündl. Antrag kann genügen, BVerfG StraFO 10, 286.
224 BVerfGE 31, 43, 46; LG Saarbrücken NStZ 89, 132; Verden StV 86, 427; KK-*Griesbaum* § 162, 17; abzul. die Ansicht, dass der Richter bei Eingriffen Ermessen ausüben darf, so aber *Rieß* NStZ 91, 513 f.
225 LR-*Erb* § 162, 34 ff.; vgl. Rn. 171.
226 Sehr bedenkenswerte Ausführungen dazu von *Asbrock* ZRP 98, 17.

Teilweise ist der Ermittlungsrichter auch strukturell gar nicht in der Lage, die ihm zugedachte Kontrollaufgabe effizient wahrzunehmen (z. B. bei Zustimmung zum Einsatz verdeckter Ermittler, umfangreichen Wirtschaftsstrafsachen), sodass die Institution des Ermittlungsrichters eher die Schwere und das Ausmaß gesetzlicher Einschränkungen von Grundrechten verschleiert. Das mangelnde Zutrauen des Gesetzgebers selbst in den Ermittlungsrichter hat dazu geführt, besonders schwere Eingriffe (wie hier im Ausgangsfall die Unterbringung im psychiatrischen Krankenhaus nach § 81) in die Kompetenz anderer richterlicher Stellen zu geben[227]. Daher sollte man sich nicht zu viel an rechtsstaatlichem Gewinn durch die Entscheidung des BVerfG erhoffen, wonach der Begriff der Gefahr im Verzug stark zugunsten der Zuständigkeit des Ermittlungsrichters zurückgeschnitten wurde[228]. Danach liegt Gefahr im Verzug nicht schon außerhalb der Dienstzeiten des Ermittlungsrichters vor; zumindest ist der Versuch erforderlich, den Richter telefonisch zu erreichen[229]. Sollte allerdings die Ermittlungsperson grob verkennen oder sich gar bewusst darüber hinwegsetzen, dass tatsächlich keine Gefahr im Verzug vorlag, nimmt die Rechtsprechung ein Beweisverwertungsverbot an[230].

Im Ausgangsfall hat der Ermittlungsrichter auf Antrag der StA daher nur einen Beschluss auf Röntgenuntersuchung des Beschuldigten gem. § 81a zu erlassen, der hier bei dem Tatvorwurf eines Tötungsdelikts verhältnismäßig erscheint. Zuständig ist das AG am Sitz der StA. Den Antrag auf eine Untersuchung des Beschuldigten in einem psychiatrischen Krankenhaus muss der Staatsanwalt bei der Schwurgerichtskammer des LG stellen.

2. Voraussetzungen richterlicher Tätigkeit im Strafverfahren

116 Zum grenzenlosen Erstaunen des Sitzungsvertreters der StA legt der Angeklagte in einem umfangreichen Verfahren vor der Wirtschaftsstrafkammer schon am ersten Verhandlungstag ein Geständnis ab. Jetzt erst wird dem Staatsanwalt bekannt, dass der Vorsitzende kurz vor Beginn der Hauptverhandlung mit dem Verteidiger vertrauliche Vorgespräche geführt hat, bei denen er namens der Kammer erklärt haben soll, „dass nach Kenntnis der Akten und bei vorläufiger Bewertung ein Geständnis des Angeklagten sich im Strafprozess so auswirken könne, dass nur mit vier Jahren Freiheitsstrafe zu rechnen sei; andernfalls werde dem Angeklagten rechtzeitig ein Hinweis gegeben." Dem Staatsanwalt gegenüber gibt der Vorsitzende zur Erklärung seines Vorgehens an, er habe den Beteiligten eine vielleicht Jahre dauernde Hauptverhandlung ersparen wollen. Insbesondere die beiden Schöffen hätten infolge der zeitlichen Inanspruchnahme durch die beiden wöchentlichen Sitzungstage möglicherweise ihren Arbeitsplatz verloren. Außerdem leide ein Beisitzer an einer unheilbaren Erkrankung der Sehkraft und wäre in den nächsten Monaten wahrscheinlich völlig erblindet.

117 Die Entscheidung über die strafrechtliche Verurteilung von Personen gehört zum traditionellen **Kernbereich der rechtsprechenden Gewalt** und muss daher nach Art. 98 GG bei Richtern liegen[231]. Richter sind nach § 1 DRiG Berufsrichter und ehrenamtliche Richter, die im Strafverfahren „Schöffen" genannt werden. Ein Richter muss in der Lage sein, alle Aufgaben zu erfüllen, zu deren Wahrnehmung er verfahrensrechtlich berufen

---

227 S. Rn. 112a, 257. Ebenso die akustische Raumüberwachung § 100d Abs. 1; s. Rn. 227.
228 BVerfGE 103, 142 = NJW 01, 1121; s. auch Rn. 234. Zur Erfüllung der Vorgaben des BVerfG wurde § 22c GVG erlassen (gemeinsamer Bereitschaftsdienst). zu den Auswirkungen: *Einmahl* NJW 01, 1393; *Möllers* NJW 01, 1397; *Krehl* wistra 02, 294; *Müller/Trurnit* StraFO 08, 147; *Kühlewein* NStZ 19, 501.
229 Vgl. BVerfG NJW 19, 1427; 15, 2787; BGH NJW 05, 1637 f.; OLG Oldenburg NStZ 16, 747.
230 Vgl. BGH NJW 17, 1332; OLG Düsseldorf NStZ 17, 177; Zweibrücken NStZ 19, 301; s. Rn. 168a.
231 BVerfGE 22, 49 ff. (Verfassungswidrigkeit der Strafgewalt der Finanzämter).

ist; dazu gehört die Fähigkeit, die in der Hauptverhandlung ablaufenden Vorgänge nach den für das Strafverfahren geltenden Grundsätzen aufzunehmen[232]. Die Mitwirkung eines **blinden Richters** in einer tatrichterlichen Hauptverhandlung berührt § 261, der verlangt, dass das Gericht seine Überzeugung aus dem Inbegriff der Hauptverhandlung schöpft. Hierzu gehören nicht nur die zwischen den Verfahrensbeteiligten gesprochenen Worte; vielmehr sind auch visuelle Eindrücke von maßgeblicher Bedeutung. Die Hauptverhandlung ist nicht nur als ein in Erklärung, Rede und Gegenrede bestehender Vorgang anzusehen. Der Gehörsinn eines blinden Richters wird zwar regelmäßig sogar dem sehenden Richter in der Wahrnehmung überlegen sein. Dieser Vorteil vermag hingegen die Fähigkeit optische Eindrücke vollständig wahrzunehmen, nicht zu ersetzen. Der Angeklagte, für den der Ausgang eines solchen Verfahrens nicht selten lebensentscheidende Bedeutung haben kann, wird erwarten, dass der Richter ihn nicht nur an*hört*, sondern auch an*sieht*[233]. Daher wäre in der Tat – wie im Fall vom Vorsitzenden befürchtet – der Prozess „geplatzt", wenn der Beisitzer die Sehkraft verloren hätte, denn dieser ist wie der Vorsitzende selbst zur vollen Wahrnehmung der Hauptverhandlung nach § 261 gezwungen.

Berufsrichter müssen beide juristische Prüfungen nach einem rechtswissenschaftlichen Studium bestanden haben und ins Richterverhältnis berufen worden sein, das sich in wesentlichen Punkten vom Beamtenverhältnis unterscheidet, insbesondere in der sachlichen und persönlichen Unabhängigkeit. **Sachliche Unabhängigkeit** bedeutet, dass der Richter weder an Weisungen seines Dienstherrn noch an die Auffassung höherer Gerichte gebunden ist; die **persönliche Unabhängigkeit** besteht in seiner Unabsetzbarkeit und – grundsätzlich auch – Nichtversetzbarkeit (§ 30 DRiG). Für **Schöffen,** die mit vollem Stimm- und Fragerecht an der Hauptverhandlung und Urteilsberatung teilnehmen, gilt die gleiche Unabhängigkeit wie für Berufsrichter. Tatsächlich pflegen sich die Schöffen – ungeachtet ihrer formalen Unabhängigkeit – stark an der Auffassung der Berufsrichter zu orientieren und fühlen sich sowohl durch die juristische Materie auch die tatsächlichen Fragen, die ein Strafverfahren aufwirft, zuweilen überfordert. Anders als z. B. im Arbeitsgerichtsverfahren oder in den zivilrechtlichen Kammern für Handelssachen handelt es sich bei Schöffen nicht um fachlich vorgebildete Laienrichter, sondern um einen repräsentativen Querschnitt aus der Bevölkerung[234]. Der Sinn des Schöffenamtes besteht in einer Versinnbildlichung der **Beteiligung des Volkes** an der Rechtsprechung. Es ist vor dem Hintergrund des rechtsgeschichtlichen Kampfs um Geschworenengerichte zu sehen und stellt den Ersatz für deren Abschaffung durch die *Emminger Reform* im Jahre 1919 dar[235]. Infolgedessen müssen Schöffen durch eine alle 5 Jahre erfolgende Wahl (nicht etwa Auslosung) unter Beteiligung der Gemeindevertretungen demokratisch legitimiert sein[236]. Dieses Verfahren (§§ 32 ff. GVG) ist äußerst kompliziert und birgt zahlreiche Fehlerquellen, die schon vielerorts zu einem Stillstand der Strafrechtspflege wegen Unwirksamkeit der Schöffenwahlen geführt haben[237]. Betrachtet man das Ergebnis der Mitwirkung der Schöffen am Strafverfahren und die manchmal nahezu unzumutbaren Belastungen der Schöffen in zeitlicher und finanzieller Hinsicht

---

[232] BGHSt 35, 166 f.
[233] Daher blindes Mitglied eines erkennenden Gerichts ausgeschlossen, BGH a. a. O.; überholt damit die noch engere Ansicht in BGHSt 34, 236; einschr. OLG Zweibrücken NJW 92, 2437. Gleiches gilt für den längere Zeit schlafenden Richter: BGHSt 2, 14 f.; 11, 74 f.; zum blinden Schöffen: BVerfG NJW 04, 2150.
[234] BGHSt 33, 41 f.
[235] Zu den geschichtlichen Hintergründen: *Ebert* JURA 96, 242.
[236] Vgl. BGHSt 37, 126; 35, 190.
[237] Vgl. BGHSt 33, 261; 33, 290; 38, 47. Falsche Vereidigung: BGH NJW 03, 2545; Verhinderung: BGHSt 47, 220. Zur Problematik der Schöffenbesetzung bei Verlegung von Sitzungstagen: BGH NJW 98, 390; 96, 267; 02, 2963; 06, 241; BGHSt 50, 132.

(vgl. den Ausgangsfall), die ja ein nicht ablehnbares bürgerliches Ehrenamt ausüben[238], so würde man sich zuweilen ein stärkeres Selbstbewusstsein der Schöffen gegenüber den Berufsrichtern wünschen, denen sie sich in der Praxis häufig unterordnen.

118 Das Vertrauen der Öffentlichkeit und der Verfahrensbeteiligten in die Unparteilichkeit der Richter ist eine entscheidende Voraussetzung wirksamer Strafrechtspflege. Deshalb kann es erforderlich werden, einen nach den Zuständigkeitsnormen des GVG und der StPO sowie der **Geschäftsverteilungspläne**[239] zuständigen gesetzlichen Richter (Art. 101 Abs. 1 GG) in besonderen Konstellationen an der Ausübung des Richteramtes zu hindern. Nach § 22 ist deshalb ein Richter automatisch von der Ausübung des Richteramtes in einem Verfahren **ausgeschlossen**, wenn er selbst durch die Straftat (unmittelbar)[240] verletzt ist oder in einem Angehörigenverhältnis zum Verletzten steht. Entsprechendes gilt für nahe familiäre Bindungen zu Beschuldigten, erst recht natürlich, wenn der Richter selbst Beschuldigter oder Beteiligter der Tat sein sollte, ohne dass letzteres ausdrücklich gesetzlich geregelt ist (*argumentum a fortiori* aus § 22 Nr. 3)[241]. Auch die Vorbefassung des Richters in der Eigenschaft als Staatsanwalt, Polizeibeamter, Anwalt des Verletzten oder als Verteidiger (§ 22 Nr. 4) in derselben Sache lässt die richterliche Unparteilichkeit stets als gefährdet erscheinen und führt zum Ausschluss. Dagegen ist die Vorbefassung in richterlicher Funktion – z. B. als Ermittlungsrichter oder bei Rückverweisung im Revisionsverfahren – kein Ausschließungsgrund, es sei denn, ein Richter muss über die Wirksamkeit seiner eigenen Entscheidungen befinden, was in den Fällen des § 23 seinen Ausschluss bewirkt. Die Vernehmung des Richters als Zeuge oder Sachverständiger in derselben Sache lässt eine unbefangene Beweiswürdigung nicht mehr zu und ist ebenfalls Ausschlussgrund (§ 22 Nr. 5)[242]. Dienstliche Äußerungen eines Richters zu reinen Verfahrensfragen stellen noch keine zeugenschaftliche Vernehmung dar[243], wohl aber (auch schriftliche) Äußerungen, die sich auf die Schuldfrage beziehen[244]. Die Mitwirkung eines kraft Gesetzes ausgeschlossenen Richters am Urteil führt zu dem absoluten Revisionsgrund des § 338 Nr. 2.

119 Falls Streit um das Vorliegen eines Ausschlussgrundes besteht, können StA, Privatkläger und Beschuldigter bzw. in seinem Namen sein Verteidiger nach §§ 24 ff. auch das **Ablehnungsverfahren** gegen den Richter betreiben[245]. Dieses ist außerdem dann möglich, wenn die Besorgnis der **Befangenheit** vorliegt, also ein Grund besteht, der geeignet ist, Misstrauen gegen die Unparteilichkeit des Richters zu rechtfertigen. Das ist der Fall, wenn der Ablehnende bei verständiger Würdigung des ihm bekannten Sachverhalts Grund zu der Annahme hat, der Richter nehme ihm gegenüber eine innere Haltung ein, die dessen Unparteilichkeit und Unvoreingenommenheit beeinflussen kann[246]. Zwar erfolgt diese Wür-

---

238   Zur Weigerung der Schöffen: OLG Frankfurt NJW 92, 1712; LG Münster NJW 93, 1088; OLG Karlsruhe NJW 96, 606; zum „Schöffenstreik": *Wacke* NJW 95, 1109. Zum Kopftuch tragenden Schöffen: LG Bochum NJW 07, 3014; anders LG Dortmund NJW 07, 3013.
239   Präsidiumsbeschluss nach § 21e GVG erforderl.; zu den Anforderungen: BVerfGE 17, 294, 299. Nichteinhaltung führt aber nur bei Willkür und nicht schon bei Irrtum zur unrichtigen Besetzung, BGHSt 11, 106, 110. Nachträgl. Änderung: BVerfG NJW 05, 2689. Daneben: kammerinterne Verteilung, BGHSt 49, 130.
240   BVerfG NJW 92, 2472; BGHSt 1, 298; bei mittelbarer Verletzung aber u. U. Befangenheit gegeben.
241   BGHSt 9, 233; 21, 142. Fall des „Dorfrichters Adam".
242   Benennung und Ladung reicht nicht aus, sond. nur wirkliche Vernehmung, BGH NJW 98, 1243 f. Vernehmung in einem anderen Verfahren zu derselben Tat genügen; BGH NJW 83, 2711. Förml. Vernehmungsprotokoll nicht nötig: BGH NStZ 98, 93.
243   BGHSt NJW 00, 1204.
244   BGHSt 45, 354. Als dienstl. Erklärung verkappt: BGHSt 47, 270.
245   Dies ist nicht öffentlich; BGH NJW 96, 2382. Zur Frage, welcher Richter im Ablehnungsverfahren mitwirken darf: BGH NJW 98, 2458. Einheitliche Beschlussfassung bei gleichzeitiger Ablehnung mehrerer Richter: BGHSt 44, 26.
246   BGHSt 21, 334, 341; 37, 298, 302. Nicht bei rechtsmissbräuchl. Verhalten des Beschuldigten selbst, BGH NJW 06, 708 (Rattengift).

digung vom Standpunkt des Ablehnenden aus, jedoch muss dieser „vernünftig" sein; es ist ein individuell-objektiver Maßstab anzulegen[247]. Besorgnis der Befangenheit kann anzunehmen sein aufgrund einseitigen Verhaltens des Richters (z. B. unberechtigte Beschneidung des Fragerechts[248]) oder herabsetzender Erklärungen[249]. Reine **Unmutsaufwallungen** des Richters sollen noch nicht zur Ablehnung berechtigen[250]. Kein Ablehnungsgrund sind die persönlichen Verhältnisse und des Richters (z. B. Familienstand, Religion, Weltanschauung, Parteimitgliedschaft[251]), wohl aber seine persönlichen Beziehungen zum Beschuldigten oder Verletzten (z. B. Nachbarschaftsstreit). **Rechtsfehler** des Richters bei der Abwicklung des Verfahrens begründen als solche noch nicht die Besorgnis der Befangenheit, wenn sie nicht völlig abwegig sind oder den Anschein der Willkür erwecken[252]. **Vorbefassung** des Richters mit der Sache in anderen Verfahren (z. B. gegen andere Tatbeteiligte) oder bei Zwischenentscheidungen im anhängigen Verfahren (z. B. Haftbefehl) führt i. d. R. nicht zur Ablehnung, da prinzipiell § 23 als eine abschließende Regelung des Wirkungen der Vorbefassung anzusehen ist[253]. Daher führt auch nicht der Umstand, dass nach erfolgreicher Revision und Rückverweisung der Sache ein an dem aufgehobenen Urteil beteiligter Richter in einem anderen Spruchkörper erneut zuständig wird, zu seiner Befangenheit[254]. Auch die Erstattung einer **Strafanzeige** durch den Richter vermag die Besorgnis der Befangenheit zu begründen[255]. Eine geschickte richterliche Methode, um einmal gegebene Befangenheitsgründe nachträglich zu neutralisieren, besteht darin, durch spätere inhaltlich gegenläufige Erklärungen den Befangenheitsgrund **wieder auszuräumen**[256]. Letztlich muss der Richter die professionelle Distanz eines Unbeteiligten und Neutralen erkennen lassen[257].

Im Ausgangsfall fragt es sich, ob nicht die **Absprache** zwischen dem Verteidiger und dem Vorsitzenden aus der Sicht der StA den Eindruck der Parteilichkeit des Richters vermittelte. Die bloße Kontaktaufnahme mit dem Verteidiger ist allerdings noch nicht zu beanstanden, denn dem Richter ist es nicht verwehrt, mit den Prozessbeteiligten auch außerhalb der Hauptverhandlung Fühlung aufzunehmen und eine sachgerechte Antragstellung anzuregen[258].
Dies wird sogar durch verschiedene Vorschriften der StPO ausdrücklich gefördert[259]. Seit 2009 ist der Gesetzgeber so weit gegangen, dass er ungeachtet der in der Rechtspre-

---

247 BGH NJW 98, 550 (Genossenschaftsbank); BGHSt 21, 334, 341.
248 BGH StV 85, 2. Z.B. bei der Vorberatung, BGH NJW 00, 965; Festlegung im Strafmaß, BGHSt 45, 312; kategorische Ablehnung von Terminverlegungsanträgen, OLG Bamberg NJW 06, 2341; Nikoläuse für die StA, AG Koblenz NJW 13, 891; Handytelefonate während der Verhandlung, BGH NJW 15, 2986. Nicht schon Pressekontakte, BGH NJW 06, 3290 (Frau Gnadenlos).
249 Z.B. „Afrikaner lügen, dass die Balken biegen" (OLG Köln StV 92, 149), „Staatsanwalt als 4. Verteidiger" (BGH NStZ 91, 348), „Ich frage mich, wo der Rechtsanwalt Recht gelernt hat" (LG Frankfurt StV 90, 258), „Für das Gericht der Typ des unverbesserlichen Gewohnheitsverbrechers" (BGH MDR 61, 432); „Sie lügen nach Aktenlage unverschämt" (BayObLG NJW 93, 2948); „vom Leben zum Tod befördern" (OLG Nürnberg NJW 07, 1013; „Superman" KG NJW 09, 96); „Quatsch" (BGH NJW 18, 2578); „Wir geben Ihrer Zukunft ein Zuhause: JVA" (BGH NStZ 16, 219); „Sie gehören ins Gefängnis" (BGH NJW 18, 2578).
250 BGH NJW 18, 2578.
251 BGHSt 51, 100 (Kanther).
252 BGH NJW 84, 1373; 1907.
253 BGHSt 50, 216 = NJW 05, 3436 f.; BGH NStZ-RR 18, 252; wenig überzeugend die Differenzierung bei OLG Celle NJW 90, 1308 f. zwischen „mechanischen Entscheidungen" und „persönlicher Überzeugungsbildung".
254 BGHSt 21, 142.
255 BVerfG NJW 12, 3228.
256 BGH NJW 09, 690.
257 Vgl. BVerfG NJW 19, 505 f.
258 BGHSt 37, 298, 305; BGH NStZ 19, 224.
259 Vgl. §§ 202a, 212, 243 Abs. 4.

chung formelhaft wiederholten Wendung, „es dürfe keinen Handel mit der Gerechtigkeit geben"[260] in § 257c eine formelle Verständigung zwischen den Verfahrensbeteiligten vorsieht[261]. Diese hochgradig umstrittene Norm wird in dieser Darstellung in Zusammenhang mit der Hauptverhandlung behandelt[262]. Hier aber ging es nicht um eine förmliche Absprache zwischen allen Verfahrensbeteiligten.

Im vorliegenden Fall hatte der Vorsitzende zwar keine festen Zusagen bezüglich des Urteils abgegeben, sondern nur „Möglichkeiten" dargestellt. Jedoch vermitteln die Umstände des Vorgesprächs mit dem Verteidiger *unter Ausschluss der StA* und der weiteren Mitglieder der Kammer den Anschein, der Vorsitzende habe eine vorgebildete Meinung. Jeder nicht zu solchen Absprachen hinzugezogene Prozessbeteiligte muss den Eindruck gewinnen, dass der Richter voreingenommen ist und im Sinne der nach außen hin als unverbindlich bezeichneten Strafhöhe entscheiden wird[263]. Daher liegt der Ablehnungsgrund der Besorgnis der Befangenheit für die StA vor. Entscheidend ist der verobjektivierte Eindruck auf den Prozessbeteiligten; unerheblich ist, ob der Richter tatsächlich befangen ist oder gar, ob er sich befangen fühlt.

119b Der Ablehnungsgrund muss im Verfahren geltend gemacht werden. Er darf nicht auf Vorrat gehalten, sondern muss gem. § 25 bis zum **Beginn der Vernehmung des Angeklagten** über seine persönlichen Verhältnisse vorgebracht werden, danach nur noch, wenn die Befangenheit begründenden Umstände später bekannt geworden sind und unverzüglich geltend gemacht werden. Nach dem letzten Wort des Angeklagten ist überhaupt keine Ablehnung mehr möglich. „Unverzüglich" bedeutet hier ebenfalls „ohne schuldhaftes Zögern"[264]. Welche Zeit für die Stellung eines Befangenheitsantrags erforderlich ist, hängt von den Umständen des Einzelfalls ab. Dem Angeklagten ist stets eine gewisse Überlegungsfrist zum Abfassen des Gesuchs einzuräumen und auch ausreichend Zeit zu gewähren, die Bedenken gegen die Unvoreingenommenheit des Richters mit seinem Verteidiger zu erörtern[265]. Sollte – wie bei erstinstanzlichen Verhandlungen vor dem LG oder OLG nach § 222a vorgeschrieben – bereits vor Beginn der Hauptverhandlung eine Mitteilung über die Besetzung des Gerichts erfolgt sein, muss das Ablehnungsgesuch schon vorher bei Gericht angebracht werden. Ein **Ablehnungsgesuch** ist bei dem Spruchkörper zu stellen, dessen Mitglied der abzulehnende Richter ist (§ 26). Der Ablehnungsgrund und die Rechtzeitigkeit des Gesuchs müssen **glaubhaft** gemacht werden. Das Gericht entscheidet unter Einschluss des abgelehnten Richters über die **Zulässigkeit** des Gesuchs. Liegt diese vor, befinden die Berufsrichter des Spruchkörpers ohne den abgelehnten Richter über die Begründetheit des Gesuchs. Unzulässigkeit kann sich nicht nur aus formalen Gründen wie Verspätung[266], sondern auch ergeben, wenn kein oder ein völlig ungeeigneter Ablehnungsgrund angegeben wird[267]. Wenn das Gericht einstimmig der Auffassung sein sollte, dass die Ablehnung das Verfahren nur verschleppen soll oder andere verfahrensfremde Zwecke verfolgt werden, gilt das Gesuch bereits als unzulässig[268]. Erst mit der Entscheidung über die Begründetheit des Gesuchs scheidet der abgelehnte Richter aus[269].

---

260 BVerfG NJW 87, 2662.
261 BGBl. 2009 I 23 53; BT-Drucks. 16/12310.
262 S. Rn. 288a.
263 BGHSt 37, 298, 303; vgl. 37, 99, 103; BGH NJW 92, 519 f.; 19, 505.
264 BGH NJW 91, 1900.
265 BayObLG NJW 92, 2242; vgl. auch OLG Düsseldorf NJW 92, 2243.
266 Vgl. OLG München NJW 07, 449; Nürnberg NJW 07, 1013.
267 BVerfG NJW 06, 3129; BGH NJW 06, 2864.
268 Gegen die Behandlung als unzulässig ist nach § 28 Abs. 2 sofortige Beschwerde mögl., s. Rn. 332.
269 Beim Amtsgericht entscheidet ein anderer Richter dieses Gerichts, § 27 Abs. 3.

D. Die Beweismittel

120 Gemäß § 261 ist das Gericht zwar bei der Würdigung der Beweise frei, jedoch muss es sich bei seiner Überzeugungsbildung auf den Inbegriff der Hauptverhandlung stützen. Kernstück der Hauptverhandlung ist die Beweisaufnahme, die in ihrem Ablauf keineswegs vom Gericht frei gestaltet werden kann, sondern strengen Regeln über die Art der Beweismittel und deren Einführung in die Verhandlung unterliegt. Dieser sog. **Strengbeweis** bezieht sich auf alle Fragen, welche die Schuld und die Strafe des Angeklagten betreffen[1]. Das Gericht ist an die erschöpfende Aufzählung von vier Beweismittelarten in der StPO gebunden: Zeugenbeweis (§§ 48–71), Sachverständigenbeweis (§§ 72–85), Augenscheinbeweis (§§ 86–93) und Urkundenbeweis (§§ 249–256). Von der sauberen Unterscheidung dieser vier Kategorien kann der Bestand eines Urteils abhängen[2]. Das Gericht muss sich bei der Einführung dieser Beweismittel an die genau vorgeschriebenen Bestimmungen der StPO halten und ist verpflichtet, mit Ausnahme offenkundiger Tatsachen auf andere Weise erlangte Erkenntnisse außer Betracht zu lassen. Keine Bindung an die strengen Beweisregeln der StPO besteht für den Beweis von verfahrenserheblichen Umständen (z. B. Verhandlungsfähigkeit des Angeklagten, Alter eines Zeugen wegen eines möglichen Vereidigungsverbots) oder bei der Überzeugungsbildung für Entscheidungen, die keine Urteile sind (z. B. Erlass eines Haftbefehls, Bescheidung einer Beschwerde usw.). Da insoweit auch von der StPO nicht vorgesehene Beweismittel benutzt werden können wie beispielsweise telefonische Auskünfte, formlose Befragungen usw., spricht man hier vom **Freibeweis**[3]. Im Ermittlungsverfahren herrscht grundsätzlich der Freibeweis. Da es jedoch Aufgabe des Ermittlungsverfahrens ist, die Hauptverhandlung vorzubereiten und eine Prognose über den möglichen Ausgang des Hauptverfahrens zu ermöglichen, sind die Ermittlungsbehörden bemüht, möglichst schon im Vorverfahren die förmlichen Beweismittel zusammenzutragen, die später im Strengbeweisverfahren eine Urteilsfindung erlauben. Die Unterscheidung von „Sachbeweis" und „Personalbeweis" stammt aus der Kriminalistik und findet sich in der StPO nicht wieder.

I. Zeugenbeweis

1. Grundlagen

121 Zeuge ist, wer seine (in der Vergangenheit liegenden) Wahrnehmungen über Tatsachen durch Aussage kundgeben soll, ohne Sachverständiger oder Beschuldigter zu sein[4]. Maßgeblich ist daher für die Zeugeneigenschaft eine **mündliche Aussage**[5]. Die „Sachdienlichkeit" der Angaben ist nicht Begriffsvoraussetzung der Zeugeneigenschaft, sondern erweist erst und leider auch nicht in jedem Falle nach Würdigung der Aussage. Inhaltlich muss sich die Aussage lediglich auf innere oder äußere **Wahrnehmungen** des Zeugen erstrecken, nicht aber auf Schlussfolgerungen und Bewertungen, die dem Sachverständigen vorbehalten sind[6]. Ein Zeuge kann grundsätzlich nur über eigene

---

1 Gössel § 24 B IV b; *Roxin/Schünemann* § 24, 2; *Kühne* 431.
2 Z.B. kein Ausschluss des Angeklagten nach § 247 beim Augenschein zulässig, BGH NJW 03, 597.
3 Bei sog. doppelrelevanten Tatsachen, die gleichzeitig Verfahrens- und Schuldfragen berühren, gilt grundsätzl. der Strengbeweis, BGH StV 82, 101.
4 Vgl. BGH NJW 93, 2881; auch innere Tatsachen (Gefühle, Eindrücke usw.) fallen darunter. Zur Abgrenzung zum Beschuldigten: Rn. 19 ff., zum Sachverständigen: Rn. 145 ff. Zu allg. Tendenzen des Zeugenbeweises: *Eisenberg* NJW 03, 3676.
5 Zur Unmöglichkeit einer unmittelbaren mündl. Verständigung infolge Behinderung: BGH NJW 97, 2335.
6 Auch keine Berechnungen oder Anwendung von Rechtsnormen, BGH NJW 05, 3650 f.

Wahrnehmungen vernommen werden, sei es, dass er die von ihm zu bekundenden Tatsachen gesehen, gehört, gelesen, gefühlt oder mit dem Geschmackssinn wahrgenommen hat[7]. Auch der **Zeuge vom Hörensagen** erfüllt den Zeugenbegriff, da seine Wahrnehmungen sich darauf beziehen, was dritte Personen ihm gegenüber geäußert haben, was er also *gehört* hat. Der Zeuge vom Hörensagen stellt ein nach dem deutschen Strafprozessrecht grundsätzlich zulässiges Beweismittel dar, das allerdings eine besonders kritische Würdigung des Beweiswertes voraussetzt. Die Angaben eines Zeugen vom Hörensagen genügen regelmäßig nicht, wenn sie nicht durch andere, nach der Überzeugung des Gerichts wichtige Beweisanzeichen bestätigt werden; das Gericht muss sich der größeren Sachferne und des grundsätzlich minderen Beweiswertes bewusst sein und dies in den Urteilsgründen zum Ausdruck bringen[8].

Kinder und selbst Geistesgestörte können Zeugen sein, denn Zeugnisfähigkeit ist lediglich von der natürlichen Fähigkeit abhängig, eigene Wahrnehmungen mitzuteilen[9]. Besondere Sachkunde schließt die Zeugeneigenschaft gem. § 85 nicht aus (**sachverständige Zeugen**), falls nicht eine förmliche Bestellung zum Sachverständigen hinzutritt. Ein solcher sachverständiger Zeuge ist beispielsweise ein Arzt, der an einem Unfallort zufällig vorbeikommt und aufgrund seiner besonderen Sachkunde die Verletzungen des Opfers zuverlässig wahrnehmen kann. Auf den sachverständigen Zeugen finden in vollem Umfang die Zeugenregeln Anwendung, sodass er – im Gegensatz zum Sachverständigen – keine Bewertungen vornehmen, Schlussfolgerungen ziehen oder allgemeine Erfahrungssätze mitteilen darf[10]. Lediglich in der Vergangenheit liegende – vielleicht aufgrund seiner Sachkunde besonders genaue – Wahrnehmungen vermag er dem Gericht mitzuteilen. Die Praxis missbraucht nicht selten die Rechtsfigur des sachverständigen Zeugen, um sich die kostspielige und zeitaufwendige Bestellung eines echten Sachverständigen zu sparen. Der **Augenscheingehilfe** bleibt trotz des richterlichen Auftrags, eine bestimmte Wahrnehmung für den Richter vorzunehmen, wegen seiner fehlenden Sachkunde ein Zeuge. Augenscheingehilfin ist beispielsweise die Frau, die nach § 81d die Untersuchung einer anderen Frau vornimmt. Die strafrechtliche Verstrickung des Zeugen in die Tat, um deren Aburteilung es geht, ändert an seiner Zeugeneigenschaft wegen des formellen Beschuldigtenbegriffs nichts. Auch der „Verdächtige" kann Zeuge sein[11]. Eine **Auskunftsperson** als Beweismittel neben dem Zeugen kennt die StPO nicht[12]; die Verwendung des Ausdrucks rechtfertigt sich höchstens im Rahmen des Freibeweises.

122 Das Strafverfahrensrecht sieht nicht die Verpflichtung von Personen vor, sich aus eigener Initiative als Zeugen zu melden[13], jedoch müssen Zeugen nach § 163b Abs. 2 durch StA und Polizei ihre **Identität** feststellen lassen. Bei Vernehmungen ist der Zeuge verpflichtet, die in § 68 vorgesehenen Angaben zur Person zu machen[14]. § 68 dient – anders als § 163b – *nicht* der Feststellung der ladungsfähigen Anschriften[15]. Dies wäre ein Zirkel-

---

7 BGH NJW 98, 1723, 1725 (Wienand).
8 Vgl. BVerfG NJW 96, 448; 92, 168; 96, 448; NJW 01, 2245; BGHSt 36, 159, 166; 33, 178, 181 f.; 34, 15, 17 ff.; s. auch *Krainz* GA 85, 402. Beachte zum zentralen Belastungszeugen EGMR NJW 03, 2893; BGHSt 51, 150; BVerfG NJW 07, 204; Rn. 92, 132a.
9 Beachte aber Besonderheiten bei jugendl. Zeugen: §§ 52 Abs. 2, 58a (Videovernehmung); 60 Nr. 1, 241a, 247 S. 2; 247a; 255a (Videoübertragung); vgl. Rn. 285b ff.; *Eisenberg* StV 89, 554; *Meier* JZ 91, 638; *Caesar* NJW 98, 2313 ff.; *Deckers* NJW 99, 1365.
10 Vgl. BVerwG NJW 86, 2268 f.
11 S. Rn. 19, 22.
12 BGH NJW 86, 390 f.
13 §§ 138, 139 StGB bezwecken nicht die Strafverfolgung, sondern die Abwendung bevorstehender Rechtsgüterbeeinträchtigungen.
14 Gilt entspr. bei staatsanwaltschaftl. Vernehmungen (§ 161a Abs. 1 S. 2), und neuerdings auch bei der Polizei (§ 163 Abs. 3 S. 1). § 68 gilt auch bei kommissarischen richterl. Vernehmungen, BGH NJW 84, 247 ff.
15 Vgl. BGH NJW 90, 1125; unklar: OLG Stuttgart NStZ 91, 297; näher *Rebmann/Scharr* NJW 89, 1185.

schluss, denn die Anwendung der Vorschrift setzt ja gerade die erfolgreiche Ladung und das Erscheinen des Zeugen voraus. Vielmehr soll die Festlegung der Identität der Aussageperson nach dem Grundsatz der Mündlichkeit erfolgen; der Zeuge ist als Beweismittel zu individualisieren und zu deanonymisieren. Damit werden einerseits Personenverwechslungen vermieden, aber es wird auch den Beteiligten die Einholung von Auskünften über den Zeugen ermöglicht, um dessen Glaubwürdigkeit zu überprüfen[16]. An sich ist dem Zeugen nach § 176 GVG ein Verhüllen seines Gesichts während der Vernehmung untersagt. § 68 Abs. 3 S. 3 lässt davon Ausnahmen in Fällen einer Gefährdung des Zeugen an Leben, Leib oder Freiheit zu. Darüber hinausgehende Techniken der Identitätsverschleierung (Kabinen, Paravents, Perücken usw., sog. Rebmannsches Gruselkabinett) müssen aber nach wie vor als unzulässig betrachtet werden[17].
Die Zielsetzungen des § 68 können im Einzelfall mit Gesichtspunkten des **Zeugenschutzes** kollidieren, falls der Zeuge Bedrohungen ausgesetzt ist. Daher hat der Gesetzgeber einen Abs. 2 des § 68 geschaffen, der es gestattet, als Ersatz für den Wohnort den Geschäftsort, Dienstort oder – völlig systemfremd – „eine andere ladungsfähige Anschrift" anzugeben. Der Vorsitzende kann sogar gestatten, ganz auf die Wohnortangabe zu verzichten. Voraussetzung ist jeweils, dass Anlass zu der Besorgnis besteht, durch die Wohnortangabe sei der Zeuge oder eine andere Person gefährdet. Abs. 3 geht noch einen Schritt weiter: ist gar Gefahr für Leib, Leben oder die Freiheit eines Menschen gegeben, so kann auf die Offenbarung der Identität (und erst recht auf Angabe von Wohn- und Aufenthaltsort) ganz verzichtet bzw. es darf eine frühere Identität angegeben werden. Damit wurde durch den Gesetzgeber der **anonyme Zeuge** in das Gerichtsverfahren erstmalig eingeführt[18]. Auch wenn dies mit Notwendigkeiten bei der Bekämpfung der organisierten Kriminalität begründet wird, so ist doch bei Fortschreiten dieser Entwicklung die Gefahr zu bedenken, dass der Angeklagte aufgrund dubioser Erkenntnisquellen, die nicht wie der klassische Zeuge überprüft und zur Verantwortung gezogen werden können, verurteilt werden könnte[19].
Greifen die Ausnahmen der Abs. 2 und 3 nicht ein, so gehören zum Katalog der anzugebenden **Merkmale nach § 68 Abs. 1**: Vornamen, Nachnamen, Geburtsnamen, Alter (nicht Geburtsdatum), gegenwärtig ausgeübter Beruf[20].
Der Woh*nort* ist *nicht* die gesamte Wohn*anschrift*, sondern die reine Ortsangabe, d. h. die politische Gemeinde[21]. Da § 68 nicht der Feststellung der ladungsfähigen Anschrift dient, genügt die Ortsangabe als identifizierendes Merkmal neben anderen, ähnlich wie der Name. Für Zeugen, die ihre Wahrnehmungen in amtlicher Eigenschaft gemacht haben – betroffen sind in erster Linie Polizeibeamte – sieht das Gesetz als Ersatz der Wohnortangabe die des Dienstortes vor, ohne dass dies dem Zeugen besonders gestattet werden müsste. Verweigert ein Zeuge die identifizierenden Angaben ohne Grund, so begeht er eine Ordnungswidrigkeit nach § 111 OWiG[22].

Zeugen sind neuerdings verpflichtet, auch polizeilichen Ladungen zu Vernehmungen in strafrechtlichen Ermittlungsverfahren Folge zu leisten, soweit die Polizeibeamten als Er-

---

16 BGHSt 33, 83, 87; entspr. sieht § 222 sogar die Namhaftmachung der Zeugen vor der Hauptverhandlung gegenüber dem Angekl. vor, dazu BGHSt 31, 1, 3.
17 Vgl. BGH NJW 84, 247 ff.; einschr. BGH NJW 03, 74; BGH StV 04, 241; NStZ 05, 43; 06, 648; auch kein „in-camera"-Verfahren: BGH NJW 00, 1661.
18 Zum anonymen Zeugen: *Joachim* StV 92, 245; *Seelmann* StV 84, 472. Ferner zum Zeugenschutz: *Rieß* NJW 98, 3240; *Griesbaum* NStZ 98, 433; zur polizeirechtlichen Seite: VG Gelsenkirchen NJW 99, 3699; *Soiné* NJW 99, 3688; 02, 470.
19 Daher nach EGMR NJW 06, 2753 (Landshut) weitere Beweise notwendig.
20 Aber nicht Dienstgrad od. frühere Berufe, BGH MDR 66, 383.
21 So klar entschieden in BGH NJW 90, 1125; a. A. *Leineweber* MDR 85, 636; besteht im Einzelfall ein Aufklärungsinteresse an der gesamten Wohnanschrift, ist dies keine Frage des § 68.
22 Daneben kommt noch § 70 StPO zur Anwendung, OLG Celle StV 88, 373; a. A. KG JR 77, 295.

mittlungspersonen der StA in deren Auftrag die Ladung aussprechen (§ 163 Abs. 3). Damit verändert sich die eingespielte Machtbalance zwischen den Ermittlungsbehörden ganz erheblich, denn strukturell überlastete Staatsanwälte werden nur zu gern solche Vernehmungsaufträge an ihre Ermittlungspersonen erteilen[23]. Lassen die Zeugen ihre polizeiliche Ladung – sei es die des Staatsanwalts oder die seiner Ermittlungsperson – unbeachtet, müssen sie neben den Sanktionen nach § 163 Abs. 4 Nr. 4 damit rechnen, dass sie gem. § 161a Abs. 1 zur staatsanwaltschaftlichen Vernehmung geladen werden. Folgen sie der Ladung nicht, kann ihr **Erscheinen** durch **Vorführung** erzwungen werden[24]. Weitere Nichtgehorsamsfolgen sind die Auferlegung der Kosten, die Verhängung eines Ordnungsgeldes bis zu 1000,– Euro (Art. 6 EGStGB) und Ersatzordnungshaft bis zu 6 Wochen. Die Erscheinungspflicht vor dem Richter ergibt sich schon aus § 48 Abs. 1 S. 1. An sich sind die Ungehorsamsfolgen vom Gesetz zwingend vorgesehen; jedoch wendet die Rechtsprechung bei geringem Verschulden den § 153 analog an und verzichtet u. U. auf Konsequenzen[25].

122b Für Zeugen besteht ferner eine **Aussageverpflichtung**, welche ebenfalls durch die genannten Zwangsmittel durchgesetzt werden kann (§§ 48 Abs. 1, S. 2, 161a Abs. 1 S. 1, 2. HS, 163 Abs. 3). Hier tritt noch nach § 70 Abs. 2 die Erzwingungshaft hinzu, die in einem Verfahren bis zu 6 Monate betragen kann. Hat die Aussage eines sich grundlos weigernden Zeugen für die Überzeugungsbildung des Gerichts erhebliche Bedeutung, darf es die Weigerung nicht einfach reaktionslos hinnehmen, sondern muss in der Regel den Zeugen durch Anwendung der Zwangsmittel zu einer Auskunft bewegen[26]. Das gilt natürlich nicht, wenn der Zeuge zwar antwortet, aber die Antwort nach Auffassung des Gerichts nicht wahrheitsgemäß ist. Bezüglich der Art und Weise der Aussage sieht § 58 Abs. 1 vor, dass Zeugen einzeln und in Abwesenheit der später zu hörenden Zeugen zu vernehmen sind; nach § 69 Abs. 1 ist dem Zeugen der Gegenstand des Verfahrens und die Person des Beschuldigten zu bezeichnen, sodass er **im Zusammenhang** anzugeben vermag, was ihm dazu bekannt ist; erst danach sind Einzelfragen zu stellen.

122c Den Zeugen trifft bei allen Aussagen eine **Wahrheitspflicht**[27]. Vor Polizei und StA können falsche Aussagen eines Zeugen die Straftatbestände der Strafvereitelung (§ 258 StGB) oder der falschen Anschuldigung (§ 164 StGB) bzw. Vortäuschung einer Straftat (§ 145d StGB) erfüllen, aber nicht den Tatbestand der Falschaussage nach § 153 StGB und schon gar nicht den des Meineids nach § 154 StGB. Falsche Aussagen vor dem Richter sind überdies ohne Rücksicht auf ihre inhaltliche Tendenz durch die Aussagedelikte nach §§ 153 ff. StGB mit sehr viel höherer Strafe bedroht. Hinsichtlich der Wahrheitspflicht und den Konsequenzen ihrer Verletzung sieht § 57 eine Ermahnung und Belehrung des Zeugen vor.

122d Eine **Vorbereitungspflicht** trifft den Zeugen nicht, was insbesondere in Hinblick auf den Tatbestand des fahrlässigen Falscheides (§ 163 StGB) wichtig sein kann. Die h. M. macht hier eine Ausnahme bei Polizeibeamten, die angeblich verpflichtet sein sollen, sich auf ihre Aussage durch Auffrischung der Erinnerung mittels der ihnen zugänglichen eigenen Aufzeichnungen und schriftlichen Unterlagen vorzubereiten[28]. Dies ist weder dogmatisch haltbar noch in den praktischen Auswirkungen tragbar. Polizeibeamte unterliegen nach § 163 ausschließlich im Vorverfahren einer besonderen Pflichtenstellung. Ihre Rolle in der Hauptverhandlung als Zeugen ist dagegen rechtlich unspezi-

---

23 Näher zu der Problematik: *Singelnstein* NJW 17, 2650; *Soiné* NStZ 18, 141.
24 Auch bei Verhinderung des gewählten Zeugenbeistands, BGH NStZ 89, 484; a. A. LG Hildesheim StV 85, 229.
25 OLG Düsseldorf NJW 93, 546. Zur Entschuldigung bei Auslandsreise: OLG Jena MDR 97, 972.
26 BGH NStZ 12, 523.
27 Zu deren Grenzen: *Dedes* JR 83, 99.
28 BGH MDR 51, 180; NStZ 14, 604; OLG Köln NJW 66, 1421; *Fischer* § 163, 5; *Schönke-Schröder-Lenckner* § 163, 3; a. A. *Kühne* 559.1.

fisch und unterscheidet sich qualitativ in nichts von der anderer Zeugen. Die Häufigkeit ihres Erscheinens vor Gericht rechtfertigt es nicht, ihnen eine im Gesetz an keiner Stelle vorgesehene, gesteigerte Pflichtenstellung in der Hauptverhandlung aufzuerlegen. Es mag zwar sein, dass bei Vorbereitung von Polizeibeamten als Zeugen die Verhandlung schneller abgewickelt, d. h. im wahrsten Sinne des Wortes dem Angeklagten „ein kurzer Prozess" gemacht werden kann. Dies geschieht jedoch um den Preis, dass sich ein verkappter Urkundenbeweises vollzieht, dessen sich das Gericht und die Verfahrensbeteiligten überhaupt nicht bewusst werden. Die arteigenen Fehlerquellen des Urkundenbeweises (z. B. Übertragungsfehler, Umformulierungen, Lücken etc.) sind andere als die des Zeugenbeweises[29]. Die Beweiswürdigung im Urteil geht in die Irre, da nicht der Erinnerungsprozess des Zeugen vor Gericht transparent wird. Vielmehr ist der Zeuge, dem eine Vorbereitungspflicht aus Schriftstücken auferlegt wird, aufgrund unrealistischer Erwartungen an sein Erinnerungsvermögen faktisch gezwungen, Aktenteile mehr oder weniger auswendig zu lernen, und gibt nicht das wieder, woran er sich wirklich noch erinnern kann. Umgekehrt bewegt sich der Verteidiger, der Zeugen auf ihre Aussage vorbereitet, in einem gefährlichen Grenzbereich zur Strafvereitelung[30].

Bei richterlichen Vernehmungen gehört zu den Zeugenpflichten die **Eidesleistung**, deren Erfüllung nach § 59 Abs. 1 n. F. in der Hauptverhandlung nicht mehr die Regel ist[31] und im Vorverfahren nur unter den besonderen Voraussetzungen des § 62 stattfinden darf. Der Grund dafür, dass der Zeuge vereidigt wird, braucht nach dem Gesetz nicht angegeben zu werden, der Umstand der Vereidigung oder auch der Nichtvereidigung[32] aber schon. Ein allgemeines **Verbot** der Vereidigung besteht nach § 60 für solche Zeugen, die das **18. Lebensjahr** noch nicht vollendet haben oder wegen mangelnder Verstandesreife oder wegen Verstandesschwäche vom Wesen und der Bedeutung des Eides keine genügende Kenntnis haben. Auch Personen, die der Tat, welche Gegenstand der Vernehmung ist, oder der Beteiligung an dieser Tat bzw. Begünstigung, Strafvereitelung oder Hehlerei verdächtig sind oder deswegen bereits verurteilt worden sind, dürfen nach § 60 nicht vereidigt werden[33]. Die gesetzlich aufgeführten Beteiligungsformen sind Konsequenz des formellen Beschuldigtenbegriffs, wonach die i. w. S. **Tatbeteiligten** Zeugen und nicht Beschuldigte sind, wenn sich nicht das Verfahren auf sie mit erstreckt. Es würde aber eine Übersteigerung der formalen Zeugenrolle bedeuten, diesen Personenkreis auch noch in die Zwangslage zu bringen, eventuell einen Meineid zu schwören, während sie als Beschuldigte straflos lügen könnten. Voraussetzung des § 60 Nr. 2 ist daher in jedem Falle, dass der Zeuge „potenzieller" Beschuldigter i. S. d. genannten Teilnahmeformen ist. Es genügt nicht, dass er sich auf andere Art und Weise – wenn auch strafbar – bemüht hat, den eigentlichen Beschuldigten der Bestrafung zu entziehen[34].

Das praktisch bedeutsame Vereidigungsverbot setzt voraus, dass das Gericht tatsächlich den – wenn auch nur entfernten – Verdacht der Beteiligung des Zeugen geschöpft hat; die theoretische Möglichkeit allein reicht nicht aus[35]. Das Vereidigungsverbot greift nicht ein, wenn eine Strafvereitelung erst mit der Aussage des Zeugen selbst verwirklicht

---

29 *Kühne* 161 ff. spricht vom Protokoll als „Zerrbild" der Vernehmung und stellt die Fehlerquellen dar; ders. 503 ff. zu den Fehlerquellen des Zeugenbeweises.
30 Näher *Hoffmann/Maurer* NJW 18, 257 (Deutsche Bank).
31 Erforderlich ist eine ausschlaggebende Bedeutung der Aussage oder die Notwendigkeit zur Herbeiführung einer wahren Aussage; zu den Konsequenzen: BGHSt 51, 81.
32 BGH StraFO 05, 244, a. A. BGHSt 50, 282.
33 Strafbares Tun in die gleiche Richtung wie beim Beschuldigten, BGH StV 92, 547; persönl. Strafausschließungsgründe unerhebl., BayObLG NJW 91, 1126; ebenso Strafverfolgungshindernisse, BGH NJW 98, 1723, 1727 (Wienand). Auch Teilvereidigung denkbar, BGH NStZ 87, 516.
34 BGH NStZ 83, 85; a. A. OLG Hamburg NJW 81, 771.
35 BGH NStZ 99, 470; StV 88, 325; BayObLG NJW 86, 202; grundsätzl. Beurteilung des Tatrichters, BGH NJW 93, 1938; aber Frage muss im Urteil erörtert sein, BGH StV 91, 197. Auch der Verdacht des § 138 StGB genügt: BGH NStZ 00, 494.

wird³⁶, was praktisch nicht selten eintritt. Vielmehr muss die Strafvereitelung der richterlichen Vernehmung zeitlich *vorausgehen*. Der Eid als Mittel zur Erzwingung einer wahrheitsgemäßen Aussage rechtfertigt sich nämlich durchaus in den Fällen, in denen der Zeuge erst während der zu beeidigenden Aussage falsch ausgesagt hat; er befindet sich in keiner Zwangslage, früher begangene Straftaten offenbaren zu müssen³⁷. Ganz verfehlt wäre es, von der Vereidigung Abstand zu nehmen, indem eine Beweiswürdigung vorweggenommen und die Zeugenaussage für unglaubwürdig erklärt wird.

123a Der Zeugeneid wird nach der Aussage geleistet. Dabei spricht der Richter die in § 64 vorgesehene Eidesformel dem Zeugen vor, der darauf antwortet: „Ich schwöre es, so wahr mir Gott helfe." Dabei soll er die rechte Hand erheben. §§ 64 Abs. 2 bis 66 sehen nun allerlei Varianten der Eidesleistung mit und ohne religiöse Beteuerung, der eidesgleichen Bekräftigung und der Eidesleistung hör- oder sprachbehinderter Personen vor. Der ursprünglich religiös motivierte Eid hat in der Gegenwart einen starken Bedeutungsverlust erlitten. Früher war nur die unter Eid geleistete Aussage strafbar; heute handelt es sich lediglich um eine Abstufung im Deliktscharakter und der Strafhöhe (vgl. §§ 153 und 154 StGB). Auch muss der Richter aufgrund des Grundsatzes der freien Beweiswürdigung der vereidigten Aussage nicht zwingend mehr Glauben schenken als der unvereidigten. Die rechtspolitische Fragwürdigkeit der Vereidigungsvorschriften, die sich mehr und mehr als „alter Zopf" erweisen, zeigt sich ferner darin, dass es in diesem Bereich leicht zu Rechtsfehlern oder fehlerhaften Protokollaufnahmen kommen kann, die zur Aufhebung von Urteilen in der Revision führen³⁸.

124 Schon das BVerfG hatte dem Zeugen unter gewissen Voraussetzungen das Recht zugebilligt, sich eines **anwaltlichen Zeugenbeistandes** zu bedienen³⁹, der aber nicht mit einem Verteidiger verwechselt werden darf. Dieses Recht ist durch § 68b massiv ausgeweitet worden und steht an sich jedem Zeugen zu. Vor allem besitzt der anwaltliche Zeugenbeistand ein Anwesenheitsrecht; das gilt auch für polizeiliche Zeugenvernehmungen (§ 163 Abs. 3 S. 2 i. V. m. § 68b Abs. 1 S. 2). Nur unter engen Voraussetzungen (Beteiligungsverdacht, Wahrnehmung fremder Interessen, Verdunkelungshandlungen) ist sein Anwesenheitsrecht zu beschneiden. Der Rechtsanwalt als Zeugenbeistand darf sich mit seinem Mandanten beraten⁴⁰. Die volle Rechtsstellung eines Verteidigers besitzt er jedoch nicht. Fällt die Zeugen- mit der Verletzteneigenschaft zusammen, so sieht die StPO außerdem das Recht auf einen Zeugenbeistand in § 406f ausdrücklich vor. Dieser hat sogar das Recht zur formellen Beanstandung von Fragen in der Hauptverhandlung (§ 406f Abs. 2 S. 2) und kann Anträge auf Ausschluss der Öffentlichkeit nach § 171b GVG stellen. Der Beistand des nebenklageberechtigten Zeugen (§ 406 g i. V. m. § 395) besitzt noch weitergehende Rechte (§ 406 g Abs. 2). An sich trägt der Zeuge, der sich einen anwaltlichen Zeugenbeistand wählt, die dadurch veranlassten Kosten selbst; der Zeuge hat grundsätzlich nur Anspruch auf finanzielle Entschädigung für Verdienstausfall und Fahrtkosten nach dem ZuSEG. Dagegen übernimmt der Staat die Anwaltskosten, wenn ihm der anwaltliche Zeugenbeistand gem. § 68b Abs. 2 bestellt wird, weil aufgrund besonderer Umstände ersichtlich ist, dass der Zeuge seine Befugnisse bei der Vernehmung nicht selbst wahrnehmen kann.

124a Bei Zeugenladung zur Hauptverhandlung durch das Gericht muss dieses gem. § 222 die Zeugen zuvor rechtzeitig dem Angeklagten und der StA namhaft machen und sogar

---

36 BGH NStZ 81, 268, 309; OLG Düsseldorf VRS 88, 364.
37 BGHSt 34, 68 ff.
38 Zur Revisibilität BGH NJW 86, 266 f.; *Dahs/Dahs* 273 ff. Einschränkend BGH NJW 06, 2934.
39 BVerfGE 38, 105.
40 Er darf auch Fragen stellen, BGH NJW 05, 377. Näher *Kramer*, Ermittlungen bei Wirtschaftsdelikten (1987), 70 ff.

den Wohn- oder Aufenthaltsort mitteilen, damit es den Verfahrensbeteiligten möglich ist, Erkundigungen einzuziehen und sich auf die Vernehmung vorzubereiten. Dies gilt unbeschadet der **Fürsorgepflicht**, welche dem Gericht zugunsten von Zeugen obliegt. Diese vermag in Extremfällen so weit zu gehen, dass ein Gericht bei Lebensgefährdung des erschienenen Zeugen nicht unbedingt auf dessen Vernehmung bestehen muss[41]. Ausdruck der Fürsorgepflicht ist auch § 68a Abs. 1, wonach Fragen nach Tatsachen, die dem Zeugen oder einem seiner Angehörigen zur Unehre gereichen könnten oder dessen persönlichen Lebensbereich betreffen, nur gestellt werden sollen, wenn es unerlässlich ist[42]. Auch Fragen nach Vorstrafen sind gem. § 68a Abs. 2 eingeschränkt. Die Vernehmung von Zeugen unter 18 Jahren wird in der Hauptverhandlung grundsätzlich vom Vorsitzenden durchgeführt (§ 241a). § 247 gestattet die Entfernung des Angeklagten aus dem Sitzungszimmer bei bestimmten dem Zeugen drohenden Nachteilen. Bei der Ausübung des Rechts zur Zurückweisung von Fragen nach § 241 muss sich der Vorsitzende auch von Fürsorgegesichtspunkten leiten lassen. Jedoch ist hier Zurückhaltung angesagt, denn dies kann auf Kosten der Wahrheitsfindung gehen. Das GVG erlaubt zum Schutz des Zeugen und seiner Privatsphäre ferner den Ausschluss der Öffentlichkeit (§§ 171b, 172 GVG).

Als gesetzliche Konkretisierung der Fürsorge der Strafverfolgungsorgane zugunsten schutzbedürftiger Zeugen, insbesondere Opfern von Sexualstraftaten und Kindern, ist die sog. **Videovernehmung** durch das Zeugenschutzgesetz vom 30.4.1998 in das Strafverfahren eingeführt worden[43]. Abgesehen davon, dass die Videoaufzeichnung einer Vernehmung[44] von kindlichen Opferzeugen (unter 18 Jahren) oder von Zeugen, die in der Hauptverhandlung voraussichtlich nicht vernommen werden können, durch § 58a zum Regelfall erklärt wird, erlaubt der neue § 168e eine solche richterliche Vernehmung von schwerwiegend gefährdeten Zeugen im Vorverfahren, bei der die eigentlich Anwesenheitsberechtigten (Beschuldigter, Verteidiger, StA) der Vernehmung nur zeitgleich in einem anderen Raum folgen können, in den Bild und Ton übertragen werden. Ähnlich sieht § 247a für die Hauptverhandlung eine Bild- und Tonübertragung einer Zeugenvernehmung – eventuell sogar aus dem Ausland – in den Sitzungssaal vor[45]. Jedoch befindet sich der „vernehmende" Richter dann nicht beim Zeugen, sondern im Sitzungssaal mit den anderen Verfahrensbeteiligten. Den Aufzeichnungsmöglichkeiten korrespondiert, wenn auch nicht nahtlos abgestimmt § 255a, wonach vor allem in Verfahren wegen Straftaten gegen das Leben, die sexuelle Selbstbestimmung oder wegen Misshandlung von Schutzbefohlenen die Vernehmung von Zeugen unter 18 Jahren durch die Vorführung der Videoaufzeichnung seiner früheren richterlichen Vernehmung ersetzt werden kann[46]. Bei aller Technikbegeisterung des StPO-Gesetzgebers muss zu diesen Neuregelungen kritisch angemerkt werden, dass die fortschreitende Erosion des Unmittelbarkeitsprinzips bei Zeugenvernehmungen mit einem Verlust an Zuverlässigkeit und Glaubwürdigkeit von Zeugenaussagen gerade in den Kriminalitätsbereichen erkauft wird, in denen der ungefilterte persönliche Eindruck von der Aussageperson am wichtigsten ist[47].

---

41 Vgl. BGHSt 33, 70, 74; ferner zum Zeugenschutz *Rebmann/Schnarr* NJW 89, 1185 ff.
42 BGH NJW 05, 1519 (Fragen aus dem Intimbereich).
43 Dazu *Rieß* NJW 98, 3240; *Caesar* NJW 98, 2314 f. Noch ohne Rechtsgrundlage wurde die Videovernehmung praktiziert von LG Mainz NJW 96, 208; zur Neuregelung: *Schlothauer* StV 99, 47. Neuerdings auch über Distanz: § 58b.
44 Durch Neufassung des § 163 Abs. 3 S. 1 gilt § 58a auch bei polizeil. Vernehmungen; s. schon BT-Drucks. 13/7165.
45 BGH NJW 99, 3788; einschr. NJW 00, 2517; s. Rn. 287a.
46 Keine ergänzende Zeugenvernehmung, BGH NJW 03, 2761. Im Übrigen verweist § 255a Abs. 1 auf die Durchbrechungen des Unmittelbarkeitsprinzips bei Urkunden; s. auch Rn. 159 ff.
47 Um so wichtiger wird das Recht auf konfrontative Zeugenbefragung, BVerfG NJW 10, 925.

2. Freistellung von der Aussageverpflichtung
a) Zeugnisverweigerungsrecht der Angehörigen

125 A. lebt seit Jahren in einer eheähnlichen Lebensgemeinschaft mit der X., der Hauptverdienerin im gemeinsamen Haushalt. Eine Eheschließung beabsichtigen beide nicht. Sein Kumpel B. ist geschieden; gelegentlich trifft er sich noch mit seiner früheren Frau Y. Um ihre Finanzen aufzubessern, beschließen A. und B., einen Juwelierladen zu überfallen. Nach erfolgreicher Ausführung der Tat führen Spuren zu A. und B., die aber in dem gegen beide gemeinsam geführten Ermittlungsverfahren ihre Täterschaft pauschal in Abrede stellen. Die StA beabsichtigt, X. und Y. dazu zu vernehmen, wo sich A. und B. zur Tatzeit aufgehalten haben. Bevor die Vernehmungen stattfinden können, verstirbt B. überraschend infolge eines Autounfalls.

126 In dem gegen A. allein weiterzuführenden Ermittlungsverfahren sind X. und Y. als Zeugen gem. § 161a Abs. 1 grundsätzlich verpflichtet, auf Ladung vor der StA zu erscheinen und auszusagen. Hier könnten jedoch Ausnahmen von der Aussageverpflichtung eingreifen. Für Zeugen sieht die StPO in § 52 ein **Zeugnisverweigerungsrecht** (ZVR) aus persönlichen Gründen und in § 53 ein solches aus beruflichen Gründen vor. Hier kommt nur das ZVR der Angehörigen nach § 52 in Betracht. Der Sinn und Zweck dieser Einschränkung der Aussagepflicht besteht darin, dass dem Zeugen die Konfliktlage zwischen Wahrheitspflicht und emotionalen Bindungen zu Verwandten erspart bleiben soll[48]. Die Besonderheit einer Vernehmungssituation besteht in einem **Widerstreit der Pflichten**, nämlich der Wahrheitspflicht einerseits und den sozialen Pflichten, die aus den familiären Bindungen eines Zeugen gegenüber dem Beschuldigten erwachsen; darauf nimmt § 52 StPO Rücksicht[49]. Der **familiäre Friede** im weitesten Sinne soll dadurch nicht zerstört werden, dass ein naher Angehöriger im Strafverfahren gezwungen wäre, gegen einen anderen Angehörigen Angaben zu machen. Zum einen soll der Zeuge vor der Versuchung der Falschaussage geschützt werden, zum anderen soll das familiäre Verhältnis gewahrt werden[50]. Es ist niemand gezwungen, in einem Verfahren auszusagen, das sich gegen einen Angehörigen richtet, worum auch immer es bei der Aussage gehen könnte; allgemein sollen die familiären Beziehungen von solcher prozessualer Pflicht freigehalten werden[51]. Dabei darf nicht im Einzelfall darauf abgestellt werden, ob die Bindungen vielleicht schon so zerrüttet sind, dass kein schützenswürdiges Verhältnis mehr vorhanden ist. Dies lässt sich von einem Außenstehenden nicht zuverlässig beurteilen. Vielmehr ist aufgrund der vom Gesetzgeber bezeichneten familiären Beziehung typisierend von deren Schutzwürdigkeit auszugehen. Die Entscheidung liegt bei dem Zeugen selbst. Der bedenkliche Wahrheitsgehalt von rechtlich erzwungenen Aussagen naher Angehöriger ist nach h. M. dagegen nicht der Hintergrund des § 52, sondern wäre lediglich im Rahmen der freien Beweiswürdigung nach § 261 zu berücksichtigen[52].

---

48 *Gössel* § 25 B II a 2; KK-*Bader* § 52, 1.
49 Vgl. BGH NJW 94, 2904 (Sedlmayr).
50 BGHSt 11, 213, 216; NJW 92, 1116 f.
51 BGH StV 92, 51 f.
52 BGHSt 11, 213, 215.

Die Beweismittel

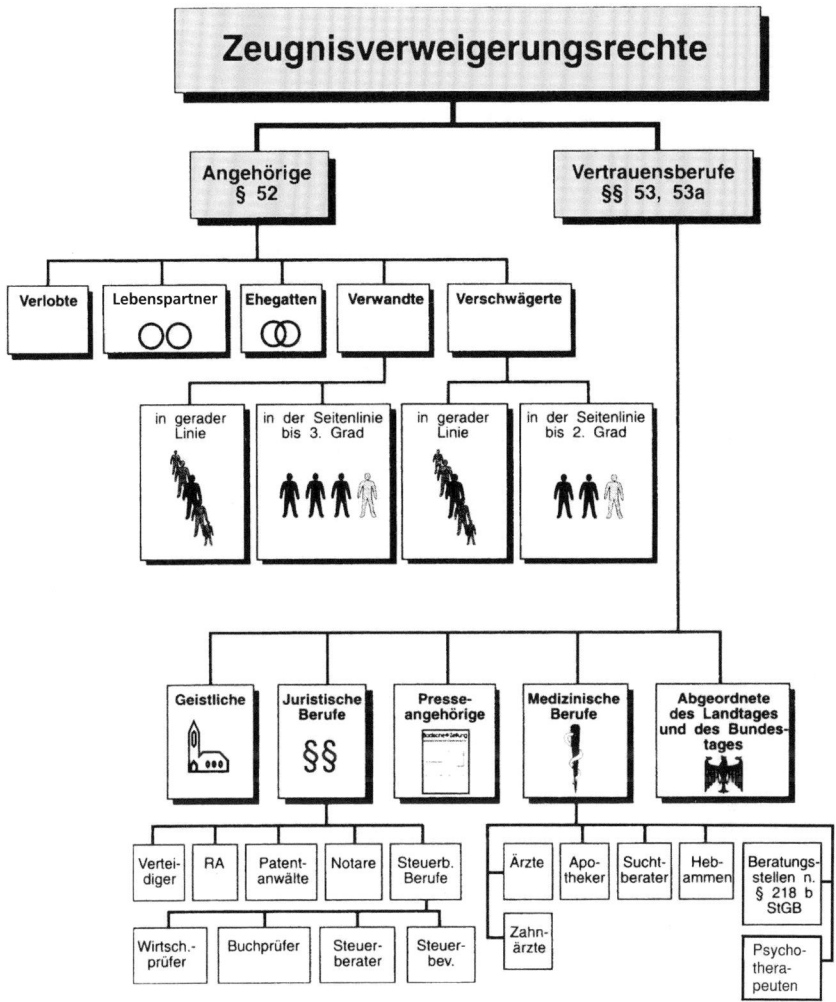

Abb. 7: Zeugnisverweigerungsrechte

Zur Verweigerung des Zeugnisses sind nach § 52 berechtigt: der Verlobte und der Ehegatte des Beschuldigten sowie Personen, die mit dem Beschuldigten verwandt oder verschwägert sind. Außerdem nennt § 52 Abs. 1 Nr. 2a **Lebenspartner**, worunter nach früherem Recht nur der „eingetragene" gleichgeschlechtliche Lebenspartner verstanden wurde[53]. Seit Inkrafttreten des Gesetzes zur Einführung des Rechts auf Eheschließung für Personen gleichen Geschlechts am 1.10.2017 können jedoch keine neuen Lebenspartnerschaften mehr eingetragen werden. Überwiegend wird daher das ZVR nach Nr. 2a nur noch als Auslaufmodell für zuvor eingetragene Fälle betrachtet und wäre demnächst obsolet[54]. Dies ist jedoch nicht überzeugend. Der BGH hat im Strafrecht in

---

[53] Sog. Gesetz zur Beendigung der Diskriminierung gleichgeschlechtlicher Lebenspartnerschaften, BGBl. 01 I 266 ff.; Art. 3 § 18; dazu BT-Drucks. 14/3751; ZRP 2000, 359; *Krings* ZRP 00, 409; *Dethloff* NJW 01, 2598.
[54] So im Ergebnis KK-*Bader* § 52, 14a; *MG-Schmitt* § 52, 5a.

Anknüpfung an das BVerfG einen materiellen Begriff der Lebenspartnerschaft entwickelt, der explizit auch verschiedengeschlechtliche Beziehungen umfasst[55]. Danach handelt es sich um eine Lebenspartnerschaft zwischen zwei Personen, die auf Dauer angelegt ist, keine weitere Lebensgemeinschaft gleicher Art zulässt und sich durch innere Bindungen auszeichnet, die ein gegenseitiges Einstehen der Partner füreinander begründen und damit über die Beziehung in einer reinen Haushalts- und Wirtschaftsgemeinschaft hinausgeht. Es gibt keinen Grund, warum dies nicht auch im Strafprozessrecht so gelten sollte, zumal der Gesetzeswortlaut nicht mehr von „eingetragen" spricht und die Nr. 2a damit eine dauerhafte funktionale Bedeutung behält, die einem praktischen Bedürfnis entspricht.

Unter **Verlobung** wird in Anknüpfung an den familienrechtlichen Begriff des BGB ein ernsthaftes Eheversprechen verstanden[56]. Eine analoge Anwendung der §§ 52, 53 scheidet aus, da es sich um Ausnahmevorschriften handelt. Angesichts der grundsätzlichen Aussageverpflichtung besteht keine Lücke im Gesetz. Die zivilrechtlich unwirksame Mentalreservation des Heiratsschwindlers wird im Strafprozessrecht anerkannt, dagegen ein nur von Minderjährigen abgeschlossenes Eheversprechen gilt als wirksam[57]. Die zivilrechtliche Akzessorietät ist also begrenzt.

Im Ausgangsfall wären A. und X. keine Verlobten, da sie nicht die Absicht haben zu heiraten. Nach der hier vertretenen Auffassung wäre ein ZVR der X. aber als Lebenspartnerin des A. gegeben. Ihre Beziehung erfüllt vollkommen die Definition der Lebenspartnerschaft durch den BGH. Damit wird auch das lange umstrittene ZVR der „Ehe ohne Trauschein" endlich einer dogmatisch sauberen Lösung zugeführt.

128 Während der Verlobte nur während des Bestehens des Verlöbnisses ein ZVR besitzt, billigt § 52 Abs. 1 Nr. 2 dem **Ehegatten** – wie übrigens auch dem Lebenspartner – des Beschuldigten in jedem Falle dieses Recht zu, auch wenn die Ehe/Lebenspartnerschaft nicht mehr besteht. Ob ein wirksamer Eheschluss vorliegt, richtet sich nach den formalen Vorschriften des Zivilrechts; Nichtigkeitsgründe wirken sich strafverfahrensrechtlich nicht aus[58]. Auch die sog. Scheinehe, d.h. die formal wirksame Eheschließung eines Ausländers mit einem deutschen Ehepartner ausschließlich zur Erlangung einer Aufenthaltserlaubnis, führt daher zu einem ZVR nach § 52 Abs. 1 Nr. 2[59].

Im Fall besaß Y. daher schon in wörtlicher Anwendung des § 52 Abs. 1 Nr. 2 ein ZVR aufgrund ihrer früheren Eheschließung mit dem B., solange das Verfahren zu dessen Lebzeiten auch noch gegen B. als Mitbeschuldigten geführt wurde. Da das ZVR nach § 52 nur seinem Ursprung nach in einer persönlichen Beziehung wurzelt, wirkte es sich ebenfalls zugunsten des A. aus. Eine Aufspaltung der Ausübung des ZVR innerhalb eines Verfahrens zugunsten des einen Beschuldigten und der Aussage in Hinblick auf einen anderen Mitbeschuldigte ist unmöglich, *wenn beide derselben Tat beschuldigt werden*[60]. Y. konnte daher, solange das Verfahren gegen A. und B. anhängig war, bezüglich *aller* Fragen von ihrem ZVR Gebrauch machen, auch solcher, die nur den A. betrafen, soweit nur ein Zusammenhang zwischen den gegen A. und B. erhobenen Vorwürfen besteht.

Es fragt sich aber, ob dies alles auch noch gilt, nachdem B. verstorben ist und das Verfahren allein gegen den A. betrieben wird. Dabei ist zu berücksichtigen, dass nach st. Rechtspr. das einmal entstandene ZVR nicht wieder untergeht, wenn einer der Mitbeschuldigten – z.B. aufgrund einer Verfahrenstrennung – aus dem Verfahren ausschei-

---

55 BGH NJW 18, 2139 in der Folge von BVerfGE 87, 234, 26.
56 BGHSt 23, 17; OLG Frankfurt NStZ-RR 07, 241. Gleichgestellt ist das Versprechen der Lebenspartnerschaft.
57 BGHSt 3, 215; RGSt 38, 242.
58 BGHSt 9, 37; selbst bei Bigamie ZVR gegeben.
59 BayObLG NStZ 90, 187.
60 Vgl. BGH NJW 92, 1116 f.; 98, 3363 f.; NStZ 12, 340; zweifelnd: NStZ 12, 221.

det⁶¹. Danach genügt es, dass zwischen dem Angehörigen des Zeugen und dem anderen, zu dessen Gunsten das ZVR wirken soll, in *irgendeinem* Stadium prozessuale Gemeinsamkeit in dem Sinne bestanden hat, sodass sie in Bezug auf dasselbe historische Ereignis nach prozessrechtlicher Betrachtung förmlich Mitbeschuldigte gewesen sind⁶². Nach früherer Rechtsprechung galt dies sogar in den Fällen, in denen der beschuldigte Angehörige später verstorben oder das gegen ihn gerichtete Strafverfahren rechtskräftig abgeschlossen war⁶³. Diese Konsequenzen gehen jedoch zu weit, denn eine Gefahr strafrechtlicher Nachteile für den früheren Mitbeschuldigten ist nicht mehr erkennbar, wenn das Verfahren gegen ihn rechtskräftig abgeschlossen ist, vom Fall seines Todes ganz zu schweigen. In solchen Situationen das ZVR weiter wirken zu lassen, ist reiner Formalismus und stellt die Rechtskonstruktion über die zu schützenden Werte. Daher hat der BGH inzwischen zu Recht anerkannt, dass das ZVR zugunsten des früheren Mitbeschuldigten, der nicht selbst Angehöriger des Zeugen ist, im Fall der Rechtskraft des Verfahrens endet⁶⁴. Dies muss erst recht so sein, wenn der Angehörige verstorben ist⁶⁵, wie im vorliegenden Fall des B. Daher muss Y. ihrer Aussagepflicht nunmehr nachkommen.

129 **Verwandte** in gerader Linie (voneinander abstammende Personen wie Eltern, Großeltern, Kinder des Beschuldigten) besitzen nach § 52 Abs. 1 Nr. 3 stets ein ZVR. Sind sie in der Seitenlinie verwandt (gemeinsame Abstammung von derselben Person wie bei Geschwistern, Nichten, Neffen) reicht das ZVR bis zum 3. Grad der Verwandtschaft. **Verschwägerte** (Verwandte des Ehegatten) sind in gerader Linie stets zeugnisverweigerungsberechtigt (z. B. die Schwiegereltern)⁶⁶. In der Seitenlinie berechtigt Verschwägerung bis zum 2. Grad zur Verweigerung des Zeugnisses. Wandelt man den Ausgangsfall dahin ab, dass A. und B. Brüder sein sollen, so wäre die Y. in der Seitenlinie im 2. Grad mit A. verschwägert und besäße aus diesem Grund ein ZVR. Bei A. und B. wäre trotz der zwischen ihnen bestehenden Verwandtschaft 2. Grades in der Seitenlinie *kein* ZVR gegeben, solange das Verfahren gegen beide gemeinsam betrieben wird. Denn als Mitbeschuldigten steht diesen ausschließlich das Aussageverweigerungsrecht zu, von dem sie allerdings aus beliebigen Motiven (z. B. auch um einen Angehörigen zu schützen) Gebrauch machen könnten. Ein ZVR würde erst bei Trennung des Verfahrens zur Entstehung gelangen.

130 Als der zum Jähzorn neigende B. deutlich unter alkoholischer Beeinflussung stehend gegen 3.00 Uhr die eheliche Wohnung betritt, kommt es zu einem Streit mit seiner Ehefrau E. Dabei misshandelt B. die E. in einer ihr Leben gefährdenden Weise und fügt ihr erhebliche Verletzungen zu. Da die Nachbarn verdächtige Geräusche in der Wohnung von B. und E. hören, alarmieren sie eine Polizeistreife. Der Streifenbeamte P. schreibt am Tatort eine Anzeige wegen des Verdachts der gefährlichen Körperverletzung und vernimmt die E. über den Vorfall, nachdem er sie zuvor eingehend über ihr Zeugnisverweigerungsrecht als Ehefrau des Beschuldigten B. belehrt hat. Zum Hauptverhandlungstermin haben sich E. und B. jedoch wieder ausgesöhnt. E. erklärt vor dem Richter, sie mache nunmehr von ihrem ZVR Gebrauch.

---

61 BGHSt 34, 215 m. w. N. Anders wenn ein völlig neues Verfahren eingeleitet wird: BGH NJW 98, 3363.
62 BGHSt 34, 138 f.; dagegen genügt nicht die bloße Gleichzeitigkeit polizeil. Ermittlungen, BGH NJW 87, 1955; die Verbindung muss durch eine zumindest konkludente Handlung der StA erfolgen, BGH NStZ 12, 341.
63 BGH NJW 81, 117; 84, 405.
64 BGHSt 38, 96 ff.; dazu: *Fischer* JZ 92, 570; *Otto* NStZ 91, 220; *Hoffmann* MDR 90, 111.
65 So nun BGH NJW 92, 1118; auch bei Freispruch, BGH NJW 93, 2326.
66 Zu Einzelheiten s. §§ 1589 f. BGB. Keine Besonderheiten bei nichtehelichen Kindern; Adoption wirkt wie leibl. Abstammung; einschr. bei Adoption Erwachsener; auch bei halbbürtigen Geschwistern, BGH StV 88, 89.

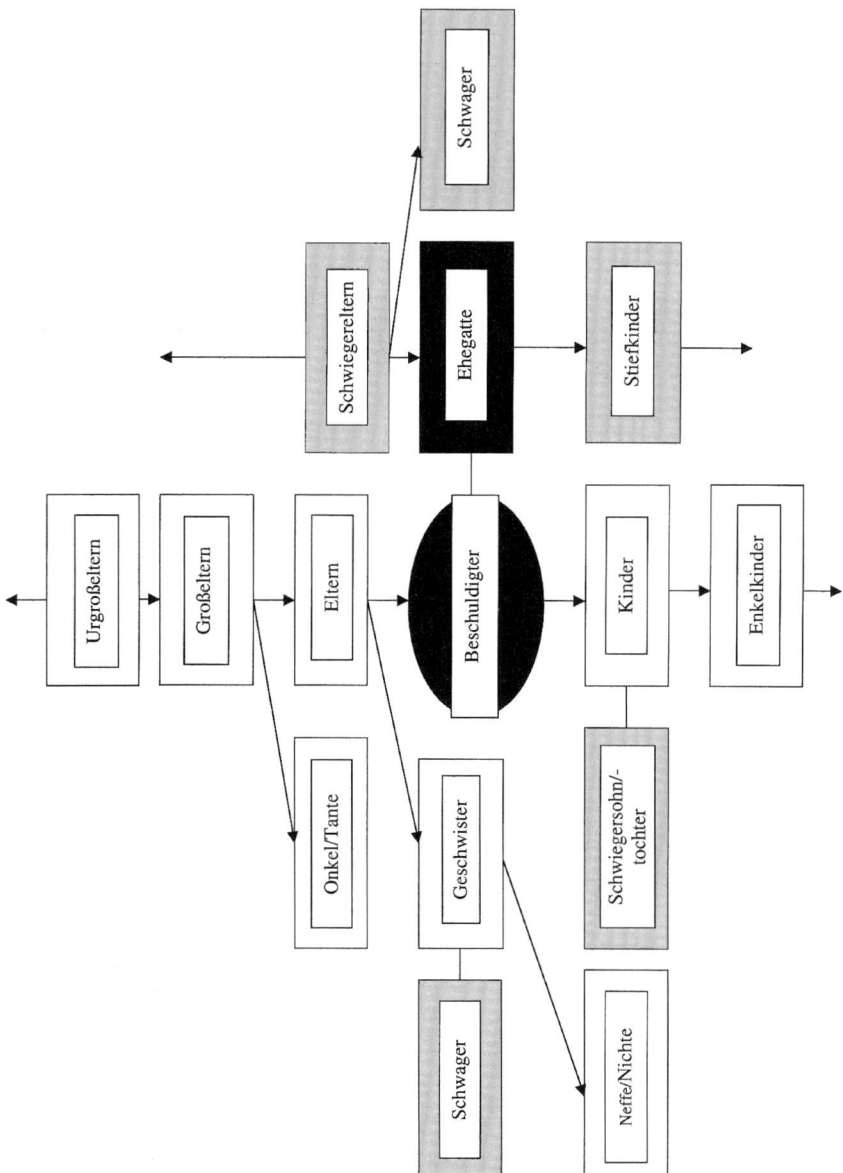

Abb. 8: Zeugnisverweigerungsrechte aus persönlichen Gründen

131 Der Umstand, dass E. nunmehr von ihrem ZVR Gebrauch macht, darf nicht als Indiz gegen den B. herangezogen werden. Ihren ursprünglichen **Verzicht** auf das ZVR kann sie jederzeit widerrufen (vgl. § 52 Abs. 3 S. 2). Würde die Tatsache, dass ein Zeugnisverweigerungsberechtigter von sich aus nichts zur Aufklärung beigetragen hat, geprüft und bewertet werden, so könnte er von seinem Schweigerecht nicht mehr unbefangen Gebrauch machen, weil er befürchten müsste, dass daraus später nachteilige Schlüsse zu Lasten des Angeklagten gezogen werden[67]. Es wäre aber daran zu denken, das polizeiliche Vernehmungsprotokoll nach § 249 als Urkunde in der Hauptverhandlung zu verlesen, falls dem nicht das ZVR der E. entgegensteht. Zur Verhinderung der Umgehung des Zeugnisverweigerungsrechts sieht das Gesetz eine Reihe von Sicherungen vor. Dazu gehört die **Belehrungspflicht** über das Bestehen des Zeugnisverweigerungsrechts der Angehörigen nach § 52 Abs. 3, die vor *jeder* Vernehmung des Zeugen zu beachten ist[68]; ferner das **Beschlagnahmeverbot** für gewisse Beweismittel, auf die sich ein ZVR erstreckt (§ 97), Einschränkungen bei der Herausgabepflicht in Bezug auf Beweismittel (§ 95 Abs. 2 Satz 2), das allerdings nicht für Angehörige, sondern nur für Berufsgeheimnisträger geltende Ermittlungs- und Verwertungsverbot nach § 160a und vor allem das **Verlesungsverbot** nach § 252 für Aussagen eines Zeugen, der erst in der Hauptverhandlung von seinem Recht, das Zeugnis zu verweigern, Gebrauch macht. Die E. hat vor der Hauptverhandlung polizeilich ausgesagt und macht nun in der Hauptverhandlung von ihrem ZVR Gebrauch[69]. Folglich greift das Verlesungsverbot nach § 252 ein, ohne dass die Belehrung vor der Polizei daran etwas ändert. Dieses Ergebnis ließe sich auch nicht dadurch vermeiden, dass man die E. „sicherheitshalber" erst gar nicht zur Hauptverhandlung lädt, denn solange Ungewissheit darüber besteht, ob der Zeuge in der Hauptverhandlung nicht doch vom ZVR Gebrauch machen könnte, greift § 252 ein[70].

Es wäre aber eine Vernehmung des Streifenbeamten P., der die E. befragt hat, erwägenswert. Damit würde jedoch § 252 umgangen. Sinn und Zweck des § 252 bestehen darin, dem zeugnisverweigerungsberechtigten Zeugen noch später die Möglichkeit einzuräumen, frei über die Verwertung seiner Aussage gegen den Angehörigen zu entscheiden. Die Gefährdung des familiären Friedens durch Verwertung der Aussagen eines Angehörigen gegen den anderen hängt nicht davon ab, ob das Protokoll einer früheren Aussage verlesen wird oder ob ein Zeuge vom Hörensagen den Vernehmungsinhalt mündlich wiedergibt. Daher muss § 252 analog auf die Fälle angewandt werden, in denen die frühere Aussage durch einen Strafverfolgungsbeamten als **Zeugen vom Hörensagen** in die Hauptverhandlung eingeführt werden soll. Der Umstand, dass der Beamte strafprozessual korrekt vorgegangen ist und belehrt hat, ändert an dieser Konsequenz nichts. Dies entspricht im Ergebnis der st. Rechtsprechung des BGH, der dies jedoch wohl eher als Auslegungsfrage ansieht[71]. Demnach wendet die st. Rechtspr. § 252 über seinen engen Wortlaut hinaus nicht nur als reines Verlesungs-, sondern auch als Beweisverwertungsverbot an[72].

Die Rechtsprechung macht von diesen Grundsätzen lediglich eine **Ausnahme** für den Fall, dass der Zeuge von einem **Richter** über sein ZVR belehrt wurde und dann frei ausgesagt hat. In diesen Fällen darf der Richter – anders als ein Staatsanwalt oder Polizeibeamter – in der Hauptverhandlung als Zeuge vom Hörensagen vernommen werden,

---

67 BGHSt 34, 324, 327; StV 85, 353; NStZ 85, 87; gilt auch für Ausübung des ZVR in früheren Verfahrensabschnitten; anders bei partieller Verweigerung des Zeugnisses bzw. der Untersuchung nach § 81c Abs. 3, BGHSt 32, 140 ff. Zielgerichtete Beeinflussung des Zeugen bei der Ausübung des Rechts unzul., BGH NJW 89, 2403.
68 Auch bei Minderjährigen, BGH NStZ 91, 398; Befragung durch Sachverständigen, BGH NJW 91, 2432 f.; 89, 2762 f. Ergänzende Befragung ist keine neue Vernehmung, BGH NStZ 87, 373, anders wenn abgeschlossen, BGH NStZ 84, 418. Keine Belehrung über Rechtsfolgen erforderl., BGH NStZ 85, 36. Unterlassene Belehrung führt nach allg. Ans. zum Verwertungsverbot, BGHSt 14, 159 f.; 12, 235; anders wenn Recht gekannt, BGH NStZ 90, 549, oder ein Verlöbnis verschwiegen, BGH NJW 03, 2619.
69 Erscheinenspflicht besteht grundsätzl. auch bei Absicht, vom ZVR Gebrauch zu machen, BGHSt 21, 12.
70 Vgl. BGH NJW 96, 206 f.; NStZ-RR 00, 210; BGHSt 25, 176 f.
71 Seit BGHSt 2, 99 ff.; BGH NJW 03, 2619 f.
72 Wenig logisch ist es danach das unverwertbare nicht-richterliche Protokoll im Rahmen der Vernehmung des Richters vorzuhalten, so aber BGH NStZ-RR 12, 212. Zutr. dagegen OLG Hamm NStZ 12, 53 f.: allgemeines Verwertungsverbot, daher auch keine Vorhalte.

auch wenn der Zeuge nunmehr von seinem ZVR Gebrauch macht[73]. Der BGH stützte diese unterschiedliche Behandlung der verschiedenen Vernehmungspersonen ursprünglich darauf, dass nur bei richterlichen Vernehmungen eine juristisch einwandfreie Belehrung über das ZVR gewährleistet sei. Dies ist in der Begründung wenig überzeugend, nachdem seit Jahren auch StA und Polizei gesetzlich zu der Belehrung verpflichtet sind (§§ 161a Abs. 1 S. 2, 163 Abs. 3 S. 1). Dennoch ist dem BGH im Ergebnis zu folgen, denn die richterliche Vernehmung – auch die durch den Ermittlungsrichter oder bei kommissarischer richterlicher Vernehmung außerhalb der Hauptverhandlung – lässt sich als ein vorgezogener Ausschnitt aus der Hauptverhandlung betrachten. Aus zahlreichen Einzelvorschriften[74] ist der Grundgedanke des Gesetzes ablesbar, dass richterliche Vernehmungen formal weitgehend gleich behandelt werden, z. B. in der Protokollierung, den Anwesenheitsrechten usw. Auch die materiellrechtlichen Garantien des Zeugenbeweises (Aussagedelikte nach §§ 153 ff. StGB) sind nahezu identisch. Die Unabhängigkeit des Richters gewährleistet außerdem, dass der Zeuge nicht im Interesse eines Aufklärungserfolgs zum Verzicht auf sein ZVR gedrängt wird. Begreift man also richterliche Vernehmungen als *ausgelagerte Teile der Hauptverhandlung*, wäre eine unterschiedliche Wirkung der Ausübung des ZVR, nachdem vor dem Richter ausgesagt wurde, nicht sachgerecht. Dabei ist zu bedenken, dass das einmal in der Hauptverhandlung vor dem Richter Ausgesagte schon immer als weiterhin verwertbar betrachtet wurde, auch wenn der Zeuge während der Verhandlung – was er kann – sich anders besinnt und doch das ZVR ausübt[75]. Maßgeblich für die Verwertbarkeit ist weniger der Umstand, dass eine Belehrung durch den Richter eher geeignet sei, dem Zeugen die Tragweite seiner Aussage bewusst zu machen[76], als vielmehr der Gesamtrahmen und die rechtliche Qualität richterlicher Vernehmung. Dies wird ferner daran deutlich, dass die aufgezeigten Grundsätze auch dann gelten sollen, wenn das ZVR aus beruflichen Gründen (§ 53) betroffen ist, wo eine Belehrung über das ZVR gesetzlich nicht vorgesehen ist[77]. Bei Angehörigen bedarf es dagegen des gesetzlich in § 52 Abs. 3 vorgeschriebenen Hinweises auf ihr ZVR. Weitergehende Belehrungen darüber, dass die Aussage vor dem Richter auch dann verwertbar bleibt, wenn sich der Zeuge später anders besinnt, sind nicht erforderlich[78]. Als der eigentliche Sinn und Zweck des § 252 kann daher angesehen werden, die freie Ausübung des ZVR vor dem *Richter* zu garantieren, auch wenn der Wortlaut, der von „Hauptverhandlung" spricht, etwas zu eng geraten ist, weil der Gesetzgeber vom Regelfall ausgegangen ist. Der Anwendungsbereich des § 252 ist daher in den Fällen formal einwandfreier richterlicher Vernehmung teleologisch zu reduzieren. Richtigerweise müsste auch die Verlesung des richterlichen Protokolls möglich sein, was die bisherige Rechtsprechung jedoch noch ablehnt und die Verwertbarkeit auf den Weg des Richters als Zeuge vom Hörensagen beschränkt[79]. Hat der Ermittlungsrichter jedoch eine Bild-Ton-Aufzeichnung des ordnungsgemäß belehrten Zeugen mit ZVR nach § 255a Abs. 2 vorgenommen (z. B. ein minderjähriges Opfer eines sexuellen Missbrauchs), so lässt der BGH das Vorspielen der Aufzeichnung in der Hauptverhandlung zu, ohne dass der Richter selbst noch einmal aussagen müsste. Denn nach dem Gebot der bestmöglichen Sachaufklärung sei das Abspielen der Videoaufzeichnung authentischer als eine zeugen-

---

73 BGHSt 2, 99, 106; 9, 195, 197; 13, 394, 396; 36, 384 f.; sogar bei Richter außerhalb des Strafverfahrens, BGHSt 17, 324; BGH NJW 98, 2230 und bei ausländ. Rechtshilfe, BGH NJW 88, 2187 f.; a. A. *Gössel* § 25 D II 2e 1; dagegen weitergehend *Schlüchter* 497.3; näher *Geerds* JuS 91, 199.
74 Vgl. §§ 68 ff.; 168 f., 223, 251 Abs. 1; vgl. auch zur Qualität der Aussage vor dem Richter: BGH NJW 87, 1652.
75 BGH NJW 88, 716; StV 84, 326. Auch BGHSt 49, 72, 83 spricht „vorverlagerten Teil der Hauptverhandlung".
76 So aber BGHSt 32, 25, 31.
77 BGHSt 18, 146; aber nicht bei Entbindung von der Schweigepflicht, BGH NStZ 12, 281.
78 BGH (Gr. Senat) NJW 17, 94 gegen 2. Senat NStZ 5, 710.
79 BGH StV 93, 458; BGHSt 49, 72 ff. (auch nicht Videoaufzeichnung einer richterlichen Vernehmung nach § 255a Abs. 1, wohl aber nach Abs. 2).

schaftliche Aussage; das gilt auch, wenn der Opferzeuge nachträglich von seinem ZVR Gebrauch macht[80].

Allerdings kann auch der Fall eintreten, dass ein ZVR-berechtigter Zeuge zunächst bei der Polizei oder der StA aussagt, er später vom ZVR Gebrauch macht, aber *einer Verwertung seiner früheren nicht-richterlichen Aussage ausdrücklich zustimmt*, womit er sich eine Aussage vor Gericht erspart. Nunmehr hat der BGH für diesen Fall entschieden, dass die frühere nicht-richterliche Aussage verwertbar bleibt und § 252 für den Fall der **Zustimmung** des Zeugen zur Verwertung nicht eingreift[81]. Ein solcher Verzicht auf das in § 252 enthaltene Verwertungsverbot ist mit der gleichzeitigen Ausübung des ZVR vereinbar, da dieses allein den persönlichen Belangen des Zeugen und nicht der Wahrheitsfindung dient und daher in seiner Reichweite zur Disposition des Zeugen steht. Mit dieser Überlegung steht allerdings nicht in Einklang, dass der BGH in einer wenig später ergangenen Entscheidung diese Grundsätze allein auf „ordnungsgemäß zustande gekommene polizeiliche oder staatsanwaltschaftliche Vernehmungen" beschränken will und die Verwertbarkeit trotz Zustimmung des Zeugen bei einem von einem Verteidiger aufgesetzten Erklärungsprotokoll verneint[82]. Im Gegenteil müsste in diesem Fall die Verwertbarkeit erst recht gegeben sein, denn nur durch Begründungsklimmzüge lässt sich überhaupt die (analoge) Anwendung des auf Vernehmungen beschränkten § 252 auf Anhörungen durch den Verteidiger konstruieren.

Im vorliegenden Fall ist E. polizeilich vernommen worden. P. darf wegen der Anwendung des § 252 auf den polizeilichen Zeugen vom Hörensagen nicht vernommen werden. Die Vorschrift enthält damit ein Verwertungsverbot. Eine nachträgliche Zustimmung der E. zur Verwertung ihrer früheren Aussage liegt nicht vor. Lässt sich der Beweis gegen B. nicht anders führen, ist mit dem Freispruch des B. zu rechnen. Daher stellen Zeugnisverweigerungsrechte ein erhebliches Prozessrisiko für die Ermittlungsbehörden dar. Sie können dieses nur vermeiden, indem sie auf der Grundlage der Rechtsprechung eine sofortige richterliche Vernehmung der E. zu einem Zeitpunkt erwirken, in welchem sie noch aussagebereit ist. Allerdings haben die Ermittlungsbehörden nicht immer die Möglichkeit, auf den Ausweg der richterlichen Vernehmung auszuweichen. Dieser Weg ist nur tauglich, wenn bereits zum Zeitpunkt des Ermittlungsverfahrens ein ZVR besteht, über das der Ermittlungsrichter zu belehren vermag. Entsteht das ZVR erst später, z. B. weil erst nach der Aussage im Ermittlungsverfahren eine Verlobung erfolgt oder Mitbeschuldigte infolge Verfahrenstrennung zu Zeugen werden, bleibt es bei einer für die Ermittlungsbehörden nicht vermeidbaren Unsicherheit über den Verfahrensausgang[83]. Der BGH hat erwogen, in den Fällen des erst nachträglich entstandenen ZVR das Verwertungsverbot des § 252 nicht eingreifen lassen und macht dafür eine Interessenabwägung geltend[84]. Indes ist der in Aussicht genommenen Änderung der Rechtsprechung nicht beizupflichten, denn es ist unbestreitbar, dass in diesen Fällen zum Zeitpunkt der Hauptverhandlung das ZVR besteht und ausgeübt werden kann, es aber ohne § 252 seiner Wirksamkeit beraubt würde.

Damit gehört es zum regelmäßigen Vorgehen der Ermittlungsbehörden, bei aussagebereiten Zeugen mit ZVR eine ermittlungsrichterliche Vernehmung zu veranlassen. Dabei ist aber zu beachten, dass bei dieser richterlichen Ermittlungshandlung der Beschuldigte und sein Verteidiger gem. § 168c ein Benachrichtigungs- und Anwesenheitsrecht besit-

---

80 BGH NStZ 20, 181; dazu *Börner* NStZ 20, 369.
81 BGH NJW 00, 596; krit. *Keiser* NStZ 00, 458; *Wollweber* NJW 00, 1702; *Ranft* Jura 00, 628. Der Zustimmung muss eine qualifizierte Belehrung vorausgehen, BGH NJW 12, 3192.
82 BGH NJW 00, 1277 f.; NStZ 20, 432; dazu *Volk* JuS 01, 130.
83 BGH NJW 97, 1790, 1792: sogar dann, wenn bei der ursprüngl. Beschuldigtenvernehmung des späteren Zeugen dieser irrtümlich nach § 52 belehrt worden war; NJW 03, 2619 f.; ferner BGHSt 27, 231; StV 88, 92; OLG Koblenz NJW 88, 2342; Stuttgart VRS 82, 52.
84 BGH NJW 00, 1274 f.; schon schwankend: BGH NJW 98, 2230 f.

zen, wobei das des Verteidigers nur unter engsten Voraussetzungen entfallen kann[85]. Hat der Beschuldigte noch keinen Verteidiger, ist ihm sogar deshalb bereits jetzt ein Pflichtverteidiger zu bestellen[86], damit dieser das nach Art. 6 MRK garantierte Recht auf Befragung des zentralen Belastungszeugen durch einen Verteidiger ausüben kann[87], da ja damit gerechnet werden muss, dass der unmittelbare Zeuge wegen späterer Ausübung seines ZVR in der Hauptverhandlung durch den Verteidiger nicht mehr befragt werden kann.

133 Polizeimeister P. greift die 12-jährige M. nachts gegen 1.30 Uhr in der Innenstadt auf und fragt sie, was sie zu dieser Zeit dort zu suchen habe. M. gibt zunächst an, sie sei von zu Hause weggelaufen, weil sie fürchte, von dem betrunkenen Vater geschlagen zu werden. Um sich Klarheit zu verschaffen, was mit M. zu geschehen habe, fragt P. die M. nochmals, was vorgefallen sei. M. antwortet, ihr Vater habe sie geschlagen „und so". P. forscht weiter, was sie mit „und so" meine. M. erklärt nunmehr, dass ihr Vater sie sexuell bedränge. Nach Anklageerhebung gegen den Vater wird vom Gericht ein Kinderpsychologe als Sachverständiger bestellt, der ein Gutachten zur Glaubwürdigkeit der M. abgeben soll. Die M. wird außerhalb der Hauptverhandlung richterlich auf ihr Zeugnisverweigerungsrecht hingewiesen und sodann von dem Sachverständigen einfühlsam zum Tatgeschehen befragt. Dabei schildert sie verschiedene sexuelle Praktiken, die ihr Vater an ihr ausgeübt hat. In der späteren Hauptverhandlung gegen ihren Vater verweigert die M. das Zeugnis.

134 Auch Minderjährige und geisteskranke oder geistesschwache Personen besitzen ein Zeugnisverweigerungsrecht im Rahmen des § 52 Abs. 1. Die Ausübung dieses Zeugnisverweigerungsrechts unterliegt jedoch Besonderheiten, wenn diese Personen wegen mangelnder Verstandesreife oder wegen Verstandesschwäche von der Bedeutung des Zeugnisverweigerungsrechts keine genügende Vorstellung haben (§ 52 Abs. 2). Diese Personen dürfen nur vernommen werden, wenn sie selbst zur Aussage bereit sind *und* ihr gesetzlicher Vertreter (d. h. in der Regel die Eltern) der Vernehmung zustimmt. Da nach den Regeln des BGB die gesetzliche Vertretung beiden Elternteilen zusteht[88], ist grundsätzlich auch die Zustimmung beider erforderlich. Jedoch ist im Regelfall davon auszugehen, dass bei Zustimmung eines Elternteiles in Vertretung für den anderen Elternteil dessen Zustimmung ebenfalls gegeben wird[89]. Auf die Zustimmung der Eltern kann es aber dann nicht ankommen, wenn – wie im vorliegenden Fall – ein Elternteil selbst Beschuldigter ist. In solchen Konstellationen sind nach § 52 Abs. 2 S. 2 beide Eltern von der Entscheidung ausgeschlossen. Es bedarf zumindest dann, wenn beiden Eltern das Sorgerecht gemeinsam zusteht, der Bestellung eines **Pflegers** durch das Vormundschaftsgericht[90]. Im Fall kommt es auf die Entscheidung eines etwaigen Pflegers jedoch nicht an, da schon M. selbst nicht mehr aussagebereit ist. Folglich macht sie wirksam von ihrem Zeugnisverweigerungsrecht nach § 52 Abs. 1 Nr. 3 Gebrauch.

134a Es fragt sich aber, ob nicht der Kinderpsychologe als Zeuge über die Angaben der M. ihm gegenüber zum Tatgeschehen vernommen werden kann. Da es sich um Zusatztatsachen[91] zu seinem Gutachten handelt, wäre er insoweit nicht als **Sachverständiger**, son-

---

85 BGH NJW 03, 3142 f. (zeitl. unaufschiebbar, konkrete Verdunkelungsgefahr); bei Verletzung Verwertungsverbot.
86 BGHSt 46, 93 = NJW 00, 3505; einschr. 47, 233.
87 EGMR EuGRZ 92, 474 (Asch); NJW 03, 2893; BVerfG NJW 10, 925; anders, wenn Verurteilung auch noch auf weitere Beweise gestützt werden kann.
88 Vgl. §§ 1626, 1705, 1896, 1789 BGB.
89 Ähnl. *MG-Schmitt* § 52, 19.
90 § 1909 BGB: Bestellung eines Ergänzungspflegers auf Antrag der StA; OLG Nürnberg NJW 10, 3041.
91 Vgl. Rn. 149.

dern als Zeuge (vom Hörensagen) zu vernehmen. Dem könnte aber die oben dargestellte Auslegung bzw. analoge Anwendung des § 252 auf Zeugenaussagen entgegenstehen[92]. Zwar findet § 252 nur auf im Rahmen von Vernehmungen getätigte Angaben Anwendung, und es wird behauptet, die Befragung durch einen Sachverständigen sei im formellen Sinne keine „Vernehmung"[93], jedoch handelt es sich zumindest um eine „vernehmungsähnliche Situation", sodass letztlich die Anwendung des § 252 auf Befragungen durch den Sachverständigen vom Grundsatz her allgemeiner Ansicht entspricht[94]. Hier ist jedoch die M. vor ihrer Befragung durch den Sachverständigen *richterlich* auf ihr ZVR hingewiesen worden, sodass sich die Frage stellt, ob in diesem Fall ihre Äußerungen gegenüber dem Kinderpsychologen verwertbar sind. Hätte es sich um einen Polizeibeamten oder Staatsanwalt gehandelt, hätte die richterliche Belehrung allein zweifelsfrei nicht genügt, um die Verwertbarkeit zu gewährleisten, weil auch die Vernehmung selbst eine richterliche sein müsste. Bei einem Sachverständigen aber, der als „Gehilfe" und verlängerter Arm des Richters gilt, fragt sich, ob dies nicht doch „in gewissem Sinne" eine Art richterliche Vernehmung war[95]. Das wäre jedoch nicht überzeugend, denn bleibt es doch dabei, dass eine Befragung durch den Sachverständigen eine völlig andere Qualität aufweist und inhaltlichen und formalen Regeln unterliegt als eine richterliche Vernehmung[96]. Im Ergebnis können daher die Angaben der M. gegenüber dem Kinderpsychologen nicht durch dessen Aussage in die Hauptverhandlung eingeführt werden[97].

Als letzte Möglichkeit wäre daran zu denken, wenigstens den Polizeimeister P. als Zeugen vom Hörensagen über die nächtlichen Äußerungen der M. zu hören. Dem könnte ebenfalls § 252 entgegenstehen. Dafür kommt es darauf an, ob P. die M. „vernommen" hat. Der Begriff der Vernehmung setzt voraus, dass die Initiative zur Erlangung von Erkenntnissen von staatlichen Stellen ausgeht[98]. Werden demgegenüber Informationen von Bürgern an Strafverfolgungsbehörden aus eigenem Antrieb herangetragen, handelt es sich um **Spontanäußerungen**, die unter den Begriff der Vernehmung auch im weitesten Sinne nicht subsumiert werden können. Der Widerstreit der Pflichten, auf den das Gesetz in den §§ 52, 252 Rücksicht nimmt, besteht nicht, soweit sich jemand außerhalb einer Vernehmung anderen gegenüber aus freien Stücken äußert[99]. Daher gilt § 252 nicht für solche Äußerungen, die eine Person macht, welche sich aus an die Polizei gewandt hat und dort Erklärungen abgibt, ohne gefragt zu werden[100]. Solche „aus freien Stücken" getätigten Spontanäußerungen sind nicht nur gegenüber Privatleuten, sondern auch bei Amtspersonen denkbar, z.B. bei einer Bitte um polizeiliche Hilfe[101]. Im Fall ist eine solche Spontanäußerung nicht gegeben, denn die M. hat sich nicht von sich aus mit einem Polizeibeamten in Verbindung gesetzt, sondern P. hat sie mehrfach gefragt, sodass die Initiative bei P. gelegen hat. Zweifelhaft ist jedoch, ob in § 252 nur Vernehmungen im Rahmen der Strafverfolgung gemeint sind, wie dies bei der Behandlung des allgemeinen Vernehmungsbegriffs angenommen wurde. P. wurde hier

---

92 Vgl. Rn. 132.
93 Vgl. Rn. 146a, 28a.
94 Vgl. BGHSt 36, 217 ff.; BGH NJW 96, 206.
95 So BGHSt 11, 97, 100.
96 Ausführl. BGHSt 13, 1, 4 f.; dem folgend BGH NJW 90, 1859; vgl. auch NJW 96, 207.
97 So auch BGH NJW 01, 528 f.; anders noch BGH NJW 98, 838. Eine andere Frage ist die, ob sein Glaubwürdigkeitsgutachten und die darin enthaltenen Befundtatsachen verwertbar bleiben, was zu bejahen ist, vgl. BGHSt 11, 100.
98 Vgl. Rn. 28a.
99 BGHSt 1, 373 ff.; BGH NStZ 88, 562 f.; NJW 94, 2904; OLG Saarbrücken NJW 08, 1396.
100 BGH NJW 98, 2229; 80, 1533; NStZ 92, 247; LG Frankfurt StV 88, 337; a. A. Bay ObLG NJW 83, 1132 (unter unzutr. Berufung auf BGH NJW 56, 1886); OLG Köln VRS 91, 32.
101 Vgl. BGH NJW 98, 2229 m. w. N. OLG Hamm NStZ 12, 53: z. B. Notruf bei Polizei, ungefragt Äußerungen bei Eintreffen von Beamten im Hausflur.

ersichtlich nicht strafverfolgend tätig, sondern wollte die M. nachts von der Straße bringen, d. h. er handelte zu Zwecken der Gefahrenabwehr. Eine Aufspaltung zwischen präventiver und repressiver Tätigkeit im Rahmen des § 252 wäre aber künstlich bei Beamten, die im vollen Umfang dem Legalitätsprinzip unterliegen, wie dies bei Polizeibeamten der Fall ist. Die Schutzzwecke des § 252 (familiärer Friede, Vertrauensbeziehungen) gebieten eine Gleichbehandlung der Fälle, da von den zu schützenden Personen schwerlich erwartet werden kann, die juristische Differenzierung zwischen Gefahrenabwehr und Strafverfolgung nachzuvollziehen. Daher gilt § 252 auch für Vernehmungen, die nicht im Rahmen eines Strafverfahrens stattfinden[102].

Schließlich könnte hier der formlose Charakter der Befragung zur Ablehnung der Voraussetzungen der Vernehmung führen. Es liegt hier eine Art informatorischer Befragung vor, die eine förmliche Vernehmung nur vorbereitet. § 252 muss aber ebenfalls auf **formlose Befragungen** angewendet werden[103], denn der Schutzzweck der Vorschrift besteht darin, dem zeugnisverweigerungsberechtigten Zeugen die Entscheidungsfreiheit vor dem Richter zu gewährleisten, ob er seine Angaben gegen einen Angehörigen verwerten lassen will. Dafür spielt es aber keine Rolle, ob die vorausgehende Befragung förmlich abgelaufen ist oder nicht. Daher greift im vorliegenden Fall § 252 voll ein. P. darf als Zeuge vom Hörensagen nicht vernommen werden.

b) Zeugnisverweigerungsrecht aus beruflichen Gründen

135 Der Sachbuchautor A. schreibt an einem Buch zum Thema „Mafia und Geldwäsche in Deutschland". Zum Zwecke von Milieustudien und Materialbeschaffung hält er sich häufig in Pizzerien auf. Dabei wird er Zeuge eines Vorfalls, wie ein Schlägertrupp die Einrichtung eines Lokals zerstört. Durch längere Beobachtung eines anderen italienischen Restaurants wird er auf einen gewissen „Giovanni" aufmerksam, dem er durch Zahlung einer beträchtlichen Geldsumme interessante Informationen über die Aktivitäten von Schutzgelderpressern entlocken kann. A. muss aber G. zusichern, auf keinen Fall seinen Namen preiszugeben. Nach Erscheinen des Buchs will Staatsanwalt S. ihn als Zeugen zu seinen Wahrnehmungen über den Schlägertrupp vernehmen und von ihm den vollen Namen seines Informanten G. erfahren. Außerdem will S. wissen, wie A. auf den G. überhaupt gekommen ist.

136 Der Aussageverpflichtung des A. könnte ein ZVR nach § 53 aus **beruflichen Gründen** entgegenstehen. Zu den abschließend dort genannten Gruppen gehören seelsorgerische, rechtsberatende, medizinische[104] und verwandte Berufe sowie Abgeordnete und Presseangehörige[105]. Das **gegenständlich beschränkte** ZVR nach § 53 erstreckt sich auf solche Umstände, die dem dort genannten Berufsträger in seiner spezifischen Eigenschaft anvertraut oder bekannt geworden sind. Die Wahrnehmungen dürfen nicht nur gelegentlich oder gar außerhalb seiner Berufsausübung erfolgt sein[106]. Anders als bei § 52 ist eine Sonderbeziehung zum Beschuldigten nicht erforderlich; es reicht aus, dass es

---

102 BGH NJW 80, 1533. Ebenso bei Vernehmung durch Vormundschaftsrichter: BGH NJW 98, 2230.
103 *MG-Schmitt* § 252, 7; vgl. zur informatorischen Befragung Rn. 28c.
104 Auch infolge des Psychotherapeutengesetzes (BGBl. 98 I 1319): approbierte Psychologische Psychotherapeuten und Kinder- und Jugendpsychotherapeuten.
105 Dagegen nicht: Bankangestellte, dazu *Kramer*, Ermittlungen bei Wirtschaftsdelikten (1987), 157 ff. m. w. N.; Tierärzte; Sozialarbeiter; die Mitarbeiter einer sog. Babyklappe, LG Köln NJW 02, 911.
106 BGHSt 33, 148, 150; 37, 138 f.; nicht gegeben bei kriminellen Handlungen eines Rechtsanwalts, BGHSt 38, 7 ff., oder eines Seelsorgers, BGHSt 51, 140; BVerfG NJW 07, 1865; bloße Amtspflichtwidrigkeit schließt aber die Berufsbezogenheit nicht aus, BGHSt 50, 64 (Notargehilfe); problematisch bei Syndikusanwalt: *Hassemer* wistra 86, 1; *Roxin* NJW 92, 1129; zur Doppelberufstheorie: *Kramer* Anwaltsblatt 01, 140 ff. Fraglich, ob RA als Mediator ein ZVR besitzt: *Groth* NJW 01, 338. Wenig überzeugend die extensive Auslegung von BGH NJW 90, 3283 bei Geistlichen.

sich um einen Arzt, Rechtsanwalt, Steuerberater usw. eines Dritten – sogar des Geschädigten – handelt[107]. Dieser vermag jedoch als Geheimnisträger den Inhaber eines medizinischen oder rechtsberatenden Berufs von der Verschwiegenheitspflicht zu entbinden, was gem. § 53 Abs. 2 das ZVR erlöschen lässt[108]. Für die Frage der Entbindung von der Schweigepflicht ist nicht etwa auf den mutmaßlichen, sondern nur auf den zweifelsfrei erklärten Willen des in seinen Geheimhaltungsinteressen Betroffenen abzustellen, der seine Erklärung jederzeit frei widerrufen kann[109]. Als *Zeugnis*verweigerungsrecht greift § 53 selbstverständlich nicht ein, wenn der Angehörige der aufgezählten Berufe selbst Beschuldigter ist; dieser besitzt allein das Aussageverweigerungsrecht.

Der Sinn des § 53 liegt nicht in einer Privilegierung der genannten Berufsstände; vielmehr sollen **Vertrauensbeziehungen** geschützt werden, die notwendige Voraussetzung dafür sind, dass sich z. B. ein Mandant seinem Rechtsanwalt rückhaltlos anvertrauen kann, ohne befürchten zu müssen, dass dieser gezwungen sei, in einem gegen ihn oder andere gerichteten Strafverfahren aussagen zu müssen. Daher muss sich das ZVR auch stets auf Umstände erstrecken, die in einer inneren Beziehung gerade zu einem Vertrauensverhältnis stehen; isolierte Berufsbezogenheit genügt nach dem Schutzzweck des § 53 nicht[110]. Jedoch ist auch die schützenswürdige Vertrauensbeziehung wie der familiäre Friede bei § 52 nur typisierend zu unterstellen; ob sie im Einzelfall noch vorhanden ist, spielt keine Rolle[111].

137

Aus § 53 ergibt sich nur das *Recht*, das Zeugnis zu verweigern, nicht jedoch die Pflicht zur Verschwiegenheit. Auch der Richter darf den Zeugen in seiner freien Entschließung nicht durch Empfehlungen oder Hinweise beeinflussen[112]. Eine Schweigepflicht ist dagegen in berufsrechtlichen Bestimmungen und in **§ 203 StGB** materiellrechtlich begründet. Sagt jemand unter Verletzung seiner materiellrechtlichen Verschwiegenheitsverpflichtungen im Strafverfahren aus, indem er von seinem ZVR nach § 53 nicht Gebrauch macht, besteht keine Verpflichtung oder Berechtigung der Strafverfolgungsbehörden, ihn an der Aussage zu hindern; diese eventuell strafbar zustande gekommene Aussage bleibt sogar verwertbar[113]. Soweit nach materiellem Recht eine Verschwiegenheitsverpflichtung besteht, jedoch kein ZVR nach § 53, ist die damit gegebene Aussageverpflichtung ein Rechtfertigungsgrund[114]. Mit dem Tod des Geheimnisträgers (z. B. Patienten) gehen weder das ZVR noch die materiellrechtliche Verschwiegenheitspflicht automatisch unter[115]; angesichts ihres höchstpersönlichen Charakters befinden auch nicht etwa die Erben oder Angehörigen des Verstorbenen über deren Einhaltung.

Im Ausgangsfall könnte dem A. das Zeugnisverweigerungsrecht eines **Presseangehörigen** nach § 53 Abs. 1 Nr. 5 zustehen. Diese Regelung hat der Gesetzgeber völlig neu gestaltet, weil ihm die bisherige gesetzliche Lösung als unangemessen in Hinblick auf

---

107 Grundsatz der Unteilbarkeit des ZVR, BGHSt 33, 148, 152; aber Sonderbeziehung erforderl. bei § 97, der ansonsten § 53 folgt, BVerfG NJW 18, 2385 (Jones Day); s. Rn. 208.
108 Sehr zweifelhaft, ob bei Auseinanderfallen von Anvertrauden und Geheimnisgeschützten beide entbinden müssen, so die h. M., OLG Köln NStZ 91, 452; a. A. OLG Oldenburg NJW 04, 2176; Nürnberg NJW 10, 690; LG Bonn NStZ 12, 712 (Insolvenzverwalter). Verweigerung der Entbindung kein negatives Indiz: BGH NJW 00, 1426 f.; 00, 1932.
109 BGH NJW 96, 2435 f.: auch unschlüssiges Verhalten. Bei Widerruf bleiben bis dahin getätigte Aussagen verwertbar; BGHSt 18, 146; BGH NStZ 12, 281.
110 Vgl. OLG Oldenburg NJW 82, 2615; Bamberg StV 84, 499; offen gelassen bei BGHSt 33, 148, 150.
111 Zu weitgehend aber BGH NJW 93, 803 f.; vgl. Rn. 148.
112 BGH NJW 96, 2436 f.
113 BGHSt 9, 60, 62; *Roxin/Schünemann* § 24, 45 unter Aufgabe früherer Ansicht. Anders verhält es sich bei § 17 UWG a. F. bzw. § 23 Geschäftsgeheimnis-Schutzgesetz (Liechtenstein; dazu *Göres/Kleinert* NJW 08, 1353; *Sieber* NJW 08, 881), weil danach auch die Verwertung illegal erlangter Geschäftsgeheimnisse strafbar ist, sog. Geheimnishehlerei.
114 § 203 StGB geht z. T. weiter als § 53 StPO, z. B. für Sozialarbeiter, Tierärzte.
115 Vgl. LG Düsseldorf NJW 90, 2327.

den Schutz der Presse- und Rundfunkfreiheit erschien[116]. Während früher nur solche Personen ZVR-berechtigt waren, die berufsmäßig an der Vorbereitung, Herstellung oder Verbreitung von *periodischen* Druckwerken oder Rundfunksendungen (Hörfunk und Fernsehen) mitwirkten, entfällt nunmehr die Beschränkung auf periodische Druckwerke. Danach ist der A. als Buchautor, wenn er wenigstens zum Teil seinen Lebensunterhalt aus seiner schriftstellerischen Tätigkeit bestreitet[117], in den Kreis der ZVR-Berechtigten einzubeziehen. Noch gravierender an der Neuregelung ist allerdings, dass bisher nur solche Mitteilungen geschützt waren, die in Zusammenhang mit von Informanten der Medien erlangten Informationen standen, weil die Regelung dem journalistischen Quellenschutz diente[118]. Damit fügte sich das ZVR der Presse harmonisch in die Gesamtregelung des berufsbezogenen ZVR nach § 53 ein, wo es in allen Fällen um den Schutz von Vertrauensbeziehungen ging, aber außerhalb von Vertrauensbeziehungen erlangte, rein berufsbezogene Erkenntnisse der Aussagepflicht unterlagen. Aus diesem System bricht nunmehr der Gesetzgeber zugunsten der Medien aus und will § 53 Abs. 1 Nr. 5 zu einem echten **Medienprivileg** ausgestalten. Die Nr. 5 stellt damit einen Fremdkörper in § 53 StPO dar. A. kann daher im Prinzip über alle in Zusammenhang mit seinen Recherchen erlangten Informationen schweigen, da sie „Gegenstand berufsbezogener Wahrnehmungen" als Schriftsteller sind. Die Ausdehnung des ZVR auf die sog. Eigenrecherche des Presseangehörigen kam dem Gesetzgeber aber selbst bedenklich vor[119], sodass er für diese Fälle (nicht aber für den traditionellen Bereich des Quellenschutzes) eine Einschränkung des ZVR vornimmt: das ZVR entfällt grundsätzlich im Bereich der **Eigenrecherche**, wenn die Aussage der Aufklärung eines Verbrechens dienen soll, wie dies hier bei den Schutzgelderpressungen der Fall ist (§§ 255, 249, 12 StGB). Dies gilt ebenso für bestimmte, enumerativ aufgeführte Vergehen (z. B. Geldwäsche). Bezüglich der Mitteilungen des Informanten G. behält also der A. sein ZVR; dies gilt auch für die von S. gewünschten Informationen, die zur Person des G. hinführen[120]. Dagegen entfällt das grundsätzlich gegebene ZVR in Hinblick auf die von A. selbst vorgenommenen Wahrnehmungen bei seinen Pizzeriabesuchen, wo er die Zerstörung der Einrichtung durch Schlägertrupps persönlich beobachten konnte, da Schutzgelderpressung unter den Verbrechenstatbestand des § 255 StGB fällt. Das dem § 53 folgende Beschlagnahmeverbot nach § 97 Abs. 5 wird noch zusätzlich ausgeweitet. Die Neuregelung ist eine verfassungsrechtlich bedenkliche Verbeugung des Gesetzgebers vor der Macht der Medien[121], denen innerhalb des § 53 ein Sonderstatus eingeräumt wird wie keiner anderen Berufsgruppe. Unbestreitbar gab es in der Praxis nicht wenige Fälle, in denen das journalistische ZVR von Strafverfolgungsbehörden in fragwürdiger Form umgangen wurde[122]; diese Fälle hingen jedoch weniger mit der Beschränkung des ZVR auf den Quellenschutz zusammen als mit der allgemeinen Problematik, dass für Beschuldigte das ZVR ohnehin nicht gilt[123]. Infolge der herrschenden ausufernden Auslegung des Anwendungsbereichs des Straftatbestandes der Verletzung von Dienstgeheimnissen nach § 353b StGB (bzw. der Beihilfe und Anstiftung dazu) eröffnet sich daher den Strafverfolgungsbehörden ein weites Feld, um in das Redaktionsgeheimnis einzubrechen. Der Gesetzgeber ist diesen Auswüchsen partiell dadurch entgegengetreten, dass er in § 353b Abs. 3a StGB den nach § 53 Abs. 1 Nr. 5 StPO ZVR-berechtigten Personen-

---

116 BT-Drucks. 14/5166, S. 1; dazu *Kramer*, Kriminalistik 04, 756.
117 Zum freien Mitarbeiter der Presse: BGH NStZ 99, 260.
118 BGH NJW 90, 525; NJW 96, 532 (Bekennerschreiben).
119 BT-Drucks. 14/5166, S. 8.
120 So schon BGHSt 36, 298 ff.
121 S. BVerfGE 77, 65 ff.; NJW 01, 507 f.; AfP 03, 138; *Hamm* NJW 01, 269.
122 Z.B. BVerfG NJW 07, 1117 (Cicero); OLG Dresden NJW 07, 3511; LG Bremen NStZ-RR 00, 174.
123 Näher *Kramer*, Voraussetzungen und Probleme der Pressebeschlagnahme, in: Taschenbuch für Kriminalisten, Bd. 39, 1989, S. 140 ff.

kreis der Medienangehörigen im Bereich der Beihilfe durch einen eigenständigen Rechtfertigungsgrund besserstellt[124].

> **138** A. ist verdächtig, einen Einbruchsdiebstahl begangen zu haben. Er bestreitet die Tat und beruft sich auf ein Alibi, wonach er zur Tatzeit seine Freundin F. im Krankenhaus besucht habe, die dort stationär untergebracht gewesen sei. Die Ermittlungsbehörden halten die Bestätigung der F. für wenig glaubhaft und suchen weitere Zeugen. Da die F. seinerzeit ihr Krankenzimmer mit mehreren Mitpatientinnen geteilt hat, wird der Verwaltungsleiter des Krankenhauses aufgefordert mitzuteilen, mit wem die F. seinerzeit Kontakt hatte, sowie die Namen und ladungsfähigen Anschriften dieser Personen zu benennen. Dieser weigert sich.

138a Wollte man den Verwaltungsleiter des Krankenhauses zwingen, Aussagen über die Patienten zu machen, könnte darin eine Umgehung des ärztlichen ZVR nach § 53 Abs. 1 Nr. 3 liegen. Die **Sicherungen** zur Verhinderung einer Aushöhlung des berufsbezogenen ZVR gelten ähnlich wie bei dem persönlichen ZVR (§§ 252, 97, 95 Abs. 2 Satz 2). Nur eine Belehrungspflicht ist bei den Vertrauensberufen nicht vorgesehen, da die Kenntnis von einem ZVR zu den zu erwartenden berufsspezifischen Kenntnissen dieser Personengruppen gehört. Weiter geht dagegen § 160a: Ermittlungsmaßnahmen gegen ZVR-berechtigte Geistliche, Verteidiger, Rechtsanwälte und Abgeordnete sind ganz unzulässig, gegen andere Berufe nur bei einer Straftat von erheblicher Bedeutung erlaubt. Da nach § 160a Abs. 5 die Vorschrift hinter der Regelung in § 97 zurücktritt[125], gilt § 160a nicht für die Beweismittelbeschlagnahme und in der Folge auch nicht für Durchsuchungen, sondern nur bei anderen Ermittlungsmaßnahmen, wie z. B. der TKÜ. Die zu Unrecht viel kritisierte Differenzierung zwischen Rechtsanwälten und Verteidigern nach bisherigem Recht innerhalb des § 160a a. F. hat der Gesetzgeber eingeebnet, obwohl die Unterscheidung strukturell durch § 148 angelegt war[126]. Das ZVR der Angehörigen bleibt in § 160a völlig unberücksichtigt[127]. Bei den Vertrauensberufen wäre eine Umgehung des ZVR dadurch sehr leicht denkbar, dass sich die Ermittlungsbehörden nicht an diejenige Person halten, der eigentlich Träger des ZVR ist, sondern an ihre **Berufshelfer**, die sie in ihrer Tätigkeit unterstützen, z. B. beim Arzt die Arzthelferin, beim Rechtsanwalt die Anwaltsgehilfin. Deshalb sieht § 53a auch ein ZVR für die Gehilfen der in § 53 Abs. 1 Nr. 1 bis 4 Genannten und für die Personen vor, die zur Vorbereitung auf den Beruf an der berufsmäßigen Tätigkeit teilnehmen. Allerdings entscheiden diese mitwirkenden Personen nicht selbst über die Ausübung des ZVR, sondern der primär nach § 53 Zeugnisverweigerungsberechtigte. Entschließt sich jedoch der Berufshelfer autonom unter Missachtung dieser Kompetenzzuweisung an den primär ZVR-berechtigten zur Aussage, bleibt es bei deren Verwertbarkeit[128]. Es fragt sich, ob der Verwaltungsleiter eines Krankenhauses in diesem Sinne Hilfsperson eines Arztes ist, dem nach § 53 Abs. 1 Nr. 3 ein ZVR zusteht. Das OLG *Oldenburg* bejaht hier, dass es sich um eine Tätigkeit handelt, die in einem **unmittelbaren inneren Zusammenhang** mit der ärztlichen Tätigkeit steht[129]. Das entscheidende Kriterium ist danach, ob der Arzt ohne die auf organisatorischen Gründen beruhende **Arbeitsteilung** die Tätigkeit mit erledigen müsste. Dieser Auffassung ist zuzustimmen, da es für den Schutz des

---

124 BT-Drucks. 17/3355.
125 BVerfG NJW 18, 2385 (Jones Day); so schon LG Mannheim NStZ 12, 713 ff. (Rechtsabteilung).
126 Nach BVerfG NJW 12, 840 ff.: „noch" zu rechtfertigen.
127 Bestätigt durch BVerfG NJW 10, 287. Anders behandelt in § 100c Abs. 6 S. 2 bei akustischer Wohnraumüberwachung, s.R. 227a.
128 BGHSt 50, 64 ff. (Notargehilfe).
129 NStZ 83, 39; zum Gehilfen des Verteidigers OLG Köln StV 91, 506, zum Mitarbeiter eines MdB BVerfG NJW 03, 3401.

Vertrauensverhältnisses zwischen Arzt und Patienten nicht darauf ankommen kann, ob die von dem Arzt im Rahmen seiner beruflichen Tätigkeit einbezogenen Personen in einem Weisungsverhältnis zu ihm stehen oder nicht.

Der Verwaltungsleiter eines Krankenhauses übernimmt Funktionen technisch-organisatorischer Art, die ansonsten der Arzt mit erledigen müsste. § 53a ist erweitert worden, indem nunmehr auch Personen, die außerhalb der Organisationseinheit, in welcher sich der primär ZVR-Berechtigte befindet, ein abgeleitetes ZVR besitzen, wenn diese aufgrund eines selbstständigen Auftrags Hilfsdienste leisten, z. B. ein unabhängiger Laborbetrieb, der vom Arzt mit einer Gewebeuntersuchung beauftragt wurde. Der Verwaltungsleiter des Krankenhauses ist hier schon nach bisherigem Recht Berufshelfer gem. § 53a der dort tätigen Ärzte. Sein ZVR, über dessen Ausübung er nur dann selbst entscheiden könnte, wenn dies der zuständige Arzt in absehbarer Zeit nicht vermag, reicht seinem Umfang nach so weit wie das des Arztes selbst. Es erstreckt sich das ZVR auch auf die Namen und Anschriften der Patientinnen, an deren Geheimhaltung diese ein schützenswertes Interesse haben. Namen und Anschriften wurden im Rahmen der ärztlichen Behandlung bekannt. Dem Aussagegegenstand nach muss es nicht unbedingt um medizinische Fragen gehen[130]. Es besteht auch ein innerer Zusammenhang mit Vertrauensbeziehungen, nämlich den Behandlungsverhältnissen der Patientinnen, und nicht nur mit allgemeinen organisatorischen Angelegenheiten des Krankenhauses. Es ist anerkannt, dass sich das medizinische ZVR auch auf die Identität und die Tatsache der Behandlung als solche erstreckt; steht in Frage, ob eine Person von einem Arzt behandelt worden ist, besteht das ZVR, gleich ob der Arzt den Patienten wirklich behandelt hat oder nicht[131].

V. braucht daher die geforderten Angaben im Rahmen einer zeugenschaftlichen Vernehmung im Strafverfahren nicht zu machen.

c) **Auskunftsverweigerungsrecht**

139 In der Hauptverhandlung gegen den nach § 21 StVG (Fahren ohne Fahrerlaubnis) angeklagten A. vernimmt der Vorsitzende den Zeugen Z. zu der Frage, ob er seinem guten Bekannten A. sein Fahrzeug im Wissen darum überlassen habe, dass dem A. schon seit längerem die Fahrerlaubnis entzogen worden sei. Z. gibt dies wahrheitsgemäß zu, weil er an die zu Beginn der Hauptverhandlung erteilte Ermahnung zur Wahrheit und vollständigen Aussagepflicht des Zeugen denkt. Der Vorsitzende hat jedoch übersehen, den Z. auch darüber zu belehren, dass er die Auskunft auf solche Fragen verweigern könne, deren Beantwortung ihm selbst die Gefahr zuziehen würde, wegen einer Straftat oder Ordnungswidrigkeit verfolgt zu werden.

140 Hier hätte V. den Z. gem. § 55 Abs. 2 über sein Recht zur Verweigerung der Auskunft belehren müssen. Durch die Beantwortung der Frage, ob er das Fahrzeug A. überlassen habe, setzt sich Z. selbst der Gefahr strafrechtlicher Verfolgung nach § 21 StVG aus. Die „Gefahr" strafrechtlicher Verfolgung besteht nicht erst bei sicherer Erwartung, dass die Beantwortung der Frage zu einer Verurteilung führen werde, sondern bereits dann, wenn der Zeuge damit rechnen muss, dass ein Ermittlungsverfahren gegen ihn betrieben wird, also wenn er zureichende Umstände offenbaren müsste, welche die Einleitung strafrechtlicher bzw. bußgeldrechtlicher Ermittlungsmaßnahmen zur Folge hätten[132]. Dabei muss die Bejahung oder Verneinung der an den Zeugen gerichteten Frage in gleicher Weise in Betracht gezogen werden; bringt nur eine dieser Möglichkeiten den

---

130 BGHSt 33, 148, 151.
131 BGH NJW 00, 1426 f. Beachte aber: § 32 MeldFortG (BGBl. 13 I 1084).
132 BGH NJW 99, 1413; BVerfG NJW 02, 1411; 03, 3045; *MG* § 55, 7. Nicht gemeint ist der Fall, dass sich der Zeuge erst mit der Antwort selbst strafbar machen würde, BGHSt 50, 318.

Zeugen in die Gefahr der Verfolgung, so ist die Auskunftsverweigerung in der Regel gerechtfertigt[133].

Davon zu unterscheiden ist die Frage, ab wann die Belehrungspflicht der Strafverfolgungsorgane einsetzt. Weder erforderlich noch ausreichend ist die gängige Polizeipraxis, prinzipiell jeden Zeugen bei Beginn einer Vernehmung auf das Auskunftsverweigerungsrecht nach § 55 hinzuweisen. Ab welchem Verdachtsgrad die Strafverfolgungsorgane von sich aus § 55 erwähnen müssen, sagt das Gesetz nicht ausdrücklich; es muss also dem Sinnzusammenhang entnommen werden.

Soweit das BVerfG die Auffassung vertritt, § 55 sei Ausdruck des auch verfassungsrechtlich verankerten Grundsatzes, dass niemand gezwungen werden könne, durch eigene Aussagen die Voraussetzungen seiner eigenen strafrechtlichen Verurteilung zu liefern[134], bedarf es der Präzisierung des strafprozessualen Funktionszusammenhangs, in den § 55 gestellt ist. Genau genommen geht es dabei um die Vermeidung eines **Aussagezwangs**, der sich aufgrund einer bestimmten verfahrenstechnischen Behandlung bei Personen ergeben könnte, denen bei anderer Abwicklung ein Aussage- oder Zeugnisverweigerungsrecht zustehen würde. Gemeint ist damit Folgendes: Aufgrund des formellen Beschuldigtenbegriffs, wonach nur derjenige Beschuldigter ist, gegen den das jeweilige Verfahren betrieben wird[135], sind zureichend verdächtige Personen *Zeugen*, wenn sich das Verfahren, in dem sie vernommen werden, gegen einen Dritten richtet. Es ist aber nicht einzusehen, dass aufgrund dieser Aufsplittung der Verfahren bei der Justiz, die rein zufällige oder technische Gründe haben kann, das Aussageverweigerungsrecht restlos verloren geht und der potenzielle Beschuldigte als Zeuge einer *vollen* Aussagepflicht unterworfen wird. Wenigstens in solchen Punkten, in denen er sich bei seiner Zeugenaussage selbst der Gefahr strafrechtlicher Verfolgung aussetzen würde, darf er die Auskunft verweigern. Entsprechendes gilt für die 2. Alt. des § 55 Abs. 1: Hier geht es um die Fälle, in denen ein ZVR nur deshalb nicht gegeben ist, weil der Angehörige i. S. d. § 52 des Zeugen nicht die Beschuldigtenrolle einnimmt, da sich das Verfahren, in welchem der Zeuge vernommen wird, gegen einen Dritten richtet, aber der Angehörige aufgrund zureichender Anhaltspunkte ebenso wie ein Beschuldigter der Gefahr strafrechtlicher Verfolgung ausgesetzt ist. § 55 stellt daher den **rechtstechnischen Ausgleich** für Aussage- und Zeugnisverweigerungsrechte dar[136].

Aufgrund dieser Funktion muss der Verdachtsgrad, der die Belehrungspflicht nach Abs. 2 auslöst, genau der gleiche sein, der auch sonst zur Beschuldigtenbelehrung nach § 136 Abs. 1 bzw. § 163 Abs. 4 führt: Ein zureichender Tatverdacht aufgrund konkretisierter Anhaltspunkte (sog. **Anfangsverdacht**)[137]. Bei der Zubilligung der Voraussetzungen des § 55 steht dem Vorsitzenden in der Hauptverhandlung ein gewisser Beurteilungsspielraum zu[138]. Bloße, nicht durch konkrete Umstände belegte Vermutungen oder rein denktheoretische Möglichkeiten reichen weder für einen Anfangsverdacht noch für § 55 StPO aus[139].

Ist der Zeuge nicht schon von vornherein zureichend verdächtig, so ist eine einzelne Frage aber auch dann mit dem Hinweis nach § 55 zu verbinden, wenn sie ihrem Inhalt nach ersichtlich darauf hinausläuft, dass eine ihrer Beantwortungsalternativen – einzeln oder im Zusammenhang mit anderen Erkenntnissen – einen Anfangsverdacht begrün-

---

133 BGHR StPO § 55 Abs. 1 Verfolgung; BGH NJW 99, 1413; auch als Teil eines Mosaiks, BGH StV 87, 328.
134 BVerfG NJW 99, 779; 00, 3774; näher *Kramer* ZRP 01, 386.
135 Vgl. Rn. 19; BGH NJW 85, 76.
136 Daher ganz unzutr., ein Wahlrecht annehmen zu wollen, so aber *Schlüchter* 494.1; dagegen zu Recht *MG* § 55, 1.
137 So jetzt auch BGH NStZ 94, 306 m. w. N.; BVerfG wistra 10, 299 f.; *MG* Einl. 79. Zur richtigen Belehrung: LG Saarbrücken StraFO 99, 138.
138 BGHSt 51, 144, 148; daher bei Beanstandung Antrag nach § 238 Abs. 2 erf., sonst keine Revision.
139 Vgl. BGH NStZ 94, 307; OLG Hamburg NJW 84, 1635; LG Trier NJW 87, 2826 f.

den würde[140], denn wenn für den Ermittlungsbeamten oder Richter erkennbar das Auskunftsverweigerungsrecht besteht, muss er es dem Zeugen auch sagen. § 55 greift nicht ein, wenn die Straftat erst durch die Aussage des Zeugen selbst begangen würde[141].

140a Im Ausgangsfall liegt ein klarer Verstoß gegen § 55 Abs. 2 vor, denn nach der Tatsachenlage, von welcher der Vorsitzende wusste, war der Z. ganz konkret verdächtig, den Tatbestand des § 21 StVG durch Überlassung des Fahrzeugs an A. begangen zu haben. Da A. ein guter Bekannter des Z. war, bestand mehr als nur die theoretische Möglichkeit, dass Z. von der Entziehung der Fahrerlaubnis wusste. Indes sind die Fälle, in denen sich ein Zeuge aus heiterem Himmel auf das Auskunftsverweigerungsrecht beruft, ohne dass dieses den Strafverfolgungspersonen unmittelbar einleuchtet, in der Praxis außerordentlich selten. Falls es doch einmal geschieht, muss gem. § 56 der Verweigerungsgrund **glaubhaft** gemacht werden, notfalls durch eidliche Versicherung[142].

140b Das Auskunftsverweigerungsrecht besteht nur, wenn dem Zeugen (bzw. seinem Angehörigen) auch wirklich Strafverfolgung droht; die reine Verwicklung in Straftaten genügt nicht. Die Tat muss also auch noch verfolgbar sein, was beispielsweise bei Verjährung oder Strafklageverbrauch nicht der Fall ist[143]. Das Gesetz stellt dem drohenden Strafverfahren die Verfolgung wegen einer **Ordnungswidrigkeit** gleich. Andere Nachteile, z. B. bei Beamten ein drohendes Disziplinarverfahren, reichen nicht aus[144]. § 55 gilt nicht nur im Hauptverfahren und vor dem Richter, sondern ebenso bei staatsanwaltschaftlichen und polizeilichen Vernehmungen (vgl. §§ 161a Abs. 1 S. 2, 163a Abs. 5). Der Auswirkung nach ist das Auskunftsverweigerungsrecht im Gegensatz zum ZVR und zum Aussageverweigerungsrecht im Ansatz nur **punktuell:** der Zeuge darf die Mitwirkung nicht generell verweigern, sondern muss sich bei der Ausübung des Rechts grundsätzlich auf die kritischen Fragen beschränken. Jedoch kann es sein, dass *jede* Frage zu einem bestimmten Komplex die Verfolgungsgefahr auslöst, sodass es formalistisch wäre, von ihm jeweils eine Wiederholung seiner Verweigerung zu verlangen. Er kann dieses auch zusammenfassend erklären, sodass sich in derartigen Fällen das Auskunftsverweigerungsrecht dem Aussageverweigerungsrecht praktisch annähern kann[145].

141 Nachdem Z. wegen der Verletzung der Belehrungspflicht über das Auskunftsverweigerungsrecht ausgesagt hat, ergibt sich die Frage, ob das Gericht gleichwohl die rechtswidrig zustande gekommene Aussage *gegen A.* bei der Urteilsfindung berücksichtigen darf. Der BGH hat diese Problematik unter dem Gesichtspunkt untersucht, ob das Urteil, das unter Verstoß gegen § 55 Abs. 2 zustande gekommen ist, auf einer Verletzung des Gesetzes i. S. eines relativen Revisionsgrundes nach § 337 beruht. Der BGH hat dabei seine sog. **Rechtskreistheorie** entwickelt und die Frage verneint[146]. Er ist der Auffassung, dass nach § 337 nur die Verletzung solcher Rechtsnormen gerügt werden könne,

---

140 Z.B. „Sind Sie der Fahrer des Unfallwagens gewesen?", vgl. Rn. 28b.
141 BGHSt 50, 318; BGH NStZ 13, 238 (Winnenden).
142 Zu den Maßstäben der Glaubhaftmachung BGH NStZ 86, 84; StV 86, 282; 87, 328; NJW 89, 2703; die Inanspruchnahme des Rechts muss eindeutig erklärt werden, BGH StV 89, 140; die kritische Frage ist abzuwarten, BGH wistra 88, 358. Zum „Dilemma" des Zeugen: *Kehr* NStZ 97, 160. Daher kein § 55 nach rechtskräftiger Verurteilung, BGH NJW 05, 2166; NStZ 06, 509.
143 Dazu BGH NJW 99, 1413; OLG Zweibrücken StV 00, 606.
144 OLG Hamburg MDR 84, 335; auch ausländische Strafverfahren, BGH NStZ 17, 546; LG Freiburg NJW 86, 3036; abl. LG Stuttgart NStZ 454; *MG* § 55, 4; zweifelhaft ob § 55 auch für Anwaltsgespräche gilt, so OLG Düsseldorf StV 91, 150.
145 Sog. „umfassendes" Auskunftsverweigerungsrecht, BGH NJW 98, 1728 f. (Fall Wolf); NJW 02, 1508; BVerfG wistra 10, 299 f.; vgl. auch BGHSt 10, 104 f.; NStZ 86, 181; NJW 89, 2703; „Mosaikfragen": BGH StV 87, 328; NStZ 17, 546; OLG Celle StV 88, 99.
146 BGHSt 11, 213.

die auch den Angeklagten schützen sollen, nicht aber solche, die im Rechtskreis einer dritten Person angesiedelt seien. § 55 solle aber nur den *Zeugen* schützen, nicht jedoch ein richtiges Urteil gegen den Angeklagten gewährleisten. Von Seiten des Schrifttums werden teilweise Bedenken gegen diese Auslegung des § 337 geltend gemacht, der nach Meinung mancher Autoren insgesamt die Justizförmigkeit des Verfahrens wahren solle; zum anderen wird bezweifelt, ob nicht wegen des zweifelhaften Beweiswertes von Aussagen solcher Zeugen, die sich durch die wahrheitsgemäße Beantwortung der Frage selbst der Gefahr strafrechtlicher Verfolgung aussetzen, § 55 den Angeklagten vor Fehlurteilen schützen solle. Diese Bedenken sind letztlich nicht durchschlagend, da die Wahrung der Justizförmigkeit des Verfahrens nicht eigenständiges Ziel der vom Angeklagten betriebenen Revision ist. In erster Linie dient sie dem Schutz des Angeklagten und hängt daher in Umfang und Durchführung von seiner Beschwer ab[147]. Die Glaubwürdigkeit von Aussagen solcher Zeugen, die sich in besonderen Konfliktsituationen befinden, ist darüber hinaus eine Frage der freien Beweiswürdigung. Angesichts der fehlenden Revisibilität der Verletzung des § 55 Abs. 2 bleibt es bei der Verwertbarkeit der Aussage des Z.

Von der oben aufgezeigten Problematik der Verwertbarkeit der Aussage des Zeugen im Verfahren gegen den Angeklagten ist strikt die Frage zu unterscheiden, ob sich bei unterlassener Belehrung nach § 55 Abs. 2 in den nunmehr anzustrengenden Verfahren gegen den bisherigen *Zeugen* ein Beweisverwertungsverbot ergibt, ob im Beispielsfall also die Aussage des Z. gegen ihn selbst verwendet werden darf. Dazu enthält die Rechtskreistheorie keine Aussage; sie grenzt nur Revisionsrügen ab. Nachdem der 5. Strafsenat des BGH bei unterlassener Belehrung über das Aussageverweigerungsrecht ein Beweisverwertungsverbot behauptet[148], liegt es vom Ausgangspunkt des BGH her nahe, dieses auch bei Verletzung des § 55 Abs. 2 anzunehmen. Da jedoch der 5. Strafsenat das Beweisverwertungsverbot in Zusammenhang mit §§ 163a Abs. 4, 136 Abs. 1 im Kern nicht aus der *Ratio* des Aussageverweigerungsrechts, sondern nur aus einer allgemeinen Güterabwägung abgeleitet hat, ist es keinesfalls zwingend, dem Auskunftsverweigerungsrecht des Zeugen den gleichen Stellenwert und die gleichen Wirkungen wie dem Aussageverweigerungsrecht des Beschuldigten zuzuschreiben, wie dies aber eine inzwischen wohl überwiegende Ansicht tut[149].
Unverwertbarkeit wäre jedenfalls in den Fällen der Täuschung (§ 136a) und des Verstoßes gegen den Grundsatz des Fairen Verfahrens gegeben[150]. Klar ist jedoch in die 2. Alt. (Angehöriger): insoweit wird der Schutzzweck des ZVR nach § 52 fortgeschrieben, d. h. des familiären Friedens. Dieser wäre wie bei einer objektiven Verletzung des § 52 Abs. 3 S. 1, wo dieses von jeher anerkannt ist[151], durch eine Verwertung des Ausgesagten beeinträchtigt. Daher muss mit Sicherheit in der 2. Alt. ein Beweisverwertungsverbot angenommen werden. Im Ausgangsfall ist nur der Zeuge Z. selbst betroffen (1. Alt.); Anhaltspunkte dafür, dass der Vorsitzende gezielt die Belehrung unterließ, um ihn „hereinzulegen", sind nicht gegeben. Nach überwiegender Ansicht wäre die Aussage gegen den Z. dennoch unverwertbar. § 252 kommt nicht zur Anwendung, denn dieser bezieht sich nach Wortlaut und Sinn ausschließlich auf das *Zeugnis*verweigerungsrecht und nicht auf das Auskunftsverweigerungsrecht nach § 55[152].
Übt ein Zeuge nachträglich das Auskunftsverweigerungsrecht nach § 55 aus, ergibt sich also aus § 252 kein Verwertungsverbot hinsichtlich seiner früheren Aussagen. Die Vernehmungspersonen können als Zeugen vom Hörensagen vernommen werden. Jedoch

---

147 Vgl. Rn. 341.
148 BGHSt 38, 214 ff.; dazu Rn. 31.
149 BayObLG StV 02, 179; OLG Celle NStZ 02, 386; OLG Karlsruhe StraFO 02, 291.
150 Offen gelassen bei BayObLG NJW 84, 1246 f.; BGH NStZ 97, 512 bejaht Verwertbarkeit der bisherigen Aussage bei Ausübung des Rechts im Verlauf einer Vernehmung.
151 Vgl. Rn. 31.
152 Vgl. BGHSt 6, 209, 211; 17, 337, 350; ganz h. M. *MG* § 252.

kann das Protokoll über die frühere Aussage regelmäßig nicht als Urkunde verlesen werden, da es sowohl an den Voraussetzungen des § 253 als auch des § 251 Abs. 1 Nr. 2 fehlt[153].

d) **Aussagegenehmigungspflicht**

143 A. ist des gewerbsmäßigen Handels mit Betäubungsmitteln angeklagt. A. konnte ergriffen und angeklagt werden, weil ein Verbindungsmann der Polizei unter falschem Namen in seine Organisation eingedrungen war und A. dort längere Zeit beobachtet hatte. In der Hauptverhandlung wird der Polizeibeamte P. vernommen, der regelmäßig von dem V-Mann informiert wurde. Das Gericht möchte sich jedoch einen unmittelbaren Eindruck von dem V-Mann und seiner Glaubwürdigkeit verschaffen. Der Vorsitzende fordert daher den P. während seiner zeugenschaftlichen Einvernahme auf, ihm den Namen und die ladungsfähige Anschrift des V-Mannes mitzuteilen. P. behauptet, dies sei ihm untersagt.

144 P. besitzt weder ein Zeugnis- noch Auskunftsverweigerungsrecht. Für die Vernehmung von Richtern, Beamten und anderen Personen des öffentlichen Dienstes als Zeugen in Strafverfahren ist nach § 54 aber eine **Aussagegenehmigung** erforderlich, wenn sich ihre Vernehmung auf Umstände erstreckt, die von ihrer Pflicht zur **Amtsverschwiegenheit** erfasst werden. Für die Erteilung der Aussagegenehmigung gelten die beamtenrechtlichen Vorschriften[154]. P. benötigt daher die Aussagegenehmigung seines Dienstherrn, der nach den einschlägigen landesrechtlichen Vorschriften der Polizeipräsident sein dürfte. Eine Aussagegenehmigung muss nicht unbedingt in jedem speziellen Fall erteilt werden. Erhebt ein Gericht gegen die Versagung einer Aussagegenehmigung Einwendungen, so ist jedoch eine Entscheidung der obersten Dienstbehörde des Beamten (z. B. bei Polizeibeamten des Innenministeriums) herbeizuführen, selbst dann, wenn Entscheidungsbefugnis nach Landesrecht delegiert sein sollte[155]. Es ist auch möglich, **generelle** Aussagegenehmigungen für bestimmte Verfahrensarten zu erteilen. Das ist in Bezug auf Strafverfahren für Polizeibeamte regelmäßig geschehen. Ist im Einzelfall eine Aussagegenehmigung einzuholen, so ist dies nicht die Aufgabe des Zeugen, sondern des Richters oder sonstiger Vernehmungspersonen, da nur diese im Voraus wissen können, zu welchem Beweisthema der Zeuge vernommen werden soll[156]. Sagt der Zeuge dienstpflichtwidrig ohne Aussagegenehmigung aus, so ergibt sich aber kein Beweisverwertungsverbot, da der Schutzzweck (Verhindern des Bekanntwerdens) durch ein Verwertungsverbot auch nicht mehr erreicht werden kann[157].

144a Die Erteilung der Aussagegenehmigung durch den Dienstherrn ist keine Ermessensentscheidung, sondern nur von unbestimmten Rechtsbegriffen abhängig, die verwaltungsgerichtlicher Überprüfung zugänglich sind[158]. Danach darf die Genehmigung, als Zeuge auszusagen, nur **versagt** oder **beschränkt** werden, wenn die Aussage dem Wohle des Bundes oder eines deutschen Landes Nachteile bereiten oder die Erfüllung öffentli-

---

153 Vgl. Rn. 160; BGHSt 51, 325.
154 Vgl. § 37 Abs. 3 Beamtenstatusgesetz; § 14 SoldG, § 9 BAT für Angestellte des öffentl. Dienstes; auch nach dem Verpflichtungsgesetz mögl., BGH NJW 80, 846; aber nicht schon die bloße Aufnahme in ein Zeugenschutzprogramm, BGHSt 50, 318; bei EG-Beamten EuGH NJW 91, 2410 f.; sehr fragl., ob auch aufgrund von Vorschriften der ehemaligen DDR, so aber KG DtZ 92, 127. Bei Beamten als Sachverständigen gilt § 75 Abs. 2; für Regierungsmitglieder bes. Bestimmungen, z. B. §§ 61 f. Bundesministergesetz.
155 BGH NJW 96, 2738. Unterschiede die Zuständigkeit bei Sperrerklärungen nach § 96: Diese liegt immer bei der obersten Dienstbehörde; s. Rn. 108a.
156 Vgl. auch *Ranft* 527.
157 Im Ergebnis ebenso BGH MDR 51, 275; s. auch Rn. 163a.
158 BVerwG DVBl. 82, 1195; näher *Ziegler* DRiZ 89, 11.

cher Aufgaben ernstlich gefährden oder erheblich erschweren würde. Falls im Einzelfall durch Versagung oder Beschränkung der Aussagegenehmigung das verfassungsrechtlich (Art. 1 GG) fundierte **Recht des Beschuldigten auf umfassende Verteidigung** in seinem Kern tangiert sein sollte, muss auf die Beschränkung verzichtet werden[159]. Ist das Recht auf Verteidigung nur in seinem Randbereich betroffen, darf es eingeschränkt werden, wenn seine uneingeschränkte Wahrnehmung die Erfüllung sehr gewichtiger, verfassungsmäßig legitimierter Aufgaben unmöglich machen oder wesentlich erschweren könnte. Gefordert wird eine sorgfältige Abwägung der im Widerstreit stehenden verfassungsrechtlichen Rechtsgüter unter Berücksichtigung des gesamten konkreten Sachverhalts. Die Pflicht zur Abwägung trifft in erster Linie die Behörde, deren Erklärung zu einer Einschränkung des Rechts des Beschuldigten auf umfassende Verteidigung führt. Sie hat nicht nur die von ihr wahrzunehmenden Aufgaben, die zu ihrer Erfüllung der Geheimhaltung bedürfen, zu berücksichtigen, sondern muss auch dem hohen Rang des Verteidigungsinteresses Rechnung tragen[160]. Sie ist gehalten, die Gründe für eine Versagung einer unbeschränkten Aussagegenehmigung ungeachtet ihres Geheimhaltungsinteresses jedenfalls soweit darzulegen und glaubhaft zu machen, dass das Gericht in die Lage versetzt wird, Schlüsse daraus zu ziehen, ob die gesetzlichen Voraussetzungen vorliegen[161].

Im vorliegenden Fall könnte die Aussagegenehmigung des P. dahin beschränkt werden, dass er zwar über den Inhalt der Mitteilungen des V-Mannes aussagen darf, jedoch über dessen Identität schweigen muss. Das Bekanntwerden des Namens und der Anschrift des V-Mannes würde die Erfüllung öffentlicher Aufgaben erheblich erschweren, die dieser V-Mann als „verbrannter Agent" nicht mehr erfüllen könnte, ferner weil er persönlich gefährdet und die Polizeiarbeit, die sich im Rauschgiftbereich zwingend der Verbindungsleute bedienen muss, generell nach dem Bruch von Vertraulichkeitszusagen schwerwiegend beeinträchtigt wäre[162]. Dem Interesse auf Abschirmung des V-Mannes könnte durch seine anonyme Vernehmung in der Hauptverhandlung (§ 68 Abs. 3) nicht ausreichend Rechnung getragen werden. Falls also das Recht auf Verteidigung des A. nicht im Kern getroffen sein sollte, braucht P. nicht auszusagen, soweit er damit die Anonymität des V-Mannes lüften würde. A. könnte auf Erteilung einer uneingeschränkten Aussagegenehmigung vor dem Verwaltungsgericht eine zulässige Klage anstrengen[163], die aber unbegründet wäre. Der Beweiswert der Aussage des V-Mann-Führers P. ist jedoch gering, da dieser nur als Zeuge vom Hörensagen auftritt[164].

So wie der Fall gelagert ist, dürfte für die Verurteilung des A. die nur mittelbar in die Hauptverhandlung eingebrachte Aussage des V. maßgeblich sein; er ist damit materiell gesehen der **zentrale Belastungszeuge** in diesem Prozess. In diesen Konstellationen billigt Art. 6 Abs. 3 d) MRK dem Beschuldigten bzw. seinem Verteidiger das Recht zu, selbst Fragen an den Belastungszeugen richten zu dürfen (**konfrontative Zeugenbefragung**)[165]. Dieses im Interesse einer zuverlässigen Wahrheitsfindung wichtige Verteidigungsrecht wird aber durch die Mediatisierung des zentralen Belastungszeugen mittels einer eingeschränkten Aussagegenehmigung des V-Mann-Führers P. verletzt. Der BGH

---

159 BGHSt 36, 44, 48 f.; eventuell muss auch ganz auf die Durchführung des Strafverfahrens verzichtet werden, BVerwGE 66, 39, 44; im Extremfall nach Ausschöpfung aller anderen Möglichkeiten Einstellung nach § 260 Abs. 3 (BGH NJW 07, 3010).
160 BVerfGE 57, 250, 283 f.
161 BGHSt 36, 44, 49.
162 Vgl. VG Mainz DVBl. 82, 659 f.; aber Vertraulichkeitszusage als solche nicht bindend: BGH StV 12, 5.
163 Vgl. OVG Berlin StV 84, 280.
164 BVerfG NJW 96, 448 f.; BGHSt 33, 178; 36, 159, 166; 51, 150; s. Rn. 121.
165 EGMR StV 17, 213; BVerfG NJW 10; BGHSt 51, 154; BGH wistra 17, 358.

folgt bei der Feststellung des Konventionsverstoßes der sog. Drei-Stufen-Theorie[166]. Danach ist zunächst zu prüfen, ob es einen triftigen Grund dafür gab, dass der zentrale Belastungszeuge nicht konfrontativ befragt werden konnte (Stufe 1). Dieser könnte hier in nachvollziehbaren Sicherheitserwägungen liegen. In der 2. Stufe stellt sich die Frage, ob die Aussage die einzige oder entscheidende Grundlage für die Beweisführung darstellt, was vorliegend ebenfalls zu bejahen wäre. In der 3. Stufe ist eine Gesamtbetrachtung vorzunehmen, ob das Verfahren „insgesamt fair" war und ob nicht die Verweigerung der konfrontativen Befragung durch andere Maßnahmen kompensiert werde, was eine enorme Relativierung des Rechts bedeutet. Der 3. Strafsenat des BGH hat das Recht noch weiter aufgeweicht, indem er behauptet, dass nicht eine Stufe auf der anderen aufbaue, sondern dass alle Aspekte in eine Gesamtbetrachtung einflössen[167]. Wesentlich für die Eliminierung des Verstoßes gegen die MRK ist auch hier, ob es nicht doch noch weitere Beweismittel gab, die gegen den A. sprechen[168].

II. Sachverständigenbeweis

145 Gegen den Beschuldigten B. wird wegen des Verdachts von Bankrottdelikten ermittelt. An der Durchsuchung der Geschäftsräume nimmt unter der Leitung von Staatsanwalt S. der Wirtschaftsreferent W. der StA teil und sucht dabei einschlägige Beweismittel heraus. Im Laufe des weiteren Verfahrens erhält W. von S. den Auftrag zur unabhängigen Begutachtung der Frage, zu welchem Zeitpunkt eine Überschuldung des Unternehmens des B. eingetreten sei. Während der Gespräche, die W. im Rahmen seiner Auftragserfüllung mit B. führt, lässt B. erkennen, dass er schon früher Unternehmen geleitet habe, die ähnlichen geschäftlichen Misserfolg erlitten hätten, ohne dass die Ermittlungsbehörden darauf aufmerksam geworden seien. In der Hauptverhandlung gegen B. wird W. als Sachverständiger gerichtlich vernommen und teilt dabei diese Äußerung des B. mit.

146 Fraglich ist, ob die Angaben des W. als Sachverständigenbeweis in die Überzeugungsbildung des Gerichts eingehen dürfen. **Sachverständiger** ist, wer aufgrund des Auftrags eines Strafverfolgungsorgans dieses bei der Beurteilung einer Beweisfrage unterstützt, deren Beantwortung besondere Sachkunde erfordert[169]. Ein Sachverständiger teilt damit allgemeine Erfahrungssätze mit, stellt Tatsachen fest, die nur aufgrund besonderer Sachkunde wahrgenommen werden können, und zieht nach wissenschaftlichen Regeln Schlussfolgerungen. Vereinzelt können auch bloße Verrichtungen (z. B. Entnahme einer Blutprobe nach § 81a) in Betracht kommen, wenn sie besondere Sachkunde voraussetzen[170]. Der Sachverständige ist damit in erster Linie „Gehilfe des Gerichts"[171]. Seine formelle Bestellung unterscheidet ihn vom sachverständigen Zeugen (§ 85), seine besondere Sachkunde vom Augenscheingehilfen[172].

146a Der Sachverständigenbeweis wird geführt – wie der Zeugenbeweis – durch **Aussage** in der Hauptverhandlung. Das übliche schriftliche Gutachten hat nur vorbereitenden

---

166 BGH NStZ 18, 51. Vgl. auch EGMR NJW 03, 2893; BVerfG NJW 07, 204; 10, 925; BGH NJW 07, 237; 10, 925; 2224.
167 BGH NStZ 18, 533.
168 BGHSt 46, 106; 51, 155.
169 Vgl. *Gössel* § 26 A II b 1; *Schlüchter* 526. Näher *Detter* NStZ 98, 57.
170 Vgl. LG Trier NJW 87, 722.
171 BGHSt 3, 27 f.; *Kühne* 504; tatsächl. wird der Sachverständige aber nicht selten zum iudex facti. Zur Haftung des Sachverständigen im Strafverfahren: *Krauß* StV 85, 512.
172 Abgrenzung zum Dolmetscher: BGH NJW 98, 1087; BayObLG NJW 98, 1504.

Charakter und gehört zu den im Vorverfahren zulässigen Formen des Freibeweises[173]. Wenn ausnahmsweise (z. B. nach § 256 ein ärztliches Attest)[174] ein Gutachten in der Hauptverhandlung als Beweismittel verlesen werden darf, handelt es sich strafprozessual nicht um Sachverständigen-, sondern Urkundenbeweis[175]. Der Sachverständige ist nicht grundsätzlich, sondern nach Ermessen des Gerichts zu **vereidigen** (§ 79 Abs. 1), wobei er sich auch – zur Vereinfachung – auf früher geleistete Eide gleichen Inhalts berufen kann. Er beschwört nicht die Richtigkeit seiner Ergebnisse, sondern nur, dass er das Gutachten unparteiisch und nach bestem Wissen und Gewissen erstattet habe (§ 79 Abs. 2). Zur Vorbereitung seines Gutachtens – insbesondere um **Anknüpfungstatsachen**[176] zu gewinnen – kann der Sachverständige die Akten einsehen und im Rahmen von Vernehmungen Fragen stellen (§§ 80, 240 Abs. 1) sowie während der gesamten Hauptverhandlung anwesend sein. Allerdings darf die Gewinnung von Anknüpfungstatsachen durch den Sachverständigen nicht in eine eigene Ermittlungstätigkeit ausarten, die der Strafverfolgungstätigkeit eines Polizeibeamten gleichkommt[177]. Es besteht aber kein Grund, warum eine Befragung von Personen durch Sachverständige nicht als **Vernehmung** bezeichnet werden könnte, da er seine Tätigkeit von einem Strafverfolgungsorgan ableitet[178]. Die Anwendbarkeit des § 136a auf ihn ist unbestritten[179]. Auch die jeweiligen Belehrungsvorschriften (z. B. über das ZVR nach § 52 Abs. 3) sind bei Befragungen durch den Sachverständigen zu beachten[180]. Jedoch kann es dem Sachverständigen, der regelmäßig kein juristischer Fachmann ist, nicht persönlich obliegen, die Belehrungen zu erteilen; dieses ist von einem Polizeibeamten, Staatsanwalt oder Richter vorwegzunehmen[181]. Befragt der Sachverständige zur Gewinnung von Anknüpfungstatsachen zeugnisverweigerungsberechtigte Personen, gilt auf jeden Fall § 252[182]. Eigene Zwangsrechte schon aufgrund seiner Bestellung besitzt der Sachverständige nicht; insoweit bedarf es jeweils einzelner zusätzlicher Anordnungen, z. B. nach § 81a (Blutprobe), § 81 (Unterbringung) usw.[183]. In seinem Gutachten hat der Sachverständige nach den Geboten der Nachvollziehbarkeit und der Transparenz für alle Verfahrensbeteiligten nach Möglichkeit darzulegen, aufgrund welcher Anknüpfungstatsachen und auf welchem Weg er zu den von ihm gefundenen Ergebnissen gelangt ist[184].

Auf welchen Gebieten sich die **besondere Sachkunde** des Sachverständigen entfaltet, ist strafprozessrechtlich nicht abschließend festgelegt. Es braucht sich nicht unbedingt um eine wissenschaftliche Materie handeln; am häufigsten werden Sachverständige auf den Gebieten der Medizin, Psychologie, Psychiatrie, Unfalltechnik, Ballistik und Waffentechnik, Graphologie u. Ä. benötigt[185]. Maßgeblich ist, ob die **eigene Sachkunde** des Richters noch ausreicht, der sich insoweit nicht selbst überschätzen darf[186]. Rechtsprob-

---

173   Auf ein schriftl. Vorgutachten kann zuweilen auch ganz verzichtet werden, BGHSt 54, 177.
174   Zu der erweiterten Möglichkeit durch das 1. Justizmodernisierungsgesetz: BayObLG NJW 05, 1592.
175   BGH NStZ 20, 94: Qualifikationserfordernisse in diesem Fall.
176   Auch „Basistatsachen" genannt, BGHSt 18, 168.
177   Dann nämlich greift § 22 Nr. 4 StPO analog als Ablehnungsgrund ein; s. Rn. 150; bedenklich großzügig OLG Zweibrücken NJW 79, 1995; zutr. LG Kiel NJW 06, 3224 (PC-Überprüfung).
178   Dagegen aber: BGHSt 13, 1, 4; JR 62, 111; MDR 66, 383; *MG* § 80, 2; dafür: *Fincke* ZStW 86, 689; wohl auch BGH NStZ 88, 142. § 80 erweitert nur die Möglichkeiten der Informationsgewinnung. Zumindest „vernehmungsähnl."; s. Rn. 28a.
179   BGHSt 11, 211; s. Rn. 40.
180   BGH NJW 91, 2432. S. auch Rn. 134a.
181   Vgl. BGH NJW 98, 839; der Auftrag darf nicht gezielt verschwiegen werden; BGH NStZ 97, 349.
182   BGHSt 46, 189 = BGH NJW 01, 528 ff.; anders noch BGH NJW 98, 838; s. Rn. 134a.
183   Vgl. BGHSt 36, 217, 219.
184   BGHSt 49, 45, 51. Auch Methodik und Inhalt sind zu überprüfen, ob sie fachwissenschaftlichen Anforderungen genügen, BGHSt 49, 347, 352.
185   Zum Sachverständigen auf dem Gebiet der Medizin: *Kaufmann* JZ 85, 1065; Psychiatrie: *Bochnik* MedR 88, 73; Psychologie: *Rasch* NStZ 92, 257; im Wirtschaftsstrafverfahren: *Krekeler* wistra 89, 52.
186   Dazu BVerfGE 54, 87, 92; BGH NStZ 84, 278.

leme – auch wenn sie schwierig sind und nur außerstrafrechtliche Vorfragen betreffen (z. B. das Steuer- oder Sozialrecht) – muss der Richter dagegen selbst lösen, denn dies ist seine ureigenste Aufgabe[187]. Darüber hinaus ist die Bestellung eines Sachverständigen **zwingend** vorgeschrieben bei der Untersuchung des Beschuldigten in einem psychiatrischen Krankenhaus (§ 81), der DNA-Analyse (§ 81f), der Prüfung der Unterbringungsvoraussetzungen (§ 80a), der Leichenöffnung (§ 87), bei Verdacht auf Vergiftung (§ 91) und bei Wertzeichenfälschungen (§ 92). Unter den in § 244 Abs. 4 näher bezeichneten Voraussetzungen kann das Gericht auch mittels eines Beweisantrages zur Bestellung eines **weiteren Sachverständigen** gezwungen werden[188]. Förmliche Anerkennungen – z. B. Diplome oder eine öffentliche Bestellung – sind nicht unbedingt Voraussetzungen des Nachweises einer besonderen Sachkunde. Die Auswahl liegt letztlich beim Richter (§ 73)[189]. Natürlich müssen die besondere Sachkunde und die zu beantwortende Gutachtenfrage einander entsprechen[190]. Der Richter hat zu prüfen, ob der Sachverständige ein erprobter und zuverlässiger Vertreter seines Fachs ist und daher auf seine Sachkunde vertraut werden kann[191]. Der Richter darf im Urteil dem Gutachten des Sachverständigen nicht blindlings folgen, sondern muss eine kritische Auseinandersetzung damit erkennen lassen[192]; dies gilt im verstärkten Maße, wenn der Sachverständige ihn gerade nicht überzeugt hat[193].

Im vorliegenden Fall handelt es sich bei W. um eine Person mit besonderer Sachkunde auf betriebswirtschaftlichem Gebiet, insbesondere in Fragen der Buchführungskunde. Die Schwerpunktstaatsanwaltschaften für Wirtschaftskriminalität beschäftigen eine Reihe solcher Wirtschaftsreferenten, die ein betriebswissenschaftliches Studium absolviert haben oder über langjährige berufliche Erfahrungen im wirtschaftlichen Bereich verfügen[194].

148 Neben die besondere Sachkunde muss als formelles Element die **Bestellung** als Sachverständiger treten. Diese Bestellung nimmt im Hauptverfahren das Gericht vor. Eine ausdrückliche Vernehmung als Sachverständiger ist insoweit ausreichend. Jedoch kommen Sachverständigenbestellungen auch im **Vorverfahren** in Betracht. Hier ist anerkannt, dass die Staatsanwaltschaft und im Rahmen des ersten Zugriffs auch die Polizei die Bestellung zum Sachverständigen vornehmen können[195]. Daher ist W. auch schon im Vorverfahren aufgrund der Beauftragung durch S. als Sachverständiger tätig geworden. Eine **Verpflichtung** des Sachverständigen, sein Gutachten zu erstatten, besteht aber nicht gegenüber der Polizei, sondern nur gegenüber Gericht und StA (§ 77, § 161a Abs. 1)[196]. Die Pflicht zur Erstattung des Gutachtens setzt eine wirksame Bestellung zum Sachverständigen voraus[197]. Anders als bei der allgemeinen Zeugenpflicht ist nicht

---

187 BGH NJW 68, 1293; KG VRS 17, 358; BGHSt 53, 128, 136; *MG-Schmitt* vor § 72, 6.
188 S. Rn. 303; BGHSt 49, 347 ff.; zum Beweisantrag auf Sachverständigenbeweis: BGH NStZ 19, 628; 16, 116; StV 16, 337, 342.
189 Keine Beschwerde mögl., OLG Hamm MDR 94, 83. Zu Auswahlkriterien: KG NJW 97, 69; *Oehler* ZRP 99, 285.
190 Z.B. keine psychologische Beurteilung vom Gynäkologen über Vergewaltigungsopfer („euphorisch und wenig beeindruckt"), BGH StV 88, 371.
191 BGH NJW 89, 179 f.; unmögl. auf dem Gebiet der Parapsychologie trotz Lehrstuhls, BGH NJW 78, 1207. Anforderungen an Glaubwürdigkeitsgutachten: BGH NJW 99, 2746.
192 BGH NZV 00, 213; NStZ-RR 96, 233; StV 96, 132; NStZ 94, 250; einschr. NStZ-RR 96, 258 (schwierige medizinische Fragen); NJW 00, 1350 (standardisiertes Verfahren).
193 BGH NStZ 00, 550.
194 Näher dazu *Kramer*, Ermittlungen bei Wirtschaftsdelikten (1987), 14 ff.
195 Vgl. RiStBV Nr. 70; *Gössel* § 26 II a 1. Eine formalisierte Richteranordnung ist nur beim DNA-Sachverständigen vorgeschrieben (§ 81f); sonst nur Kundigmachung in den Akten, BGHSt 28, 381.
196 Die neue Erscheinens- und Aussagepflicht nach § 163 Abs. 3 gegenüber der Polizei besteht nur für Zeugen, aber nicht für Sachverständige; s. Rn. 122b.
197 Keine Übertragung auf Hilfspersonen zul.; BGH NStZ 12, 103.

jedermann verpflichtet, einer Ernennung zum Sachverständigen Folge zu leisten. Nach § 75 besteht eine solche Verpflichtung nur, wenn der betreffende Sachkundige zur Erstattung von Gutachten der erforderten Art öffentlich bestellt ist oder wenn er die Sachkunde öffentlich zum Erwerb nutzt bzw. dazu bestellt oder ermächtigt ist. Hierzu gehören beispielsweise approbierte (daher auch angestellte) Ärzte[198] oder öffentlich bestellte Bausachverständige. Die Verpflichtung zur Erstattung des Gutachtens trifft auch denjenigen, der sich hierzu vor Gericht im konkreten Verfahren bereit erklärt hat.

148a Im Zusammenhang mit der Pflicht zur Gutachtenerstattung ist ferner § 76 zu beachten, wonach ein Sachverständiger aus den gleichen Gründen, die einen Zeugen berechtigen, das Zeugnis zu verweigern, auch die **Erstattung des Gutachtens verweigern** kann. Eindeutig besteht daher in den Fällen ein Gutachtenverweigerungsrecht, in denen der Sachverständige in einem Angehörigenverhältnis i. S. d. § 52 zu dem Beschuldigten steht. Die h. M. sieht in § 76 allerdings auch vom Grundsatz her eine Verweisung auf das berufsbezogene ZVR nach § 53[199]. Das kann aber im Ergebnis nicht zutreffen, da gerade die typischen und in der Praxis unentbehrlichen Sachverständigengruppen wie z. B. Ärzte dann niemals zur Begutachtung verpflichtet wären. Dies kann vom Gesetz nicht gewollt gewesen sein[200]. Eine Verweisung auf das ZVR macht – wie bei § 81c Abs. 3 – nur einen Sinn, soweit eine personale Beziehung zum Beschuldigten besteht, aber nicht beim sachbezogenen ZVR auf beruflichen Gründen[201]. Bei dem nahezu identisch formulierten Untersuchungsverweigerungsrecht nach § 81c Abs. 3 entspricht die Beschränkung der Verweisung auf § 52 ganz herrschender Auffassung[202]; für die gleich gelagerte Problematik bei § 76 kann nichts anderes gelten. Eine völlig andere Frage ist die, in welchem Maße ein Sachverständiger neben dieser Rolle in demselben Verfahren auch Zeuge – eventuell mit ZVR – sein kann; dies hängt von der Art der Tatsachen ab, über die er aussagt.

149 In der Rolle des Sachverständigen darf nur über solche Tatsachen ausgesagt werden, die der Sachverständige aufgrund seiner besonderen Sachkunde erkennen kann (**Befundtatsachen**)[203], nicht demgegenüber über solche das Gutachten vorbereitenden Anknüpfungstatsachen, die auch das Gericht mit den ihm zur Verfügung stehenden Erkenntnis- und Beweismitteln hätte feststellen können (**Zusatztatsachen**)[204]. Typische Befundtatsachen wären z. B. Beobachtungen eines Arztes anlässlich einer Röntgenuntersuchung; Zusatztatsachen, die der Sachverständige als Anknüpfungsumstände für sein Gutachten benötigt, sind dagegen beispielsweise Angaben des Täters oder des Opfers zum Tathergang. Bei der Äußerung des B. gegenüber dem Wirtschaftsreferenten W. über frühere Fälle, in denen er schon einmal unternehmerisch Schiffbruch erlitten hatte, handelt es sich weder um eine Befundtatsache noch eine Zusatztatsache, da dieser Umstand auch nicht Grundlage der Gutachtenerstattung des W. ist. Man spricht insoweit von **Zufallstatsachen**, d. h. rein zufälligen Beobachtungen bei Gelegenheit der Gutachtenvorbereitung oder sogar ohne jeden Zusammenhang damit[205]. Diese Erkenntnisse darf W. ebenso wenig in seine Aussage als Sachverständiger einbringen wie Zusatztatsachen; dazu ist vielmehr eine weitergehende Vernehmung des W. als Zeuge erforderlich. Soweit

---

198 Vgl. LG Trier NJW 87, 722; Zwangsmittel ergeben sich aus § 77.
199 Zum Problem Leichenschauarzt: LG Berlin NStZ 99, 86.
200 Gesichert ist daher (obwohl vom Standpunkt der h. M. her inkonsequent), dass ein Arzt als Sachverständiger kein Gutachtenverweigerungsrecht bezügl. der Befundtatsachen besitzt; BGHZ 40, 288.
201 Nicht gemeint ist eine vorher oder gleichzeitig begründete Vertrauensbeziehung, die als Zeuge § 53 rechtfertigt (z. B. bei Beauftragung des Hausarztes mit Gutachten). Diese rechtfertigt aber die Ablehnung wegen Befangenheit; BGH MDR 72, 925; StV 96, 130; Rn. 150.
202 S. Rn. 264.
203 BGHSt 9, 292 f.
204 BGHSt 13, 1, 3; 18, 107; 20, 166.
205 Vgl. *MG-Schmitt* § 79, 12.

eine zum Sachverständigen ernannte Person als Zeuge über Zusatz- und Zufallstatsachen aussagt, kann und muss sie als Zeuge vernommen werden[206], denn die Rolle des Sachverständigen und die des Zeugen schließen sich in einem Verfahren nicht aus, wie schon § 74 Abs. 1 S. 2 erkennen lässt. Die beiden Vernehmungen in unterschiedlicher Eigenschaft lassen sich getrennt und sukzessive oder zeitgleich durchführen, wenn nur deutlich gemacht wird, auf welchen Teil der Aussage sich die Rolle als Sachverständiger bzw. als Zeuge bezieht. Bei einer solchen Zeugenvernehmung eines Sachverständigen zu Zusatz- oder Zufallstatsachen kann sich – nicht beim Wirtschaftsreferenten W. im vorliegenden Fall, aber z. B. bei einem Arzt – die Frage ergeben, ob er dann nicht ein ZVR nach § 53 ausüben dürfte. Dies aber ist abzulehnen. Denn ein ZVR nach § 53 setzt eine typischerweise vorhandene Vertrauensbeziehung zu einem Dritten voraus[207], die gerade dann nicht vorliegt, wenn jemand in seiner Eigenschaft als durch ein Strafverfolgungsorgan bestellter Sachverständiger für den Staat bei der Realisierung des Strafanspruchs tätig geworden ist und in diesem Zusammenhang und aus diesem Anlass Zufalls- und Zusatztatsachen wahrnimmt.

Soweit die h. M. bei „Zufallstatsachen" (wenn auch nicht bei Zusatztatsachen) ein ZVR des Sachverständigen im Rahmen einer Zeugenaussage bejaht[208], bedarf dies der Klarstellung. Nicht alle zufällig anlässlich der Sachverständigentätigkeit bekannt gewordenen Tatsachen, die außerhalb der Grenzen des Gutachtenauftrags liegen, fallen automatisch unter das ZVR nach § 53, sondern nur solche, die einem eigenständig begründeten Vertrauensverhältnis neben der Sachverständigentätigkeit entspringen, z. B. wenn der von einem Arzt nach § 81a untersuchte Beschuldigte sich diesem bei dieser Gelegenheit auch anvertraut und Leiden mitteilt, die nichts mit dem Gegenstand des Strafverfahrens zu tun haben. Auch bei Erkenntnissen eines Sachverständigen (aus den Berufsgruppen nach § 53) aus einem anderen Verfahren kann der Umstand der Verfahrensfremdheit nicht entscheidend sein, sondern nur ob dort von der Begründung eines Vertrauensverhältnisses auszugehen ist[209]. Dazu bedarf es zwar nicht „eines besonderen Vertrauensakts", aber doch zumindest eines Auftrags oder – bei Ärzten – tatsächlichen Behandlungsverhältnisses.

150 Auch soweit W. über den Zeitpunkt der Überschuldung ausgesagt hat, ergeben sich Bedenken. Zwar ist er insoweit wirksam in Sachverständigeneigenschaft tätig geworden, es ist jedoch die Möglichkeit der **Ablehnung** des W. als Sachverständigen nach § 74 gegeben. Ein Sachverständiger kann aus denselben Gründen, die zur Ablehnung eines Richters berechtigen, abgelehnt werden[210]. Dazu gehören Besorgnis der Befangenheit (§ 24)[211] und die Ausschließungsgründe (§ 22)[212]. W. wurde im Ermittlungsverfahren als Wirtschaftsreferent strafverfolgend tätig, indem er bereits bei der Durchsuchung Beweismittel wie ein Polizeibeamter im Auftrag des Staatsanwalts handelnd herausgesucht hat. Daher ist der Ausschließungsgrund entsprechend § 22 Nr. 4 gegeben, der zur Ablehnung nach § 74 berechtigt[213]. Von diesem Ablehnungsrecht können der Angeklagte

---

206 Vgl. BGHSt 13, 1, 3.
207 S. Rn. 137.
208 BGHZ 40, 288; BGHSt 18, 107; 38, 370; NStZ 02, 214.
209 Wenig überzeugend daher: BGHSt 38, 370 = BGH NJW 93, 803 f. („ein gewisses Vertrauensverhältnis"). Die Ursprungsentscheidung BGHZ 40, 288 erging zum anders formulierten § 386 Abs. 1 Nr. 5 ZPO und vor dem Hintergrund eines unrichtigen Verständnisses des § 53 StPO als einem berufsbezogenen Privileg.
210 Unterschied: es gilt im Ablehnungsverfahren nicht das Unverzüglichkeitsgebot: BGH NJW 18, 1030.
211 Z.B. frühere Tätigkeit als Privatgutachter, BGHSt 20, 245; einschr. OLG Koblenz VRS 86, 200; schwere sachliche Fehler im Gutachten: BGH NStZ 00, 544.
212 Hauptfall: In der Sache ermittelnder Polizeibeamter; anders wenn in organisatorisch getrennter kriminaltechnischer Untersuchungsstelle, BGHSt 18, 214, 216.
213 Anders wenn er von vornherein zum Sachverständigen bestellt worden wäre, vgl. BGH NStZ 84, 215; StV 86, 465; OLG Zweibrücken NJW 79, 1995; zur engeren Revisibilität der Sachverständigen- als der Richterablehnung: *Dahs/Dahs* 283.

bzw. für ihn sein Verteidiger Gebrauch machen. Allerdings wäre das Gericht in diesem Fall nicht daran gehindert, den W. nunmehr als sachverständigen Zeugen nach § 85 zu vernehmen. Es dürfte W. dann aber nur über seine bisherigen Feststellungen vernehmen und keine neuen Beweisfragen anschneiden und ihn auch keine Schlussfolgerungen ziehen lassen[214]. Das Gericht darf im Urteil einem Sachverständigen nicht blindlings folgen, sondern muss sich kritisch mit dessen Feststellungen auseinandersetzen und kann auch zu gegenteiligen Schlussfolgerungen gelangen, die dann aber ausführlich begründet werden müssen[215]. In keinem Fall darf das Gericht dem Gutachten des Sachverständigen nur äußerlich folgen oder es nur lückenhaft würdigen[216].

III. Augenscheinbeweis

Die 70-jährige Witwe W. erstattet bei der Polizei Anzeige, weil sie seit Monaten von einer männlichen Person durch Telefonanrufe obszönen und beleidigenden Charakters terrorisiert wird. Sie sei völlig mit den Nerven fertig und könne kaum noch schlafen. Vor allem geht es ihr darum, dass die Anrufe aufhören. Sie fragt an, ob ihr die Polizei nicht helfen könne, die Anrufe auf Tonband aufzunehmen. Sie habe ihren Nachbarn N. als Anrufer in Verdacht, ohne dies allerdings beweisen zu können. Eine von ihr bei ihrem Telefonanbieter beantragte sog. Fangschaltung sei ergebnislos geblieben, weil der Anrufer immer öffentliche Telefonzellen benutzt habe. Kriminalkommissar K. nimmt auf die Bitte der W. hin den nächsten Anruf auf Tonband auf. Als dem N. das Tonband vorgehalten wird, endet – wie erwartet und beabsichtigt – die Anrufserie sofort. N. wird später wegen Beleidigung und „Stalking" (Nachstellung gem. § 238 StGB) angeklagt. In der Hauptverhandlung soll das Tonband abgespielt werden. E., der Enkel der W., bietet dem Gericht außerdem Bildaufnahmen an, die er mit einer Dashcam von N. in einer nahegelegenen Telefonzelle zum Zeitpunkt einer der bewussten Anrufe gemacht hat.

151

In Betracht kommt hier der sog. **Augenscheinbeweis**, eine eigentlich zu enge Bezeichnung, da nicht nur visuelle Eindrücke wie das Vorführen der Dashcam-Aufnahmen erfasst werden. Augenschein ist alles, was durch **sinnliche Wahrnehmung** auf die Überzeugungsbildung des Richters einwirkt[217]. Der „Augenscheinbeweis" kann auch durch andere Sinnesorgane als den Augen gegenüber dem Gericht geführt werden, so durch akustische Eindrücke, dem Tastsinn usw. Augenscheineinnahmen bestehen beispielsweise in der Besichtigung des Tatortes („Ortstermin"), in der Betrachtung und im Anfassen der Tatwaffe in der Hauptverhandlung oder im Prüfen der Radierungen auf einer gefälschten Urkunde. Der Augenscheinbeweis ist in der StPO nur unvollständig geregelt, gilt jedoch als eigenständige Beweisart, wie die Überschrift des 7. Abschnitts des Ersten Buches zeigt.

152

§ 86 schreibt vor, welchen Inhalt ein Protokoll über die Aufnahme des **richterlichen Augenscheins** enthalten muss. Dies ist von Bedeutung, da richterliche Augenscheinnahmen in Form von Ortsterminen nicht selten aus technischen Gründen außerhalb der Hauptverhandlung stattfinden müssen (vgl. auch § 225 kommissarische Augenscheinnahme zur Vorbereitung der Hauptverhandlung). In diesen Fällen ist es erforderlich, das Protokoll über die Einnahme des Augenscheins gem. § 249 Abs. 1 S. 2 in der Hauptverhandlung zu verlesen. Die Verlagerung von Ortsterminen aus der Hauptverhandlung

---

214 BGHSt 20, 222 ff. (zweifelhaft aber, ob Befundtatsachen mitgeteilt werden dürfen, wie wohl der BGH meint); näher *Fezer* JR 90, 397.
215 BGH NStZ 19, 691; 19, 240; 18, 85; 16, 432; 15, 539, 476.
216 BGH NJW 20, 934; NStZ 19, 690.
217 BGHSt 18, 51, 53.

erfordert es, dem Beschuldigten und seinem Verteidiger ein Anwesenheitsrecht bei richterlichen Augenscheinnahmen zu gewähren (§ 168b). Bei Ortsterminen im Rahmen der Hauptverhandlung ist es zuweilen schwierig, dem Öffentlichkeitsprinzip voll Rechnung zu tragen[218]. Findet eine Augenscheinnahme im Rahmen der Hauptverhandlung statt, sind zusätzlich die Protokollierungserfordernisse des § 273 zu beachten. Beweisanträge auf Augenschein können gem. § 244 Abs. 5 vom Gericht recht großzügig im Rahmen der Aufklärungspflicht abgelehnt werden[219]. I.d.R. hat der Augenscheinbeweis keine prozessentscheidende Bedeutung, sondern dient eher der Veranschaulichung. Daher tritt er häufig in Kombination mit anderen Beweisarten auf, wobei die Eigenart des jeweiligen Beweismittels erhalten bleibt und zu beachten ist[220].

153 Von großer praktischer Bedeutung bei der Beweisführung können jedoch **Tonbandaufzeichnungen** sein[221]. Es fragt sich, ob diese einer Beweisart des Strengbeweises zuzuordnen sind. Teilweise wird vertreten, auf Tonbandaufnahmen seien analog die Regeln über den Urkundenbeweis anzuwenden[222]. Richtig ist, dass im Einzelfall ein Tonbanddiktat oder die Videoaufzeichnung einer Vernehmung als Ersatz für die Aufnahme des schriftlichen Protokolls dienen kann[223]. Soweit ein Tonband jedoch ein tatsächliches Geschehen oder eine Situation fixiert hat, geht sein Informationsgehalt weit über den einer Urkunde hinaus. Die akustischen Eindrücke eines Tonbandes – und gleiches gilt für die zusätzlichen optischen Eindrücke eines Video-Bandes – wirken über die gesprochene Wiedergabe eines Textes hinaus auf die Überzeugungsbildung des Richters ein. Daher ist das Abspielen von Ton- oder Video-Bändern als Augenscheinbeweis anzusehen[224]. Allerdings steht die Verwendung von Tonbändern zu Beweiszwecken im Strafverfahren unter dem Vorbehalt des **§ 201 StGB**, der auch den *Gebrauch* von Tonaufzeichnungen des nichtöffentlich gesprochenen Wortes unter Strafe stellt und mithin verbietet[225]. Jedoch betrifft dies nur *unbefugt* hergestellte Aufnahmen. Die schlichte Verwendung für Strafverfahren wirkt noch nicht rechtfertigend[226]; eine Rechtfertigung nach §§ 100a und 100c, 100f, wo Tonaufzeichnungen gestattet werden, scheidet im Ausgangsfall schon deshalb aus, weil Körperverletzung und Beleidigung keine Katalogtaten nach diesen Vorschriften sind. Die Herstellung der Aufzeichnungen war jedoch deshalb gerechtfertigt, weil eine notwehrähnliche Zwangslage vorlag (§ 32 StGB)[227]. Die Aufnahmen dienten *primär* dem Zweck, einen rechtswidrigen Angriff durch fortgesetzten Psychoterror auf die Gesundheit und die Ehre der W. abzustellen. Ob W. dabei das Tonbandgerät selbst anschließt oder dies von einer anderen Person – auch Polizeibeamten – bewerkstelligen lässt, spielt für die nach § 32 StGB gegebene Rechtfertigung keine Rolle, da

---

218 Vgl. BGH NJW 06, 1220 (schmales Treppenhaus).
219 S. Rn. 289.
220 BGHSt 33, 217, 221. Keine Kombination bei § 247, BGH NJW 03, 597; s. Rn. 287a.
221 Näher zu heiml. Tonbandaufnahmen im Strafprozess: *Kramer* NJW 90, 1760 ff.
222 *Schlüchter* 541.
223 Dann muss auch § 250 gelten; s. auch Rn. 158; 124b. Für Bild-Ton-Aufzeichnungen (Video) erklärt § 255a Abs. 1 auch §§ 251 ff. für entsprechend anwendbar, BGHSt 49, 68, wo aber § 253 übersehen wurde; s. auch BGH NJW 11, 3382 (Vernehmungsvideo).
224 BGHSt 36, 167, 172; 14, 339, 341. Beispiel: Videoaufnahme eines Diebstahls (LG Zweibrücken NJW 04, 85).
225 Vgl. BayObLG NJW 90, 197 f.; unzutr. aber die dort vertretene Auffassung, bei „überwiegenden Interessen der Allgemeinheit" sei eine Rechtfertigung gegeben, dazu Rn. 180. Notrufe unter „110" sind dagegen bei wertender Betrachtung als „öffentl. Hilferuf" zu betrachten (vgl. BGHSt 34, 4, 9) und fallen nicht unter § 201 StGB.
226 Daher kann auch eine Beschlagnahme nach § 94 der Aufnahmen Dritter nicht rechtfertigend wirken, so aber BGHSt 36, 167 ff.; abl. *Kramer* NJW 90, 1760 ff.
227 BGH NJW 82, 277 f.; KG JR 81, 254; BGHZ 27, 284, 290; in der Literatur wird eher auf § 34 StGB abgestellt, *Schönke/Schröder/Lenckner* § 201, 13.

Notwehr und Nothilfe gleich behandelt werden. Weniger einschneidende Mittel wie z. B. eine Fangschaltung hatten hier zu keinem Erfolg geführt[228].
Einer späteren Verwendung der nach § 32 StGB rechtmäßig hergestellten Aufnahmen auch zu Zwecken des Strafverfahrens nach den Grundsätzen des Augenscheinbeweises steht weder § 201 StGB noch Art. 10 GG entgegen, da nicht in das Fernmeldegeheimnis eingegriffen wurde, sondern nur die am Telefon der W. ertönenden Worte mitgehört und aufgezeichnet wurden. Es realisiert sich nicht die von Art. 10 GG vorausgesetzte spezifische Gefahrenlage[229]. Allerdings bedarf es bei der Verwendung im Strafverfahren als Beweismittel einer Abwägung des Persönlichkeitsrechts des N. (Art. 1 i. V. m. Art. 2 Abs. 1 GG) mit dem Strafverfolgungsinteresse im Einzelfall. Indes dürfte das Ergebnis hier nicht zweifelhaft sein: die strafbaren Äußerungen des N. verdienen angesichts des nicht ganz unerheblichen Strafanspruchs bei intensivem und andauerndem Psychoterror (§§ 238, 185 StGB) keinen besonderen Schutz[230]. Im Ergebnis sind daher auch die Dashcam-Aufnahmen im Rahmen des Augenscheinbeweises verwertbar. Zwar mag zweifelhaft sein, ob nicht die Aufnahmen unter das Verbot nach § 6b Abs. 1 Nr. 3 BDSG fallen, jedoch ergibt sich daraus kein strafprozessuales Beweisverwertungsverbot, auch nicht weil die Aufnahmen von einem privaten Dritten stammen[231].

IV. Urkundenbeweis

154 Bei der Kripo geht eine anonyme Anzeige gegen den A. ein, welcher darin eines Raubüberfalls bezichtigt wird. Der Schreiber behauptet, er habe von seinem Fahrzeug aus zufällig seinen Bekannten A. erkannt, als dieser vom Tatort aus geflüchtet sei. Kriminalhauptmeister K. gelingt es, den B. als den Schreiber des Briefs zu ermitteln. Bei der Vernehmung des B., über deren Inhalt K. ein Protokoll aufnimmt, stellt sich für K. überraschend heraus, dass B. deshalb nicht bekannt werden wollte, weil er bei Offenbarung seiner Kenntnisse über den A. eine von ihm selbst begangene Fahrerflucht gestehen muss, die aber mit dem Raubüberfall unmittelbar nichts zu tun hat. K. vernimmt nunmehr auch den A. unter Erteilung einer vollständigen Beschuldigtenbelehrung. A. macht nur spärliche Angaben, die K. in einem Vermerk festhält. In der späteren Hauptverhandlung gegen A. macht dieser von seinem Aussageverweigerungsrecht, der als Zeuge vernommene B. von seinem Auskunftsverweigerungsrecht Gebrauch.

155 Es fragt sich, ob die anonyme Anzeige, das Protokoll über die Vernehmung des Zeugen B. und der Vermerk über die Angaben des A. als Beweismittel in die Hauptverhandlung eingeführt werden können. Im Rahmen der gerichtlichen Vernehmung des Kriminalhauptmeisters K. bietet sich eine Einführung in der Form des **Vorhalts** an. In der Praxis des Strafverfahrens stellt der Vorhalt ein häufig angewandtes Mittel der Vernehmungstechnik dar. Er ist kein Urkundenbeweis, denn zum Gegenstand der Hauptverhandlung nach § 261 wird nur das, was der Zeuge oder Beschuldigte aufgrund des Vorhalts bestäti-

---

228 Zu den Rechtsgrundlagen von Fangschaltungen und Zählervergleichseinrichtungen: BVerfGE 85, 386 ff. vgl. Rn. 221. Eine Verkehrsdatenabfrage nach § 100 g Abs. 1 Nr. 2 wäre hier mögl.; s. Rn. 220a.
229 BVerfG NJW 02, 3619, 3621; s. ferner BGH NJW 93, 2946; NJW 96, 2940, 2943 (Hörfalle); BayObLG NJW 93, 1215; anders BGH-Ermittlungsrichter NJW 97, 1934 f. (Mailbox); krit dazu *Palm* NJW 97, 1904. Zum gleichen Ergebnis kommt BGH NJW 94, 596, 598, indem ein Einverständnis fingiert wird (wohl Widerspruch zu BVerfGE 85, 386 ff., aber in BVerfG StV 00, 467 hingenommen).
230 Sehr eng im Zivilprozess: BGH NJW 03, 1727.
231 OLG Stuttgart NJW 16, 2280; zu § 6b BDSG: Celle NStZ 18, 293; näher Ahrens NJW 18, 37; *Jansen* StV 19, 578.

gend oder ablehnend aussagt[232]. Vorgehalten werden können daher Beweisergebnisse beliebiger Art, sofern sie nur **verwertbar** sind[233], woran hier trotz Ausübung von Aussage- und Auskunftsverweigerungsrechten kein Zweifel besteht, denn § 252 bezieht sich nur auf das ZVR[234]. Die Einschränkungen des Urkundenbeweises gelten für Vorhalte aus Niederschriften und Schriftstücken nicht.

156 Hier wären Vorhalte gegenüber dem K. möglich, die aber u. U. in der Beweisführung nicht sehr weit führen. Die Anzeige hat er einfach entgegengenommen; Protokoll und Vermerk lassen sich über den Vorhalt nur so weit einführen, wie sich K. daran erinnern kann, was bezüglich aller Details meist nicht möglich sein wird. Der Vorhalt scheidet völlig aus, wenn ein Zeuge nicht mehr zur Verfügung steht, z. B. unauffindbar oder verstorben ist. Auch die Einführung von längeren, sprachlich schwierigen oder inhaltlich schwer verständlichen Urkunden durch Vorhalt gilt als unzulässig[235], da insoweit die Gefahr besteht, dass ein verkappter Urkundenbeweis geführt wird, während tatsächlich doch nur ein Vernehmungsbehelf vorliegt. Andererseits misst die Rechtsprechung der Aussage aufgrund eines (erfolgreichen) Vorhalts i. d. R. einen höheren Beweiswert zu als dem durch Verlesung im Rahmen des Urkundenbeweises ermittelten Inhalt einer früheren Vernehmungsniederschrift, die u. U. nur bedingt darauf überprüfbar ist, wie zuverlässig damals der Zeuge seine Wahrnehmungen wiedergegeben hat und die Verhörperson seine Bekundungen niedergeschrieben hat[236]. Dies gilt jedoch nur bei Aussagen der Personen, deren eigene Angaben in ihrer Vernehmung vorgehalten werden; A. und B. stehen aber aufgrund ihrer Verweigerungsrechte für einen Vorhalt nicht zur Verfügung.

Es wäre daher daran zu denken, den Urkundenbeweis zu führen. **Urkunden** i. S. d. Strafverfahrensrechts sind durch Schriftzeichen in deutscher Sprache verkörperte Gedankenerklärungen[237]. Auch verlesbare elektronische Dokumente (z. B. Bildschirmtexte) gelten nach § 259 Abs. 1 S. 2 als Urkunden. Der Urkundenbegriff des Strafverfahrensrechts unterscheidet sich in vielfältiger Weise von dem des materiellen Strafrechts (§ 267 StGB). So ist es verfahrensrechtlich unerheblich, ob die Urkunde einen Aussteller aufweist. Auch **anonyme Briefe** – wie hier die Anzeige – sind Urkunden i. S. d. StPO. Beweiszeichen, die keine Schriftzeichen enthalten, sind zwar Urkunden nach § 267 StGB, hingegen keine Schriftstücke i. S. des prozessualen Urkundenbeweises. Das Erfordernis der Verkörperung durch Schriftzeichen ergibt sich aus der Notwendigkeit der Verlesbarkeit[238]; die Verwendung der deutschen Sprache (nicht Schrift!) folgt aus § 184 GVG (Gerichtssprache: deutsch)[239]. **Fotokopien** sind als Schriftstücke mit Gedankeninhalt ebenfalls Urkunden im prozessualen Sinne[240]. Abzugrenzen ist die Urkunde vom Augenscheinobjekt, das nicht durch seinen gedanklichen Inhalt, sondern durch andere Formen der sinnlichen Wahrnehmung auf die Überzeugungsbildung des Richters einwirkt, z. B. Skizzen, Tonbänder, Bilder ohne Textzusätze. Die begriffliche Unterscheidung in Absichtsurkunden, die von vornherein zum Beweis bestimmt sind, Zufallsurkunden, die erst während des Verfahrens zur Beweisbedeutung gelangen, Konstitutivurkunden, die durch ihren ge-

---

232 BGHSt 3, 281; 14, 310, 312; 34, 231, 235; *Gössel* § 27 C b. Zu den Grenzen des Vorhalts: OLG Celle StV 88, 143; Stuttgart StV 90, 257.
233 BGH NJW 80, 67 f. OLG Karlsruhe NJW 04, 2687.
234 BGHSt 17, 337.
235 BGH NJW 02, 2480; MDR 87, 981; BayObLG StV 82, 412; OLG Köln StraFO 99, 92; vgl. auch Pseudo-Vorbehalt einer Videoaufzeichnung in voller Länge, BGH NJW 08, 1010.
236 BGH NJW 86, 2063 f.
237 § 249 zählt nur Beispiele auf. Zum abw. Begriff im mat. Strafrecht: *Erhardt*, Strafrecht für Polizeibeamte, 6. Aufl., Rn. 406 ff.
238 Daher keine Kurz- oder Geheimschrift, *MG-Schmitt* § 249, 5.
239 Zum Umgang mit fremdsprachigen Urkunden: BGH NStZ 12, 523.
240 BGHSt 15, 253; NStZ 86, 519; Beglaubigung nicht erforderlich; beachte zu Beweisanträgen in diesem Zusammenhang: § 244 Abs. 5 S. 3 n. F.

danklichen Inhalt selbst einen Straftatbestand erfüllen, und Berichtsurkunden, wie polizeiliche Vermerke und Vernehmungsprotokolle, hat im Wesentlichen nur systematische Bedeutung. Auf den Inhalt und den geistigen Urheber kommt es nicht an. Daher überzeugt es nicht, wenn **Schriftsätzen** des Verteidigers der Charakter einer strafprozessualen Urkunde abgesprochen wird[241].

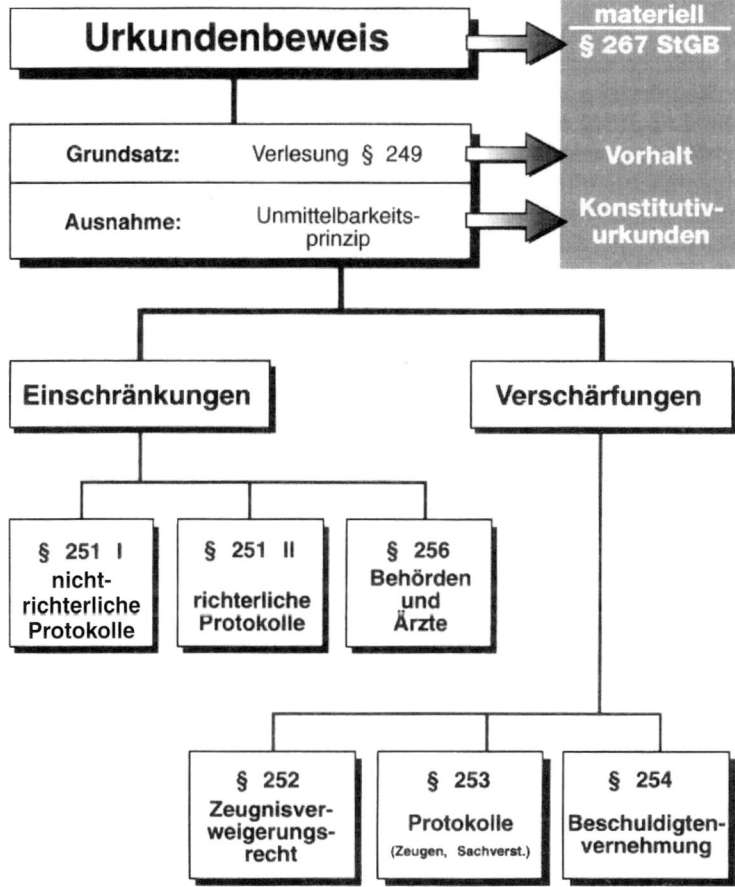

Abb. 9: Urkundenbeweis

Bei allen Urkundenarten wird der Beweis durch **Verlesung** gem. § 249 Abs. 1 S. 1 geführt[242]. Die Verlesung nimmt der Vorsitzende oder ein von ihm beauftragter Beisitzer vor. Das **Mündlichkeitsprinzip** verlangt diese für alle Verfahrensbeteiligten und Zuhö-

---

241 So aber OLG Celle NJW 89, 992 f. Unstr. dagegen, dass schriftliche Erklärungen des Angekl. im Urkundenbeweis verlesen werden können, nur nicht von ihm selbst, BGH NJW 94, 2904, 2906 (Sedlmayr); NStZ 94, 184 f.; 00, 439; aber BGH NJW 08, 2356; unterscheide davon die Aussage des Angekl. zur Sache: Rn. 288.
242 Nicht genügend: Augenscheinnahme, BGH wistra 90, 197, oder nur „zum Gegenstand der Hauptverhandlung machen", BGH NJW 11, 3733 (Kontoauszüge); OLG Düsseldorf VRS 89, 227; NJW 88, 217. Näher zum Urkundenbeweis: *Paulus* JuS 88, 869.

rer verständliche Verlesung und stellt damit einen gewichtigen äußeren Unterschied zu dem Zivilprozess dar, bei welchem Urkunden durch bloße Bezugnahme der Parteien in das Verfahren eingeführt werden. Die Verlesung von Urkunden kann zu einer erheblichen zeitlichen Belastung des Strafverfahrens werden. Daher sieht § 249 Abs. 2 vor, dass ausnahmsweise bei Urkunden von der Verlesung abgesehen werden kann, wenn Richter und Schöffen vom Wortlaut der Urkunde Kenntnis genommen haben und die übrigen Verfahrensbeteiligten wenigstens Gelegenheit dazu hatten. Mit einem Widerspruch gegen eine diesbezügliche Verfügung des Vorsitzenden vermögen die StA, der Angeklagte oder Verteidiger zwar nicht dieses sog. **Selbstleseverfahren** zu verhindern, sie erzwingen jedoch eine Entscheidung des Gerichts (§ 249 Abs. 2 S. 2)[243]. Gerade in umfangreichen Wirtschaftsstrafverfahren kann das Selbstleseverfahren hilfreich sein[244]. Üblicherweise wird dafür den Verfahrensbeteiligten eine schriftliche Liste mit Fundstellen zur Verfügung gestellt. Eine noch weitergehende, gesetzlich nicht ausdrücklich geregelte Vereinfachung ist der Ersatz der Verlesung durch **Bekanntgabe des wesentlichen Inhalts** einer Urkunde seitens des Vorsitzenden, was jedoch ein allseitiges Einverständnis voraussetzt[245]. Ferner darf solchem Vorgehen nicht die Aufklärungspflicht entgegenstehen. Im Gegensatz zum Selbstleseverfahren kommt es dabei nicht so sehr auf den Wortlaut, sondern eher auf den Inhalt an (z. B. beim Strafregisterauszug).

158 Der Urkundenbeweis unterliegt aber gewissen Einschränkungen, die sich aus dem **Unmittelbarkeitsprinzip** (§ 250) ergeben, das besser als der Grundsatz vom Vorrang des Personalbeweises vor dem Urkundenbeweis bezeichnet werden sollte[246]. Beruht der Beweis einer Tatsache auf der Wahrnehmung einer Person (z. B. eines Mitbeschuldigten, Zeugen oder Sachverständigen), so muss das Gericht diese Person in der Hauptverhandlung vernehmen. Es darf nicht den zunächst bequemer und weniger zeitraubend erscheinenden Weg beschreiten, die Vernehmung durch Verlesung des über eine frühere Vernehmung dieser Person aufgenommenen Protokolls oder einer schriftlichen Erklärung derselben zu ersetzen[247]. Der Hintergrund der Regelung besteht darin, dass der unmittelbare Eindruck des Richters von der Aussage einer Person weit höheren Informationswert besitzt, als die Verlesung einer schriftlichen Erklärung, über deren Zustandekommen der Richter keine näheren Kenntnisse besitzen kann. Die Art der Aussage durch Mimik, Gestik, Sprechweise usw. und die unmittelbare Rückfragemöglichkeit des vernehmenden Richters erweitern die Möglichkeiten der Sachverhaltsaufklärung durch unmittelbare Vernehmung in erheblichem Maße. Auch muss der vor Gericht vernommene Zeuge materiellrechtlich nach §§ 154 ff. StGB haften. Das vor dem Hintergrund der Erfahrungen mit dem Inquisitionsprozess erklärliche Unmittelbarkeitsprinzip, das meist bei dem Zeugen, der vor Gericht seine polizeiliche Aussage wiederholen muss, auf wenig Verständnis stößt, verbietet aber nur die *Ersetzung* und nicht die *Ergänzung* (d. h. zusätzliche Verlesung der Urkunde neben der Zeugen- oder Sachverständigenaussage)[248].

---

243 Unterbleibt der Beschluss, kann dies in der Revision gerügt werden, BGH NJW 12, 3319. Zu den weiteren revisionsrechtl. Folgen des mangelhaft protokollierten Selbstleseverfahrens: BGHSt 55, 31; BGH NJW 10, 3382.
244 BGH wistra 17, 351; NJW 11, 733 (Bankauszüge); Individualisierung der erfassten Urkunden erf., BGH NStZ 19, 422.
245 Vgl. BGHSt 30, 10.
246 Vgl. BGHSt 15, 253; unpräzise dies mit Gesichtspunkten der Aufklärungspflicht zu vermengen, so aber *Roxin/Schünemann* § 46, 3 f. (überschießend); BGHSt 17, 382, 384. Grundlegend: *Lesch* JABl. 95, 406. BVerfG NJW 08, 2243 spricht dem Unmittelbarkeitsprinzip aber verfassungsrechtlichen Rang ab.
247 Nicht die Wiedergabe des Vernehmungsinhalts durch den Zeugen vom Hörensagen; BGHSt 17, 382, 384.
248 BGHSt 20, 160. A.A. *Gubitz/Bock* NJW 08, 958.

Im Ausgangsfall scheitert die Verlesung des Protokolls über die Vernehmung des B. also nicht an § 250, denn der B. ist in der Hauptverhandlung erschienen und hat als Zeuge – wenn auch nur wegen des Auskunftsverweigerungsrechts wenig – ausgesagt. Nach dem Sinn des § 250 kann auch bei Geltendmachung des § 55 nicht etwa von einem „Ersatz" der Aussage durch Verlesung gesprochen werden, da der Richter alle Möglichkeiten des Zeugenbeweises ausgeschöpft hat[249]; § 250 verbietet nicht die Verlesung an sich, sondern nur den Verzicht auf den Personalbeweis zugunsten des Urkundenbeweises, was im Fall nicht gegeben wäre. Gleiches gilt im Ergebnis für die anonyme Anzeige des B., welche grundsätzlich unter den Anwendungsbereich des § 250 fällt. Denn sie ist zwar kein Protokoll, aber eine „schriftliche Erklärung", die von vornherein zu Beweiszwecken bzw. für die Strafverfolgungsorgane verfasst worden ist[250]. Dagegen bezieht sich § 250 seiner Funktion nach schon vom Anwendungsbereich her nicht auf den Vermerk über Äußerungen des *Beschuldigten*, hier des A., sondern sichert nur den Vorrang des Zeugen- und Sachverständigenbeweises[251]. Für den Beschuldigten gelten eigene Regeln (§ 254); auf seine Anwesenheit ist in der Hauptverhandlung grundsätzlich ohnehin nicht zu verzichten (§§ 230, 231), sodass § 250 leer laufen würde.

Allerdings kann das Unmittelbarkeitsprinzip aus praktischen Gründen nicht bis zur letzten Konsequenz durchgehalten werden[252]. Deshalb darf in **Ausnahmefällen** der Personalbeweis durch den Urkundenbeweis **ersetzt** werden[253]. Eine solche Ausnahmevorschrift ist **§ 251**. Diese Vorschrift enthält in Abs. 2 eine Reihe von Fällen, in denen die Niederschriften über **richterliche** Vernehmungen von Zeugen, Sachverständigen oder (früheren) Mitbeschuldigten verlesen werden dürfen[254]. Z.B. kann ersetzend (nicht nur ergänzend) verlesen werden, wenn dem Erscheinen des Zeugen, Sachverständigen oder ehemaligen Mitbeschuldigten in der Hauptverhandlung für längere oder ungewisse Zeit Krankheit oder andere nicht zu beseitigende Hindernisse entgegenstehen (Nr. 1) oder dem Zeugen oder Sachverständigen das Erscheinen in der Hauptverhandlung wegen großer Entfernung unter Berücksichtigung der Bedeutung seiner Aussage nicht zugemutet werden kann (Nr. 2)[255]. Wichtigster Fall ist das allseitige Einverständnis von StA, Verteidiger und Angeklagtem (Nr. 3).

Während früher im Vergleich dazu **nicht-richterliche** Protokolle (von StA und Polizei) und von den Zeugen, Sachverständigen oder Mitbeschuldigten[256] stammende schriftliche Erklärungen[257] nur unter weit engeren Bedingungen ersetzend zu verlesen waren, hat der Gesetzgeber inzwischen beide Absätze des § 251 stark angenähert[258]. Insbesondere nennt Abs. 1 Nr. 3 ebenfalls den Fall, dass die an sich zu vernehmende Person verstorben ist oder sonst in absehbarer Zeit *gerichtlich* nicht vernommen werden

---

249 So im Ergebnis auch BGH NJW 87, 1093; dazu *Mitsch* JZ 92, 174. Gleiches muss für den das ZVR ausübenden Zeugen gelten, was aber in BGH NJW 08, 1010 verkannt wird.
250 BGHSt 6, 141, 143. Dagegen findet § 250 keine Anwendung auf Urkunden, die nicht von vornherein für das Strafverfahren gefertigt wurden, BGH NStZ 82, 79; KG DtZ 96, 348 (z. B. Stasi-Treffbericht).
251 Vgl. BGHSt 22, 268, 270.
252 Es ist aufgehoben im Bußgeldverfahren (§ 77a OWiG), im beschleunigten Verfahren (§ 320), s. Rn. 320b, und in der Verhandlung nach Einspruch gegen einen Strafbefehl (§ 411 Abs. 2 S. 2), s. Rn. 323.
253 Gilt ebenso für Bild-Ton-Aufzeichnungen von Vernehmungen; vgl. § 255a. Liegen die Voraussetzungen einer ersetzenden Verlesung vor, muss erst recht eine ergänzende Verlesung zulässig sein; daher im Ergebnis zutr.: BGH NJW 07, 2341.
254 Grenzen setzt die Aufklärungspflicht: BGH NStZ 88, 37, OLG Düsseldorf NJW 91, 2781.
255 Entscheidung darüber muss Abwägung erkennen lassen, BGH StV 87, 285.
256 Mit dem „Mitbeschuldigten" ist hier nicht der gegenwärtige, sondern frühere Mitbeschuldigte gemeint, z. B. aufgrund einer Verfahrenstrennung, BGHSt 10, 186.
257 Schriftl. Erklärung ist nicht schon der genehmigte polizeil. Vermerk, BGH NJW 92, 326.
258 Unter Abs. 2 fällt auch die „mangelhafte" richterl. Niederschrift, BGH StV 91, 148; zu den Grenzen: BGH NStZ 16, 117.

kann[259]. Auch der allseitige Verzicht taucht in Abs. 1 wieder auf, jedoch unter dem Vorbehalt, dass der Angeklagte einen Verteidiger haben muss. Auch ohne Verteidiger kann der Angeklagte der Verlesung einer nicht-richterlichen Urkunde zur Bestätigung eines Geständnisses zustimmen. Schließlich kann auch durch Urkundenverlesung die Höhe eines Vermögensschadens bewiesen werden. Die Polizei sollte schon im Ermittlungsverfahren an diese Möglichkeiten denken und ihre Dokumentation in den Akten darauf einstellen.

159a Ergänzt wird § 251 nunmehr durch entsprechende Möglichkeiten der die unmittelbare Vernehmung des Zeugen ersetzenden Vorführung der **Videoaufzeichnung** seiner früheren richterlichen oder nicht-richterlichen Vernehmung[260] nach § 255a. Jedoch geht diese neue Zeugenschutzvorschrift über § 251 insoweit hinaus, als nach Abs. 2 in Verfahren wegen Straftaten gegen die sexuelle Selbstbestimmung, das Leben oder wegen Misshandlung von Schutzbefohlenen generell die Vernehmung eines Zeugen unter 18 Jahren oder solchen, die zur Tatzeit noch nicht 18 waren, durch die Vorführung einer Bild-Ton-Aufzeichnung seiner früheren *richterlichen* Vernehmung ersetzt werden kann, sofern die Mitwirkungsrechte der Beteiligten gewahrt waren.

159b Weitere Fälle der Entbehrlichkeit des Personalbeweises wegen der Verlesung von Urkunden enthält § **256**. Hier werden Zeugnisse oder Gutachten öffentlicher Behörden[261] und der Ärzte des gerichtsärztlichen Dienstes, ärztliche Atteste über Körperverletzungen[262], Gutachten über die Auswertung eines Fahrtenschreibers und die verschiedenen Formen der Blutalkoholgutachten erfasst. Neuerdings gehören auch Gutachten allgemein vereidigter Sachverständiger dazu[263] sowie **Protokolle und Urkunden der Strafverfolgungsbehörden**, soweit sie nicht Vernehmungen zum Gegenstand haben, z. B. Durchsuchungsberichte, Beschlagnahmeprotokolle, Tatortbeschreibungen, Observationsberichte[264] usw. Die besondere Behandlung von Behörden durch § 256 rechtfertigt sich aus dem Umstand, dass diese zur Unparteilichkeit verpflichtet sind und aufgrund ihrer Fachkunde und Erfahrung hinreichend Gewähr für die erforderliche Objektivität bieten[265]. Insgesamt dient § 256 der Verfahrenserleichterung im Interesse der Kostenersparnis[266] und Beschleunigung in leichten Fällen, in denen Routinegutachten ausreichen.

160 Im Gegensatz zu §§ 251 und 256 enthält die StPO aber auch gewisse Vorschriften, die – über § 250 hinausgehend – den Urkundenbeweis untersagen, obwohl er nach den allgemeinen Regeln des Unmittelbarkeitsprinzips zulässig wäre[267]. In diesen Zusammenhang gehört der bereits behandelte § 252[268], dessen systematischer Standort damit überhaupt erst verständlich wird. Da sich § 252 aber nur auf Fälle nachträglicher Ausübung des *ZVR*, nicht aber auf das Aussage- und Auskunftsverweigerungsrecht bezieht[269], wird die Verlesbarkeit der im Ausgangsfall genannten Schriftstücke von dieser Vorschrift nicht berührt. Verlesbar bleiben auch solche Vernehmungsprotokolle, deren

---

259 Z.B. aufgrund behördl. Sperrung (§ 96), BGHSt 33, 70, 72; nicht schon bei im Ausland befindl. Zeugen, BGH StV 92, 548, oder wenn gewisse Ermittlungsschwierigkeiten, BGH StV 92, 6; 89, 468. Auch nicht, wenn der Zeuge von § 55 Gebrauch macht, BGH NJW 07, 2195.
260 S. Rn. 124b. Dazu BGH NJW 04, 1605.
261 Evtl. auch die Auskunft eines Polizeipräsidenten, BGH StV 87, 285. Keine Behörde ist die DEKRA, OLG Koblenz VRS 80, 375. Zu den Indizien für Behördengutachten „i.A., i. V.": BGH NStZ 84, 231; 88, 283.
262 Nicht aber anderer körperl. Dysfunktionen, BGH NStZ 15, 476; zum Nachweis: BGHSt 33, 389, 391; BGH NJW 12, 694; 13, 2692 (Mollath); NStZ 20, 93; ferner BayObLG VRS 88, 457.
263 Dazu BayOGLG NJW 05, 1592.
264 BGH NJW 16, 1601.
265 OLG Koblenz NJW 84, 2424.
266 BGHSt 33, 389, 391.
267 Gilt ebenso für Bild-Ton-Aufzeichnungen von Vernehmungen; vgl. § 255a.
268 S. Rn. 132.
269 S. auch Rn. 142.

Verlesung der das ZVR auszuübende Zeuge ausdrücklich zustimmt[270]. Die von der Rechtspr. insoweit vorgenommene Beschränkung auf amtliche bzw. polizeiliche Vernehmungsprotokolle ist dogmatisch nicht einsichtig[271].

Äußerst unglücklich formuliert ist § 253. An sich sagt er positiv aus, dass der betroffene Teil des Protokolls über die frühere Vernehmung eines Zeugen oder Sachverständigen verlesen werden darf, wenn dieser erklärt, dass er sich einer Tatsache nicht mehr erinnere. Gleiches gilt nach Abs. 2 bei Widersprüchen zwischen jetziger und früherer Aussage. Gemeint ist jedoch, dass *nur* unter diesen Voraussetzungen der Urkundenbeweis mittels Protokoll geführt werden darf. Aus der gesetzlichen Wendung „zur Unterstützung seines Gedächtnisses" wird z. T. geschlossen, die Vorschrift enthalte lediglich einen gesetzlich geregelten Fall des Vorhalts[272]. Dies wäre aber überflüssig, da der Vorhalt nur eine Art von Fragestellung ist; § 253 betrifft tatsächlich den Urkundenbeweis. Dies wird klar, wenn man seine Funktion im Gefüge des Urkundenbeweises bedenkt. Seine eigentliche Bedeutung erweist sich darin, dass er die an sich nach § 250 nicht verbotene (weil nur ergänzende) Verlesung an *engere* Voraussetzungen knüpft. Zwar sind die beiden genannten Fälle (Widersprüche, Nicht-Erinnern) außerordentlich häufig; jedoch wird damit über den § 250 hinaus ein gewisses sachliches Bedürfnis nach ergänzender Verlesung verlangt, was möglichen Tendenzen des Richters vorbeugt, dem Urkundenbeweis *de facto* einen zu großen Stellenwert einzuräumen und die Aussagepersonen nur formal auftreten zu lassen. Im Ausgangsfall darf daher das Protokoll über die Vernehmung des B. nicht verlesen werden, da er nur von § 55 Gebrauch gemacht hat, aber die Voraussetzungen des § 253 nicht vorliegen[273]. Dagegen wird seine Anzeige nicht von den Begrenzungen des § 253 erfasst. Die Bestimmung schränkt ihrem eindeutigen Wortlaut nach nur die Verlesung von Vernehmungs*protokollen* ein, nicht jedoch schriftlicher Erklärungen von Zeugen oder Sachverständigen anderer Art, wie Vermerke, dienstliche Erklärungen, Briefe usw.[274]

Die Verlesung von Niederschriften über die Vernehmung des Angeklagten erfährt in § 254 eine weitere Steigerung des Unmittelbarkeitsprinzips, indem das Gesetz *nur* solche Protokolle für verlesbar erklärt, die von einem **Richter** aufgenommen worden sind[275]. Aus § 254 ist daher der Umkehrschluss zu ziehen, dass polizeiliche und staatsanwaltschaftliche Protokolle über die Vernehmung des Beschuldigten in der Hauptverhandlung nicht verlesbar sind. Dies ist mit einem gesunden Misstrauen des Gesetzgebers gegenüber den Protokollierungsgepflogenheiten der möglicherweise an einem Aufklärungserfolg interessierten Strafverfolgungs*behörden* (StA, Polizei) zu erklären, wenn es um verantwortliche Vernehmungen geht[276]. Daher ist im Gesetzestext auch vom „Geständnis", im Inquisitionsprozess *regina probationum*, die Rede. Allerdings wird hier unter Geständnis hier jedes Zugestehen von Tatsachen verstanden, ob sie den Angeklagten nun belasten oder entlasten[277]. Damit ist praktisch jede Beschuldigtenvernehmung betroffen. Die Voraussetzungen von § 254 Abs. 2, der auch bei Widersprüchen mit der früheren Aussage des Beschuldigten die Verlesung richterlicher Protokolle erlaubt, sind

160a

160a

---

270   S. auch Rn. 132.
271   BGH NStZ 15, 232 (qualifizierte Belehrung erf.).
272   *Grünwald* JZ 66, 493; dagegen für Urkundenbeweis: BGH StV 91, 337; NJW 86, 2063; OLG Frankfurt NStZ-RR 00, 377.
273   Dies entspricht im Ergebnis auch den Grundsätzen von BGH NStZ 82, 342; 96, 96; NJW 87, 1093; dazu auch *Dölling* NStZ 88, 6. Einschr. BGH NJW 02, 309.
274   BGHSt 20, 160; 49, 68.
275   BGHSt 14, 310 f.; das ist auch ein früheres Hauptverhandlungsprotokoll, BayObLG MDR 82, 517; näher zu den Anforderungen: BGH NStZ 91, 500.
276   *Kühne* 161 spricht vom Protokoll als „Zerrbild" der Vernehmung.
277   BGH MDR 77, 984; gemeinsame Erklärung nach § 254: BGH NStZ 97, 147; ausländische Prot.: BGH NJW 94, 3364; zivilrechtl. Prot.: BGH NStZ 96, 612.

daneben ohne wesentliche Bedeutung. Nach dem Schutzzweck des § 254 macht es keinen Unterschied, ob es sich um Protokolle oder Vermerke handelt: maßgeblich ist, dass der Urkundenbeweis nur dann bezüglich der Angaben des Beschuldigten geführt werden darf, wenn ein richterliches Protokoll vorliegt. Daher muss im Ausgangsfall auch die Verlesung des Vermerks des K. über die Äußerungen des A. ihm gegenüber unterbleiben[278]. Ein Verwertungsverbot ergibt sich aus § 254 aber nicht[279]; er zielt ausschließlich auf eine Einschränkung des Urkundenbeweises ab. Daher darf K. als Zeuge darüber vernommen werden, was A. ihm gegenüber gesagt hat. Dann muss K. als Zeuge aber mit seiner ganzen Person dafür gerade stehen, die Hintergründe des Zustandekommens eines eventuellen Geständnisses schildern, die Vollständigkeit seiner Aussage bestätigen und eventuell gar beschwören, alles Dinge, die bei der Einreichung eines bloßen Protokolls entfielen. Nahe an einem Systembruch bewegt sich daher eine seit 2017 geltende Neuerung in § 254, wonach auch Bild-Ton-Aufzeichnungen einer Beschuldigtenvernehmung vorgeführt werden dürfen, ohne dass diese während einer richterlichen Vernehmung aufgenommen sein müssten. Dies widerspricht der sonstigen Gleichstellung schriftlicher Protokolle und Videoaufnahmen (§ 255a). Es greift viel zu kurz, den Schutzzweck des § 254 nur in der Gewährleistung einer authentischen Inhaltsaufzeichnung zu erblicken.

V. Beweisverbote

161 Der B. hat bei einer Wirtshausschlägerei einen anderen Gast lebensgefährlich verletzt. Zur Feststellung der Schuldfähigkeit des B. ordnet Polizeikommissar K. die Vornahme einer Blutprobe an, zu deren Vollzug B. im nächsten Krankenhaus von zwei Polizeibeamten abgeliefert wird. Die Beamten übergeben B. einer weißgekleideten Person, von der sie annehmen, es handle sich um eine Ärztin. In Wirklichkeit nimmt nunmehr eine übereifrige, aber fachlich tüchtige Krankenschwester die Blutprobe bei B. ab. Dies stellt sich erst am nächsten Tag heraus.

162 Bei den weiteren Ermittlungen erhebt sich die Frage, ob die Auswertung der Blutprobe durch einen Blutalkoholsachverständigen erfolgen soll. Das setzt die Verwertbarkeit der Blutprobe als Beweismittel voraus. Die Entnahme von Blutproben beim Beschuldigten ist in § 81a geregelt. Danach darf die Entnahme von Blutproben ohne Einwilligung des Beschuldigten nur von einem Arzt vorgenommen werden. Hier hat kein Arzt, sondern eine Krankenschwester die Blutprobe entnommen. Die Entnahme der Blutprobe war daher rechtswidrig. Da die Beweiserhebung nach § 81a durch körperliche Eingriffe auf Ärzte beschränkt ist, spricht man insoweit von einem relativen **Beweiserhebungsverbot**. Es gibt auch Beweiserhebungsverbote anderer Art wie Beweisthemenverbote (z. B. das Verbot, über getilgte Vorstrafen Beweis zu erheben, § 51 BZRG), Beweismittelverbote (z. B. Beschlagnahmeverbote nach § 97) und Beweismethodenverbote (z. B. unerlaubte Vernehmungsmethoden nach § 136a). Diese Arten von Beweisverboten betreffen nur die Frage, ob es rechtlich zulässig ist, einen bestimmten Beweis zu gewinnen[280]. Davon ist streng die Frage zu trennen, ob ein vorliegendes Beweisergebnis bei der Überzeugungsbildung außer Betracht zu bleiben hat, d. h. ob ein **Beweisverwertungsverbot** gegeben ist. Der wichtigste Grundsatz des Rechts der Beweisverbote lautet: Ein Beweiserhebungsverbot zieht *nicht* zwingend ein Beweisverwertungsverbot nach sich, d. h. aus der bloßen Rechtswidrigkeit oder Unzulässigkeit der *Erlangung* eines Beweises ergibt

---

278 Dagegen ist die Verlesung eigener schriftl. Erklärungen des Beschuldigten zulässig, BGHSt 1, 339; BGH NStZ 94, 184 f.; NJW 94, 2904, 2906. S. aber Rn. 288.
279 BGHSt 3, 149 f.; 14, 310, 312; 22, 170 f.; OLG Köln DAR 87, 157.
280 Zur Terminologie: *Roxin/Schünemann* § 24, 14 ff.; *Krey/Heinrich* Rn. 1578 ff.

sich noch nicht ohne weiteres ein Verbot, diesen bei der Überzeugungsbildung im Strafverfahren zu benutzen[281]! Grundsätzlich hat das Gericht seine Überzeugungsbildung über Schuld und Strafe des Angeklagten aufgrund seiner subjektiven Gewissheit zu treffen (§ 261). In diesem Grundsatz der freien Beweiswürdigung stellen Beweisverwertungsverbote Fremdkörper dar, die auf Ausnahmen beschränkt bleiben müssen[282]. Wenn der Richter entgegen seiner inneren Überzeugung, weil ihm klare Beweise für die Schuld des Täters vorliegen, wegen eines Verwertungsverbotes freispricht, wird die Glaubwürdigkeit der Strafrechtspflege über den Einzelfall hinaus schwer beeinträchtigt. Ausufernde Beweisverwertungsverbote im Strafverfahren bergen die Gefahr in sich, dass eine Entwicklung in Gang gesetzt wird, wonach in Urteilen Scheinbegründungen um sich greifen, während die Richter sich insgeheim der Suggestion des angeblich nicht verwerteten Beweises doch nicht entziehen können. Für den Beschuldigten und seinen Verteidiger stellen Beweisverwertungsverbote daher ein zweischneidiges Schwert dar. Beweiserhebungsverbote haben ihren Eigenwert und entfalten nicht nur dann einen Sinn, wenn sie mit einem Verwertungsverbot verknüpft sind[283]. Im Rechtsstaat ist von der Grundannahme auszugehen, dass *grundsätzlich* von den Strafverfolgungsorganen die Gesetze eingehalten werden. Die Nichtbeachtung von Beweiserhebungsverboten im Einzelfall kann für die Strafverfolgungspersonen disziplinarische, haftungsrechtliche und materiell-strafrechtliche Folgen haben. Demnach müssen unabhängig von den Voraussetzungen der Beweiserhebungsverbote Kriterien dafür entwickelt werden, wann ein Beweisverwertungsverbot vorliegt[284].

Wenig Zweifelsfragen werfen die Fälle auf, in denen das Gesetz ein **ausdrückliches** Verwertungsverbot ausspricht. Dies ist beispielsweise in § 136a Abs. 3 für Beweisergebnisse geschehen, die durch eine unerlaubte Vernehmungsmethode erlangt worden sind[285]. Zuweilen spricht der Gesetzgeber auch von „nicht verwenden" (z. B. in § 160a Abs. 1 S. 2), ohne dass damit etwas anderes gemeint ist. Es handelt sich dabei in aller Regel nur um die verkürzte Formulierung von „*nicht zu Beweiszwecken* verwenden". In zunehmendem Maße erkennt die Rechtspr. aber auch über bloße Beweisverwertungsverbote hinaus in Anschluss an die Terminologie des § 97 InsO sog. Beweisverwendungsverbote an[286], denen auch eine Fernwirkung innewohnen soll[287]. Dies ist jedoch eine Frage der Auslegung der jeweils betroffenen Einzelnorm. Dem ausdrücklichen Beweisverwertungsverbot stehen die Bestimmungen gleich, in denen der Gesetzgeber ausdrücklich die „Verwendung zu Beweiszwecken" *begrenzt*; durch Umkehrschluss besteht dann im Übrigen ein Beweisverwertungsverbot[288]. § 81a enthält hingegen kein explizites Verwertungsverbot für rechtswidrig erlangte Blutproben, sondern beschränkt in Abs. 3 nur die Verwendung rechtmäßig erlangter Blutproben auf laufende oder anhängige Strafverfahren. Ein allgemeiner Grundsatz, dass rechtswidrig zustande gekommene Beweisergeb-

163

---

281 BVerfG NJW 12, 907, 910 (Lebensversicherung); StV 00, 234 (Sedlmayr); 00, 468 (Zweithörer); BGHSt 19, 325, 331; 24, 125, 129; 32, 68, 71; 36, 167, 173; 37, 48, 53; 38, 214 ff.
282 Vgl. auch BGH NJW 94, 2904 f. (Sedlmayr) BVerfG NJW 12, 910.
283 Nach BGH NJW 84, 2300, 2302 ist es nicht Aufgabe eines strafprozessrechtl. Beweisverwertungsverbots, ungesetzl. Maßnahmen der Polizei ineffektiv zu machen. Ebenso *Schroeder* 123, der auf den Unterschied zu den USA hinweist.
284 Näher zur Lehre von den Beweisverwertungsverboten: *Hofmann* JuS 92, 587; *Strate* JZ 89, 177; *Gössel* NJW 81, 649; JZ 84, 361; GA 91, 483; *Müssig* GA 99, 117; Übersicht bei *Baumann/Brenner*, Die strafprozessualen Beweisverbote (1991); *Mitsch* NJW 08, 2295.
285 Weitere Beispiele: § 81c Abs. 3 S. 5, 108 Abs. 2 StPO; § 51 BZRG; § 393 Abs. 2 AO; § 35 SGB I.
286 So BGHSt 54, 69, 87. Eine Ausnahme mag infolge einer streng subjektiv-historischen Auslegung für § 97 InsO gelten, wo aus dem Verwendungsverbot eine Fernwirkung abgeleitet wird; LG Stuttgart wistra 00, 439; BT-Drucks. 12/2443; s. Rn. 36.
287 S. Rn. 165a.
288 Z.B. §§ 81a Abs. 3, 81e Abs. 2 S. 2; 98b Abs. 3 S. 2; 100b Abs. 5, 100d Abs. 5, 110e; 160a Abs. 2 S. 2; 479 Abs. 2 S. 2; 161 Abs. 2 S. 1; §§ 4, 7 ABMG (LG Magdeburg NJW 06, 1073 betr. Mauterfassung).

163a

nisse nicht verwertbar seien, besteht nicht. Nicht einmal die Strafbarkeit des Zustandekommens des Beweises führt automatisch zum Verwertungsverbot[289]. Teilweise wird vertreten, die sog. Rechtskreistheorie liefere allgemeine Maßstäbe für die Annahme von Verwertungsverboten[290]. Da § 81a den Beschuldigten schützen soll, mithin in seinem Rechtskreis angesiedelt ist, wäre nach dieser Auffassung hier die Blutprobe des B. unverwertbar. Diese Auffassung ist jedoch abzulehnen. Die Rechtskreistheorie ist vielmehr von der Rechtsprechung zur Einschränkung der Revisionsrügen entwickelt worden, für die ein anerkennenswertes Rechtsschutzinteresse des Revisionsführers nicht besteht[291]. Die Rechtskreistheorie vermag daher im Zusammenhang mit der Lehre von den Beweisverwertungsverboten keinen stringenten Ansatz zur *Begründung* eines Beweisverwertungsverbots zu liefern, sondern eignet sich allenfalls ein solches zu *begrenzen*. Eine ausdrückliche Verwendungsbegrenzung von großer Tragweite ist dagegen § 479 Abs. 2 S. 1 zu entnehmen, wonach generell bei Maßnahmen, die nur bei Verdacht *bestimmter* Straftaten zulässig sind, deren Verwendung zum Nachweis anderer Straftaten nur dann erlaubt ist, wenn auch bei diesen derartige Maßnahmen zulässig gewesen wären, z. B. wenn bei einer wegen Mordverdacht angeordneten TKÜ zufällig Erkenntnisse über die andere Katalogtat „Verbreitung kinderpornografischer Schriften" (§ 100a Abs. 2 Nr. 1 g) bekannt werden. Die Verwertungsbegrenzung nach § 479 Abs. 2 S. 1 gilt aber nicht nur bei Katalogtaten, sondern auch bei gesetzlich „bestimmten" Straftaten anderer Art wie z. B. bei der Observation[292].

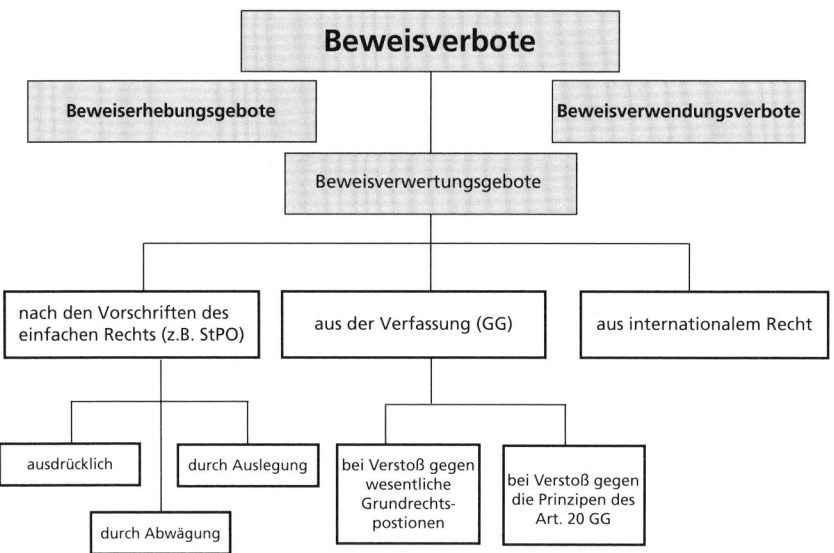

Abb. 10: Beweisverbote

163a Da es demnach kein allgemeingültiges Kriterium für Verwertungsverbote gibt[293], bedarf es der **Auslegung** der jeweils betroffenen Rechtsnormen. Soweit eine Vorschrift kein

---

289 BGHSt 9, 60 f.; näher OLG Stuttgart NJW 16, 2280.
290 So ansatzweise jedenfalls bei BGHSt 38, 214 ff. („liegt nahe").
291 Vgl. Rn. 141.
292 KG NStZ 19, 429; s. Rn. 228a.
293 Untaugl. auch in diesem Zusammenhang der Begriff der Ordnungsvorschrift, wie noch in BGHSt 22, 136 verwendet, aber in BGH NJW 83, 2205 aufgegeben; auch die Kategorie des Beweiserhebungsverbots ist nicht entscheidend.

ausdrückliches Beweisverwertungsverbot beinhaltet, ist zu untersuchen, ob sich ein solches aus dem **Sinn und Zweck** der Vorschrift ergibt (teleologische Auslegung)[294]. Dieses ist eine methodische Selbstverständlichkeit. Bei der Interpretation der Norm ist jeweils präzise zu fragen, ob der Schutzzweck derselben nur durch Annahme eines Beweisverwertungsverbots erreicht werden kann oder ob die Verwertung eines – möglicherweise rechtswidrig zustande gekommenen – Beweises überhaupt keine negativen Auswirkungen mehr auf das geschützte Rechtsgut der Vorschrift zeitigt. Die Beschränkung der Vornahme von Blutproben auf Ärzte durch § 81a verfolgt den Sinn und Zweck, durch eine sachkundige ärztliche Behandlung zu gewährleisten, dass es zu keinen vermeidbaren Verletzungen oder körperlichen Folgeschäden bei dem Beschuldigten kommt. Die Entnahme durch den Arzt berührt den Wert des Beweismittels in keiner Weise. Die Untersuchung des entnommenen Blutes führt auch dann zu gleichwertigen Ergebnissen, wenn ein Nichtarzt die Entnahme vorgenommen hat. Daher bleibt im vorliegenden Fall die Blutprobe der fehlerhaften Entnahme durch eine Krankenschwester unter diesem Aspekt als Beweismittel verwertbar[295]. § 81a enthält kein **ungeschriebenes** Beweisverwertungsverbot. Gegenbeispiele, in denen eine schutzgutorientierte Auslegung zur Annahme von Verwertungsverboten führt, sind z.B. §§ 52 Abs. 3, 252, 97, wo gerade durch die Verwertung die hinter diesen Normen stehenden Rechtsgüter (familiärer Friede, Vertrauensbeziehungen) beeinträchtigt würden[296]. Im Ausgangsfall ist es allerdings zu einem weiteren Fehler gekommen. Denn es lag der Anordnung von Kommissar K. kein Verdacht eines Verkehrsdelikts nach §§ 315a, c,[297] 316 StGB zugrunde, sodass er zunächst hätte versuchen müssen, eine richterliche Anordnung zu erwirken, statt gleich selbst zu entscheiden. Ob dies zu einem Beweisverwertungsverbot geführt hat, wird an anderer Stelle (Rn. 168a) behandelt.

Auch in der **Rechtsprechung** ist anerkannt, dass die StPO keine abschließende Regelung über Beweisverwertungsverbote trifft und dass die Frage für jede Rechtsnorm besonders entschieden werden muss[298]. Daraus hat der BGH in seiner Grundsatzentscheidung vom 27.2.1992 den Schluss gezogen, die Frage des Beweisverwertungsverbots sei nur eine solche der **Güterabwägung.** Nach der nunmehr vom BGH angewandten Formel ist die Entscheidung für oder gegen ein Verwertungsverbot aufgrund einer umfassenden Abwägung zu treffen, bei der das Gewicht des Verfahrensverstoßes sowie seine Bedeutung für die rechtlich geschützte Sphäre des Betroffenen ebenso ins Gewicht fallen wie die Erwägung, dass die Wahrheit nicht um jeden Preis erforscht werden müsse. Andererseits sei zu bedenken, dass Verwertungsverbote die Möglichkeiten der Wahrheitsfindung beeinträchtigen und dass der Staat von Verfassungs wegen eine funktionstüchtige Strafrechtspflege zu gewährleisten habe. Diene die verletzte Verfahrensnorm nicht oder nicht in erster Linie dem Schutz des Bürgers „so liege ein Verwertungsverbot fern"; andererseits liege dieses „nahe", wenn die verletzte Vorschrift dazu bestimmt sei, die Grundlagen der verfahrensrechtlichen Stellung des Beschuldigten im Strafverfahren zu sichern[299].

Obwohl sich die Abwägungsformel des BGH in der Praxis durchgesetzt hat, wirft sie dogmatische Zweifelsfragen auf. Die Rechtspr. unterscheidet nicht hinreichend Beweisverwertungsverbote, die sich aus der Verletzung von Normen einfachen Rechts ergeben, und solche, die aus der Beeinträchtigung von Grundrechten nach dem GG resultieren.

---

294 So auch *Beulke* 458; *Grünwald* JZ 66, 492; *Schroeder* 128.
295 BGHSt 24, 125 ff.; OLG Oldenburg NJW 55, 683; a. A. *Gössel* § 22 D III 2. Anders bei gezielter Missachtung des Richtervorbehalts, was hier aber abzulehnen ist, s. Rn. 168a; vgl. auch BVerfG NJW 08, 3053; 07, 1345; OLG Hamburg NJW 08, 2597.
296 Vgl. Rn. 131, 132, 202, 264a.
297 S. Rn. 168a.
298 BGHSt 38, 214 ff. = NJW 92, 1463 ff.; s. auch Rn. 31.
299 Vgl. BGHSt 38, 214 ff.; 372 ff.

Nur bei Letzteren nimmt infolge der Wechselwirkungslehre (Ausstrahlungswirkung der Grundrechte auf die Anwendung einschränkender Gesetze)[300] die Rechtsgüterabwägung einen berechtigten Platz in der Begründung eines Beweisverwertungsverbots ein[301].

Die vom BGH für die Ableitung von Beweisverwertungsverboten aus einfachem Recht angewandte Abwägungsformel unterscheidet sich auch von den grundrechtlich begründeten Verwertungsverboten prinzipiell dadurch, dass *keine Einzelfallabwägung* erfolgt, sondern bei Einstufung der verletzten *Norm* durch den BGH als von überwiegender Bedeutung eine Beweisverwendung im Strafverfahren **generell** verboten ist, einerlei wie schwer das Delikt wiegt, um dessen Verfolgung es im konkreten Fall geht. Davon macht der BGH nur eine Ausnahme bei Nichterteilung einer qualifizierten Beschuldigtenbelehrung und nimmt hier eine Einzelfallabwägung vor[302]. In anderen Entscheidungen beginnt die Rechtsprechung jedoch zunehmend ihre Konturen zu verlieren und weicht auf unberechenbare Abwägungserwägungen aus[303]. Tatsächlich handelt es sich bei der Rechtsprechung des BGH zu den Beweisverwertungsverboten um ein Stück im Wege der **Rechtsfortbildung** geschaffenes – eigentlich im deutschen Recht systemfremdes – Richterrecht, dem sich der praktische Rechtsanwender – ungeachtet aller grundsätzlicher Kritik – nicht mehr entziehen kann. Er sollte sich allerdings dafür hüten, selbst die substanzlose Abwägungsformel anzuwenden, und muss sich darauf beschränken, die Entwicklung von „Präzedenzfällen" *(case law)* der höchstrichterlichen Rechtsprechung zu verfolgen und diese – ob richtig oder falsch – wie eine Norm anzuwenden[304]. Die so durch Richterrecht begründeten Beweisverwertungsverbote erfahren aber eine starke Relativierung in zweierlei Hinsicht: anders als das absolute Beweisverwertungsverbot nach § 136a soll die Verwertungsbegrenzung nur zugunsten des durch die Norm geschützten Beschuldigten gelten, aber nicht zugunsten Dritter[305]. Es handelt sich also zum einen um relative Beweisverwertungsverbote. Zum anderen sind es nur auflösend bedingte Beweisverwertungsverbote, weil bei nicht rechtzeitigem Widerspruch des Verteidigers gegen die Verwertung in der Hauptverhandlung (§ 257) das Verbot verwirkt werden kann, was in der Rechtsprechung bisher schon erstaunlich oft angenommen worden ist[306]. Das Beweisverwertungsverbot ist jedoch sofort wirksam, also nicht als „schwebend" zu betrachten, weil es bis zur Erklärung des Widerspruchs zu beachten ist[307]. Die durch Richterrecht begründeten Beweisverwertungsverbote sind im Übrigen nach doppelter bzw. qualifizierter Belehrung verzichtbar[308].

164 Bei dem des Totschlags verdächtigen Beschuldigten B. bestehen Anhaltspunkte für seine Schuldunfähigkeit. Zum Zwecke seiner Entlastung werden daher die Krankenpapiere über seine Person in der Praxis des Psychiaters gegen dessen Willen beschlagnahmt, der den B. seit Jahren behandelt. Aus den Unterlagen ergibt sich, dass B. möglicherweise vermindert schuldfähig ist und dass er das bisher nicht gefundene Tatwerkzeug in seinem Garten vergraben hat. Es gelingt der Polizei daraufhin schnell, die Tatwaffe zu finden und an ihr die Fingerspuren des B. zu identifizieren.

---

300 Zur Wechselwirkungslehre grundlegend BVerfGE 7, 199 f.; s. hier Rn. 168a.
301 So auch *Beulke* 458 m. w. N.
302 BGHSt 53, 112 (Kiosk); BGH NStZ 19, 227; NJW 09, 2612; 3589; s. Rn. 32.
303 Z.B. BGH NJW 15, 2594; 17, 3178; dazu *Neuber* NStZ 19, 112; Landau NStZ 15, 669.
304 Weitere „Präzedenzfälle": BGHSt 38, 372 (Verteidigerkontakt); BGH NJW 96, 1547 (Bemühen um Verteidiger); NJW 94, 333 (Belehrung nicht verstanden); BGHSt 47, 172 (Belehrung Verteidiger-Konsultation). Aber gerade abl. bei Verletzung der konsular. Belehrungspflicht, BGH NJW 08, 307, 1090.
305 BGHSt 47, 233; s. auch Rn. 31.
306 Vgl. BGH NJW 94, 333; 96, 1547; 97, 2893; 06, 707; 07, 3587; einschr. 05, 3298; 07, 2269; dazu *Mosbacher* NJW 07, 3686; BayObLG NJW 97, 404; OLG Celle StV 97, 68. S. Rn. 32a.
307 BGH NJW 19, 2629.
308 Vgl. LG Dortmund NStZ 97, 356 ff.; zur qualifizierten Belehrung: *Neuhaus* NStZ 97, 312 ff.

Die Verwertung der Krankenpapiere, welche Erkenntnisse über die Schuldfähigkeit des B. enthalten, könnte unzulässig sein. Verwertung bedeutet: Verwendung im Strafverfahren zum Beweis einer Tatsache, insbesondere im Rahmen der Beweisaufnahme in der Hauptverhandlung zur Überzeugungsbildung des Gerichts. Dabei ist die Beweismittelform unerheblich: Verlesung im Wege des Urkundenbeweises, Vorhalt bei der Vernehmung des Angeklagten oder Vernehmung eines polizeilichen Zeugen über den Inhalt der Krankenpapiere. Besteht ein Verwertungsverbot, scheidet jede dieser Formen der Einführung der Erkenntnisse aus den Krankenpapieren in die Hauptverhandlung aus. Jedoch entfalten Beweisverwertungsverbote ihre Bedeutung nicht ausschließlich in der Hauptverhandlung und der Urteilsfindung. Auch im Vorverfahren sind sie in vollem Umfang vom Ermittlungsrichter, Staatsanwalt und der Polizei zu beachten, z.B. bei der Entscheidung über den dringenden Tatverdacht (§ 112)[309] oder dem Vorliegen der Voraussetzungen einer Durchsuchungs- oder Beschlagnahmeanordnung (§§ 98, 105)[310]. Dabei ist es einerlei, ob es dabei um die richterliche oder die Eilanordnung von StA und Polizei geht. Die Verwendung des Ausdrucks „*gerichts*verwertbar" ist daher gänzlich deplatziert. Selbst ein Anfangsverdacht nach § 152 Abs. 2 ist nur durch verwertbare Erkenntnisse zu belegen[311]. Aus dem Legalitätsprinzip folgt daher weder Verpflichtung noch Berechtigung, ein Ermittlungsverfahren einzuleiten, wenn die vorweisbaren zureichenden Anhaltspunkte einem Beweisverwertungsverbot unterliegen. Dies ist in der Sache zwingend, weil die Einleitung eines Ermittlungsverfahrens keineswegs eine die Rechts- und Interessensphäre des Bürgers nicht berührende freie Ermessensentscheidung der Strafverfolgungsbehörden darstellt, sondern an rechtlich definierte Voraussetzungen geknüpft ist, nämlich den zureichenden Tatverdacht[312]. Angesichts der gravierenden Auswirkungen der bloßen Verfahrenseinleitung wie z.B. Beförderungssperre bei Beamten, Ansehensverlust in der Öffentlichkeit bis zum Verlust politischer Ämter usw. ist dafür rechtsstaatlich ungeachtet der Unschuldsvermutung eine rechtliche Schwelle notwendig. Zwar erfordert der Anfangsverdacht noch nicht den vollen Beweis der Schuld, aber doch – nicht anders als der dringende Tatverdacht – Belege für einen bestimmten Verdachtsgrad, also einen „Beweis". Dies wird in einem Kammerbeschluss des BVerfG vom 9.11.2010 weitgehend verkannt, wo fälschlich die Frage der Begründung eines strafprozessualen Anfangsverdachts aufgrund von einem Verwertungsverbot unterliegenden Umständen mit der Fernwirkungsproblematik vermengt wird[313]. Die Verengung des Begriffs des Beweisverwertungsverbots auf die Hauptverhandlung ist im Ansatz unrichtig und inkonsequent. *Beweis*verwertungsverbot bedeutet daher im Kern eine **Subsumtionssperre** der ihm unterliegenden Umstände für Vorschriften des Strafrechts und Strafverfahrensrechts.

Im Fall könnte sich ein Beweisverwertungsverbot aus § 97 Abs. 1 Nr. 2, 3 ergeben, dessen Voraussetzungen hier erfüllt sind, da der Psychiater als Arzt ein ZVR gem. § 53 Abs. 1 Nr. 3 besitzt und die Krankenpapiere ärztliche Aufzeichnungen und Untersuchungsbefunde enthalten. Wörtlich verbietet § 97 jedoch nur die *Beschlagnahme*, d.h. die förmliche Bemächtigung sächlicher Beweismittel zu Zwecken des Strafverfahrens. Über die Verwertung zu Unrecht beschlagnahmter Beweismittel enthält die Vorschrift keine ausdrückliche Aussage. Es bedarf daher ihrer Auslegung. Der Sinn und Zweck des § 97 besteht darin, dass das Vertrauensverhältnis zwischen Arzt und Patienten nicht dadurch gefährdet wird, dass der Patient damit rechnen muss, die im Rahmen der ärztlichen

---

309 BGHSt 36, 396, 398.
310 Vgl. BGH NJW 96, 405; wo allerdings kein Beweisverwertungsverbot angenommen wurde.
311 Vgl. LG Stuttgart wistra 00, 439. BGHSt 27, 355 ist im Leitsatz missverständl.; aus der Begründung ergibt sich, dass wohl nur eine Fernwirkung abgelehnt wurde.
312 S. Rn. 171.
313 BVerfG NJW 11, 2417 f. (Steuer-CD aus Liechtenstein): Fernwirkung in Form einer „Vorauswirkung"; auch schon BVerfG NJW 05, 2766. Im Ergebnis wie hier dagegen BGH NJW 13, 1827, 1830.

Behandlung angefallenen Erkenntnisse könnten zu seiner strafrechtlichen Überführung genutzt werden. Dieser Schutzzweck greift nicht nur bei dem Akt der Bemächtigung des Beweismittels ein, sondern insbesondere bei der späteren Verwendung der beschlagnahmten Gegenstände als Beweismittel. Daher ist aus § 97 über seinen Wortlaut hinaus auch ein Verwertungsverbot abzuleiten. Die Erkenntnisse aus den Krankenpapieren dürfen daher nicht in die Hauptverhandlung eingeführt werden.

165a Es könnte jedoch die Tatwaffe mit den Fingerspuren des B. als Augenscheinsobjekt oder über den Sachverständigenbeweis Gegenstand der Hauptverhandlung werden. Die Tatwaffe wurde aber nur deshalb den Strafverfolgungsbehörden zugänglich, da sie über die nicht verwertbaren Krankenpapiere Kenntnis vom Verbleib der Tatwaffe erhielten. Man könnte sich daher fragen, ob sich das Verwertungsverbot auch auf mittelbar erlangte Beweise erstreckt, ob also das Verwertungsverbot eine **Fernwirkung** entfaltet, wonach auch alle weiteren **kausal** auf einem unmittelbaren Beweisverwertungsverbot beruhenden Beweise ebenfalls unverwertbar sind. Im angelsächsischen Recht wird eine solche Fernwirkung anerkannt (*fruits of the poisonous tree*), dem deutschen Strafverfahrensrecht ist sie fremd[314]. Beweisverwertungsverbot bedeutet lediglich, dass ihm unterliegende Umstände im Strafverfahren nicht *bewiesen* werden können, d. h. wo eine Rechtsnorm bestimmte tatbestandliche Voraussetzungen verlangt, kann die dem Verwertungsverbot unterliegende Tatsache zur Subsumtion nicht herangezogen werden. Ein Subsumtionsverbot ist aber nicht mit einem *Denkverbot* gleichzusetzen. Das Wissen als solches lässt sich bei der Strafverfolgungsperson nicht mehr rückgängig machen. Daher wird diese u. U. weitergehende Ermittlungsansätze und -ideen entwickeln. Man kann allerdings niemals mit Gewissheit sagen, ob der Strafverfolgungsbeamte die auf diese Weise indirekt erlangten Beweismittel nicht bei seinen späteren Ermittlungen – wenn auch auf anderem Wege – ebenfalls gestoßen wäre. Der dogmatische Versuch, bei grundsätzlicher Anerkennung einer Fernwirkung diese aber auf die Fälle zu beschränken, in denen der **hypothetische** Ermittlungsverlauf diese Beweismittel nicht zu Tage gefördert hätte, ist weil lebensfremd zum Scheitern verurteilt[315]; strafrechtliche Ermittlungen unterscheiden sich in ihrem Charakter von mechanischen Verwaltungsabläufen wesentlich und sind in ihrem Verlauf nicht vorhersagbar. Die Annahme einer Fernwirkung eines einmal angenommenen Verwertungsverbots würde daher wie eine Blockade weiterer, dann nutzloser Aufklärungstätigkeit wirken und damit das Strafverfolgungsinteresse im Übermaß beeinträchtigen[316]. Die teleologische Auslegung einer Norm, die zur Bejahung eines Beweisverwertungsverbots führt, gebietet es in der Regel[317] nicht, das Verbot auch auf indirekt erlangte Beweismittel zu erstrecken, zumal – anders als in den USA – Beweisverwertungsverbote nicht darauf abzielen, die Strafverfolgungsorgane zu disziplinieren[318]. Im Einzelfall kann dies anders sein, wenn – wie im Fall des § 97 InsO – eine unmissverständliche historisch-teleologische Auslegung eines gesetzlichen **Beweisverwendungsverbots** ergibt, dass auch indirekt erlangte Beweise unverwertbar sein sollen. Ausnahmsweise kann eine Fernwirkung nur dann angenommen werden, wenn die Ermittlungsbehörden *bewusst* eine Vorschrift missachten, weil sie gar nicht am unmittelbar erlangten Beweismittel, sondern an den indirekten Erkenntnissen interessiert sind, z. B. bei Anwendung der Hypnose entgegen § 136a, um weitere Fahndungsansätze zu gewin-

---

314   BGHSt 32, 68; 37, 48; 34, 364; 51, 1; MDR 83, 1040; s. Rn. 52.
315   So aber BGHSt 31, 306; differenzierend: *Beulke* ZStrW 91, 657; BGH NStZ 97, 294; zu Recht abl. BGHSt 32, 68, 71 BGH NJW 07, 2269, 2273; 17, 1332.
316   BGHSt 34, 362, 364 („Lahmlegung").
317   Ausnahmen sind denkbar, vgl. § 7 des G-10, BGHSt 29, 244 (Traube); § 97 InsO (Angaben des Gemeinschuldners), LG Stuttgart wistra 00, 439; keinesfalls beinhaltet die Formulierung „nicht zu Beweiszwecken verwenden" generell eine Fernwirkung. S. auch Rn. 168a.
318   BGHSt 32, 345, 356; vgl. *Bradley* GA 85, 101; *Ranft* 1617.

nen[319]. Denn in diesen Fällen liegt gleichzeitig ein Verstoß gegen den Grundsatz des Fairen Verfahrens vor. Kein Fall der Fernwirkung, sondern eines unmittelbaren Beweisverwertungsverbots liegt vor, wenn unverwertbare Beweise im Rahmen einer Vernehmung vorgehalten werden; wegen der geradezu synthetischen Verbindung von Vorhalt und Aussage erfasst das Beweisverwertungsverbot auch letztere[320].

> Die Kriminalkommissarin K. ermittelt den Täter T. als Beschuldigten in einem Verfahren wegen Unterhaltspflichtverletzung. Die Kindesmutter übergibt K. ein von ihr entwendetes Tagebuch des T., aus dem sich alle Einzelheiten über die aufwendige Lebensführung und die Zahlungsfähigkeit des T. ergeben sollen. K. fragt sich, ob sie das Tagebuch für das Strafverfahren verwerten darf.

166

Die möglicherweise gegebene Strafbarkeit der Erlangung des Tagebuches durch die Kindesmutter berührt die Frage der Verwertbarkeit nicht. Die StPO enthält keine auslegungsfähige Vorschrift, aus der sich etwas für oder gegen die Verwertbarkeit von Tagebüchern herleiten ließe. Verwertungsverbote im Strafverfahren können sich jedoch auch unmittelbar aus der Verfassung, dem **Grundgesetz**, ergeben. Hierzu gehören insbesondere die Verletzungen von **Grundrechten** des Beschuldigten, die u. U. auch in der Missachtung der Ausstrahlungswirkung eines Grundrechts bei der Anwendung grundrechtseinschränkender einfacher Gesetze liegen können[321]. Aus einer menschenunwürdigen und deshalb gegen Art. 1 GG verstoßenden Vorgehensweise bei den Ermittlungen, z. B. einer besonders brutalen Verabreichung von Brechmitteln, um an verschluckte Objekte im Magen des Beschuldigten zu gelangen, kann sich ein solcher Verstoß ergeben, der dann auch ein Beweisverwertungsverbot nach sich zieht[322]. Hier könnte die Auswertung der **Tagebücher** zu einer Verletzung des allgemeinen Persönlichkeitsrechts des T. nach Art. 2 Abs. 1 i. V. mit Art. 1 Abs. 1 GG führen. Da Tagebücher sehr persönliche Selbstbetrachtungen enthalten, greift ihre Verwertung im Strafverfahren in die Privat- und Intimsphäre des T. ein. Weil in Tagebüchern auch Aufzeichnungen über äußere Geschehnisse und andere Personen zu finden sind, liegt zwar kein Eingriff in den Kernbereich privater Lebensgestaltung vor, jedoch ist der weitere Bereich des allgemeinen Persönlichkeitsrechts betroffen. In diesem weiteren Bereich muss eine Abwägung zwischen der Intensität des Strafverfolgungsanspruchs und der Schwere des Eingriffs in die Privat- und Intimsphäre stattfinden. Der Eingriff in das allgemeine Persönlichkeitsrecht des T. ist durch die Auswertung der Tagebücher als schwerwiegend anzusehen, da die Verlesung von Tagebüchern eine weitgehende Bloßstellung des Verfassers mit sich bringt. Andererseits ist der in § 170b StGB verfolgte Strafanspruch vergleichsweise gering, da es sich nur um ein Vergehen handelt, das regelmäßig Freiheitsstrafen von wenigen Monaten erwarten lässt. Daher würde die Verwertung der Tagebücher einen Verstoß gegen Art. 2 Abs. 1 i. V. mit Art. 1 Abs. 1 GG bedeuten. Sie ist demnach unzulässig[323]. Anders dagegen würde die Abwägung zwischen Strafverfolgungsinteresse im Einzelfall und Persönlichkeitsrecht aussehen, wenn es um die Verfolgung von Kapitaldelikten, z. B. Mord, ginge; in letzteren Fällen sind Tagebücher regelmäßig verwertbar[324].

167

---

319 Vgl. Rn. 52 (Hypnose).
320 Vgl. OLG Karlsruhe NJW 04, 2687; näher Rn. 155.
321 Vgl. Rn. 163.
322 So im Ergebnis, wenn auch mit bedenkl. Begründung OLG Frankfurt NJW 97, 1647 ff. Zur Vorgehensweise: BGHSt 55, 120. Bedenkl. großzügig: BVerfG StV 00, 1; anders EGMR NJW 06, 3117; dazu *Schuhr* NJW 06, 3538.
323 BGHSt 19, 325; OLG Schleswig NStZ-RR 00, 112; BerlVerfG NJW 04, 593; näher *Amelung* NJW 80, 1753; *Lorenz* GA 92, 254; *Wolter* StV 90, 175.
324 BVerfGE 80, 367 ff.; BGHSt 34, 397 ff.; ähnl. „Abschiedsbrief", BGH NJW 95, 269; Taschenkalender, BGH NStZ 00, 383.

167a Andere anerkannte Fälle von strafprozessualen Beweisverwertungsverboten, die sich aus der Verletzung wesentlicher Grundrechtspositionen ergeben, gewinnen zunehmend an Bedeutung. Dabei steht das **Allgemeine Persönlichkeitsrecht** (Art. 1 Abs. 1 i. V. m. 2 Abs. 1 GG) im Vordergrund, z. B. auch bei der Unverwertbarkeit von Ehescheidungsakten[325] und dem ebenfalls dort angesiedelten Verwertungsverbot bei Selbstbezichtigungszwang nach den Grundsätzen der *Gemeinschuldner*-Entscheidung[326]. Beim unerlaubten Abhören eines Gesprächs zwischen Eheleuten in der ehelichen Wohnung hat der BGH gar einen Eingriff in den unantastbaren Kernbereich privater Lebensgestaltung angenommen und die Verwertbarkeit selbst bei schwerster Kriminalität verneint[327]. Ist der absolut geschützte Kernbereich privater Lebensgestaltung berührt, können selbst sehr schwerwiegende Interessen der Allgemeinheit einen Eingriff in ihn nicht rechtfertigen; eine Abwägung findet nicht statt. Ob eine Information dem Kernbereich zuzuordnen ist, hängt davon ab, in welcher Art und Intensität sie aus sich heraus die Sphäre anderer oder Belange der Gemeinschaft berührt. Zum Kernbereich gehören etwa Äußerungen innerster Gefühle oder Ausdrucksformen der Sexualität; nicht darunter fallen Äußerungen, die in unmittelbarem Bezug zu konkreten strafbaren Handlungen stehen, wie etwa Angaben über die Planung bevorstehender oder Berichte über begangene Straftaten[328]. Aber auch andere Grundrechte können Verwertungsverbote begründen, z. B. die Pressefreiheit (Art. 5 Abs. 1 GG) für den Bereich des Anzeigenteils[329] oder das Fernmeldegeheimnis (Art. 10 GG) im Falle von Telefonabhörmaßnahmen, denen es an den Voraussetzungen des § 100a fehlt[330]. Jedoch ist auch hier stets zu prüfen, ob die Verwertung noch einen fortdauernden Eingriff in die grundrechtlich geschützte Sphäre darstellt. Das ist z. B. im Falle der Wohnungsfreiheit (Art. 13 GG) zu verneinen, wenn nach abgeschlossener (eventuell rechtswidriger) Haussuchung die dabei gefundenen Beweismittel verwertet werden[331]. Rechtswidrige Durchsuchungen führen daher regelmäßig nicht zu Beweisverwertungsverboten[332].

168 Gegen A. ist ein Ermittlungsverfahren wegen Diebstahls einer Schusswaffe aufgrund einer Anzeige des Geschädigten anhängig, der den A. bemerkt hatte. Die StA erwirkt einen richterlichen Durchsuchungs- und Beschlagnahmebeschluss für die Wohnung des A. bezüglich der in der Anzeige bezeichneten Waffe. Der mit dem Vollzug beauftragte polizeiliche Sachbearbeiter des Dezernats Eigentumsdelikte nimmt „zu seiner Unterstützung" bei der Durchsuchung einen Steuerfahnder und einen Kollegen der Mordkommission mit, der A. seit längerem eines Tötungsdelikts verdächtigt, ohne dies aber konkret belegen zu können. Bei der Durchsuchung wird die Schusswaffe nicht gefunden, dafür aber zahlreiche Unterlagen und Gegenstände, welche das Tötungsdelikt und Steuerhinterziehung beweisen.

168a Strafverfahrensrechtliche Verwertungsverbote ergeben sich nicht nur aus den Grundrechtsvorschriften des Grundgesetzes; in besonderem Maße ist auch das **Rechtsstaatsprinzip** nach Art. 20 GG zu beachten. Es beinhaltet u. a. den Grundsatz des **Fairen**

---

325 BVerfGE 27, 344 ff. (für Disziplinarverfahren).
326 BVerfGE 56, 37 ff.; Rn. 36.
327 BGH NJW 87, 1570; ferner: BGHSt 50, 206 (Krankenzimmer); BGH NJW 12, 945 (Selbstgespräch im Auto); LG Konstanz NJW 10, 2227 (Testament); abzulehnen aber BayObLG NJW 92, 2370 (Brief eines Drogenabhängigen).
328 BVerfG NJW 12, 907 f.; näher Mitsch NJW 12, 1486.
329 BVerfG DVBl. 83, 940; NJW 88, 329; vgl. Rn. 137a.
330 BGH NJW 84, 2772.
331 Vgl. BVerfG NJW 95, 2829 (Dresdner Bank II).
332 BGH NJW 89, 1741, 1744; KG StV 85, 404; a. A. *Krekeler* AnwBl. 92, 356; *Amelung* NJW 91, 2533; vgl. aber Rn. 168a.

Verfahrens *(fair trial)*³³³. Dieser wird verletzt, wenn sich die Strafverfolgungsbehörden **bewusst und zielgerichtet** über Vorschriften des Strafverfahrensrechts hinwegsetzen, um bestimmte Beweisergebnisse zu erzielen. Es ist anerkannt, dass Verstöße gegen den Grundsatz des Fairen Verfahrens Beweisverwertungsverbote nach sich ziehen³³⁴. Dies gilt erst recht, wenn sogar bewusst rechtswidrige Verwaltungsvorschriften erlassen oder gesetzeswidrige allgemeine Weisungen erteilt werden³³⁵. Denn wenn die zur Strafverfolgung aufgerufenen Organe des Staates nicht nur unbewusst oder fahrlässig, sondern überlegt und absichtlich Rechtsnormen missachten, um auf diese Weise Wahrheitsfindung um jeden Preis zu betreiben, würde auch die Verwertung der so erlangten Beweise den Grundsatz der Fairness gröblich beeinträchtigen. Im Durchsuchungs-Fall liegt der Schluss nahe, dass sich der Sachbearbeiter der Polizei ganz bewusst über die Begrenzungen des richterlichen Durchsuchungsbeschlusses (§ 105) hinweggesetzt hat, der nur dem Auffinden der Waffe galt. Denn die Mitnahme des Steuerfahnders lässt sich nur so erklären, dass hier *systematisch* nach Erkenntnissen bezüglich einer Steuerhinterziehung gesucht wurde, ohne dass dafür eine Durchsuchungsanordnung vorlag³³⁶. Entsprechendes gilt für die Anwesenheit des Kollegen aus der Mordkommission, denn personelle Engpässe, die es selbstverständlich erlauben würden, auch Personen außerhalb des zuständigen Dezernats zur Verstärkung heranzuziehen, lässt der Sachverhalt nicht erkennen. Die Betroffenen können sich auch nicht darauf hinausreden, es habe sich um „Zufallsfunde" (vgl. § 108) gehandelt³³⁷, denn nach Anlage und Planung des Einsatzes war von vornherein klar, dass die richterliche Durchsuchungsanordnung nur als „Aufhänger" für weiterreichende Maßnahmen missbraucht werden sollte. Daher sind die erlangten Beweise nach Art. 20 GG unverwertbar³³⁸. In Abwandlung des Blutproben-Falls³³⁹ lässt sich so befriedigend die Konstellation lösen, dass die Polizeibeamten gezielt eine Blutprobe von der Krankenschwester vornehmen lassen, wenn sie wissen, dass es sich um keinen Arzt handelt. Bei einem derartig reflektierten Rechtsbruch der Strafverfolgungspersonen muss die Blutprobe wegen Verstoßes gegen das faire Verfahren als unverwertbar angesehen werden³⁴⁰.

Eine neue Tendenz in der BGH-Rechtsprechung besteht darin, über die Fälle des *bewussten* Rechtsbruchs hinausgehend schon bei „objektiver Willkür" (Eingriffe fern jeder Rechtsgrundlage) einen **gleichgewichtigen** Verstoß gegen das faire Verfahren und damit ein Beweisverwertungsverbot anzunehmen³⁴¹. Die Entscheidung des BGH betrifft den Fall der rechtsgrundlosen Annahme von Gefahr im Verzug bei der Anordnung einer Durchsuchung. Die bedenkenlose Missachtung des Richtervorbehalts bei Eingriffen wie Durchsuchungen, Blutproben usw. durch Ermittlungspersonen der StA ist eine klassische Situation, in welcher wegen Verletzung des Grundsatzes des Fairen Verfahrens ein Verwertungsverbot angenommen werden kann³⁴². Dabei ist nicht nur auf die subjektive Sicht des letztentscheidenden Beamten „an der Ermittlungsfront" abzustellen; erst recht sind Verwertungsverbote anzunehmen, wenn die Justizverwaltung in einem Gerichtsbe-

---

333   BVerfGE 66, 313, 318; BGHSt 32, 44, 47.
334   BGHSt 24, 125, 131; 29, 109, 111; *Beulke* 477; *Schroeder* 131; s. auch *Kramer* JURA 88, 524.
335   Überzeugend KG NJW 97, 2894 (Parkraumüberwachungskonzept).
336   Nicht überzeugend daher LG Stuttgart wistra 97, 279.
337   Vgl. KG NStZ 19, 429 (Observation).
338   Vgl. entsprechende Konstellationen, in denen Beweisverwertungsverbote angenommen wurde: KG StV 87, 97; LG Bonn NJW 81, 292; Bremen StV 84, 505; Baden-Baden wistra 90, 118.
339   Rn. 161.
340   BGHSt 24, 123, 131; OLG Hamm NJW 65, 1089.
341   BGHSt 51, 285 ff. = NJW 07, 2269 für den Fall einer groben Verkennung des Richtervorbehalts bei Durchsuchung.
342   BVerfG NJW 10, 2864 ff., BGH NStZ-RR 19, 94; NJW 17, 1332; OLG Oldenburg NStZ 17, 747; Düsseldorf NStZ 17, 177; Bamberg NJW 09, 2146; Hamm NJW 09,3109, 3111; Celle NJW 09, 3524; Brandenburg NStZ-RR 09, 247.

zirk bewusst auf die Einrichtung eines ausreichenden richterlichen Bereitschaftsdienstes[343] verzichtet und damit strukturell in einer Vielzahl von Fällen eine Verletzung des gesetzlichen Richtervorbehalts provoziert. Betrachtet man die Details des vom BGH entschiedenen Sachverhalts, so drängt sich angesichts der Häufung von Verstößen der Beamten in diesem Einzelfall der Schluss auf, dass diese es bewusst und gezielt darauf ankommen ließen, die Kompetenz des Ermittlungsrichters leer laufen zu lassen. Dies mochte der BGH wohl den Ermittlungsbehörden nicht so direkt ins Stammbuch schreiben und wich deshalb auf die scheinbar salomonische Lösung aus, dass auch ohne das bisher diese Fallgruppe prägende subjektive Element bei „gleichwertigen" objektiven Verstößen ein Verwertungsverbot anzunehmen sei. Im Ausgangsfall (Rn. 161) erging die Anordnung der Blutprobenentnahme durch Kommissar K. unter Missachtung des Richtervorbehalts nach § 81a Abs. 2, da er nicht einmal versucht hatte, den Ermittlungsrichter telefonisch zu erreichen. Auch wenn ihm wegen der Neufassung der Vorschrift vielleicht nicht ein gezielter Rechtsbruch nachgewiesen werden kann, würde es sich doch um einen gleichgewichtigen schweren objektiven Verstoß handeln, der zum Beweisverwertungsverbot bezüglich der Blutprobe führt.

168b Vereinzelt können sich ferner aus dem **Völkerrecht** Beweisverwertungsverbote ergeben. Dies gilt vor allem für den **Spezialitätsgrundsatz** im internationalen Rechtshilferecht, der es nur erlaubt, die mit Unterstützung eines fremden Staates erlangten Beweise zur Verfolgung derjenigen Delikte heranzuziehen, deretwegen die Rechtshilfe bewilligt wurde[344]. Da allerdings der Grundsatz der Spezialität im Bereich der „sonstigen Rechtshilfe" wie der Beweismittelbeschaffung (anders als bei der Auslieferung) nicht auf unmittelbar anwendbarem Gesetz und auch nicht auf Völkergewohnheitsrecht beruht, sondern besonders vom Rechtshilfe gewährenden Staat erklärt worden sein muss, relativiert das BVerfG stark die hier vorstellbaren Fälle von Beweisverwertungsverboten, indem sie solche nur als Anwendungsfälle der Fallgruppe „Verletzung des Fairen Verfahrens" ansieht und damit an sehr enge Voraussetzungen knüpft[345]. Weitergehend ist es sogar zu Vorfällen gekommen, bei denen deutsche Strafverfolger im Ausland unter Verletzung fremder Souveränitätsrechte Ermittlungen getätigt haben[346]. Hier ergeben sich ebenfalls aus völkerrechtlichen Grundsätzen Beweisverwertungsverbote im deutschen Strafverfahren. Vom Ansatz her wäre es auch denkbar gewesen, aus einer Verletzung der konsularischen Benachrichtigungspflicht (Art. 36 Abs. 1b WÜK) ein Beweisverwertungsverbot herzuleiten[347]. Indes hat der BGH dies im Ergebnis abgelehnt[348]; die konsularische Benachrichtigungspflicht knüpft an die Festnahme eines Ausländers an und lässt sich daher mit der Situation der Belehrungsverletzung bei der ersten Vernehmung des Beschuldigten nicht vergleichen. In diesem Zusammenhang gehört auch das Recht auf konfrontative Befragung des zentralen Belastungszeugen nach Art. 6 Abs. 3 d) MRK, das indes vom BGH derart verwässert wurde, dass bei Verstößen nur noch in seltenen Fällen Raum bleiben dürfte[349].

---

343 S. Rn. 234. Näher zum richterl. Bereitschaftsdienst „rund um die Uhr": *Fikentscher/Dingelstadt* NJW 09, 3473.
344 Vgl. BGHSt 34, 334. 343; 352 ff.; aber nach BGHSt 51, 202 kein Verwertungsverbot, wenn der Spezialitätsvorbehalt erst im Revisionsverfahren geltend gemacht wird; anders bei Auslieferung, BGH NStZ 12, 646.
345 BVerfG NJW 11, 591 ff. (Schreiber).
346 BGHSt 36, 396 ff.; einschr. 37, 70 ff.; OLG Koblenz NStZ 17, 108. Zu Auslandsermittlungen: *Gleß* NStZ 00; zu direkten Schreiben der StA ins Ausland: Roth NStZ 14, 551. 57.
347 BVerfG NJW 07, 499.
348 BGH NJW 08, 307, 1090.
349 S. Rn. 144b.

E. Die Ermittlungen

I. Einleitung des Ermittlungsverfahrens

Das Ermittlungsverfahren (= Vorverfahren) ist der Teil des Strafverfahrens, der von der Einleitung der Ermittlungen bis zu dem Zeitpunkt andauert, in welchem eine Anklageschrift oder Einstellungsverfügung in den Geschäftsgang der StA gebracht wird. Daraus ergibt sich das **Ziel** des Ermittlungsverfahrens, nämlich die Erforschung des Sachverhalts, ob genügender Anlass zur Erhebung einer Anklage besteht (§ 160 i. V. m. § 170 Abs. 1, § 203). Das Ermittlungsverfahren dient daher der Feststellung, ob **hinreichender Tatverdacht** gegeben ist, wobei be- und entlastende Momente gleichermaßen zu erforschen sind (§ 160 Abs. 2). Sekundäre Ziele des Ermittlungsverfahrens bestehen darin, eine evtl. folgende Hauptverhandlung vorzubereiten, z. B. dafür die Beweise und Einziehungsobjekte zu sichern und den Beschuldigten festzunehmen. Der historische Gesetzgeber stellte sich ursprünglich kein ausgedehntes Ermittlungsverfahren, sondern nur ein knappes „Vorverfahren" als Filter vor dem gerichtlichen Prozess vor[1]. In bewusstem Gegensatz zum Inquisitionsprozess sollte der Schwerpunkt der Beweiserhebungen in die Hauptverhandlung verlegt werden. In Wirklichkeit erfolgen aber wieder – wie durch rechtstatsächliche Studien belegt und weithin anerkannt[2] – die wesentlichen Weichenstellungen im Vorverfahren. Mängel der Ermittlungsführung in dieser Phase erweisen sich häufig als unkorrigierbar; die Hauptverhandlung erschöpft sich nicht selten in einem routinierten Nachvollzug der im Vorverfahren gesammelten Beweise oder in der Verifizierung und Abrundung der bisherigen Ermittlungsergebnisse. Dies mag beklagenswert sein, ist aber letztlich auf die kriminalistische Grunderfahrung zurückzuführen, dass die frühesten Ermittlungen nach der Tat regelmäßig die wichtigsten sind.

169

Da nach der Gesetzeskonzeption das Ermittlungsverfahren im Kern der Vorbereitung der staatsanwaltschaftlichen Entscheidung über Anklage oder Einstellung dient (siehe auch Abschnittsüberschrift „Vorbereitung der öffentlichen Klage"), muss auch der **StA** die primäre Kompetenz und Sachleitungsbefugnis für diesen Verfahrensabschnitt zustehen (§ 160 Abs. 1, „Der Staatsanwalt als **Herr des Ermittlungsverfahrens**"). Die praktische Durchführung der Ermittlungen liegt in durchschnittlichen Fällen schwerpunktmäßig bei der **Polizei**, während für die abschließende Verfügung ausschließlich der Staatsanwalt zuständig ist[3]. Eher ein Kümmerdasein im Ermittlungsverfahren führt dagegen die **Gerichtshilfe**, derer sich die StA gem. § 160 Abs. 3 neben der Polizei zur Ermittlung der Umstände bedienen kann, die für die Rechtsfolgen der Tat von Bedeutung sind[4]. Unter dem Gesichtspunkt der Unschuldsvermutung ist die Einschaltung der Gerichtshilfe (meist Sozialarbeiter) als eigener Institution zu Fragen der angemessenen Strafreaktion oder Maßregeln der Sicherung und Besserung in dieser frühen Phase des Strafverfahrens nicht ganz unproblematisch. Sie stößt daher – jedenfalls im Erwachsenenstrafrecht – bei den Beteiligten nicht selten auf Ablehnung. Soweit sich die StA der Gerichtshilfe überhaupt bedient, geschieht dies häufig erst mit Fertigung der Anklageschrift, auf deren Basis der Gerichtshelfer dann das – für den Angeschuldigten natürlich freiwillige – Gespräch mit diesem sucht.

170

---

1 Vgl. *Hahn*, Die gesamten Materialien zu den Reichsjustizgesetzen (1886), Abt. 1; Bd. 3: StPO; S. 148.
2 Insbes. *Peters*, Fehlerquellen im Strafprozess, Bd. 2 (1972), S. 195 ff.; *Lange*, Fehlerquellen im Ermittlungsverfahren (1980); *Steffen*, Analyse polizeilicher Ermittlungstätigkeit aus der Sicht des späteren Strafverfahrens (1976); *Richter* II, StV 85, 382; *Kühne* 155.1.
3 Vgl. Rn. 98 f.; 106b; 267 ff.
4 Vgl. auch *Kühne* 77; wichtig dagegen die Jugendgerichtshilfe nach § 38 JGG. Befragungen durch die Jugendgerichtshilfe haben Vernehmungscharakter, BGH NJW 05, 765.

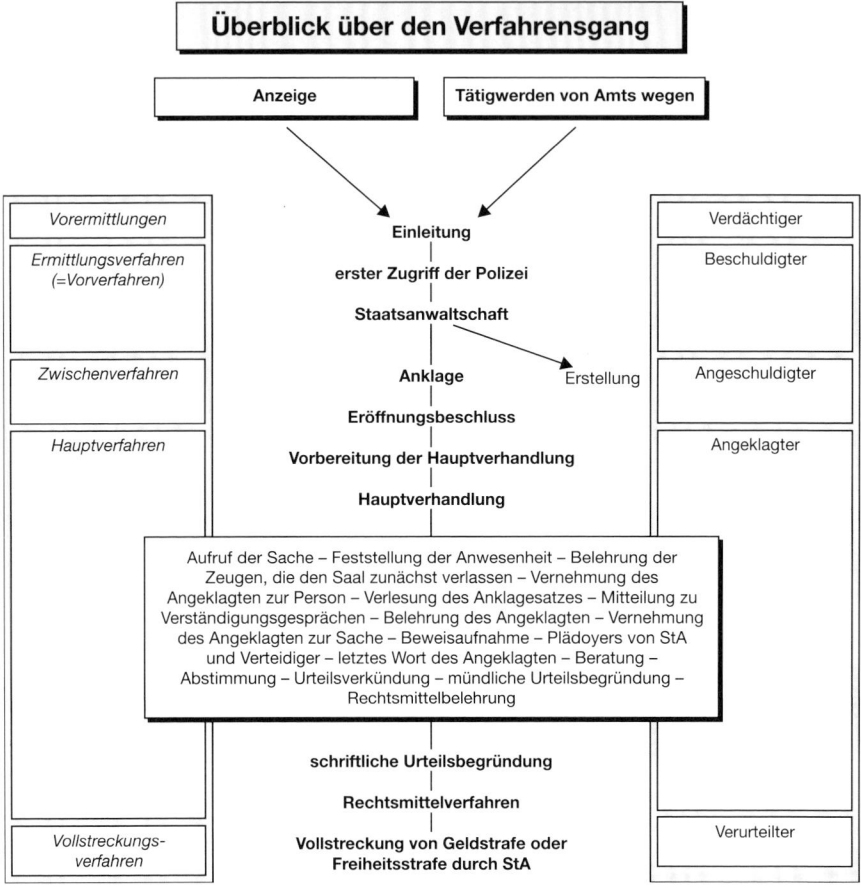

Abb. 11: Überblick über den Verfahrensgang

171 Das Ermittlungsverfahren **beginnt** mit jeder Maßnahme der StA (§ 160) oder der Polizei (§ 163), die der Feststellung dient, ob eine Person wegen einer bestimmten Straftat verurteilt werden kann[5] (Dualismus der Einleitungskompetenz), wobei die handelnde Strafverfolgungsperson von einem **zureichenden Tatverdacht** (§ 152 Abs. 2) ausgehen muss. Die Maßnahme kann überwiegend tatsächlicher Natur sein, wie beispielsweise eine Vernehmung oder die Anlegung eines Aktenvorganges. Sie kann auch in der Vornahme eines strafprozessualen Eingriffs wie einer Beschlagnahme oder vorläufigen Festnahme liegen. An bestimmte formelle Voraussetzungen (z. B. Anzeige, Verhaftung, Aktenanlegung u. Ä.) ist die Einleitung nicht gebunden. Auch wenn sich das Verfahren zunächst gegen „Unbekannt" richtet, dient es doch der Feststellung, wer Täter einer Straftat war und ob er bestraft werden kann. Das Gesetz setzt – wie sich aus dem Zusammenhang des § 160 Abs. 1 (bzw. § 163) mit § 152 Abs. 2 ergibt – für die Einleitung eines Ermittlungsverfahrens „zureichende tatsächliche Anhaltspunkte für das Vorliegen einer verfolgbaren Straftat" voraus (sog. **zureichender Tatverdacht** = Anfangsverdacht = einfacher Verdacht). Angesichts der Vielgestaltigkeit der Lebensverhältnisse wird den Strafver-

---

5 Ähnl. Formulierung in § 397 Abs. 1 AO; vgl. auch *MG-Schmitt* Einl. 60.

folgungsbehörden hier zwar ein gewisser **Beurteilungsspielraum** eingeräumt[6]; jedoch lassen sich verschiedene Abgrenzungsmaßstäbe entwickeln. Der **Anfangsverdacht** muss sich stets auf eine bestimmte in der Vergangenheit liegende, eventuell noch andauernde Tat beziehen[7] und auf konkreten Einzelumständen beruhen, die isoliert betrachtet noch nicht strafbares Verhalten sein müssen[8]. Allgemeine Erfahrungssätze und selbst kriminologisch-kriminalistisch immer wieder bestätigte Annahmen genügen für sich genommen nicht[9], schon gar nicht die bloß theoretische Möglichkeit oder Vermutungen, jemand könne sich strafbar gemacht haben[10]. Z.B. reicht nicht der Erfahrungssatz aus, Rauschgiftsüchtige würden immer wieder rückfällig werden oder Steuerpflichtige würden regelmäßig bei ihren Kapitaleinkünften die Zinsen verschweigen, um Verfahren einzuleiten[11]. Die StPO gestattet keine Ermittlungen „ins Blaue"[12]. Aber auch konkretisierte Verdachtsgründe (z.B. durch Anzeige[13], Behördenzeugnis[14], Zeugenaussage, Einzelbeobachtung) können zuweilen so vage sein, dass sie keinen zureichenden Tatverdacht begründen, sondern nur auf eine Straftat hindeuten[15]. Andererseits ist für den Anfangsverdacht keine Wahrscheinlichkeit, sondern nur die konkrete („ernstliche") Möglichkeit einer verfolgbaren Straftat zu verlangen[16]. Die festgestellten einzelfallbezogenen Umstände müssen beweisverwertbar sein[17] und bereits den Schluss auf das Vorliegen der Merkmale gerade desjenigen Straftatbestandes erlauben, auf den sich der Anfangsverdacht beziehen soll[18]. Für den Geldwäschetatbestand nach § 261 StGB bedeutet dies, dass die konkreten Tatsachen auch bezüglich der Vortat vorliegen müssen[19]. Im Ergebnis setzt ein zureichender Verdacht stets „bestimmte Tatsachen" voraus (Gegenbegriff: Vermutungen), wobei die ausdrückliche Verwendung dieses Terminus in anderen Zusammenhängen (z.B. §§ 97 Abs. 2 S. 3, 100a Abs. 1 Nr. 1, 100c Abs. 1 Nr. 1, 100f Abs. 1 S. 1) nur den Anschein erwecken soll, damit seien engere Voraussetzungen als beim üblichen Anfangsverdacht gefordert.

Die Zulässigkeit von Ermittlungen im Vorfeld des zureichenden Verdachts ist differenziert zu beurteilen. Den Begriff der „**Vorermittlungen**" kennt die StPO nicht[20]. In der Praxis kommen diese gleichwohl nicht ganz selten vor, z.B. bei der StA als sog. „AR-Sache" geführt (im Gegensatz zu den echten Ermittlungsverfahren als „Js-Sache") oder bei der Polizei unter dem Stichwort „Initiativermittlungen"[21]. Soweit solche Vorermitt-

---

6 BGH NJW 90, 2633; 70, 1543 f.; BVerfG NJW 84, 1451; zu den mögl. Beurteilungsparametern: *Kühne* 145 ff.; *Eisenberg/Conen* NJW 98, 2241.
7 Daher verfehlt der Begriff des „antizipierten" Anfangsverdachts, so aber: OLG Brandenburg NJW 10, 1471.
8 BGH NJW 14, 3087; 18, 3573 (Edathy).
9 Beispiel „Tafelgeschäfte": LG Itzehoe wistra 99, 432 f.; AG Detmold wistra 99, 434 f.; FG Niedersachsen wistra 99, 237 ff. Dazu: BVerfG NJW 02, 1940. Zu kriminalistischer Erfahrung: Soiné Kriminalistik 10, 275.
10 Vgl. BGH NJW 94, 2840; OLG Hamburg NJW 84, 1635 f., Düsseldorf NJW 05, 1791 (Mannesmann); BVerfG NJW 05, 1707.
11 Unzutr. daher OLG Frankfurt wistra 96, 159 (Commerzbank-Erpresserliste).
12 Vgl. OLG Stuttgart NJW 92, 993; LG Köln StV 83, 56; 275.
13 Zur anonymen Anzeige: *Scheinfeld/Willenbacher* NJW 19, 1357.
14 BGH NStZ 19, 546 (Bundesamt für Verfassungsschutz).
15 Z.B. bei § 108 Abs. 1 vorausgesetzt; dazu Rn. 253.
16 BVerfG NJW 04, 1517 f.; OLG München NStZ 85, 549.
17 S. Rn. 165; abzulehnen die Theorie von der abgeschwächten „Vorauswirkung" nach BVerfG NJW 11, 2417.
18 Vgl. LG Stuttgart wistra 00, 439. Bedenklich und nicht durch die Besonderheiten des Geldwäschetatbestandes (§ 261 StGB) zu rechtfertigen LG Saarbrücken wistra 95, 32, wo auf eine Konkretisierung der Katalogtat verzichtet wird.
19 BVerfG NJW 20, 546; 1351. Vortatenkatalog ist durch Gesetzesänderung vom 11.2.2021 entfallen; BT-Drucks. 19/24180/24902.
20 Teilw. mit überschneidendem Bedeutungsinhalt werden auch die Begriffe „Vorfeldermittlungen" und „Initiativermittlungen" verwendet; dazu *Schroeder* 84 f.; ferner Anlage E der RiStBV.
21 Zur verdachtslosen Recherche im Internet: *Zöller* GA 00, 563. Aber zulässige Vorfeldermittlungen nach § 208 Abs. 1 Nr. 3 AO durch die Steuerfahndung.

lungen darauf abzielen, einen zureichenden Tatverdacht überhaupt erst zu gewinnen, um dann ein Ermittlungsverfahren nach der StPO einzuleiten, lassen sie sich nicht als „vorbeugende Verbrechensbekämpfung" auf das Polizeirecht stützen, denn dabei handelt es sich nicht um Gefahrenabwehr[22]. Die StPO gestattet nur ausnahmsweise Maßnahmen im Vorfeld des zureichenden Verdachts, so bei der einstweiligen Inbeschlagnahme von Zufallsfunden (§ 108), der erkennungsdienstlichen Sammlung (§ 81b 2. Alt.), der Durchführung einer molekulargenetischen Untersuchung für künftige Strafverfahren (§ 81g)[23], der Entgegennahme- und Protokollierungspflicht für Strafanzeigen und -anträge (§ 158), der Anzeigeverpflichtung bei nicht-natürlichen Todesfällen und **Leichenfunden** Unbekannter (§ 159) und der Datenverarbeitung für künftige Strafverfahren (§ 484). Zur Begründung der Anzeigeverpflichtung der Polizei- und Gemeindebehörden nach § 159 an die StA braucht daher noch kein zureichender Verdacht für ein strafbares Verhalten vorzuliegen. Die StA soll sich bei den möglichen Tötungsdelikten, die zu den schwersten Straftaten überhaupt gehören, selbst ein Bild davon machen, ob Fremdverschulden vorliegen könnte, ehe sie die Bestattung nach § 159 Abs. 2 erlaubt. Bis dahin liegt aber noch kein Ermittlungsverfahren vor. Nach h. M. soll auch noch eine anschließende Leichenschau oder Leichenöffnung (Obduktion) nach § 87, die bloß der Klärung der Todesursache gilt, außerhalb eines Ermittlungsverfahrens stattfinden[24], was aber schwerlich mit der Systematik der StPO vereinbar ist.

Über die vorstehend genannten Vorschriften der StPO hinaus müssen Vorermittlungen prinzipiell als unzulässig betrachtet werden[25]. Dies gilt nicht nur für Zwangsmaßnahmen, für die es sich von selbst versteht, dass sie ohne spezielle Ermächtigungsgrundlage nicht stattfinden dürfen. Auch schlichte Ermittlungen sonstiger Art sind nicht erlaubt, da diese in aller Regel in der Sammlung und Weitergabe personenbezogener Daten bestehen und deshalb ohne gesetzliche Grundlage nicht zulässig sind[26]. Die §§ 160 i. V. m. 161 bzw. 163 StPO scheiden als Grundlagen systematisierter Verdachtsgewinnung aus, da sie gerade den zureichenden Verdacht voraussetzen. Sie bilden die rechtsstaatlich notwendige Schwelle für ein Tätigwerden der Strafverfolgungsorgane[27]. Die einen zureichenden Verdacht voraussetzenden §§ 160, 163 stehen „vor die Klammer gezogen" vor allen Eingriffsermächtigungen der StPO, soweit sie im Ermittlungsverfahren zur Anwendung kommen sollen und es sich nicht um eine der wenigen zuvor genannten Ausnahmevorschriften handelt wie z. B. § 159. Daher ist es fehlerhaft, die bei Observationen durch § 100h Abs. 1 Nr. 1 vorgesehenen Bildaufzeichnungen auch auf die flächendeckende fotografische Erfassung des fließenden Straßenverkehrs zu erstrecken, um Geschwindigkeitsverstöße oder Abstandsmessungen festzuhalten[28]. Eine Einschränkung erfahren diese Grundsätze höchstens für solche Maßnahmen, die aus gegebenem Anlass der Klärung dienen, ob in einem an die StA oder Polizei herangetragenen Einzelfall zureichender Tatverdacht besteht[29]. Denn einer Behörde muss es in begrenztem Maße möglich sein, bei Vorgängen, mit denen sie befasst wird, Maßnahmen zur Feststellung ihrer eigenen Zuständigkeit zu treffen. Z.B. darf die StA einen Vorgang anlegen und Rückfragen halten, wenn ein dem ersten Anschein nach querulatorisches Schreiben bei

---

22 Dazu *Schoreit* DRiZ 91, 320 ff.; *Hund* ZRP 91, 463 f.; *Merten/Merten* ZRP 91, 213 ff.; *Wölfl* JuS 01, 478; vgl. auch Rn. 17. Vgl. ferner BVerfG NJW 01, 879 ff. (genetischer Fingerabdruck).
23 Dazu BVerfG NJW 01, 879 ff. sowie Rn. 260c.
24 BGHSt 49, 29, 32 m. w. N.
25 Zusammenstellung des Meinungsstandes bei *Schreiber* NJW 97, 2142, dort Fn. 28.
26 Konsequenz des Volkszählungs-Urteils BVerfGE 65, 1 ff.; s. auch Rn. 179.
27 Vgl. *Hund* ZRP 91, 463 ff.; auch *Kühne* 147.
28 So aber die überwiegende obergerichtl. Rechtspr. OLG Brandenburg NJW 10, 1471; Bamberg NJW 10, 100; a. A. Oldenburg StV 10, 232; s. auch Rn. 228. Zur Unzulässigkeit automatischer Kennzeichenerfassung: BVerfG StV 19, 371.
29 In diesem Sinne: *Keller/Griesbach* NStZ 90, 416 f.; KK-*Griesbaum* § 163, 8; für die generelle Zulässigkeit von Vorermittlungen dagegen LG Offenburg NStZ 93, 506.

ihr eingeht, das aber möglicherweise doch eine Straftat zum Hintergrund hat. Oder Streifenbeamte der Polizei, die zu einer Familienstreitigkeit herbeigerufen werden, klären ab, ob es dabei zu Straftaten gekommen ist.

Die Mehrzahl der Ermittlungsverfahren geht auf eine **Anzeige** zurück, d. h. eine Mitteilung einer Person an eine Strafverfolgungsbehörde, dass *ihrer* Meinung nach der Verdacht einer Straftat bestehe[30]. Eine Anzeige beinhaltet eine Aufforderung eines Bürgers an die Strafverfolgungsorgane als solche tätig zu werden[31]. Nach § 158 Abs. 1 können diese Anzeigen bei der StA, den Behörden und Beamten des Polizeidienstes und den Amtsgerichten mündlich oder schriftlich angebracht werden. Anzeigeerstatter kann jedermann sein, nicht etwa nur der Verletzte, wenngleich Verletzte am häufigsten ein Interesse an der Erstattung einer Anzeige besitzen. Dagegen kann der praktisch häufig mit der Anzeige verbundene **Strafantrag** allein vom Verletzten gestellt werden. Für den Strafantrag, der bei den Antragsdelikten Strafverfolgungsvoraussetzung ist, gelten im Gegensatz zur Anzeige gem. § 158 Abs. 2 besondere Formerfordernisse: er muss beim AG und der StA schriftlich oder zu Protokoll, bei der Polizei immer schriftlich angebracht werden[32]. Die Strafanzeige kann dagegen formlos erstattet werden, notfalls sogar anonym.

Eine allgemeine Anzeigeverpflichtung besteht weder für Bürger noch Behörden[33]; § 138 StGB dient nicht der Verfolgung, sondern der Verhinderung schwerer Straftaten. Eine Strafanzeige muss auch dann entgegengenommen werden, wenn sie nach Meinung des Adressaten keinen zureichenden Tatverdacht begründet. Selbst erkennbar aussichtslose Strafanzeigen dürfen nicht „abgewimmelt" werden, wenn sich der Anzeigeerstatter nicht von deren Sinnlosigkeit überzeugen lässt[34]. Denn wenn in der Anzeige das Begehren auf Strafverfolgung des Täters zum Ausdruck gebracht, d. h. ein Antrag auf Erhebung der öffentlichen Klage gestellt wird, besteht nach § 171 in jedem Falle ein Rechtsanspruch auf einen begründeten Bescheid, falls die Anzeige nicht zu einer Anklageerhebung geführt hat. Diese Regelung dient der Kontrolle der Strafverfolgungsbehörden, denn jede Beschwerde gegen einen solchen Bescheid erfordert die Behandlung durch den zuständigen Generalstaatsanwalt im Wege der Dienstaufsicht oder – falls der Beschwerdeführer gleichzeitig Verletzter ist – im Rahmen des Klageerzwingungsverfahrens nach § 172. Lediglich bei ausdrücklichem Verzicht auf den Einstellungsbescheid oder bei bloßen **Hinweisgebern**, die ihr fehlendes Interesse an der weiteren Behandlung ihrer Mitteilung zum Ausdruck gebracht haben, entfällt die Pflicht zur Bescheidung nach § 171. Aus der mangelnden Koppelung des Anzeigecharakters an den zureichenden Tatverdacht, die schon aus der Gesetzessystematik ersichtlich wird, ergibt sich außerdem, dass mit der bloßen Anzeigeerstattung noch nicht das Ermittlungsverfahren eingeleitet ist und dass dazu nach dem Legalitätsprinzip die Beamten erst dann verpflichtet sind, wenn sie darin den Anfangsverdacht erkennen[35].

Die Strafanzeige ist nur *ein* Weg, der zur Einleitung eines Ermittlungsverfahrens führen kann. Nach § 160 Abs. 1 ist die StA jedoch gleichermaßen zur Erforschung des Sachverhalts verpflichtet, wenn sie auf andere Weise von dem Verdacht einer Straftat Kenntnis erhält. Dies kann durch Veröffentlichungen in der Presse, nicht als Strafanzeige gewollte

---

30 Ca. 90 % aller Verfahren, vgl. *Kühne* 143 mit empirischen Belegen.
31 Die sog. Polizeiliche Anzeige ist gerade keine Anzeige im Sinne des Gesetzes, sondern nur ein Tätigwerden von Amts wegen; daher kein Bescheid, sondern nur Mitteilung über Ausgang des Verfahrens nach § 482.
32 Bedenkl. BayObLG NStZ 97, 453, wonach Tonbanddiktat der Beamten genügen soll. Mit anderen Behörden ist nur die Polizei gemeint, unzutr. OLG Düsseldorf NJW 82, 2566.
33 Ausnahmen: § 116 AO, § 6 SubvG; § 41 Abs. 1 OWiG; § 183 GVG.
34 Vgl. *Kühne* 148; ausführl. zur Praxis: *Kürzinger*, Private Strafanzeige und polizeil. Reaktion (1978); *Dinger/Koch*, Querulanz in Gericht und Verwaltung (1991); *Kröpil* JABl. 97, 783.
35 Vgl. BayObLG NJW 86, 441 f.

Hinweise aus der Bevölkerung, eigene Wahrnehmungen eines Strafverfolgungsorgans oder wie häufig durch Erkenntnisse aus einem anderen Verfahren geschehen. Die so zustande gekommenen Ermittlungsverfahren werden als Verfahren **von Amts wegen** bezeichnet. In der weiteren Behandlung unterscheiden sich Ermittlungsverfahren von Amts wegen oder auf Strafanzeige nicht. Dies ergibt sich aus dem **Offizialprinzip** (= Amtsgrundsatz), wonach die Strafverfolgung von den Staatsorganen von Amts wegen eingeleitet und betrieben wird. Antrags- und Privatklagedelikte bilden eine Ausnahme vom Offizialprinzip, soweit es um die weitere Durchführung des Verfahrens geht. Die *Einleitung* des Ermittlungsverfahrens bei ist jedoch auch bei diesen Deliktsarten zunächst zwingend, solange ein Strafantrag noch gestellt werden kann.

175 Polizeimeister P. ist an eine Fachhochschule abgeordnet und studiert dort, um den Aufstieg in den gehobenen Dienst zu schaffen. Nach Vorlesungsschluss besucht er am Abend mit einer Freundin eine Gaststätte. Dabei beobachtet P., dass in dem Lokal ein Kellner an mehrere Jugendliche Haschisch veräußert. Er stellt ferner fest, dass Personen die Toilette aufsuchen und dabei einen weißen, röhrenförmigen Gegenstand mitnehmen, von dem er mit Sicherheit annimmt, es handle sich um eine mit Rauschgift gefüllte Ampulle. P. will sich den Abend nicht verderben lassen und unternimmt nichts.

176 P. könnte sich nach § 258a StGB wegen Strafvereitelung im Amt strafbar gemacht haben. Dies kann auch durch Unterlassen geschehen, wenn den P. eine Rechtspflicht zur Einleitung und Durchführung von Ermittlungen trifft (§ 13 StGB). Eine solche Rechtspflicht vermag das **Legalitätsprinzip** zu begründen[36]. Die gesetzliche Grundlage dieses Prinzips findet sich für die StA in § 152 Abs. 2, wonach diese verpflichtet ist, wegen aller verfolgbaren Straftaten einzuschreiten, sofern zureichende tatsächliche Anhaltspunkte vorliegen. Materiell ergibt sich eine inhaltsgleiche Pflicht für Polizeibeamte nach § 163 Abs. 1 aus ihrer Pflicht, Straftaten zu erforschen und alle keinen Aufschub gestattenden Anordnungen zu treffen, um die Verdunkelung der Sache zu verhüten[37]. Das Legalitätsprinzip verpflichtet damit die Polizei insgesamt, nicht etwa nur Ermittlungspersonen der Staatsanwaltschaft oder Kriminalbeamte. Alle von einem Polizeibeamten *dienstlich* – sei es aufgrund von Strafverfolgungstätigkeit oder Gefahrenabwehr[38] – in Erfahrung gebrachten und beweisverwertbaren Umstände unterliegen dem Verfolgungszwang. Der Anfangsverdacht muss die Voraussetzung einer verfolgbaren Straftat erfüllen. Ordnungswidrigkeiten reichen demzufolge nicht aus (vgl. § 47 OWiG); das Legalitätsprinzip gilt nur für mit Kriminalstrafe bedrohte Tatbestände. Ist schon von vornherein offenkundig, dass es an einem Element der Strafbarkeit fehlt wie z. B. der Rechtswidrigkeit oder Schuldfähigkeit, ist der Anfangsverdacht nicht gegeben. Bloße Tatbestandsmäßigkeit einer Straftat reicht zur Einleitung eines Ermittlungsverfahrens daher nicht aus. Die Straftat muss außerdem verfolgbar sein, d. h. es müssen alle Prozessvoraussetzungen entweder bereits erfüllt oder doch noch erfüllbar sein[39]. Das Legalitätsprinzip wird nur aufgrund verwertbarer Beweisumstände ausgelöst[40].
Der Verfolgungs- und Anklagezwang ist rechtsstaatlich fundiert und entspricht der grundgesetzlichen Forderung des Art. 3 Abs. 1 GG auf Gleichbehandlung aller vor dem

---

36 Näher zum Legalitätsprinzip: *Rieß* NStZ 81, 2. Zum europarechtl. Hintergrund: EGMR NJW 01, 1989.
37 OLG Koblenz NStZ-RR 98, 332. Hier zu differenzieren ist auch de lege ferenda strikt abzulehnen; s. dagegen: *Schmidt-Jortzig* NJW 89, 129; *Bottke* JuS 90, 81.
38 Es gilt keine „Zweckbindung" von Präventivdaten auf Gefahrenabwehr; vgl. BGH NJW 96, 405; beachte nunmehr § 161 Abs. 3.
39 Vgl. §§ 127 Abs. 3; 130; ferner Nr. 6 RiStBV.
40 S. auch Rn. 165.

Gesetz[41]. Das Legalitätsprinzip ist das notwendige Korrelat zur Weisungsgebundenheit der StA. Weltweit betrachtet, bildet das Legalitätsprinzip eher die Ausnahme; jedoch ist das anderswo geltende Opportunitätsprinzip meist mit der Verankerung des unabhängigen Untersuchungsrichters im Ermittlungsverfahren verbunden. Während im deutschen Strafprozess für die Einleitung des Vorverfahrens das Legalitätsprinzip ausnahmslos zu beachten ist, kann der Abschluss desselben u. U. von der StA unter den tatbestandlichen Voraussetzungen einer Vorschrift des Opportunitätsprinzips erfolgen.

Was die Art und Weise der Durchführung der Ermittlungen anbelangt, verlangt das Legalitätsprinzip, diejenigen Maßnahmen zu ergreifen, welche den Strafanspruch effizient sichern, z. B. sächliche Beweismittel sicherzustellen, die sonst verloren gehen könnten; einen Haftbefehl zu veranlassen, wenn der Beschuldigte Anstalten zur Flucht trifft; oder die drohende Verjährung zu unterbrechen (§ 78c StGB)[42]. Indes besteht hier ein weiter Handlungsspielraum kriminalistischer Zweckmäßigkeit, der im **Grundsatz der freien Gestaltung des Ermittlungsverfahrens** Anerkennung findet[43]. Beispielsweise ist von einem Verdeckten Ermittler der Polizei nicht zu erwarten, dass er *sofort* eingreift, wenn ihm bei seinem Kontakten im Untergrund Straftaten bekannt werden. Er darf den kriminalistisch optimalen Zeitpunkt abwarten, solange er dafür Sorge trägt, dass diese Taten nicht auf Dauer oder längere Zeit ungeahndet bleiben[44]. Im Ausgangsfall ergeben sich für P. zureichende tatsächliche Anhaltspunkte für das Vorliegen einer Straftat nach § 29 BTMG. Auf den Grundsatz der freien Gestaltung des Ermittlungsverfahrens wird sich P. hier nicht zurückziehen können, denn seine Passivität ist gleichbedeutend mit dem völligen Verlust des Strafanspruchs, von dem er erfahren hat.

Der Umstand, dass der P. im Ausgangsfall nicht seinen normalen polizeilichen Dienst versah, sondern an einer Hochschule studierte, würde an sich nichts daran ändern, dass er sich im Dienst befunden haben könnte; auch während eines auf dienstlicher Anordnung beruhenden Studiums ist ein Polizeibeamter „im Dienst"[45]. Hier jedoch befand sich der P. jedoch während seines abendlichen Gaststättenbesuchs in seiner Freizeit und damit nicht im Dienst. Er hat damit nur **privates Wissen** in Bezug auf den Anfangsverdacht erworben[46]. Es stellt sich die Frage, ob Strafverfolgungsorgane auch bei privatem Wissen der Strafverfolgungspflicht unterliegen. Nach h. M. besteht eine Pflicht für Verwertung privat erlangter Kenntnisse nur dann, wenn nach Abwägung des privaten Interesses des Amtsträgers und des öffentlichen Interesses an der Strafverfolgung letzteres überwiegt, was in der Regel dann zutrifft, wenn Straftaten begangen wurden, die nach Art oder Umfang die Belange der Öffentlichkeit und der Volksgesamtheit in besonderem Maße berühren[47]. Vielfach wird angenommen, dass die Belange der Öffentlichkeit bei den Tatbeständen, die in **§ 138 StGB** aufgeführt sind, in besonderem Maße berührt sind[48]. Zutreffender erscheint es, den Katalog der in **§ 100a StPO** aufgeführten Straftaten anzuwenden, denn die Aufzählung in § 100a StPO orientiert sich an dem Interesse der Öffentlichkeit an der Strafverfolgung, während § 138 StGB die Verhinderung von Rechtsgutverletzungen im Auge hat. Das OLG *Koblenz* stellt allerdings die h. M. prinzipiell in Frage und vertritt die Auffassung, bei privatem Wissen gelte das Legalitätsprinzip

---

41 BVerfG NStZ 82, 430; EGMR NJW 01, 1989; dazu *Götz/Kuhlmann* NStZ 83, 130; *Ulrich* ZRP 82, 169.
42 BGH NJW 18, 322.
43 BVerfG NJW 96, 772.
44 Vgl. *Rebmann* NJW 85, 4.
45 OLG Koblenz NStZ-RR 98, 332.
46 Was dagegen dienstl. – auch im Rahmen der Gefahrenabwehr – von einem Polizeibeamten in Erfahrung gebracht wurde, unterliegt voll dem Legalitätsprinzip, BGHSt 4, 167, 170; vgl. auch BGHSt 12, 277; NJW 80, 1533.
47 Vgl. BGHSt 5, 225; 12, 277, 281; NJW 89, 914 f.; 93, 544; OLG Karlsruhe JR 89, 210; a. A. OLG Koblenz NStZ-RR 98, 332 f. (keine Pflicht).
48 *Schlüchter* 69; *Roxin/Schünemann* § 39, 3.

aufgrund der neueren Rechtsentwicklung auch nicht einmal mehr in beschränktem Umfang[49]. Diese Meinung ist jedoch nicht überzeugend: zum einen verfängt der Hinweis auf Änderungen in der Rechtsprechung des BGH nicht, da sich diese nicht auf die Frage des Legalitätsprinzips, sondern die Reichweite der polzeirechtlichen Pflicht zur *Verhinderung* von Straftaten bezieht[50]; zum anderen sind dienstliche und private Sphäre bei Strafverfolgungsbeamten nicht so ohne Weiteres abgrenzbar[51], um ihnen diese einschneidende Wirkung zuzuerkennen, wie sie sich bei Anwendung der Ansicht des OLG *Koblenz* ergäbe. Verfehlt wäre es auch, das nach der zitierten BGH-Rechtspr. eindeutig nur für die Pflicht eines Polizeibeamten, zu Zwecken der Gefahrenabwehr einzuschreiten, angewandte Kriterium, ob der Beamte sein Wissen „mit in den Dienst genommen habe", auf das Legalitätsprinzip zu erstrecken. Ein Aufschieben der Handlungspflicht bis zum Beginn der Dienstzeit würde im Bereich der Strafverfolgung so gut wie immer bedeuten, dass sein Handeln verspätet wäre. Wendet man dagegen die überkommene Auffassung mit dem Maßstab § 100a an, so müsste P. nichts gegen den Rauschgiftsüchtigen unternehmen, der sich mit einer Ampulle zum eigenen Konsum zurückgezogen hat, denn bei diesem liegt nur Vergehenstatbestand des unerlaubten Betäubungsmittelbesitzes vor (§ 29 Abs. 1 Nr. 3 BTMG). Dagegen ist bei dem Kellner ein Verbrechen nach § 30a Abs. 2 i. V. m. § 29a Abs. 1 Nr. 1a) BTMG gegeben, das als Katalogtat von § 100a Abs. 2 Nr. 7 StPO erfasst wird. Die Belange der Allgemeinheit sind daher in besonderem Maße berührt. P. muss daher gegen den Kellner geeignete Ermittlungsmaßnahmen ergreifen. Ob er diesen an Ort und Stelle nach § 127 Abs. 1 festnimmt oder sich zunächst bedeckt hält, weitere Erkenntnisse sammelt und später einen dienstlichen Vorgang anlegt, ist eine Frage des Grundsatzes freien Gestaltung des Ermittlungsverfahrens. Unternimmt P. gegen den Kellner gar nichts, macht er sich wegen Strafvereitelung strafbar.

178 Ausnahmen vom Legalitätsprinzip werden durch das von der Rechtsprechung anerkannte **Selbstbegünstigungsprivileg** gemacht, das zwar in der StPO nicht ausdrücklich geregelt ist, sich aber dem materiellen Recht entnehmen lässt, denn nach § 258 StGB muss sich die Strafvereitelung auf „einen anderen" beziehen[52]. Ist ein Strafverfolgungsbeamter selbst an einer Tat beteiligt, braucht er weder gegen sich selbst noch gegen andere Beteiligte dieser Tat ein Verfahren einzuleiten[53]. In Bezug auf **Angehörige** gilt dieses jedoch nicht, da das materiellrechtliche Angehörigenprivileg des § 258 Abs. 6 StGB auf Strafverfolgungspersonen nach § 258a Abs. 3 ausdrücklich nicht anwendbar ist. Daher sind aktive Verdunkelungshandlungen eines Strafverfolgungsbeamten, um die Bestrafung eines Angehörigen abzuwenden (z. B. Vernichten der Akte), auf jeden Fall strafbar. Dagegen ist bei reinen Unterlassungshandlungen (z. B. eine Anzeige wird nicht aufgenommen) das materielle Erfordernis der Zumutbarkeit, das allgemein bei Unterlassungsdelikten zu prüfen ist, zu berücksichtigen. Bei nahen Angehörigen kann es daher im Einzelfall für den Beamten unzumutbar sein, aktive Verfolgungsmaßnahmen zu ergreifen, selbst wenn dadurch der Strafanspruch gefährdet wird.

II. Durchführung der Ermittlungen

1. Generalklauseln und Aufgabenzuweisungen

179 Durch § 160 i. V. m. § 161 Abs. 1 wird der StA gesetzlich die Aufgabe der Sachverhaltserforschung zugewiesen mit dem Ziel der Feststellung, ob Anklage zu erheben ist. Für

---

49 OLG Koblenz NStZ-RR 98, 332 f.
50 BGH NJW 93, 544; ähnl. NJW 89, 914.
51 Z.B. kann sich ein Polizeibeamter – wenn er will – jederzeit in den Dienst versetzen; s. Rn. 11b.
52 BGH NJW 16, 3110.
53 BGHSt 4, 167.

die Polizei findet sich eine nur verkürzt formulierte, aber inhaltlich in jeder Beziehung deckungsgleiche **Aufgabenzuweisungsnorm** in § 163 Abs. 1. Mit der nach § 163 Abs. 2 vorgeschriebenen Aktenübersendung an die StA erfolgt keine rechtliche Zäsur des Ermittlungsverfahrens. Dieses bleibt ein einheitlicher, denselben Maximen unterlegener Verfahrensabschnitt, der nicht in einen polizeilichen und staatsanwaltschaftlichen Teil zerfällt. Eine säuberliche Trennung polizeilicher und staatsanwaltschaftlicher Tätigkeit lässt sich in der Praxis ohnehin nicht vollziehen, da vielfach die Akten zwischen beiden Stellen hin- und hergehen, z. B. zum Zwecke von Nachermittlungen bei der Polizei, zur Erwirkung eines richterlichen Beschlusses durch die StA u. Ä.

Ob die §§ 161 und 163 über die Aufgabenzuweisung hinaus auch noch als **Ermächtigungsgrundlage** für Grundrechtseingriffe im Ermittlungsverfahren herangezogen werden können, war in der Vergangenheit strittig[54]. Dieser Streit hat sich mit Inkrafttreten des StVÄG 99 erledigt. Zwar hat sich die gesetzliche Formulierung des § 161 Abs. 1 – dem der § 163 nur folgt und den er sachlich rezipiert – nur unwesentlich durch Einfügung einer an sich überflüssigen Subsidiaritätsklausel zugunsten spezieller Ermächtigungsnormen geändert. Jedoch hat der Gesetzgeber seinen Willen in unmissverständlicher Form durch geradezu stereotype Wiederholung in der Gesetzesbegründung zum Ausdruck gebracht, dass damit nunmehr eine „Ermittlungsgeneralklausel" in der StPO geschaffen sei, die für nicht speziell geregelte Ermittlungsmaßnahmen eingreife[55]. § 163 sei dieser Änderung „angepasst" worden. Eine abschließende legislatorische Beschreibung und Regelung all dieser sonstigen Ermittlungshandlungen und -eingriffe in einer oder mehreren Befugnisnormen war und ist angesichts der sich ständig ändernden Erscheinungsformen der Kriminalität und der Notwendigkeit, ihr in angemessener Weise zu begegnen, nicht möglich; daher könne, soweit es um weniger gewichtige Eingriffe in Grundrechte gehe, auf eine Regelung in Form einer Generalklausel nicht verzichtet werden[56]. Ob nun damit erst den Vorgaben des Volkszählungsurteils des BVerfG[57] Rechnung getragen worden ist und eine quälende „Übergangszeit" durch Schaffung einer neuen, bisher nicht existenten Eingriffsermächtigung beendet worden ist, ist ein müßiger Streit.

Auch nach ausdrücklicher Qualifizierung der §§ 161, 163 als „Generalermittlungsklauseln" muss klar sein, dass damit *keine* der polizeilichen Generalklausel entsprechende Auffangbefugnisse geschaffen wurden, welche die Anwendung von **Zwangsmaßnahmen** erlauben[58]. Im Gegensatz zum Recht der Gefahrenabwehr bleibt die Regelung der Zwangsbefugnisse im Strafverfahren notwendig fragmentarisch. Dies ergibt sich aus dem Charakter des Strafverfolgungsanspruchs, der anders als der Rechtsgüterschutz kein lückenloses System von Zwangsbefugnissen bedingt. Würde man auf der Grundlage der §§ 160, 161, 163 Zwang zulassen, wären die Spezialermächtigungen in den §§ 81 ff., 94 ff. usw. weitgehend entwertet. Ferner vermögen §§ 161, 163 nicht solche Ermittlungen zu rechtfertigen, mit denen tatbestandlich eine **Strafbestimmung** erfüllt würde (z. B. nach §§ 201 StGB strafbare Abhörmaßnahmen). Denn das liefe auf den nicht bestehenden Grundsatz hinaus, wonach die Verfolgung von Straftaten die Begehung von Straftaten allgemein rechtfertigt. Die Erfüllung von Straftatbeständen durch Strafverfolgungspersonen ist immer nur gerechtfertigt, wenn eine Einzelbestimmung dies zulässt (z. B. §§ 102 ff. StPO in Hinblick auf § 123 StGB, § 81a StPO bezüglich § 223 StGB)[59]. Auch die Rechtspr. erkennt an, dass Ermittlungsgeneralklauseln wie § 161 „leichte" Eingriffe in das Grundrecht auf informationelle Selbstbestimmung wie z. B. die Abfrage von Kre-

---

54 Dazu *Kramer* NJW 92, 2732 ff.; ders. Kriminalistik 93, 227 ff.; s. auch 4. Aufl. S. 158 f.
55 BT-Drucks. 14/1484 S. 2, 16 f., 19 (z. B. informatorische Zeugenbefragung), 23.
56 BT-Druck. 14/1484, S. 17.
57 BVerfGE 65, 1 ff.
58 BGH NJW 62, 1021 zur bisherigen Rechtslage.
59 S. dazu *Kramer* NJW 90, 1760 ff.; ferner NJW 92, 2735 ff.

ditkartendaten bei dem Kartenunternehmen in einem Ermittlungsverfahren legitimieren können und es insoweit keiner speziellen Ermächtigungsgrundlage bedürfe[60]. Das etwas schwammige Kriterium der Eingriffsintensität, welches das BVerfG durch die Aspekte der Verdachtslosigkeit und großen Streubreite zu erläutern bemüht ist, steht nicht in Widerspruch zu dem hier akzentuierten Zwangscharakter. Denn Zwangsmaßnahmen sind in jedem Fall als von hoher Eingriffsintensität anzusehen.

180 Unter dem Gesichtspunkt möglicher Generalklauseln in Strafverfahren wird zuweilen auch die Frage diskutiert, ob § 34 StGB ausnahmsweise als Grundlage für strafprozessuale Ermittlungen dienen kann, um schwerwiegendster Kriminalitätsbereiche Herr zu werden, wo alle herkömmlichen Aufklärungsansätze versagen (z. B. Drogenhandel, Terrorismus). Hierbei sind jedoch zwei Fragen zu unterscheiden: 1. Ob der rechtfertigende Notstand überhaupt auf das Handeln staatlicher Organe angewendet werden kann und 2. ob er Maßnahmen zur Verwirklichung des Strafverfolgungsanspruchs zu legitimieren vermag. Im Gegensatz zu einer in der Literatur verbreiteten Meinung ist die erste Frage in Übereinstimmung mit der sog. *Kontaktsperre*-Entscheidung des BGH klar zu bejahen[61]. Es stellt schon eine unzulässige Verkürzung der Problematik dar, die Frage so zu formulieren, ob „§ 34 StGB" eine „Ermächtigungsgrundlage" sein könne. In Wirklichkeit geht es darum, ob das *überpositive* Rechtsprinzip des rechtfertigenden Notstandes (früher: „übergesetzlicher" Notstand[62]), das *auch* in § 34 StGB Niederschlag gefunden hat und das besagt, dass das schwächere Rechtsgut zugunsten des stärkeren Rechtsguts im unlösbaren Konfliktfall weichen muss, ebenfalls für das Handeln staatlicher Organe gilt. Dies kann vernünftigerweise nicht bestritten werden; in diesen Fällen ergibt sich aus dem ungeschriebenen, sogar über der Verfassung stehenden Prinzip der Güterabwägung, dass eine positivrechtliche Ermächtigungsgrundlage nicht erforderlich ist. Der Beamte handelt als solcher (nicht nur als Privatmann) *rechtmäßig* und nicht etwa nur nicht strafbar, wie teilweise in völliger Verkennung materiell-strafrechtlicher Dogmatik unterschieden wird[63], wenn er dem Prinzip des rechtfertigenden Notstandes folgt. Selbstverständlich kann es aber allein zur Rettung wichtiger Rechtsgüter – vorstellbar ist fast nur die akute Bedrohung von Leib und Leben von Menschen – zulässig sein, in der Güterabwägung Bestimmungen des positiven Rechts (wie in der *Kontaktsperre*-Entscheidung § 148 StPO) hintenanzustellen[64].

Aus der grundsätzlichen Geltung des rechtfertigenden Notstandes auch für staatliches Handeln ergibt sich jedoch keinesfalls, dass auch der *Strafverfolgungsanspruch* ein Rechtsgut sei, welches so gewichtig werden könne, dass es im Rahmen einer Güterabwägung die Nichteinhaltung geschriebenen Rechts rechtfertigen würde. Ungeachtet der verfassungsrechtlichen Fundierung und Bedeutung einer funktionierenden Strafrechtspflege vermag diese doch nicht das Prinzip der Gesetzmäßigkeit der Verwaltung (Art. 20 GG) zu überwiegen, anders als z. B. die Rettung eines konkret bedrohten Menschenlebens. Es wäre ein Zirkelschluss, mit der Bedeutung eines im Einzelfall noch so hohen Strafverfolgungsanspruchs (z. B. Mord) die Nichtbeachtung einzelner Bestimmungen der Rechtsordnung – insbesondere der StPO – zu legitimieren, denn der Strafverfolgungsanspruch ist ein Konstrukt des Gesetzgebers selbst und ergibt sich überhaupt erst aus der Gesamtheit der Normen des geltenden materiellen *und formellen* Strafrechts. Eine andere Betrachtungsweise hieße im Ergebnis, dass zur Verfolgung schwerer Straftaten leich-

---

60 BVerfG NJW 09, 1405, 1407.
61 BGHSt 27, 260 = NJW 77, 2172; ebenso BGH StV 86, 328; OLG München NJW 72, 2275; Frankfurt NJW 75, 271; zust. *Gössel* JuS 79, 162; *Schlüchter* 342.1; *Fischer* § 34, 24; KK-*Griesbaum* § 163, 12; *Schwabe* NJW 77, 1902; *Lange* NJW 78, 784; abl. *Amelung* NJW 77, 823; *Sydow* JuS 78, 222; *Kühne* 165. 1; *Schünemann* GA 85, 365; zum „Celler Loch": *Velten* StV 87, 544.
62 So schon RGSt 61, 241 zu § 218 StGB (seit 1927).
63 Z.B. *Drews/Wacke/Vogel/Martens*, Gefahrenabwehr, 9. Aufl. (1980), S. 38.
64 Keinesfalls aber der Fiskalanspruch des Staates, so aber Borjahns, SZ v. 31.8.2012, S. 3.

tere Straftaten und sonstige Rechtsverstöße begangen werden dürften. Im Ergebnis lehnt daher auch der BGH zurecht die Anwendung der Grundsätze des rechtfertigenden Notstandes auf den Strafverfolgungsanspruch ab[65]. Erst recht lässt sich nicht auf den Gedanken der Güterabwägung die Verfolgung von Steuerdelikten stützen, wenn konkrete Ermittlungshandlungen mit einem Straftatbestand wie z. B. der Verletzung von Geschäftsgeheimnissen (§ 17 UWG a. F., § 23 Geschäftsgeheimnis-Schutzgesetz) kollidieren[66].

2. Personenfeststellung

181 Der wegen Raubes vorbestrafte A. überfällt auf einer einsamen Wegstrecke den Radfahrer R., den er blitzschnell zu Boden wirft und bestiehlt. Bei der Kripo werden R. später zahlreiche Fotos einschlägig Vorbestrafter vorgelegt, darunter auch das aus der Erkennungsdienstlichen Sammlung stammende Lichtbild des A.R. bemerkt dazu: „Der sieht genauso aus; aber ganz sicher bin ich mir nicht." Daraufhin ordnet der Kommissar vom Dienst eine Wahlgegenüberstellung des A. an, bei welcher A. neben mehreren ihm ähnlich sehenden Personen dem R. zum Zwecke des Wiedererkennens vorgeführt werden soll. A. weigert sich, an einer solchen „Veranstaltung" teilzunehmen.

182 Während die Wahllichtbildvorlage als zwangfreier, nicht speziell geregelter Eingriff auf § 163 gestützt werden konnte[67], bedarf es hier zur Durchführung der Gegenüberstellung einer speziellen Ermächtigungsgrundlage, denn A. soll insoweit zu einer Teilnahme gezwungen werden. Es wäre daran zu denken, Gegenüberstellungen auf § 163b zu stützen.

§ 163b dient der Ermittlung der Identität einer Person zu Zwecken des Strafverfahrens; er erlaubt es, die ladungsfähigen Anschriften von Beschuldigten und Zeugen festzustellen und damit die Durchführung des weiteren Verfahrens zu sichern. Seine Zielsetzung unterscheidet sich daher grundlegend von der des § 68, der bei Vernehmungen die reine Identitäts*überprüfung* eines bereits erfolgreich geladenen Zeugen vorsieht[68]. § 163b gestattet pauschal die „zur Feststellung seiner Identität *erforderlichen* Maßnahmen", ohne die anzuwendenden Methoden der Personenfeststellung abschließend aufzuführen. Daher können neben der Überprüfung der Ausweispapiere, Befragungen, Einsichtnahme in die polizeilichen Fahndungssysteme auch Gegenüberstellungen auf § 163b beruhen, wenn sie der Identitätsfeststellung dienen. Polizeirechtliche Bestimmungen der Länder, die eine Feststellung der Identität einer Person zu Zwecken des Strafverfahrens vorsahen, waren offensichtlich verfassungswidrig[69]. § 111 OWiG enthält keine Verpflichtung zur Personalienangabe, sondern setzt als Blankettsanktionsnorm eine solche in anderen Vorschriften voraus[70].

183 § 163b wurde 1978 in die StPO aufgenommen als neuartige Ermächtigungsgrundlage für StA und Polizei (nicht den Richter). Der bei seiner Einführung rechtspolitisch heftig umstrittene § 163b stellt in der Gesetz gewordenen Fassung einen wenig geglückten Kompromiss dar. Schon die grundlegende Frage, ob den Betroffenen lediglich eine pas-

---

65 BGH NJW 83, 1570; s. auch BGHSt 34, 39, 40; im Ergebnis anders BayObLG NJW 90, 197.
66 Zur Problematik illegal erlangter Bankkundendaten: *Schünemann* NStZ 08, 417; *Kölbel* NStZ 08, 241; *Trüg* StV 11, 111; *Kühne* GA 10, 275; aber BVerfG NJW 11, 2417; diff. RPflVGH NJW 14, 1434.
67 Vgl. BGH NStZ 87, 288 f.; 12, 283 (sequenziell); 172 (mind. 8); NJW 12, 791; Odenthal StV 12, 683. Zur Beschaffung von Lichtbildern nach § 2b Abs. 2 Personalausweisgesetz: OLG Frankfurt NJW 97, 2963.
68 S. Rn. 122; gilt jetzt auch bei polizeilichen Zeugenvernehmungen (§ 163 Abs. 3 S. 1).
69 Dazu BGH NJW 62, 1021.
70 BVerfG NJW 95, 3110 f. (formelle und materielle Rechtmäßigkeit der Maßnahme nach § 163b StPO erforderlich); BayObLG VRS 58, 214; OLG Hamm NJW 88, 274; *Göhler*, § 111, 15.

sive Duldungspflicht oder eine aktive Verpflichtung zur Angabe der Personalien trifft, ist nicht klar geregelt. Letzteres wird von der h. M. aufgrund historischer Auslegung angenommen[71]; diese Ansicht ist jedoch äußerst fragwürdig, da sie im Wortlaut keinen Anklang findet und auch der Umfang und die Grenzen einer solchen Pflicht völlig offen bleiben. Eine Ahndung der Nichterfüllung der behaupteten Aktivitätspflicht nach § 111 OWiG stößt auf Bedenken aufgrund des auch für Bußgeldtatbestände geltenden Bestimmtheitsgrundsatzes nach Art. 103 Abs. 2 GG, aus dem sich ergibt, dass der Wortlaut die äußerste Grenze der Auslegung ist[72].

§ 163b ist seinen Charakter nach nicht etwa eine „kleine" Festnahmevorschrift neben § 127, wie dies im französischen Recht für die sog. *garde à vue* gilt[73]. Er erlaubt es nicht, Personen die Freiheit zu *entziehen*, nur *weil* ihre Identität nicht bekannt ist (so aber § 127 Abs. 1 2. Alt.). Vielmehr ist das Festhalten lediglich als freiheits*beschränkende* Maßnahme Ausfluss der jeweilig gewählten Vorgehensweise der Personenfeststellung, wenn diese die körperliche Präsenz des Betroffenen voraussetzt[74]. Soweit das Gesetz bei dem bis zu 12 Stunden zulässigen Festhalten missverständlich von „Freiheitsentziehung" spricht (§ 163c Abs. 1 S. 2), so ist dies nicht im verfassungsrechtlichen Sinne zu verstehen[75]. Einen ausgesprochenen gesetzgeberischen Missgriff stellt daher § 163c Abs. 1 S. 3 dar, wonach die bei Festnahmen vorgeschriebene Belehrung des § 114b (Schaubild Nr. 5) auch beim bloßen Festhalten von Personen zur Identitätsfeststellung gelten soll; dies führt z. B. zu dem skurrilen Ergebnis, dass diese sogar auf ihr Recht hinzuweisen sind, bei dieser Gelegenheit von einem Arzt oder einer Ärztin ihrer Wahl untersucht zu werden.

183a Der Gesetzgeber zieht die Grenze der Zumutbarkeit von Zwang bei Maßnahmen zur Personenfeststellung unterschiedlich, je nachdem, ob es sich um den **Verdächtigen** (§ 163b Abs. 1) – also nicht unbedingt den Beschuldigten[76] – oder den Nicht-Verdächtigen (§ 163b Abs. 2) handelt. Beim Unverdächtigen darf zwar ebenfalls ein Festhalten bis zu 12 Stunden erfolgen, jedoch wird bei ihm die beim Verdächtigen zulässige Durchsuchung seiner Person mit mitgeführten Sachen nach identifizierenden Objekten sowie die Durchführung erkennungsdienstlicher Maßnahmen ausgeschlossen (§ 163b Abs. 1 S. 3, Abs. 2 S. 2, 2. HS). Bezüglich der relativ milden Personendurchsuchung ist dies schwer verständlich und ziemlich unpraktisch, jedoch als eindeutig Gesetz gewordene Regelung zu akzeptieren. Rechtskonstruktionen, die darauf hinauslaufen, in diesen Fällen den Unverdächtigen zum Verdächtigen eines Bußgeldverfahrens nach § 111 OWiG zu machen, der dann über § 46 Abs. 1 OWiG i. V. m. § 163b Abs. 1 StPO doch körperlich durchsucht wird[77], sind zwar begriffsjuristisch korrekt, widersprechen aber dem klaren Willen des Gesetzes und sind daher abzulehnen.

183b An **formalen** Sicherungen sieht § 163b eine Belehrung des Verdächtigen über den Tatvorwurf (§ 163b Abs. 1 S. 1, 2. HS) bzw. des Unverdächtigen über den Gegenstand des Verfahrens und die Person des Beschuldigten vor (Abs. 2 S. 1, 2. HS) vor[78]. Gem. dem

---

71 BayObLG NJW 94, 63; OLG Karlsruhe VRS 84, 461; Düsseldorf GA 85, 458. BVerfG NJW 95, 3110 f. äußert Bedenken, geht aber letztlich von einer Auskunftspflicht aus, ohne die Frage näher zu erörtern.
72 Unter diesem Gesichtspunkt bei BVerfG NJW 95, 3110 ff. nicht untersucht; zum Art. 103 Abs. 2 GG: BVerfG NJW 96, 63; 90, 751; unklar, ob BGH NJW 84, 1568 f. jede Bußgeldbewehrung des § 163b ablehnt oder nur in Hinblick auf §§ 36, 49, StVO, 24 StVG.
73 Dazu *Kramer* MDR 93, 111 ff. m. w. N.; s. auch Rn. 56: entgegen der h. M. bleibt § 127 Abs. 1 von § 163b unberührt. EGMR NJW 99, 775 verkennt die nationale Regelung.
74 Wie bei § 81b, vgl. KG GA 79, 225; § 81a: BayObLG DÖV 84, 515.
75 S. Rn. 53; anders evtl. wenn der Festgehaltene in eine Zelle gesperrt wird, BVerfG NJW 11, 2499.
76 Vgl. OLG Hamm NJW 91, 1897; s. auch Rn. 22.
77 Ebenso LR-*Erb* § 163b, 11, 26.
78 OLG Düsseldorf NJW 91, 580 sieht darin gar eine wesentl. Förmlichkeit i. S. v. § 113 StGB. Ebenso KG NJW 03, 3389.

Inhalt der nach § 114b analog vorgeschriebenen Belehrung ist der Festgehaltene nach § 163c Abs. 1 S. 2 unverzüglich dem Amtsrichter vorzuführen, der theoretisch über die Zulässigkeit und weitere Fortdauer der Maßnahme (bis zu 12 Stunden) entscheidet, was aber in der Praxis regelmäßig ins Leere geht, weil zeitlich schon vor der richterlichen Vorführung die Identität festgestellt werden kann. Wird die Person, deren Identität ermittelt werden soll, zur Durchführung der Personenfeststellung körperlich nicht mehr benötigt, so ist sie auch *vor* Ablauf der 12-Stunden-Frist freizulassen, selbst wenn ihre Identität immer noch bekannt ist. § 163c Abs. 3 gibt ohne jeden überzeugenden Grund des Grundsatzes der Aktenvollständigkeit zugunsten einer Vernichtung angefallener Unterlagen beim Unverdächtigen auf. Im Ausgangsfall kann die Wahlgegenüberstellung des A. nicht auf § 163b Abs. 1 gestützt werden, denn die von § 163b gestatteten Gegenüberstellungen dürfen nur dem Ziel dienen, die Identität Unbekannter oder solcher Personen zu ermitteln, an deren Personalienangaben begründete Zweifel bestehen. Hier geht es jedoch um eine Gegenüberstellung des von der Person her bekannten A. zum Zwecke des Wiedererkennens als Täter (sog. Rekognition), die von § 163b nicht erfasst wird.

3. Erkennungsdienstliche Behandlung

In Teilen des Schrifttums wird als Rechtsgrundlage der Gegenüberstellung § 81b 1. Alt. herangezogen, der die **erkennungsdienstliche Behandlung** zum Gegenstand hat[79]. Was darunter zu verstehen ist, wird in der Vorschrift nicht definiert; sie enthält lediglich eine beispielhafte Aufzählung von „Lichtbildern, Fingerabdrücken, Messungen und ähnlichen Maßnahmen". Der Gesetzgeber wollte mit dieser offenen Aufzählung der Entwicklung der Kriminaltechnik nicht vorgreifen. Aufgrund ihres historischen Herkommens und des Sinns der Regelung fallen unter Erkennungsdienstliche (ED-) Behandlung alle Maßnahmen am Körper des Beschuldigten, die der Feststellung **unveränderlicher** körperlicher Merkmale dienen, um sein Wiedererkennen in künftigen Verfahren zu ermöglichen[80] (z. B. Körpergröße, Augenfarbe, Narben, Kopfform usw.). Eigentlich fällt auch der sog. genetische Fingerabdruck darunter; da dieser jedoch früher notwendigerweise mit einer Blutprobe verbunden war und weil der Gesetzgeber unter Gesichtspunkten des Persönlichkeitsschutzes hier eine besondere Brisanz erblickte, hat er in Zusammenhang mit der Untersuchung für die DNA-Analyse und die Gendatei spezielle Regelungen geschaffen, sodass § 81b insoweit nicht anwendbar ist[81]. Schon aufgrund der Stellung der Vorschrift im Gesetz (zwischen den Untersuchungsregelungen 81a und 81c) wird erkennbar, dass § 81b ein Sonderfall der **körperlichen** Untersuchung ist, sodass geistige und Persönlichkeitsmerkmale (z. B. Sprechweise, Intelligenzquotient) nicht Gegenstand einer Maßnahme nach § 81b sein können[82]. Allerdings darf angesichts des Fehlens eines Richtervorbehalts und der Einbeziehung eines Arztes nur angenommen werden, dass § 81b *einfache* körperliche Untersuchungen, nicht jedoch Eingriffe zulässt, sodass z. B. eine Blutprobe nicht auf § 81b gestützt werden kann[83]. Ungeschriebenes Element einer ED-Behandlung ist, dass sich die Maßnahme bei **Passivität** des Beschuldigten durchführen lässt[84], also z. B. Sprechproben zur Stimmmessung oder Mitwirkung an Rekonstruktionen nicht verlangt werden können. Denn die Vorschrift bezieht sich ausschließlich auf den *Beschuldigten*, der nach allgemeinen Grundsätzen zu keiner aktiven Mitwirkung verpflichtet werden kann. Passiv muss der Beschul-

---

79 Z.B. *Roxin/Schünemann* § 33, 17; *Schlüchter* 185.
80 Zu den Begriffsmerkmalen in einzelnen: *Kramer* JR 94, 224 ff. An der Verfassungsmäßigkeit des § 81b bestehen keine ernsthaften Zweifel, vgl. VGH Mannheim NJW 87, 2762.
81 § 81 g StPO; s. Rn. 265a.
82 Vgl. BGHSt 34, 39, 47 f.
83 Vgl. BGHSt 37, 157 f.; *Sternberg-Lieben* NJW 87, 1242 ff.; s. auch Rn. 260a.
84 BGHSt 34, 39, 45 f.; s. zum Passivitätsgrundsatz Rn. 30.

digte jedoch ED-Maßnahmen erdulden[85]; wehrt er sich, darf sein Widerstand aufgrund des aus der Vorschrift fließenden unmittelbaren Zwangs im Rahmen der Verhältnismäßigkeit gebrochen werden[86].

184a Der Begriff der ED-Behandlung ist in beiden Alt. des § 81b identisch; ansonsten wäre die 1. Alt. eine konturenlose Generalklausel zum Einsatz technischer Mittel im Strafverfahren. Die vom Gesetz zuerst genannte Alt. („**zur Durchführung des Strafverfahrens**") ist gedanklich und historisch aus der 2. Alt. („**zu Zwecken des Erkennungsdienstes**") abgeleitet. Die 2. Alt. stellt die Grundlage der Ergänzung und Aktualisierung der Erkennungsdienstlichen Sammlung der Polizei (früher: „Verbrecherkartei") dar[87], deren Einrichtung auf der kriminologisch-kriminalistischen Erfahrung des 19. Jahrhunderts beruhte, dass die Polizei es immer wieder mit dem gleichen Personenkreis von Beschuldigten zu tun hatte („Perseveranztheorie") bzw. „den üblichen Verdächtigen". Es wäre aber widersinnig gewesen, die gleichen Maßnahmen, die § 81b 2. Alt. im Hinblick auf künftige Strafverfahren erlaubt, nicht ganz genauso für das laufende Verfahren zuzulassen, falls dies dem Aufklärungserfolg förderlich ist (z. B. Fingerabdrücke nehmen). Im Ergebnis bedeutet dies, dass nur solche Methoden auf die 1. Alt. gestützt werden dürfen, die prinzipiell auch geeignete Vorgehensweisen einer ED-Behandlung nach der 2. Alt. sind, um Merkmale für die Sammlung festzuhalten[88]. Da Gegenüberstellungen keine tauglichen und anerkannten Methoden sind, um unveränderliche körperliche Merkmale für die ED-Sammlung zu fixieren, wäre es daher im Ausgangsfall unzutreffend, § 81b 1. Alt. als Ermächtigungsgrundlage zu betrachten.

184b In beiden Alt. des § 81b gilt der übliche formelle **Beschuldigtenbegriff**, d. h. die Maßnahmen dürfen ausschließlich gegenüber solchen Personen angeordnet werden, gegen die ein Strafverfahren (von der Einleitung des Ermittlungsverfahrens bis zum rechtskräftigen Abschluss) anhängig ist[89]. Daher scheiden (nur) Verdächtige, Verurteilte oder von vornherein erkennbar strafunmündige Kinder als Adressaten einer Anordnung aus[90]. Dies ergibt sich für *beide* Alt. nicht nur aus dem klaren Wortlaut, der einheitlich vom „Beschuldigten" spricht, sondern auch aus der strukturellen Überlegung, dass ansonsten die Vorschrift keine Eingriffsschwelle formulieren würde, allein kriminalistische Zweckmäßigkeitserwägungen den Ausschlag gäben und damit der Anwendungsbereich der Vorschrift uferlos ausgedehnt wäre. Zwar wird weithin die These vertreten, die 2. Alt. enthalte eine „ungeschriebene Tatbestandsvoraussetzung", nämlich es sei die Notwendigkeit der Anfertigung und Aufbewahrung von ED-Unterlagen danach zu bemessen, „ob der anlässlich des gegen den Beschuldigten gerichteten Strafverfahrens festgestellte Sachverhalt nach kriminalistischer Erfahrung angesichts aller Umstände des Einzelfalls – insbesondere angesichts der Art, Schwere und Begehungsweise der dem Beschuldigten zur Last gelegten Straftat, seiner Persönlichkeit sowie unter Berücksichtigung des Zeitraums, während dessen er strafrechtlich nicht (mehr) in Erscheinung getreten ist – An-

---

85 Dazu gehören auch vorbereitende Maßnahmen wie Rasieren, Frisieren, u. U. Schminken; vgl. BVerfG NJW 78, 1149; Verbringen zur Dienststelle, OLG Stuttgart StV 88, 424.
86 Zu weitgehend aber KG NJW 79, 1669; JR 79, 347 (Ziehen der Knebelkette bis sich der „natürliche" Gesichtsausdruck einstellt); dazu krit. *Grünwald* JZ 81, 424 ff.
87 Daher ist § 81b 2. Alt. auch die Rechtsgrundlage zur Aufbewahrung der ED-Unterlagen, BVerwG NJW 89, 2640; auch soweit nach der 1. Alt. erhoben, BVerwG NJW 90, 136; a. A. VG Frankfurt StV 87, 336. Neuerdings auch diskutabel: § 484a. Zur Aufbewahrungsfrist: VGH Kassel DVBl. 96, 570.
88 Unzutr. daher, Lichtbilder außerhalb einer ED-Behandlung auf § 81b 1. Alt. zu stützen, so aber LG Berlin NStZ 89, 488; fragwürdig BGH NStZ 93, 47; richtig dagegen BGH NJW 75, 2075 (§ 163); beachte jetzt: § 100h Abs. 1 Nr. 1, s. dazu Rn. 228.
89 BVerwG NJW 83, 772; 1339; 89, 2640 m. w. N.; 18, 3194; OVG Münster NJW 99, 2689; LG Amberg StV 90, 541; zum Beschuldigtenbegriff s. Rn. 19.
90 Anders VG Freiburg NJW 80, 901; *Sommer* Die Polizei 86, 91; nicht Kinder, aber sonst Schuldunfähige (inkonsequent).

haltspunkte für die Annahme bietet, dass der Beschuldigte künftig oder anderwärts gegenwärtig in den Kreis potenzieller Beteiligter an einer noch aufzuklärenden Straftat einbezogen werden könnte und dass die ED-Unterlagen die dann zu führenden Ermittlungen – den Beschuldigten schließlich überführend oder entlastend – fördern könnten"[91]. Dies alles ist zwar inhaltlich zutreffend, aber nicht eigentlich „Tatbestandsvoraussetzung" der 2. Alt., sondern lediglich Konkretisierung der Verhältnismäßigkeit und darf nicht die grundlegende Wertung des Gesetzgebers vergessen lassen, dass im Prinzip die ED-Behandlung gegenüber dem „Beschuldigten" *ohne* weitere Tatbestandsvoraussetzungen zulässig ist. Daher darf auch in der 2. Alt. der Beschuldigtenbegriff nicht relativiert werden. Einziger Unterschied zur 1. Alt. ist, dass angesichts des in die Zukunft gerichteten Zwecks der 2. Alt. die Beschuldigteneigenschaft beim *Vollzug* der Maßnahmen nicht mehr gegeben sein muss, was eintreten kann, wenn es zu größeren zeitlichen Verzögerungen nach der Anordnung gekommen ist. Dies entspricht im Ergebnis auch der st. Rechtsprechung des BVerwG[92].

Die 1. Alt. – wie aus der Formulierung „zur Durchführung des Strafverfahrens" ersichtlich – stellt dem dogmatischen Gehalt nach klassisches **Strafverfahrensrecht i. e. S.** dar; hier soll ein einzelfallbezogener zureichender Tatverdacht aufgeklärt werden. Daraus ergibt sich die nicht ausdrücklich geregelte Anordnungskompetenz: sie folgt der Zuständigkeit und Verantwortung für den jeweiligen Verfahrensabschnitt, sodass im Vorverfahren grundsätzlich die StA – im Rahmen des § 163 auch jeder Polizeibeamte – zur Anordnung befugt ist[93], nicht jedoch der Ermittlungsrichter. Dieser kann höchstens in analoger Anwendung des § 98 Abs. 2 S. 2 als Rechtsmittelinstanz gegen die staatsanwaltschaftliche oder polizeiliche Anordnung angerufen werden[94]. Nur in seltenen Fällen wird das Gericht der Hauptsache nach Anklageerhebung noch eine Anordnung nach der 1. Alt. treffen.

Dagegen dient die 2. Alt. nach Herkommen und Funktion der Vervollständigung eines kriminalistischen Hilfsmittels des Polizeivollzugsdienstes, sodass nicht die StA, sondern ausschließlich Polizeibeamte für die Anordnung zuständig sind[95]. Ordnungsämter oder die allgemeinen Behörden der Gefahrenabwehr besitzen hingegen keine Anordnungskompetenz, was aber eine verbreitete Ansicht annehmen müsste, die behauptet, die 2. Alt. stelle ihrer Natur nach **materielles Polizeirecht** dar[96]. Diese verfehlte Zuordnung der 2. Alt. zum Recht der Gefahrenabwehr resultiert aus einer gedankenlosen Fortschreibung einer inzwischen längst überholten Rechtsprechung des BVerwG[97]. Tatsächlich dient die ED-Sammlung nicht oder nur ganz ausnahmsweise als Instrument der Gefahrenabwehr und schreckt auch keinen potenziellen Rechtsbrecher ab, sondern hat – wie das BVerwG seit Jahren anerkennt[98] – den Zweck der „vorsorglichen Bereitstellung sächlicher Hilfsmittel für die Erforschung von Straftaten *nach § 163 StPO*". Dies wird nunmehr besonders deutlich an den der 2. Alt. des § 81b strukturell gleich gelagerten § 81 g (molekulargenetische Untersuchung für künftige Strafverfahren) und § 484 (Datenverarbeitung für künftige Strafverfahren), für die das BVerfG[99] und der Bundesge-

---

91 BVerwGE 66, 192, 199; d. h. auch bei Restverdacht nach Einstellung, VGH Mannheim NJW 87, 2762, 2764; BVerfG NJW 02, 3231.
92 S. BVerwG NJW 89, 2640 m. w. N.; 18, 3194.
93 *MG-Schmitt* § 81b, 13; *Kühne* 239.3.
94 OLG Hamburg MDR 77, 68; Braunschweig NStZ 91, 551; Stuttgart StV 88, 424; a. A. *Gössel* § 4 D III 4 (nur VG); s. auch Rn. 334.
95 OVG Münster NJW 72, 2148.
96 So z. B. OLG Celle wistra 12, 363; wie hier dagegen: Hess. VGH StV 11, 395.
97 BVerwGE 11, 181 ff. unter Aufgabe von BVerwGE 2, 303.
98 BVerwG NJW 83, 772; 89, 2640; vgl. schon NJW 67, 1192.
99 BVerfG NJW 01, 879 f.; ähnl. BGH StV 99, 303.

setzgeber[100] selbst klargestellt haben, dass hier keine präventiv-polizeilichen Regelungen vorliegen.

Allerdings kann dem BVerwG insoweit nicht gefolgt werden, als es aus seiner zutreffenden Zweckbestimmung von § 81b 2. Alt. nicht die notwendigen Konsequenzen für den Rechtsweg zieht. Denn entgegen der Praxis der Verwaltungsrechtsprechung ist eine Anordnung nach der 2. Alt. kein Verwaltungsakt, der auf dem Verwaltungsrechtsweg nach § 40 VwGO anfechtbar wäre[101], sondern ein **Justizverwaltungsakt** auf dem Gebiet der **Strafrechtspflege**, ähnlich wie Entscheidungen im Zusammenhang mit der Führung des Bundeszentralregisters. Die künftigen Strafverfahren dienende 2. Alt. des § 81b ist ein typischer Fall der Strafverfolgung i. w. S. (= Strafrechtspflege), zu der über den Einzelfall hinaus solche Maßnahmen zählen, welche die Strafverfolgung vorbereiten und ermöglichen[102]. Die unzutreffende Behandlung der Anordnung nach der 2. Alt. als allgemeiner Verwaltungsakt zieht kaum praktikable Konsequenzen nach sich wie z. B. die Anwendbarkeit der Verwaltungsverfahrensgesetze auf eine in der StPO begründete Entscheidung und die aufschiebende Wirkung des Widerspruchs nach § 80 VwGO. Statt der Verwaltungsgerichte ist in Wirklichkeit ein **Strafsenat des OLG** gem. § 23 EGGVG i. V. m. § 25 EGGVG zur gerichtlichen Überprüfung der Entscheidungen nach der 2. Alt. berufen und aufgrund einschlägiger Erfahrungen dazu wesentlich besser befähigt, die notwendigen kriminalistischen Prognosen zu treffen, als die Verwaltungsgerichte[103].

4. Gegenüberstellung zum Wiedererkennen

186 Nahe liegend wäre es, die im Ausgangsfall geplante Gegenüberstellung des A. auf § 58 Abs. 2 zu stützen, der ausdrücklich von „Gegenüberstellung" spricht. Diese Vorschrift betrifft aber nicht die Gegenüberstellung zum Zwecke des Wiedererkennens (sog. **Rekognition**), sondern ihrem Sinn und Zusammenhang nach lediglich die **Konfrontation** von Personen innerhalb einer Vernehmung[104]. Sie ist daher keine geeignete Ermächtigungsgrundlage, um den A. zur Anwesenheit und passiven Teilnahme an einer polizeilich durchgeführten Wahlgegenüberstellung zu zwingen, die nur der Frage gilt, ob er von einem Tatzeugen wiedererkannt wird. Der Ausweg einer zwangsweisen Vorführung des Beschuldigten zu einem **Vernehmungstermin bei der StA** nach § 163a Abs. 3 mag zwar im Einzelfall erlauben, ihn bei dieser Gelegenheit dem Tatzeugen vorzuzeigen[105]; unabhängig von den subjektiven Vorstellungen der am Gesetzgebungsverfahren beteiligten Personen ist damit § 163a Abs. 3 aber keine Rechtsgrundlage der zwangsweisen Duldung einer Wahlgegenüberstellung, die nach Nr. 18 RiStBV ganz bestimmten Modalitäten und Abläufen unterworfen ist. Ist von vornherein überhaupt keine Vernehmung durch die StA geplant, muss nach der Gesetz gewordenen Fassung des § 163a Abs. 3 eine Vorführung zum Zwecke der Wahlgegenüberstellung als rechtsmissbräuchlich betrachtet werden. Die **Generalklausel** des § 163 ist Rechtsgrundlage nur für solche Gegenüberstellungen, die mit Einverständnis der Beteiligten oder ohne Wissen des Verdächtigen oder Beschuldigten bei anderer Gelegenheit erfolgen, ohne ihn zu diesem Zweck einem besonderen Zwang zu unterwerfen (z. B. Beobachtung des in U-Häftlings beim Hofgang durch ein Fenster), aber nicht für die klassische Wahlgegenüberstellung.

186a Nach richtiger Auffassung beruht die echte Wahlgegenüberstellung vielmehr auf einer erweiternden Auslegung des § 81a; sie ist ein Sonderfall der einfachen **körperlichen**

---

100 BT-Drucks. 14/1484, S. 18.
101 So aber die h. M.; vgl. BVerwGE 11, 181; inzwischen ist die Rechtspr. des BVerwG schwankend, vgl. StV 12, 7 gegen NJW 06, 1225.
102 S. Rn. 33 mit dortigen Nachweisen.
103 Vgl. dazu auch OVG Koblenz NJW 94, 2108 f.
104 Vgl. *Grünwald* JZ 81, 424; abzul. daher KG JR 79, 348; *Beulke* Rn. 127. Systematisch verfehlt daher die Neuregelung in Abs. 2 S. 2 (Verteidiger).
105 Missverständl. daher BGH NJW 93, 868.

Untersuchung[106]. Denn einfache körperliche Untersuchungen sind dadurch charakterisiert, dass sie der Feststellung des Äußeren eines Menschen dienen. Dabei muss § 81a nicht unbedingt so eng verstanden werden, dass damit nur die rein biologische Beschaffenheit des Körpers gemeint sei; vielmehr fällt unter „körperliche Untersuchung" auch die systematische Erfassung des Aussehens und Erscheinungsbildes eines Menschen im sozialen Kontext, d. h. bekleidet und im Vergleich mit ähnlich aussehenden Personen. Zumindest wäre § 81a analog auf diesen Fall anzuwenden[107]. Die einfache Untersuchung braucht auch nicht etwa von einem Arzt, Sachverständigen oder auch nur von einem Beamten ausgeführt zu werden; es dürfen ohne weiteres geeignete Hilfspersonen – in diesen Fällen die Tatzeugen – in den Vorgang einbezogen werden.

Die Durchführung einer Rekognition auf der Grundlage des § 81a hat zur Konsequenz, dass die Anordnung nur gegenüber dem *Beschuldigten*, nicht aber schon dem Verdächtigen ergehen kann und dass es prinzipiell einer Anordnung des **Richters** bedarf; der Fall der Gefahr im Verzug dürfte nur relativ selten gegeben sein. Im Ausgangsfall wäre A. wohl aufgrund der Aussage des R. in den Augen der Strafverfolgungsbeamten zureichend verdächtig, die ihn daher als Beschuldigten behandeln. Da auch § 81a dem Passivitätsprinzip unterliegt, muss sich der Beschuldigte an der Durchführung allerdings nicht aktiv beteiligen, also keine vorgeschriebenen Bewegungen ausführen, sprechen usw. Zu dem § 81a immanenten Zwang gehört demgegenüber, dass das Äußere des Beschuldigten in einen gegenüberstellungsfähigen Zustand gebracht wird, z.B. durch Rasieren, Frisieren, Brille auf- oder absetzen usw.[108]. Dabei sind die von der Menschenwürde (Art. 1 GG) gezogenen Grenzen zu beachten. Auch bei der nach § 81a (analog) angeordneten Wahlgegenüberstellung des Beschuldigten ist das vom Gesetzgeber in § 58 Abs. 2 S. 2 fehlplatzierte Anwesenheitsrecht des Verteidigers zu beachten[109].

Der Beweiswert einer erfolgreichen Gegenüberstellung wird maßgeblich davon beeinflusst, ob es gelungen ist, die denkbaren Fehlerquellen des ganzheitlichen Wiedererkennungsaktes auszuschließen. Daher schreibt Nr. 18 RiStBV i. d. R. eine **Wahlgegenüberstellung** vor, bei welcher der Beschuldigte in einer Reihe von mehreren Personen gleichen Geschlechts, ähnlichen Alters und ähnlicher Erscheinung dem Zeugen nach dort näher bezeichneten Modalitäten vorzuzeigen ist. Während Mängel in diesem Ablauf den Beweiswert des Ergebnisses der Gegenüberstellung nur herabsetzen, aber nach den Grundsatz der freien Beweiswürdigung nicht völlig aufheben[110], lässt sich dieses von der **wiederholten** Gegenüberstellung nicht mehr sagen. Denn es ist naturwissenschaftlich bewiesen, dass bei einer späteren, weiteren Gegenüberstellung der Zeuge nicht mehr zu unterscheiden vermag, ob er die vorgezeigte Person deshalb wiedererkennt, weil er sie bei der Tat oder bei der ersten Gegenüberstellung gesehen hat. Die Beweistauglichkeit einer zweiten Gegenüberstellung ist vollkommen aufgehoben[111]. Die Frage an den Zeugen in der Hauptverhandlung, ob er jetzt den Angeklagten wiedererkenne, ist daher in aller Regel unergiebig. Nach den Grundsätzen der wiederholten Gegenüberstellung müssen auch solche Fälle behandelt werden, in denen keine physische Gegenüberstellung vorweggegangen ist, sondern nur Lichtbilder vorgelegt worden

---

106 Vgl. *Odenthal* NStZ 85, 434; näher *Kramer*, Taschenbuch für Kriminalisten (Bd. 42), S. 191 ff.
107 So LG Hamburg MDR 85, 72.
108 Zu den Details *Odenthal* NStZ 85, 434; zu weitgehend KG NJW 79, 1669.
109 Häufig hat die Wahlgegenüberstellung prozessentscheidende Bedeutung; vgl. BGH NStZ-RR 18, 85, 120.
110 Vgl. OLG Stuttgart Justiz 97, 378; KG NStZ 82, 216; OLG Köln StV 86, 12; Düsseldorf NJW 90, 507; vgl. auch *Schindler/Stadler* StV 91, 38 ff.; zu weitgehend *Kühne* 239.2.
111 Vgl. *Köbnken/Stadler* StV 91, 41; z. T. einschr. BGHSt 16, 204 f.; NStZ 87, 288; 97, 355; 98, 265; LG Gera StV 97, 180; KG NStZ 82, 216; OLG Celle StV 87, 429; Frankfurt NStZ 88, 41; Köln StV 98, 640 (in Hauptverhandlung); Hamm NStZ-RR 00, 213; s. auch BVerfG NJW 03, 244.

sind¹¹². Hier wäre die Illusion des Wiedererkennens für den Zeugen sogar besonders tückisch, da sich einzelne Merkmale (z. B. Gesichtszüge) untergründig eingeprägt haben könnten, wobei der Zeuge noch weniger als sonst in der Lage ist, zu differenzieren, woher er die Kenntnis der Person besitzt. Im Ausgangsfall wäre es daher für die Polizei sinnlos, auf eine Anordnung der Wahlgegenüberstellung durch den Richter hinzuwirken, da bereits eine Lichtbildvorlage stattgefunden hat. Diese war zwar notwendig, verbraucht aber spätere Wiedererkennensbeweise. Daher muss auf anderen Wegen versucht werden, aufzuklären und zu beweisen, ob A. wirklich der Täter war.

5. Sicherung der Beweisgegenstände und anderer Objekte
a) Grundlagen der Sicherstellung und Beschlagnahme

187 A. verursacht mit dem von ihm gesteuerten Kleintransporter einen Auffahrunfall mit Personenschaden. Er versucht sofort mit seinem Fahrzeug zu flüchten und wird erst nach einer wilden Verfolgungsjagd von Polizeiwachtmeister W. und Polizeimeister M. gestellt. A. übergibt W. freiwillig seinen Führerschein, den W. sicherstellt. M. fällt auf, dass die Ladung des Transporters aus zahlreichen elektronischen Geräten besteht. Es stellt sich heraus, dass diese aus einem ca. 30 Minuten zuvor gemeldeten Einbruchsdiebstahl stammen. M. versucht auf dem Handy dreimal vergeblich, den zuständigen Bereitschaftsrichter beim Amtsgericht zu erreichen und erklärt danach das Fahrzeug und die Geräte für beschlagnahmt.

188 Unter **Beschlagnahme** versteht man die förmliche Bemächtigung eines Gegenstandes durch ein Strafverfolgungsorgan zu Zwecken des Strafverfahrens¹¹³. Beschlagnahme ist ein Sonderfall der Sicherstellung, die auch als schlichte (formlose) **Sicherstellung** erfolgen kann. Unfreiwilligkeit der Herausgabe durch den Gewahrsamsinhaber ist nicht Begriffsvoraussetzung der Beschlagnahme; auch bei Freiwilligkeit kann – sofern die weiteren Voraussetzungen vorliegen – beschlagnahmt werden¹¹⁴. Strafprozessrechtliche Beschlagnahme und einfache Sicherstellung unterscheiden sich nur durch den förmlichen Charakter der Ersten. In der Art der praktischen Durchführung gibt es keine Verschiedenheiten. Beide können durch Inverwahrungnahme (d. h. Mitnahme in Räumlichkeiten der Behörden), Aufdrücken eines Siegels, Anheften eines Zettels mit der Bezeichnung des Ermittlungsverfahrens, ja sogar durch mündliche Bekanntgabe des zuständigen Beamten erfolgen¹¹⁵.

189 Hier kam eine Beschlagnahme des Fahrzeuges als **Beweismittel** nach §§ 94 ff. in Betracht. Gem. § 94 Abs. 1 sind Gegenstände, die als Beweismittel für die Untersuchung von Bedeutung sein können, in Verwahrung zu nehmen oder in anderer Weise sicherzustellen. Nach Abs. 2 *bedarf* es der Beschlagnahme, wenn sich der Gegenstand in dem Gewahrsam einer Person findet und nicht freiwillig herausgegeben wird. Mit „Gegenständen" sind bei der Beweismittelsicherung – anders als in § 90 BGB – nur Sachen (**körperliche Gegenstände**) gemeint¹¹⁶, nicht jedoch Forderungen oder immaterielle Rechte, für die allenfalls eine Einziehungs- oder Verfallsbeschlagnahme in Betracht kommt. Eine E-Mail als solche ist daher nicht beschlagnahmefähig, wohl aber der Da-

---

112 Einschr. BGH NStZ 98, 266; 96, 350; OLG Frankfurt NStZ-RR 99, 365.
113 Völlig anders die polizeirechtl. Terminologie: Sicherstellung = Sicherung einer Sache vor Verlust zugunsten des Berechtigten; Beschlagnahme = sonstige Bemächtigung einer Sache zur Gefahrenabwehr, z. B. aufgrund von Gefahren, die von ihr ausgehen.
114 BGH NJW 56, 1806; *MG* § 94, 13.
115 Vgl. *Schlüchter* 290.1.
116 Jedoch hat das BVerfG NJW 05, 1917, 1920 auch das Kopieren von elektronischen Daten auf behördeneigene Datenträger als „Beschlagnahme" der Daten angesehen (zw.), dazu *Kutzner* NJW 05, 2652. Diese Rechtspr. wird fortgeführt im BVerfG NJW 09, 2431; s. Rn. 220.

tenträger, auf welcher sie gespeichert ist, oder ihr Ausdruck[117]. Ob es sich um bewegliche Sachen oder Immobilien (z. B. eine Wohnung als Tatort eines Kapitalverbrechens) handelt, ist ohne Belang. Auch die menschliche Leiche oder Leichenteile sind Sachen, die nach § 94 der Beschlagnahme unterliegen[118]. Welche zivilrechtlichen Rechte an einer Sache bestehen, spielt in diesem Zusammenhang keine Rolle. Keinesfalls ist Eigentum des Beschuldigten oder sonstigen Gewahrsamsinhabers erforderlich. Auch **Behördenakten** unterliegen der Beschlagnahme, denn der Zugriff ist nicht Ausdruck eines mit der Gewaltenteilung unvereinbaren Über- und Unterordnungsverhältnisses zwischen Judikative und Exekutive, sondern hier wird eine konkrete Konfliktlage durch eine Rechtsnorm gelöst[119]. Lediglich bei einer Sperrerklärung der obersten Dienstbehörde analog § 96 ist die Beschlagnahme unzulässig[120].

190 Der Begriff der Untersuchung ist in § 94 nicht im technischen Sinne zu verstehen, vielmehr ist das gesamte Strafverfahren bis zu seinem rechtskräftigen Abschluss gemeint[121]. Somit ist eine **potenzielle Beweisbedeutung** des Gegenstandes erforderlich. Diese Beweisbedeutung ist weit auszulegen. Auch wenn von vornherein nicht zu erwarten ist, dass der Gegenstand als Urkunde oder Augenscheinobjekt zum Gegenstand der Hauptverhandlung gemacht wird, ist gleichwohl Beweisbedeutung gegeben, wenn der Gegenstand im Vorverfahren den Ermittlungsbehörden Anhalte bietet, um andere Beweismittel zu erlangen oder den Aufenthaltsort des Beschuldigten festzustellen[122]. Beweisbedeutung ist auch noch dann gegeben, wenn ein Umstand bereits durch andere Beweismittel bewiesen werden kann, aber der Gegenstand der Absicherung oder Verstärkung der Beweisführung dient[123]. Die Beweisbedeutung kann sich ferner daraus ergeben, dass entlastende Umstände bewiesen werden sollen. Sie fehlt jedoch dann, wenn bereits eindeutig feststeht, dass das Verfahren eingestellt werden muss. Im vorliegenden Fall besitzt der Führerschein auch bei weitester Auslegung keine Beweisbedeutung für die gegen A. zu erhebenden Tatvorwürfe (§§ 242, 243, 229, 142 StGB). Dagegen bedarf es der Sicherung der elektronischen Geräte zu Beweiszwecken, denn deren Charakter, Umfang und Herkommen ist wenigstens im Vorverfahren zu untersuchen und festzuhalten. Dagegen käme der Transporter höchstens zur Verstärkung vorhandener Beweise als Spurenträger in Betracht; diese Beweisbedeutung ist jedoch derart schwach, dass eine Beschlagnahme als Beweismittel unverhältnismäßig erscheint.

190a Die **Zuständigkeiten** bei der Beweismittelbeschlagnahme ergeben sich aus § 98[124]. Grundsätzlich ist danach das Gericht (i. d. R. der Ermittlungsrichter) für die Beschlagnahmeanordnung zuständig, bei Gefahr im Verzug auch der Staatsanwalt und seine Ermittlungspersonen. Gefahr im Verzug setzt grundsätzlich einen Versuch, den Richter zu erreichen, voraus, liegt aber vor, wenn eine sofortige Zwangsmaßnahme notwendig ist, um den Verlust des Beweisgegenstandes zu verhindern. Haben der Staatsanwalt oder

---

117 Anders BVerfGE 124, 43 ff. für beim Provider gespeicherte E-Mails.
118 Auf die Leichenöffnung findet § 87 Abs. 2 Anwendung; dazu: BGHSt 49, 290; s. Rn. 172; *Franzki* MedR 91, 223; *Dufkova* MedR 90, 131.
119 Inzwischen h. M.: BGHSt 38, 237; KG NStZ 89, 54; LG Wuppertal NJW 92, 770; KK-*Greven* § 94, 3; *Beulke* 247; näher *Kramer* NJW 84, 1504 ff.; schwankend BGHSt 49, 317, 329 (Thyssen).
120 Thür. OLG wistra 01, 73 ff. Zur Sperrerklärung s. Rn. 108a; ohne Sperrerklärung sind Vertraulichkeitsbitten unbeachtl., BGH NJW 96, 2171. Keinerlei Hinderungsgründe bei Beschlagnahme von Gewerkschaftsakten, BVerfG NJW 98, 893.
121 Erste Maßnahme im Verfahren kann gerade die Anordnung nach § 94 selbst sein, OLG Celle NJW 63, 406. Nicht mehr Bewährungsüberwachung: KG NJW 99, 2979.
122 Beispiel Datenträger: LG Köln NStZ 95, 54; aber nicht Software zur eigenen Benutzung, daher unzutr. LG Trier NJW 04, 869.
123 Allerdings ergibt sich bei eindeutiger Beweislage die Frage der Verhältnismäßigkeit; vgl. auch LG Bonn WM 95, 1974.
124 Zum „besonderen" Richtervorbehalt nach § 98 Abs. 1 S. 2 zum Schutz der Presse: BGH NJW 99, 2051.

seine Ermittlungspersonen die Beschlagnahme angeordnet, sollen sie nach § 98 Abs. 2 binnen 3 Tagen eine richterliche Bestätigung beantragen, wenn bei der Beschlagnahme weder der Betroffene noch ein erwachsener Angehöriger anwesend war oder eine dieser Personen gegen die Beschlagnahme *ausdrücklich Widerspruch* erhoben hat. Darüber hinaus kann der von der Beschlagnahme Betroffene, d. h. derjenige, dem der Gewahrsam entzogen worden ist, jederzeit beim Amtsgericht[125] eine richterliche Entscheidung beantragen, worüber er von dem beschlagnahmenden Beamten zu belehren ist[126]. Gegen den Beschluss des Richters ist die Beschwerde nach § 304 einschlägig.

190b Besondere **formelle** Voraussetzungen stellt das Gesetz für eine Beschlagnahmeanordnung nicht auf; sie kann also auch mündlich oder telefonisch erfolgen. Der richterliche Beschlagnahmebeschluss muss die in amtlichen Gewahrsam zu nehmenden Gegenstände aber so genau bezeichnen, dass keine Zweifel darüber entstehen, ob sie von der Anordnung erfasst sind; denn andernfalls würde die Entscheidung, welche Gegenstände unter den Beschluss fallen sollen, nicht dem Richter obliegen, sondern den Strafverfolgungsbehörden[127]. Gegen diese Konkretisierungserfordernisse wird nicht selten bei der prinzipiell zulässigen Verbindung von Beschlagnahme- und Durchsuchungsbeschlüssen verstoßen; in solchen Fällen ist der Ausspruch der Beschlagnahme unwirksam und dient lediglich der Bestimmung des Durchsuchungsziels[128]. Die **Gültigkeitsdauer** richterlicher Beschlagnahmeanordnungen ist gesetzlich nicht ausdrücklich geregelt, muss aber wie beim Durchsuchungsbefehl vom BVerfG anerkannt auf höchstens sechs Monate begrenzt werden, da sich die rechtlichen Grundlagen der Maßnahme innerhalb eines halben Jahres verändert haben können und der Grundrechtsschutz durch den Richter anders nicht effektiv zu sichern ist[129].

Im Ausgangsfall lag keine richterliche Beschlagnahmeanordnung vor, sondern nur eine solche von Polizeimeister (PM) M., der – anders als Polizeiwachtmeister W. – die Eigenschaft einer Ermittlungsperson der StA besitzt. Daher ist er bei Gefahr im Verzug befugt, eine Eilanordnung zu treffen. Da der Ermittlungsrichter telefonisch nicht erreichbar war, musste sofort eine Anordnung ergehen, um zu verhindern, dass die Diebesbeute bei A. verblieb. Somit lag Gefahr im Verzug vor, die den Polizeimeister M. als Ermittlungsperson der StA berechtigte, die Anordnung zu treffen. Für den Vollzug der Maßnahme war dann wieder jeder beliebige Polizeibeamte zuständig, also auch der Polizeiwachtmeister W.

191 Die Beschlagnahme **endet** von selbst mit einer rechtskräftigen Entscheidung, an die sich grundsätzlich die Herausgabe der Sache nach § 94 Abs. 4 i. V. m. § 111n an den letzten Gewahrsamsinhaber anschließt[130]. Handelt es sich jedoch um eine Sache, die dem Verletzten gerade durch diejenige Straftat entzogen worden ist, die Gegenstand des Verfahrens ist, so kommt eine Rückgabe an den letzten Gewahrsamsinhaber, meist den Täter, nicht in Betracht; nach § 111n Abs. 2 wird die Sache dem Verletzten oder einem anspruchsberechtigten Dritten ausgehändigt. Schon vor Verfahrensabschluss ist die Beschlagnahme aufzuheben, wenn sich die Beweisbedeutung des Gegenstandes vorzeitig erledigt hat. Dazu bedarf es eines *actus contrarius* der Stelle, auf welche die Beschlagnahme zurückgeht, nach Anklageerhebung in jedem Falle des Gerichts der Hauptsache[131].

---

125 Wahlweise beim Amtsgericht des Beschlagnahmeorts oder am Sitz der StA (§ 162).
126 S. Rn. 334. Etwas abweichend die Regelung des § 111c Abs. 2 bei Einziehungssicherung nach § 111b.
127 BVerfG NJW 92, 551 f.; LG Stuttgart StV 86, 472.
128 Vgl. BVerfG NJW 18, 3571; OLG Düsseldorf StV 82, 513; LG Lüneburg MDR 84, 603; Stuttgart StV 86, 471.
129 Vgl. BVerfG NJW 97, 2165 f.; s. Rn. 234.
130 Vgl. Nr. 75 RiStBV; BGH NJW 19, 2618: am Aufbewahrungsort.
131 BGHSt 5, 158.

Nach § 132 Abs. 3 können auch Beförderungsmittel und andere Sachen, die der Beschuldigte mit sich führt und die ihm gehören, beschlagnahmt werden. Voraussetzung dafür ist nach Abs. 1, dass es sich um einen Beschuldigten handelt, der im Geltungsbereich der StPO keinen festen Wohnsitz oder Aufenthalt hat[132], aber die Voraussetzungen eines Haftbefehls nicht vorliegen, obwohl er einer Straftat dringend verdächtig ist. Weigert sich ein solcher Beschuldigter, eine angemessene Sicherheit zu leisten und einen Zustellungsbevollmächtigten[133] zu benennen, kann die **Sicherheitenbeschlagnahme** nach § 132 Abs. 3 erfolgen. Der Sinn und Zweck der Vorschrift besteht darin, in Fällen, in denen ein Haftgrund nicht besteht oder ein Haftbefehl unverhältnismäßig wäre, gleichwohl die Durchführung des Strafverfahrens durch die Erzwingung von Sicherheiten zu gewährleisten. Da die Vorschrift über § 46 Abs. 1 OWiG im Bußgeldverfahren analoge Anwendung findet und dort Haftbefehle rechtlich nicht möglich sind, erlangt § 132 im Ordnungswidrigkeitenbereich seine hauptsächliche Bedeutung. Im vorliegenden Fall spricht mehr für einen Haftbefehl wegen Fluchtgefahr (§ 112), obwohl die Voraussetzungen des § 132 im Übrigen vorlägen. Die Schwere und Häufung der Tatvorwürfe lassen einen Haftbefehl als verhältnismäßig erscheinen.

192

Hingegen kommt hier eine Beschlagnahme nach § 111b (**einziehungssichernde Beschlagnahme**) in Betracht. Nach § 111b *können* Gegenstände (hier nicht nur Sachen, sondern auch Rechte) durch Beschlagnahme sichergestellt werden, wenn Gründe für die Annahme gegeben sind, dass die Voraussetzungen für ihre Einziehung vorliegen (§§ 73 ff. StGB). Sprechen *dringende* Gründe für eine spätere Einziehung durch Urteil *soll* dies sogar geschehen (zwingend ist dies also nicht). § 111b verfolgt den Zweck sicherzustellen, dass ein zu erwartendes Urteil mit dem Ausspruch der Einziehung nicht ins Leere geht, weil die Strafverfolgungsbehörden auf den betreffenden Gegenstand nicht mehr Zugriff nehmen können[134]. Daher muss zu einem frühen Zeitpunkt die Verwirklichung des Verfalls und der Einziehung gesichert werden. Die jeweiligen Einziehungs- oder Verfallsvorschriften des materiellen Rechts sind bei 111b inzidenter zu prüfen. Einziehung kommt z. B. nach § 74 StGB für die dem Täter gehörenden Tatmittel oder Tatprodukte in Betracht. Im Fall ist der Transporter als Tatmittel der Unfallflucht (§ 142 StGB) anzusehen[135]. Außerdem ist er zum Abtransport der Diebesbeute und damit zur Begehung des Diebstahls gebraucht worden[136]. Da vom Eigentum des A. am Fahrzeug auszugehen ist, sprechen mindestens zureichende Gründe für dessen Einziehung nach § 74 StGB.

193

Bezüglich der gestohlenen elektronischen Geräte käme neben der Beweismittelbeschlagnahme kumulativ eine einziehungssichernde Beschlagnahme gem. § 111b i. V. m. § 73 StGB n. F. in Betracht, da A. diese als Diebesbeute („etwas") erlangt hat. Im Jahr 2017 hat der Gesetzgeber die Vorschriften des StGB über den früheren Verfall und die Einziehung grundlegend neu geordnet und den „Verfall" vollkommen abgeschafft[137]. Damit wurde in der StPO der bisherigen Regelung über die sog. Rückgewinnungshilfe der Boden entzogen. § 111b StPO bezieht sich auch auf die Neuregelung der obligatorischen Einziehung von Vermögensvorteilen („etwas") in § 73 StGB, die dem Täter nicht verbleiben sollen, in diesem Fall also auf die elektronischen Geräte. Der Verletzte (hier der Eigentümer der Geräte) muss aber nicht befürchten, dass sich nunmehr der Staat an seinem Eigentum bereichert. Zur endgültigen Einziehung kommt es nur, wenn er seine Ansprü-

194

---

132 Dazu LG Frankfurt StV 88, 381. Auch bei EU-Bürgern mögl.: LG Erfurt NStZ-RR 96, 180.
133 Dazu BayObLG JR 90, 36. S. auch Rn. 79.
134 Angesichts der Verfassungswidrigkeit der Vermögensstrafe nach § 43a StGB (BVerfG NJW 02, 1779) sind die §§ 110o, a. F. p obsolet.
135 BGHSt 10, 337.
136 Vgl. *Fischer* § 74, 9; zu restriktiv OLG Düsseldorf NJW 92, 3051.
137 *Köhler* NStZ 17, 497, 665; *Kraushaar* NZWiSt 19, 288; *Bittmann* NStZ 9, 447; BR-Drucks. 237/17.

che nicht anmeldet (§§ 111l, 459i Mitteilungen). Hier dürfte der Eigentümer von vornherein bekannt sein, sodass ihm nach der Beschlagnahme gem. § 111n Abs. 2 die Geräte wieder auszuhändigen sind.

195 **Zuständig** für die Anordnung der Beschlagnahme nach § 111b ist gem. § 111j Abs. 1 grundsätzlich das Gericht, bei Gefahr im Verzug auch die StA; Ermittlungspersonen der StA sind bei Gefahr im Verzug nur dann beschlagnahmebefugt, wenn es sich um eine *bewegliche* Sache handelt[138]. Im Fall war daher Polizeimeister M. anordnungsbefugt bezüglich des Fahrzeugs und der Geräte. Die Anordnung liegt grundsätzlich in seinem Ermessen; da hier aber dringende Gründe nach §§ 73 f. StGB vorliegen, *soll* er dies tun. Bezüglich der Geräte konnte auch noch die Anordnung nach § 111b i. V. m. 111j ergehen, obwohl diese bereits nach §§ 94, 98 zu beschlagnahmen waren. Eine strafprozessuale Beschlagnahme kann **gleichzeitig** auf beide Rechtsgrundlagen der StPO gestützt werden und sollte dieses auch, da ohne Anwendung des § 111b das Veräußerungsverbot nach § 111d Abs. 1 nicht wirksam wird[139]. Nur eine gleichzeitige Anwendung strafprozessualer und polizeirechtlicher Normen scheidet aus[140]. Anders als bei der Beweismittelbeschlagnahme braucht der Beamte selbst bei ausdrücklichem Widerspruch nicht eine richterliche Bestätigung herbeizuführen, soweit es sich um einen beweglichen Gegenstand handelt. Unbenommen bleibt das Recht des Betroffenen, eine richterliche Entscheidung von sich aus herbeizuführen (§ 111j Abs. 2 S. 3). Bei Beschlagnahme nicht beweglicher Gegenstände (Grundstücke oder Rechte), die bei Gefahr im Verzug nur dem Staatsanwalt selbst zusteht, muss dieser binnen einer Woche eine gerichtliche Bestätigung beantragen.

196 Eigentlich wäre auch an eine Beschlagnahmeanordnung gem. §§ 111b, e bezüglich des **Führerscheins** zu denken, da nach §§ 69 i. V. m. 142 StGB mit dessen Einziehung zu rechnen ist. Jedoch hat der Gesetzgeber den der Einziehung unterliegenden Führerschein nach der ausdrücklichen Regelung des **§ 94 Abs. 3** den einfacheren Modalitäten der Beweismittelsicherung unterstellt (vgl. auch § 111b Abs. 1 S. 2). Dies hängt damit zusammen, dass die komplizierten Detailregelungen nach §§ 111b ff. auf Vermögenswerte zugeschnitten sind, wie z. B. auch das genannte Veräußerungsverbot nach § 111d. Außerdem handelt es sich bei der Beschlagnahme des Führerscheins um eine Routinemaßnahme, sodass es sinnvoll erscheint, – im Gegensatz zu § 111b, der immer förmliche Beschlagnahmen erfordert – bei freiwilliger Übergabe auch die formlose Sicherstellung zuzulassen, die jeder Polizeibeamte – nicht nur eine Ermittlungsperson der StA – anordnen darf. Demnach vermochte im Fall der Polizeiwachtmeister W. die Sicherstellung des Führerscheins des A. zu bewirken mit den in § 21 Abs. 3 S. 2, 3 StVG vorgesehenen Konsequenzen (weiteres Führen eines Fahrzeugs strafbar). Deshalb allerdings der Anordnung nach § 94 Abs. 3 eine präventive Zielsetzung zuzusprechen[141], geht jedoch zu weit. Lediglich die Problematik, ob Gefahr im Verzug vorliegt, ist von der Frage beeinflusst, ob die Gefahr besteht, dass der Beschuldigte bis zu einer richterlichen Entscheidung neue Fahrten unternehmen könnte[142]. Die in § 111a vorgesehene vorläufige Entziehung der Fahrerlaubnis durch den Richter wirkt nach Abs. 3 gleichzeitig als Bestätigung einer Beschlagnahme des Führerscheins[143].

197 Eine besondere Form der Beweismittelsicherung stellt die **Postbeschlagnahme** nach §§ 99, 100 dar, die im Ergebnis wesentlich engere Voraussetzungen als die allgemeine

---

138 Speziellere Regelung nach §§ 111 m, n bei Druckwerken; dazu LG Freiburg NJW 01, 313; *Groß* NStZ 99, 334; *Achenbach* NStZ 00, 123.
139 KK-*Greven* § 94, 2; *MG-Köhler* § 94, 2.
140 Sehr str., s. dazu Rn. 334b.
141 So *Roxin/Schünemann* § 34, 29.
142 BGHSt 22, 385; näher zur vorl. Entziehung der Fahrerlaubnis: *Hentschel* DAR 88, 89.
143 Zum Verfahren nach § 111a: *Kropp* NStZ 97, 471.

Beweismittelbeschlagnahme aufweist. Diese Vorschriften bauen nicht auf §§ 94, 98 auf, sondern treten an deren Stelle, sodass es einer eigenen Prüfung der „Beweisbedeutung" i. S. v. § 94 in diesem Zusammenhang nicht bedarf[144]. Die §§ 99, 100 zielten ursprünglich auf Einschränkungen des Postgeheimnisses nach Art. 10 GG ab, dessen historischer Sinn darin lag, den Bürger vor staatlichen Eingriffen in die durch einen ebenfalls staatlichen Monopolbetrieb vermittelte, vor allem schriftlich verkörperte Kommunikation zu schützen[145]. Nach der Privatisierung der Deutschen Bundespost ist diesen Befürchtungen eigentlich der Boden entzogen. Statt jedoch die überholten Vorschriften zu streichen, hat der Gesetzgeber im Gegenteil ihren Anwendungsbereich durch das Begleitgesetz vom 17.12.1997 erweitert[146]. Durch die Regelung erfasst wird nicht nur die Deutsche Post AG, sondern werden nunmehr ebenfalls alle privaten Kurier- und Zustelldienste, d. h. alle Personen und Unternehmen, die geschäftsmäßig Post- oder Telekommunikationsdienste erbringen oder daran mitwirken.

Sachlich betrifft § 99 Telegramme und **Postsendungen**. Letztere sind nicht nur verschlossene Briefe, sondern z. B. auch Postkarten, Drucksachen, Streifbandzeitungen sowie Gegenstände ohne Mitteilungscharakter wie Päckchen, Pakete, Warensendungen usw. Die Sendung muss sich nur im Gewahrsam einer der bezeichneten Stellen befinden, der auch dann noch gegeben ist, wenn ein Briefträger den Brief bei sich führt oder eine Postkarte in einen öffentlichen Postkasten geworfen wird[147]. Elementar für die Anwendbarkeit des § 99 ist, dass es sich um den geschäftsmäßigen Transport verkörperter Objekte handelt, sodass eine (analoge) Anwendung der Vorschrift auf den E-Mail-Verkehr ausscheidet[148].

197a Voraussetzung einer Beschlagnahme nach §§ 99, 100 ist grundsätzlich, dass die Briefe oder Sendungen **an den Beschuldigten gerichtet** sind, d. h. ihn namentlich als Empfänger bezeichnen[149]. Allerdings reicht als namentliche Bezeichnung ein Künstlername oder auch der Firmenname des Kaufmannes aus. Zwar muss die Beweisbedeutung nicht positiv festgestellt werden; wenn aber aufgrund anderer Umstände bereits die fehlende Beweiseignung z. B. eines Briefes feststeht, verstößt eine Postbeschlagnahme gegen den Grundsatz der Verhältnismäßigkeit. Briefe und Sendungen, die den Beschuldigten *nicht* namentlich bezeichnen, können unter der *zusätzlichen* Bedingung dann beschlagnahmt werden, wenn Tatsachen vorliegen, aus welchen zu schließen ist, dass sie für den Beschuldigten bestimmt sind und dass ihr Inhalt für das Verfahren Bedeutung hat. Unter den entsprechenden Voraussetzungen dürfen ebenfalls vom Beschuldigten herrührende Briefe beschlagnahmt werden.

Grundsätzlich ist nach § 100 Abs. 1 eine **gerichtliche** Anordnung der Postbeschlagnahme erforderlich[150]. Die einschneidende Besonderheit der Postbeschlagnahme gegenüber der allgemeinen Beschlagnahme besteht jedoch darin, dass bei Gefahr im Verzug ausschließlich die StA zur Beschlagnahmeanordnung befugt ist und nicht die Ermittlungspersonen der StA. Dieses ist der archimedische Punkt der Gesamtregelung, die Vorbild für den Gesetzgeber bei zahlreichen neueren Eingriffsbestimmungen geworden

---

144 Vgl. KMR-*Müller* § 99, 5.
145 Vgl. näher BVerfGE 67, 157, 171; 85, 386, 396; BVerwGE 6, 299 ff.
146 BGBl. 97 I 3113; dazu *Groß* JZ 99, 326; *Ruppert* NJW 98, 583. Zur Postreform: *Gramlich* NJW 97, 1400; *Stern* DVBl. 97, 309.
147 Vgl. *MG-Köhler* § 99, 9.
148 So aber BGH NJW 09, 1826; inzwischen überholt durch BVerfGE 124, 43. Analoge Anwendung auf Auskünfte über noch im Besitz der Post befindl. Sendung, BGH NJW 17, 680. Zu retrograden Postdaten: BGH StV 19, 659.
149 LR-*Menges* § 99, 26.
150 Analoge Anwendung auf Auskunftsersuchen an die Post anerkannt, soweit das Postgeheimnis betroffen ist; vgl. Nr. 84 RiStBV; *Kurth* NStZ 83, 541.

ist[151]. Denn damit hebt das Gesetz die Postbeschlagnahme von den massenhaft durch die Ermittlungspersonen der StA vorgenommenen Routinebeschlagnahmen nach § 98 ab und machte sie in der Vergangenheit zu einem relativ selten praktizierten Instrument. Die Öffnung der ausgelieferten Postsendungen steht an sich dem Gericht zu, kann von diesem aber zur Beschleunigung auf die StA übertragen werden.

198 b) **Beschlagnahmeverbote.** Beim Erlass von Beschlagnahmeanordnungen und deren Überprüfung im Rechtsbehelfsverfahren ist nicht nur festzustellen, ob die grundlegenden Beschlagnahmevoraussetzungen gegeben sind. Vielmehr ist auch zu beachten, ob nicht als Ausnahmeregelung ein Beschlagnahmeverbot eingreift. Solche Beschlagnahmeverbote können sich im Einzelfall aus der **Verfassung** ergeben, z. B. aus dem Verhältnismäßigkeitsprinzip des Art. 20 GG[152], dem Allgemeinen Persönlichkeitsrecht nach Art. 2 Abs. 1 i. V. m. Art. 1 Abs. 1 GG[153], der Pressefreiheit des Art. 5 G[154] oder – wie z. B. für eigene Verteidigungsunterlagen des Beschuldigten – aus dem Rechtsstaatsprinzip (Art. 20 Abs. 3 GG)[155]. Auch Normen des bereichsspezifischen Datenschutzes können Hinderungsgrund strafprozessrechtlicher Beschlagnahmeanordnungen sein[156].

Die Hauptvorschrift des einfachen Rechts, aus der sich Verbote der Beweismittelbeschlagnahme ergeben, ist aber § 97 StPO, der die Vorschriften über das **Zeugnisverweigerungsrecht** ergänzt und diese vor Aushöhlung und Umgehung bewahren will[157]. Aussage- und Auskunftsverweigerungsrechte sind von § 97 nicht betroffen[158]. Jedoch ist die Aussage Dünnebiers „Denn was der Mund nicht zu offenbaren braucht, darf auch der Hand nicht entrissen werden"[159] zur Beschreibung des Schutzzwecks viel zu pauschal und führt in dieser Form bei der Rechtsanwendung zu unrichtigen Ergebnissen[160]. Das ZVR (§§ 52, 53, 53a) findet seine Fortsetzung im Schutz vor Beschlagnahme nur in den von § 97 gezogenen Grenzen, die teilweise enger sind als die Berechtigung, nicht aussagen zu müssen. Der spezielle **Schutzzweck** des § 97 besteht darin, dass der familiäre Friede und bestimmte berufsbedingte Vertrauensbeziehungen nicht dadurch gefährdet werden sollen, dass Angehörige und Vertrauensberufsträger gezwungen werden, Beweisgegenstände in einem Verfahren gegen ihnen nahen Angehörigen, Patienten, Mandanten etc. herauszugeben[161]. § 97 betrifft daher nur die Beweismittelbeschlagnahme, hindert aber nicht am Zugriff zur Sicherung als Einziehungsgegenstand, sodass im Einzelfall ein nach §§ 111b, c beschlagnahmter Gegenstand einem *Beweis*verwertungsverbot unterliegen kann; denn aus § 97 ergibt sich – soweit er reicht – nicht nur ein Beschlagnahme-, sondern auch ein Beweisverwertungsverbot[162]. § 97 garantiert lediglich, dass der Zeuge nicht im Strafverfahren dazu *gezwungen* wird, Beweisgegenstände herzugeben, nicht jedoch, dass er es von sich aus tut, mag ihm dies auch rechtlich nicht gestattet und sogar strafbar sein (z. B. nach § 203 StGB). Daher greift die Vorschrift nicht bei **freiwilliger** Herausgabe der Beweisgegenstände durch den Gewahrsamsinhaber ein, die auf jeden Fall bei spontaner Übergabe, darüber hinaus aber auch bei Belehrung

---

151 Z.B. §§ 98b Abs. 1, 100b Abs. 1, 111n, 163e Abs. 4.
152 Z.B. BVerfG NJW 05, 1917, 1921 (Anwaltskanzlei); LG Köln StraFO 02, 265 (Geschäftsunterlagen). Bedenkl. weit gehend aber LG Freiburg NStZ-RR 99, 366 (psychologische Beratungsstelle).
153 Z.B. Tagebücher; s. auch Rn. 167.
154 Vgl. BVerfGE 77, 65 ff.; BVerfG NJW 07, 1117 (Cicero); OLG Dresden NJW 07, 3509; 3511.
155 BGHSt 44, 46 = NJW 98, 1963 (auch i. V. m. Art. 6 MRK); dazu *Schneider* Jura 99, 411. Ferner Art. 47 GG: BVerfG NJW 03, 3401.
156 BGHSt 36, 328, 337; vgl. auch *Kramer* CR 85, 103 ff. und Rn. 168a.
157 BVerfGE 20, 188; BGH NJW 93, 763 f. (Theissen). Fragl., ob § 97 bereits für anwaltl. Anbahnungsverhältnisse gilt, so *Mehle* NJW 11, 1639.
158 BGH NJW 92, 763, 765; LG Bochum NJW 88, 1533; Koblenz NJW 83, 2100.
159 *Dünnebier*, Das Problem einer Sonderstellung der Presse im Strafverfahren (1966) S. 39.
160 Z.B. bei OLG Celle NStZ 89, 385; dazu Rn. 208.
161 Vgl. OLG Celle MDR 65, 225; s. ferner Rn. 208.
162 BGHSt 18, 227; *Schlüchter* 308.

über das Vorliegen der Voraussetzungen des § 97 gegenüber dem Zeugen durch einen Strafverfolgungsbeamten anzunehmen ist[163]. Unberührt bleibt § 97 durch die neuartige, generelle Beschränkung von Ermittlungen, die voraussichtlich Erkenntnisse erbringen, auf die sich ein ZVR erstreckt, nach § 160a Abs. 5. Beide Normkomplexe sind nicht gut aufeinander abgestimmt; § 97 verdrängt § 160a[164]. Bezüglich des Beschlagnahmeverbots bleibt alles beim Alten, während § 160a bei anderen Ermittlungsmaßnahmen wie z. B. Telefonüberwachungen wesentlich weiter reicht[165].

199 Der B. ist eines Einbruchsdiebstahls verdächtig. Die Polizei erhält glaubwürdige Hinweise seitens eines Tatbeteiligten, dass sich in einem Appartement der V., der Verlobten des B., der über eine eigene Wohnung verfügt, die Schuhe zum Putzen befinden, welche B. bei dem Einbruch getragen hat und die eventuell Anhaftungen von Erdspuren aufweisen, die vom Tatort stammen. Mittels der Schuhe wäre es daher u. U. möglich, das Alibi des B. zu entkräften. V. weigert sich, die Schuhe herauszugeben.

200 Die Voraussetzungen der Beschlagnahme nach § 94 sind für die Schuhe gegeben, da durch sie geklärt werden kann, ob sich B. am Tatort aufgehalten hat. Es fragt sich jedoch, ob nicht ein Beschlagnahmeverbot nach § 97 eingreift, da sich das Beweismittel im Besitz der zeugnisverweigerungsberechtigten Verlobten befindet. Von vornherein fällt aus dem Anwendungsbereich des § 97 der Fall, in dem ein ZVR nicht besteht, weil eine an sich zu dem privilegierten Personenkreis gehörige Person selbst Beschuldigte ist, z. B. ein Verteidiger, gegen den wegen Beleidigung eines Richters nach § 185 StGB ermittelt wird[166]. § 97 ist hier aber anwendbar, da die V. Zeugin und nicht Mitbeschuldigte ist. Zwar wurden ihr die Schuhe möglicherweise deshalb zum Putzen übergeben, damit Tatspuren beseitigt werden. Aber selbst wenn man das unterstellen wollte, so wäre sie doch als Verlobte aufgrund des Angehörigenprivilegs nach § 258 Abs. 6 StGB strafrechtlich nicht zu belangen. Freiwillig gibt V. die Schuhe nicht heraus. Nach § 97 Abs. 1 Nr. 1 unterliegen der Beschlagnahme nicht schriftliche Mitteilungen zwischen dem Beschuldigten und zeugnisverweigerungsberechtigten Angehörigen (§ 52) und den Trägern des berufsbedingten ZVR (§ 53). Damit ist die Freiheit der **schriftlichen Kommunikation** zwischen dem Beschuldigten und den zeugnisverweigerungsberechtigten Personen geschützt. Mitteilungen auf Disketten sowie auf Bild- oder Tonträgern stehen schriftlichen Mitteilungen gleich[167], nicht jedoch eine *E-Mail*, weil dabei die übermittelte Mitteilung selbst nicht verkörpert ist[168]. Im Fall handelt es sich zwar bei der Verlobten um eine nach § 52 Abs. 1 Nr. 1 berechtigte Person, jedoch ist § 97 Abs. 1 Nr. 1 nicht einschlägig, da es nicht um die Beschlagnahme von schriftlichen Mitteilungen geht. Es sollen nur die bei der Verlobten befindlichen Schuhe des B. beschlagnahmt werden.
§ 97 Abs. 1 Nr. 2 schützt **Aufzeichnungen** der berufsbedingt Zeugnisverweigerungsberechtigten über die ihnen vom Beschuldigten anvertrauten Mitteilungen oder andere Umstände, auf die sich das ZVR erstreckt. Die Aufzeichnungen müssen ihrem Inhalt nach in sachlichem Zusammenhang mit der spezifischen Berufstätigkeit des nach § 53 geschützten Vertrauensberufes stehen. § 97 Abs. 1 Nr. 3 schützt vor Beschlagnahme schließlich auch **andere Gegenstände** einschließlich der ärztlichen Untersuchungsbefunde, auf die sich das berufsbedingte ZVR erstreckt. Andere Gegenstände sind im

---

163 Vgl. BGHSt 18, 227, 230. Bei nachträgl. Rücknahme des Verzichts bleibt es bei der Verwertbarkeit, BGHSt 5, 135, jedoch muss der Gegenstand wieder zurückgegeben werden, LR-*Menges* § 97, 63.
164 BVerfG NJW 18, 2385 = NStZ 159 (Jones Day).
165 Vgl. LG Hamburg NJW 11, 942, 944 (HSH Nordbank); LG Mannheim NStZ 12, 713, 716.
166 BGHSt 53, 257, 260.
167 *MG-Köhler* § 97, 28.
168 Es handelt sich um Telekommunikation, in die nach Maßgabe der §§ 100a StPO bzw. § 100 g eingegriffen werden kann; s. Rn. 220 ff.; ebenso bei SMS über Handy. Unzutr. LG Ravensburg NStZ 03, 325.

weitesten Sinne zu verstehen, beispielsweise auch die nach einer Schussverletzung des Beschuldigten entfernte Kugel beim Arzt oder dem Rechtsanwalt zum Zwecke der Einklagung von Forderungen übergebene Vertragsurkunden. Ohne gesetzliche Grundlage ist die Ansicht, die Gegenstände müssten innerhalb des Vertrauensverhältnisses entstanden sein[169]; zu verlangen ist lediglich, dass sie in einer sachlichen Beziehung zu der spezifischen Berufstätigkeit des Zeugnisverweigerungsberechtigten stehen[170]. Im vorliegenden Fall lassen sich zwar die Schuhe des B. als andere Gegenstände bezeichnen, jedoch erstreckt sich nicht das Zeugnisverweigerungsrecht eines Vertrauensberufsträgers auf sie. § 97 Abs. 1 Nr. 3 schützt nicht zeugnisverweigerungsberechtigte Angehörige, dies ist nur in der Nr. 1 für schriftliche Mitteilungen gegeben. Folglich ist die Beschlagnahme der Schuhe zulässig.

201 Der Krankenhausarzt Dr. A. hat grobe Fehldiagnosen gestellt, die zu einer erheblichen Verschlechterung des Gesundheitszustandes mehrerer Patienten geführt haben. Jetzt wird ein Ermittlungsverfahren wegen fahrlässiger Körperverletzung gegen A. eingeleitet. In seiner Praxis lagern die Patientenblätter, aus denen sich die ärztlichen Untersuchungsergebnisse und Behandlungsmethoden des A. ergeben. Nachdem die Patientenblätter in dem gegen Dr. A. gerichteten Verfahren beschlagnahmt worden sind, ergibt deren Auswertung, dass A. auch zahlreiche nicht indizierte Schwangerschaftsabbrüche vorgenommen hat. Gegen die namentlich aus den Patientenblättern ersichtlichen Frauen, bei denen dies geschehen ist, werden neue Strafverfahren wegen § 218 Abs. 3 StGB eingeleitet.

202 Die Beschlagnahme der Patientenblätter durfte in dem gegen Dr. A. gerichteten Verfahren erfolgen. Zwar handelt es sich dabei an sich um Aufzeichnungen und ärztliche Untersuchungsbefunde, die nach § 97 Abs. 1 Nr. 2 und 3 nicht der Beschlagnahme unterliegen, wenn sich das ZVR eines Arztes darauf erstreckt. A. ist jedoch nicht Zeuge, sondern Beschuldigter. Mithin besitzt er kein ZVR, sondern nur ein Aussageverweigerungsrecht, das nach § 97 keinen Schutz genießt, denn die Vorschrift enthält kein berufsbezogenes Beschlagnahmeprivileg. Dies bedeutet aber nicht automatisch, dass die Unterlagen auch in den gegen die Patientinnen getrennt geführten Verfahren verwendbar sind, denn aufgrund des formellen Beschuldigtenbegriffs ist Dr. A. *dort* Zeuge und besitzt als Arzt ein ZVR. Daher wirkt sich § 97 in diesen gesonderten Verfahren als **Beweisverwertungsverbot** aus, sofern seine Voraussetzungen gegeben sind.

Da ein innerer Zusammenhang zwischen dem ärztlichen Behandlungsverhältnis und den Patientenblättern besteht und auch Dr. A. auch nicht von seiner Schweigepflicht entbunden worden ist[171], sind die Voraussetzungen des § 97 Abs. 1 Nr. 2, 3 gegeben. Essenzielle weitere Voraussetzung des § 97 ist jedoch nach Abs. 2 S. 1 der **Gewahrsam** des Zeugnisverweigerungsberechtigten. Ist der Beschuldigte oder ein Dritter im Besitz des Gegenstandes, greift ein Beschlagnahmeschutz nicht ein, selbst wenn der Zeugnisverweigerungsberechtigte unfreiwillig den Gewahrsam verloren haben soll[172]. Der zeugnisverweigerungsberechtigte Zeuge braucht nicht unbedingt alleiniger Inhaber des Gewahrsams zu sein. Teilt er sich jedoch den Gewahrsam mit dem Beschuldigten, so ist ein solcher Mitgewahrsam nicht ausreichend, um den Tatbestand des § 97 Abs. 2 S. 1

---

169 So aber LG Braunschweig NJW 78, 2108; München NJW 89, 536; dagegen wie hier: LG Fulda NJW 00, 1508 ff. m. w. N.; LG Berlin NJW 90, 1058; München NJW 84, 1191 f.
170 Z.B. nicht gegeben, wenn ein Verteidiger Beweisunterlagen nur „versteckt"; zu den Abgrenzungskriterien: LG Fulda NJW 00, 1509 f.
171 Dies hätte automatisch auch zum Entfallen des Beschlagnahmeverbots geführt, *MG-Köhler* § 97, 24 m. w. N. (ganz h. M.), a. A. *Gülzow* NJW 81, 267.
172 Anders bei Praxisübergabe, BVerfGE 32, 373. Ausgenommen von dem Gewahrsamserfordernis hat der Gesetzgeber lediglich die elektronische Gesundheitskarte.

zu begründen[173]. Der Gewahrsam des Zeugen ist nicht nur irgendeine beliebige weitere Voraussetzung des Beschlagnahme- und Verwertungsverbots, sondern sein stets zu beachtendes zentrales Element, das sich aus dem Schutzzweck der Regelung ergibt[174]. Nur dem zeugnisverweigerungsberechtigten Zeugen soll der Beweisgegenstand nicht weggenommen werden dürfen, weil *der Weg über ihn* die befürchteten Belastungen des familiären Friedens oder der Vertrauensverhältnisse auslösen könnte. Der Gegenstand als solcher soll dem Zugriff der Strafverfolgungsorgane nicht entzogen werden; sind diese in der Lage, sich das Objekt auf anderem Wege zu verschaffen, steht dem nichts im Wege[175].

Im Fall dürfte nun nicht etwa so argumentiert werden, dass in den Verfahren gegen die Frauen die Gewahrsamsvoraussetzung nicht erfüllt sei, weil Dr. A. schon vorher den Gewahrsam – wenn auch unfreiwillig – in seinem eigenen Verfahren verloren habe. Entscheidend ist nach den Wertungen des § 97, ob die jetzt zeugnisverweigerungsberechtigte Person der letzte Gewahrsamsinhaber vor dem Zugriff der Strafverfolgungsbehörden war, in welchem Verfahren auch immer dem Zeugen der Gewahrsam abgenommen wurde. Daher ist hier § 97 Abs. 1 S. 1 erfüllt.

Das bis dahin gegebene Beschlagnahmeverbot könnte aber gem. § 97 Abs. 2 S. 3 **verwirkt** worden sein. Die Beschränkungen der Beschlagnahme gelten danach nicht, wenn die zeugnisverweigerungsberechtigten Personen einer **Teilnahme** oder Begünstigung, Strafvereitelung oder Hehlerei verdächtig sind. Über den Wortlaut des Gesetzes hinaus ist dieses erst recht anzunehmen, wenn der Zeuge Mittäter ist[176]. Diese Einschränkung des Beschlagnahmeverbots spielt vor allem dann eine Rolle, wenn wegen getrennter Verfahren das ZVR des im weiteren Sinne Beteiligten erhalten bleibt. Der Verdacht muss auf **bestimmten Tatsachen** beruhen, was aber bei jedem zureichenden Verdacht (Anfangsverdacht) ohnehin der Fall ist, sodass die Neuformulierung des Gesetzes keine sachliche Änderung bedeutet. Beim Verteidiger genügt ein Anfangsverdacht aber nicht, weil angesichts der Weite des § 258 StGB dem Missbrauch durch die Ermittlungsbehörden Tür und Tor geöffnet wäre; daher ist in solchem speziellen Fall ein erhöhter Verdacht zu verlangen[177]. Auch gegenüber den ZVR berechtigten Medienangehörigen besteht eine gewisse Missbrauchsgefahr durch extensive Anwendung der Verwirkungsklausel nach Abs. 2 Satz 3, sodass für diese § 97 Abs. 5 festlegt, dass nur ein dringender Teilnahmeverdacht das Beschlagnahmeverbot entfallen lässt[178]. Entfällt der Verdacht gegen den Zeugen nachträglich, so bleibt es bei der einmal begründeten Verwertbarkeit[179]. Für die Verwirkung des Beschlagnahme- und Verwertungsverbots aufgrund Teilnahmeverdachts kommt es nicht darauf an, ob der Zeuge letztlich bestraft werden kann, sondern nur darauf, ob er „objektiv" in die Sache **verstrickt** ist[180]. Tatbestandsmäßige und rechtswidrige Begehung reicht aus, um solche objektive Verstrickung zu begründen; das Vorliegen von Schuld, Strafausschließungsgründen und Verfolgungshindernissen ist unerheblich.

Im Fall müssen Dr. A und die Frauen als Beteiligte einer Straftat nach § 218 StGB betrachtet werden, ungeachtet der Konstruktion des sog. Fremdabbruchs in § 218 Abs. 1

---

173 BGHSt 19, 374; LG Stuttgart wistra 90, 282; Fulda NJW 00, 1510.
174 Anders nur bei aus anderen Vorschriften begründeten Beschlagnahmeverboten wie für Verteidigerpost nach § 148; BGH NJW 73, 2035; 82, 2508; LG Mainz NStZ 86, 473; s. auch Rn. 92. Ebenso bei eigenen Verteidigungsunterlagen des Beschuldigten; auch auf Notebook: BVerfG NJW 02, 1410; unklare Begründung bei BGH NJW 98, 1963.
175 Unzutr. daher OLG Celle NStZ 89, 389.
176 KK-*Greven* § 97, 35.
177 Vgl. BGH NJW 73, 2035 („gewichtige Anhaltspunkte").
178 Dazu *Schork* NJW 12, 2694.
179 BGH NStZ 83, 85.
180 BGHSt 25, 169; *Schlüchter* 293.2; a. A. Welp JZ 74, 425.

StGB und des sog. Eigenabbruchs im dortigen Abs. 3. Er ist daher der Teilnahme i. w. S. verdächtig, sodass letztlich sich aus § 97 kein Beweisverwertungsverbot in den Verfahren gegen die Patientinnen ergibt[181]. Es greift auch kein Verwertungsverbot nach § 108 Abs. 2 ein, da sich diese Regelung dem eindeutigen Wortlaut und ihrer Systematik zufolge nur auf einstweilig in Beschlag genommene Zufallsfunde i. S. v. § 108 Abs. 1 bezieht, aber nicht auf solche, die – wie hier – nach den allgemeinen Zugriffsbestimmungen (§§ 94, 98) beschlagnahmt worden sind[182].

204 Der Beschuldigte B. hat kreditgebenden Banken geschönte Bilanzen vorgelegt, die er anhand der zutreffenden Bilanz als Arbeitsgrundlage gefertigt hatte. Die echten Bilanzen mit zugehörigen Unterlagen befinden sich bei seinem Steuerberater S., der auch das Mandat übernommen hat, laufend die Buchführung des B. zu besorgen. Daher lagern im Büro des S. auf EDV gespeichert umfangreiche Buchführungsunterlagen aus früheren Jahren, für die Steuererklärungen bereits abgegeben worden sind.

205 Die echten Bilanzen sind Beweismittel nach § 94, da sie geeignet sind, die wahren wirtschaftlichen Verhältnisse des B. und damit Täuschungshandlungen gegenüber den Banken festzustellen. Sie sind zwar keine Mitteilungen nach § 97 Abs. 1 Nr. 1 und auch keine Aufzeichnungen einer zeugnisverweigerungsberechtigten Person nach § 97 Abs. 1 Nr. 2, jedoch erfüllen sie als Urkunden den Begriff eines sonstigen Gegenstandes i. S. der Nr. 3, denn die Erstellung von Bilanzen, die als Anlage zur Steuererklärung gefertigt werden, gehört zur spezifischen Tätigkeit eines Steuerberaters. Das Beschlagnahmeverbot könnte deshalb greifen, da S. auch Gewahrsam an den echten Bilanzen besitzt. Eine Verstrickung des S. in die Betrugshandlungen des B. ist nicht ersichtlich. Das Beschlagnahmeverbot wird nach § 97 Abs. 2 S. 3 aber ebenfalls dann verwirkt, wenn der zu beschlagnahmende Gegenstand durch eine Straftat hervorgebracht (z. B. Falschgeld, Bekennerschreiben einer terroristischen Vereinigung[183]) oder zur Begehung einer Straftat gebraucht (z. B. Tatwaffe) oder bestimmt ist oder aus einer Straftat herrührt (z. B. Diebesgut). Deliktsgegenstände (**producta vel instrumenta sceleris**) sind meint beschlagnahmefähig. Dabei muss es sich nicht unbedingt um diejenige Straftat handeln, die Gegenstand des Verfahrens ist[184]. Da im Fall die echten Bilanzen als Arbeitsgrundlage zur Erstellung geschönter Bilanzen benutzt wurden, sind sie indirekt zur Begehung einer Straftat gebraucht worden. Allerdings ist mit ihnen nicht das Tatbestandsmerkmal des Betruges, die Täuschungshandlung, begangen worden. Es fragt sich, ob die Verwirkung der Beschlagnahme im Rahmen des § 97 Abs. 2 S. 3 auch *mittelbare* Tatwerkzeuge, d. h. solche, die zur Vorbereitung der Straftat benutzt wurden, erfasst[185]. Dies ist jedoch im Ergebnis abzulehnen, da § 97 Abs. 2 S. 3 im Gegensatz zu der ansonsten übereinstimmenden Formulierung des § 74 Abs. 1 StGB gerade die „Vorbereitung" nicht aufführt. Selbst wenn dies auf einem gesetzgeberischen Versehen beruhen mag, ist die objektive Gesetzesfassung damit eindeutig. Zwar kann es bei einer engen Auslegung des § 97 Abs. 2 S. 3 zu abweichenden Ergebnissen der Beschlagnahmemöglichkeiten nach §§ 94 ff. und 111b ff. kommen, die sich jedoch über das § 97 innewohnende Beweisverwertungsverbot regulieren lassen. Bei einem weiten Verständnis wären die Verwirkungstatbestände dagegen kaum noch abgrenzbar. Der Grundgedanke der Verwirkung des Beschlagnahmeverbots bei makelbehafteten Objekten passt auch nicht auf mittelbare

---

181 BGHSt 38, 144 ff. = NJW 92, 763 (Theissen); zust. BVerfG NJW 00, 3557.
182 S. Rn. 252.
183 So BGH NJW 96, 532 f.; BVerfG NJW 01, 507.
184 BGHSt 37, 245, 249.
185 So OLG Hamburg MDR 81, 603; *Freund* NJW 76, 02; a. A. LG Fulda NJW 00, 1511; Stuttgart NJW 76, 2030; Köln NJW 81, 1746. Um Annäherung bemüht durch restriktive, allerdings nicht überzeugende Interpretation des § 74 StGB: OLG Düsseldorf MDR 93, 69 f.

Tatwerkzeuge. Daher dürfen die echten Bilanzen bei Steuerberater S., die er in legitimer Ausübung seines Berufs erstellt hat, nicht beschlagnahmt werden.

Auch die **Buchführungsunterlagen** aus den früheren Jahren besitzen eine Beweisbedeutung nach § 94. Ein Beschlagnahmeverbot kann sich insoweit aus § 97 Abs. 1 Nr. 2 und 3 ergeben, da diese Aufzeichnungen und „andere Gegenstände" darstellen[186]. Jedoch „erstreckt" sich das ZVR nur dann auf den anderen Gegenstand, wenn ein innerer sachlicher Zusammenhang mit der spezifischen nach § 53 bezeichneten Funktion besteht; es genügt nicht, dass „zufälligerweise" ein Zeugnisverweigerungsberechtigter den Besitz daran hält[187]. Entscheidend ist also, ob der S. die Buchführungsunterlagen gerade aufgrund seiner beruflichen Aufgabe als Steuerberater nach § 53 Abs. 1 Nr. 3 oder aus anderen Gründen besitzt. Dabei ist dem BVerfG folgend davon auszugehen, dass Buchführungstätigkeit keine spezifische Steuerberatung darstellt[188]. Buchhalterische Tätigkeiten sind lediglich ein zusätzlicher Service, der von Steuerberatern neben ihrem eigentlichen Aufgabenbereich durch besondere Auftragserteilung übernommen werden kann. Daher erstreckt sich grundsätzlich das ZVR der Steuerberater nicht auf Unterlagen, die sich bei ihnen aufgrund der Übernahme einer externen Buchführung befinden[189]. Eine Ausnahme besteht nur für jene Belege, Rechenwerke und Aufzeichnungen, die der Steuerberater zur Erstellung einer noch abzugebenden Steuererklärung und ihrer Anlagen, d. h. auch der Steuerbilanz, benötigt und noch auswerten muss. Folglich dürfen bei S. die Buchführungsunterlagen des B. aus früheren Jahren beschlagnahmt werden. Dieses Ergebnis folgt aber nicht etwa schon daraus, dass sich ein Mitgewahrsam des Beschuldigten an den im Büro des Steuerberaters befindlichen Unterlagen konstruieren ließe[190]. Für § 97 Abs. 2 S. 1 kommt es allein auf die faktischen Verhältnisse und nicht auf zivilrechtliche Herausgabeansprüche oder Verfügungsrechte an.

206

> Der Sportwagenfahrer S. wird beschuldigt, bei einem Verkehrsunfall das Opfer O. fahrlässig getötet zu haben. Zu seiner Entlastung bringt S. vor, O. sei nicht an den Folgen eines Unfalls gestorben, sondern im Krankenhaus sei den Ärzten bei der Versorgung des O. ein Behandlungsfehler unterlaufen, der zu seinem Tode geführt habe. Dies ließe sich durch Beiziehung der Krankengeschichte beweisen, die auf den Krankenblättern der Klinik festgehalten sei. S. hatte aufgrund des Unfalls ebenfalls erhebliche Verletzungen erlitten, sodass er sofort operiert werden musste. Die im Rahmen der Operationsvorbereitung ihm abgenommene Blutprobe hatte ein Polizeikommissar beschlagnahmt und gerichtsmedizinisch untersuchen lassen. Sie ergab einen BAK von 1,99 ‰.

207

Die Krankenblätter besitzen im Verfahren gegen S. Beweisbedeutung für die Frage der Vorhersehbarkeit des pflichtwidrigen Erfolges, zumindest für das Strafmaß. Es liegen aber die Voraussetzungen des § 97 Abs. 1 Nr. 2 und 3 vor, da sich das ZVR der behandelnden Ärzte darauf erstreckt. Anders als § 52 setzt § 53 nicht eine bestimmte Beziehung zum Beschuldigten voraus; auch der Arzt des Opfers besitzt daher ein ZVR nach § 53 Abs. 1 Nr. 3. Mit dem Tode des O. ist weder das ZVR noch die Schweigepflicht

208

---

186 Keine „Entstehung" innerhalb des Vertrauensverhältnisses erforderl.; s. Rn. 200.
187 Vgl. z. B. nicht gegeben, wenn der Notar als Nachlassgericht tätig wird; LG Freiburg wistra 98, 35 f. Str. bei RA als Leiter der Rechtsabteilung eines Unternehmens, vgl. LG Mannheim NStZ 12, 713 f. Zu großzügig: LG Bonn NJW 02, 2261 (WP).
188 BVerfGE 59, 301; 59, 302.
189 BGH NStZ 81, 94; OLG Hamburg NJW 81, 603 (Wirtschaftsprüfer); LG Stuttgart wistra 85, 41; Berlin NJW 77, 725; Chemnitz wistra 00, 476; LG Dresden NJW 07, 2709; a. A. LG Aachen MDR 81, 160; München NJW 84, 1191; *Gülzow* NJW 81, 265; näher dazu: *Schuhmann* wistra 95, 50.
190 So aber LG Aachen MDR 85, 163; dagegen *Höser* MDR 82, 535.

der Ärzte (§ 203 StGB) entfallen, wenn O. nicht schon zu Lebzeiten eine Entbindung von der Schweigepflicht erklärt hat, was seinen Angehörigen oder gar Erben nicht zusteht[191]. Die behandelnden Ärzte sind im Verfahren gegen S. ungeachtet möglicher eigener strafrechtlicher Verstrickung nur Zeugen. Nach § 97 Abs. 2 S. 2 genügt in den Fällen des medizinischen ZVR auch der Gewahrsam einer Krankenanstalt. Eine Verwirkung des Beschlagnahmeverbots nach § 97 Abs. 2 S. 3 ist nicht gegeben, da sie an der Tat des S. nicht beteiligt sind, sondern sich höchstens als Nebentäter selbstständig strafbar gemacht haben[192]. Dem Wortlaut nach greift also das Beschlagnahmeverbot ein.

Der Anwendungsbereich der Vorschrift ist jedoch teleologisch in den Fällen zu reduzieren, in denen der Beschuldigte nicht mit dem Geheimnisgeschützten (Patient, Klient, Mandant usw.) identisch ist[193]. Der **Sinn und Zweck** des § 97 besteht nicht darin, das Vertrauensverhältnis zwischen Arzt und Patient in *jeder* Beziehung zu schützen, sondern nur solche Belastungen zu vermeiden, die sich daraus ergeben, dass der Arzt gezwungen sein könnte, den Strafverfolgungsbehörden Beweismaterial gegen seinen Patienten zu liefern. Der Patient braucht wegen § 97 nicht zu befürchten, dass Umstände, die er einem Arzt anvertraut, gegen ihn in einem Strafverfahren verwendet werden können. Dies lässt sich auch aus der Struktur der Vorschrift ablesen, denn es kann nicht angenommen werden, dass § 97 Abs. 1 Nr. 1 und Nr. 2, 1. HS eine völlig andere Zielrichtung verfolgen als die zu weit formulierten Nr. 2, 2. HS und Nr. 3. Entsprechendes gilt für die sonstigen in § 53 angeführten Vertrauensberufe. Daher setzt die Anwendung des § 97 – enger als das ZVR nach § 53 – stets voraus, dass die Vertrauensbeziehung gerade zu dem Beschuldigten besteht[194]. Dies wird verständlich, wenn man annimmt, dass die Vertrauensverhältnisse stärker belastet werden durch eine persönliche Zeugenaussage als durch die Duldung der Wegnahme von Gegenständen. Diese Rechtsprechung hat weitreichende Auswirkungen auch in ganz anderen Lebensbereichen. So erschwert sie nachhaltig die Funktion eines betrieblichen Compliance-Beauftragten durch einen Rechtsanwalt, da der Mandant – meist ein Unternehmen in der Rechtsform einer juristischen Person – regelmäßig nicht die Stellung eines Beschuldigten einnehmen kann[195]. Die Durchführung interner Ermittlungen[196] (*internal investigation*) durch Rechtsanwälte oder Wirtschaftsprüfer eröffnet damit regelmäßig den Ermittlungsbehörden den Zugriff auf die dabei angefallenen Unterlagen[197]. Vorsichtshalber werden in der Praxis solche Dokumente daher von vornherein im Ausland gelagert. Allerdings ist zu beachten, ob nicht aus verfassungsrechtlichen Gründen (**Privat- und Intimsphäre** gem. Art. 1 Abs. 1 i. V. m. Art. 2 Abs. 1 GG) die Beschlagnahme ärztlicher Unterlagen ausnahmsweise verboten ist. Dies kann aber nur unter besonderen Umständen bejaht werden (z. B. außergewöhnliches Geheimhaltungsinteresse wegen einer abstoßenden Krankheit). Ein generalisierendes Beschlagnahmeverbot für ärztliche Unterlagen lässt sich aus der Verfassung nicht ablesen; dies liefe auf die Behauptung hinaus, § 97 StPO sei verfassungswidrig[198].

---

191 Vgl. BGHZ 91, 392; BayObLG NJW 87, 1492; LG Fulda NJW 90, 2946 f.
192 Nebentäterschaft reicht – ebenso wie notwendige Teilnahme – in diesem Zusammenhang nicht aus, BGHSt 18, 227, 229.
193 Ganz h. M.; vgl. OLG Celle MDR 65, 225; Hamburg NJW 11, 942; LG Hildesheim NStZ 82, 394; Bielefeld StV 00, 12; zust. BVerfG NJW 09, 281 f.; a. A. *Samson* StV 00, 55; AK-*Amelung* § 97, 14 f.; offen gelassen bei BGH NJW 98, 840.
194 BVerfG NJW 18, 2385; eine Ausnahme macht BGH NJW 98, 840 nur für den Fall, dass der Zeuge ursprünglich Mitbeschuldigter war und nur durch nachträgl. Verfahrenstrennung in die Zeugenrolle gedrängt wurde.
195 Ausnahme nach § 30 OWiG als Betroffener nach § 130 OWiG oder als Einziehungsbeteiligter nach § 428 Abs. 1 S. 2 StPO; *Schneider* NStZ 16, 309.
196 Dazu LG Stuttgart wistra 18, 402; Braunschweig wistra 16, 40; *Karami* NZWiSt 19, 389; Anders wistra 14, 329; *Mommsen* NJW 18, 2362.
197 BVerfG NJW 18, 2385 (Jones Day); näher *Cornelius* NJW 17, 3751.
198 Zu weitgehend daher LG Hamburg NJW 90, 780 f.; zutreffend dagegen LG Fulda NJW 90, 2946 f. Wie hier restriktiv: BGH NJW 98, 840.

Dagegen war es im Ausgangsfall mit § 97 unvereinbar, die zum Zwecke der Operationsvorbereitung des S. entnommene Blutprobe zu beschlagnahmen, denn S. ist Beschuldigter. Die Erwägung, der Schutzzweck des § 97 treffe nicht zu, weil § 81a ohne Rücksicht auf das ärztliche ZVR die Entnahme von Blutproben des Beschuldigten zulasse[199], führt in die Irre. Denn es ist unerheblich, ob die in § 97 Abs. 1 genannten Objekte auch auf andere Weise beschafft werden könnten. Maßgeblich für das Eingreifen des § 97 ist, dass der Weg über den Zeugnisverweigerungsberechtigten gegangen werden soll. Der Schutzzweck, dass der behandelnde Arzt nicht gezwungen werden darf, Beweismaterial gegen seinen Patienten in einem gegen diesen gerichteten Verfahren herauszugeben, ist im Falle der Blutprobe des S. in jeder Beziehung einschlägig.

c) Herausgabepflichten bei Beweismitteln

209 Gegen das Vorstandsmitglied M. eines Automobilherstellers wird wegen des Vorwurfs des Verrats von Geschäftsgeheimnissen (strafbar nach § 23 Geschäftsgeheimnis-Schutzgesetz) ermittelt. Eine umfangreiche richterlich angeordnete Beschlagnahme- und Durchsuchungsaktion auf dem Konzerngelände nach kopierten Unterlagen seines früheren Arbeitgebers bleibt im Wesentlichen erfolglos, obwohl Staatsanwalt S. aufgrund konkreter Zeugenangaben weiß, dass sich diese Papiere in der persönlichen Obhut des Vorstandsvorsitzenden V. irgendwo auf dem Firmengelände befinden. S. verlangt von V. aber formell die Herausgabe der bezeichneten Unterlagen und droht ihm Zwangsmittel an, wenn dieser seinem Verlangen nicht nachkomme.

210 Befinden sich Gegenstände, die für das Verfahren als Beweismittel von Bedeutung sein können, im Gewahrsam einer Person, so kann nach § 95 ein **Herausgabeverlangen** an sie gerichtet werden. Das Herausgabeverlangen löst eine Vorlage- und Auslieferungspflicht (sog. Editionspflicht) aus, die mit den in § 70 bestimmten Ordnungs- und Zwangsmitteln aufgrund richterlicher Anordnung durchgesetzt werden kann. Im Gegensatz zur isolierten Anwendung der §§ 94, 98, bei welcher der Betroffene nur zur passiven Duldung des Vollzuges einer Beschlagnahme verpflichtet ist, muss der Gewahrsamsinhaber den geforderten Gegenstand auf Verlangen nach § 95 aktiv übergeben. Das Gesetz sieht nur die Pflicht zur Vorlage und Auslieferung *vorhandener* Gegenstände vor; weitergehende Arbeitsleistungen brauchen nicht erbracht zu werden. Bedenklich ist daher die Ansicht, dass aufgrund eines Herausgabeverlangens nach § 95 auch die Verpflichtung bestehen soll, auf EDV gespeicherte Daten auszudrucken[200]. Die Editionspflicht nach § 95 erleichtert den Ermittlungsbehörden den Zugriff auf Beweisgegenstände, die sie sonst nur aufgrund einer aufwendigen Durchsuchung oder gar nicht finden würden, deren Gewahrsamsinhaber sie aber kennen. Freilich ist ein Vorgehen nach § 95 wenig sinnvoll, wenn damit gerechnet werden muss, dass bei Ausspruch des Verlangens die geforderten Gegenstände überhaupt erst einmal beiseite geschafft werden. Das ist aber z. B. bei Banken und Behörden[201] regelmäßig nicht der Fall. § 95 ersetzt nicht die Anordnung der Beschlagnahme der herausverlangten Gegenstände gem. §§ 94, 98[202], die vor oder nach ihrer Übergabe angeordnet werden kann. Angesichts des formellen Charakters des auf § 95 gestützten Herausgabeverlangens ist ein Fall der freiwilligen Herausgabe und damit der formlosen Sicherstellung kaum vorstellbar. Strikt von § 95 zu unterscheiden ist der Fall der isolierten Beschlagnahme nach §§ 94, 98, bei welcher die vollziehenden Strafverfolgungsbeamten den Gewahrsamsinhaber informell zur Aus-

---

199 So OLG Celle NStZ 89, 385; Zweibrücken NJW 94, 810.
200 So OLG Bremen NJW 76, 685; Oldenburg CR 88, 679; aber bei der Rasterfahndung nach § 98a Abs. 2.
201 Bei Letzteren ist allerdings § 96 zu beachten, BGH NJW 81, 1052; s. Rn. 108a; ferner der bereichsspezifische Datenschutz, vgl. Fn. 118.
202 Diff. *MG-Köhler* § 95, 1.

händigung der beschlagnahmten Sache auffordern, um ihm so Gelegenheit zu geben, die Anwendung unmittelbaren Zwangs zur Wegnahme der Sache abzuwenden.

211 Obwohl aus dem Gesetzeswortlaut nicht ersichtlich, kommt ein Herausgabeverlangen nach § 95 an den *Beschuldigten* selbst nicht in Betracht, da dieser nach allgemeinen Grundsätzen nicht dazu verpflichtet ist, aktiv an dem gegen ihn gerichteten Verfahren mitzuwirken (Passivitätsprinzip)[203]. An den Beschuldigten M. könnte daher ein formelles Herausgabeverlangen nicht gerichtet werden, obwohl er sehr wohl passiv die Beschlagnahme hinnehmen müsste. Dagegen ist V. tauglicher Adressat des Verlangens, zumindest dann wenn ihm auch kein Auskunftsverweigerungsrecht nach § 55 zustünde. Gegenüber Zeugen kann selbst dann ein Herausgabeersuchen erfolgen, falls sie zeugnisverweigerungsberechtigt sind; gegen diese ist nach § 95 Abs. 2 S. 2 lediglich die Anwendung von Zwangsmitteln ausgeschlossen (sog. unvollkommene Verpflichtung), was ihnen aber nicht unbedingt mitgeteilt werden muss[204]. Davon ist die Frage zu unterscheiden, auf welche Beweismittel, also *sächlich*, das Verlangen erstreckt werden darf. Hier ist aufgrund der Bezugnahme des Gesetzes auf § 94 ebenfalls § 97 zu beachten, d. h. unterliegt der Gegenstand einem Beschlagnahmeverbot, so darf auch kein förmliches Herausgabeverlangen erfolgen.

212 Umstritten ist, *wer* das Herausgabeverlangen nach § 95 aussprechen darf. Teilweise wird vertreten, dass **§ 98 analog** gelte mit der Folge, dass grundsätzlich der Richter, bei Gefahr im Verzug die StA und ihre Ermittlungspersonen zuständig seien[205], wobei es praktisch den Fall der Gefahr im Verzug kaum geben dürfte. Überzeugender erscheint die Ansicht, dass wie bei § 81b 1. Alt. **jedes** für den jeweiligen Verfahrensabschnitt zuständige **Strafverfolgungsorgan** (StA, Polizei, Gericht) die Herausgabe ohne zusätzliche Voraussetzungen verlangen kann[206]. Denn die analoge Anwendung des § 98 scheitert an der unterschiedlichen Interessenlage bei der Beschlagnahme und dem Herausgabeverlangen. Der Richtervorbehalt rechtfertigt sich bei der Beschlagnahme deshalb, weil eine wirksame Kontrolle nur vorweg erfolgen und der Anordnung direkt die Anwendung unmittelbaren Zwangs folgen kann. Dagegen löst das Herausgabeverlangen keine sofortigen Wirkungen aus. Die Verhängung der Beugemittel nach § 95 Abs. 2 ist in jedem Fall dem Richter vorbehalten, sodass die richterliche Kontrolle gewahrt bleibt, bevor den Bürger irgendwelche nachteiligen Folgen treffen könnten. Eine doppelte richterliche Kontrolle der Anordnungen nach § 95 erscheint aber überzogen. Außerdem ist zu beachten, dass für die nach Übergabe der Sache notwendige Sicherstellung selbst in aller Regel eine formelle Beschlagnahmeanordnung gem. § 98 erforderlich ist, da keine Freiwilligkeit vorliegt. Ist die Beschlagnahmeanordnung schon vorweg ergangen – wovon im Fall auszugehen ist – kann jeder Strafverfolgungsbeamte zur Beschaffung der Sache ohne weitere Voraussetzungen § 95 anwenden, so wie er auch eine Beschlagnahmeanordnung vollziehen dürfte. Daher war Staatsanwalt S. zur Anordnung befugt; Gefahr im Verzug ist nicht zu fordern.

213 Im Rahmen der Ermittlungen gegen die Mitglieder einer terroristischen Vereinigung (§ 129a StGB), die sich zu mehreren Mordanschlägen gegen Wirtschaftsführer bekannt hat, entwickeln die Fahnder ein charakteristisches Profil für die Wohnungen, in denen die Terroristen in ihren Ruhe- und Vorbereitungsphasen Unterschlupf finden. Diese erfüllen folgende Merkmale: Wohnung in einem Hochhaus mit wenigs-

---

203 Allg. Ans., *MG-Köhler* § 95, 5.
204 A.A. *MG-Köhler* § 95, 6, wo aber nicht ausreichend zwischen persönl. und sachl. Anwendungsbereich des § 95 unterschieden wird.
205 LG Bonn NStZ 83, 327; Stuttgart NJW 92, 2646; Düsseldorf wistra 93, 199; *Braczyk* wistra 93, 57.
206 LG Lübeck NJW 00, 3148; AG Arnsberg wistra 85, 205; MG § 95, 2; *Klinger* wistra 91, 17.

tens 50 Einheiten, Nähe Autobahnanschluss, Tiefgarage mit Fahrstuhl unmittelbar erreichbar, nach Anmietung zunächst mehrere Monate kaum Strom- und Wasserverbrauch u. a. Die Ermittlungsbehörden hätten gern von bestimmten Elektrizitätswerken die näher bezeichneten Abrechnungsdaten ihrer Kunden, um diese maschinell mit Daten anderer Stellen abgleichen zu können, sodass sich eine begrenzte Zahl von Wohnungsinhabern herausfiltern lässt, die man observieren will.

Ähnlichkeiten mit der Editionspflicht nach § 95 weist § 98a Abs. 2 auf, wonach zum Zwecke der **Rasterfahndung** speichernde Stellen – Behörden ebenso wie Private – die für einen maschinellen Abgleich erforderlichen Daten aus ihren Datenbeständen auszusondern und den Strafverfolgungsbehörden zu übermitteln haben. Das Wesen der Rasterfahndung liegt in einem *automatisierten* Abgleich personenbezogener Daten, die vermutlich auch auf den Täter (bzw. Teilnehmer) zutreffen, mit anderen Daten, um so entweder Nichtverdächtige auszuschließen (**negative** Rasterfahndung) oder **positiv** Personen festzustellen, die in den weiter einzuengenden Kreis der Zielpersonen der Fahndung fallen[207]. Gemeint ist damit aber nur der Abgleich von Daten, die von Dritten gespeichert wurden, nicht von den Strafverfolgungsbehörden selbst (vgl. § 98c). Der Ausgangsfall stellt ein Beispiel erfolgversprechender Anwendung dieser Fahndungsmethode dar, die wegen der Menge der zu verarbeitenden Daten nur mit den Mitteln der elektronischen Datenverarbeitung bewältigt werden kann. Die Verpflichtungen speichernder Stellen nach § 98a Abs. 2 gehen insofern über § 95 hinaus, als nicht nur die körperliche Übergabe eines im Gewahrsam befindlichen Beweismittels (auch Datenträgers), sondern sogar gewisse Arbeitsleistungen verlangt werden können, die in der **Aussonderung** beschränkter Datensätze und Unterstützung bei der Durchführung des Abgleichs selbst auf Anforderung der StA (§ 98a Abs. 4) bestehen können[208]. Keine Übermittlungsverpflichtungen bestehen, soweit der bereichsspezifische Datenschutz beeinträchtigt wäre (vgl. § 98b Abs. 1 S. 6), Sperrerklärungen gem. § 96 vorliegen oder Beschlagnahmeverbote nach § 97 eingreifen (§ 98b Abs. 1 S. 7). Die gegenüber der speichernden Stelle anzuwendenden Zwangsmittel entsprechen grundsätzlich § 95 Abs. 2, jedoch mit der Erweiterung, dass bei Gefahr im Verzug auch die StA Ordnungsgelder verhängen darf (§§ 98a Abs. 5, 98b Abs. 2).

Die Voraussetzungen der Rasterfahndung werden in § 98a Abs. 1 eingehend festgelegt. Dabei muss es sich zunächst um eine **Straftat von erheblicher Bedeutung** handeln. Diese ist ein vom Gesetz nicht näher definierter Schlüsselbegriff, der auch in zahlreichen weiteren durch das OrgKG eingeführten Vorschriften auftaucht[209]. In Anlehnung an die Begründung des Entwurfs des StVÄG 1989 können darunter Straftaten verstanden werden, die den Rechtsfrieden empfindlich stören oder geeignet sind, das Gefühl der Rechtssicherheit der Bevölkerung erheblich zu beeinträchtigen[210]. Dieses soll u. U. auch schon bei mittlerer Kriminalität gegeben sein (z. B. Eigentumsdelikte), wenn es sich um Seriendelikte oder solche mit hohem Gesamtschaden für die Allgemeinheit handelt. Jedoch reicht diese Voraussetzung der Rasterfahndung noch nicht aus: *hinzutreten* muss, dass die Straftat von erheblicher Bedeutung in eines der **katalogmäßig** in § 98a Abs. 1

---

207   Zu den Einzelheiten dieser Fahndungsmethode: *Witting* JuS 97, 961. Auch polizeirechtl.: VG Trier NJW 02, 3268 (Bank); VGH Kassel NJW 03, 2115 (Hochschule); dagegen nicht bei Auskunftsverlangen an Kreditkartengesellschaft: BVerfG NJW 09, 1405.
208   Finanzielle Entschädigung in § 17a ZuSEG vorgesehen.
209   § 100h Abs. 1 Satz 1 Nr. 2 (Observationsmittel), Rn. 228; § 110a (Verdeckter Ermittler), Rn. 265b; § 163e (Polizeil. Beobachtung), Rn. 242b; längerfristige Observation (§ 163f), s. Rn. 228a. Auch in diesen Fällen gilt die Verwendungsbegrenzung nach § 479 Abs. 2 S. 1, KG NStZ 19, 429.
210   BT-Drucks. 11/7663, S. 35; BVerfG NJW 01, 880; 04, 1010; *Möhrenschlager* wistra 92, 326 f.; aber nicht § 370 AO, *Kramer* NJW 14, 1561.

Nr. 1 bis 6 bezeichneten Gebiete fällt (z. B. Rauschgiftdelikt, Straftaten gegen Leib oder Leben, gewerbs- oder gewohnheitsmäßig u. a.). Im Ausgangsfall wäre die Nr. 2 (Staatsschutz) einschlägig, da § 129a StGB in § 120 Abs. 1 Nr. 6 GVG aufgeführt ist; außerdem ist Nr. 4 gegeben. Dass insoweit auch eine Straftat von erheblicher Bedeutung vorliegt, versteht sich von selbst. Die an sich unsinnige Kumulation beider Voraussetzungen ist Ergebnis eines politischen Kompromisses zwischen zwei ursprünglich alternativ gedachten Konzeptionen, die Voraussetzungen der Rasterfahndung gesetzlich zu fassen.

216 Die beschriebenen Voraussetzungen der Rasterfahndung müssen nicht nur für die Begründung der Übermittlungsverpflichtung der speichernden Stelle, sondern auch für den **Datenabgleich** selbst gegeben sein[211]. Dies ist Regelungsgegenstand des Absatzes 1, weil der Gesetzgeber in der Rasterfahndung „besondere Gefahren der automatisierten Datenverarbeitung" zu erkennen glaubte. Daher sollen ausdrücklich nach der amtlichen Entwurfsbegründung die materiellen und formellen Voraussetzungen der §§ 98a, b auch dann gelten, wenn die Daten **freiwillig** herausgegeben werden[212]. Insofern weist die Vorschrift jedoch schwerwiegende innere Widersprüche auf, da die Regelung – so der Gesetzestext wörtlich – „unbeschadet §§ 94, 110, 161" gilt. Damit ist gemeint, dass von §§ 98a, b die Möglichkeit unberührt bleibe, Datenträger des Beschuldigten oder Dritter zu beschlagnahmen und *auszuwerten*, soweit diese als Beweismittel nach §§ 94 ff. **beschlagnahmt** werden dürfen[213]. Die Diskrepanz erklärt sich daraus, dass die Verfasser der Bestimmungen über die Rasterfahndung von einer unzutreffend engen Vorstellung der potenziellen Beweisbedeutung nach § 94 ausgingen und meinten, hierbei sei „die Beweiseignung i. S. d. § 94 noch nicht erreicht"[214]. Das ist jedoch falsch, da alle Gegenstände, „die für die Untersuchung von Bedeutung sein können" von § 94 erfasst werden, also unstrittig auch solche, die nicht nur den eigentlichen Täterschaftsnachweis betreffen, sondern deren Beweisbedeutung sich im Vorverfahren erledigt, nur Hilfe bei der Fahndung und Festnahme leisten und bei denen lediglich ein Auswertungsinteresse besteht („sein können")[215]. Trotz der missverständlichen Gesetzesformulierung („unbeschadet §§ 94...") müssen §§ 98a, b daher als speziellere Regelung für den Abgleich solcher Daten betrachtet werden, die ausschließlich unter dem Gesichtspunkt der Überprüfung eines Fahndungsprofils Verfahrensbedeutung besitzen. Sonst liefen die neuen Bestimmungen ins Leere.

217 Die Frage des Verhältnisses der Rasterfahndung zu §§ 94 ff. ist auch deshalb von so großer Bedeutung, weil § 98b eingehende formelle Anforderungen an den Datenabgleich und die Übermittlung stellt. Grundsätzlich ist für die Anordnung nur das **Gericht** zuständig, bei Gefahr im Verzug auch die StA, deren Eilanordnung aber – anders als bei der Beschlagnahme nach § 98 Abs. 2 – ohne richterliche Bestätigung nach drei Tagen außer Kraft tritt. Ermittlungspersonen der StA sind auch bei Gefahr im Verzug *nicht* anordnungsbefugt. Für die Anordnung ist Schriftform und ein ganz bestimmter Inhalt vorgeschrieben (§ 98b Abs. 1 S. 4 und 5)[216]. Für die Abwicklung nach **Beendigung** der Maßnahme enthalten die Abs. 3 und 4 verschiedene Regelungen (Rückgabe von Datenträgern, Löschung von Kopien, Benachrichtigungen u. a. auch des zuständigen Datenschutzbeauftragten). Da die Rasterfahndung nur bei Verdacht bestimmter Straftaten zulässig ist, dürfen die dabei gewonnenen Erkenntnisse dem allgemeinen in

---

211 BT-Drucks. 11/7663, S. 35 f.; der manuelle Datenabgleich bleibt unabhängig von den Voraussetzungen der §§ 98a, b zulässig.
212 BT-Drucks. 11/7663 S. 35 f.
213 Allg. Ans. *MG-Köhler* § 98a, 8; *Hilger* NStZ 92, 460.
214 BT-Drucks. 11/7663, S. 36.
215 S. Rn. 189 m. w. N.
216 Daher unzutr. LG Ravensburg NJW 01, 385, wo bei einer Anordnung nach § 12 FAG (jetzt: § 100 g StPO) offen gelassen wird, ob auch eine Rasterfahndung vorlag.

§ 479 Abs. 2 folgenden Prinzip nur zur Aufklärung solcher Straftaten herangezogen werden, die eventuell nicht Gegenstand der Anordnung nach §§ 98a, b waren, sachlich aber die Voraussetzungen nach § 98a erfüllen[217].

Abzugrenzen von den Vorschriften der Rasterfahndung ist der maschinelle Abgleich zur Aufklärung einer Straftat bzw. der Ermittlung des Aufenthalts einer Person mit Daten, die zur **Strafverfolgung** (einschließlich Strafvollstreckung) oder zur **Gefahrenabwehr** gespeichert worden sind. Hierfür gelten nach § 98c keine besonderen materiellen und formellen Voraussetzungen („kleiner" Datenabgleich). Dies leuchtet unmittelbar ein bei den *eigenen* Dateien von StA und Polizei, deren Benutzung bei den Ermittlungen ohne Einschränkungen und sofort möglich sein muss, z. B. der Personenauskunftsdatei einer Landespolizei, des zentralen staatsanwaltschaftlichen Verfahrensregisters (§ 492) oder der elektronisch geführten Zentralkartei einer StA, wo alle einmal dort anhängigen Verfahren registriert sind. Jedoch geht der Wortlaut des § 98c weiter, weil er nicht an die speichernde Stelle, sondern an die Zweckbestimmung der Daten anknüpft. Daher werden auch externe Dateien erfasst; ausdrücklich nennt die amtliche Begründung beispielhaft die Dateien der **Einwohnermeldeämter**[218]. Vor allem die zur Gefahrenabwehr gespeicherten Daten finden sich nicht nur bei den Polizeivollzugsdiensten, sondern – denkt man an die zahlreichen Gebiete des besonderen materiellen Polizeirechts – bei einer kaum übersehbaren Vielzahl von Behörden (z. B. auch Umweltschutzbehörden)[219]. Grenzen setzt hier nur der bereichsspezifische Datenschutz (§ 98c S. 2).

6. Telekommunikationsüberwachung und Einsatz technischer Mittel

Gegen den Wirt eines Gourmetrestaurants G. wird seit längerem wegen gewerbsmäßigen Kokainhandels ermittelt. Die StA erwirkt einen richterlichen Beschluss, wonach für drei Monate der Fernsprechanschluss des G. überwacht und Telefongespräche auf Tonband aufgezeichnet werden dürfen. Aufgrund der Überwachungsmaßnahme werden zahlreiche Rauschgiftkonsumenten aus der Schickeria der Stadt bekannt, die ihre Bestellungen bei G. telefonisch aufgeben. Ferner wird ein Gespräch aufgezeichnet, aus dem sich ergibt, dass G. einige Gäste seines Etablissements mit der Drohung einer Veröffentlichung peinlicher Intimitäten aus ihrem Privatleben erpresst und er selbst in einem Unterhaltsprozess einen Meineid geschworen hat. Schließlich erfährt der mit der Durchführung der Abhörmaßnahme betraute Kriminalmeister K., dass G. einen Schläger gedungen hat, der demnächst einen Gast übel zurichten soll, weil dieser den G. mehrfach um die Zeche geprellt hat. Nach dieser Zuspitzung der Lage überlegen StA und Polizei, ob sie nicht zusätzlich die Anordnung einer akustischen Raumüberwachung des Gastraums und der Privatwohnung des G. veranlassen sollten, um diese Räumlichkeiten dann „verwanzen" zu können.

Ermächtigungsgrundlage zur Überwachung der **Telekommunikation** ist § 100a (abgekürzt: TKÜ). Telekommunikation ist die Übermittlung von Informationen auf ferntechnischem Weg, also mittels elektromagnetischer Wellen oder Signale; ob sie leitungsgebunden oder drahtlos, analog oder digital, offen oder verdeckt erfolgt, ist ohne Belang wie die Länge des Übermittlungswegs, die sinnliche Wahrnehmbarkeit des Übermittelten

---

217 Selbstständig neben §§ 98a, b StPO steht der eigentlich in die StPO gehörige § 24c KWG, der es ohne weitere Voraussetzungen allen Strafverfolgungsorganen bei einem Anfangsverdacht beliebiger Straftaten erlaubt, bei der Bundesanstalt für Finanzdienstleistungen die Bankverbindungsdaten aller Bürger zu erfragen. Das BVerfG NJW 07, 2464 hat diese verfassungsrechtlich höchst fragwürdige Ermächtigungsgrundlage nicht beanstandet.
218 BT-Drucks. 11/7663, S. 37. Zur Datenübermittlung nach Personalausweisgesetzes: OLG Frankfurt NJW 97, 2963.
219 Zur Verwendbarkeit von Erkenntnissen des BND für das Strafverfahren: BVerfG NJW 00, 55.

oder die Frage, ob Massen-, Individual- oder Maschinenkommunikation vorliegt; entscheidend ist die fehlende Verkörperung der zunächst übermittelten, dann empfangenen und schließlich wiedererzeugten Information[220]. Den früher gebräuchlichen Ausdruck „Fernsprechverkehr" verwendet das Gesetz nicht mehr, da es nicht nur um die Überwachung und Aufzeichnung des gesprochenen Wortes geht, sondern gleichermaßen auch Telefax, Fernschreibdienst und die Datenübertragung in Computernetzen (auch im Internet) erfasst werden[221]. Der Anwendungsbereich der TKÜ-Regelung in der StPO ist maßgeblich erweitert worden. Während früher nur der *öffentliche* Fernmeldeverkehr betroffen war, gilt § 100a, b nunmehr immer dann, wenn Telekommunikations*dienste* erbracht werden, wobei es nicht mehr darauf ankommt, ob dies geschäftsmäßig geschieht. Damit werden nicht nur private Anbieter von Telekommunikationsdienstleistungen erfasst, sondern auch Clubtelefone, Nebenstellenanlagen in Hotels und Krankenhäusern sowie in Betrieben und Behörden[222]. Ganz eindeutig fallen auch Provider unter den Begriff des Telekommunikationsanbieters[223], was noch eine inzwischen durch die Rechtsprechung des BVerfG[224] überholte Meinung für beim Provider „ruhende" E-Mails bestritten und in diesen Fällen – aus der Luft gegriffen – die analoge Anwendung des § 99 propagiert hatte[225]. Die Beschlagnahme von auf dem E-Mail-Server eines Providers befindlichen E-Mails macht sich die spezifischen technischen Zugriffsmöglichkeiten eines Telekommunikationsdienstleisters zunutze und greift damit selbstverständlich in das Fernmeldegeheimnis nach Art. 10 GG ein. Bis dahin ist dem BVerfG zu folgen. Verblüffend aber ist, dass das BVerfG in der zitierten Entscheidung die Jahrzehnte lang allseits akzeptierte Auffassung aufgibt, dass aufgrund eines gesetzgeberischen Regelungskonzepts in Telekommunikationsinhalte nur unter den Voraussetzungen des § 100a eingegriffen werden könne, und von nun an als Eingriffsermächtigung § 94 genügen lässt[226]. Die sich daraus ergebenden Wertungswidersprüche versucht das BVerfG durch leicht erhöhte Verhältnismäßigkeitsanforderungen an die Beschlagnahme zu entschärfen, die aber noch nicht einmal so weit gehen, dass eine Straftat von erheblicher Bedeutung erforderlich wäre[227]. Es genügt auch der übliche Anfangsverdacht; er darf nur nicht „vage" sein. Dagegen bleibt es bezüglich des Abhörens des gerade gesprochenen Wortes – wie im Ausgangsfall bei der Überwachung des Fernsprechverkehrs des G. – dabei, dass die wesentlich engere Ermächtigungsgrundlage des § 100a anzuwenden ist; dies gilt damit auch für das Abfangen eines Faxes oder einer gerade auf ihrem Weg zum Empfänger befindlichen E-Mail. Das Mithörenlassen eines Anrufs am Telefonapparat über Verstärker oder Zweithörer ist dagegen nicht als Maßnahme nach §§ 100a, b einzustufen ist[228].

---

220 BVerfG NJW 16, 3508 f.; auch Eingriffe deutscher Behörden in ausländische Telekommunikation wird von Art. 10 GG erfasst, BVerfG NJW 20, 2235 (BND).
221 Vgl. § 3 Nr. 16 TKG; so *Felixberger* CR 98, 144; *Bär* CR 98, 434. Auch bei ungewolltem Raumgespräch, BGH NJW 03, 2034; NStZ 19, 550: Verwertung im Strafverfahren zul.; aber nicht bei OWi, OLG Oldenburg NJW 19, 623; StV 17, 15.
222 BT-Drucks. 13/3609, S. 53. Ebenso sog. corporate networks (ein Konzernunternehmen betreibt das Netz für andere verbundene Unternehmen); *Felixberger* CR 98, 144.
223 § 3 Nr. 5 TKG; s. dazu *Schuster*, in: Beck'scher TKG-Kommentar, 2. Aufl., 2000, § 4, 4b (für Accessprovider) und 4c (für Email-Dienste).
224 BVerfGE 124, 43 = NJW 09, 2431.
225 So BGH NJW 09, 1828; LG Ravensburg NStZ 03, 325.
226 BVerfG NJW 09, 2434.
227 BVerfGE 124, 43, 62 ff.; BVerfG NJW 10, 1297: Verletzung des Übermaßverbots bei Beschlagnahme des gesamten Datenbestandes auf dem Mailserver.
228 BVerfG StV 00, 467, 472 (Zweithörer); s. auch Rn. 153. Einseitiger Verzicht nach BVerfG NJW 08, 822, 835 mögl.; vgl. auch BGH NJW 94, 596 ff.

Die Ermittlungen **220a, 220b**

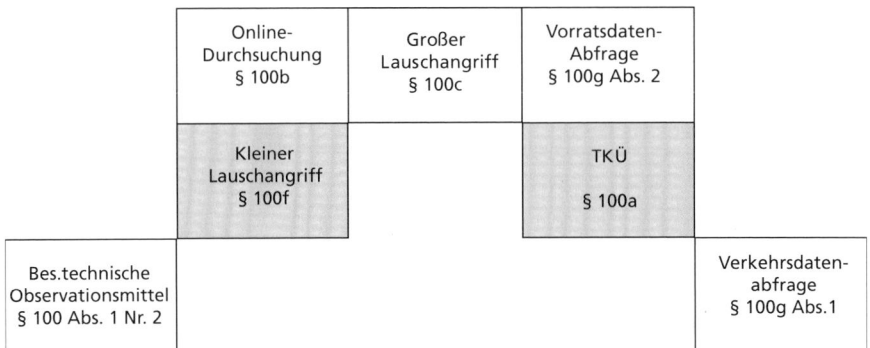

Abb. 12: Arten des Lauschangriffs

Das Auslesen der gespeicherten Daten eines beim *Benutzer* sichergestellten **Handys** – seien es die Kommunikationsinhalte wie SMS, seien es die Verbindungsdaten wie Rufnummern der Anrufer – ist nicht als Eingriff in das Fernmeldegeheimnis anzusehen, sodass eine Beschlagnahme nach § 94 genügt[229]. Voraussetzung dafür ist allerdings, dass der eigentliche Kommunikationsvorgang bereits abgeschlossen ist und der Datenzugriff im Herrschaftsbereich des Telekommunikationsteilnehmers (und nicht etwa des Anbieters der Telekommunikationsdienste) erfolgt. Zwar endet die Reichweite des grundrechtlichen Schutzes nach Art. 10 GG nicht in jedem Fall am Endgerät der Telekommunikationsanlage; bei Einsatz von Abhörtechniken am Endgerät wird nach Auffassung des BVerfG, das insofern das sog. Steckdosenprinzip ablehnt, in Art. 10 GG eingegriffen, solange noch der Kommunikationsvorgang gerade stattfindet[230]. *Nach dessen Abschluss* jedoch stellt der Zugriff auf die *im Herrschaftsbereich des Benutzers* gespeicherten Daten keine spezifische Gefahr dar, die durch die Übertragungstechniken räumlich distanzierter Kommunikation bewirkt wurde. Der Vorgang entspricht in etwa der Beschlagnahme eines Telefaxes, welches der Empfänger in seine Ablage gelegt hat.[231] Zweifelhaft könnte dies bei in einer Cloud ausgelagerten Daten sein; nach § 111 Abs. 3 S. 2 kann auf diese aber im Rahmen einer Durchsuchung zugegriffen werden[232]. **220a**

Der Schutz des Fernmeldegeheimnisses erstreckt sich zwar auch auf die Kommunikationsdienste wie das Internet (z. B. Überwachung des Email-Verkehrs), aber eben nicht mehr nach Abschluss der Kommunikation und der Speicherung von Nachrichten auf der Festplatte des PC eines Nutzers (anders beim Provider), sodass unter dem Aspekt des Art. 10 GG insoweit eine Schutzlücke besteht. Diese hat das BVerfG durch die Kreation eines neuen aus Art. 1 i. V. m. Art. 2 Abs. 1 GG abgeleiteten Grundrechts geschlossen, dem „Grundrecht auf Gewährleistung der Vertraulichkeit und Integrität informationstechnischer Systeme"[233]. Danach ist die sog. **Online-Durchsuchung**, d. h. das heimliche Ausspähen von Informationsinhalten, die auf Computern, aber auch anderen komplexen informationstechnischen System gespeichert sind, nur unter den engsten Voraussetzungen zulässig. Schwerste Straftaten, z. B. solche gegen den Bestand des Staates, mögen solche eine Maßnahme einmal rechtfertigen. Der 2017 neu gefasste § 100b führt gleichwohl bei nach Abs. 2 gesetzlich definierten besonders schweren Straftaten die online-Durchsuchung ins Strafverfahren ein, obwohl die Regelung schwerlich den **220b**

---

229 BVerfG NJW 06, 976 ff. unter Aufgabe der früheren Ansicht in NJW 05, 1637.
230 BVerfG 106, 28, 37; NJW 06, 979.
231 Damit Beweismittelbeschlagnahme gem. § 94; s, Rn. 189.
232 S. Rn. 254.
233 BVerfG NJW 08, 822 ff.; dazu *Hirsch* NJW 08, 1922; *Wegener/Muth* JURA 10, 847.

vom BVerfG aufgestellten Maßstäben entspricht²³⁴. Fraglich ist, ob das Abhören moderner Sprachassistenten wie Alexis, Siri usw. darauf gestützt werden kann²³⁵. Von der Online-Durchsuchung zu unterscheiden, wenn auch verwandt, ist die sog. **Quellen-TKÜ**, deren Wesen darin besteht, dass die Ermittlungsbehörden heimlich auf den Rechner der TKÜ-Zielperson eine Software aufspielen, die es ermöglicht, eine kryptografische Verschlüsselung der Nachrichten durch den Absender zu überwinden²³⁶. Diese Vorgehensweise wird klarstellend durch § 100a Abs. 1 S. 2 legitimiert. Praktisch ist die Methode dennoch problematisch, weil dieselbe Software es auch ermöglicht, eine Online-Durchsuchung des Rechners durchzuführen, was für die Ermittlungsbehörden zweifellos eine Versuchung darstellt.

220c Nach Art. 10 GG bzw. § 85 Abs. 1 TKG unterliegen dem Fernmeldegeheimnis nicht nur der Inhalt der Telekommunikation, sondern auch ihre näheren Umstände, zu denen auch die Beteiligten eines Telekommunikationsvorgangs und sogar die näheren Umstände erfolgloser Verbindungsversuche gehören²³⁷. Beschäftigten von Unternehmen, welche geschäftsmäßig Telekommunikationsdienste anbieten, ist es daher bei Strafandrohung (§ 206 Abs. 5 S. 2 StGB) untersagt, ohne besondere gesetzliche Ermächtigung Auskünfte an die Strafverfolgungsbehörden zu erteilen; dazu gehören z. B. auch die jeweils wechselnden dem Betreiber bekannten Standorte eines „Handy"²³⁸, aber auch die Namen, Rufnummern von Gesprächsteilnehmern, Zeitpunkt und Dauer eines Telefonats usw. Wollen die Strafverfolgungsbehörden der bei den Betreibern aus internen und technischen Gründen vorhandenen Unterlagen und Aufzeichnungen über Telekommunikation (sog. **Verkehrsdaten** = Telekommunikationsverbindungsdaten) habhaft werden (z. B. Abrechnungsliste für ein Autotelefon²³⁹), so ist nicht § 100a StPO, sondern § 100 g StPO als Eingriffsgrundlage einschlägig²⁴⁰, der auf richterliche Anordnung eine Auskunftspflicht des Betreibers bei Straftaten von erheblicher Bedeutung (bei Gefahr im Verzug: StA) begründet. Gleiches gilt für Straftaten, die mittels Telekommunikation begangen worden sind (z. B. Beleidigung am Telefon, Stalking nach § 238 Abs. 1 Nr. 2 StGB). § 100 g ist von großer Bedeutung, da anders als in früheren Zeiten die technische Entwicklung dazu geführt hat, dass Daten über bereits erfolgte Telekommunikation (auch im Internet) in großem Umfang gespeichert werden können. Von diesen im Eigeninteresse des Telekommunikationsanbieters aus betrieblichen Gründen gespeicherten Daten, die schon zur Verfolgung von Straftaten von erheblicher Bedeutung abgefragt werden können, sind sog. **Vorratsdaten** zu unterscheiden, die nach § 113b TKG vorsorglich im behördlichen Interesse generell und ohne konkreten Anlass festgehalten werden²⁴¹. Die Vorratsdatenspeicherung zu strafprozessualen Zwecken stellt einen Tabubruch dar. Zu den elementarsten Prinzipien des deutschen Strafprozessrechts, die als Teil des Rechtsstaatsprinzips nach Art. 20 GG angesehen werden müssen, gehört, dass der Bürger zwar schwerwiegende Eingriffe in seine Rechte hinnehmen muss, wenn aufgrund eines zureichenden Tatverdachts ein konkreter Anlass zum Einschreiten der Strafverfolgungsbehörden gegeben ist. Jedoch war er bisher unter keinem Aspekt verpflichtet, sein Verhalten an dem theoretischen Fall („für den Fall des Falles") auszurich-

---

234 Näher *Singelnstein* NJW 19, 2646; *Soiné* NStZ 18, 487.
235 Abl. *Rüscher* NStZ 18, 687.
236 *Derin* NJW 19, 1111; *Singelnstein* NJW 17, 2647; *Baumeister* NJW 17, 2718.
237 Zur neuen Fassung des Fernmeldegeheimnisses: *Wuermeling/Felixberger* CR 97, 230.
238 Jedoch gilt für die Erhebung gespeicherter (retrograder) Standortdaten nach § 100d Abs. 1 S. 3 eine wesentl. höhere Schwelle, näml. eine besonders schwere Straftat.
239 Vgl. BGH NJW 93, 1212 ff.; LG Hamburg NJW 91, 2718; AG Stuttgart wistra 01, 39.
240 BVerfG AfP 03, 138; OLG Celle StraFO 00, 23; LG Stuttgart NJW 01, 455 (zur Vorgängerregelung § 12 FAG).
241 Nach § 113b TKG gilt für reine Verkehrsdaten (Rufnummer, Datum, Uhrzeit) eine Speicherungsfrist von 10 Wochen, für Standortdaten eines Handys: 4 Wochen.

ten und sich darauf vorzubereiten, dass er einmal in den Fokus des Interesses strafrechtlicher Ermittlungen geraten könnte. Die flächendeckende Registrierung des gesamten Telekommunikationsverkehrs eines Volkes (wenn auch nicht der Kommunikationsinhalte) zu explizit strafprozessualen Zwecken stellte eine völlig neue Qualität dar im Vergleich zu der fallbezogenen Nutzbarmachung von Verbindungsdaten, welche die privaten Dienstanbieter aus Eigeninteresse (Abrechnungen, technische Störungen usw.) sowieso speichern. Nachdem das BVerfG die ursprüngliche Regelung gekippt, aber die Vorratsdatenspeicherung nicht für alle Zeiten ausgeschlossen hatte[242], wurde die jetzt geltende Regelung so gefasst, dass die Erhebung von Vorratsdaten gem. § 100g Abs. 2 nur bei besonders schweren Straftaten im Sinne dieser Vorschrift zulässig ist[243].

220d Jedoch sind Anordnungen nach §§ 100a, b und § 100 g immer nur möglich, wenn die Geräte- und Kartennummer eines bestimmten Anschlusses bekannt sind. Um diese herauszufinden (z. B. bei einer Person, die sichtbar mit einem Handy telefoniert), gibt es bestimmte Techniken, sog. **IMSI-Catcher** (International Mobile Subscriber Identity). Zur Vorbereitung einer TKÜ-Anordnung nach §§ 100a, b gestattet jetzt § 100i bei Straftaten von erheblicher Bedeutung auch den Einsatz des IMSI-Catchers. Daneben erlaubt die Technik des IMSI-Catchers auch innerhalb eines sehr engen örtlichen Bereichs ebenfalls die präzise **Ortung** eines Handy-Besitzers (§ 100i Abs. 1 Nr. 2), was z. B. die Festnahme eines Beschuldigten erleichtern kann, der sich vor ihn verfolgenden Beamten versteckt hat. Geht es dagegen um die großräumige Feststellung des Aufenthaltsorts eines Handybesitzers, besteht gem. § 100 g die Möglichkeit der Auskunft über das Verkehrsdatum, in welcher Funkzelle dieses Gerät sich zu einem bestimmten Zeitpunkt „eingeloggt" hat. Dagegen ist eine **Funkzellenabfrage**, die sich darauf richtet, einen unbekannten Täter zu ermitteln, indem beim Dienstanbieter sämtliche zu einem bestimmten Zeitpunkt in einer bestimmten Funkzelle eingeloggten Handybesitzer mitgeteilt werden sollen, in § 100g Abs. 3 besonders geregelt worden[244]. Sie ist schon bei Straftaten von erheblicher Bedeutung zulässig; nur wenn es sich um Vorratsdaten handeln sollte, bedarf es einer besonders schweren Straftat.

220e Weniger brisant als die eigentlichen Verkehrsdaten oder gar die Kommunikationsinhalte sind die festen **Bestandsdaten** der Dienstanbieter über ihre Kunden (§§ 95 ff. TKG), die dort losgelöst von dem einzelnen Kommunikationsvorgang gepflegt werden; sie ähneln eher bloßen Meldedaten und können daher auf richterliche Anordnung (bei Gefahr im Verzug auch durch StA oder ihre Ermittlungspersonen) bei allen Straftaten gem. § 100j Abs. 1 heraus verlangt werden. Von der Funktion her den Bestandsdaten des § 96 TKG nahe stehend ist die sog. **dynamische IP-Adresse**, welche der Dienstleister bei jedem E-Mail-Kontakt dem Nutzer neu zuteilt, weil nach bisherigem Stand der Technik für fest zugeteilte statische IP-Adressen die verfügbaren Zahlenwerte nicht ausreichen. Da sie allerdings jede einzelne Verbindung reflektieren, sind die dynamischen IP-Adressen an sich als Verkehrsdaten anzusehen, die aber nach § 100j Abs. 2 mitgeteilt werden müssen[245].

221 Sachliche Voraussetzung einer TKÜ, wie sie im Ausgangsfall gegen G. erging, ist nicht schon ein beliebiges Delikt, sondern nur der durch bestimmte Tatsachen begründete Verdacht einer **katalogmäßig** in § 100a Abs. 2 aufgeführten „schweren Straftat". Der Straftatenkatalog des § 100a wird vom Gesetzgeber ständig hektisch erweitert und stellt einen Tummelplatz der Kriminalpolitik dar. Inzwischen ist der Katalog derart angewach-

---

[242] BVerfG NJW 10, 833; im Vorfeld: BVerfGE 122, 63 ff.
[243] Dazu LG Mannheim NStZ 18, 430; *Roßnagel* NJW 16, 533. Bedenken bei EuGH NJW 17, 717.
[244] Zur Funkzellenabfrage: BGH NStZ 18, 47.
[245] BVerfGE 125, 260, 356 f.; jetzt aber: BVerfG NJW 20, 2699 = Beschl. v. 27.5.2020 – 1 BvR 1873/13. S. ferner BGH NJW 14, 2500; 11, 1509.

sen, dass er gegliedert werden musste. Relativ neu sind dabei Kinder- und Jugendpornografie (§§ 184b, c StGB), Geldwäsche (§ 261 StGB), Steuerhinterziehung in einem besonders schweren Fall (§ 370 Abs. 3 AO) und die Bestechungsdelikte[246]. Im Übrigen sind aufgeführt Tatbestände aus dem Bereich der Staatsschutzdelikte bzw. zum Schutz der inneren und äußeren Sicherheit der Bundesrepublik wie z. B. Landesverrat, kriminelle und terroristische Vereinigung sowie Delikte, die wegen ihrer Schwere (z. B. Mord, Totschlag, Raub, gemeingefährliche Delikte), des Hintergrundes der organisierten Kriminalität (Menschenhandel, Bandendiebstahl, gewerbsmäßige Hehlerei, BTM- und Waffenhandel, bestimmte Verstöße gegen das Ausländerrecht) oder wegen ihres häufigen Bezuges zum Medium des Telefons (z. B. Erpressung, Menschenraub, Geiselnahme) in der Vorschrift Aufnahme gefunden haben. Klassische Tatbestände wie Körperverletzung, Beleidigung und einfache Vermögensdelikte (§§ 242, 263, 266 StGB) fallen in schweren bzw. qualifizierten Fällen in den Katalog. Grundsätzlich muss die Katalogtat mindestens in ein strafbares Versuchsstadium eingetreten sein[247]. Vorbereitungshandlungen für eine Katalogtat reichen dann aus, wenn sie in der Begehung einer anderen Straftat bestehen, z. B. Vorbereitung einer räuberischen Erpressung durch Diebstahl eines Kraftfahrzeuges. Es genügt nicht, dass nur der Verdacht einer Katalogtat besteht; diese muss auch im konkreten Einzelfall schwer wiegen.

Die TKÜ ist gegenüber gleich geeigneten Ermittlungsmaßnahmen **subsidiär**, was allerdings weitgehend nur auf dem Papier steht, da es ebenso ergiebige Erkenntnisquellen kaum gibt. Sind die genannten Voraussetzungen erfüllt, kann der Fernsprechanschluss des Beschuldigten der TKÜ unterworfen werden[248]. Bei anderen Personen bedarf es zusätzlicher Voraussetzungen, nämlich des aufgrund bestimmter Tatsachen erhärteten Verdachts, dass sie für den Beschuldigten bestimmte Mitteilungen entgegennehmen (z. B. ein Strohmann) oder von dem Beschuldigten herrührende Mitteilungen entgegennehmen (z. B. die erpresste Familie eines Entführungsopfers) oder von dem Beschuldigten herrührende Mitteilungen weitergeben (z. B. ein Angestellter des Beschuldigten) oder dass der Beschuldigte den Anschluss der anderen Person benutzt (z. B. Telefon eines Nachbarn, auch eine öffentliche Fernsprechzelle[249]). Im Ausgangsfall ist G. Beschuldigter in einem Verfahren wegen gewerbsmäßigen Kokainhandels, was nach § 100a Abs. 2 Nr. 7 lit. a) StPO i. V. m. § 29 Abs. 3 S. 2 Nr. 1 BTMG zur Überwachung seines Fernmeldeanschlusses berechtigt. Da ein Anfangsverdacht immer bestimmte Tatsachen voraussetzt, sind – außer der leicht begründbaren Erfüllung der Subsidiaritätsklausel – keine weiteren sachlichen Umstände erforderlich. Zu beachten ist nur noch, dass die Maßnahme nicht den Kernbereich privater Lebensgestaltung beeinträchtigen darf; widrigenfalls besteht ein Beweisverwertungsverbot (§ 100d Abs. 2). Eine TKÜ bei berufsbedingt ZVR-Berechtigten ist entgegen der bisherigen Rechtsprechung gem. § 160a eingeschränkt worden. Danach ist eine TKÜ bei Gesprächen mit einem Rechtsanwalt, Verteidiger, Geistlichen oder Abgeordneten pauschal unzulässig, mit anderen ZVR-berechtigten Berufsgruppen und Berufshelfern (§ 53a) i. d. R. bei Straftaten mit erheblicher Bedeutung erlaubt[250]; Angehörige (§ 52) werden nicht geschützt.

222 Die **formellen** Voraussetzungen für die Überwachung und Aufnahme des Fernmeldeverkehrs auf Tonträger enthält § 100e. Wie bei der Postbeschlagnahme ist grundsätzlich

---

246 Bestechung und Bestechlichkeit von Amtsträgern (§§ 332–334 StGB), aber auch unter erschwerten Voraussetzungen im geschäftlichen Verkehr (§§ 299 f. StGB), ferner Abgeordnetenbestechung (§§ 108e StGB).
247 Auch die Verabredung einer Katalogtat (soweit Verbrechen, § 30 StGB) fällt darunter, BGH NStZ 83, 2396.
248 Dies gilt auch dann, wenn der Beschuldigte selbst (z. B. weil er sich in Haft befindet) seinen Anschluss nicht mehr benutzen kann; vgl. BGH NJW 94, 2904, 2907 (Sedlmayr).
249 *Schlüchter* 351; *Knauth* NJW 77, 1512.
250 S. Rn. 136 f.

Die Ermittlungen **222a**

das Gericht für die Anordnung zuständig[251], bei Gefahr im Verzug nur die StA, nicht ihre Ermittlungspersonen. Die Anordnung muss in Schriftform ergehen und Name und Anschrift des Betroffenen, seine Rufnummer sowie Art, Umfang und Dauer der Maßnahmen bestimmen. Die Dauer beträgt höchstens drei Monate, jedoch kann eine Verlängerung nach Ablauf der Frist wiederholt erfolgen[252]. Für die Durchführung der TKÜ hat der Betreiber die technischen Voraussetzungen zu schaffen, darf aber die Überwachung selbst nicht vornehmen. Diese ist vielmehr dem Richter, Staatsanwalt oder seinen Ermittlungspersonen im Polizeidienst vorbehalten. Wie bei anderen verdeckten Ermittlungsmethoden ist auch bei der TKÜ nach § 101 detailliert vorgeschrieben, unter welchen Voraussetzungen betroffene Personen nachträglich informiert werden müssen. Für diese Fälle – aber auch bei nachträglichen Benachrichtigungen von anderen verdeckten Ermittlungsmaßnahmen – hat der Gesetzgeber als neuartiges Rechtsmittel in § 101 Abs. 7 S. 2 die „Überprüfung der Rechtmäßigkeit der Maßnahme sowie der Art und Weise ihres Vollzugs" durch das zuständige Gericht vorgesehen, welche binnen zwei Wochen beantragt werden muss[253].

Die **Verwendung** der aus einer TKÜ erlangten Erkenntnisse zur Verfolgung der Anlasstat, hier des gewerbsmäßigen Drogenhandels des G., kann erfolgen durch Einführung des Tonbandes als Augenscheinobjekt in der Hauptverhandlung gegen G.[254] Es könnte auch ein Protokoll über den Gesprächsinhalt als Urkunde verlesen oder K. als der abhörende Beamte zeugenschaftlich vernommen werden. Bezüglich der Verwertbarkeit der sonstigen **Zufallserkenntnisse** ist jedoch § 479 Abs. 2 zu beachten: die aus der TKÜ stammenden Informationen dürfen nur zur Verfolgung einer Katalogtat nach § 100a Abs. 2 verwendet werden. Das wäre im Fall bezüglich der Erpressung zu bejahen, nicht jedoch hinsichtlich des von ihm geschworenen Meineides. Dieses Verbrechen ist nicht im Katalog aufgeführt. Damit wollte der Gesetzgeber die von der Rechtsprechung entwickelten Grundsätze zur Unverwertbarkeit von Zufallserkenntnissen aus einer TKÜ fixieren[255]. Danach galt schon länger, dass die von § 100a vorgenommenen Abwägungen zwischen Fernmeldegeheimnis und Strafverfolgungsinteresse beeinträchtigt wären, wenn die Verwertung zufällig erlangter Informationen uneingeschränkt zur Verfolgung von Nicht-Katalogtaten herangezogen werden könnten[256]. Es lässt sich auch nicht § 108 analog heranziehen, da die Durchsuchung (§§ 102 ff.) anders als die TKÜ bei *allen* Straftaten in Betracht kommt. Das Beweisverwertungsverbot muss im Sinne der „Widerspruchs-Lösung" des BGH in der Hauptverhandlung durch den Verteidiger im Zeitpunkt des § 257 geltend gemacht werden; sonst ist es verwirkt[257]. Eine Fernwirkung ist dem Beweisverwertungsverbot jedoch nicht zu eigen[258]. Es könnte ein völlig neues Beweisnetz aufgebaut werden, z. B. durch die Auswertung von Akten (hier z. B. des Unterhaltspro-

222a

---

[251] Nach BGHSt 47, 362 muss der Beschl. eine Darstellung der Verdachts- und Beweislage enthalten. BGH NJW 94, 1974 f. räumt dem Richter einen gewissen Beurteilungsspielraum ein.
[252] Frist zu berechnen ab Anordnung: BGH NJW 99, 959.
[253] Gegen die Entscheidung ist wiederum sofortige Beschwerde (§ 311), s. Rn. 332, möglich; näher BGHSt 53, 1.
[254] Dazu *Kretschmer* StV 99, 221. OLG Köln StV 99, 41 zur Frage der Notwendigkeit eines Wortprotokolls. Verwertbarkeit ist auch gegeben bei bewusster Provokation des Gesprächs durch Strafverfolgungsbeamte („Hörfalle"), BGHSt 33, 217, 224; nicht aber wenn die rechtl. Voraussetzungen der TKÜ fehlen, BGHSt 32, 68, 70.
[255] BT-Drucks. 11/7663, S. 32, 37.
[256] BGHSt 22, 329 (grundlegend); jedoch Verwertbarkeit für Verfolgung einer anderen Katalogtat gegeben, BGH NJW 83, 2396.
[257] BGH wistra 00, 432; zur „Widerspruchs-Lösung" Rn. 31 f.
[258] BGH NJW 84, 2772; nicht zu verwechseln mit der bejahten Fernwirkung eines Verwertungsverbots bei einer Abhörmaßnahme nach dem G 10, BGHSt 29, 244 (Traube).

zesses) und Befragung von Zeugen, denen aber die Inhalte der TKÜ nicht vorgehalten werden dürfen[259].

223 Nach den überkommenen Grundsätzen der Rechtsprechung zu § 100a war es allerdings möglich, auch zur Verfolgung von Nicht-Katalogtaten die TKÜ-Erkenntnisse voll zu verwerten, wenn diese in einem engen **sachlichen Zusammenhang** mit irgendeiner Katalogtat standen, auch solcher, die nicht Gegenstand der TKÜ-Anordnung war[260]. Denn diese waren nicht wirklich zufällig, sondern zwangsläufig mit der zulässigen Aufklärung einer Katalogtat verbunden, sodass eine Ausuferung der Eingriffe ins Fernmeldegeheimnis bei der Verwertung zu diesem Zweck nicht droht. Bei der Verwertbarkeit blieb es sogar dann, wenn sich der zunächst begründet angenommene Verdacht der Katalogtat letztlich nicht bestätigte, aber die Zusammenhangtat vorlag[261]. Hauptanwendungsfall bildete die Katalogtat „kriminelle Vereinigung" (§ 100a Abs. 2 Nr. 1 lit. b), die ja bestimmte weitere – auch Nicht-Katalogtaten (z. B. §§ 223, 242 StGB) – zum Gegenstand haben muss. Es ist davon auszugehen, dass diese Zusammenhangrechtsprechung weiter fort gilt und mit der irreführenden Formulierung in § 479 Abs. 2 „in anderen Strafverfahren" gemeint ist. Tatsächlich muss das Verwertungsverbot auch innerhalb desselben Verfahrens gelten, wenn keinerlei Zusammenhang mit einer Katalogtat besteht.

224 Gemessen an diesen Grundsätzen müsste bei den Taten der **Rauschgiftkonsumenten** (§ 29 Abs. 1 Nr. 1, 3 BTMG) zweifelsfrei ein innerer Zusammenhang mit dem Rauschgifthandel des G. angenommen werden. Sie stellen geradezu das notwendige Spiegelbild der Katalogtat des G. dar, nicht weniger als die einfachen Straftaten, die von einer kriminellen Vereinigung begangen werden. Auch ist die Verwertbarkeit nach den bisher in der Rechtsprechung anerkannten Grundsätzen nicht personenbezogen, sondern tatbezogen beurteilt worden[262], da sich die gesetzgeberischen Abwägungen des § 100a zur Verfolgbarkeit an dem sachlichen Kriterium bestimmter Deliktsarten und nicht an Personen orientieren. Daher müsste es eigentlich zulässig sein, aufgrund der TKÜ-Erkenntnisse Verfahren nach § 29 Abs. 1 Nr. 1, 3 BTMG gegen die Abnehmer des G. zu betreiben. Erstaunlicherweise wird dies jedoch vom BayObLG glatt abgelehnt, ohne dass in Begründung klar würde, warum hier die Grundsätze der Zusammenhangtat nicht gelten sollen[263]. Der BGH ist dem mit ebenfalls knappen Ausführungen beigetreten[264]. Eine Legalisierung des Rauschgiftkonsums muss jedoch – falls man sie für wünschenswert hält – am materiellen Recht oder an den Vorschriften des Opportunitätsprinzips (§§ 153 ff. StPO, 31a BTMG) ansetzen. Ein Beweisverwertungsverbot ist ein ungeeigneter Anknüpfungspunkt und wirft in diesem Zusammenhang zahlreiche Folgefragen auf, z. B. Konsequenzen für die Vernehmung der Abnehmer im Verfahren gegen den G. usw.

225 Außerhalb der Telekommunikation und von Wohnungen besteht seit 1992 die Möglichkeit eines Abhörens mit technischen Mitteln und der Aufzeichnung des nicht-öffentlich gesprochenen Wortes zu strafprozessualen Zwecken nach § 100f (sog. **Lauschangriff**). Dabei ist an den heimlichen Einsatz von Richtmikrofonen und anderer Abhör- und Aufzeichnungsgeräte zu denken. Laut amtlicher Begründung des OrgKG-Entwurfs wird durch § 100f nur das Abhören und die Aufzeichnung des nichtöffentlich gesprochenen

---

259 BGHSt 27, 355; OLG Karlsruhe NJW 04, 2687. Die förml. Einleitung eines Ermittlungsverfahrens kann nicht auf unverwertbare TKÜ-Erkenntnisse gestützt werden, s. Rn. 165. Verfassungsrechtlich mag gegen eine Einleitung nichts einzuwenden sein (BVerfG NJW 05, 2766), wohl aber einfachgesetzlich. Missverständl. Leitsatz bei BGHSt 27, 355; tatsächl. wird dort nur eine Fernwirkung abgelehnt; s. BGH a. a. O.S. 358. Nicht einmal Fernwirkung bei einer TKÜ-Kette: BGHSt 51, 211.
260 BGHSt 26, 298, 302; 28, 122, 129; 29, 23 f.; NJW 82, 455; KG NStZ 20, 563.
261 Auch verfassungsrechtl. unbedenkl., BVerfG NJW 88, 1075.
262 So ausdrückl. mit weiteren Belegen, BGHSt 32, 10, 15.
263 BayObLG MDR 82, 690; Anm. *Rieß* JR 83, 125.
264 BGH StV 91, 208.

Wortes geregelt, soweit es außerhalb des durch Art. 13 GG geschützten Bereichs geäußert wird[265], zu dem jedoch nicht nur die privaten vier Wände, sondern auch Vorgärten[266], Geschäfts-, Arbeits- und Betriebsräume sowie Büros gehören, die damit aus dem Anwendungsbereich des § 100f ausscheiden[267]. Es verbleiben für den „Kleinen Lauschangriff" daher nur noch Gestaltungen wie die Überwachung von Gesprächen auf der Straße, im freien Gelände, in nicht unter den Schutz des Art. 13 GG fallende befriedeten Besitztümern, in einem Pkw[268] und auch Fälle, in denen infolge einer Zustimmung des Hausrechtsinhabers zu der Abhörmaßnahme ein Eingriff in Art. 13 GG ausscheidet, denn auf den Schutz des Art. 13 kann der Inhaber der Wohnung verzichten[269].

Im Ausgangsfall ist es zweifelhaft, ob der Gastraum des G. einem Lauschangriff nach § 100f unterworfen werden kann[270]. Der BGH hat es offengelassen, ob ein Lauschangriff zulässig ist, **wenn öffentlich zugängliche Räumlichkeiten** wie z. B. bei Einladungen der Öffentlichkeit in Veranstaltungsräume vorliegen[271]. Jedoch sind auch öffentlich zugängliche Räume nicht etwa dem Schutz des Art. 13 gänzlich entzogen; vielmehr verzichtet nur der Inhaber des Raumes begrenzt auf seinen Schutz nach Art. 13 GG[272]. Zwar kann nicht jeder Motivirrtum zur Unwirksamkeit dieses Einverständnisses führen[273], jedoch muss der Inhaber in den *konkreten* Eingriff (Betreten, Durchsuchen etc.) einwilligen[274], was in der Regel bei der Öffentlichkeit zugänglich gemachten Räumen wie z. B. Gasträumen einer Wirtschaft bezüglich der Abhörmaßnahme nicht der Fall sein dürfte und erst recht ausscheidet, wenn ein Betreten nur im Einzelfall gestattet wird („Gesichtskontrolle" durch Türsteher). Daher reicht im vorliegenden Fall § 100f nicht als Ermächtigungsgrundlage des Lauschangriffs aus.

226

In den **sachlichen** Voraussetzungen knüpft der kleine Lauschangriff vollständig an die TKÜ an und verweist auf schwere Straftaten nach § 100a Abs. 2, da die Maßnahmen nach Art und Eingriffsintensität miteinander vergleichbar sind. Wie bei der TKÜ ist auch die Verwertbarkeit von Zufallserkenntnissen für Nicht-Katalogtaten geregelt worden (§ 479 Abs. 2)[275]. Auf verschiedene formale Regelungen der TKÜ, z. B. Schriftform, wird ebenfalls verwiesen. Dies gilt jetzt auch für die **Anordnungskompetenz**: denn im Gegensatz zur TKÜ darf bei Gefahr im Verzug nur der Staatsanwalt die Anordnung treffen und nicht mehr – wie früher – seine Ermittlungsperson[276]. Der Beginn der gesetzlich vorgesehenen Dreimonats-Frist für die Maßnahme rechnet ab Erlass der Anordnung[277].

227

---

265 BT-Drucks. 11/7663, S. 38; z. B. Besuchsraum einer UHA, BGHSt 53, 294.
266 BGH NJW 97, 2189. Zur Abgrenzung: BGH NJW 98, 1235.
267 BGH NJW 97, 1018 (kurdisches Vereinsbüro); 98, 3285 (Lübeck).
268 BGH NJW 97, 2189; LG Stendal NStZ 94, 556; Freiburg NJW 96, 3021; aber keine Selbstgespräche, BGH NJW 12, 945. Der Pkw darf auch zu diesem Zweck heimlich geöffnet, aber nicht abgeschleppt werden; zu Recht weitergehend *Schairer/Krombacher* Kriminalistik 98, 119 f.
269 Vgl. MDH-*Maunz* Art. 13, 4, 9; v. *Münch/Kunig*, GG, Bd. 1, 4. Aufl., Art. 13, 20. Für Besucher gilt nicht Art. 13 GG, sond. nur Art. 1 i. V. m. Art. 2 GG, in die nach § 100f eingegriffen werden kann. So im Ergebnis auch BGHSt 44, 138 = NJW 98, 3284 (Lübeck) für den Besucherraum einer Untersuchungshaftanstalt. Die Haftzelle selbst ist nach BVerfG NJW 96, 2643 nicht Wohnung i. S. v. Art. 13 GG.
270 Offen gelassen bei BGH NJW 97, 1019. Auf der Grundlage der Ansicht von *Dogtoglou* JuS 75, 753 wäre dies wohl zu verneinen.
271 BGH NJW 97, 1019.
272 BK-*Herdegen*, Art. 13, 26; v. *Münch/Kunig*, GG, Bd. 1, 4. Aufl., Art. 13, 11.
273 Z.B. in der Frage, wenn ein nicht offen ermittelnder Polizeibeamter den Raum betritt; dazu BGH NJW 97, 1517.
274 Vgl. *Dogtoglou* JuS 75, 753.
275 S. Rn. 222 ff.
276 Noch anders BT-Drucks. 11/7663, S. 39.
277 BGHSt 44, 243 = NJW 99, 959.

227a Nach langer rechtspolitischer Debatte[278] und unter dem Eindruck der von ihm angenommenen Bedrohungslage durch die organisierte Kriminalität hat sich der Gesetzgeber 1998 entschlossen, einen Schritt weiter zu gehen und in § 100c auch die **akustische Raumüberwachung** (sog. Großer Lauschangriff) zu regeln, nachdem zuvor im Wege der Grundgesetzänderung verfassungsrechtliche Risiken nach Art. 13 GG ausgeschaltet werden sollten[279]. Die neue Bestimmung erlaubt auch das Abhören und Aufzeichnen des nichtöffentlich gesprochenen Wortes in einer Wohnung *des Beschuldigten*[280], was aufgrund der Gesetzgebungsgeschichte mit dem Geltungsbereich des Schutzes nach Art. 13 GG gleichzusetzen ist[281]. Die Räumlichkeiten Dritter können ebenfalls akustisch überwacht werden, wenn aufgrund bestimmter Tatsachen anzunehmen ist, dass der Beschuldigte sich darin aufhält und weitere Verhältnismäßigkeitsvoraussetzungen erfüllt sind. Eine *optische* Überwachung mittels der Technik (Videoübertragung oder -aufzeichnung) ist nicht vorgesehen und schon verfassungsrechtlich nach Art. 13 Abs. 3 GG ausgeschlossen.

Die erste vom Gesetzgeber gefundene Fassung der akustischen Wohnraumüberwachung hatte nicht langen Bestand, sondern wurde schon 2004 vom BVerfG in weiten Teilen für verfassungswidrig erklärt[282]. Auf der Grundlage dieser Entscheidung wurde die Regelung umgestaltet; wesentlichster Beanstandungspunkt des BVerfG war der mangelnde Schutz des **Kernbereichs privater Lebensgestaltung**; nach der jetzigen Fassung des § 100d darf die Maßnahme von vornherein nicht angeordnet werden, wenn schon vor Durchführung anzunehmen ist, dass Äußerungen aus dem Kernbereich privater Lebensgestaltung erfasst werden, z. B. bei Abhören des ehelichen Schlafzimmers oder Selbstgesprächen eines Patienten im Krankenzimmer einer Klinik[283]. Jedoch stellt das Gesetz in Übereinstimmung mit dem BVerfG klar, dass Gespräche in Betriebs- und Geschäftsräumen in der Regel nicht diesem Kernbereich zuzurechnen sind. Bei Gesprächen über Straftaten und Äußerungen mittels derer Straftaten begangen werden, soll ebenfalls eine Berührung des Kernbereichs privater Lebensgestaltung ausgeschlossen sein. Ergibt sich erst während der Maßnahme eine Zurechnung von Gesprächsinhalten zum Kernbereich, ist gem. § 100d Abs. 4 die Maßnahme unverzüglich zu unterbrechen; bis dahin erlangte Erkenntnisse sind unverwertbar, was nach Abs. 7 in einer dem Strafprozess sonst fremden Zwischenentscheidung des anordnenden Gerichts formell festzustellen ist.

Sachliche Voraussetzung des Großen Lauschangriffs ist verfassungsrechtlich zwingend (Art. 13 Abs. 3 GG) eine **besonders schwere Straftat**. Dies war bei der ersten Gesetzesfassung nicht konsequent beachtet worden. Der Gesetzgeber hätte sich nun an die klare und überzeugende Definition der besonders schweren Straftat durch das BVerfG halten können, wonach es sich dabei um eine mit einer höheren Freiheitsstrafe als fünf Jahren bedrohten Straftat handeln muss. Stattdessen hat er es sich nicht nehmen lassen, auf die kasuistische Enumeration von Straftaten in § 100b Abs. 2 zu verweisen und damit die Online-Durchsuchung und akustische Wohnraumüberwachung sachlich auf eine Ebene zu stellen. Hier finden sich die im Ausgangsfall einschlägigen Anlasstaten nach

---

278 Z.B. *Schelter* ZRP 94, 52; *Ransiek* GA 95, 34; *Cassardt* ZRP 97, 370; *Krey* JR 98, 1; *Zuck* NJW 98, 1919; *Staechelin* ZRP 96, 430; *Bernsmann/Jansen* StV 98, 217.
279 Art. 13 Abs. 3 GG sieht u. a. vor: Katalogtat, nur akustische Überwachung, grundsätzl. Anordnung durch drei Richter; regelm. Unterrichtung des Bundestags; Art. 13 Abs. 4, 5 regeln präventive Überwachungen (BGBl. 98 I 610).
280 § 100c Abs. 3 stellt klar, dass es sich um die Wohnung des Beschuldigten handeln muss.
281 Bei Verzicht des Wohnungsinhabers gilt § 100f wegen des verbleibenden Eingriffs in Persönlichkeitsrechter Dritter; s. Rn. 226.
282 BVerfG NJW 04, 999; dazu *Denninger* ZRP 04, 101; *Haas* NJW 04, 3082; *Kutsch* NJW 05, 20.
283 BGHSt 50, 206; *Kolz* NJW 05, 3248. Weitere Beispiele: BGH NJW 12, 945 (Selbstgespräch im Auto); LG Koblenz NJW 10, 2227 (Testament); näher zu den Kriterien: BVerfG NJW 12, 833, 837; *Warg* NStZ 12, 237.

§ 29 Abs. 3 BTMG (Nr. 4a) und eventuell auch der besonders schweren Erpressung (Nr. 1j).

227b In formeller Hinsicht geht die Regelung der akustischen Raumüberwachung – vom BVerfG gebilligt – völlig neue Wege, indem nach § 100e Abs. 2 weder dem Ermittlungsrichter noch dem Gericht der Hauptsache, sondern der **Staatsschutzkammer** des LG (§ 74a GVG) im Bezirk der zuständigen StA die Anordnungskompetenz zugesprochen wird. Ob gerade dies zu einer besonders restriktiven Handhabung der Vorschriften führen wird, muss eher bezweifelt werden. Bei Gefahr im Verzug darf der Vorsitzende der Staatsschutzkammer zunächst die Anordnung treffen, nicht aber die StA und schon gar nicht ihre Ermittlungsperson. Die schon für die TKÜ geltenden Formvorschriften (Schriftlichkeit, Inhalt usw.) gelten in etwas verschärfter Weise (§ 100d Abs. 2, 3), wobei nur zu beachten ist, dass die Dauer der Maßnahme hier zunächst auf einen Monat zu befristen ist[284]. Der für die Anordnung zuständigen Staatsschutzkammer ist über den Verlauf und die Ergebnisse der Maßnahme Bericht zu erstatten. Nach Vorbildern aus den USA wird in § 100e eine regelmäßige Berichtspflicht der StA gegenüber dem Justizminister sowie eine solche der Bundesregierung gegenüber dem Bundestag begründet, um den Gesamtumfang der Anwendung des Großen Lauschangriffs transparent zu machen.

227c Im vorliegenden Fall wäre es zulässig gewesen, eine akustische Raumüberwachung der Geschäfts- und Governmenträume, aber auch der Privaträume des G. anzuordnen, denn bei den Governmenträumen dürfte ein Eingriff in den Kernbereich privater Lebensgestaltung ausscheiden. Bezüglich der Privaträume ist nicht von vornherein ersichtlich, dass hier nur Gespräche mit engsten Vertrauten geführt werden. Selbstverständlich sind die aus der akustischen Raumüberwachung gewonnenen Erkenntnisse – soweit sie nicht den Kernbereich privater Lebensgestaltung berühren – zur Verfolgung der Anlasstat **verwertbar**; sie dürfen aber gem. § 100e Abs. 6 Nr. 1 auch zur Verfolgung einer anderen, zufällig bekannt gewordenen Tat benutzt werden, die zur Anordnung der akustischen Raumüberwachung berechtigt hätte (insoweit spezieller gegenüber § 179 Abs. 2). Spezieller gegenüber der allgemeinen Bestimmung für den Schutz eines ZVR nach ZVR ist auch § 100d Abs. 5. Der Schutz geht bei der akustischen Wohnraumüberwachung weiter, da alle Berufsgruppen nach § 53 uneingeschränkt geschützt werden und auch Angehörige nach § 52 einen relativen Schutz erfahren.

§ 100e Nr. 3 stellt die Verwertbarkeit auch für den Fall klar, dass durch eine akustische Wohnraumüberwachung nach Polizeirecht, die hier ebenfalls zulässig gewesen wäre[285], Informationen über solche Katalogtaten angefallen wären. Umgekehrt lässt es Nr. 2 des § 100e ausdrücklich zu, dass die aus der strafprozessualen Raumüberwachung gewonnenen Informationen außer für Zwecke des Strafverfahrens auch zur Gefahrenabwehr verwendet werden dürfen, wenn dies zur Abwehr einer im Einzelfall bestehenden Gefahr für Leben, Leib oder Freiheit einer Person oder erhebliche Sach- und Vermögenswerte geschieht. Dies wäre im vorliegenden Fall gegeben, weil der G. veranlasst hat, dass der Zechpreller aus seinem Lokal durch einen Schläger übel zugerichtet werden soll.

228 Außerhalb der Abhörmaßnahmen ist in § 100h der Einsatz technischer Hilfsmittel wie die Herstellung von **Lichtbildern** und Bildaufzeichnungen (Abs. 1 Nr. 1) und sonstiger besonderer für **Observationszwecke** bestimmter technischer Mittel (Abs. 1 Nr. 2) geregelt. Bei Letzteren war z. B. an besondere Sichthilfen (Nachtsichtgeräte) und Peilsender

---

284 Die Frist beginnt ab Anordnung, nicht deren Vollzug, BGH NJW 99, 959.
285 Leib bzw. Leben des Gastes bedroht; vgl. Art. 13 Abs. 3 GG i. V. m. dem Polizeirecht, z. B. § 23 Abs. 1 PolG Ba-Wü. Schon vorher in diesem Sinne: BGH NJW 96, 405. Beachte zusätzl. in Fällen der Eigensicherung § 161 Abs. 3.

gedacht²⁸⁶. Während bei den Peilsendern vielleicht ein gewisser Regelungsbedarf aufgrund des Fernmelderechts bestand – wo allerdings dieser Sonderfall auch hätte geregelt werden können –, ist dieser Teil des § 100h Ausdruck eines gewissen gesetzgeberischen Perfektionismus. § 163 als bisherige Grundlage der Maßnahme genügte vollkommen, zumal für den Einsatz einfacher technischer Mittel nach § 100h Abs. 1 Nr. 1 keinerlei Voraussetzungen aufgestellt werden. Aus der Formulierung des § 100h Abs. 1 Nr. 2 („sonstige") ist zu schließen, dass hier nur Lichtbilder im Zusammenhang mit Observationen gemeint sind²⁸⁷, sodass es für sonstige Fotografien und Videoaufzeichnungen bei der Anwendung des § 163 bleibt²⁸⁸. Für die in Abs. 1 und Abs. 2 formulierten Subsidiaritätsregeln lässt sich jetzt schon voraussagen, dass sie im Wesentlichen nur auf dem Papier stehen werden. Einzige inhaltliche Voraussetzung, die wirklich greifen wird, ist bei den besonderen Observationsmitteln das Erfordernis der **Straftat von erheblicher Bedeutung**²⁸⁹, wobei in nicht wenigen Fällen Wertungswidersprüche (z. B. Infrarotkamera) zur Nr. 1 auftreten werden, denn bei Lichtbildern und Bildaufzeichnungen gilt diese Einschränkung eben nicht. Anordnungs- und ausführungskompetent sind für die in § 100h vorgesehenen Maßnahmen alle Strafverfolgungsbeamten (Polizei und StA), ohne dass es auf die Ermittlungspersoneneigenschaft oder Gefahr im Verzug ankäme. Auch beim Einsatz technischer Observationsmittel gelten in Zukunft die Beschränkungen zugunsten ZVR-Berechtigter (§ 160a).

228a Während das Gesetz in dem Einsatz *technischer Mittel* bei Observationen eine Belastung eigener Art erblickt, deren Zulässigkeit sich nach § 100h richtet, beruht die in der Regel unauffällig planmäßig angelegte Beobachtung von Personen mit dem Ziel der Erhebung von Erkenntnissen²⁹⁰ (= **Observation**) selbst auf anderen Rechtsgrundlagen. Soweit es sich um eine **kurzfristige** Observation handelt, bleibt es bei der Anwendung der Ermittlungsgeneralklauseln §§ 161 bzw. 163, wie in der Gesetzesbegründung zum StVÄG erneut ausdrücklich bekräftigt wurde²⁹¹. Die noch zum alten Recht ergangene und schon damals nicht überzeugende Entscheidung des BGH, die Unsicherheiten darin erkennen ließ, ob nicht in einer Art *a-maiore-ad-minus*-Schluss die Observation als solche ihre Rechtsgrundlage in § 100c Abs. 1 Nr. 1 a. F. (= § 100h n. F.) finde²⁹², ist insoweit überholt.

Für die **längerfristige** Observation hat der Gesetzgeber eine eigene Ermächtigungsgrundlage in **§ 163f** mit einengenden Voraussetzungen geschaffen. Längerfristigkeit liegt vor, wenn Beobachtung durchgehend länger als 24 Stunden oder an mehr als zwei Tagen stattfinden soll. In diesen Fällen darf der Beschuldigte bei einer Straftat von erheblicher Bedeutung auf schriftliche Anordnung des Gerichts (Gefahr im Verzug: auch StA oder ihre Ermittlungspersonen, deren Anordnungen binnen drei Tagen gerichtlich bestätigt werden müssen) observiert werden. Die auf drei Monate zu befristende Anordnung kann verlängert werden. Bei Nicht-Beschuldigten ergeht eine Anordnung nur, wenn aufgrund bestimmter Tatsachen anzunehmen ist, dass es sich um eine Kontaktperson des Täters handelt. Als Kontaktpersonen kommen insbesondere Personen mit engen

---

286 BT-Drucks. 11/7663, S. 38. Darunter fällt auch die Fahndung mittels des sog. „Global positioning system", BGHSt 46, 266 = NJW 01, 1658; OLG Düsseldorf NStZ 98, 268; EGMR NJW 11, 1833. Für „einfache" technische Mittel wie z. B. Ferngläser soll es bei § 163 bleiben; dazu *Möhrenschlager* wistra 92, 329. Zu Begleitmaßnahmen: *Schairer/Krombacher* Kriminalistik 98, 119. Bei Anbringung durch Privatdetektiv dagegen strafbar nach §§ 43 f. BDSG, LG Lüneburg NJW 11, 2225.
287 *Hilger* NStZ 92, 462. Daher unvertretbar zur KfZ-Abstands- und Geschwindigkeitsmessung auf § 100h I Nr. 2 beruhen sollen; OLG Brandenburg NJW 10, 1471; Bamberg NJW 10, 100; zust. BVerfG NJW 10, 2717; abl. OLG Oldenburg StV 10, 232; zweifelnd OLG Koblenz NStZ 10, 589; s. Rn. 172.
288 Näher dazu *Kramer* NJW 92, 2732 ff.; zu privaten Videoaufnahmen: BGH NJW 95, 1955.
289 S. Rn. 215.
290 Ähnl. BGHSt 44, 15 = NJW 98, 1237 („Beschattung"); BVerwG NJW 86, 2330; *Rogall* NStZ 92, 45.
291 BT-Drucks. 14/1484, S. 24.
292 BGHSt 44, 13 ff. = NJW 98, 1238.

persönlichen Verbindungen zu einem namentlich noch nicht bekannten oder sich verborgen haltenden Täter in Betracht[293]. Auch hier gelten die Verwendungsbeschränkungen nach § 479 Abs. 2[294]. Beispielsweise dürfen Observationsergebnisse beim Verdacht von BTM-Handel nicht zum Nachweis von leichten Verkehrsdelikten verwendet werden.

7. Suche nach Personen und Sachen
a) Grundlagen der Durchsuchung und anderer Fahndungsmaßnahmen

229 H. ist der Polizei als Hehler von Kunstgegenständen, die aus Kirchen gestohlen werden, seit langem bekannt. Als aus einer Kathedrale der näheren Umgebung eine besonders wertvolle Marienstatue entwendet wird, legt die Sonderkommission dem Küster zahlreiche Lichtbilder einschlägig vorbestrafter Kunsträuber vor. Darunter fällt diesem das Foto des B. auf, von dem er – ohne ganz sicher zu sein – meint, diese Person sei in letzter Zeit auffällig oft zum andächtigen Beten in der Kathedrale gewesen. B. gehört nach Polizeierkenntnissen zum Bekanntenkreis des H. Die SOKO beabsichtigt, bei B. und H. Durchsuchungen durchzuführen, um den Verbleib der Statue zu klären und eventuell weitere Beweismittel aufzufinden. Außerdem stellt sich die Frage einer Durchsuchung der Wohnung der Freundin F. des H., weil aus früheren Verfahren bekannt ist, dass H. wiederholt von ihm gehehlte Objekte in der Wohnung der F. ohne deren Wissen versteckt hatte.

230 Die Durchsuchung zum Zwecke des Auffindens von Beweismitteln[295] und der Ergreifung des Beschuldigten ist in den **§§ 102 bis 110** geregelt; diese Vorschriften finden entsprechende Anwendung, soweit das Ziel der Auffindung von Gegenständen verfolgt wird, die der Einziehung unterliegen (§ 111b Abs. 4), jedoch nicht auf die sog. Online-Durchsuchung, d. h. das heimliche Infiltrieren eines informationstechnischen Systems (§ 100b)[296]. Durchsuchung ist die **planmäßige Suche** nach Personen oder Sachen, deren genaue räumliche Lage den Strafverfolgungsorganen nicht bekannt ist[297]. Die sog. **online-Durchsuchung**, d. h. das heimliche Ausspähen elektronischer Datenbestände mittels eines „Trojaners" durch Behörden[298], ist schon deshalb keine Durchsuchung i. S. d. §§ 102 ff., die sich darauf auch nicht analog anwenden lassen, weil ein Durchsuchungsobjekt nach diesen Vorschriften in jeden Fall ein räumlich-körperliches Substrat voraussetzt; außerdem gehört es zum zwingend zum Charakter der strafprozessualen Durchsuchung, dass diese offen und nicht verdeckt erfolgt[299]. Von der Durchsuchung ist das bloße **Betreten** von Räumlichkeiten abzugrenzen, das der Durchführung einer bestimmten strafprozessualen Maßnahme, z. B. einer Festnahme, dient, ohne dass erst eine systematische Suche stattfinden müsste[300]. Das bloße Betreten legitimiert sich aus der Rechtsgrundlage der jeweiligen Maßnahme, die stattfinden soll. Einer zusätzlichen Durchsuchungsanordnung bedarf es nur, wenn die räumliche Lage des Bezugsobjektes der Maßnahme unbekannt ist, sodass die Räumlichkeiten systematisch durchsucht werden müssen. Durchsucht werden können Räumlichkeiten (Haussuchung), Sachen und auch Personen. Letzter Fall ist von der körperlichen Untersuchung abzugrenzen, die

---

293 BT-Drucks. 14/1484, S. 24. Abzugrenzen von der Kontaktperson (Begleiter) i. S. d. § 163e Abs. 3 (Beobachtende Fahndung); dazu Rn. 242b.
294 KG NStZ 19, 429; s. auch LG Braunschweig StV 19, 320.
295 Aber nicht zur Strafvollstreckung, KG NJW 99, 2978; AG Leipzig NJW 99, 2053 (Führerschein); beachte aber § 457 Abs. 3.
296 Vgl. Rn. 220b; zu den Hintergründen: BGHSt 51, 211 ff.; ferner BVerfG NJW 08, 822.
297 Vgl. BVerfGE 75, 318; BVerfG NJW 00, 944; BVerwGE 47, 31, 36 f.
298 S. Rn. 220b.
299 BGHSt 51, 211 = NJW 07, 930; s. Rn. 220.
300 Vgl. BVerfGE 32, 54, 68; BVerwGE 28, 285; auch „Nachschau" genannt, vgl. *Kaiser* NJW 80, 876; *Kühne* 266.2.

dem Auffinden und der Feststellung körpereigener Merkmale dient oder körperliche Eingriffe zum Gegenstand hat[301].

Auch die sog. **formlose** Durchsuchung ist eine solche nach der StPO und vollzieht sich nicht im rechtsfreien Raum; denn aufgrund eines Einverständnisses des von der Durchsuchung Betroffenen, das aber z. B. bei Wohnungen im Gegensatz zum reinen Betretenlassen von *allen* Mitbewohnern erteilt werden müsste[302], entfallen lediglich die Notwendigkeit einer formellen Durchsuchungsanordnung nach § 105 und die sachlichen Durchsuchungsvoraussetzungen nach §§ 102 oder 103, nicht jedoch automatisch alle weiteren Vorschriften, die den Durchsuchungsablauf betreffen.

231 Anders als bei der Beschlagnahme unterscheidet das Gesetz danach, ob der Verdächtige oder eine andere Person von der Durchsuchung betroffen wird, die im zweiten Fall nur unter deutlich engeren Voraussetzungen zulässig ist. **Verdächtiger** i. S. v. § 102 ist, wer als Täter oder Teilnehmer einer verfolgbaren Straftat in Betracht kommt[303]. Ein zureichender Verdacht, der dazu berechtigen würde, diese Person bereits zum Beschuldigten zu machen, braucht noch nicht vorzuliegen[304]. Dagegen muss für die *Tat* ein konkretisierter Anfangsverdacht gegeben sein, denn die Eingriffsermächtigungen der StPO setzen voraus, dass ein Ermittlungsverfahren eingeleitet worden ist, was nur bei zureichendem Verdacht möglich ist (§§ 152 Abs. 2, 160, 163). Vage Anhaltspunkte oder bloße Vermutungen reichen nicht aus[305]. Dies ergibt sich schon aus dem Standort der Vorschriften in der StPO und aus dem Zweck des Ermittlungsverfahrens. Die Durchsuchungsbestimmungen dürfen daher nicht zur Ausforschung und Gewinnung eines *vor* der Maßnahme noch gar nicht vorhandenen zureichenden Verdachts einer Straftat missbraucht werden[306]; lediglich die Zuordnung der Tat (d. h. Täterschaft) zu einer bestimmten Person wird durch § 102 auf ein niedrigeres Verdachtsniveau gesenkt und damit von erleichterten Bedingungen abhängig gemacht. Diese gesetzliche Wertung darf nicht dadurch konterkariert werden, dass verschärfte Verhältnismäßigkeitsanforderungen gestellt werden oder eine zu enge Betrachtung der Verdachtsmomente für die Zuordnung der Tat erfolgt[307].

Unverdächtige, bei denen nach § 103 Durchsuchungen möglich sind, sind alle anderen Personen, auch solche mit ZVR. Bei zeugnisverweigerungsberechtigten Personen können daher Durchsuchungen stattfinden; sie dürfen sich nur nicht auf das Auffinden beschlagnahmefreier Gegenstände (§ 97) richten[308]. § 160a tritt hinter § 97 vollständig zurück, sodass prinzipiell auch bei ZVR-berechtigten Berufsgeheimnisträgern wie Wirtschaftsprüfern durchsucht werden kann, sofern diese nicht gerade von Beschuldigten mandatiert worden sind[309]. Im Ausgangsfall liegt der Annahme des Verdachts des Diebstahls (§§ 242, 243 StGB) und damit der Einleitung eines Ermittlungsverfahrens zunächst gegen „Unbekannt" ein konkretes Ereignis (Entwendung der Statue) zugrunde. Gegen B. besteht aber kein zureichender Verdacht, denn sein häufiges Erscheinen zum andächtigen Beten lässt ihn zwar aufgrund des eigenartigen zeitlichen Zusammentreffens mit dem Diebstahl vor dem Hintergrund seiner einschlägigen Vorstrafen als „ver-

---

301 S. auch Rn. 236, 259.
302 BGH NJW 86, 84; ein Verzicht muss innerl. frei erklärt werden, BGHSt 34, 397, 400 (Tagebuch).
303 S. Rn. 22; erkennbar strafunmündige Kinder können daher nicht Verdächtige sein, dazu OLG Bamberg NStZ 89, 40.
304 Mit dem Gesetz nicht vereinbar ist es, hier einen Verdachtsgrad wie beim Beschuldigten zu fordern, so aber *Geerds*, F.S. *Dünnebier* (1082), S. 173 ff.
305 BVerfG NJW 161645; BGH NStZ 16, 370.
306 Vgl. BVerfG NJW 91, 690; StV 99, 519; LG Köln StV 83, 54, 275; Baden-Baden wistra 90, 118.
307 Z.B. wie bei LG Zweibrücken NJW 90, 2760.
308 LG Fulda NJW 00, 1508 (Verteidiger); Bremen NStZ-RR 00, 174 (Redaktionsräume). Weitergehender Schutz bei Abgeordnetenbüros, BVerfG NJW 03, 3401.
309 BVerfG NJW 18, 2385 (Jones Day); s. Rn. 208.

dächtig" i. S. v. § 102 erscheinen; zum Beschuldigten wird er durch Ermittlungshandlungen in seine Richtung bei dieser Sachlage aber noch nicht.

Nach § 102 reicht sachlich die **Vermutung** aus, dass die Durchsuchung zum Auffinden von Beweismitteln führen wird. Dafür genügen zwar nicht rein gefühlsmäßige oder spekulative Erwägungen der Ermittlungsbeamten, jedoch reicht kriminalistische Erfahrung als Begründung aus[310]. Darin besteht der entscheidende Unterschied zu § 103, wo **Tatsachen** erforderlich sind, aus denen sich schließen lässt, dass sich einzelne gesuchte Beweismittel im Durchsuchungsbereich befinden[311]. Außerdem muss das gesuchte Objekt bereits individualisiert sein; anders als bei § 102 genügt es nicht, nur „irgendwelche" Beweismittel zu suchen, über deren konkreten Charakter sich die Ermittlungsbehörden noch nicht klar sind. § 103 stellt keine eigenständige Ermächtigungsgrundlage zur Durchsuchung bei Unverdächtigen dar, sondern baut auf § 102 auf und regelt lediglich die Abweichungen. **232**

Im Ausgangsfall besteht nach kriminalistischer Erfahrung die Vermutung, dass in der Wohnung des Verdächtigen B., wenn schon nicht die Diebesbeute selbst, so doch irgendwelche verräterische Spuren zu finden sein werden, die Aufschluss über seine Täterschaft gegeben könnten, z. B. Handschuhe, Pläne, Werkzeuge usw., sodass bei ihm gem. § 102 die Durchsuchung seiner Wohnung zulässig wäre. Dagegen ist seine Freundin F. unter keinem Gesichtspunkt auch nur als verdächtig zu betrachten. Eine Durchsuchung bei ihr wäre allein unter den Voraussetzungen des § 103 gestattet. Hier wäre zwar die Individualisierung des gesuchten Objekts (Marienstatue) möglich; jedoch fehlt es an den Tatsachen, die für das Auffinden sprechen. Auf den vorliegenden Einzelfall bezogene Beweisanhalte gibt der Fall nicht her; die Erfahrungen aus früheren Verfahren lassen sich gerade nicht als solche betrachten. § 103 Abs. 2 verweist auf die erleichterten Durchsuchungsvoraussetzungen des § 102 in den Fällen, in denen der Beschuldigte in der Wohnung des Unverdächtigen *ergriffen* worden ist oder die er während der Verfolgung betreten hat[312]. Mit „Verfolgung" ist hier nicht die allgemeine Ermittlungstätigkeit, sondern das konkrete Bemühen um die Ergreifung gemeint. Auch diese Voraussetzungen lassen sich hier nicht feststellen. Bei F. ist daher keine Durchsuchung gegen ihren Willen möglich.

H. ist anders als B. *nicht* derjenigen Straftat verdächtig, die aufgrund eines Anfangsverdachts Gegenstand des Verfahrens ist (Diebstahl der Statue). Für die Hehlerei besteht in diesem Fall noch kein konkretisierter Anfangsverdacht. Es sprechen lediglich Erfahrungsumstände dafür, dass er als Hehler in das Geschehen verwickelt ist, da eine persönliche Verbindung zu B. besteht und H. schon früher einschlägige Objekte gehelt hat. Mangels zureichenden Verdachts kann daher kein Ermittlungsverfahren wegen § 259 StGB gegen H. eingeleitet werden. Jedoch gestattet § 102 nicht nur bei demjenigen unter erleichterten Voraussetzungen die Durchsuchung, welcher der *Täterschaft* derjenigen Tat, die Gegenstand des Verfahrens ist (hier: § 242 StGB) verdächtig ist, sondern auch beim verdächtigen *Teilnehmer*. Unter Teilnahme ist aber hier nicht nur solche im technischen Sinne des materiellen Strafrechts (Anstiftung, Beihilfe), sondern in strafprozessualen Sinne zu verstehen, welche die Folgetaten **Begünstigung, Strafvereitelung, Hehlerei** und Datenhehlerei umfasst. Diese sind zwar materiell-rechtlich als eigenständige Tatbestände konstruiert, lassen sich sachlich aber als nachträgliche Fälle der Beihilfe auffassen, wie dies die StPO in verschiedenen weiteren Konstellationen ebenfalls tut[313]. Daher genügt es, dass sich in Bezug auf H. Erfahrungssätze aufstellen lassen, die für eine Hehlerei seinerseits an dem Diebstahl der Statue sprechen. Deshalb ist **233**

---

310 BGH StV 88, 90.
311 BVerfG NJW 16, 1645: konkrete Gründe.
312 Davon zu unterscheiden ist der missverständlich sogenannte Fall der Gebäudedurchsuchung; s. Rn. 244.
313 Vgl. §§ 3, 60 Nr. 2, 97 Abs. 2 S. 3. S. Rn. 203.

die ausdrückliche Nennung von Begünstigung, Strafvereitelung und Hehlerei in § 102 keinesfalls überflüssig.

234 Formelle Voraussetzung einer Durchsuchung ist grundsätzlich eine richterliche Anordnung (§ 105 Abs. 1), wobei die überkommene Bezeichnung **Durchsuchungsbefehl** irreführend ist. Der Sache nach handelt es sich lediglich um eine Durchsuchungsgestattung; ob aufgrund derselben wirklich durchsucht wird und zu welchem Zeitpunkt, legt die StA fest, bei der auch das Antragsrecht zum Ermittlungsrichter liegt (§ 162). Bei Gefahr im Verzug dürfen die StA und ihre Ermittlungspersonen (ohne Stufung) die Durchsuchungsanordnung treffen[314]. Gefahr im Verzug ist immer dann anzunehmen, wenn die vorherige Einholung der richterlichen Entscheidung den Erfolg der Durchsuchung gefährden würde; die Eilkompetenz soll die Strafverfolgungsbehörden in die Lage versetzen, einen Beweismittelverlust zu verhindern[315]. Die neuere Rechtspr. hat hier die Maßstäbe erheblich verschärft, die bisher in der Praxis üblich waren[316]. In jedem Fall endet die Gefahr im Verzug, sobald der Ermittlungsrichter einmal mit der Sache befasst war[317]. Strafverfolgungsbehörden, Ermittlungsrichter und Gerichtsorganisation müssen im Rahmen des Möglichen sicherstellen, dass die Regelzuständigkeit des Richters gewahrt bleibe, was praktisch bedeutet, dass mit Mitteln der Technik die ständige Erreichbarkeit des Ermittlungsrichters rund um die Uhr sicherzustellen ist. Gefahr im Verzug muss mit Tatsachen begründet werden; fallunabhängige Vermutungen und die bloße Möglichkeit des Beweismittelverlustes genügen nicht. In der Regel müssen die StA bzw. ihre Ermittlungspersonen versucht haben, den Richter zu erreichen; erst wenn dies fehlschlägt oder sich ausnahmsweise aufgrund der Besonderheit der Situation als aussichtslos erweist, darf Gefahr im Verzug begründet werden. Die früher gängige Floskel der Praxis „Gefahr im Verzug, weil außerhalb der Dienstzeiten des Richters" ist damit in Zukunft tabu[318]. Eine grobe, insbesondere gezielte Missachtung des Richtervorbehalts kann zur Unverwertbarkeit der gefundenen Beweise führen[319]. Den Vollzug der Durchsuchungsanordnung können auch Polizeibeamte vornehmen, die keine Ermittlungspersonen der StA sind. Eine besondere Form schreibt das Gesetz für Durchsuchungsanordnungen anders als beispielsweise bei der TKÜ nicht vor. Der Richter könnte die Durchsuchungsanordnung in eiligen Situationen also auch mündlich, telefonisch oder gar konkludent (z. B. bezüglich der Wohnung des in einem Haftbefehl genannten Beschuldigten) treffen[320]. Regelmäßig ergeht die richterliche Anordnung jedoch schriftlich. Obwohl das Gesetz keine ausdrückliche Aussage dazu enthält, nimmt das BVerfG inzwischen an, dass die **Gültigkeitsdauer** von richterlichen Durchsuchungsanordnungen maximal 6 Monate betrage, weil spätestens nach Ablauf eines halben Jahres die richterliche Prüfung nicht mehr die rechtlichen Grundlagen der beabsichtigten Maßnahme gewährleiste und nicht mehr den Rahmen, die Grenzen und den Zweck der Maßnahme im Sinne eines effektiven Grundrechtsschutzes zu sichern vermag[321].

---

314 S. Rn. 109a; a. A. OLG Nürnberg NStZ-RR 17, 286.
315 BVerfG NJW 01, 1121 ff.; BVerfGE 51, 111; LG Osnabrück StV 91, 152.
316 Grundlegend: BVerfG NJW 01, 112; BGH NStZ 12, 104; OLG Hamm NJW 09, 3109; näher *Fikentscher* NJW 09, 3473. Zu der Folge von Beweisverwertungsverboten s. Rn. 168a.
317 BGH NJW 17, 1332; OLG Oldenburg NStZ 16, 747.
318 Jedenfalls in einer Großstadt wie München, BVerfG NJW 19, 1427; 07, 1444; NVwZ 06, 925; BGH NStZ-RR 19, 94.
319 BGH NJW 07, 2269; NStZ 12, 104; OLG Düsseldorf StV 17, 12; s. auch Rn. 168a.
320 BGHSt 28, 57 ff.; LG Fulda NStZ 19, 47. Stillschweigende Durchsuchungsanordnungen sind enthalten in Beschlüssen nach §§ 112, 126a, 134, 230 Abs. 2, 236, 329 Abs. 4; vgl. *MG-Schmitt* § 105, 6. Selbstverständl. gilt dies nur für die Wohnung des im Beschluss genannten Beschuldigten und nicht ungenannte Dritte, OLG Celle StV 82, 561.
321 BVerfG NJW 97, 2165; vgl. dazu auch *Cassardt* NJW 96, 554 ff.; LG Berlin StV 99, 520; enger LG Osnabrück NStZ 87, 522 (ca. 3 Monate). Weiter LG Zweibrücken NJW 03, 156. Sonderfall: Durchsicht Papiere, BVerfG NJW 02, 1410.

234a § 105 enthält keine Aussage zum **notwendigen Inhalt** einer Durchsuchungsanordnung. Gleichwohl fordert das Verhältnismäßigkeitsprinzip (Art. 20 GG), dass der Richter bei seiner Anordnung durch eine ausreichende inhaltliche Bestimmtheit für eine Begrenzung der Durchsuchungsmaßnahme sorgen muss. Der Richter darf keine Blankoermächtigungen erteilen, von denen nicht gesagt werden kann, in welcher Richtung von ihnen Gebrauch gemacht wird. Denn soweit dem Richter die Ermächtigung der Exekutive vorbehalten ist, trifft ihn als Kontrollorgan der Strafverfolgungsbehörden auch die Pflicht, durch geeignete Formulierung des Durchsuchungsbeschlusses im Rahmen des Möglichen und Zumutbaren sicherzustellen, dass der Eingriff in Grundrechte messbar und kontrollierbar bleibt[322]. Daher hat das BVerfG als inhaltliches Erfordernis einer richterlichen Durchsuchungsanordnung bestimmt, dass der Beschluss enthalten muss: 1. Tatsächliche Angaben über den Inhalt des Tatvorwurfes, wobei eine schlagwortartige Bezeichnung des möglicherweise verletzten Gesetzes nicht ausreicht, *und* 2. Art oder denkbarer Inhalt der Beweismittel, denen die Durchsuchung gilt, soweit dies nach dem Ergebnis der Ermittlungen möglich und dem Zweck der Strafverfolgung nicht abträglich ist[323]. Die Schilderung des dem Beschuldigten angelasteten Verhaltens im richterlichen Durchsuchungsbeschluss braucht zwar nicht so vollständig zu sein wie die Formulierung eines Anklagesatzes oder gar die tatsächlichen Feststellungen eines Urteils. Aber die wesentlichen Merkmale des gesetzlichen Tatbestandes, die die Strafbarkeit des zu subsumierenden Verhaltens kennzeichnen, müssen berücksichtigt werden. Es müssen ein Verhalten oder sonstige Umstände geschildert werden, die – wenn sie erwiesen sein sollten – diese zentralen Tatbestandsmerkmale erfüllen[324]. Dies ist auch wichtig, um die Reichweite der verjährungsunterbrechenden Wirkung eines Durchsuchungsbeschlusses nach § 78c Abs. 1 Nr. 4 StGB exakt bestimmen zu können[325]. In dem gegen B. zu erlassenden Durchsuchungsbeschluss dürfte daher nicht nur schlagwortartig stehen „wegen Diebstahls in einem besonders schweren Fall"; vielmehr bedürfte es der Angabe des Objekts (Marienstatue), des Tatorts (Kathedrale) und der ungefähren Tatzeit. Da bei B. nur nach irgendwelchen, noch nicht feststehenden Beweismitteln gesucht wird, sind insoweit keine näheren Angaben erforderlich. Dagegen wäre es nötig, in dem gegen H. zu erlassenden Beschluss als Durchsuchungsziel konkret das Auffinden der Marienstatue zu bezeichnen[326].

234b An sich stellt es eine Selbstverständlichkeit dar, dass Durchsuchungsanordnungen wie alle anderen strafprozessualen Zwangsmaßnahmen dem **Verhältnismäßigkeitsprinzip** unterliegen, das sich schon aus dem Rechtsstaatsprinzip nach Art. 20 GG ergibt. Jedoch entwickelt sich in den letzten Jahren zunehmend ein geschärftes Bewusstsein für die Schwere des mit einer Durchsuchung verbundenen Grundrechtseingriffs in die Privatheit der Wohnung, die Art. 13 GG schützt. Dies gilt um so mehr, wenn auch noch die Berufsfreiheit (Art. 12 GG) eines Berufsgeheimnisträgers betroffen ist. So hat das BVerfG eine Durchsuchung einer Rechtsanwaltskanzlei wegen einiger Verkehrsordnungswidrigkeiten, für die eine Geldbuße von 15 Euro festgesetzt worden war, als „evident sachfremd, grob unverhältnismäßig und willkürlich" gegeißelt[327]. Auch die Angemessenheit

---

322 BVerfG NJW 17, 2016; 92, 531 f.; 09, 2516; 12, 2097; NStZ 00, 60; LG Rostock NJW 17, 2016.
323 BVerfGE 42, 213, 220; NJW 92, 551; 94, 3281; 2176; NJW 02, 1941; 03, 2669 (einschr.); NStZ-RR 98, 366; BGH NStZ 00, 154 (gegen Dritte); LG Freiburg wistra 00, 159 (Bankenverfahren); LG Krefeld NJW 94, 2036; LG Mönchengladbach StV 86, 246; näher *Baur* wistra 83, 99; *Schoreit* NJW 99, 173; *Kruis/Wehowsky* NJW 99, 682.
324 BGH NJW 07, 1443.
325 Dazu BGH wistra 00, 219; 03, 382; OLG Frankfurt wistra 87, 32.
326 Zur Begründung eines wegen Hehlereiverdachts erlassenen Durchsuchungsbeschlusses: BVerfG NJW 11, 291.
327 BVerfG NJW 06, 3411 f.; s. auch EGMR NJW 06, 1495; 10, 2109; BVerfG NJW 08, 1937; 2422, 09, 281; 11, 2275; 12, 2096 (Notar); OLG Rostock NJW 13, 485.

einer Durchsuchung von Redaktionsräumen bedarf besonderer Beachtung unter dem Aspekt des Eingriffs in die Pressefreiheit, selbst wenn der Presseangehörige Beschuldigter sein sollte[328]. Die Durchsuchung muss im Blick auf den bei der Anordnung verfolgten Zweck erfolgversprechend sein. Ferner muss gerade diese Zwangsmaßnahme zur Ermittlung und Verfolgung der vorgeworfenen Tat erforderlich sein[329]. Schließlich muss der jeweilige Eingriff in einem angemessenen Verhältnis zur Schwere der Tat und der Stärke des Tatverdachts stehen. Im Einzelfall können die Geringfügigkeit der zu ermittelnden Straftat, eine geringe Beweisbedeutung sowie die Vagheit des Auffindeverdachts der Maßnahme entgegenstehen wie im Fall der Durchsuchung der Räumlichkeiten einer Richterin, der unterstellt wurde, sie habe unter Verletzung des Dienstgeheimnisses Informationen an einen ihr privat bekannten Journalisten weiter gegeben[330].

235 Während einer nächtlichen Streife überrascht Polizeimeister P. den E., als dieser gerade das Einfamilienhaus des Arztes A. verlässt, dessen Winterurlaub er genutzt hat, um wertvolle Brillanten und Schmuckstücke der Frau A. zu entwenden. P. nimmt den E. im Vorgarten des Anwesens, welches von einer niedrigen Hecke umgeben ist, vorläufig fest. E. hält bei seiner Festnahme einen Koffer fest umklammert, auf dem sich ein Aufkleber mit der Aufschrift „Ärztekongress Davos Sommer 2018 – Prof. Dr. A." befindet. Dagegen versucht er ein ganzes Arsenal professioneller Einbruchwerkzeuge schnell wegzuwerfen. Eine vom Funkstreifenwagen aus durchgeführte Datenabfrage des P. ergibt, dass E. schon mehrfach rechtskräftig wegen Einbruchdiebstahls verurteilt worden ist.

236 Es kommen verschiedene Durchsuchungsmaßnahmen in Betracht. Zunächst könnte die **Person** des E. nach Beweismitteln wie Diebesgut und weiteren Einbruchswerkzeugen gemäß § 102 durchsucht werden, da er des Diebstahls in einem besonders schweren Fall verdächtig ist. Diese Maßnahme besteht darin, dass die am Körper getragene Kleidung, Körperoberfläche und die natürlichen Körperöffnungen (z. B. Mund) nach körperfremden Objekten durchsucht werden können[331]. Auch die Durchsuchung der Person des Unverdächtigen ist – obwohl in § 103 nicht besonders aufgeführt – rechtlich zulässig, da § 103 lediglich die Abweichungen zu § 102 regelt. Soweit es möglich ist, eine Person körperlich zu durchsuchen, folgt daraus auch die Befugnis, sie zu diesem Zweck für eine angemessene Zeit festzuhalten[332].

237 Nach § 102 können unter den gleichen Voraussetzungen auch die dem Verdächtigen gehörenden **Sachen** durchsucht werden. Diese umfassen alle Objekte, in denen etwas verborgen werden kann. Der Begriff „gehören" ist nicht zivilrechtlich – etwa nach Eigentum oder Besitzrecht – auszulegen, sondern nach den rein tatsächlichen Gewahrsamsverhältnissen zu beurteilen[333]. So ist der von E. aus dem Hause des A. entwendete Koffer nach § 102 und nicht nach § 103 zu durchsuchen. Besteht Mitgewahrsam von Verdächtigen und Unverdächtigen, findet die Durchsuchung der Sache insgesamt unter den erleichterten Voraussetzungen des § 102 statt[334]. Ein „Beisichführen" der Sache ist nicht erforderlich. Verfügt faktisch allein ein Unverdächtiger über eine Sache, so richtet sich die Zulässigkeit der Durchsuchung nach dem strengeren § 103.

---

328 BVerfG NJW 05, 965; 07, 1117 (Cicero) 11, 1859 (Rundfunksender).
329 Z.B. nicht, wenn nur steuerlich geltend gemachte Fachliteratur gesucht wird, BVerfG NJW 05, 1640.
330 BVerfG NJW 06, 976, 982; s. auch BVerfG NJW 07, 1804 f. (§ 103); BVerfGE 96, 44, 51.
331 Vgl. OLG Celle NJW 97, 2463; OLG Karlsruhe NStZ 83, 191; aber nicht der Magen, weil bereits Körperinneres; unklar OLG Frankfurt NJW 97, 1648; s. auch Rn. 259.
332 OLG Stuttgart MDR 84, 249; Celle NJW 97, 2464.
333 *MG-Köhler* § 102, 10.
334 BGH NStZ 86, 34.

238 Ferner wäre an eine Anordnung der Durchsuchung der **Wohnung** des E. zu denken (Haussuchung). Wohnungen sind alle Räumlichkeiten, über die eine Person zu Zwecken des eigenen Aufenthaltes verfügen kann[335]. Dazu zählen nicht nur Wohnräume i. e. S., sondern auch Nebenräume wie Küche, Treppenhaus, Keller, Garage, Vorgarten, soweit sie nur in einem funktionellen Zusammenhang mit den eigentlichen Wohnräumen stehen[336]. Eine längere Dauer des Aufenthaltes oder besondere Bauwerkqualitäten sind nicht zu fordern, sodass auch Campingwagen, Zelte, Schlafkojen in einem Lkw[337], Wochenendhäuser, Jagdhütten oder Hotelzimmer den Begriff der Wohnung erfüllen können. Nur bei offenen Schlafstätten im Freien fehlt es an der für Wohnungen erforderlichen Begrenzung. Personenkraftwagen sind regelmäßig nur Sachen und nicht Wohnungen, da sie nicht dem Aufenthalt, sondern der Fortbewegung dienen. Wie bei Sachen kommt es nicht auf die Eigentumslage oder auf Besitzrechte an. Jede Wohnung, über welche der Verdächtige tatsächlich zu Wohnzwecken verfügen kann, unterliegt der Durchsuchungsvorschrift nach § 102. Diese schützt den durch die Wohnung besonders gekennzeichneten Bereich der Privat- und Intimsphäre, der unabhängig von zivilrechtlichen Verhältnissen durch die tatsächliche Nutzung zu Wohnzwecken begründet wird[338]. Daher findet die Durchsuchung besetzter Häuser auch auf der Grundlage des § 102 statt[339]. Verfügen Verdächtige und Unverdächtige gemeinsam zu Wohnzwecken über Räumlichkeiten wie bei Wohngemeinschaften oder der Wohnung einer Familie, so erfolgt die Durchsuchung insgesamt nach § 102[340].

Hier könnte die Wohnung des E. durchsucht werden, wenn dort Beweismittel zu vermuten wären. Nun ist die Auffindungsvermutung insofern problematisch, als E. *in flagranti* festgenommen wurde und die Diebesbeute aus dem Besitz des A. erst gar nicht in die Wohnung des E. verbracht werden konnte. § 102 erlaubt nicht die Ausforschung, ob nicht Beweismittel für *andere* Taten, für die noch kein einzelfallbezogener Anfangsverdacht besteht, vorhanden sind, auch wenn die Erfahrung dafür spräche (z. B. bei einem Ladendieb)[341]. Dies ist auch vorliegend zu beachten, weil trotz des Auffindens professionellen Diebstahlswerkzeugs weitere Taten als die eine, für die E. festgenommen wurde, in keiner Weise konkretisierbar sind. Die Wohnungsdurchsuchung ist daher unzulässig und kann auch nicht mehr mit dem Hinweis auf die Möglichkeit begründet werden, dass die Flagranztat nur als Teilakt einer fortgesetzten Einbruchserie erscheint, die insgesamt aufzuklären sei, weil die Rechtsprechung inzwischen die Rechtsfigur der fortgesetzten Tat aufgegeben hat[342].

239 Die StPO gestattet ferner die Durchsuchung **anderer Räume**, Oberbegriff für Geschäftsräume und befriedete Besitztümer. **Geschäftsräume** sind Räumlichkeiten, die dazu bestimmt sind, gewerblichen, wissenschaftlichen oder künstlerischen Zwecken zu dienen (z. B. Fabrikhallen, Büro, Gastraum eines Restaurants). Auch Dienstgebäude, d. h. Räumlichkeiten von Behörden, fallen darunter[343]. Einschränkungen gelten nach § 105 Abs. 3 lediglich für das Gelände der Bundeswehr, was sich aber auf andere Behörden, bei denen der Gedanke der Beeinträchtigung militärischer Einrichtungen nicht zutrifft,

---

335 *MG-Köhler* § 102, 7.
336 Vgl. BGH NJW 97, 2189.
337 Aber nicht ein Pkw; BGH NJW 97, 2189.
338 Auf das Hausrecht kommt es nicht an; *MG-Köhler* § 102, 7; a. A. *Nelles* StV 91, 489.
339 *Schlüchter* 325; KK-*Bruns* § 102, 9.
340 BGH NStZ 86, 84; zu Wohngemeinschaften *Pawlowski* NJW 81, 670; zu Angehörigen *Nelles* StV 91, 488.
341 BVerfG NJW 20, 384; NStZ 19, 351.
342 S. BGHSt 40, 138 = NJW 94, 1663 (Gr. Senat); ferner BGH NStZ 95, 141; 94, 547 (BTMG); NJW 94, 2368 (Steuerhinterziehung); näher dazu: *Zschockelt* NStZ 94, 361; NStZ 95, 109; *Geisler* JURA 95, 74; *Geppert* NStZ 96, 57, 118; schon nach altem Recht im vorl. Fall ablehnend: LG Köln StV 83, 56.
343 Thür. OLG wistra 01, 74 unter Vorbehalt des § 96; weitergehend *Kramer* NJW 84, 1502 ff.; LG Darmstadt NStZ 89, 86.

keineswegs übertragen lässt[344]. **Befriedete Besitztümer** sind wie bei § 123 StGB in äußerlich erkennbarer Weise mittels zusammenhängender Schutzwehren gegen willkürliches Betreten gesicherte Bereiche, soweit sie nicht schon als Nebenraum zu einer Wohnung oder einem Geschäftsraum anzusehen sind[345]. Hierzu gehören beispielsweise eingezäunte Schrebergärten oder durch umgebende Gräben nicht ohne weiteres zugängliche Felder. Das willkürliche Betreten anderer braucht nicht absolut ausgeschlossen zu sein, sondern muss nur erschwert werden. Dafür reichen bloße Verbotsschilder nicht aus. Der Vorgarten des A. wäre nicht als befriedetes Besitztum anzusehen, da es sich bei einer niedrigen Hecke nicht um eine spürbare Erschwerung der Zugangsmöglichkeiten handelt. Jedoch ist der ersichtlich abgegrenzte Vorgarten eines Einfamilienhauses aufgrund des räumlich-funktionalen Zusammenhangs mit diesem als Nebenraum der Wohnung zu betrachten, bei dem Schutzwehren nicht zu verlangen sind[346]. Da E. dort ergriffen wurde, kann die Wohnung des A. (d. h. das gesamte Anwesen) gem. § 103 Abs. 2 i. V. m. § 102 aufgrund einer reinen Auffindungsvermutung für Beweismittel und Spuren, die sicherlich nach einem Einbruch zu erwarten sind, durchsucht werden.

240 Zur Beschaffung von Geldmitteln haben T. und mehrere andere Mitglieder einer terroristischen Vereinigung eine Bank überfallen und sich unter Androhung des Gebrauchs ihrer Maschinenpistolen ca. 50000,– Euro Bargeld aushändigen lassen. Sie flüchten mit einem Kleintransporter. Die Polizei richtet schon Minuten später an allen Ausfallstraßen der Stadt Kontrollstellen ein. Dort werden die Personalien des Urlaubers U., der mit einem Campmobil an einer Kontrollstelle vorfährt, überprüft. Die kontrollierenden Beamten beabsichtigen, auch das Campmobil des U. zu durchsuchen.

241 Eine Durchsuchung nach § 102 kommt nicht in Betracht, da U. nicht Verdächtiger ist. Für § 103 fehlt es an bestimmten Tatsachen, welche die Verwirklichung eines Durchsuchungszweckes erwarten lassen. Die Durchsuchung könnte jedoch auf § 111 Abs. 1 S. 2 gestützt werden, wenn die Voraussetzungen einer **Straßenkontrolle** vorliegen[347]. Nach § 111 Abs. 1 Satz 1 müssen bestimmte Tatsachen den Verdacht begründen, dass § 129a StGB bzw. eine in dieser Vorschrift genannten Straftat (§§ 211, 239a usw. StGB) vorliegt. Sofort nach dem Überfall lässt sich wohl kaum beurteilen, ob ein terroristischer Hintergrund gegeben ist. Die 2. Alt. des § 111 besteht jedoch darin, dass auch bestimmte Tatsachen für den Verdacht einer Straftat nach § 250 Abs. 2 Nr. 1 und 2 StGB (schwerer Raub) für die Errichtung von Straßenkontrollen ausreicht. Im Fall handelt es sich allerdings nicht um einen Raub, sondern um eine schwere räuberische Erpressung nach § 255 StGB. Da § 255 StGB jedoch auf die Raubvorschriften (§§ 249, 250 StGB) verweist, erlaubt auch der Verdacht einer räuberischen Erpressung unter Mitführen von Schusswaffen die Errichtung von Straßenkontrollen nach § 111[348]. An sich verlangt § 111 nicht ein Betreffen oder Verfolgen auf frischer Tat. Kontrollstellen nach § 111 können daher zu Fahndungszwecken auch ereignisunabhängig eingerichtet werden. Jedoch müssen Tatsachen die Annahme rechtfertigen, dass die Maßnahme zur Ergreifung des Täters oder zur Sicherstellung von Beweismitteln führen wird, sodass überwiegend unter diesem Gesichtspunkt konkrete Geschehnisse wie ein kurz zuvor verübter Überfall Auslöser einer Anordnung nach § 111 sind.

---

344 BayObLG NJW 93, 744 daher nur unter der Voraussetzung zutreffend, dass es sich um eine Hochschule der Bundeswehr gehandelt hat, was der Sachverhalt nicht erkennen lässt.
345 Vgl. OLG Hamm NJW 82, 1824; *Fischer* § 123, 5.
346 Vgl. BGH NJW 97, 2189.
347 Abzugrenzen von Verkehrskontrollen nach § 36 Abs. 5 StVO und anderen präventiven Kontrollmaßnahmen wie z. B. § 55 GüKG oder den Polizeigesetzen.
348 *MG-Köhler* § 111, 3.

Die Kontrollstellen können unter diesen Voraussetzungen auf öffentlichen Straßen und Plätzen – wie hier auf Ausfallstraßen – und an anderen öffentlich zugänglichen Orten eingerichtet werden. **Öffentliche Straßen** oder Plätze sind solche, die durch einen Widmungsakt zur öffentlichen Sache geworden sind[349]. **Öffentlich zugänglich** sind darüber hinaus alle Orte, die von jedermann ohne Beschränkung betreten werden können, wie nicht abgrenzbare Grundstücke, Bahnhöfe, auch Kaufhäuser und Gaststätten. Zur Anordnung der Kontrollstelle sind grundsätzlich der **Richter**, bei Gefahr im Verzug auch die StA und ihre Ermittlungspersonen befugt. Die richterliche Anordnung braucht zwar nicht inhaltlich die Örtlichkeiten individuell zu bezeichnen, an denen Kontrollstellen zu errichten sind, jedoch muss sie die nach der Sachlage möglichen und notwendigen Begrenzungen selbst festlegen. Jedenfalls ginge es zu weit, wenn der Richter die Polizei ermächtigt, für einen längeren Zeitraum nach ihrem eigenen Ermessen zu jeder Tages- und Nachtzeit an jedem öffentlich zugänglichen Ort der Bundesrepublik Kontrollstellen einzurichten[350]. Da es nach dem Banküberfall auf jede Minute ankommt, dürfte hier Gefahr im Verzug gegeben sein, sodass auch eine Ermittlungsperson der StA die Anordnung treffen konnte.

An einer Kontrollstelle ist jedermann, der sie passiert, verpflichtet, seine **Identität feststellen** und **sich sowie mitgeführte Sachen durchsuchen** zu lassen. Im Rahmen der Ausführung der Maßnahme verweist § 111 Abs. 3 auf die §§ 163b, c, sodass ein Nicht-Verdächtiger aufgrund einer Kontrollstelle nicht einer ED-Behandlung unterworfen werden darf. Es fragt sich, ob das Campmobil des U. eine von ihm mitgeführte Sache ist. Im Sinne von §§ 102, 103 handelt es sich bei dem Campmobil nicht um eine Sache, sondern um eine Wohnung, da es dem Aufenthalt dient[351]. Der Begriff der Sache muss bei § 111 hingegen weiter verstanden werden. Der Sinn und Zweck der Vorschrift besteht darin, alle Objekte durchsuchen zu können, die Personen bei sich haben, wenn sie eine Kontrollstelle passieren. Dass jemand auch eine mobile Wohnung mit sich führen könnte, hat der Gesetzgeber nicht bedacht, obwohl deren Kontrolle in seinen Absichten entspricht. Daher darf das Campmobil des U. durchsucht werden. Da die Anordnung der Kontrollstelle selbst für den Bürger noch keine eigene Beschwer begründet, könnten Rechtsmittel nicht gegen die Anordnung selbst, sondern erst gegen die darauf gestützten Maßnahmen wie Durchsuchungen im Einzelfall eingelegt werden[352]. Von der Straßenkontrollstelle zu unterscheiden ist die sog. automatisierte Kennzeichenerfassung von Fahrzeugen (**Kennzeichen-Screening**). Hierfür gibt es keine Rechtsgrundlage in der StPO. Soweit in landesrechtlichen Polizeigesetzen das Kennzeichen-Screening zum Abgleich mit dem „Fahndungsbestand" vorgesehen ist, sind diese Bestimmungen verfassungswidrig[353], denn der Begriff „Fahndungsbestand" bezieht sich vornehmlich auf nach Strafprozessrecht ergangene Haftbefehle, sodass allein der Bundesgesetzgeber entsprechende Normen erlassen könnte. **242**

Eine sich an die Errichtung einer Kontrollstelle nach § 111 zuweilen anschließende Maßnahme ist die sog. **Schleppnetzfahndung** (§ 163d), die im Kern darin besteht, dass die anlässlich einer Überprüfung einer Person an einer Kontrollstelle anfallenden Daten (Identität u. a. strafverfolgungsrelevante Umstände) für zunächst drei Monate (mit Verlängerungsmöglichkeit: drei weitere Monate) festgehalten („gespeichert") werden dürfen. Diese Vorgehensweise rechtfertigt sich aus der Erfahrung, dass an Kontrollstellen verschiedentlich gesuchte Straftäter angehalten und kontrolliert wurden und die Relevanz des Ablaufs für die Verfolgung von Straftaten erst bei einer späteren Auswertung **242a**

---

349 *MG-Köhler* § 111, 8.
350 BGHSt 35, 363, 366.
351 Anders der normale Pkw; BGH NJW 97, 2189.
352 Dagegen dann § 98 Abs. 2 S. 2 analog; BGHSt 35, 363 f.; 36, 30 ff.; 242, 248; s. auch Rn. 334.
353 BVerfG NJW 08, 1505 ff.; StV 19, 371; *Roßnagel* NJW 08, 2547.

ersichtlich wurde[354]. Wirklich operabel ist diese Speicherung und Auswertung von Kontrollstellendaten erst durch die Einführung des maschinenlesbaren Personalausweises geworden. Neben den strafprozessualen Kontrollstellen nach § 111 StPO erlaubt § 163d auch bei **grenzpolizeilichen Kontrollen**[355] (bezüglich der in § 100a Abs. 1 S. 1 Nr. 3 und 4 bezeichneten Straftaten) die Durchführung einer Schleppnetzfahndung. Die Vorschrift enthält eine Fülle formaler Detailregelungen über die Speicherung, Löschung, Benachrichtigung, Verwendung und die Anordnung selbst, die in Schriftform ergehen muss und für die grundsätzlich der Richter, bei Gefahr im Verzug auch StA und ihre Ermittlungspersonen zuständig sind.

242b Den Kreis der Kontrollen, die Anlass zu zusätzlichen Fahndungsmaßnahmen bieten, wird noch weiter gezogen durch § 163e (**Polizeiliche Beobachtung**, früher Beobachtende Fahndung genannt)[356]. Danach ist es bei *allen* polizeilichen Kontrollen, also auch solchen nach allgemeinem Polizeirecht und Straßenverkehrsrecht, zulässig, Daten von Beschuldigten, ihren Kontaktpersonen und ihrer Begleiter festzuhalten und weiterzumelden. Auch ein Kfz-Kennzeichen kann zur Polizeilichen Beobachtung ausgeschrieben werden, was gleichfalls zur Meldung des Kfz-Führers ermächtigt. Die Fahndungsmethode, die nur bei **Straftaten von erheblicher Bedeutung**[357] gestattet ist, erlaubt es – ohne Festnahme und ohne Wissen der Betroffenen – Bewegungsbilder von Beschuldigten und Personen aus ihrem Umfeld zu zeichnen und damit weitere Erkenntnisse über aufklärungs- und fahndungserhebliche Zusammenhänge zu gewinnen[358]. Formelle Voraussetzung ist eine richterliche Anordnung. Gefahr im Verzug berechtigt lediglich die StA, aber nicht ihre Ermittlungspersonen zur Anordnung.

243 (Fortsetzung Fall Rn. 240)
T. gelingt es, eine andere Kontrollstelle zu durchbrechen. Jedoch nehmen mehrere Polizeifahrzeuge die Verfolgung auf. Schließlich bemerkt Polizeimeister P., wie T. den Transporter vor einem Hochhaus abstellt und in dem Hauseingang verschwindet. Die eilends informierte StA ordnet die Durchsuchung aller achtzig Wohnungen des Hochhauses an, nachdem der terroristische Hintergrund des Überfalls deutlich geworden ist. Es gelingt zwar nicht, des T. habhaft zu werden. P. entdeckt aber bei der Durchsuchung einer Wohnung zufällig ein Päckchen mit Haschisch.

244 Die Durchsuchung der Wohnungen kann auf § 102 nicht gestützt werden, da die Wohnungsinhaber einer Straftat nicht verdächtig sind. § 102 findet auch nicht über § 103 Abs. 2 Anwendung, wonach die Beschränkungen des § 103 nicht gelten, wenn der Beschuldigte in Räumen von Unverdächtigen ergriffen worden ist oder sie während der Verfolgung betreten hat. Hier steht nur fest, dass der T. das Hochhaus betreten hat. In Bezug auf die einzelne Wohnung lässt sich eine solche Feststellung nicht treffen. Aus dem gleichen Grunde scheidet auch eine Durchsuchungsanordnung nach § 103 Abs. 1 S. 1 aus, denn bestimmte Tatsachen, dass sich der gesuchte T. in der jeweils zu durchsuchenden Wohnung befindet, sind nicht gegeben. Um diese Lücke im Gesetz bei der Verfolgung terroristischer Gewalttäter zu schließen, hat der Gesetzgeber § 103 Abs. 1 insoweit ergänzt, als zum Zwecke der Ergreifung eines nach § 129a StGB (bzw. darin genannter Katalogtat) dringend verdächtigen Beschuldigten eine Durchsuchung von Wohnungen und anderen Räumen Unverdächtiger auch zulässig ist, wenn diese sich in

---

354 Ausführl. dazu *Göhring*, Polizeil. Kontrollstellen und Datenverarbeitung (1992); *Rogall* NStZ 86, 385; *Baumann* StV 86, 494; *Schoreit* DRiZ 87, 464; *Witting* JuS 97, 961.
355 Vgl. § 2 Abs. 2 Bundespolizeigesetz.
356 Zu der Methode: PDV Nr. 384.2. *Krahl* NStZ 98, 339.
357 S. Rn. 228.
358 Vgl. BT-Drucks. 11/7663, S. 43.

einem Gebäude befinden, von dem aufgrund von Tatsachen anzunehmen ist, dass sich der Beschuldigte in ihm aufhält (sog. **Gebäudedurchsuchung**). Die bestimmten Tatsachen brauchen sich in diesen Fällen also nicht auf die einzelne Wohnung, sondern nur auf das Gebäude beziehen. Gebäude sind räumlich abgegrenzte bauliche Einheiten, ohne dass es auf die Größe des Gebäudes ankäme. Für Gebäudemehrheiten („Komplexe") lässt sich die Anordnung nach § 103 nicht treffen. Im Fall war die Anordnung der Gebäudedurchsuchung durch die StA trotz grundsätzlicher Kompetenz des Richters rechtens, da sich im Laufe der Fahndung inzwischen der dringende Tatverdacht nach § 129a StGB gegen T. verdichtet hat und aufgrund der Beobachtungen des P. feststeht, dass er das einzelne Hochhaus betreten hat. Ermittlungspersonen der StA dürfen auch bei Gefahr die Gebäudedurchsuchung nicht anordnen, obwohl dafür wie bei kaum einer anderen Maßnahme aufgrund der notwendigen Eile ein Bedürfnis besteht.

P. durfte auch nach §§ 94, 98 wegen Gefahr im Verzug das Haschischpäckchen beschlagnahmen, da er als Ermittlungsperson der StA hierzu in jeder Situation aufgrund seines Verfolgungsauftrages verpflichtet ist (§ 163). Die Beschränkungen der Mitnahme von Zufallsfunden anlässlich einer Gebäudedurchsuchung gemäß § 108 S. 2 erstrecken sich nicht auf förmliche Beschlagnahmen nach §§ 94, 98, sondern nur auf einstweilige Inbeschlagnahmen unter den besonderen Voraussetzungen des 108 Satz 1, der hier nicht zur Anwendung kommt[359].

b) Ablauf und Förmlichkeiten der Durchsuchung

Im Rahmen eines Ermittlungsverfahrens wegen gefährlicher Körperverletzung erwirkt die StA einen Haftbefehl wegen Fluchtgefahr gegen den Beschuldigten B. Sie beauftragt das für den Wohnbezirk des B. zuständige Polizeirevier mit der Vollstreckung des Haftbefehls. Polizeiwachtmeister W. und Polizeioberwachtmeister O. werden zur Erledigung dieser Angelegenheit eingeteilt. W. und O. nehmen an, dass sie den ihnen bekannten B. am nächsten Abend um 20.45 Uhr in seinem Einfamilienhaus antreffen werden, rechnen aber damit, dass sich eine Durchsuchung des Hauses nach B., falls er sich dort versteckt hält, mindestens eine halbe Stunde in Anspruch nehmen würde.

245

Hier liegt zwar ausdrücklich nur ein richterlicher Haftbefehl vor, dieser enthält jedoch die **konkludente** Anordnung einer Durchsuchung der Wohnung des Beschuldigten zum Zwecke seiner Ergreifung. Es entspricht herrschendem Verständnis, dass richterliche Anordnungen wie Vorführungsbefehle, Unterbringungsbefehle und Haftbefehle eine zusätzliche Durchsuchungsanordnung für die Wohnung des Beschuldigten nach § 105 erübrigen[360]. Die materiellen Durchsuchungsvoraussetzungen nach § 102 sind demgegenüber auch bei stillschweigenden Durchsuchungsanordnungen der genannten Art erforderlich. Hier ist zu vermuten, dass die Durchsuchung der Wohnung des B., der einer gefährlichen Körperverletzung verdächtig ist, zu seiner Ergreifung führt. Der Durchsuchungszweck **Ergreifung** liegt nicht nur – wie hier – bei der Vollstreckung von Haftbefehlen oder vorläufigen Festnahmen vor. Ergreifung in diesem Sinne ist jede Art des Festhaltens zur Verwirklichung einer strafprozessual zulässigen Maßnahme, die auch in dem Verbringen des Beschuldigten zu einer Blutprobe ins Krankenhaus oder zur Durchführung von ED-Maßnahmen auf ein Revier bestehen kann.

246

---

359 Vgl. *Vogel* NJW 78, 1226; s. auch Rn. 253.
360 S. auch Rn. 234; entsprechend bei Verurteilungen zu einer Freiheitsstrafe: OLG Düsseldorf NStZ 81, 402.

247 Für die **Vollstreckung** der Durchsuchungsanordnung ist die StA zuständig (§ 36 Abs. 2), die sich regelmäßig dabei der Beamten des Polizeidienstes bedient (§ 161)[361]. Anders als die Anordnung der Durchsuchung dürfen auch solche Polizeibeamte deren Vollstreckung vornehmen, die nicht Ermittlungspersonen der StA sind wie hier Polizeiwachtmeister W. Zentral für die Vollstreckung des Durchsuchungsbeschlusses ist der allgemeine strafprozessuale Grundsatz, dass die Anordnung von Ermittlungseingriffen im Rahmen der Verhältnismäßigkeit unausgesprochen auch die Grundlage für alle **Zwangsmaßnahmen** darstellt, die zur Erreichung des Maßnahmezwecks erforderlich sind[362] wie z. B. Aufbrechen von Türen, Bilden einer Absperrung, Beschränkungen des Telefonverkehrs zu anderen Durchsuchungsorten, an denen zeitgleich durchsucht wird[363]. Denn wenn der Gesetzgeber die Maßnahme als solche will, billigt er damit implizit auch die zu deren Durchsetzung unerlässliche Zwangsausübung, soweit diese verhältnismäßig ist. Jedoch legitimiert nur der konkrete Durchsuchungszweck und nicht schon der allgemeine Verfahrenserfolg nach §§ 161, 163 diese Zwangsmaßnahmen, sodass nicht einfach bei einer Durchsuchung angetroffene Personen am Durchsuchungsort festgehalten werden können. Eine Festnahme von Personen ist während einer Durchsuchung nur nach § 164 möglich, wenn diese den Ablauf vorsätzlich gestört oder sich einer Widersetzlichkeit schuldig gemacht haben. Schon gar nicht ließe sich ein solcher „Stubenarrest" auf Polizeirecht stützen[364].

Weitergehende Einschränkungen sind bei diesen in der Vollstreckungsfrage „**unvollkommenen Regelungen**" abzulehnen, insbesondere ist es nicht nötig, dass unbedingt dasselbe Grundrecht betroffen ist, auf welches die Primärmaßnahme abzielt[365], sodass auch bei einer primär auf Art. 13 GG abzielenden Wohnungsdurchsuchung sehr wohl andere Grundrechte wie Art. 14 (bis hin zur Zerstörung von Schlössern und Behältern) oder gar Art. 2 Abs. 2 GG beeinträchtigt werden können, wenn dies nicht anders geht, denn eine gesetzliche Grundlage liegt in jedem Falle vor. Dass Vorbereitungs- und Begleitmaßnahmen „im Verhältnis zur Beeinträchtigung durch die Primärmaßnahme *geringfügig*" sein müssten[366], lässt sich ebenfalls nicht durchgängig vertreten, denn sonst ließe sich durch eine Eskalation der Widerstandsleistung gegen die relativ harmlose, aber gesetzlich vorgesehene Maßnahme diese endgültig verhindern. Richtig ist lediglich, dass eine allgemeine Verhältnismäßigkeitsprüfung erforderlich ist, in deren Rahmen natürlich eine nur geringfügige Beeinträchtigung für die Bejahung der Verhältnismäßigkeit spricht. Im Ergebnis muss die unausgesprochen mit legitimierte Sekundärmaßnahme daher nicht nur dem primären Eingriff irgendwie dienlich, sondern zu seiner Durchsetzung *unerlässlich* sein und dem Übermaßverbot entsprechen[367].

247a Es fragt sich im vorliegenden Fall, ob die von W. und O. beabsichtigte Durchsuchungszeit rechtens ist, da nach § 104 die Durchsuchung von Wohnungen, Geschäftsräumen und befriedeten Besitztümern zur **Nachtzeit** grundsätzlich unzulässig ist[368]. Das nächtliche Durchsuchungsverbot ist bei Verfolgung auf frischer Tat, Gefahr im Verzug oder

---

[361] Bedenkl. aber die vom LG Stuttgart wistra 97, 279 für zulässig gehaltene Einbeziehung von Steuerfahndern bei allg. Delikten, weil hier offensichtl. verfahrensfremde Zwecke verfolgt werden.
[362] Vgl. OLG Karlsruhe StraFO 97, 13, 15; Celle NJW 97, 2165; s. auch Rn. 11b, 236. Die landesrechtl. Vorschriften über unmittelb. Zwang finden nach richtiger Auffassung keine Anwendung.
[363] Näher dazu *Kramer*, Ermittlungen bei Wirtschaftsdelikten, 1987, Rn. 105 ff.; *Rengier* NStZ 81, 375 ff.
[364] Vgl. LG Frankfurt NJW 08, 2201.
[365] Insoweit abzul. LG Freiburg NJW 96, 3021 f., wo BGHSt 8, 144, 147 missverstanden wurde. Selbstverständl. beinhaltet eine Anordnung nach § 81 nicht automatisch eine solche nach § 81a.
[366] BGH NJW 97, 2189 (Ermittlungsrichter); näher dazu *Schairer/Krombacher* Kriminalistik 98, 119 f.
[367] Davon ist zu unterscheiden die extensive Auslegung der Ermächtigungsnorm selbst; nur dort sind Dienlichkeit und Typik maßgebliche Gesichtspunkte, was in BGH NJW 97, 2189 nicht ausreichend von der impliziten Durchsetzungsmacht unterschieden wird, welche die Eingriffsanordnung verleiht.
[368] Der Richter kann davon nicht befreien, sondern höchstens vorweg die Voraussetzungen der Ausnahmetatbestände prüfen, BGH MDR 64, 71.

bei Wiederergreifung eines entwichenen Gefangenen aufgehoben. Nach § 104 Abs. 2 gilt es auch nicht für verrufene Räumlichkeiten (Räume, die zur Nachtzeit jedermann zugänglich sind; Herbergen und Versammlungsorte bestrafter Personen; Niederlagen von Sachen, die mittels Straftaten erlangt sind; Schlupfwinkel des Glücksspiels, des Betäubungsmittel- und Waffenhandels, der Prostitution). Einer dieser Ausnahmefälle vom Verbot der Nachtzeitdurchsuchung liegt hier nicht vor.

Was unter Nachtzeit zu verstehen ist, wird in § 104 Abs. 3 gesetzlich definiert. Im Zeitraum vom 1. April bis 30. September sind es die Stunden von 9.00 Uhr abends bis 4.00 Uhr morgens; in den übrigen Monaten die Stunden von 9.00 Uhr abends bis 6.00 Uhr morgens. Im Fall ist damit zu rechnen, dass zur Nachtzeit durchsucht wird, da sich der Vorgang bis ca. 21.15 Uhr erstrecken wird. Hätte sich dieses nur aufgrund einer überraschenden Verlängerung einer zur Tageszeit begonnenen Durchsuchung ergeben, wäre die Fortsetzung der Durchsuchung unproblematisch als zulässig zu betrachten[369], da eine solche Konstellation der Gefahr im Verzug entspricht. Hier war jedoch angesichts des gewählten Zeitpunkts des Beginns der Durchsuchung von vornherein damit zu rechnen, dass zur Nachtzeit durchsucht werden müsste. Aber auch in diesem Fall muss aufgrund des Sinns und Zwecks der Beschränkungen der Nachtzeitdurchsuchung angenommen werden, dass dies so geschehen kann[370]. Dieser besteht nämlich nicht darin, die Nachtruhe des von der Durchsuchung Betroffenen zu schonen. Vielmehr dient die Vorschrift dem Schutz des Bürgers vor **Nacht- und Nebelaktionen**, die von der Öffentlichkeit unkontrolliert in der Dunkelheit beginnen und enden. Ein Durchsuchungsbeginn zur Nachtzeit birgt auch die Gefahr der Überrumpelung des Betroffenen in sich. Abgesehen davon, dass die Nachtruhe wohl nicht ein so bedeutsames Rechtsgut ist, als dass die Durchsetzung des Strafanspruchs dadurch eingeschränkt werden sollte, kann sie schon deshalb nicht das geschützte Rechtsgut des § 104 sein, weil sich die Vorschrift nach ihrem ausdrücklichen Wortlaut auch auf Geschäftsräume und befriedete Besitztümer erstreckt. Daher ist allein der Beginn der Durchsuchung für § 104 entscheidend.

(Fortsetzung Fall Rn. 245) **248**
Als W. und O. gegen 20.45 Uhr am Durchsuchungsort erscheinen, öffnet ihnen A., der 19-jährige Sohn des B. A. weigert sich, W. und O. Einlass zu gewähren. W. und O. teilen A. mit, dass sie zum Zwecke der Festnahme des B. das Einfamilienhaus durchsuchen wollen. A. erklärt jedoch, dass er eine Durchsuchung ohne Beisein unabhängiger Zeugen nicht zulassen werde und widersetzt sich gewaltsam O. und W., die in das Haus eindringen.

A. könnte sich nach § 113 StGB wegen Widerstandes gegen Vollstreckungsbeamte strafbar gemacht haben. A. hat den Tatbestand des § 113 Abs. 1 StGB erfüllt; die Bestrafung entfällt jedoch nach § 113 Abs. 3 StGB, wenn die Diensthandlung von O. und W. nicht rechtmäßig war. Rechtmäßigkeit in diesem Sinne setzt nur voraus die Zuständigkeit der Beamten und die Beachtung der wesentlichen Förmlichkeiten[371]. Zu den Förmlichkeiten bei Beginn einer Durchsuchung gehört nach § 106, dass die Inhaber der zu durchsuchenden Räume oder Gegenstände die **Anwesenheit** während der Durchsuchung gestattet werden muss bzw. in seiner Abwesenheit möglichst sein Vertreter oder ein erwachsener Angehöriger, Hausgenosse oder Nachbar zuzuziehen ist. § 106 Abs. 1, der hier schon aufgrund der Anwesenheit des Sohnes A. erfüllt ist, muss als reine Ordnungsvorschrift und somit als unwesentliche Förmlichkeit angesehen werden[372]. Die **Be- **249**

---

369 Vgl. BVerfGE 44, 353 ff.
370 Anders BVerfGE 44, 353, 369, aber ohne nähere Auseinandersetzung mit dem Zweck des § 104.
371 Vgl. BGHSt 4, 164; 21, 363; Erhardt, Rn. 383 (ganz h. M.).
372 BGH NStZ 83, 375; a. A. LR-*Tsambikakis* § 106, 15; *Rengier* NStZ 81, 373.

kanntmachung des Durchsuchungszweckes, die hier gegenüber A. erfolgte, ist rechtlich zulässig und meist zweckmäßig, jedoch vorgeschrieben nur in den Fällen der Durchsuchung beim Unverdächtigen nach § 103, wie sich aus § 106 Abs. 2 ergibt. Meist erfolgt die Bekanntmachung durch Übergabe des Durchsuchungsbeschlusses, was aber rechtlich nicht zwingend ist.

250 Eine wesentliche Förmlichkeit könnte aber in § 105 Abs. 2 gesehen werden, der vorschreibt, dass Durchsuchungen von Wohnungen, Geschäftsräumen oder befriedeten Besitztümern, die ohne Beisein des Richters oder Staatsanwalts stattfinden – wenn möglich – unter Zuziehung eines Gemeindebeamten oder zweier Mitglieder der Gemeinde, in deren Bezirk die Durchsuchung erfolge, stattfinden müssen (**Zeugenzuziehung**). Als wesentlich im Sinne von § 113 Abs. 3 StGB sind solche Förmlichkeiten anzusehen, die dem Schutz insbesondere grundrechtlich gesicherter Bereiche des Betroffenen dienen. Daher kommt es auf den Sinn und Zweck des § 105 Abs. 2 an. Dieser ist nach h. M. ein zweifacher: durch die Zuziehung unabhängiger Zeugen sollen einerseits die Strafverfolgungsorgane vor nachträglichen, möglicherweise unberechtigten Vorwürfen hinsichtlich des Ablaufs der Durchsuchung geschützt werden. Andererseits dient die Zuziehung der Zeugen (zwei Gemeindemitglieder oder ein Gemeindebeamter)[373] der Verhinderung von Übergriffen durch die Strafverfolgungsorgane, die bei Durchsuchungen von Räumen schwer beweisbar wären, weil sie den Blicken der Öffentlichkeit entzogen sind. Aufgrund dieses zweiten Gesichtspunktes stellt § 105 Abs. 2 eine wesentliche Förmlichkeit dar[374], die O. und W. hier verletzt haben. Demnach kann A. nicht nach § 113 StGB bestraft werden. Ein Beweisverwertungsverbot ergibt sich aus der Verletzung des § 105 Abs. 2 allerdings nicht[375]. Der Begriff der „wesentlichen Förmlichkeit" ist ein *terminus technicus* des materiellen Strafrechts, der Bewertungen ausdrückt, wann eine Bestrafung wegen Widerstandes gegen Vollstreckungsbeamte angebracht ist. Die Frage, ob die dabei erlangten Beweise zur Überzeugungsbildung im Strafverfahren verwendet werden dürfen, liegt auf einer völlig anderen Ebene.

251 Nicht selten ergibt sich die umgekehrte Interessenlage, dass nämlich der von der Durchsuchung Betroffene den Wunsch äußert, es mögen keine Zeugen zugezogen werden, weil er sich vor einer Bloßstellung fürchtet. Der BGH hat in diesen Fällen von einem verständlichen Anliegen gesprochen und die Verzichtbarkeit der Zeugenzuziehung durch den Betroffenen bejaht[376]. Dies ist unter dem Gesichtspunkt des doppelten Schutzzwecks des § 105 Abs. 2 nicht unproblematisch. Jedoch ist dem OLG *Celle* beizupflichten, das überzeugend dargelegt hat, dass der Schutz des Einzelnen vor Übergriffen der weitaus überwiegende Schutzzweck ist, während das Ansehen der Strafverfolgungsorgane eher einen sich daraus ergebenden Reflex darstellt[377]. Daher kann tatsächlich eine Haussuchung ohne Zeugen stattfinden, wenn *beide* Seiten (Betroffener und Strafverfolgungsbehörden) die Zeugenzuziehung nicht für erforderlich halten.

252 (Fortsetzung Fall Rn. 248)
Bei der Durchsuchung der Wohnung stößt W. im Hinterzimmer auf eine vollständige Werkstatt zur Herstellung falscher Führerscheine. W. „beschlagnahmt" daraufhin die Fälscherutensilien, während sich O. in einen dicken Aktenordner mit Aufschrift „Ge-

---

[373] Entgegen OLG Karlsruhe NJW 92, 642 scheiden daher Zeugen aus dem Ausland aus. Zur Frage der richtigen Auswahl der Zeugen unter dem Gesichtspunkt der Neutralität: OLG Hamm NStZ 86, 326; Celle StV 85, 137.
[374] Heute ganz h. M. BayObLG JR 81, 28; OLG Hamm NStZ 86, 326; Karlsruhe NStZ 91, 50; Stuttgart MDR 84, 249.
[375] KG NJW 72, 169 f.; OLG Stuttgart NJW 71, 624.
[376] NJW 63, 1461; auch OLG Stuttgart MDR 84, 249.
[377] StV 85, 137; vgl. auch *Born* JR 83, 52.

schäftskorrespondenz" vertieft, von dessen Lektüre er sich weitere Hinweise auf die Abnehmer der gefälschten Führerscheine verspricht.

W. könnte seine Maßnahme nicht auf §§ 94, 98 stützen, weil er als Polizeiwachtmeister nicht Ermittlungsperson der StA ist. Jedoch kommt in solchen Fällen eine einstweilige Inbeschlagnahme von **Zufallsfunden** nach § 108 in Betracht. Diese Vorschrift soll dem Gedanken Rechnung tragen, dass bei Gelegenheit von Durchsuchungen nicht selten Beweismittel zufällig gefunden werden, die mit dem zugrunde liegenden Verfahren nichts zu tun haben[378]. § 108 will in diesen Fällen *über §§ 94, 98 hinaus*, die er unberührt lässt, eine Zugriffsmöglichkeit eröffnen, die dann in der Folge zu einer förmlichen Beschlagnahme führen kann[379]. Die Erweiterungen bestehen zunächst darin, dass alle Durchsuchungsbeamten, nicht nur Ermittlungspersonen der StA nach § 108 vorgehen können. Die zufällige Zugriffsmöglichkeit bei Gelegenheit einer Durchsuchung reicht aus, ohne dass unbedingt Gefahr im Verzug vorliegen müsste. Der Verdachtsgrad ist geringer als bei § 94, denn es genügt, dass der Gegenstand auf die Verübung einer anderen Straftat „hindeutet". In der Praxis sind aber meist schon die Voraussetzungen der §§ 94, 98 gegeben, da der Verfolgungszwang selbstverständlich nicht eingeschränkt ist, nur weil ein Strafverfolgungsbeamter bei Gelegenheit der Ermittlung in anderer Sache bzw. zufällig im Rahmen einer Durchsuchung von weiteren Straftaten erfährt. Missverständlich ist daher die teilweise anzutreffende Formulierung, die §§ 94, 98 fänden – im Gegensatz zu § 108 – nur für solche Gegenstände Anwendung, die für das (bereits) anhängige Verfahren Beweisbedeutung besäßen[380]. Diese Einschränkung gilt lediglich für den Richter, der ja nicht allgemein dem Legalitätsprinzip unterliegt, sondern prinzipiell aufgrund des Akkusationsprinzips nur in der von der StA bei ihm anhängig gemachten Sache tätig werden darf (vgl. §§ 155 Abs. 2). Daher kann z. B. ein Richter bei der von ihm vorgenommenen Postkontrolle eines Untersuchungsgefangenen Briefe strafbaren Inhalts, die mit dem anhängigen Verfahren nichts zu tun haben, nicht nach §§ 94, 98 beschlagnahmen, sondern höchstens gestützt auf eine analoge Anwendung des § 108 sichern und der StA übergeben[381]. Dagegen gilt für Staatsanwalte und Polizeibeamte bei allen dienstlichen Verrichtungen und u. U. sogar darüber hinaus[382] die Verpflichtung, bei allen neu bekannt werdenden Straftaten Ermittlungen einzuleiten (§§ 152, 163). Die Beschlagnahme des Zufallsfundes nach § 94, 98 ist dann die erste Maßnahme in einem neuen Ermittlungsverfahren[383]. § 108 ist also keine abschließende Sonderregelung für Zufallsfunde[384]. Daher ist auch das Beweisverwertungsverbot nach § 108 Abs. 2 zugunsten von Patientinnen eines Arztes, der des verbotenen Schwangerschaftsabbruchs (§ 218 Abs. 1 StGB) verdächtig ist, nur von sehr begrenzter Bedeutung. Einem Missbrauch des § 108 im Bereich der Medien sucht der Gesetzgeber ferner durch das an strenge Voraussetzungen geknüpfte weitere Beweisverwertungsverbot nach § 108 Abs. 3 vorzubeugen. Da W. keine Ermittlungsperson der StA ist, kann er allerdings die Zufallsfunde nicht förmlich beschlagnahmen, sondern sie nur nach § 108 mitnehmen,

253

---

378 Dies schließt eine „systematische" Suche nach Zufallsfunden gedankl. aus; de facto liegt dann eine bewusste Missachtung der Begrenzungen einer richterl. Durchsuchungsanordnung vor, was zu Beweisverwertungsverboten führt; vgl. KG StV 87, 97; LG Bonn NJW 81, 292; Bremen StV 84, 505; Baden-Baden StV 89, 428; *Cordes/Dannenberg* NJW 19, 2973 s. auch Rn. 168a; zum erf. Widerspruch: BGH NJW 18, 2279.
379 *Vogel* NJW 78, 1226.
380 So OLG Düsseldorf NJW 93, 3278.
381 Vgl. OLG Düsseldorf NJW 93, 3278 f.
382 S. Rn. 177.
383 OLG Celle NJW 63, 406.
384 Dies ist insbes. bei der Gebäudedurchsuchung; s. Rn. 244; dazu *Vogel* NJW 78, 1226 zu beachten, s. Rn. 203.

damit anschließend eine nach § 98 zur Beschlagnahme befugte Stelle die Möglichkeit der förmlichen Beschlagnahme prüft.

254 O. hat sich hier in den Aktenordner „Geschäftskorrespondenz" vertieft. Dieses könnte einen Verstoß gegen § 110 darstellen. Nach dieser Vorschrift steht die **Durchsicht der Papiere** des von der Durchsuchung Betroffenen der StA zu. Der Richter ist in keinem Falle zur Durchsicht befugt, auch nicht nach Anklageerhebung, wie das *Thür.* OLG meint[385], da dies nicht nur dem Wortlaut der Bestimmung widerspräche, sondern als Vollstreckung einer richterlichen Anordnung außerhalb der Hauptverhandlung auch nach § 36 Abs. 2 der StA vorbehalten ist. Ermittlungspersonen der StA dürfen nach der geltenden Gesetzesfassung auf Anordnung der StA ebenfalls die Durchsicht vornehmen. Da mit solchen Anordnungen der StA in Zukunft regelmäßig, ja sogar formularmäßig gerechnet werden darf, hätte der Gesetzgeber § 110 auch gleich ganz streichen können. Ein praktischer Anwendungsbereich bleibt fast nur noch in Fällen der Anordnung einer Durchsuchung bei Gefahr im Verzug durch die Ermittlungspersonen selbst. Ohne Genehmigung des Inhabers oder Anordnung der StA haben die Ermittlungspersonen die Papiere in Gegenwart des Inhabers in einem Umschlag zu verschließen, zu versiegeln und bei der StA abzuliefern. Solange die dann folgende Durchsicht der Papiere bei der StA andauert, ist die Durchsuchung insgesamt noch nicht abgeschlossen, sodass schon nach überkommenen Maßstäben Rechtsmittel gegen die Durchsuchungsanordnung zulässig bleiben[386]. Daran wird ersichtlich, dass die in § 110 gemeinte „Durchsicht" dem Charakter nach einen besonderen Teil der *Durchsuchung* darstellt[387]. Eingeschränkt wird daher nicht etwa die Auswertung solcher Gegenstände, deren Beweisbedeutung bereits feststeht, sodass sie nach §§ 94, 98 bereits sichergestellt worden sind oder sichergestellt werden konnten, sondern nur die Suche nach Beweisgegenständen durch inhaltliche Kenntnisnahme von Papieren[388]. Eine sog. **Grobsichtung** von Papieren, die aber nicht in einer „oberflächlichen" Kenntnisnahme, sondern nur in einer Betrachtung nach äußerlichen Merkmalen (Standort, Farbe, Format usw.) bestehen kann, bleibt auch für Polizeibeamte zulässig[389]. Da „Durchsicht" und „Durchsuchung" synonym sind, ist die These, § 110 sei auf Papiere, die „bei anderer Gelegenheit" in die Hände der Strafverfolgungsbehörden gelangt seien[390], *entsprechend* anzuwenden, in dieser Pauschalität verfehlt. Eine analoge Anwendung des § 110 setzt zumindest voraus, dass die „Gelegenheit" einer Durchsuchungsmaßnahme ähnlich ist, was z. B. bei der Prüfung von Datenspeichern gesagt werden könnte, ob diese beweiserhebliche Informationen enthalten[391].

Der Sinn und Zweck des § 110 besteht darin, den Persönlichkeits- und Geheimnisschutz des Betroffenen tunlichst zu wahren, indem die irreversible Kenntnisnahme vom Inhalt seiner Papiere auf einen möglichst kleinen Personenkreis beschränkt wird. Allerdings fällt mangels Abgrenzbarkeit nicht nur privates, sondern auch geschäftliches Schriftgut unter den Begriff der Papiere, wobei es auf die stoffliche Grundlage (Papier, Tonträger, Lochkarten, Magnetbänder, Mikrofilm, Disketten usw.) nicht ankommt[392]. Da damit auch das Recherchieren in elektronisch gespeicherten Datenbeständen nach Beweisen als Durchsicht i. S. v. § 110 gilt, erlaubt § 110 Abs. 3 auch die Durchsicht von Speicher-

---

385 Wistra 01, 76.
386 BGH StV 88, 90; NJW 73, 2035; StV 88, 90; KG MDR 80, 76; OLG Schleswig StV 86, 238; LG Frankfurt NJW 97, 1170; Baden-Baden StV 89, 428; zum Abschluss der Durchsuchung einer EDV-Anlage LG Köln NStZ 95, 54; s. auch Rn. 329 ff.
387 BGHSt 44, 265, 273; verschwommen: BVerfG NJW 03, 2669 f. Daher verbietet sich auch eine Delegation der Durchsicht auf einen Sachverständigen, LG Kiel NJW 06, 3224.
388 Vgl. auch OLG Frankfurt NStZ-RR 97, 74.
389 OLG Celle StV 85, 137.
390 So aber Park wistra 00, 454.
391 BVerfG NJW 18, 2385, 3571; 05, 1917, 1921; NStZ-RR 19,118; BGH NStZ 03, 670; *Zerbes* NStZ 15, 425.
392 BGH StV 88, 90; sogar Farbbänder einer Schreibmaschine: LG Berlin StV 87, 97.

medien, die zwar vom Durchsuchungsort räumlich getrennt aufbewahrt werden, aber auf die von einem PC am Durchsuchungsort aus zugegriffen werden kann (z. B. beim *inländischen* Provider zum Abruf bereite E-Mails)[393]. Polizeibeamte können – ohne Genehmigung durch den Inhaber der Papiere oder Delegation durch den Staatsanwalt – diese nur „mitnehmen", dies allerdings auch unter Anwendung von Zwang. Die Mitnahme der Papiere zur StA ist keine Beschlagnahme i. S. v. §§ 94, 98, sondern eine Maßnahme eigener Art[394], die als Beschlagnahmevorbereitung Ähnlichkeit mit der einstweiligen Inbeschlagnahme nach § 108 aufweist. Im Fall hat W. eindeutig inhaltlich von Papieren Kenntnis genommen, unter denen er Beweismittel erst zu finden hoffte; er nahm daher eine ihm als Polizeibeamten nach § 110 verwehrte Durchsicht des Aktenordners vor, was jedoch kein Beweisverwertungsverbot zur Folge hat. Denn der Schutzzweck (*Verhinderung* des Bekanntwerdens von Papieren, deren Beweisbedeutung noch nicht feststeht) ist durch ein nachträgliches Beweisverwertungsverbot auch nicht mehr erreichbar.

255 Ohne ausdrückliche Unterbrechung einer Durchsuchung findet diese ihren **Abschluss** mit der faktischen Beendigung des planvollen Suchens. Die Durchsuchungsanordnung ist damit verbraucht[395]. § 107 begründet nach Beendigung der Durchsuchung einen Anspruch des Betroffenen auf **schriftliche Mitteilung** über den Grund der Durchsuchung. Der Verdächtige kann überdies die Bezeichnung der Straftat verlangen, die ihm vorgeworfen wird. Falls die Durchsuchung erfolglos war, ist ein Negativattest auszustellen; ansonsten ist dem Betroffenen auf Begehren ein **Verzeichnis** der sichergestellten Gegenstände auszuhändigen. Dieses Verzeichnis muss so detailliert sein, dass es dem Betroffenen eine Übersicht und Kontrollmöglichkeit hinsichtlich der sichergestellten Objekte verschafft, die identifizierbar bleiben müssen[396]. Dem entspricht auch § 109, wonach die sichergestellten Gegenstände genau zu verzeichnen und zur Vermeidung von Verwechslungen kenntlich zu machen seien[397].

8. Untersuchung und Genanalyse

256 J. ist dringend verdächtig, eine Prostituierte auf grausame Weise ermordet zu haben (vgl. Fall Rn. 110), bestreitet aber die Tat. Ihm soll daher eine Blutprobe entnommen werden, um mittels einer Analyse der Genstruktur feststellen zu können, ob diese mit derjenigen der Spermen übereinstimmt, die man an dem Opfer gesichert hat und vom Täter stammen müssen. Das Ergebnis dieser DNA-Analyse will die Polizei dann mit dem Analysematerial aus anderen bisher ungeklärten Mordfällen an Prostituierten abgleichen, um zu klären, ob J. auch diese Taten begangen hat. Auch für die Zukunft ist beabsichtigt, das bei J. festzustellende DNA-Identifizierungsmuster zu speichern, weil vermutet wird, er werde aufgrund seiner Triebhaftigkeit nach einer Strafverbüßung erneut einschlägig straffällig werden. Im Übrigen ergeben sich Zweifel an der Schuld- und Verhandlungsfähigkeit des J., sodass er auf seinen Geisteszustand hin von einem Nervenarzt untersucht werden soll, der zu diesem Zweck u. a. eine Entnahme der Hirnflüssigkeit beabsichtigt.

---

393 Vgl. *Obenhaus* NJW 10, 651 (cloud computing); BT-Drucks. 16/5846, S. 63 f. Zur Anwendung des § 110 auf beschlagnahmte Speichermedien: BVerfG NJW 05, 1917, 1921; BVerfGE 124, 43 ff = NJW 09, 2431; s. Rn. 220.
394 Thür. OLG wistra 01, 76; LG Oldenburg wistra 87, 38; daher gilt an sich § 97 nicht, aber keine Mitnahme nach § 110, wenn schon vor Durchsicht feststeht, dass § 97 eingreifen wird, LG Berlin NJW 90, 1058.
395 Zum Rechtsschutz gegen Durchsuchungen s. Rn. 329 ff. Verhaltenstipps bei *Michalke* NJW 08, 1490.
396 OLG Karlsruhe StraFO 97, 13, 15; LG Stade wistra 02, 319.
397 Zu den die Durchsuchung abschließenden Maßnahmen: *Kramer*, Ermittlungen bei Wirtschaftsdelikten (1987), 91, 128 ff.

257 Aufgrund des zuletzt im Fall genannten Aspekts wäre zunächst an eine Anordnung der Beobachtung im psychiatrischen Krankenhaus nach § 81 (**psychische Untersuchung**) zu denken. Danach kann schon im Vorverfahren das für das Hauptverfahren zuständige Gericht (vgl. § 81 Abs. 3) zur Vorbereitung eines Gutachtens über den psychischen Zustand des Beschuldigten anordnen, dass dieser in ein öffentliches psychiatrisches Krankenhaus gebracht und dort beobachtet wird[398]. Die Feststellung des psychischen Zustandes kann aus materiellrechtlichen Gründen oder zur Ergründung verfahrensrechtlicher Voraussetzungen wie der Verhandlungsfähigkeit erfolgen. § 81 lässt das Festhalten in einem psychiatrischen Krankenhaus nur bei Beschuldigten, aber nie bei Zeugen zu. Voraussetzung für die Maßnahmen ist nach § 81 Abs. 2, dass der Beschuldigte der Tat *dringend* verdächtig ist[399]. Die Anordnung darf auch ausdrücklich nicht zu der Bedeutung der Sache und der zu erwartenden Rechtsfolge außer Verhältnis stehen[400]. In formeller Hinsicht setzt § 81 voraus, dass das Gericht zunächst einen Sachverständigen und einen Verteidiger zu der beabsichtigten Maßnahme anhört. Gegebenenfalls muss ein Pflichtverteidiger bestellt werden (§ 140 Abs. 1 Nr. 6). Gegen den stattgebenden richterlichen Beschluss ist die sofortige Beschwerde zulässig, die gem. § 311 Abs. 2 binnen einer Woche einzulegen ist und nach § 81 Abs. 4 aufschiebende Wirkung hat[401].

258 Die Rechtsfolge der Anordnung nach § 81 besteht darin, dass für eine Höchstdauer von **sechs Wochen** der Beschuldigte in einem **psychiatrischen Krankenhaus** zum Zwecke der Beobachtung eingeliefert werden darf. Zu weiteren Zwangsmaßnahmen berechtigt § 81 nicht. Insbesondere ist der Beschuldigte zu keinem aktiven Mitwirken an der Untersuchung, etwa Ausfüllen von Testbögen usw., verpflichtet. Auch körperliche Untersuchungen einschließlich der Eingriffe braucht der Beschuldigte aufgrund einer isolierten Anordnung nach § 81 nicht hinzunehmen[402]. Daher ist im Fall zur geplanten Entnahme der Hirnflüssigkeit eine Anordnung nach § 81 nicht ausreichend. Die Vorschrift erlaubt also nur die Freiheitsentziehung zur Ermöglichung der Beobachtung. Kann die Beobachtung auch außerhalb eines psychiatrischen Krankenhauses erfolgen, ist eine Anordnung auf der Grundlage des § 81 überflüssig[403]. Vielfach reicht es aus, dass der Sachverständige den Beschuldigten während der Hauptverhandlung beobachtet, was hier sicherlich nicht genügen würde. Allerdings kommt auch eine Beobachtung in der U-Haft in Betracht, zu der eine Anordnung nach § 81 nicht ergehen müsste.

259 Die geplante Hirnflüssigkeitsentnahme und Blutprobe könnten nach § 81a gerechtfertigt sein. Danach dürfen **körperliche Untersuchungen** des Beschuldigten zur Feststellung von Tatsachen angeordnet werden, die für das Verfahren von Bedeutung sind. Körperliche Untersuchungen sind alle Maßnahmen, die sich auf die Feststellung der Beschaffenheit des menschlichen Körpers richten, sowie alle körperlichen Eingriffe[404]. Es braucht sich nicht um dauerhafte Merkmale des Körpers zu handeln; Spuren der Tat wie offene Verletzungen, Hämatome oder Stoffe, die mit dem Körper des Beschuldigten eine Verbindung eingegangen sind, fallen darunter. Falls sich die Maßnahme jedoch auf

---

398 Zu den Beschlussanforderungen: LG Zweibrücken NJW 97, 70. Unterscheide davon den Beschluss zur einstweiligen Unterbringung nach § 126a StPO i. V. m. § 63 StGB; s. Rn. 65.
399 S. Rn. 67.
400 Dazu BVerfG NStZ-RR 96, 38 (Unterbringung eines Rechtsanwalts wegen Prozessbetrugs). Bei Mitwirkungsverweigerung kann es auch an der Eignung der Maßnahme fehlen, BVerfG NJW 02, 283; 3484 (Flowtex).
401 Gegen den ablehnenden Beschl. dagegen einfache Beschwerde; LG Köln MDR 96, 409.
402 BGHSt 8, 144; OLG Celle StV 91, 248; NJW 89, 2339. Umgekehrt gestattet zwar § 81a zwangsläufig mit der Untersuchung verbundene Freiheitsbeschränkungen, aber nicht mehrtätige Freiheitsentziehungen, offengelassen in BVerfG NJW 04, 3697.
403 OLG Celle NStZ 91, 598 („ambulante Befragung").
404 Vgl. *Schlüchter* 170; MG § 81a, 9; Beispiele: Hirnstromuntersuchung, Blutdruckmessung, usw.; eine Aktivität des Beschuldigten darf nicht vorausgesetzt werden; BGHSt 34, 39, 45 f.; s. Rn. 184.

das Auffinden verborgener körperfremder Gegenstände richtet (beispielsweise ein am Bein festgeklebter LSD-Trip), handelt es sich um eine Durchsuchung der Person nach § 102, soweit kein körperlicher Eingriff vorliegt[405]. Die Durchführung einfacher körperlicher Untersuchungen erfordert nicht unbedingt einen Arzt oder anderen Sachverständigen. Auch Polizeibeamte können u. U. die Feststellung der körpereigenen Merkmale eines Beschuldigten durchführen, wobei allerdings bei der Untersuchung § 81d zu beachten ist, d. h. bei denkbaren Verletzungen des Schamgefühls muss eine Person gleichen Geschlechts oder ein Arzt die Untersuchung vornehmen[406]. Eine körperliche Untersuchung setzt nicht in jedem Fall voraus, dass die zu untersuchende Person die Kleidung ablegt. Was jedoch einfach ohne methodisches Vorgehen und ohne nähere Nachschau als Teil des allgemeinen Erscheinungsbildes einer Person wahrgenommen wird (z. B. große Narbe im Gesicht anlässlich einer Vernehmung), ist nicht Unter*suchung*, sondern allgemeine zeugenschaftliche Wahrnehmung.

Ein Sonderfall der körperlichen Untersuchung ist der **Eingriff**; beispielhaft nennt das Gesetz die Blutprobe. Bei Eingriffen handelt es sich um Substanzverletzungen des Körpers, die Zuführung körperfremder Stoffe und Maßnahmen im Innern des Körpers, zu dem die natürlichen Körperöffnungen wie z. B. die Mundhöhle noch nicht zählen[407]. Zuführung körperfremder Stoffe wie die Verabreichung von Brechmitteln[408] und Maßnahmen im Innern des Körpers wie das Auspumpen des Magens unterliegen als Eingriffe *immer* den Voraussetzungen des § 81a Abs. 1 S. 2 und zwar auch dann, wenn sie dem Auffinden körperfremder Objekte wie z. B. verpackten Drogen dienen. Für Blutproben und andere körperliche Eingriffe legt § 81a Abs. 1 Satz 2 als Besonderheit fest, dass diese im Gegensatz zu einfachen körperlichen Untersuchungen nur von einem **Arzt** nach den **Regeln der ärztlichen Kunst** vorgenommen werden dürfen[409], und das auch nur dann, wenn kein Nachteil für die Gesundheit des Beschuldigten zu befürchten ist. Für die Abgrenzung zwischen Eingriff und einfacher körperlicher Untersuchung ist in Zweifelsfällen nicht entscheidend, ob medizinische Instrumente Verwendung gefunden haben[410], sondern der Gesichtspunkt denkbarer Gesundheitsbeeinträchtigungen. Daher sind z. B. das Scheren der Haare und das Entnehmen einer Speichelprobe[411] noch nicht als Eingriff i. S. v. § 81a, sondern nur als einfache Untersuchung anzusehen, obwohl rein formal Körpersubstanz abgenommen wird[412]. Andererseits erfüllt die sog. Rektaluntersuchung wegen der latenten Verletzungsgefahr den Begriff des Eingriffs, obwohl sie nicht auf Substanzbeeinträchtigungen abzielt[413].

260

---

405   S. Rn. 230, 236.
406   Analoge Anwendung des § 81d auf Durchsuchungen der Person anerkannt, *MG-Schmitt* § 81d, 1.
407   Vgl. OLG Celle NJW 97, 2463; ähnl. *Schlüchter* 170; Scheidenabstrich ist noch kein Eingriff; *MG-Schmitt* § 81c, 16. Zur Blutprobe als häufigstem Fall, insbes. zur Feststellung des Blutalkoholgehalts *Reinhard* NZV 90, 174; auch zur Feststellung einer Aids-Infektion, *Mayer* JR 90, 358.
408   Unsicher OLG Frankfurt NJW 97, 1647 f.; im Ergebnis verdient die Entscheidung allerdings Zustimmung, weil die konkrete Maßnahme unverhältnismäßig war, was aber nicht für jedes Brechmittel gilt; vgl. *Rogall* NStZ 98, 66; *Benfer* JR 98, 53. Für die Zulässigkeit BVerfG StV 00, 1; OLG Bremen NStZ-RR 00, 270; a. A. EGMR NJW 06, 3117; BGH NJW 10, 2595; 12, 2453; zur Magenoperation: BVerfG NJW 02, 2859.
409   Vgl. BGHSt 55, 121 (Bremer ärztl. Beweissicherungsdienst). Kein Beweisverwertungsverbot bei unbeabsichtigter Missachtung, s. Rn. 162 ff.
410   Insoweit nicht überzeugend OLG Celle NJW 97, 2363 f. Die Verwendung medizinischer Instrumente ist nur Rechtsfolge des Vorliegens eines Eingriff unter Beachtung der Regeln der ärztlichen Kunst.
411   Erscheinen zum Speicheltest mit Anwalt kein belastendes Indiz; BGHSt 44, 367 = StV 00, 293.
412   Kein Eingriff: s. auch BVerfGE 47, 246; a. A. LG Nürnberg NStZ-RR 12, 261; *Grünwald* JZ 81, 423; *Odenthal* NStZ 85, 454. Es liegt aber eine einfache körperl. Untersuchung vor, weil es um die Feststellung von Körpermerkmalen geht.
413   LG Trier NJW 87, 722; vgl. auch *Solbach* MedR 87, 80.

260a Von der Ausführung der Untersuchung ist deren **Anordnung** zu unterscheiden, die nach § 81a Abs. 2 grundsätzlich dem Richter, bei Gefährdung des Untersuchungserfolges durch Verzögerung auch der StA und ihren Ermittlungspersonen zusteht[414]. Nur bei Blutproben, die der Aufklärung bestimmter Verkehrsdelikte (§§ 315a, 315c, 316 StGB) dienen, gilt der Richtervorbehalt nicht (§ 81a Abs. 2 S. 2). Hintergrund der Neuregelung dürfte eine Häufung von Alltagsfällen sein, in denen der Richtervorbehalt durch Polizeibeamte missachtet wurde und deshalb die Frage eines Beweisverwertungsverbots im Raum stand[415]. Wie bei Durchsuchungsanordnungen dürfen StA und Ermittlungspersonen nicht den Richtervorbehalt durch ausufernde Auslegung von „Gefahr im Verzug" unterlaufen[416]. Obwohl in § 81a nicht ausdrücklich angeführt, ist ebenfalls das Verhältnismäßigkeitsprinzip zu beachten. Gehirnflüssigkeitsentnahmen, wie hier geplant, stellen äußerst gravierende und schmerzhafte Eingriffe dar, die daher nur bei schwerwiegendsten Tatvorwürfen zulässig sein können[417]. Das ist aber bei dem Verdacht des mehrfachen Mordes der Fall. Auch entbindet § 81a nicht von der Beachtung der Menschenwürde (Art. 1 Abs. 1 GG) und stellt die Ermittlungsbehörden nicht von den Beschränkungen des § 136a frei[418]. Dem Beschuldigten entnommene Körperzellen wie hier die Gehirnflüssigkeit dürfen nach § 81a Abs. 3 nur für das zugrunde liegende oder andere anhängige Strafverfahren verwendet werden, also z. B. zur Aufklärung der anderen noch offenen Mordsachen, nicht jedoch für präventivpolizeiliche Zwecke, Zivilverfahren, zur medizinischen Forschung oder für künftige Strafverfahren. Sobald nicht mehr erforderlich (in der Regel bis zur Rechtskraft des Urteils), sind sie zu vernichten. Natürlich bezieht sich dieses Vernichtungsgebot nur auf die Körpermaterial selbst, nicht auf die Ergebnisse der Untersuchung, soweit diese Bestandteil der Akten werden[419].

260b Die Entdeckung der Individualität der Genstruktur eines Menschen und deren Nutzbarmachung für Zwecke der Kriminalistik hat letztere ähnlich revolutioniert wie seinerzeit die Feststellung der Einzigartigkeit des Fingerabdrucks[420]. Eine Verletzung der Menschenwürde kann in der Entnahme einer Blutprobe zum Zwecke der genetischen (DNA-)Analyse[421] aber nicht erblickt werden, denn soweit nur die genetische *Struktur* festgestellt werden soll (sog. **genetischer Fingerabdruck**), kann von einer „Totalerfassung" der Persönlichkeit nicht die Rede sein. Ob die Methode mit hundertprozentiger Sicherheit die Feststellung der Täterschaft ermöglicht oder nur Wahrscheinlichkeiten begründet, spielt für die Zulässigkeit ihrer Anwendung keine maßgebliche Rolle, denn auch andere Beweise besitzen vielfach nur mehr oder weniger indiziellen Charakter; letztlich führt auch die DNA-Analyse nur zu, wenn auch sehr weit reichenden, statistischen Wahrscheinlichkeitsaussagen, die regelmäßig durch weitere Beweisanzeichen unterstützt werden müssen[422]. Dagegen könnte man von einer Berührung des unantastbaren Kern-

---

414 Rechtsmittel gegen Richter: Beschwerde nach § 304; Rn. 330a; gegen Eilanordnung der StA und ihrer Hilfsbeamten: Antrag auf richterl. Entscheidung analog § 98 Abs. 2; Rn. 334.
415 Vgl. OLG Düsseldorf NStZ 17, 177.
416 S. Rn. 234; bei Blutprobe: BVerfG NJW 07, 1345; OLG Hamburg NJW 08, 2597; LG Itzehoe NStZ-RR 08, 249. Bei gezieltem Verstoß: unverwertbar; vgl. BVerfG 10, 2864; OLG Bamberg NJW 09, 2146; Celle NJW 09, 3524.
417 BVerfGE 16, 198 (Liquorentnahme).
418 Vgl. OLG Frankfurt NJW 97, 1647 ff. (Brechmittel); s. auch Rn. 37 ff.
419 BT-Drucks. 13/667 S. 6; zur Speicherung in einer Gendatei s. Rn. 260c.
420 Zur Entwicklung: *Sternberg-Lieben* NJW 87, 1242; *Steinke* NJW 87, 2914; MDR 89, 407; *Keller* NJW 89, 2289; *Henke/Schmitter* MDR 89, 404; *Rademacher* StV 89, 546; ZRP 90, 380; *Kimmich/Spyra/Steinke* NStZ 90, 318; 93, 23; *Oberlies* StV 90, 469; *Koriath* JABl. 93, 270; *Senge* NJW 97, 2409; *Graalmann-Scheerer* ZRP 02, 72; *Neuhaus* StraFO 04, 127.
421 Vgl. BVerfG NJW 96, 771 ff.; 1587 f.; 3071; BGHSt 37, 157; NJW 90, 2328; LG Darmstadt NJW 89, 2338; Berlin NJW 89, 787.
422 Zum Beweiswert: BGHSt 54, 14; 56, 72; BGH NStZ 19, 169, 427; 13, 420; 12, 403; NJW 18, 3192; 09, 2834; *Ulbrich* NStZ 17, 135; zur Darstellung im Urteil: BGH NJW 20, 350.

bereichs der Persönlichkeit sprechen, wenn die Genanalyse – woran im Fall des J. theoretisch zu denken wäre – dazu dienen würde, die Erbinformation selbst zu entschlüsseln, um z. B. festzustellen, ob er aufgrund fehlerhafter Chromosombildung triebhaft die Taten begehen musste. Eine solche gegen Art. 1 Abs. 1 GG verstoßende Analyse ist hier aber nicht beabsichtigt.

Während die Entnahme des Körpermaterials, das zur Genanalyse verwendet werden soll, auf der Grundlage des § 81a Abs. 1 bzw. § 81c beruht, ist die **molekulargenetische Untersuchung** *selbst* durch die neuen §§ 81e und 81f reglementiert worden, weil der Gesetzgeber „Ängsten und Befürchtungen" in der Bevölkerung durch eine klare Festschreibung der Bedingungen der DNA-Analyse begegnen wollte[423]. Auf die Errichtung einer höheren Eingriffsschwelle als der des zureichenden Verdachts hat der Gesetzgeber zwar bewusst verzichtet[424]. Zweck der Untersuchung darf aber grundsätzlich nur die Feststellung der Abstammung, des Geschlechts und des DNA-Identifizierungsmusters sein. Die geltende Gesetzesfassung erlaubt damit auch die Auswertung von „Beinahetreffern", die sich bei nahen Angehörigen des Beschuldigten oder des Verletzten ergeben können. Dem korrespondiert grundsätzlich die nach § 81e Abs. 2 gegebene Zulässigkeit der Untersuchung von aufgefundenem oder sichergestelltem Spurenmaterial (z. B. am Tatort). Die Möglichkeiten der genetischen Untersuchung von Spurenmaterial gehen jedoch weiter, wenn unbekannt ist, von wem es stammt. Denn nach neuer Rechtslage dürfen in diesem Fall auch Feststellungen über Augen-, Haar- und Hautfarbe sowie das Alter der unbekannten Person getroffen werden[425].

260c § 81f setzt eine gerichtliche (bei Gefahr im Verzug der StA oder ihrer Ermittlungsperson) Anordnung in Schriftform voraus, die den zu beauftragenden Sachverständigen persönlich bezeichnen müssen. Eine pauschale Bestimmung einer Behörde oder eines Instituts genügt nicht. Eine formelle Anordnung nach § 81f ist nur bei schriftlicher Einwilligung des Betroffenen entbehrlich, dem das Körpermaterial entnommen wurde. Da § 81f nur auf § 81e **Abs. 1** verweist, gilt der Richtervorbehalt nicht bei beschlagnahmtem bzw. sichergestelltem Spurenmaterial nach § 81e Abs. 2[426]. § 81f Abs. 2 legt in übertriebener Akribie, aber verbindlich fest, welche Anforderungen an den Sachverständigen zu stellen sind (z. B. öffentlich bestellt oder Amtsträger in einer von der ermittlungsführenden Stelle getrennten Organisationseinheit). Auch darf ihm das Untersuchungsmaterial nur **anonymisiert** übergeben werden, was im Einzelfall erhebliche praktische Probleme aufwerfen und sogar der Aufklärung der Sache abträglich sein kann.

260d Da das nach § 81a zu beschaffende genetische Untersuchungsmaterial nur beim Beschuldigten gewonnen werden kann und aus der schlichten Weigerung, solches Material zur Verfügung zu stellen, ein zureichender Tatverdacht nicht abgeleitet werden darf[427], während andererseits Maßnahmen beim Nicht-Beschuldigten gem. § 81c die Erfüllung des Zeugengrundsatzes voraussetzen, hängen **Reihengentests** von der freiwilligen Mitwirkung der Bevölkerung ab. Bei Reihengentests muss eine große Anzahl von unbeteiligten Personen Körperzellen, meist Speichelproben abgeben, um eine Übereinstimmung mit dem DNA-Muster von am Tatort aufgefundenem biologischen Material zu überprüfen, das mutmaßlich vom Täter stammt. Daran ändert auch die gesetzliche Regelung eines solchen **Massenscreening** nach § 81h nichts. Dennoch war es angebracht, dass der Gesetzgeber diese auf freiwilliger Grundlage beruhende Maßnahme normiert hat, denn angesichts des sozialen Drucks, der faktisch auf den sich beteiligenden Perso-

---

423 BT-Drucks. 13/667 S. 1.
424 BT-Drucks. 13/667 S. 6.
425 Schneider NStZ 18, 692; *Singelnstein* NJW 17, 2648.
426 Vgl. LG Potsdam NJW 06, 1224; zur Neuregelung: *Senge* NJW 05, 3028.
427 BVerfG NJW 96, 1587 f.; 3071 f.; BGH NStZ 04, 392 ff.

nen ruht, handelt es sich um eine sehr relative Freiwilligkeit. Danach müssen die Einwilligungserklärungen schriftlich abgegeben werden und es bedarf für die Gesamtmaßnahme einer schriftlichen gerichtlichen Anordnung. Materielle Voraussetzung dieser Anordnung, die gleichermaßen die Entnahme der Körperzellen wie deren molekulargenetische Untersuchung auf das DNA-Muster und das Geschlecht zum Gegenstand hat, ist der durch bestimmte Tatsachen begründete Verdacht eines Verbrechens gegen das Leben, die körperliche Unversehrtheit oder die sexuelle Selbstbestimmung. Die Maßnahme lässt sich erstrecken auf Personen, die auf den Täter vermutlich zutreffende Prüfungsmerkmale erfüllen, z. B. die im geografisch nahen Umkreis des Tatorts wohnenden männlichen Personen bestimmter Altersklassen[428].

260e Nach einigen spektakulären Ermittlungserfolgen mittels des „genetischen Fingerabdrucks" entschloss sich der Gesetzgeber über den für die Durchführung anhängiger Strafverfahren geltenden § 81e hinauszugehen und die Voraussetzungen der Anlage einer **Gendatei** für *künftige* Strafverfahren ähnlich dem § 81b 2. Alt. zu schaffen. Hier wie dort handelt es sich nach richtiger, wenn auch strittiger Meinung nicht etwa um materielles Polizeirecht, sondern um eine ein Strafverfahren i. e. S. vorbereitende Maßnahme auf dem Gebiet der Strafrechtspflege[429]. Nach § 81 g dürfen dem Beschuldigten einer Straftat von erheblicher Bedeutung oder eines Vergehens gegen die sexuelle Selbstbestimmung oder sonstiger Straftaten mit entsprechender Wiederholungserwartung[430] zum Zwecke der Identitätsfeststellung in künftigen Fällen Körperzellen entnommen und molekulargenetisch auf **DNA-Identifizierungsmuster** untersucht werden[431]. Mit „Identitätsfeststellung" ist die Täterschaft gemeint. Nach § 81 g Abs. 3 bedarf es zur Entnahme der Körperzellen einer gerichtlichen Anordnung; bei Gefahr im Verzug genügen auch die Anordnungen der StA und ihrer Ermittlungspersonen. Die Untersuchung selbst darf nur das Gericht anordnen. Die schriftliche Einwilligung des Beschuldigten macht diese formellen Anordnungen überflüssig, setzt aber dessen vorherige Belehrung über den Verwendungszweck voraus. Für die retrograde Erfassung Verurteilter in der Gendatei, die gem. Abs. 5 beim Bundeskriminalamt[432] geführt wird, galt früher das sog. DNA-Identitätsfeststellungsgesetz[433]. Der Gesetzgeber hat sich aber entschlossen, diese Regelung dauerhaft in den Abs. 4 des § 81 g zu integrieren.
Als zulässiges Rechtsmittel gegen die Anordnungen des Richters nach § 81g wird die Beschwerde gem. § 304 betrachtet[434], da § 81g Abs. 3 auf § 81f verweist, für den als richterliche Anordnung zur Förderung des laufenden Strafverfahrens die Beschwerde auf jeden Fall einschlägig ist.

261 Gleich nach der Geburt ihres nichtehelichen Kindes K. will die A. den Säugling erdrosseln und setzt hierzu mittels eines Handtuchs an. A. wird jedoch von dritten Personen gestört, sodass K. gerettet werden kann. Um den unbekannten Vater festzustellen, dem Verletzung der Unterhaltspflicht (§ 170b StGB) vorgeworfen wird, ist daran gedacht, die gesamte erwachsene männliche Bevölkerung des Dorfs, in wel-

---

428 Näher *Saliger/Ademi* JuS 08, 192 ff.; *Graalmann-Scherer* NStZ 04, 297 ff.; *Mertin* ZRP 05, 37 ff.
429 S. Rn. 185; ferner *Kramer* JR 94, 224 ff. Das BVerfG NJW 01, 880 lässt offen, ob es sich um „genuines" Strafverfahrensrecht handelt oder um „Strafverfolgungsmaßnahmen im weiteren Sinne" (so BGH StV 99, 303), jedenfalls liegt kein Polizeirecht vor.
430 Zu den Maßstäben dieser sog. Negativprognose: OLG Jena NStZ 00, 553; LG Ingolstadt NJW 00, 749; Bautzen NJW 00, 1207; Göttingen NStZ 00, 164; Hannover NStZ 00, 221; *Markwardt/Brodersen* NJW 00, 692. Zu den Begründungserfordernissen: BVerfG NJW 01, 882 f.
431 Wiederholungserwartung i. S. v. § 81 g kann auch bei einer Verurteilung zu einer Bewährungsstrafe vorliegen, OLG Celle NJW 06, 3155.
432 Dazu *Busch* NJW 02, 1754.
433 BGBl. 98 I 2646; zu dessen Übernahme in § 81 g Abs. 4: BVerfG NJW 08, 281.
434 Sonderfall § 304 Abs. 5: BGH NJW 02, 765.

chem A. lebt, einer Vaterschaftsuntersuchung zu unterwerfen. Der Dorfgastwirt W. weigert sich, an einer solchen Untersuchung teilzunehmen.

Hier bietet sich eine Untersuchung des K. nach Erdrosselungsmalen an. § 81c gestattet die körperliche Untersuchung von anderen Personen als Beschuldigten, wenn sie als Zeugen in Betracht kommen. Dieser sogenannte **Zeugengrundsatz** schränkt jedoch die Möglichkeit zur Untersuchung anderer Personen als Beschuldigter kaum ein, da ausreichen soll, dass diese Person als Zeuge in Betracht käme, wenn sie vernommen werden könnte. Die verfahrensrechtliche Stellung als Zeuge ist nicht erforderlich. Sogar aussageuntüchtige Personen wie Säuglinge, Geistesschwache oder Stumme dürfen untersucht werden[435]. Die Bedeutung des Zeugengrundsatzes kann daher lediglich darin liegen, dass nicht ein unbegrenzter Personenkreis ohne konkrete Beziehung zum Verfahren einer rastermäßig angelegten Überprüfung unterworfen wird. Der diametral gegenteilige Gedanke liegt dem Massengentest nach § 81h zugrunde, der aber neben einem Verbrechen die Einwilligung des Betroffenen voraussetzt, im Fall bei W. also nicht möglich. Der Säugling K. käme danach als Zeuge in Betracht und könnte daher grundsätzlich nach § 81c Abs. 1 untersucht werden. Ziel der Untersuchung muss sein, zur Erforschung der Wahrheit festzustellen, ob sich an dem Körper des Zeugen eine bestimmte Spur oder Folge der Straftat befindet (**Spurengrundsatz**). Spuren sind durch die Tat verursachte Veränderungen am Körper des Opfers[436], z. B. Blut- und Hautreste unter den Fingernägeln, Verletzungen usw. Umfassende körperliche Untersuchungen wie beim Beschuldigten zur Feststellung von konstanten, gar angeborenen Körpermerkmalen oder psychischer Zustände sind bei Zeugen ohne deren Einwilligung unzulässig[437]. Bei K. wäre der Spurengrundsatz gewahrt, da Drosselungsmale und möglicherweise weitere Verletzungen am Körper des Säuglings festgestellt werden sollen. Aus dem Spurengrundsatz ergibt sich ferner („*an ihrem Körper*"), dass beim Nicht-Beschuldigten Eingriffe ausgeschlossen sind.

262

Ausnahmen vom Spurengrundsatz macht § 81c Abs. 2 bei **Abstammungsuntersuchungen** und **Blutproben**, wenn kein Nachteil für die Gesundheit zu befürchten ist und die Maßnahme zur Erforschung der Wahrheit unerlässlich ist. In diesen Fällen muss ein Arzt tätig werden. Nach h. M. soll § 81c Abs. 2 auch den Zeugengrundsatz einschränken[438], sodass prinzipiell im Fall die Abstammungsuntersuchungen in Form einer Reihenuntersuchung der männlichen Dorfbevölkerung möglich wären. Eine solche Auslegung des § 81c Abs. 2 ist jedoch weder vom Wortlaut noch der Systematik des Gesetzes her vorgegeben und leuchtet sachlich nicht ein. Die ausdrückliche Nennung dieser beiden Sonderfälle der Untersuchung bedeutet nur, dass im Ergebnis der Spurengrundsatz nicht angewendet wird, weil sich dies aus der Natur von Abstammungsuntersuchungen und Blutproben ergibt. Das Gesetz erklärt den Zeugengrundsatz nicht für aufgehoben; § 81c Abs. 2 tritt nicht an die Stelle des Abs. 1, sondern ergänzt diesen lediglich. Ein Ausweichen auf § 81a scheidet vorliegend für die gesamte männliche Dorfbevölkerung schon deshalb aus, weil dieser Personenkreis nicht konkret verdächtig ist und daher rechtens keine Beschuldigteneigenschaft zugewiesen bekommen kann. Dies gilt auch für den W., denn aus seiner Weigerung darf unter Wahrung rechtsstaatlicher Grundsätze kein Anhaltspunkt abgeleitet werden, der es zulassen würde, ihn zum Beschuldigten zu machen[439]. Daher sind die geplanten Abstammungsuntersuchungen als

263

---

435 *MG-Schmitt* § 81c, 10.
436 *MG-Schmitt* § 81c, 12.
437 Nur eine ausdrückl. und innerl. freie Zustimmung erlaubt solche Untersuchungen, BGH NJW 64, 1177; eine besondere Belehrung ist aber nicht unbedingt erforderl., BGHSt 17, 394, 399; 20, 234.
438 BVerfG NJW 96, 1587 f. geht auf diese einfach gesetzl. Frage nicht ein. Krit. *Busch* NJW 01, 1334.
439 Vgl. BVerfG NJW 96, 3071 f.

unzulässig zu betrachten, soweit sich nicht Personen dem ernstlich freiwillig unterwerfen.

264 Bei Untersuchungen besteht jedoch ein **Untersuchungsverweigerungsrecht** aus den gleichen Gründen, die zur Verweigerung des Zeugnisses berechtigen (§ 81c Abs. 3). Nach allgemeiner Auffassung soll hierdurch nur an das ZVR aus persönlichen Gründen nach § 52 angeknüpft werden[440]. K. besitzt nach § 52 Abs. 1 Nr. 3 als Abkömmling der A. ein Zeugnisverweigerungsrecht. Ein Säugling ist jedoch noch nicht in der Lage, von dem ihm zustehenden Untersuchungsverweigerungsrecht Gebrauch zu machen. Daher bestimmt § 81c Abs. 3 im Grundsatz, dass der gesetzliche Vertreter die Entscheidung trifft, wenn ein Minderjähriger oder eine wegen psychischer Krankheit oder geistig-seelischer Behinderung betreute Person von der Bedeutung des Weigerungsrechts keine genügende Vorstellung hat[441]. Bis dahin wäre im vorliegenden Fall die A. selbst als gesetzliche Vertreterin des K. (§ 1705 BGB) zur Entscheidung berufen, ob von dem Untersuchungsverweigerungsrecht Gebrauch gemacht wird. Aufgrund der analogen Anwendung des § 52 Abs. 2 S. 2 ist sie als Beschuldigte aber von der Entscheidung ausgeschlossen. In solchen Fällen muss gerichtlich auf Antrag der StA ein **Pfleger** bestellt werden, der anstelle des gesetzlichen Vertreters die Entscheidung trifft. Die Bestellung eines Pflegers nimmt meist geraume Zeit in Anspruch, in der bereits Beweisverlust eintreten kann. Daher sieht § 81c Abs. 3 S. 3 vor, dass in diesen Situationen oder auch, wenn aus sonstigen Gründen der gesetzliche Vertreter an einer rechtzeitigen Entscheidung gehindert ist, eine *besondere* Anordnung des Richters auf sofortige Untersuchung ergehen kann. Dann erfolgt die Entscheidung des Pflegers bzw. gesetzlichen Vertreters nachträglich und führt bei Verweigerung zu einem Verwertungsverbot. Im vorliegenden Fall des K. müsste eine solche besondere Anordnung des Richters herbeigeführt werden.

264a Über das Untersuchungsverweigerungsrecht ist eine eigene **Belehrung** erforderlich, auch wenn schon über das ZVR belehrt worden ist[442], denn es ist durchaus vorstellbar, dass insoweit divergierende Entscheidungen getroffen werden. Längere Zeit wurde in der Rechtsprechung behauptet, die nach § 81c Abs. 3 erforderliche Belehrung könne nur durch einen Richter erfolgen[443], ohne dass für diese Ansicht eine formale Grundlage angeführt werden konnte. Zu Recht hat daher der BGH neuerdings diese Auffassung aufgegeben und anerkannt, dass auch Polizei und StA die Belehrung vornehmen könnten[444].

264b Die **Anordnungskompetenz** für die Untersuchung nach § 81c liegt grundsätzlich beim Richter (§ 81c Abs. 5), bei Gefährdung des Untersuchungserfolges durch Verzögerung auch bei der StA und ihren Ermittlungspersonen. Allerdings ist die Eilzuständigkeit der beiden Letzteren anders als beim Beschuldigten nur von eingeschränktem Wert, denn im Falle der Weigerung des Betroffenen ist **unmittelbarer Zwang** allein auf besondere Anordnung des Richters zulässig (Abs. 6 Satz 2). Diese besondere richterliche Anordnung setzt voraus, dass der Betroffene trotz Festsetzung eines Ordnungsgeldes auf der Weigerung beharrt oder Gefahr im Verzug vorliegt.

---

440 Zu den Auswirkungen der Ausübung des Rechts auf eine Aussage: BGH NJW 84, 1829 f.
441 Keine Mitbestimmung des Minderjährigen selbst; anders als beim ZVR, s. Rn. 134.
442 BGHSt 13, 394, 399; 14, 21, 24; BGH NStZ-RR 16, 377; StV 88, 419.
443 BGHSt 12, 235.
444 BGH NJW 95, 1501 f.; bei einem späteren Widerruf des Verzichts trotz ordnungsgem. Belehrung bleibt es bei der Verwertbarkeit, BGHSt 36, 217, 219.

9. Verdeckte Ermittlungen

265 Der A. ist ein Drogenhändler, der Haschisch von seiner Wohnung aus vertreibt. Sein regelmäßiger Abnehmer B. wird von der Polizei festgenommen und erklärt sich im Rahmen seiner Vernehmung bereit, mittels eines Scheinkaufs zur Überführung des A. beizutragen. Nachdem er bei A. sein Kommen in Begleitung eines „Freundes" telefonisch angekündigt hat, begibt er sich zusammen mit dem ansonsten als Verkehrssachbearbeiter tätigen zivil gekleideten Polizeiobermeister P. zur Wohnung des A. und stellt den P. als seinen „Freund" vor, der auch an Haschisch interessiert sei. A. verkauft den beiden ca. 90 g Haschisch für 600 Euro, das diese nach Verlassen der Wohnung sofort bei der Polizeidienststelle abliefern. Dort wird vom Dienststellenleiter aufgrund der Schilderungen von B. und P. die Durchsuchung der Wohnung des A. veranlasst.

265a Verdeckte Ermittlungen bzw. verdeckte Maßnahmen wie hier sind an sich keine neuartigen Erscheinungen des Strafverfahrens[445]. Es gehört nicht unbedingt zum Wesen herkömmlicher Ermittlungsmethoden, dass diese offen erfolgen. Das Vorverfahren steht im Gegensatz zur Hauptverhandlung von jeher unter dem Grundsatz der Nicht-Öffentlichkeit; teilweise wird es gar als „geheim" bezeichnet. Die traditionelle Nicht-Uniformierung der Kriminalpolizei im Gegensatz zur Schutzpolizei mildert gezielt die Transparenz des Auftretens der Strafverfolgungsbehörden ab. Neu ist dagegen die in den letzten Jahrzehnten erfolgte Systematisierung verdeckter Ermittlungsführung, die im Wesentlichen mit der Bekämpfung der Rauschgiftkriminalität – teilweise auch anderer Formen der organisierten Kriminalität – zusammenhängt. Seit 1986 gelten die **Gemeinsamen Richtlinien** der Justiz- und Innenressorts über die Inanspruchnahme von Informanten sowie den Einsatz von V-Personen und Verdeckter Ermittler im Rahmen der Strafverfolgung als Verwaltungsvorschriften[446]. Ferner haben die Länder bereits in großem Umfang in ihren Polizeigesetzen Vorschriften über verdeckte Ermittlungen zu präventiven Zwecken verankert.

Im vorliegenden Fall könnten sich Bedenken gegen die Verwertbarkeit der Angaben von B. und P. ergeben, wenn es sich bei diesen um **Verdeckte Ermittler** im Sinne von § 110a gehandelt hätte, ohne dass die für deren Einsatz notwendigen Zustimmungen nach § 110b vorgelegen hätten. Der Bundesgesetzgeber hat in den §§ 110a bis 110c einen Teilausschnitt verdeckter Ermittlungsführung in die StPO aufgenommen, nämlich den Einsatz Verdeckter Ermittler. Darunter sind nach der Legaldefinition des § 110a Abs. 2 **Beamte des Polizeidienstes**[447] zu verstehen, die unter einer ihnen verliehenen, auf Dauer angelegten, veränderten Identität (sog. Legende) ermitteln.

Andere Formen verdeckter Ermittlungsführung („verdeckte Maßnahmen") werden von den §§ 110a ff. nicht erfasst[448]. Dazu gehören z. B. die Inanspruchnahme gelegentlicher Hinweisgeber aus dem kriminellen Milieu oder sog. **V-Personen** (z. B. dauerhafte Informanten außerhalb des Polizeidienstes)[449]. Obwohl der Gesetzgeber ausdrücklich davon ausging, dass diese anderen Formen verdeckter Ermittlungsführung zulässig blieben, hat das BVerfG in seiner *Sedlmayr*-Entscheidung Bedenken angemeldet und für die heimliche Befragung von Aussagepersonen eine spezielle Ermächtigungsgrundlage gefor-

---

445 Zur Anerkennung ihrer Notwendigkeit: BVerfG NJW 85, 1767; BGHSt 32, 115 m. w. N. EGMR NJW 09, 3565; 12, 3502. Allg. dazu *Quentin* JuS 99, 134; *Eschelbach* StV 00, 390.
446 Anlage D der RiStBV, vgl. *MG-Schmitt* Anlage 12.
447 Nach der objektiven Gesetzesfassung aber nicht Steuer- und Zollfahndungsbeamte, wie fälschlich in BT-Drucks. 11/7663, S. 41 unterstellt wird. Ansonsten kommen neuerdings auch in Wirtschaftsstrafsachen Verdeckte Ermittler zum Einsatz, *Kirkpatrick* NStZ 19, 177.
448 BT-Drucks. 11/7663, S. 40; BGH NJW 95, 2236.
449 BGH NJW 95, 2236.

dert⁴⁵⁰. In einer Befragung von Angehörigen des Beschuldigten i. S. v. § 52 durch einen V-Mann sieht es gar eine Missachtung des Vertrauensverhältnisses und Verletzung des Grundsatzes des Fairen Verfahrens. Die Reichweite dieser – die Entscheidung nicht tragenden – Beschlussgründe lässt sich immer noch nicht voll abschätzen; eine allgemeine Bindungswirkung kommt ihnen jedenfalls nicht zu. Sie wirken eher nicht voll durchdacht und lassen eine Relativierung in der künftigen Rechtsprechung des BVerfG erwarten. Bis zu einem Tätigwerden des Gesetzgebers muss man daher weiterhin von der Zulässigkeit der nicht speziell geregelten Formen verdeckter Ermittlungsführung ausgehen. Die Tätigkeit des Privatmanns B. zugunsten der Ermittlungsbehörden als Scheinaufkäufer unterfällt daher nicht dem § 110a, sondern der Generalermittlungsklausel § 163.

Aber auch dem verdeckten Einsatz von Privatpersonen zur Aufklärung von Straftaten sind **rechtsstaatliche Grenzen** gesetzt, die sich auf das Verhältnismäßigkeitsprinzip zurückführen lassen, jedoch bei richtiger Betrachtung nichts mit einem vermeintlichen Schutz des Beschuldigten vor „Selbstbelastung" zu tun haben⁴⁵¹. Der *Große Senat* des BGH sieht den verdeckten Einsatz von Privatleuten bei Ermittlungen gegen Beschuldigte jedenfalls dann als rechtsstaatlich zulässig an, wenn es sich bei der den Gegenstand der Verfolgung bildenden Tat um eine „Straftat von erheblicher Bedeutung" handelt (wobei die Kataloge der §§ 98a, 100a, 110a nicht abschließende Hinweise geben) und der Einsatz anderer Ermittlungsmethoden erheblich weniger erfolgversprechend oder wesentlich erschwert wäre⁴⁵². Bei einem Vorwurf wie Drogenhandel gegen den A. wären diese rechtsstaatlichen Voraussetzungen wohl erfüllt, soweit auch keine milderen anderen Ermittlungshandlungen in Betracht kommen. Die Verwendung des B. war daher rechtens.

Dagegen war P. als Polizeiobermeister schon ein Beamter des Polizeidienstes und damit grundsätzlich fähig, als Verdeckter Ermittler nach § 110a eingesetzt zu werden. Jedoch genügt es bei Polizeibeamten nicht, dass sie nur bei einzelnen Ermittlungshandlungen ihr Herkommen verschleiern, solange sie nicht *auf Dauer* unter einer **Legende** ermitteln; die Tätigkeit eines „**nicht offen ermittelnden Beamten**" (sog. NOEB) unterliegt daher grundsätzlich nicht den Vorschriften nach §§ 110a ff. Für die Frage, wann ein verdeckt operierender Polizeibeamter Verdeckter Ermittler i. S. d. § 110a ist, kommt es darauf an, ob unter Würdigung der gesamten Umstände sein Ermittlungsauftrag über wenige, konkret bestimmte Ermittlungshandlungen hinausgeht, ob die Täuschung einer unbestimmten Vielzahl von Personen über die Identität des Beamten erforderlich wird und ob sich von vornherein absehen lässt, dass der Schutz des Beamten seine Geheimhaltung auch in Zukunft erfordert mit der Folge, dass er im Strafverfahren nicht oder nur eingeschränkt als Zeuge zur Verfügung stehen wird⁴⁵³. P. war hier Verkehrssachbearbeiter und nahm nur eine einzige konkret festgelegte heimliche Ermittlungshandlung, nämlich den Scheinaufkauf, vor; seine verschleierte Tätigkeit entfaltete er nur gegenüber einer einzigen Person. Er ist daher der klassische NOEB, auf den §§ 110a ff. nicht anzuwenden sind⁴⁵⁴. Auch Art. 13 GG ist nicht verletzt, obwohl der Scheinaufkauf in der **Wohnung** des A. stattfand, weil A. konkret das Betreten der Wohnung gestattet hatte und die Wirksamkeit seines Einverständnisses und Grundrechtsverzichts nicht von äußerlich gar nicht erkennbaren Merkmalen und nur inneren Motiven (z. B. dem wirklichen Kaufabsichten seiner Besucher) und verborgenen Eigenschaften abhängig sein

---

450 BVerfG StV 234; dazu *Wesslau* StV 00, 468.
451 S. Rn. 30, 36.
452 BGH NJW 96, 2940, 2944 (Hörfalle).
453 BGH NJW 97, 1516 ff.; 96, 2108; 95, 2237 f. Unterscheide davon den virtuellen VE, BVerfG NJW 08, 822; *Rosengarten/Römer* NJW 12, 1764.
454 Grundlegend BVerfG NJW 12, 833, 840. BGH NJW 97, 1516 ff. zieht eine partielle Analogie in Betracht, ohne sich zu entscheiden.

kann[455]. Im Ergebnis war daher die Verhaltensweise des P. durch § 163 gedeckt und rechtens, weil er nicht als Verdeckter Ermittler anzusehen war.

265b Der Einsatz Verdeckter Ermittler ist ähnlich der Rasterfahndung nur zulässig bei **Straftaten von erheblicher Bedeutung**[456] auf den Gebieten des BTM- oder Waffenhandels, der Geld- und Wertzeichenfälschung, dem Staatsschutz, bei gewerbs- oder gewohnheitsmäßiger bzw. bandenmäßiger oder sonst organisierter Begehungsweise. Der Katalog des § 110a Abs. 1 ist allerdings nicht ganz deckungsgleich mit dem der Rasterfahndung (§ 98a). Außerdem erlauben solche **Verbrechen** den Einsatz Verdeckter Ermittler, bei denen Wiederholungsgefahr besteht *oder* die besondere Bedeutung der Tat den Einsatz gebietet. Sprachlich ist nicht ganz klar, ob sich der in § 110a Abs. 1 S. 4 genannte Fall der „besonderen Bedeutung" des Verbrechens nur auf die vorangegangene Subsidiaritätsregelung bezieht oder auf Satz 2 (Wiederholungsgefahr). Es spricht mehr dafür, hier eine eigenständige Alt. bei Verbrechen anzunehmen, da ansonsten die Regelung durch die ohnehin in der StPO systemfremde Alt. der „Wiederholungsgefahr" dominiert würde.

265c Formell bedarf es als Regelvoraussetzung des Einsatzes nach § 110b Abs. 1 der – schriftlichen und befristeten – **Zustimmung** der StA[457]. Der Strukturbruch des Gesetzgebers durch Verwendung des Ausdrucks „Zustimmung" statt – wie sonst – „Anordnung" wird damit gerechtfertigt, dass wohl kaum Einsätze Verdeckter Ermittler gegen den Willen der Polizei in Betracht kämen[458]. Bei Gefahr im Verzug darf die Polizei von sich aus handeln, muss aber die Maßnahme beenden, wenn es ihr nicht gelingt, binnen drei Werktagen die nachträgliche Zustimmung der StA herbeizuführen. Der praktische Hauptfall des Einsatzes Verdeckter Ermittler im Strafverfahren dürfte allerdings sein, dass sich der Einsatz gegen einen bestimmten Beschuldigten richtet oder der Ermittler Wohnungen betreten muss. Für diese Fälle sieht § 110b Abs. 2 gar die Notwendigkeit der Zustimmung des Gerichts mit abgestuften Eilkompetenzen für StA und Polizei vor[459]. Der Beschuldigte, gegen den sich der Einsatz richtet, ist individuell in der Zustimmungsentscheidung zu bezeichnen[460]. Der zustimmende Staatsanwalt oder Richter kann verlangen, dass die wahre Identität des Verdeckten Ermittlers ihm gegenüber offenbart wird (§ 110b Abs. 3 S. 2). Erfahrungen zeigen, dass die Regelung keine Seite befriedigt: die Polizei befürchtet eine Gefährdung ihrer Ermittler durch „Informationslecks" bei der Justiz; Ermittlungsrichter und Staatsanwälte beklagen, dass ihre Überprüfung aus der Natur der Sache heraus wenig fundiert sein kann, da sie für ihre Zustimmung allein auf die Informationen der Polizei angewiesen sind.

265d Es versteht sich aufgrund der Existenz der §§ 110a bis c von selbst, dass die vom Verdeckten Ermittler gewonnenen Erkenntnisse zur Verfolgung der Anlasstat verwertbar sind, ohne dass dieser an irgendwelche für Vernehmungen geltenden Belehrungsvorschriften gebunden wäre[461]. Lediglich für den Fall, dass der Beschuldigte zuvor eindeutig die Ausübung seines Aussageverweigerungsrechts erklärt hatte, mag eine Ausnahme gelten, wenn der Verdeckte Ermittler den Beschuldigten dennoch zu einer Aussage „drängt". Ansonsten wäre der Einsatz Verdeckter Ermittler – wie vom Gesetz vorgesehen – praktisch sinnlos, denn die Erkenntnissammlung durch Befragung von Personen im verdäch-

---

455 Offen gelassen bei BGH NJW 97, 1516 ff. m. w. N. zum Meinungsstand; abl. *Roxin* StV 98, 43.
456 S. Rn. 215.
457 Nach BGH StV 95, 398 kein Verwertungsverbot bei Verletzung der Schriftform.
458 BT-Drucks. 11/7663, S. 41.
459 Fehlende Bestätigung führt aber nicht rückwirkend zur Unzulässigkeit des Eileinsatzes, sondern entzieht diesem nur für die Zukunft die Grundlage; BGH NJW 95, 2237 f.; gegen ein Verwertungsverbot bei fehlender Zustimmung überhaupt: BGH StV 95, 398.
460 Vgl. *MG-Köhler* § 110b, 4; dagegen braucht die Wohnung nicht bestimmt bezeichnet zu werden.
461 BGH NJW 07, 3138 ff. (Mallorca); NJW 10, 3670 (VE als Rocker); s. Rn. 28a.

tigen Milieu macht den Kern ihrer Tätigkeit aus. Auch formal knüpfen sämtliche Belehrungsvorschriften an das Vorliegen des Vernehmungsbegriffs an, der gerade bei verdeckten Ermittlungen nicht erfüllt ist[462]. Soweit es um die Verwertung zur Verfolgung anderer Taten als der Anlasstat geht, zieht § 479 Abs. 2 die üblichen Grenzen. Über die Einführung der von Verdeckten Ermittlern gesammelten Erkenntnisse in die Hauptverhandlung und deren Würdigung enthalten die Vorschriften der §§ 110a ff. mit Ausnahme der Erwähnung des § 96 keine näheren Bestimmungen[463]. Zu berücksichtigen ist allerdings das auf Art. 6 MRK fußende Recht der Verteidigung, den zentralen Belastungszeugen zu befragen[464]. Als solcher wäre hier B. sicherlich zu betrachten, sodass dem Verteidiger des A. das Recht zur unmittelbaren Befragung eingeräumt werden müsste[465].

265e Der den gesetzlichen Anforderungen genügende Einsatz des Verdeckten Ermittlers hat die Wirkung, dass dieser unter der Legende am **Rechtsverkehr** teilnehmen darf (§ 110a Abs. 2 S. 2), also bei der Begehung von Straftatbeständen, die aus einer Täuschung über seine Identität erwachsen könnten, gerechtfertigt wäre. Dies konkretisiert § 110a Abs. 3 für den Bereich der Urkundendelikte. Nur klarstellende Funktion kommt § 110c zu, wonach Verdeckte Ermittler unter Verwendung ihrer Legende Wohnungen mit Einverständnis des Berechtigten betreten dürfen, da nach den Grundsätzen des tatbestandsausschließenden Einverständnisses ohnehin kein Eindringen i. S. v. § 123 StGB gegeben wäre[466]. Forderungen, allgemein „**milieubedingte**" **Straftaten** Verdeckter Ermittler – jedenfalls im Rahmen einer Güterabwägung – zuzulassen, hat der Gesetzgeber nicht nachgegeben[467]. Beim Handeln eines Verdeckten Ermittlers ist jedoch u. U. nach der teleologischen Auslegung der jeweilig betroffenen materiellrechtlichen Strafvorschrift zu fragen, ob sie wirklich erfüllt ist[468]. Prinzipiell bleibt es bei der Geltung des **Legalitätsprinzips**, wobei der Zeitpunkt der Einleitung eines neuen Strafverfahrens aufgrund des Grundsatzes der freien Gestaltung des Ermittlungsverfahrens durch Verdeckte Ermittler flexibel bestimmt werden kann, solange nur der Strafanspruch nicht auf Dauer oder auf längere Zeit verloren geht[469]. Eine ebenso praxisnahe wie juristisch einwandfreie Einschränkung des Verfolgungszwangs für Verdeckte Ermittler ergibt sich aus dem zuvor erwähnten Beweisverwertungsverbot nach § 479 Abs. 2. Da die Einleitung eines Ermittlungsverfahrens einen zureichenden Verdacht erfordert und dieser wiederum auf beweisverwertbaren Umständen beruhen muss[470], beschränkt sich die Verpflichtung des Verdeckten Ermittlers, wegen ihm neu bekannt gewordener Straftaten einzuschreiten, auf solche aus dem Katalog des § 110a[471], sodass geringfügige Straftaten und Bagatellkriminalität das Legalitätsprinzip nicht auslösen. Spezielles Rechtsmittel gegen den VE-Einsatz ist der Feststellungsantrag der Zielperson gem. § 101 Abs. 7 S. 2, den sie 14 Tage nach Benachrichtigung stellen muss[472].

---

462 S. Rn. 28a; BGH NJW 96, 2940 ff. (Hörfalle); 94, 2904 f. (Sedlmayr).
463 Zur audio-visuellen Vernehmung: BGH NJW 03, 74.; BGHSt 51, 232 (optisch-akustische Verfremdung). Beachte zum Beweiswert Rn. 121; ferner BGH NStZ-RR 99, 340.
464 S. Rn. 122, 108a; BGHSt 51, 150.
465 S. Rn. 92.
466 Vgl. *Fischer* § 123, 10 (h. M. m. w. N.); a. A. OLG München NJW 72, 2275.
467 Im Ausnahmefall können allerdings die §§ 32, 34 StGB den Verdeckten Ermittler rechtfertigen, wenn er Handlungen zu seinem eigenen Schutz vornehmen muss.
468 Z.B. nicht Hehlerei: BGH NStZ-RR 00, 266; keine Anstiftung bei Diebesfalle: *Maaß* Jura 81, 514; keine Geldwäsche: *Kraushaar* wistra 96, 168.
469 S. Rn. 176.
470 S. Rn. 165, 171.
471 S. Rn. 265a.
472 Vgl. BGHSt 54, 30.

III. Abschluss der Ermittlungen

1. Einstellung des Verfahrens

> Staatsanwalt J. ermittelt seit ca. einem Jahr gegen die Mitglieder einer lockeren Bande von Skin-Heads im Alter von 16 bis 20 Jahren, auf deren Konto zahlreiche Übergriffe auf Ausländer und Brandstiftungen an Asylbewerberheimen gehen sollen. Zu den Mitbeschuldigten im Verfahrenskomplex gehört der 20-jährige M., dem Strafvereitelung vorgeworfen wird, weil er – wie er zugibt – den Anführer der Bande vor der Polizei versteckt hatte. Ansonsten hat sich M. an den Aktivitäten der Bande, über die er aber gut Bescheid weiß, nicht beteiligt. Staatsanwalt J. hätte es gerne, wenn M. als eine Art „Kronzeuge" in dem gegen die Bandenmitglieder zu erwartenden Großverfahren zur Verfügung stünde.

266

Aufgrund des Geständnisses des M. ist **hinreichender Tatverdacht** gegeben, sodass nach § 170 Abs. 1 i. V. m. § 203 genügender Anlass besteht, ihn **anzuklagen**. Hinreichender Tatverdacht liegt vor, wenn nach dem Ergebnis des vorbereitenden Verfahrens bei vorläufiger Tatbewertung eine Verurteilung wahrscheinlich ist[473]. Dabei ist ein gewisser Beurteilungsspielraum der StA gegeben[474], jedoch darf diese nicht erst auf verbesserte Aufklärungsmöglichkeiten in der Hauptverhandlung hoffen. Der hinreichende Tatverdacht setzt zwar nicht unbedingt wie der „dringende" eine „hohe" Verurteilungswahrscheinlichkeit voraus, beruht dafür aber auf dem abschließenden Gesamtergebnis der Ermittlungen, also auf breiterer Basis[475]. Erforderlich ist eine Prognose der StA, ob nach Aktenlage die Verurteilung des Beschuldigten zu erwarten ist. Bleiben unbehebbare Lücken in der Beweisführung, so muss der Staatsanwalt in Erwartung der Anwendung des Grundsatzes *in dubio pro reo* durch das Gericht den hinreichenden Tatverdacht ablehnen[476]. Zweifelhafte Tatfragen stehen der Anklage aber nicht entgegen, wenn in der Hauptverhandlung im Rahmen der Beweisaufnahme eine Klärung zu erwarten ist, die wahrscheinlich zu einer die Verurteilung tragenden Grundlage führen wird[477]. In dieser Bewertung der Ermittlungsergebnisse liegt die ureigenste Aufgabe der StA, bei welcher sie sich nicht auf die Beurteilung Dritter (z. B. im polizeilichen Schlussbericht) zurückziehen darf[478].

267

Spiegelbildlich dazu sieht § 170 Abs. 2 die zwingende **Einstellung** des Verfahrens vor, falls hinreichender Tatverdacht durch den Dezernenten der StA verneint wird. § 170 Abs. 2 ist die grundlegende Norm für Einstellungen nach dem **Legalitätsprinzip.** Aus Zweckmäßigkeitsgründen (z. B. damit die Sache öffentlich verhandelt wird oder aus erzieherischen Gründen) darf eine Anklageerhebung nicht erfolgen; sie wäre sogar strafbar (§§ 344, 336 StGB). Schon die zeitliche Verschleppung einer nach dem Legalitätsprinzip gebotenen Einstellung stellt eine Amtspflichtverletzung des Staatsanwalts dar[479]. Die Einstellungskompetenz für das Vorverfahren ist bei der StA monopolisiert; die Polizei kann zwar Ermittlungsverfahren einleiten (§ 163 Abs. 1), aber in keinem Fall von sich aus wieder beenden (§ 163 Abs. 2).

---

[473] Vgl. BGH NJW 00, 2673; 03, 3693; BGHSt 23, 304, 306; 54, 275; KG NJW 97, 69; BayObLG NStZ 83, 123; OLG Karlsruhe wistra 85, 163 f.
[474] BGH NJW 70, 1543. Bei Überschreitung ist Amtshaftung denkbar: BGH NJW 98, 2051 ff.; bei unvertretbarer Annahme eines dringenden Tatverdachts: BGH NJW 98, 751. Aber keine Amtshaftung zugunsten des Verletzten: OLG Düsseldorf NJW 96, 530; Köln NVwZ-RR 96, 620; a. A. *Vogel* NJW 96, 219, 3401.
[475] Vgl. KG NJW 97, 69; zum Verhältnis beider Verdachtsgrade, BGHSt 36, 133, 136; s. auch Rn. 67.
[476] Vgl. auch OLG Bamberg NStZ 91, 252; KG NJW 97, 69.
[477] Vgl. KG NJW 97, 69; OLG Koblenz NJW 13, 98 (Aussage gegen Aussage).
[478] Zur Frage, inwieweit dabei gefestigte höchstrichterl. Rechtsprechung zu berücksichtigen ist, BGHSt 15, 155 ff.; s. Rn. 99.
[479] BGH NJW 89, 96; näher *Hilger* JR 85, 93.

268 Verfügt die StA die Einstellung des Verfahrens, so gibt sie dem *Beschuldigten* eine sog. **Einstellungsnachricht** in den von § 170 Abs. 2 S. 2 vorgesehenen Fällen (Beschuldigtenvernehmung hat stattgefunden, auf Wunsch des Beschuldigten, besonderes Interesse erkennbar). Also erfolgt nicht immer eine Einstellungsnachricht, regelmäßig nicht in den Fällen, in denen der Beschuldigte zu keinem Zeitpunkt von der Existenz des gegen ihn gerichteten Verfahrens erfahren hatte. Die Einstellungsnachricht besteht meist nur in einer formlosen Mitteilung unter Bezeichnung der Einstellungsvorschrift, aber ohne nähere Begründung. Demgegenüber erteilt die StA nach § 171 einen begründeten **Einstellungsbescheid** an denjenigen, der einen „Antrag auf Erhebung der öffentlichen Klage" gestellt hat. Das ist zwar auch – aber nicht nur – derjenige, der einen förmlichen Strafantrag i. S. v. § 77 StGB bei Antragsdelikten gestellt, sondern jeder, der gegenüber der StA sein Interesse an einer Strafverfolgung bezüglich der Tat oder einer Person zum Ausdruck gebracht hat[480]. Dabei handelt es sich meistens um den **Anzeigeerstatter** nach § 158 Abs. 1; jedoch kann sich jedermann auch in ein schon laufendes Ermittlungsverfahren mit einem nachträglichen Antrag auf Erhebung der öffentlichen Klage einschalten und damit die Erteilung eines Einstellungsbescheides an ihn erzwingen. Der Geschädigteneigenschaft bedarf es hierzu nicht. Die einzige Besonderheit beim **Verletzten** der behaupteten Straftat besteht darin, dass diesem gem. § 171 Abs. 1 S. 2 auch noch eine förmliche **Rechtsmittelbelehrung** über die Anfechtungsmöglichkeiten gegen die Einstellung zu erteilen ist, die ihm das Klageerzwingungsverfahren eröffnet[481]. Diese die Gesichtspunkte des Persönlichkeitsschutzes zurückstellende Regelung zeigt an, welche Bedeutung das Gesetz der *öffentlichen* Kontrolle der Einhaltung des Legalitätsprinzips durch die StA beimisst. Sie wird verständlich vor dem Hintergrund der denkbaren gesetzlichen Alternative einer Popularklage in Strafsachen, wie sie in England gilt.

269 Beschwert sich der Antragssteller i. S. v. § 171 gegen den Bescheid der StA, so löst dieses – falls nicht abgeholfen wird – eine Überprüfung durch die vorgesetzte Behörde (General-StA beim OLG) aus. Bei Versäumung von Fristen oder wenn der Antragsteller nicht zugleich Verletzter ist, wird die Eingabe als formlose **Sach- oder Dienstaufsichtsbeschwerde** behandelt und führt nicht selten zum Erfolg, z. B. der Wiederaufnahme der Ermittlungen. Bei Abweisung ist weitere Aufsichtsbeschwerde möglich, die dann vom Justizministerium des jeweiligen Landes bearbeitet wird.

270 Der Antragsteller, der zugleich Verletzter der behaupteten Straftat ist, vermag darüber hinausgehend auch das förmliche **Klageerzwingungsverfahren** zu betreiben. **Verletzter** ist, wer durch die behauptete Tat – ihre tatsächliche Begehung unterstellt – unmittelbar in einem Rechtsgut verletzt ist, wobei hierunter dessen gesamte rechtlichen Interessen zu verstehen sind[482]. Mittelbar Verletzte (z. B. die Erben eines durch ein Eigentumsdelikt Geschädigten[483]) fallen nicht darunter; im Übrigen aber wird der Begriff des Verletzten weiter ausgelegt als im Rahmen der Strafantragsbefugnisse nach § 77 StGB[484]. Nicht ausreichend ist, dass der Antragsteller nur wie jeder andere Staatsbürger betroffen ist. Das Klageerzwingungsverfahren lässt zwar formal das Anklagemonopol der StA un-

---

[480] Über die Anklageerhebung ist dagegen nicht zu benachrichtigen; wohl aber auf Antrag nach § 406d der Verletzte über den Ausgang des gerichtl. Verfahrens. Beachte auch die Information an die Polizei nach § 482.
[481] Vgl. OLG Celle NStZ 90, 505; zu den Mitteilungspflichten: BVerfG NJW 02, 2772.
[482] OLG Koblenz NJW 85, 1409; Karlsruhe NJW 87, 1835; Stuttgart NJW 02, 2893; bei Forderungsabtretung: OLG Celle NJW 08, 1463; zum Verletzten bei Aussagedelikten: OLG Düsseldorf NStZ 95, 49; GmbH als Verletzte: OLG Stuttgart NJW 01, 840; Celle NJW 07, 1223.
[483] Dazu OLG Stuttgart NJW 86, 3153; anders aber der Ehegatte des durch Straftat Getöteten, OLG Hamm MDR 52, 247. Ebensowenig die hinter einer juristischen stehende natürl. Person, OLG Frankfurt NJW 11, 691 (Kirch gegen Deutsche Bank).
[484] OLG Düsseldorf NJW 92, 2370; 88, 2906 (zum Schutz des Legalitätsprinzips); Karlsruhe NJW 19, 2335; 2950.

berührt, schränkt dieses sachlich aber soweit ein, als dass das **OLG** die Erhebung der Anklage durch die StA beschließen kann (§ 175). Da das Klageerzwingungsverfahren nur der gesteigerten Kontrolle der Einhaltung des Legalitätsprinzips dient, ist es nicht zulässig, soweit die StA nach dem Opportunitätsprinzip eingestellt hat (§ 172 Abs. 2 S. 3).

Volle Überzeugung	die jeden vernünftigen Zweifel ausschließende innere Gewissheit der Schuld im Urteil (§ 261)
Hinreichender Verdacht	Wahrscheinlichkeit der Verurteilung nach Abschluss der Ermittlungen (§ 203)
Dringender Verdacht	hohe Wahrscheinlichkeit der Verurteilung nach vorläufigem Verfahrensstand (z. B. § 112)
Anfangsverdacht	„zureichende" tatsächliche Anhaltspunkte; auch „konkreter" Verdacht aufgrund bestimmter Tatsachen (z. B. § 152 Abs. 2)
„Verdächtiger"	kommt als Täter oder Teilnehmer einer verfolgbaren Straftat in Betracht (z. B. §§ 102, 163b Abs. 1)

Abb. 13: Verdachtsgrade

Um das Klageerzwingungsverfahren zu betreiben, muss der Antragsteller zunächst gegen den Einstellungsbescheid der StA binnen zwei Wochen nach dessen Bekanntmachung Beschwerde bei der General-StA erheben, die er aber auch bei der StA fristgerecht einlegen kann (§ 172 Abs. 1, sog. **Vorschaltbeschwerde**). Bleibt diese förmliche Beschwerde erfolglos, so beantragt der Antragsteller gem. § 172 Abs. 2 gegen den ablehnenden Bescheid der General-StA binnen eines Monats die **gerichtliche Entscheidung** beim OLG (§ 172 Abs. 2, 4). Dieser in seiner Formenstrenge einer Revisionsbegründung ähnelnde Antrag muss von einem **Rechtsanwalt** unterzeichnet sein (§ 172 Abs. 2 S. 2)[485] und unter Angabe der Tatsachen, welche die Erhebung der öffentlichen Klage bedingen sollen, und der Beweismittel begründet werden. Dies kann schon wegen der dazu notwendigen Akteneinsicht nur durch einen Rechtsanwalt erfolgen. Nach der vom BVerfG gebilligten Rechtsprechung der OLGe muss der Antrag eine aus sich selbst heraus verständliche Schilderung des Sachverhalts enthalten, der bei Unterstellung des hinreichenden Tatverdachts die Erhebung der Öffentlichen Klage in materieller und formeller Hinsicht rechtfertigt[486]. Die Sachverhaltsdarstellung muss in groben Zügen

---

[485] Vgl. OLG Düsseldorf NJW 90, 1002; 89, 3296; Frankfurt NStZ-RR 00, 113; einschr. BVerfG NJW 00, 1027; Sächs. VerfGH NJW 04, 2729s. Rn. 343.
[486] BVerfG NJW 93, 382; 88, 1773; 79, 364; 16, 44; 17, 3141; 20, 675; OLG Düsseldorf NJW 88, 1387 f.; einschr. jedoch OLG Düsseldorf NJW 89, 1102 unter Aufgabe eigener früherer Rechtspr.

den Gang des Ermittlungsverfahrens, den Inhalt der angegriffenen Bescheide und die behauptete Unrichtigkeit wiedergeben; Bezugnahmen auf den Akteninhalt sind unzulässig[487]. Dadurch soll das OLG in die Lage versetzt werden, ohne Rückgriff auf die Ermittlungsakte eine Schlüssigkeitsprüfung vorzunehmen. Zusätzlich erschwert wird der Weg zur Klageerzwingung durch die Möglichkeit, dass dem Antragsteller durch gerichtlichen Beschluss gem. § 176 auch noch eine **Sicherheitsleistung** auferlegt werden kann.

Grundsätzlich **entscheidet** das OLG nach Aktenlage (§ 173 Abs. 1, 2); es kann aber – falls erforderlich – auch einzelne Ermittlungen anordnen (§ 173 Abs. 3). Die Maßstäbe für die Entscheidung des OLG sind die gleichen, wie sie für die StA selbst nach § 170 gelten[488]. Es kommt also auf den hinreichenden Tatverdacht an. Sieht das OLG im Gegensatz zur StA diesen als gegeben an – was selten geschieht –, weist es die StA zur Anklageerhebung an (§ 175)[489]. Die häufigere Verwerfung des Klageerzwingungsantrags ist dagegen mit einer begrenzten Rechtskraft versehen (§ 174)[490]. In Ausnahmefällen erkennt die Rechtsprechung in analoger Anwendung des § 172 auch ein Ermittlungserzwingungsverfahren an[491]. Insgesamt sind Klageerzwingungsverfahren nicht besonders aussichtsreich und werden von den OLGen restriktiv gehandhabt[492].

271 Eine Reihe von Konstellationen wird bei der StA *wie* Verfahrenseinstellungen behandelt, obwohl sie dies im eigentlichen Sinne nicht sind. Dies gilt z. B. für den Fall, dass ein Bürger eine Strafanzeige erstattet oder sonst einen Antrag i. S. v. § 171 stellt, der mangels zureichenden Verdachts (z. B. weil die angezeigte Handlung gar nicht strafbar ist) keine Veranlassung gab, Ermittlungen einzuleiten. Da kein Ermittlungsverfahren durchgeführt wurde, kann dieses auch im strengen Sinne nicht eingestellt werden. Aktentechnisch und in der Frage der Bescheidung nach §§ 171, 172 erfolgt die Handhabung jedoch wie bei einer Einstellung nach § 170 Abs. 2 unter Hinweis darauf, dass wegen **fehlenden Anfangsverdachts** i. S. v. § 152 Abs. 2 dem Begehren auf Einleitung eines Ermittlungsverfahrens nicht stattgegeben wurde[493].

Keine echte Einstellung ist auch die besonders häufige Verfügung des Staatsanwalts mit dem Inhalt „**Täter nicht ermittelt**". Dabei werden die Akten erst nach längerer Frist wieder vorgelegt, um schließlich nach Ablauf der Verjährungsfrist endgültig „weggelegt" zu werden, falls sich zwischenzeitlich nicht zufällig doch noch der Täter herausgestellt hat. Eine Anwendung der §§ 171, 172 ist in diesen Fällen nicht möglich; es finden nur keine aktiven Ermittlungen statt. Ähnlich verhält es sich mit der sog. **vorläufigen Einstellung gem. § 154f**, wenn wegen Abwesenheit oder Verhandlungsunfähigkeit des Beschuldigten[494] dem Verfahren kein Fortgang gegeben werden kann[495]. Da allerdings die Fahndung aufgrund eines Haftbefehls hierbei weiterläuft und zuweilen auch Hauserermittlungen stattfinden, hat § 154f mehr aktentechnische Bedeutung.

Schließlich bedeutet auch die **Verweisung** des Verletzten durch die StA **auf den Privatklageweg** (§ 376) keine richtige Einstellung, sondern eine Umlenkung des Verfahrens, nämlich vom Offizialverfahren auf den Verletzten, falls nicht die StA die Sache wieder

---

487 Vgl. OLG Saarbrücken wistra 95, 36. Zum notwendigen Inhalt ferner: OLG Nürnberg NStZ-RR 98, 143; Berl.VerfGH NJW 04, 2728.
488 Vgl. OLG Rostock NStZ-RR 96, 272 (Bad Kleinen).
489 Fragl., ob sich bei Wiederaufnahme der Ermittlungen durch die StA das Verfahren erledigt, dagegen OLG Bamberg NStZ 89, 543.
490 Näher zum Klageerzwingungsverfahren: *Rieß* NStZ 86, 433; *Bischoff* NStZ 88, 63; *Kühne* 294.1 sieht darin eine reine Alibifunktion.
491 OLG München NJW 07, 3734.
492 Vgl. BVerfG NJW 20, 1877: Verstoß gegen das Willkürverbot durch ein OLG im Klageerzwingungsverfahren.
493 Vgl. KK-*Griesbaum* § 160, 18.
494 Aber nicht von Zeugen; OLG Düsseldorf StV 96, 84; *Hamm* NJW 98, 1088.
495 Vgl. Nr. 104 RiStBV; bisher galt § 205 analog, der nur noch im gerichtl. Verfahren anwendbar ist.

übernehmen will (§ 377 Abs. 2)[496]. Bei den in § 374 aufgeführten Privatklagedelikten (z. B. §§ 185, 223 StGB u. a.) entscheidet die StA, ob das Strafverfahren im öffentlichen Interesse liegt, sodass die Ermittlungen zunächst den Zweck haben, die Beurteilungsgrundlagen für diese Entscheidung zu schaffen. Die Polizei ist nicht befugt, von sich aus potenzielle Privatkläger auf diese Möglichkeit hinzuweisen und von der Aufnahme und Übersendung des Vorgangs an die StA abzusehen. Verneint die StA das öffentliche Interesse, so kommt diese Entscheidung *de facto* einer Einstellung nach dem Opportunitätsprinzip gleich.

Anders als im Bußgeldverfahren, das gem. § 47 OWiG jederzeit nach dem **Opportunitätsprinzip** eingestellt werden könnte, ist dieses im Strafverfahren nur ausnahmsweise möglich, nämlich wenn die tatbestandlichen Voraussetzungen einer Einzelvorschrift nach den §§ 153 bis 154e erfüllt sind und der Staatsanwalt sein Ermessen im Sinne einer Einstellung ausübt. Außerdem kann der Staatsanwalt nach § 421 Abs. 3 davon absehen, die Einziehung zu betreiben; er muss dies aber aktenkundig machen. Der Gesetzgeber weitet kontinuierlich das Einstellungsrepertoire der StA aus, um so der Justiz die Möglichkeit zu geben, mit der Flut der Strafverfahren fertig zu werden. So hat sich im Laufe der Jahre ein schwer übersehbarer Wildwuchs an Einzelvorschriften entwickelt. Ursprungsnorm der Einstellungen nach dem Opportunitätsprinzip ist § 153, der unscharf mit „Einstellung wegen **Geringfügigkeit**" charakterisiert wird. Danach kann die StA von der Verfolgung von Vergehen absehen, wenn die Schuld des Täters als gering anzusehen *wäre* und kein öffentliches Interesse an der Verfolgung besteht. § 153 setzt nicht voraus, dass die Schuld des Täters hinreichend bewiesen ist, sie darf nur nicht nach dem Ergebnis der Ermittlungen ausgeschlossen sein[497]. Die Schuld ist als gering anzusehen, wenn sie im Vergleich mit Vergehen gleicher Art nicht unerheblich unter dem Durchschnitt liegt[498]. Für die Geringfügigkeit der Schuld sprechen Gesichtspunkte wie bisherige Unbestraftheit, besondere Konfliktlagen, niedriger Schaden, uneigennützige Motive, überlange Verfahrensdauer usw.[499]

Die **geringe Schuld** des Täters allein reicht für eine Einstellung nach § 153 nicht aus, es darf auch **kein öffentliches Interesse** an der Verfolgung bestehen. Ein solches kann sich aus der kriminalpolitisch notwendigen Verfolgung bestimmter Deliktsarten ergeben. Z.B. geht die StA regelmäßig bei Körperverletzungen in Zusammenhang mit Verkehrsunfällen davon aus, dass ein öffentliches Interesse an der Verfolgung besteht, um verkehrserzieherisch auf die Allgemeinheit einzuwirken[500]. Um einer übertrieben häufigen Anwendung des § 153 durch die StA vorzubeugen, bedarf es an sich der **Zustimmung** des für die Eröffnung des Hauptverfahrens zuständigen Gerichts. Das Rechtspflegeentlastungsgesetz 1993 hat jedoch zur Verfahrensbeschleunigung festgelegt, dass die gerichtliche Zustimmung bei Vergehen entfällt, die nicht mit einer im Mindestmaß erhöhten Strafe bedroht sind (z. B. § 221 StGB, Mindeststrafe der Aussetzung: 3 Monate) und bei denen die durch die Tat verursachten Folgen gering sind. Einer Zustimmung des Beschuldigten oder gar des Verletzten bedarf es für ein Vorgehen nach § 153 nicht. Wie bei den Vorschriften des Opportunitätsprinzips üblich, ist § 153 mit geringfügigen Modifikationen noch **nach Anklageerhebung** vor Gericht anwendbar, wobei aber die Rollen von StA und Gericht vertauscht sind[501]. Auch ist dann die Zustimmung des

---

496 S. Rn. 316.
497 BVerfGE 82, 106, 118; 74, 358, 373.
498 *MG-Schmitt* § 153, 4.
499 Vgl. BGHSt 24, 242; 35, 137; NJW 90, 1000.
500 Vgl. Nr. 234, 243 RiStBV.
501 Vgl. dazu LG Zweibrücken NJW 90, 1247; Frankfurt NJW 85, 2601. Zur Rechtskraft u. Strafklageverbrauch: BVerfG NJW 04, 375; BGHSt 48, 331.

Angeschuldigten notwendig (§ 153 Abs. 2)[502]. Bisher kam es vereinzelt auch zu Einstellungen nach § 153 Abs. 2, wenn infolge **überlanger Verfahrensdauer** das Beschleunigungsgebot nach Art. 6 MRK verletzt war[503]; diese Möglichkeit dürfte in Zukunft entfallen, nachdem der BGH bei Verfahrensverzögerungen zur sog. Vollstreckungslösung übergegangen ist[504]. Im Ausgangsfall erscheint es zweifelhaft, ob bezüglich M. eine Einstellung nach § 153 angebracht ist. Zwar ist Gegenstand des Vorwurfs nur ein Vergehen (§ 258 StGB) und M. ist wohl auch nicht vorbestraft, was für eine geringe Schuld spricht. Aber seine Strafvereitelung bezieht sich auf schwerwiegende Verbrechen als Vortaten, sodass das öffentliche Interesse es verbietet, seine Tat für ihn völlig folgenlos zu lassen. Im Übrigen erwächst die Einstellung der StA nach § 153 nicht in Rechtskraft und könnte jederzeit korrigiert werden, sodass M. auf jeden Fall ein Auskunftsverweigerungsrecht gem. § 55 verbliebe und seine Verwendung als Zeuge in dem Großverfahren gegen die Bandenmitglieder wenig Zweck hätte.

273 Der damit zu Tage tretende kriminalpolitische Nachteil einer Einstellung auf der Grundlage des § 153 liegt darin, dass ein Straftäter *völlig* sanktionslos bleibt. Andererseits könnte eine Anklageerhebung in Fällen leichter Kriminalität zu einer unerwünschten Stigmatisierung sonst rechtstreuer Personen führen. Diese Lücke füllt § 153a aus, der bei nicht sehr schwerer Schuld des Täters eine Einstellung des Verfahrens wegen eines Vergehens bei Erfüllung von **Auflagen und Weisungen** der StA ermöglicht[505]. Die Erfüllung der Auflagen und Weisungen muss nur geeignet sein, das öffentliche Interesse an der Verfolgung zu beseitigen. Die Schuld braucht – anders als bei § 153 – nicht mehr unbedingt „gering" zu sein, sondern die **Schwere der Schuld** darf dem Vorgehen nach § 153 nur nicht entgegenstehen. Ebenfalls im Gegensatz zu § 153 genügt es nicht, dass die Schuld nur hypothetisch unterstellt wird; § 153a setzt hinreichenden Tatverdacht voraus[506]. Ein Schuldeingeständnis ist mit der Zustimmung des Beschuldigten aber nicht zwangsläufig verbunden; die Unschuldsvermutung gilt weiter[507]. Die Auflagen zur Beseitigung des öffentlichen Interesses an der Strafverfolgung können in Wiedergutmachungsleistungen, Geldzahlungen an gemeinnützige Einrichtungen[508] oder die Staatskasse, sonstigen gemeinnützigen Leistungen oder Unterhaltszahlungen in bestimmter Höhe, Bemühungen im Täter-Opfer-Ausgleich oder in der Teilnahme an einem Seminar nach StVG bestehen. Der gestalterischen Phantasie des Dezernenten der StA sind insoweit nur Grenzen gesetzt durch das Erfordernis der Zustimmung des für das Hauptverfahren zuständigen Gerichts und durch eine Einverständniserklärung des Beschuldigten[509]. Erklärt dieser sich mit der Erfüllung der Auflage innerhalb bestimmter Fristen einverstanden, wird das Verfahren zunächst vorläufig eingestellt, nach Erfüllung endgültig[510]. Lediglich wenn sich nachträglich herausstellen sollte, dass in Wirklichkeit ein **Verbrechen** vorlag, ist eine Wiederaufnahme möglich. Aufgrund dieser besonders in § 153a bestimmten begrenzten Rechtskraft würde im Ausgangsfall bei M. ein Auskunftsverweigerungsrecht als Zeuge entfallen, falls er eventuell von ihm verlangte Auflagen und Weisungen nach § 153a erfüllt. Für ihn selbst hätte das Vorgehen nach

---

502 Bei Einstellung ohne Zustimmung: Beschwerde s. OLG Frankfurt NStZ-RR 98, 52. Weitere Fragen der Anfechtbarkeit: BGH NJW 02, 2402.
503 BGH NJW 96, 2739. Eventuell aber auch § 153a: vgl. LG Frankfurt NJW 97, 1994 (Holzschutzmittel).
504 BGH (Gr. Senat) NJW 08, 860; dazu *Ignor/Bertheau* NJW 08, 2209; für die Übergangszeit: BGH NJW 08, 2451.
505 Näher zum Sinn: BVerfG NJW 02, 815; *Rettenmeier* NJW 13, 123.
506 *MG-Schmitt* § 153a, 46.
507 BVerfG MDR 91, 891; OLG Frankfurt NJW 96, 3353 f.
508 Die Spenden sind steuerl. nicht absetzbar, § 12 Nr. 4 EStG, dazu BFH NJW 87, 1783.
509 Allerdings dürfen keine anderen als die in § 153a vorgesehenen Auflagen erteilt werden, OLG Stuttgart NJW 80, 1009; vgl. auch *Fünfsinn* NStZ 87, 97; *Wackernagel* NJW 18, 3414.
510 Vgl. OLG Düsseldorf MDR 97, 90.

§ 153a den Vorteil, sich weiterhin als „unbestraft" bezeichnen zu können und sich eine Eintragung im Bundeszentralregister zu ersparen[511]. Auch bräuchte er nicht die Belastungen einer öffentlich gegen ihn durchgeführten Hauptverhandlung ertragen. Erfüllt der Beschuldigte trotz seiner Zustimmung bis Fristablauf die Auflage nicht, wird das Verfahren weitergeführt. Von § 153a wird häufig Gebrauch gemacht, obwohl im Schrifttum teilweise grundsätzliche **Bedenken** gegen diese Vorschrift geltend gemacht werden[512]. Kritisiert wird vor allem, der Beschuldigte könne sich durch die Auflagenerfüllung „freikaufen". Trotz unverkennbarer Missbrauchsmöglichkeiten hat sich die Vorschrift in der Praxis allerdings bewährt und ist aus dem Instrumentarium der Strafverfolgungsbehörden kaum mehr wegzudenken.

Nach § 153b kann die StA mit gerichtlicher Zustimmung von der Erhebung der öffentlichen Klage absehen, wenn die Voraussetzungen vorliegen, unter denen auch das Gericht, das für die Hauptverhandlung zuständig wäre, **von Strafe absehen** könnte. Damit wird vornehmlich auf § 60 StGB Bezug genommen[513]. Das Gericht sieht danach von Strafe ab, wenn die Folgen der Tat, die den Täter getroffen haben, so schwer sind, dass die Verhängung einer Strafe offensichtlich verfehlt wäre, z. B. bei eigenen erheblichen körperlichen Schädigungen des Verursachers eines Verkehrsunfalls. § 153b erspart den Strafverfolgungsbehörden also die Anklageerhebung und die Durchführung eines Hauptverfahrens, das wahrscheinlich doch nur mit einem Absehen von einer Strafe nach § 60 StGB enden würde.

§ 153b stellt auch die prozessuale Brücke zu § 46a StGB (Täter-Opfer-Ausgleich) und der sog. **Kronzeugenregelung** des § 46b StGB (Hilfe zur Aufklärung oder Verhinderung schwerer Straftaten) dar, welche der StA mit Zustimmung des Gerichts äußerstenfalls die Einstellung gestattet[514]. Im Ausgangsfall erfüllt M. nur partiell die Voraussetzungen des § 46b StGB. Er trägt zwar durch freiwilliges Offenbaren seines Wissens wesentlich dazu bei, dass Taten nach § 100a Abs. 2 (Brandstiftung, eventuell auch kriminelle Vereinigung) aufgedeckt werden konnten; jedoch müsste das von ihm selbst begangene Delikt, für welches er sich Strafmilderung oder Absehen von Strafe verdienen will, mit einer im Mindestmaß erhöhten Freiheitsstrafe bedroht sein, was bei Strafvereitelung (§ 258 StGB) nicht der Fall ist. Daher bleibt es in diesem Fall dabei, dass die StA nur durch eine geschickte Auflagengestaltung nach § 153a ihn in eine kronzeugenähnliche Position zu bringen vermag. Auch für Beiträge zur Bekämpfung der **Rauschgiftkriminalität** ist mit § 31 BTMG eine Art Kronzeugenregelung geschaffen worden[515], der hier aber nicht in Betracht kommt.

274

Klassische Einstellungsgründe aus reinen Zweckmäßigkeitserwägungen enthalten die §§ 154 und 154a; die StA ist insoweit nicht einmal von einer gerichtlichen Zustimmung abhängig. Sie erlauben eine Konzentration mehrerer Strafverfahren bzw. Strafvorwürfe gegen einen Beschuldigten auf die schwerwiegendsten Aspekte. Zwar ist es mit dem Gerechtigkeitsempfinden schwer vereinbar, dass bei den Schwerkriminellen in einer Art „Rabattsystem" kraft staatsanwaltschaftlicher Entscheidung ein Teil der Vorwürfe wegfällt. Jedoch sind diese Vorschriften zur Bewältigung und Strukturierung von Großver-

274a

---

511   Vgl. BGHSt 28, 274. Zu den außerstrafrechtl. Folgen: *Rettenmaier* NJW 13, 123; zur steuerlichen Seite: BFH NJW 09, 1167, 2079.
512   Vgl. *Hohendorf* NJW 87, 1177; *Kühne* 298; dagegen positiv: *Rieß* ZRP 85, 212; 83, 93; *Dahs* NJW 96, 1192. Extreme Missbrauchsbeispiele: BGHSt 38, 381 f.; BayObLG NJW 00, 968; OVG Münster NWVBl. 97, 98 (Unterschlagung der Leistung durch Dezernenten der StA); s. auch LG Bonn NJW 01, 1734 (Kohl). Zur Problematik der Öffentlichkeit: *Sinner/Kragl* JURA 98, 231.
513   Weitere Beispiele: §§ 113 Abs. 4, 129 Abs. 5, 6; 157, 233, 313 Abs. 6 StGB.
514   BGH NJW 10, 274 (auch beim Opfer); BGHSt 55, 153; krit. *König* NJW 09, 2481. Beschränkt auf Zusammenhangstaten durch das 46. StRÄndG vom 10.6.2013, BGBl. I 1497; *Peglau* NJW 13, 1910.
515   Vgl. BGH StV 86, 436; 89, 391; näher *Weider* NStZ 85, 481.

fahren unverzichtbar[516]. § 154 lässt die Möglichkeit zu, dass die StA von der Verfolgung einer Tat absehen kann, wenn die mögliche Rechtsfolge der Tat neben der bereits verhängten oder zu erwartenden Rechtsfolge einer anderen Tat *nicht beträchtlich ins Gewicht fällt*. § 154 erlaubt also die Einstellung **unwesentlicher Nebentaten** und dient damit einer rationellen Strafverfolgung. Sollte es wegen der anderen Straftat zu keiner Verurteilung kommen oder diese nachträglich wegfallen, kann wegen der ursprünglich als relativ geringfügig angesehenen Tat das Verfahren wieder aufgenommen werden[517]. Eine entsprechende Beschränkung der Strafverfolgung sieht § 154a für die Fälle vor, in denen prozessual zwar nicht mehrere Taten begangen worden sind, aber einzelne abtrennbare Teile **einer Tat** oder einzelne von mehreren Gesetzesverletzungen durch dieselbe Tat für die zu erwartende Rechtsfolge für die übrigen Teile der Tat oder die übrigen Gesetzesverletzungen nicht beträchtlich ins Gewicht fallen[518]. Z.B. wäre es möglich, bei einem tateinheitlich begangenen Straßenverkehrsvergehen und einem vorsätzlichen Tötungsdelikt von der Verfolgung des Ersteren abzusehen[519]. Eine strafschärfende Berücksichtigung der ausgeschiedenen Teile ist nicht ausgeschlossen, setzt aber einen vorherigen Hinweis an den Angeklagten voraus[520]. Die §§ 154 und 154a unterscheiden sich lediglich in rechtstechnischer Hinsicht. Beide Vorschriften kommen auch zur Anwendung, wenn wegen der Tat ein Urteil in angemessener Zeit nicht zu erwarten ist und eine anderweitig verhängte bzw. zu erwartende Strafe oder Maßregel zur Einwirkung auf den Täter und zur Verteidigung der Rechtsordnung *ausreichend* erscheint. Das im Ausgangsfall erwartete Großverfahren gegen die Bandenmitglieder wird daher vom Staatsanwalt sicherlich auf die schwerwiegenden Tatbestände wie z. B. Brandstiftung gem. §§ 154, 154a beschränkt werden, sodass die Anklageschrift kleinere Vergehen wie manche Sachbeschädigungen gar nicht mehr aufführt. Absprachen über Einstellungen nach §§ 154, 154a tritt die Rechtsprechung entgegen[521].

274b Die StPO enthält eine Reihe weiterer Vorschriften, in welchen die StA aus Opportunitätsgründen einem **anderen Verfahren**, das nicht strafrechtlicher Natur sein muss, **Vorrang** zuerkennen und damit eine Einstellung des strafrechtlichen Ermittlungsverfahrens verfügen kann. So kann in Hinblick auf eine Strafverfolgung im Ausland (§ 154b) oder überhaupt bei Auslandstaten (§ 153c) das inländische Verfahren unter dort näher bezeichneten Voraussetzungen eingestellt werden. Zivil- oder Verwaltungsprozesse sollten zunächst durchgeführt werden, falls das Strafverfahren von einer dort zu klärenden Vorfrage abhängt (§ 154d). Diese Bestimmung ermöglicht es der StA, dem Missbrauch des Strafverfahrens zu privaten Zwecken zu begegnen. Die Ermittlungen bei wechselbezüglichen Vorwürfen nach § 164 und 185 ff. StGB dürfen gem. § 154e zurückgestellt werden, solange wegen der behaupteten Handlung ein Straf- oder Disziplinarverfahren anhängig ist. Selten praktizierte Einstellungsgründe enthalten die §§ 153d und 153e, die es im Bereich des politischen Strafrechts gestatten, nicht nur unter Berücksichtigung anderer rechtlich geordneter Verfahren, sondern zum Schutz außergewöhnlicher **Inte-**

---

516 Nr. 101 RiStBV empfiehlt extensiven Gebrauch; Missbrauch beklagt *Volk* NJW 96, 879. BGH NStZ 15, 96 (Konkretisierung); 181 (Reichweite).
517 S. dazu § 154 Abs. 3, 4; zu den Maßstäben: BGH NJW 85, 2840; entspr. sieht § 154a Abs. 3 die Wiedereinbeziehung vor, BGHSt 32, 84; OLG Frankfurt NJW 87, 2753; aber nicht mehr in der Revision, BGH NJW 84, 1365.
518 Bei Nicht-Nachweislichkeit des „Restes" lebt die Verfolgungspflicht bezügl. der eingestellten Teile automatisch wieder auf; vgl. BGH NStZ-RR 97, 302.
519 Selbstverständlich muss das Gericht von Amts wegen den ausgeschiedenen Aspekt wieder einbeziehen, wenn es wegen des angeklagten Teils freisprechen will; BGH NStZ 95, 540.
520 Vgl. EGMR NJW 19, 203; BGHSt 30, 147; NStZ 83, 412; OLG München NJW 10, 1826; *Esser* StV 19, 492.
521 BGH NStZ 17, 244; 16, 171; *Eckstein* NStZ 17, 609.

ressen der **Allgemeinheit** (z. B. Verhinderung des Bekanntwerdens militärischer Geheimnisse) auf die Strafverfolgung zu verzichten.

2. Anklageerhebung

Bejaht der Staatsanwalt den **hinreichenden** Tatverdacht[522] und sieht er von einer Einstellung nach dem Opportunitätsprinzip ab, so erhebt er Anklage, nachdem er den **Abschluss** der Ermittlungen in den Akten **vermerkt hat**[523]. Er kann dabei mehrere Personen und Taten gleichzeitig anklagen, soweit ein strafprozessrechtlicher Zusammenhang besteht (§§ 2, 3). Anklage ist möglich zum AG (Strafrichter, Schöffengericht), zur (Großen) Strafkammer des LG und in einigen Fällen zum OLG[524]. Mit der Anklageerhebung erfolgt die thematische Bindung des Gerichts auf die in der Klage bezeichnete Taten und Personen (§§ 155, 264; **Akkusationsprinzip**). Mit der Anklage gibt die StA ihre Verfahrensherrschaft an das Gericht ab und bewirkt die Rechtshängigkeit der Tat, die nach dem Grundsatz *ne bis in idem* einen **Strafklageverbrauch** auslöst[525]. Die Tat kann damit weder andernorts noch zu einem späteren Zeitpunkt erneut angeklagt werden[526]. Die StA vermag die Anklage nur noch bis zur Eröffnung des Hauptverfahrens zurückzunehmen (§ 158; sog. Immutabilitätsprinzip). Aus diesen Gründen ist die Entscheidung der StA, welche Tat sie in die Anklage aufnimmt, eine nur noch begrenzt korrigierbare Weichenstellung (z. B. durch Nachtragsklage nach § 266) und legt für das Gericht verbindlich den Rahmen seines weiteren Tätigwerdens fest. An sich tritt Strafklageverbrauch nur aufgrund inländischer Strafverfahren ein; eine Ausnahme von dieser Beschränkung gilt aber für die Mitgliedsstaaten des Schengener Abkommens[527].

275

Der Begriff der „Tat" ist nicht identisch mit dem materiellrechtlichen Verständnis von Tateinheit nach § 52 StGB. Gemeint ist vielmehr die **Tat im prozessualen Sinne**. Der verfahrensrechtliche Tatbegriff umfasst den von der Anklage betroffenen geschichtlichen Vorgang, innerhalb dessen der Beschuldigte einen Straftatbestand verwirklicht haben soll, d. h. das tatsächliche Geschehen, wie es die Anklage beschreibt; das gesamte Verhalten des Beschuldigten, soweit es mit dem in der Anklage bezeichneten geschichtlichen Vorkommnis nach Auffassung des Lebens einen einheitlichen Vorgang bildet[528]. Der Begriff der Tat im prozessualen Sinne geht damit noch weiter als „eine Tat im natürlichen Sinne" nach der Konkurrenzlehre des materiellen Rechts[529]. Ist nach prozessrechtlichen Maßstäben ein einheitlicher Vorgang gegeben, so sind Einzelgeschehnisse, aus denen er sich zusammensetzt, auch insoweit Bestandteil der angeklagten Tat, als sie keine Erwähnung in der Anklage finden; es gehört noch zur Tat im prozessualen Sinne, was zwar die Anklage nicht mehr beschreibt, aber nach der Lebensauffassung zu einem untrennbaren Zusammenhang mit dem in der Anklage bezeichneten Vorgang steht[530]. Maßgeblich für die Bestimmung der Tat im prozessualen Sinne sind daher nicht etwa die Rechtsvorschriften, die der Staatsanwalt in der Anklageschrift aufführt,

276

---

522 S. Rn. 267. Zur Amtshaftung bei unvertretbarer Anklage: BGH NJW 98, 2051; 00, 2672.
523 Vgl. Nr. 109 RiStBV; Wirkung ist das uneingeschränkte Akteneinsichtsrecht des Verteidigers, § 147 Abs. 2.
524 S. Rn. 111 ff.
525 Dazu BGH NJW 04, 375; 85, 1174; auch bezügl. der nach § 154a ausgeschiedenen Teile, BGHSt 32, 84 f.; Beispiel bei Verurteilung wegen Unfallflucht: OLG Frankfurt StV 94, 119; BGH NStZ 97, 508; Grenzen bei BTM-Vergehen: BGH NStZ 97, 508; EuGH NJW 06, 1781; OLG Karlsruhe NStZ-RR 98, 80. Organisationsdelikte: BVerfG NJW 04, 279. Näher *Wankel* JABl. 97, 231.
526 Wirkung tritt ein mit Eröffnungsbeschluss, BGH NJW 90, 1675.
527 BGHSt 46, 187, 307; EuGH NJW 03, 1173; 06, 3406; 07, 3412; BGH NJW 99, 1270, 3431; *Schomburg/Suominen-Picht* NJW 12, 1190.
528 BGH NJW 92, 1776 m. w. N. (st. Rechtspr.); BGH NStZ 20, 46, 308; 19, 428; auch bei Dauerstraftat, aber nicht bei alternativen Lebenssachverhalten, BGH MDR 84, 329; zur Unterlassungsstat, BGH NStZ 95, 46; im Steuerstrafrecht: BGHSt 49, 359. Näher *Steinberg/Möckel* JURA 10, 907.
529 Vgl. BGHSt 4, 219; 10, 231; 26, 284.
530 BGHSt 32, 219 f. (bezogen nur auf denselben Beschuldigten).

sondern ist die vom Tatsächlichen her beschriebene Szenenfolge, ein kurzer Ausschnitt aus dem Leben des Beschuldigten, charakterisiert durch Tatzeit, Tatort, beteiligte Personen, konkrete Verhaltensweisen. Daher liegt bei **Tateinheit** im materiellen Sinne regelmäßig auch eine Tat im prozessualen Sinne vor[531]. Umgekehrt kann jedoch bei materieller **Tatmehrheit** (wie z. B. bei strafbarer Verursachung eines Unfalls nach § 315c StGB und anschließender Fahrerflucht nach § 142 StGB) manchmal nur eine Tat im prozessualen Sinne vorliegen[532]. Die Bedeutung einer zutreffenden Abgrenzung der Tat im prozessualen Sinne erweist sich nicht nur in den oben bezeichneten Wirkungen der Anklage (thematische Bindung des Gerichts, Strafklageverbrauch usw.), sondern zum Teil auch schon bei den Ermittlungen, z. B. der Belehrung des Beschuldigten nach §§ 136, 163a über die ihm vorgeworfene Tat und damit der Gewährung rechtlichen Gehörs.

277 Die Anklage wird von der StA nach §§ 170 Abs. 1, 200 grundsätzlich **schriftlich** erhoben. Ausnahmen stellen insoweit das sog. beschleunigte Verfahren (§ 417) und die Nachtragsklage (§ 266) dar, bei denen der Staatsanwalt mündlich anklagen darf[533]. Der notwendige Inhalt einer Anklageschrift ergibt sich aus §§ 199 Abs. 2, 200[534]. Ihre zentrale Aussage ist der **Antrag** an das zu benennende Gericht, das Hauptverfahren zu eröffnen. Um die nach dem Akkusationsprinzip erforderliche Bindung des Gerichts auf die von der StA bezeichnete Tat und den Täter (§ 155) herbeizuführen, bestimmt § 200, dass die Anklageschrift die Person des Angeschuldigten, die ihm zur Last gelegte Tat (**konkreter Anklagesatz**) sowie Zeit und Ort[535] ihrer Begehung enthalten muss. Ferner gehören zu den Mindestanforderungen der Konkretisierung die Bezeichnung von Tatopfer, Tatbeteiligten, Ausführungen zur inneren Tatseite und Angaben zum Mindestschaden, falls sich die genaue Höhe des Schadens nicht beziffern lässt[536]. Bei einer nach der Natur der angeklagten Taten notwendigerweise ungenauen Fassung der Anklageschrift, hat das Gericht den Angeklagten später zu unterrichten, welchen genauen Tatablauf es für das weitere Verfahren zugrunde legen will[537]. Andererseits darf der konkrete Anklagesatz auch nicht mehr beinhalten, als zur Individualisierung und Abgrenzung der angeklagten Taten wirklich erforderlich ist. Fehlerhaft ist es, wenn hier auch die Vorgeschichte, das Rahmengeschehen, die späteren Folgen der Tat angeführt oder gar eine Beweiswürdigung und Bewertungen vorgenommen werden, denn all dies könnte u. a. die Schöffen unzulässig beeinflussen, denen die Aktenkenntnis bewusst versagt ist, während der Anklagesatz später in der Hauptverhandlung mündlich verlesen wird[538]. Ist die Konkretisierung der Tat in der Anklage nicht ausreichend, so fehlt es an einer **Prozessvoraussetzung**, was zunächst zur Einstellung des Verfahrens und der Notwendigkeit der Einreichung einer neuen Anklageschrift jedenfalls dann führt, wenn nicht nur die Informationsaufgabe, sondern auch die Umgrenzungsfunktion der Anklage verletzt wird[539].

---

531 BGHSt 8, 92, 94; einschr. bei „Organisationsdelikten": BGHSt 29, 288.
532 BGHSt 23, 141; 24, 185 f. Der BGH nimmt bei gleichzeitiger Abgabe verschiedener Steuererklärungen bezügl. unterschiedl. Steuerarten Tatmehrheit an, wistra 19, 103.
533 S. Rn. 320, 309.
534 Vgl. Nr. 110 RiStBV.
535 Zur falschen Angabe der Tatzeit BGHSt 46, 130; OLG Celle NStZ-RR 97, 367.
536 Näher BGH NJW 94, 2556; 94, 2966; StV 95, 113; NStZ 95, 244; 97, 145; OLG Bamberg NJW 95, 1167.
537 BGHSt 40, 44; 48, 221; teilw. genügt auch detaillierte Auflistung im wesentl. Ergebnis der Ermittlungen, BGH NJW 08, 2131. S. auch Rn. 308.
538 Zu denkbaren Revisionsgründen insoweit: BGH NJW 87, 1209 f.; beachte auch den materiellrechtl. Schutz durch § 353d Nr. 3 StGB; dazu BVerfGE 71, 206.
539 Vgl. BGH NJW 03, 2107; 91, 2716; 98, 3788, 10, 308; 11, 2308; 12, 279; 867; einschr. bezügl. Tatzeit OLG Karlsruhe MDR 82, 248; näher *Puppe* NStZ 82, 230. Kein Verfahrenshindernis, wenn nur Informationsaufgabe verletzt: BGH NJW 96, 122 f.; Konstellationen: BGH wistra 19, 467 (Untreue); NStZ-RR 18, 291 (Serienstraftaten); NJW 18, 878 (Steuerhinterziehung); NStZ 17, 551 (Sexualdelikt); OLG Hamm wistra 16, 86 (Beitragsvorenthaltung).

Während der konkrete Anklagesatz die tatsächlichen Grenzen der gerichtlichen Entscheidungsbefugnis zieht, gilt dies nicht für die zusätzlich in § 200 vorgesehenen Angaben, wie die zu bezeichnenden gesetzlichen Merkmale der Straftat, d. h. den einschlägigen Gesetzeswortlaut (**abstrakter Anklagesatz**) und die anzuwendenden Strafvorschriften (Paragraphenkette). Der Verteidiger und die Beweismittel sind zu benennen. Mit Ausnahme der Strafrichteranklagen (Einzelrichter) hat die Anklageschrift ein **Wesentliches Ergebnis der Ermittlungen** zu enthalten. Dessen notwendigen Inhalt legt das Gesetz nicht abschließend fest. Der Umfang der Darstellung variiert stark: von wenigen Zeilen bis zu mehreren hundert Seiten (z. B. in Wirtschaftsstrafsachen). Meist findet sich im Wesentlichen Ergebnis der Ermittlungen eine Begründung für die Annahme des hinreichenden Tatverdachts durch die StA[540]. Zu diesem Zweck wird der Anklageverfasser die Beweisgrundlagen anführen und bewerten sowie Vorgeschichte und Nebenumstände der Tat darlegen. Breiten Raum nehmen im Wesentlichen Ergebnis der Ermittlungen auch Mitteilungen zur Person und zu den Lebensverhältnissen des Angeschuldigten ein. Die Anklageschrift wird unter Beifügung der Strafakten und Beiakten dem Gericht vorgelegt, dessen Zuständigkeit die StA annimmt. Damit geht das Vorverfahren in das Zwischenverfahren über.

---

540 Zur Abfassung von Anklageschrift und Begleitverfügung: *Emde* JuS 96, 442.

F. Das Verfahren vor Gericht

I. Zwischenverfahren

278 Die StA hat den A. wegen Fahrens ohne Fahrerlaubnis beim Schöffengericht angeklagt. Der Vorsitzende des Schöffengerichts stellt dem A. die Anklageschrift zu und bestimmt einen Termin zur Hauptverhandlung, zu welchem A. und sein Verteidiger erscheinen. Der Vorsitzende vernimmt A. zur Person und lässt sodann den Sitzungsvertreter der StA den Anklagesatz verlesen. Danach verkündet der Vorsitzende folgenden Beschluss: „Das Hauptverfahren wird gemäß Anklageschrift, Blatt 17 der Akten, eröffnet."

279 Eine weitere Fortsetzung der Hauptverhandlung gegen A. ist nur möglich, wenn alle Prozessvoraussetzungen gegeben sind. Hier könnte es insoweit an einer wirksamen **Zulassung des Hauptverfahrens** fehlen[1]. Die Anklageerhebung der StA führt noch nicht unmittelbar zur Durchführung einer Hauptverhandlung, sondern es muss zunächst ein richterlicher Beschluss darüber ergehen, ob auch das erkennende Gericht mit der StA in der Annahme eines **hinreichenden Tatverdachts** übereinstimmt (§§ 199, 203)[2]. Diese Prüfung nennt sich **Zwischenverfahren**. Der Sinn und Zweck dieses Zwischenverfahrens besteht darin, in Verfahren, in denen das Gericht von vornherein mit einem Freispruch rechnen muss, den Beteiligten die Durchführung einer öffentlichen Hauptverhandlung zu ersparen. Am Zwischenverfahren wird rechtspolitisch kritisiert, dass es dem Angeklagten den Eindruck der Befangenheit des Gerichts vermitteln könnte, da dieses schon vor der Durchführung der Hauptverhandlung eine Prognose auf Verurteilungswahrscheinlichkeit stellen muss, denn die Beurteilung des hinreichenden Tatverdachts nimmt das für die spätere Hauptverhandlung zuständige Gericht mit Ausnahme der Schöffen vor[3]. Trotz dieses Bedenkens ist das Zwischenverfahren unentbehrlich, um den Beschuldigten vor leichtfertigen Anklageerhebungen durch die StA zu schützen, denn die Ablehnung der Eröffnung des Hauptverfahrens ist für den Anklageverfasser der StA stets unangenehm und führt zu einer Kontrolle seiner Arbeitsweise. Leider wurde in der früheren Gerichtspraxis diese richterliche Prüfung der Anklage im Zwischenverfahren nicht ausreichend ernst genommen und vielfach mechanisch in einem vorgedruckten Formular Zulassung bzw. Eröffnung einfach angekreuzt, ohne dass dafür eine Begründung zu Papier gebracht werden müsste[4]. Dies ist verführerisch, da die Zulassung unanfechtbar ist, während deren Ablehnung von der StA mit der sofortigen Beschwerde angegriffen werden kann (§ 210).

280 Im Zwischenverfahren, das mit der Anklageerhebung beginnt, bezeichnet das Gesetz den Beschuldigten als **Angeschuldigten** (§ 157). Im Zwischenverfahren stellt der Vorsitzende des Gerichts die Anklageschrift dem Angeschuldigten zu und gibt ihm Gelegenheit zur Erklärung und Stellung von Beweisanträgen (§ 201). Dazu setzt der Vorsitzende eine angemessene Frist. In manchen Fällen ordnet er im Zwischenverfahren auch ein-

---

1 Ohne Eröffnungsbeschluss fehlt es an einer Prozessvoraussetzung, sodass das Verfahren einzustellen ist, BGHSt 5, 227; OLG Zweibrücken NStZ-RR 98, 74; es kann aber erneut angeklagt werden, falls nicht Verjährung eingetreten ist, OLG Hamm JR 82, 389. Zu den Wirkungen fehlerhafter Eröffnungsbeschlüsse: BGH wistra 97, 28 (Willkür); OLG Karlsruhe NStZ 90, 100 (Nichtigkeit); Düsseldorf NJW 03, 1470 (Revision).
2 Zur Definition s. Rn. 169.
3 Zur Kritik am Zwischenverfahren: Roxin/Schünemann § 42, 3; Schlüchter 408; Peters § 51 V; für einen „Eröffnungsrichter": Meyer-Goßner ZRP 00, 347.
4 BGH NStZ 20, 236: Vordruckverwendung ist zwar zulässig, aber fehleranfällig.

zelne Beweiserhebungen zur besseren Aufklärung an (§ 202). Dies darf aber nicht dazu führen, dass wesentliche Teile des Ermittlungsverfahrens nachgeholt werden[5]. Bei möglichen Verfahrenshindernissen, welche die angeklagte Tat betreffen, genügt eine hinreichende Wahrscheinlichkeit, dass sich das Prozesshindernis nicht ergeben werde; die endgültige Klärung erfolgt im Strengbeweis während der späteren Hauptverhandlung[6]. Das Zwischenverfahren kann folgenden Ausgang nehmen:

1. Das Gericht **lässt die Anklage zu** und eröffnet durch Beschluss das Hauptverfahren, dem dann binnen einer Woche nach Zustellung des Eröffnungsbeschlusses die Hauptverhandlung folgen kann (§§ 207 Abs. 1, 215 ff.). Dieser Eröffnungsbeschluss ist für den nunmehr so zu nennenden **Angeklagten** nicht anfechtbar (§ 210). Durch den Beschluss wird der StA die Dispositionsbefugnis über das Verfahren entzogen und werden nachträgliche Änderungen oder die Zurücknahme der Anklageschrift ausgeschlossen (Immutabilitätsprinzip nach § 156)[7]. Auch darf die StA nicht mehr selbstständig Ermittlungen in der Sache tätigen, insbesondere dann nicht, wenn sie sich damit gar in einen Gegensatz zu den Entscheidungen des Gerichts setzt[8].

2. Falls das Gericht hingegen hinreichenden Tatverdacht verneint, **lehnt es die Eröffnung** des Hauptverfahrens durch Beschluss **ab**. Dagegen kann die StA binnen einer Woche sofortige Beschwerde einlegen, die dazu führt, dass das nächsthöhere Gericht den hinreichenden Tatverdacht untersucht und unter Umständen vor dem Gericht, bei dem die Anklage erhoben worden war, die Durchführung des Hauptverfahrens anordnet, dem jedoch ein späterer Freispruch unter Ablehnung der Auffassung des höheren Gerichts freisteht (§ 210). Das Beschwerdegericht hat bei seiner Überprüfung den Maßstab der Überzeugungsbildung des Gerichts, bei dem angeklagt worden ist, mit in Rechnung zu stellen[9]. Wird dagegen die Ablehnung der Eröffnung des Hauptverfahrens rechtskräftig, so hat das Verfahren damit seinen endgültigen Abschluss gefunden; nur wenn die StA neue Tatsachen oder Beweismittel beibringt, kann es wieder aufgenommen werden (§ 211). Sie sind als neu zu bewerten, wenn sie dem Gericht, das die Eröffnung zuvor abgelehnt hatte, aus den Akten nicht ersichtlich waren, z. B. wenn bisher nicht bekannte Zeugen auftauchen. Erheblich sind sie dann, wenn sie vom Standpunkt des Eröffnungsgerichts aus geeignet waren, allein oder im Zusammenwirken mit den übrigen, dem Gericht schon bekannten Tatsachen und Beweismitteln, die Frage nach dem hinreichenden Tatverdacht nunmehr anders zu beurteilen als bisher[10].

3. Die dritte Möglichkeit des Gerichts besteht in einer Zulassung der Anklageschrift unter **Änderung**, z. B. bei Verneinung des Tatverdachts bezüglich bestimmter Teilakte der angeklagten Tat, abweichender rechtlicher Beurteilung usw. (vgl. § 207 Abs. 2). Nimmt sie die Änderungen hin, ohne von der sofortigen Beschwerde Gebrauch zu machen, muss sie eine zum Teil geänderte Anklageschrift einreichen (§ 207 Abs. 3).

Im Fall ist der Beschluss über die Eröffnung des Hauptverfahrens erst in der Hauptverhandlung selbst erfolgt, nämlich nach Vernehmung des A. zur Person. Dies erscheint nach dem Sinn und Zweck des Zwischenverfahrens bedenklich, das gerade die Durch-

---

5 LG Berlin NStZ 03, 504.
6 BGHSt 46, 349.
7 Auch für das Gericht nicht mehr zurücknehmbar; LG Lüneburg NStZ 85, 41; *Rieß* NStZ 83, 247; *Hohendorf* NStZ 85, 399; a. A. LG Nürnberg/Erlangen NJW 83, 584; zust. *Ulsenheimer* NStZ 85, 41; *Hecker* JR 97, 4.
8 Näher dazu *Odenthal* StV 91, 441; *Strate* StV 85, 338; *Wohlers*, Entwicklung und Funktion der StA, 1994, S. 219.
9 Vgl. BGH NJW 88, 1680 f.; die Überprüfung erfolgt insgesamt, BayObLG NJW 87, 511; zur Beachtung der Unschuldsvermutung für die Auslagenentscheidung, BVerfG NJW 92, 1612. Zum Beurteilungsspielraum des iudex a quo, OLG Nürnberg NJW 10, 3793; aber Koblenz NJW 13, 98.
10 BGH NStZ 17, 593 f.; auch Beweisverwertungsverbote sind im Zwischenverfahren zu beachten.

führung von Hauptverhandlungen verhindern soll, die den Angeklagten ohne ausreichende Grundlage diskriminieren könnten. Deshalb erfolgt regelmäßig der Eröffnungsbeschluss außerhalb der Hauptverhandlung und wird nur in der Hauptverhandlung mitgeteilt. Die Konstruktion einer durch „schlüssiges" Verhalten erfolgten Zulassung scheitert daran, dass der Beschluss außerhalb der Hauptverhandlung schriftlich abgefasst und unterschrieben sein muss[11]. Jedoch hat der BGH das Vorgehen wie im Fall als rechtlich zulässig erachtet, da ein fehlender Eröffnungsbeschluss zu den behebbaren, nicht endgültigen Verfahrenshindernissen gehöre und der Eröffnungsbeschluss auch noch in der Hauptverhandlung mit der notwendigen Sorgfalt vom Richter getroffen werden könne[12]. Daher darf nach Meinung des BGH hier die Hauptverhandlung fortgesetzt werden, wenn der Angeklagte und sein Verteidiger nach Belehrung über die Möglichkeit der Verfahrensaussetzung auf die Ladungsfrist nach § 217 verzichten.

II. Hauptverfahren und Hauptverhandlung

282 Der Lehrer L. ist vor dem Schöffengericht einer Kleinstadt wegen sexuellen Missbrauchs von Schutzbefohlenen (§ 174 StGB) angeklagt worden. Die Anklage der StA wurde ohne Änderungen zum Hauptverfahren zugelassen. Mehr als vor einer Verurteilung fürchtet sich L. vor dem Ablauf einer öffentlichen Gerichtsverhandlung gegen ihn. Am liebsten wäre es ihm, wenn in seiner Abwesenheit verhandelt würde. Auch die Geschädigte, die 15-jährige Schülerin S., möchte es unbedingt vermeiden, bei ihrer Zeugenaussage noch einmal dem L. persönlich zu begegnen.

283 Mit dem Eröffnungsbeschluss ist das Hauptverfahren eingeläutet worden, dessen Kernstück die öffentliche **Hauptverhandlung** darstellt. In ihr soll der Sachverhalt endgültig aufgeklärt werden; dies hat in einer Weise zu geschehen, die nach allgemeiner Prozesserfahrung die größte Gewähr für die Erforschung der Wahrheit und zugleich für die bestmögliche Verteidigung des Angeklagten und damit für ein gerechtes Urteil bietet; erst die durchgeführte Hauptverhandlung setzt den Richter in den Stand und die Pflicht, sich eine Überzeugung zur Schuldfrage zu bilden; sie schafft die prozessual vorgesehenen Voraussetzungen dafür, Feststellungen zur Schuld zu treffen und gegebenenfalls die Unschuldsvermutung zu widerlegen[13]. Der historische Gesetzgeber bezweckte, den **Schwerpunkt des Strafprozesses** im Gegensatz zum Inquisitionsverfahren in die öffentliche Hauptverhandlung zu verlegen. Dieses idealistische Bild darf aber nicht vergessen lassen, dass regelmäßig bereits im Vorverfahren die ausschlaggebenden Beweise gefunden sein müssen, da aufgrund kriminalistischer Gesetzmäßigkeit die ersten Ermittlungen zumeist die besten sind und sich Ermittlungsfehler aus dem Vorverfahren häufig als irreparabel erweisen[14]. In der Routine des Justizalltags gerät so manche Hauptverhandlung daher leider zum bloßen Nachvollzug früherer Beweiserhebungen.

284 Auch außerhalb der Hauptverhandlung kommt es im Hauptverfahren zu Tätigkeiten des Gerichts, wozu in jedem Fall die **Vorbereitung** der Hauptverhandlung gehört: Ter-

---

11 OLG Frankfurt NJW 91, 2849; Zweibrücken NStZ RR 98, 74; einschr. BayObLG NStZ RR 98, 109; anders BGH wistra 00, 151.
12 BGHSt 29, 224; a. A. *Meyer-Goßner* JR 81, 216; jedenfalls nicht mehr in der Berufungsverhandlung mögl., BGHSt 33, 107 f. Für die Nachholung des Eröffnungsbeschlusses sind nur die Berufsrichter zuständig, BGHSt 50, 267. Wenn das Gericht sich weigert, über die Eröffnung zu beschließen: Untätigkeitsbeschwerde der StA, OLG Frankfurt NJW 02, 453.
13 BVerfGE 74, 358, 372 f.; BVerfG NJW 95, 2024 f.
14 S. Rn. 169 mit dortigen Nachweisen.

minanberaumung (§ 213)[15], Ladungen (§§ 214–218)[16], Herbeischaffung der Beweismittel (§ 221), Namhaftmachung von Zeugen und Sachverständigen (§ 222) und bei landgerichtlichen Prozessen Mitteilung der Besetzung des Gerichts (§ 222a)[17]. Daneben können vereinzelt Beweiserhebungen (§§ 223–225), Beratungen und Beschlussfassungen (z. B. Haftbefehl) außerhalb der Hauptverhandlung stattfinden.

284a

Eine Hauptverhandlung besteht nicht notwendigerweise nur aus einem Verhandlungstermin, obwohl dies optimal wäre. Nicht selten bedarf es der **Unterbrechung** einer einmal begonnenen Hauptverhandlung und ihrer Fortsetzung an einem weiteren Verhandlungstag[18]. Dies ist von der **Aussetzung** der Verhandlung zu unterscheiden, die zu einer vollständigen Wiederholung der bisherigen Verhandlung führt und deshalb – besonders in schon länger andauernden Hauptverhandlungen – bei den Strafverfolgungsorganen unbeliebt ist[19]. Kommt es innerhalb der gesetzlich zulässigen Unterbrechungsfrist zu einem neuen Termin, so liegt es grundsätzlich im Willen des Gerichts, ob es sich für die Aussetzung oder Unterbrechung entscheidet; wurden in der bisherigen Hauptverhandlung noch keine Erträge erzielt, ist es in seiner Entscheidung frei[20]. Im Gegensatz zu der häufig festzustellenden Zersplitterung der Hauptverhandlung in Zivilprozessen gilt jedoch im Strafverfahren die **Konzentrationsmaxime**. Sie besagt, dass die Hauptverhandlung nur begrenzt unterbrochen werden kann, regelmäßig gem. § 229 Abs. 1 nur für drei Wochen, aber eine schon 10 Tage andauernde Hauptverhandlung auch bis zu einem Monat (auch wiederholt)[21]. Der Sinn der Regelung besteht nicht darin, Erinnerungsverluste einzelner Mitglieder des Gerichts zu verhindern, sondern die Einheitlichkeit und Unmittelbarkeit der Hauptverhandlung zu wahren und der Gefahr zu begegnen, die Urteilsberatung könne sich nicht ausschließlich auf das Ergebnis der Hauptverhandlung gründen[22]. Daher ist es möglich, dass ein Haupt*verfahren* – z. B. bei Überschreiten der Unterbrechungsfristen – aus mehreren Haupt*verhandlungen* besteht; dies ist ohnehin der Fall, falls aufgrund einer Einlegung von Berufung oder Revision in der Rechtsmittelinstanz eine eigene Hauptverhandlung stattfindet. In der Praxis wird nicht selten durch sog. Schiebetermine, an denen der Hauptverhandlungstermin nur aus wenigen, kurzen Verfahrenshandlungen besteht, die Frist des § 229 umgangen; dem sind allerdings Grenzen gesetzt, wenn nur zum Schein verhandelt wird[23]. Im Falle einer Erkrankung des Angeklagten oder Richters lockert § 229 Abs. 3 die genannten Fristen ein wenig durch Hemmung des Fristablaufs[24]. In enger Verbindung mit der Konzentrationsmaxime steht der für das gesamte Strafverfahren gültige **Beschleunigungsgrund-**

---

15 Rücksichtnahme auf Verteidiger erf.; BGH StV 99, 524; OLG Frankfurt StV 97, 403; 95, 9; NStZ-RR 97, 177; BayObLG StV 95, 10; LG Bremen StV 94, 11; str. ob Beschwerde zul.; dafür: OLG Celle NJW 12, 246 f.; München NStZ 94, 451; LG Hildesheim NJW 89, 1174; LG Hamburg StV 88, 195; dagegen: OLG Hamm NStZ 89, 133; LG Memmingen StV 95, 10. Zum Ganzen: *Krumm* StV 12, 177.
16 Gegenüber Angekl. Schriftform und Frist (1 Woche) zu wahren; aber nicht bei Fortsetzungstermin: BGH NJW 92, 2039.
17 Dadurch soll verhindert werden, dass die Einwände erst in der Revision geltend gemacht werden, vgl. § 338 Nr. 1; dazu BGH NJW 88, 1921. Die Mitteilung außerhalb der Hauptverhandlung muss schriftl. erfolgen, OLG Celle NJW 91, 2848.
18 Grundsätzl. gerichtl. Beschluss erforderl., § 228; bei kürzeren Unterbrechungen auch Anordnung des Vorsitzenden, außerhalb der Hauptverhandlung: die Berufsrichter, BGHSt 34, 154 f.
19 OLG Düsseldorf NStZ-RR 97, 81 sieht Unterbrechung als vorrangig an. Aber zwingende Aussetzung bei Antrag nach § 265 Abs. 3, BGH NJW 03, 1748.
20 BGH NJW 07, 3364 ff. Näher zur Fristverwirrung bei § 229: *Gräbener* NStZ 20, 514.
21 Verlängerung auch noch nach Ablauf der 10 Tage mögl., BGHSt 34, 154, 156. Nach Art. 10 EGStPO ist es vorübergehend während der Corona-Krise auch möglich, eine Unterbrechung von bis zu 3 Monaten und 10 Tagen vorzunehmen, dazu BT-Drucks. 19/18110, S. 5.
22 BGHSt 33, 217 f.
23 BGH NJW 96, 3019; NStZ 00, 606; NJW 06, 3077; NStZ 12, 343; 13, 404; *Wölfl* JuS 00, 277.
24 Dem Fall ist gleichgestellt, dass sich ein Richter oder Schöffe in Mutterschutz oder Elternzeit befindet (§ 229 Abs. 3 Nr. 2).

satz, der nach Art. 6 MRK dem Beschuldigten einen Anspruch auf gerichtliche Anhörung in angemessener Frist zubilligt[25].

285 Nach § 169 GVG ist die Hauptverhandlung selbst einschließlich der Verkündung des Urteils und der Beschlüsse öffentlich[26]. Der **Grundsatz der Öffentlichkeit** der Hauptverhandlung bedeutet, dass im Rahmen der tatsächlichen Gegebenheiten[27], jedermann die Möglichkeit hat, an der Verhandlung als Zuhörer und Zuschauer teilzunehmen; damit ist aber nur die *unmittelbare* Öffentlichkeit gemeint, nicht die „erweiterte" Öffentlichkeit, die außerhalb des Gerichtssaals mit Hilfe der Berichterstattung (vor allem der Medien) den Gang der Verhandlung verfolgen kann[28]. Das Öffentlichkeitsprinzip soll verhindern, dass die Tätigkeit des Gerichts hinter verschlossenen Türen in ein Dunkel gehüllt und dadurch Missdeutung und Argwohn ausgesetzt ist[29]. Mit dieser überragenden Bedeutung für die Rechtspflege im Ganzen ist das Öffentlichkeitsgebot eine grundlegende Einrichtung des Rechtsstaats; der Gesetzgeber schützt mittels des **absoluten Revisionsgrundes** nach § 338 Nr. 6 den Öffentlichkeitsgrundsatz vor gesetzeswidrigen Einschränkungen[30].

285a Der Umstand, dass § 169 S. 2 GVG **Film-, Ton-, Fernseh- und Rundfunkaufnahmen** zu Veröffentlichungszwecken während der Hauptverhandlung (aber nicht unbedingt in den Pausen[31]) verbietet, hat mit dem eigentlichen Öffentlichkeitsprinzip überhaupt nichts zu tun. Es schränkt im Gegenteil sogar die mittelbare Öffentlichkeit ein, um Verletzungen von Persönlichkeitsrechten und Gefahren für die Wahrheitsfindung (z. B. aufgrund eines eventuellen Selbstdarstellungsbedürfnisses der Verfahrensbeteiligten in den Medien) vorzubeugen. Daher bilden Verletzungen dieser Bestimmung lediglich einen relativen Revisionsgrund[32]. Ihre Aufnahme als Satz 2 in § 169 GVG, der im Übrigen das Öffentlichkeitsprinzip betrifft, ist rein äußerlich. Fernsehsender – offenbar inspiriert durch das Öffentlichkeitsinteresse, das der *O.J. Simpson*-Prozess in den USA gefunden hat – drängen auf eine Zulassung der Fernsehübertragung aus dem Gerichtssaal[33]. Die nur mühsam bemäntelten kommerziellen Medieninteressen rechtfertigen aber unter gar keinen Umständen eine Hinnahme der absehbaren negativen Konsequenzen auf den Anlauf einer Hauptverhandlung in Strafsachen, bei der die innere Unabhängigkeit der Beteiligten auf Seiten der Justiz und Verteidigung auf der Strecke bliebe. Das BVerfG

---

25 Dazu EGMR NJW 89, 650; 652; 99, 3545; BGH NJW 99, 1198; 95, 737; 1101; 94, 653; OLG Frankfurt NStZ-RR 98, 52; *Schroeder* 360 ff.; s. auch Rn. 272; 307b.
26 Eingeschränkt in Unterbringungssachen (§ 171a GVG) und Jugendstrafverfahren (§ 48 JGG). Zur Funktion des Öffentlichkeitsprinzips: *Kühne* 378 ff.
27 BVerfG NJW 13, 1293 (NSU); 12, 1863; Aber unzulässig, für die Zuhörer nur einen Sitzplatz zur Verfügung zu stellen, BayObLG NJW 82, 395; ebenso nur „Polizeischülern" Plätze zu reservieren (BGH Urt. v. 20.3.75 – 4 StR 7/75); zu mögl. Zugangserschwernissen: BGHSt 27, 13; BGH NJW 11, 3800; LG Itzehoe NJW 10, 3525. Falls nicht im Sitzungssaal getagt wird, ist ein Aushang erforderl., OLG Düsseldorf NJW 83, 2514; BGH NStZ 12, 173; Augenschein in einem Treppenhaus, BGH NJW 06, 1220. *Kulhanek* NJW 20, 1183 zu Beschränkungen wegen Corona.
28 BGHSt 36, 119 f.; zust. *Kühne* 383.2; a. A. *Roxin/Schünemann* § 47, 4.
29 RGSt 70, 109, 112.
30 Z.B. Verhandlungsbeginn vor Einlass der Zuhörer; BGH NStZ 95, 181. Grundsätzl. ist ein Verschulden des Gerichts (und nicht nur z. B. des Saalwachtmeisters) erforderl.; BGH NStZ 95, 143. Fehler können u. U. durch öffentl. Wiederholung eines Verfahrensabschnitts geheilt werden, BGH NJW 85, 1848 f.
31 BGHSt 23, 123; zu den Informationsinteressen der Allgemeinheit bei Sensationsprozessen: BVerfG NJW 92, 3288; 93, 915 (Honecker); 08, 977 (Rekrutenverfahren). Ausnahmen können zugelassen werden bei Verkündung von Entscheidungen des BGH (§ 169 III GVG), BGH NStZ 19, 45.
32 BGHSt 36, 119 f.; nicht von § 169 S. 2 GVG erfasst werden Tonaufzeichnungen des Gerichts als Gedächtnisstütze; gegen deren Zulässigkeit aber aus anderen Gründen: OLG Düsseldorf NJW 90, 2898 f.; auch Schleswig NStZ 92, 399.
33 Vgl. Verfassungsbeschwerde von „n-tv", BVerfG NJW 96, 581 (Krenz); dazu *Huff* NJW 96, 571; Fotografierverbote auf der Grundlage des § 176 GVG werden vom BVerfG zugunsten der Medien restriktiv interpretiert, BVerfG NJW 92, 3288; 95, 184; enger dagegen BVerfG NJW 96, 310.

hat daher zu Recht eine Verfassungsbeschwerde des Fernsehsenders n-tv zurückgewiesen, wonach die Verfassungswidrigkeit von § 169 S. 2 GVG behauptet worden war[34]. Besondere Schwierigkeiten weist die Zuteilung von Sitzplätzen an Pressevertreter in Sensationsprozessen auf, wo das übliche Sitzplatzkontingent nicht ausreicht. Dies nötigt das Gericht zwar nicht zur Einquartierung in gerichtsfremde große Gebäude wie Turnhallen, Kongresssäle usw.; vielmehr obliegt die Verteilung der vorhandenen Presseplätze dem Vorsitzenden, der dabei nach dem Prioritätsprinzip, d. h. der zeitlichen Folge der Meldung, vorgehen darf, wenn er dabei nur realitätsnah die Chancengleichheit garantiert. Er darf auch Quoten für bestimmte Mediengruppen bilden, wenn z. B. ausländische Presseorgane einen besonderen Bezug zum Opfer oder zum Angeklagten aufweisen[35].

Im Ausgangsfall muss sich L. grundsätzlich auf eine öffentliche Hauptverhandlung einstellen. Da insoweit Interessen der Allgemeinheit berührt sind, kann L. auch nicht einfach auf die Einhaltung des § 169 S. 1 GVG verzichten. Lediglich im Verfahren *gegen* **Jugendliche** (§ 48 JGG) ist das Öffentlichkeitsprinzip generell aufgehoben, nicht aber in Jugend*schutz*sachen wie hier. Jedoch könnte durch gerichtlichen Beschluss nach § 174 GVG die Öffentlichkeit aus den in §§ 171b, 172 GVG genannten Gründen **zeitweise** ausgeschlossen werden[36]. Nach § 172 GVG sind dies die Gefährdung der Staatssicherheit (Nr. 1), des Lebens, Leibes oder der Freiheit einer Person (Nr. 1a), der Schutz von Geschäfts- (Nr. 2) oder privaten Geheimnissen (Nr. 3) oder die Vernehmung einer Person unter 18 Jahren (Nr. 4). Der letzte Fall liegt hier bei der Schülerin S. vor[37]. Daneben wäre an die Anwendung des § 171b GVG zu denken, wonach die Öffentlichkeit ausgeschlossen werden kann bzw. auf Antrag werden *muss*, wenn Umstände aus dem **persönlichen Lebensbereich** eines Prozessbeteiligten, Zeugen oder Verletzten zur Sprache kommen, deren öffentliche Erörterung schutzwürdige Interessen verletzen würde. Gemeint ist der private Bereich, der jedermann zur Entfaltung seiner Persönlichkeit gewährleistet werden muss, insbesondere seine Sexualsphäre[38]. Letzteres könnte nicht nur die Verletzte S., sondern als Prozessbeteiligter auch der L. geltend machen[39]. Ob allerdings auch die *schutzwürdigen* Interessen des L. damit betroffen sind, ist fraglich. Zwar könnte sich die Öffentlichkeit auf ihn nachteilig auswirken, jedoch verbleibt es bei der Notwendigkeit einer Abwägung durch das Gericht, ob nicht ein überwiegendes Interesse an öffentlicher Erörterung besteht. Daher dürfte es wohl nur zur Anwendung des § 172 Nr. 6 kommen, wonach nur während der Vernehmung der S. die Öffentlichkeit ausgeschlossen und sofort danach wieder zugelassen wird. In keinem Fall darf der Ausschluss der Öffentlichkeit noch während der Verkündung des Urteils andauern (§ 173 Abs. 1)[40]. Den ordnungsgemäßen äußeren Ablauf der Sitzung sichert die dem Vorsitzenden zukommende **Sitzungspolizei** nach § 176 GVG[41]. Danach kann z. B. unerwachsenen Personen

---

34 BVerfG AfP 01, 48 ff. Zum Streit: *Schwarz* AfP 95, 353; *Gerhardt* ZRP 93, 377; *Wolf* ZRP 94, 187; *Hamm* NJW 95, 760; *Gehring* ZRP 00, 197.
35 BVerfG NJW 13, 1293 ff. (NSU).
36 § 171b GVG neu gefasst durch das Gesetz v. 26.6.2013 (BGBl. I 1805). Die Begründung muss nur den Ausschlussgrund bezeichnen, aber keine Begründung enthalten, BGH NJW 86, 200 f.; selbst dies noch einschr. BGHSt 45, 117; ferner zur notwendigen Begründungsdichte: BGH StV 96, 134.
37 Auch mögl.: § 255a (Videoaufnahme abspielen, sofern vorhanden); s. Rn. 124b.
38 Zur Abgrenzung zu § 172 Nr. 1: BGH NJW 92, 2436.
39 Vgl. BGH NJW 13, 3113.
40 In bes. Fällen aber gem. § 173 Abs. 2 GVG auch während der mündl. Urteilsbegründung Ausschluss der Öffentlichkeit mögl.; zur Dauer des Ausschlusses: BGH StV 91, 199.
41 Dazu kann auch die Sicherstellung gehören: BGH NJW 98, 1420 (Filmmaterial); Durchsuchung des Verteidigers: BVerfG NJW 06, 1500; Handyverbot: OLG Stuttgart NJW 11, 2899; Krawattenzwang für Verteidiger, LG Mannheim NJW 09, 1094; BVerfG NJW 12, 2570; aber kein Kopftuchverbot: BVerfG NJW 07, 57; grundsätzl. kein Fotografier- + Filmverbot in Sitzungspausen, BVerfG NJW 09, 2117 (Berliner Wetttrinken), aber Anonymisierungspflicht für Gesicht des Angekl. denkbar, OLG Düsseldorf StV 13, 200.

und solchen, die in einer der Würde des Gerichts nicht entsprechenden Weise erscheinen, der Zutritt versagt werden (§ 175 Abs. 1 GVG). Ferner dürfen Beschuldigte, Zeugen[42] und Sachverständige – nicht aber Gerichtspersonen[43] – nach § 177 GVG aus dem Sitzungszimmer entfernt werden, die einer Anordnung des Vorsitzenden zur Aufrechterhaltung der Ordnung nicht nachkommen. Die Sitzungspolizei umfasst alle Befugnisse und Maßnahmen, die erforderlich sind, um – letztlich im Interesse der Wahrheitsfindung – den ungestörten äußeren Verlauf der Sitzung zu sichern; hierzu gehört über die Gewährleistung des ordnungsgemäßen Ablaufs der unmittelbaren, prozessual vorgeschriebenen und inhaltsbestimmten Verhandlung hinaus auch der Schutz der Verfahrensbeteiligten, insbesondere der Zeugen[44]. In räumlicher Hinsicht erstreckt sich die Sitzungspolizei auf alle für die Verhandlung erforderlichen Räumlichkeiten mit Einschluss des Beratungszimmers und der unmittelbar angrenzenden Räume wie Flure und Korridore; zeitlich werden auch kurze Verhandlungspausen eingeschlossen[45]. Ferner kann nach § 178 gegen Beteiligte und Unbeteiligte ein Ordnungsgeld oder Ordnungshaft verhängt werden, wenn sich diese in der Sitzung **ungebührlich** verhalten[46], d. h. sich eines vorsätzlichen Angriffs auf die Ordnung der Sitzung, auf deren justizmäßigen Ablauf, auf den Gerichtsfrieden und damit die Würde des Gerichts schuldig machen[47]. Dagegen kann der Betroffene binnen einer Woche nach § 181 GVG Beschwerde einlegen[48].

286 Über die Hauptverhandlung ist ein **Protokoll** zu erstellen, das nach deren Abschluss von den Urkundspersonen – das sind der Vorsitzende und der Urkundsbeamte der Geschäftsstelle (**Protokollführer**) – zu unterzeichnen ist. Die Aufgabe des Protokolls besteht keineswegs darin, dem Gericht als Gedächtnisstütze bei der späteren Urteilsberatung zu dienen[49], sondern es beweist die Beobachtung der für die Hauptverhandlung vorgeschriebenen Förmlichkeiten (§ 274). Zu den wesentlichen Förmlichkeiten gehört z. B. die Feststellung, ob der Angeklagte von seinem Aussageverweigerungsrecht Gebrauch gemacht hat, nicht aber wie er sich inhaltlich eingelassen hat[50]. Die positive und negative **Beweiskraft** des Protokolls kann eigentlich nicht dadurch widerlegt werden, dass später Beweise vorgetragen werden, aus denen sich ergibt, der betreffende Vorgang habe sich anders oder gar nicht ereignet. Lediglich der Nachweis der Fälschung[51] oder ein Wegfall der Beweiskraft wegen offensichtlicher Lücken, Unklarheiten und Widersprüche[52] eröffnen den Weg zum Einzelnachweis. Jedoch zulässig sind bloße **Berichtigungen** des Protokolls, die gemeinsam vom Vorsitzenden und dem Protokollführer bei nachträglich übereinstimmend festgestellten Fehlern vorgenommen werden dürfen[53]. Seine Hauptbedeutung entfaltet das Protokoll in der Revisionsinstanz im Rahmen der sog. Verfahrensrüge, der nach langjähriger Rechtsprechung durch nachträgliche Ände-

---

42 Zur Zulässigkeit einer Bitte an den Zeugen um Verlassen des Saales: BGH NStZ 88, 467.
43 Nur in Extremfällen kann der Verteidiger nach § 176 GVG aus dem Sitzungssaal entfernt werden, BVerfGE 28, 21; zur Durchsuchung des Verteidigers: BVerfG NStZ 98, 46.
44 BGHSt 44, 23 f.; vgl. auch BVerfG 50, 234, 242.
45 KK-*Diemer* § 176 GVG, 2; BGHSt 44, 24 f.
46 OLG Düsseldorf NStZ-RR 97, 370 („Unverschämtheit"); NJW 86, 2516 („Scheißgesetz"); 86, 1505 (kurze Hose); OLG Koblenz NStZ 84, 234 (Nicht-Aufstehen). Nicht aber: Klatschen: OLG Saarbrücken NJW 61, 890.
47 Aber nicht schon prozesswidriges Verhalten: OLG Stuttgart NStZ 91, 297.
48 Zu Rechtsmitteln gegen sonstige Beschränkungen: *Schmidt/Walter* NStZ 16, 505.
49 Dazu eigene Notizen der Richter erforderl., die aber später nicht dem Urkundenbeweis zugängl. sind, weil sie bereits dem Beratungsgeheimnis unterliegen, BGHSt 54, 37, 39; *Fischer* StraFO 04, 421; fragl. ob eine Tonaufzeichnung zul., dazu OLG Düsseldorf NJW 90, 2898.; bejahend bei Ton- und Filmaufnahmen für justizinterne Zwecke, *MG-Schmitt* § 169 GVG, 11.
50 Vgl. BGH NStZ 92, 49; NJW 96, 533; BayObLG NJW 95, 976 (betr. Zeugenaussage).
51 Zum Nachweis: OLG Düsseldorf NJW 97, 1718.
52 Vgl. BGHSt 16, 306, 308; 56, 3 ff. (Verständigung?); BGH NStZ 93, 51.
53 *MG-Schmitt* § 271, 22 ff.

rungen und Berichtigungen des einmal fertiggestellten Protokolls nicht mehr der Boden entzogen werden durfte[54]. Diese zu den Grundfesten des Revisionsrechts gehörende Rechtsprechung hat der Gr. Senat des BGH aufgegeben[55] und verlangt als Voraussetzung einer solchen „Rüge-Verkümmerung" nur, dass die Urkundspersonen sich „sicher erinnern können" und dass dem Revisionsführer Gelegenheit zum Widerspruch gegeben wird, über den sie sich dann aber hinweg setzen dürfen. Damit wird die Beweiskraft des Protokolls nach § 274 in einer nur schwer mit dem Gesetz zu vereinbarenden Weise relativiert. Von der gleichen Tendenz der Verwässerung der Beweiskraft des Protokolls getragen war schon eine kurz zuvor ergangene Entscheidung des BGH, wonach er die bewusst unwahre Protokollrüge für unzulässig erklärte[56], wenngleich dem BGH insoweit zuzubilligen ist, dass ungeschickte Äußerungen prominenter Strafverteidiger zur Handhabung der Protokollrüge diese in ein schiefes Licht gerückt haben.

Aus seiner Funktion ergibt sich der **notwendige Inhalt** des Protokolls, das nicht etwa die in der Hauptverhandlung gefallenen Äußerungen im Wortlaut wiedergibt. Ein Wortprotokoll wird nur bei Beschlüssen, Anträgen und in gerichtlich besonders angeordneten Einzelfällen geführt[57]. Selbst ein grobes Inhaltsprotokoll – z. B. bezüglich der Aussagen – ist auf das amtsgerichtliche Verfahren beschränkt (§ 273 Abs. 2), weil in diesen Fällen sich noch als weitere Verwendungsmöglichkeit des Protokolls dessen Verlesung in Form der richterlichen Niederschrift in der Berufungsinstanz ergeben könnte. Im Übrigen enthält das Protokoll den Ort und Tag der Verhandlung, die Namen der Verfahrensbeteiligten, die Kurzbezeichnung der Straftat, Angaben über die Öffentlichkeit (§ 272), den Tag seiner Fertigstellung (§ 271 Abs. 1 S. 2), den wesentlichen Gang und die Ergebnisse der Hauptverhandlung einschließlich der gestellten Anträge und ergangenen Entscheidungen, vor allem des Urteils (§ 273 Abs. 1). Str. zwischen den Senaten des BGH ist inzwischen die Frage, ob die ausdrückliche Entscheidung des Vorsitzenden, einen Zeugen nicht zu vereidigen, in das Protokoll aufzunehmen sei oder nicht[58]. Soweit das Protokoll Inhalte von Vernehmungen und Äußerungen von Verfahrensbeteiligten wiedergibt, erstreckt sich seine besondere Beweiskraft darauf grundsätzlich nicht[59].

Eine Hauptverhandlung findet gegen einen abwesenden Angeklagten nicht statt (§ 230 Abs. 1). Unter Anwesenheit des Angeklagten ist dessen geistige und körperliche Präsenz am Verhandlungsort zu verstehen; die Anwesenheit in einem Nebenraum zum Sitzungssaal genügt nicht einmal dann, wenn es ihm mittels simultaner Bild-Ton-Übertragung ermöglicht wird, das Verhandlungsgeschehen am Bildschirm zu verfolgen[60]. Die **Anwesenheitspflicht des Angeklagten** ist nicht nur zu seinen Gunsten gegeben, sondern dient auch dem öffentlichen Interesse einer möglichst umfassenden und zuverlässigen Wahrheitsermittlung[61]. Bei Nichtbeachtung greift der absolute Revisionsgrund des § 338 Nr. 5 ein. Das Gericht bzw. der Vorsitzende müssen sogar die Anwesenheit des ausgebliebenen Angeklagten durch Vorführungsbefehl oder Haftbefehl (§ 230 Abs. 2)

---

54 BGHSt 34, 11 f.; s. Rn. 347.
55 BGH NJW 07, 2419; zust. BVerfGE 122, 248; krit. Hamm NJW 07, 3166; *Widmaier* NJW 06, 3587 (schon zum Vorlagebeschluss, NJW 06, 3582). Einschr. bei Mängeln des Selbstleseverfahrens, BGHSt 54, 37; BGH NJW 10, 2068.
56 BGHSt 51, 88 = NJW 06, 3579. Aber keine Strafbarkeit des Verteidigers nach § 258 StGB, LG Augsburg, NWJ 12, 93; *Jahn/Ebner* NJW 12, 30 ff.
57 Vgl. § 273 Abs. 3; dazu OLG Bremen NJW 81, 2827; LG Regensburg NJW 08, 1094 (Vorsitzender zeigt Verteidiger Vogel). Zumindest der Antrag selbst ist aufzunehmen; bei Ablehnung: gerichtl. Beschluss; § 273 Abs. 3 S. 2. Pro und Contra Wortprotokoll: *Vetermann* NJW 02, 2298; *Meyer-Mews* NJW 02, 103. Zu Widersprüchen zwischen Wortprotokoll und Urteilsinhalt: BGH NStZ 15, 473.
58 Dafür: 1. und 3. Senat (NStZ 05, 340; StraFO 05, 244); dagegen: 2. Senat (BGHSt 50, 282).
59 BGH NStZ-RR 97, 73; BayObLG NJW 95, 976.
60 BGH NStZ 19, 421.
61 BGHSt 37, 249 f.; zur Anwesenheitspflicht des Angekl.: *Stein* ZStW 85, 303.

erzwingen[62] oder die Entfernung des einmal erschienenen Angeklagten durch Anordnung der Anwendung unmittelbaren Zwangs verhindern (§ 231 Abs. 1). Lediglich nachdem der Angeklagte bereits zur Sache vernommen wurde und seine weitere Anwesenheit nicht mehr erforderlich ist, kann das Gericht nach seinem Ermessen von Zwangsmaßnahmen zur Durchsetzung der weiteren Anwesenheit des Angeklagten absehen (§ 231 Abs. 2). Bei **eigenmächtigem Entfernen** des Angeklagten *kann* das Gericht also ohne ihn weiterverhandeln. Eigenmacht liegt vor, wenn der Angeklagte ohne Rechtfertigungs- und Entschuldigungsgründe seiner Anwesenheitspflicht nicht genügt[63]. Sie ist zu verneinen, wenn das Gericht dem Angeklagten das Ausbleiben *gestattet* oder den Eindruck des Einverständnisses erweckt; Boykottabsicht braucht bei dem Angeklagten nicht vorzuliegen[64]. Auf das Erfordernis, dass der Angeklagte zumindest zur Sache gehört worden ist, kann nur verzichtet werden, wenn er sich vorsätzlich und schuldhaft in einen die **Verhandlungsfähigkeit** ausschließenden Zustand versetzt hat und dadurch wissentlich die ordnungsgemäße Durchführung der Hauptverhandlung in seiner Gegenwart verhindert (§ 231a)[65] oder wenn er wegen **ordnungswidrigen** Benehmens aus dem Sitzungszimmer entfernt werden muss (§ 231b i. V. m. § 177 GVG).

287a Eine zeitweise **Beurlaubung** des Mitangeklagten ist in engen Grenzen nach § 231c möglich, solange wegen ihn nicht betreffender Verfahrensteile gegen andere verhandelt wird. Ein **zeitweiser Ausschluss** des Angeklagten von der Hauptversammlung ist darüber hinaus nach § 247 bei der Befürchtung des Gerichts denkbar, dass ein Mitangeklagter oder Zeuge in Gegenwart des Angeklagten nicht die Wahrheit sagen werde. Gleiches gilt bei Zeugenvernehmungen von Personen unter 18 Jahren, deren Wohl durch die Gegenwart des Angeklagten erheblich beeinträchtigt werden könnte oder bei Befürchtungen um die Gesundheit des Angeklagten im Falle der Erörterung seines Zustandes oder von Behandlungsmöglichkeiten hinsichtlich seiner Person[66]. In allen Fällen des § 247 muss der Angeklagte nach der Vernehmung des Zeugen sofort wieder zugelassen und über den wesentlichen Inhalt dessen unterrichtet werden, was in seiner Abwesenheit ausgesagt oder verhandelt worden ist[67]. Im Ausgangsfall wäre es möglich, nach § 247 vorzugehen, da die Zeugin S. erst 15 Jahre alt ist. Völlig bliebe ihr bei einem Vorgehen nach § 247 die Konfrontation mit dem L. jedoch nicht erspart, da zumindest bei der Verhandlung über die Entlassung des Zeugen (§ 248) und eventuell kontroversen Erörterungen der Frage seiner Vereidigung der Angeklagte wieder vorgelassen werden muss[68]. Aus diesem Grund sieht der neue § 247a die Möglichkeit einer **simultanen Videoübertragung** der Aussage des Zeugen in den Sitzungssaal vor, den der Zeuge

---

62 Vorführung hat Vorrang vor Haftbefehl; LG Zweibrücken NJW 96, 737; ebenso Ladung über Verteidiger, BGH NJW 01, 1341; der Haftbefehl muss grundsätzl. in der Sitzung ergehen; LG Zweibrücken NStZ-RR 98, 112; Gera NStZ-RR 96, 239; und verhältnismäßig sein: OLG Düsseldorf NStZ-RR 98, 180; s. auch Rn. 65.
63 BGHSt 37, 249, 251, 255; 56, 298 (Suizidversuch); z. B. nicht, wenn er den Termin „verschläft", BGH NJW 91, 1367; wohl aber bei willentl. Intensivierung eines psycho-pathologischen Zustandes, BGH NJW 91, 2917. Nicht bei Festnahme in anderer Sache: BGH NStZ 97, 295. Fortsetzung setzt keinen besonderen Hinweis an den Angekl. voraus; BGH NJW 00, 2830.
64 BGHSt 37, 249, 252 f.; überholt die engere Ansicht von BGH NJW 87, 2592.
65 Nach OLG Nürnberg auch gegeben, wenn Angekl. eine notwendige Behandlung ablehnt: NJW 00, 1804.
66 Näher Metz NStZ 17, 445. Zur entspr. Anwendung des § 247 in den Fällen des § 96: BGHSt 32, 32 ff. Unzul. bei anderen Beweismittelarten als Zeugenvernehmung wie Augenschein, BGH NJW 03, 597; a. A. BGHSt 54, 184.
67 Dazu BGH StV 92, 359; NStZ 92, 346; NJW 92, 2241. Die Unterrichtung kann auch durch Videoübertragung erfolgen, BGHSt 51, 180; kein Teil der Vernehmung mehr ist die Verhandlung über die Entlassung des Zeugen, BGHSt 55, 87 (Gr. Senat).
68 Nach BGH NJW 06, 2934 ist in dem gesetzlichen Regelfall der Nicht-Vereidigung nach § 59 (anders bei einem Antrag gem. § 238 Abs. 2) die Entscheidung des Vorsitzenden über die Nichtvereidigung nicht unwesentlicher Teil der Hauptverhandlung, bei welcher der Angeklagte schon wieder anwesend sein müsste.

selbst nicht betreten müsste[69]. Voraussetzung dafür ist eine dringende, nicht anders abwendbare Gefahr eines schwerwiegenden Nachteils für das Wohl des Zeugen, wenn er in Gegenwart der in der Hauptverhandlung Anwesenden vernommen würde; dabei hat der Gesetzgeber speziell, wenn auch nicht ausschließlich an die Fälle des sexuellen Missbrauchs von Kindern gedacht, deren Vernehmung in der Hauptverhandlung diese massiv belasten könnten[70]. Ein Anwendungsfall des § 247a kann auch vorliegen, wenn eine Videoübertragung aus dem Ausland erfolgen muss; die Aufklärungspflicht kann das Gericht sogar zwingen, diesen Weg zu beschreiten[71].

Ein echtes **Abwesenheitsverfahren** ist gegen den Willen des Angeklagten nicht möglich, ausnahmsweise mit seinem Einverständnis höchstens in Bagatellsachen, die in den §§ 232 ff. näher bestimmt werden[72]. Falls nur eine Geldstrafe bis zu **180 Tagessätzen** zu erwarten ist, kann die Hauptverhandlung vollständig in Abwesenheit des Angeklagten durchgeführt werden, wenn er trotz ordnungsgemäßer Ladung nicht erscheint und in der Ladung auf die Möglichkeit der Verhandlung in seiner Abwesenheit hingewiesen worden ist (§ 232). Diese Möglichkeit der Abwesenheitsverhandlung wird durch § 233 auf die Fälle der Straferwartung einer Freiheitsstrafe bis zu **sechs Monaten** erweitert, falls der Angeklagte einen ausdrücklichen Antrag auf Entbindung von der Erscheinungspflicht stellt[73]. Dann muss der Angeklagte allerdings durch einen **beauftragten** Richter (Mitglied des erkennenden Gerichts) oder einen **ersuchten** Richter (Mitglied eines anderen Gerichts) außerhalb der Hauptverhandlung vernommen werden (§ 233 Abs. 2; **kommissarische** Vernehmung)[74]. Im Ausgangsfall, wo es bei dem Vorwurf nach § 174 StGB maßgeblich auf einen persönlichen Eindruck des Gerichts vom Angeklagten ankommt, dürfte ein Vorgehen nach §§ 232 f. ausgeschlossen sein.

287b

Der Gang der Hauptverhandlung selbst ist in § 243 – grundsätzlich zwingend – umrissen[75]. Sie beginnt mit dem **Aufruf der Sache**. Der Vorsitzende stellt sodann fest, ob die zur Durchführung der Hauptverhandlung notwendigen Personen **anwesend** sind. Nach § 226 bedarf es hierzu außer der vollständigen richterlichen Besetzung auch einer ständigen Anwesenheit eines Staatsanwalts und – mit Ausnahme einer Verhandlung beim Strafrichter (d. h. Einzelrichter beim Amtsgericht) – eines Urkundsbeamten der Geschäftsstelle als Protokollführer. Die Anwesenheit eines Verteidigers ist lediglich in den Fällen der notwendigen Verteidigung nach § 140 zwingend erforderlich[76]. Verschiedene Staatsanwälte, Verteidiger (vgl. § 227) und Protokollführer können sich während der Hauptverhandlung abwechseln, während die Richterbank identisch bleiben muss, da die Urteilsfindung stets auf dem Inbegriff der gesamten Hauptverhandlung beruht. Der Vorsitzende muss zu Beginn der Hauptverhandlung sein Augenmerk ferner auf das Vorhandensein der sächlichen und persönlichen Beweismittel (Zeugen, Sachverständige) richten. Hat er die Zeugen zur Wahrheit gem. § 57 **ermahnt**, so verlassen diese den Sitzungssaal, damit sie ihre Aussagen – bewusst oder unbewusst – nicht an dem

288

---

69 Dazu BGH NJW 03, 74; BGHSt 46, 73; *Rieß* NJW 98, 3241 f.; s. Rn. 124b. Gilt aufgrund des Gesetzes vom 25.4.2013 (BGBl. I 935) auch für Sachverständigenvernehmung.
70 BT-Drucks. 13/7165 S. 9.
71 BGHSt 45, 188 ff. = NJW 99, 3788; einschr. NJW 00, 2517. Zur optisch-akustischen Verfremdung des Zeugen während der Übertragung: BGHSt 51, 232.
72 Ansonsten nur in Einzelkonstellationen besonderer Verfahrensarten, vgl. §§ 329, 350, 387, 412.
73 Dagegen muss bei § 232 Eigenmächtigkeit gegeben sein, OLG Karlsruhe NStZ 90, 505.
74 Kommissarische Vernehmungen von Zeugen richten sich nach §§ 223, 224; s. Rn. 290.
75 Abweichungen zulässig in Punktesachen, BGHSt 10, 342; StV 91, 148; KK-*Schneider* § 243, 3.
76 S. Rn. 89 ff. Im Einzelfall kann eine Verhandlung ohne Verteidiger gegen die Fürsorgepflicht verstoßen, OLG Hamm GA 88, 228; BayObLG NZV 89, 124; NJW 95, 3134; Wartezeit ca. 15 Minuten, OLG Frankfurt NJW 78, 285; ohne Ladung des Verteidigers ist auszusetzen, BGH NStZ 85, 229; Zusicherungen an Verteidiger, nicht ohne ihn zu verhandeln, sind einzuhalten, OLG Celle StV 89, 8; zu Terminwünschen des Verteidigers: OLG Oldenburg StV 91, 152; zum Entfernen des Verteidigers: KG VRS 92, 136.

von ihnen wahrgenommenen Verlauf der Hauptverhandlung ausrichten können (§§ 58 Abs. 1, 243 Abs. 2 S. 1). Sodann vernimmt der Vorsitzende den Angeklagten über seine persönlichen Verhältnisse (§ 243 Abs. 2 S. 2). Diese **Befragung zur Person** dient ausschließlich der Identifizierung der erschienenen Person als Angeklagten[77]. Fragen zum Lebenslauf, der beruflichen und privaten Lebenssituation – gar nach Einkommensverhältnissen und eventuellen Vorstrafen – haben an dieser Stelle noch nichts verloren, sondern gehören bereits zur Sache i. w. S. Ob diese Punkte gleich zu Beginn der Vernehmung des Angeklagten zur Sache oder erst nach der Beweisaufnahme zur Schuldfrage erörtert werden, ist eine Frage der Zweckmäßigkeit. Eine *formelle* Zweiteilung der Hauptverhandlung in einen Abschnitt, in welchem die Schuldfrage aufgeklärt wird, und einen weiteren, welcher der Straffrage gilt (sog. **Schuldinterlokut**) sieht der deutsche Strafprozess nicht vor.

Nach der Befragung des Angeklagten zur Person im oben bezeichneten Sinne verliest der Staatsanwalt den **Anklagesatz** (§ 243 Abs. 3 S. 1), nicht etwa die gesamte Anklageschrift[78]. Damit ist der Gegenstand der Verhandlung eindeutig festgelegt; die Schöffen und die Zuhörer erfahren durch die Verlesung des Anklagesatzes von den strafrechtlichen Vorwürfen gegen den Angeklagten. Nunmehr teilt der Vorsitzende mit, ob im Vorfeld der Hauptverhandlung mit der StA, dem Verteidiger oder dem Angeklagten Erörterungen über eine eventuelle „Verständigung" stattgefunden haben (§§ 202a, 212), d. h. ob über ein „Deal" angestrebt wurde und mit welchem Ergebnis diese Verhandlungen ausgegangen sind. Diese neuartige Formalie der Hauptverhandlung beruht auf der 2009 normierten Möglichkeit einer formellen Absprache (257c), an deren Transparenz in der Hauptverhandlung dem Gesetzgeber gelegen ist. Die Mitteilung des Vorsitzenden ist als wesentliche Förmlichkeit zu protokollieren (§ 273 Abs. 1a S. 2)[79]. Es folgt die **Belehrung** des Angeklagten über sein Aussageverweigerungsrecht (§ 243 Abs. 5 S. 1)[80]. Ist der Angeklagte zur Aussage bereit, wird er nunmehr **zur Sache** vernommen[81]. Die Vernehmung nimmt gem. § 238 Abs. 1 der Vorsitzende vor, der aber nach § 240 den beisitzenden Berufsrichtern, den Schöffen, dem Staatsanwalt und Verteidiger – regelmäßig in dieser Reihenfolge – die Gelegenheit gibt, selbst Fragen zu stellen. Falls der Angeklagte sich äußern will, gibt er seine Erklärungen nicht etwa als „Zeuge" in eigener Sache ab, sondern in seiner Rolle als Verfahrensbeteiligter. Sie gehören zwar nicht zur Beweisaufnahme i. e. S., jedoch zum Inbegriff der Hauptverhandlung, sodass das Gericht die Aussage des Angeklagten in seine Überzeugungsbildung (§ 261) einbeziehen muss[82]. Die StPO sieht vor, dass der Angeklagte sich mündlich äußert, soweit er auf sein Aussageverweigerungsrecht verzichtet, was aber nicht ausschließt, dass in der späteren Beweisaufnahme von ihm gefertigte schriftliche Erklärungen im Rahmen des Urkundenbeweises – dann vom Richter – verlesen werden[83]. Die Mündlichkeit seiner Äußerungen zur Sache i. S. v. § 243 Abs. 4 S. 2 heißt aber auch nicht zwingend „in freier Rede" wie in

---

77 *Kühne* 459; vgl. auch BayObLG VRS 84, 207.
78 Grundsätzl. führt Unterlassung zur Revision: BGH NJW 82, 1057; NStZ 86, 374; StV 84, 493; JR 87, 389; NStZ 18, 614; 19, 293; 20, 308; einschr. bei „einfachen" Fällen BGH NStZ 95, 200. Erleichterungen der Verlesung bei vielen gleichförmigen Taten, BGHSt 56, 109; 182.
79 Ein Fehlen des Vermerks bedeutet nicht, dass keine Erörterungen stattgefunden haben, BVerfG NJW 13, 1058, 1065. Keine Mitteilungspflicht bei nur verfahrensfördernden Gesprächen, BGH NStZ 19, 684. Zum Inhalt der Mitteilung: BGH NStZ 17, 363.
80 Unterlassung begründet Revision, BGHSt 25, 325; *Schlothauer* StV 86, 213; s. Rn. 31.
81 Dazu BGH NStZ 85, 561; 88, 85; StV 90, 245; BayObLG VRS 84, 207. Beachte den Verlust der Rügerechte: §§ 6a, 16, 25 Abs. 1, 222b. Erklärungen des Verteidigers können als Einlassung des Angekl. verwertet werden; BGH NStZ-RR 98, 51; StV 94, 467; 90, 394; OLG Düsseldorf NJW 02, 2728.
82 S. Rn. 26; ferner *Kramer* JURA 80, 393 ff.
83 BGH NStZ 94, 184 f.; 449; NJW 94, 2904, 2906 (Sedlmayr); OLG Celle StV 88, 425 (aber nicht Erklärungen des Verteidigers); stark einschr. BGH NJW 08, 2356; s. auch Rn. 156. Zur begrenzten Verwertung schriftsätzl. Äußerungen des Verteidigers: BGH NJW 93, 3337; StV 02, 182; OLG Hamm StV 02, 187.

einer älteren BGH-Entscheidung behauptet[84], sodass sich der Angeklagte auch in dieser Phase des Verfahrens schriftlicher Notizen bedienen kann oder sogar eine von ihm vorbereitete schriftliche Erklärung selbst verlesen kann, was insbesondere bei komplexen Sachverhalten mit Zahlenwerken und Datumsangaben in Betracht kommt[85]. Gängig ist inzwischen auch die Abgabe einer Verteidigererklärung für den Angeklagten, die der Verteidiger selbst verliest und dem Gericht zur Erleichterung eine schriftliche Fassung überlässt[86]. Davon zu unterscheiden ist ein kurzes Eröffnungsplädoyer („opening statement"), das der Verteidiger beantragen kann und das ihm in umfangreicheren Sachen vor dem LG und OLG auch zugestanden werden muss (§ 244 Abs. 5)[87].

Mit dem Inkrafttreten am 4.8.2009 eines Gesetzes[88], das sich irreführend als zur **„Verständigung"** im Strafverfahren bezeichnet, hat sich der Charakter des deutschen Strafprozesses grundlegend verändert. Der überkommene und nicht bindende Austausch vorläufiger Sichtweisen zwischen den Verfahrensbeteiligten, der die Bezeichnung „Verständigung" verdiente[89], wurde abgelöst durch eine feste Normierung (§ 257c) einer **Absprache**praxis, die gedanklich eine Teilrezeption aus dem amerikanischen Strafprozessmodell darstellt, das – ganz anders als in Kontinentaleuropa – ähnlich wie ein Zivilprozess in den Formen eines Parteiverfahrens abläuft, wo die Verhandlungs- und Dispositionsmaxime gelten. Der auf die Idee der Verfahrensbeschleunigung fixierte deutsche Reformgesetzgeber war bemüht, die Systemfremdheit des **„Deals"** im deutschen Strafprozessrecht, in dem Legalitäts-, Offizial- und Aufklärungsgrundsatz gelten, möglichst nicht offenbar werden zu lassen, und hat nach § 257c „in geeigneten Fällen" eine Vereinbarung zwischen den Verfahrensbeteiligten über den Ausgang und Fortgang grundsätzlich zugelassen. Da sich aus der Sicht der Richterschaft zunächst einmal fast jeder im Zwischenverfahren zugelassene Fall für § 257c „eignet", befindet sich ein Angeklagter von vornherein in einer psychologisch ungünstigen Ausgangslage, wenn er sich dem verweigert. Eigentlich dürfen Gegenstand der Vereinbarung nur die **Rechtsfolgen** der Tat (z. B. Strafober- oder Untergrenze, aber nicht genaue Punktstrafe und nicht Vermögensabschöpfung[90]) sowie verfahrensbezogene Maßnahmen (z. B. Beweiserhebungen, Teileinstellungen nach § 154 Abs. 2) und das Prozessverhalten der Verfahrensbeteiligten (z. B. Stellung von Beweisanträgen) sein; da allerdings Bestandteil jeder Vereinbarung ein **Geständnis** sein soll, läuft eine „Verständigung" i. S. v. § 257c de facto doch auf eine Anerkennung eines Schuldspruchs durch den Angeklagten hinaus, für welche er sich Strafmilderung erkauft. Dies trägt die Gefahr falscher, schlanker Geständnisse aus taktischen Gründen in sich, die ein Angeklagter – womöglich auf Anraten seines Verteidigers –[91] nach eigentlich unzulässigem Androhen einer **„Sanktionsschere"** (zu erwartende Strafe mit und ohne Geständnis)[92] durch das Gericht ablegt. Jedoch bleibt die Vereinbarung eines Rechtsmittelverzichts tabu[93]. Das Gericht gibt bekannt, welchen Inhalt die „Verständigung" haben könnte; sie kommt zustande, wenn der Angeklagte

---

84 BGHSt 3, 368 f. hält selbst die eigene Verlesung eines Schriftstücks durch den Angeklagten für unzulässig; anders jedoch beim letzten Wort (§ 258 Abs. 2). S. auch BGH NStZ 00, 439.
85 BGH MDR 80, 986; *Salditt* StV 93, 444.
86 BGH NStZ 09, 173.
87 Näher dazu KK-*Schneider* § 243, 66 ff.
88 BGBl. 2009 I 2353; Entwurfsbegründung BT-Drucks. 16/12310; hierzu *Jahn/Müller* NJW 09, 2625; *Altenhain/Haimerl* JZ 10, 329.
89 S. Rn. 119a; näher *Metz* NStZ-RR 19, 161.
90 BGH NStZ 18, 366; auch nicht über Einstellung nach § 154, BGH NStZ 17, 244; s. Rn. 274a.
91 Zur Haftung des Strafverteidigers in ähnl. Fällen: OLG Celle NJW 12, 1227 (Prinz Ernst August von Hannover).
92 BVerfG StV 06, 57; BGH NStZ 05, 393.
93 Vgl. § 302 Abs. 1 S. 2; die Verbindlichkeit einer im Übrigen wirksamen Vereinbarung wird aber dadurch nicht berührt, BGHSt 52, 165. S. auch OLG Zweibrücken NJW 12, 3193.

und die StA dem zu protokollierenden Vorschlag zustimmen[94]. Die Bindungswirkung der Absprache ist jedoch nur sehr schwach, denn das Gericht kann sich von der Vereinbarung wieder lösen[95], wenn es rechtlich oder tatsächlich bedeutsame Umstände übersehen hat (wann ließe sich dies nicht behaupten?) oder wenn im weiteren Prozess das Gericht zu der Überzeugung gelangt, der in Aussicht gestellte Strafrahmen sei doch nicht angemessen, oder wenn das weitere Prozessverhalten nicht den Erwartungen des Gerichts entspricht, z. B. der Angeklagte immer noch lästige Anträge stellt. Der Angeklagte wird nur dadurch geschützt, dass das Gericht seine abweichende Beurteilung unverzüglich mitteilen muss und dann sein Geständnis einem Beweisverwertungsverbot unterliegt.

Das BVerfG hat § 257c für verfassungsgemäß erklärt[96] und sieht die verfassungsrechtliche Problematik vielmehr in der mangelnden Beachtung der exakten gesetzlichen Regelung durch die Gerichtspraxis. Nach hiesiger Auffassung geht diese Kritik in die diametral falsche Richtung. Das BVerfG verkennt, dass Normierung zur Normalität führt; die gesetzliche Anerkennung von Urteilsabsprachen im Strafprozess wird die Anwendung des § 257c zum richterlich gewünschten Regelfall werden lassen.

289 Erst nach der Vernehmung des Angeklagten zur Sache folgt die eigentliche **Beweisaufnahme** durch Einführung der Beweismittel (Vernehmung von Zeugen und Sachverständigen, Verlesung der Urkunden, Einnahme des Augenscheins) nach den Regeln des Strengbeweises. Das Vorgehen dabei unterliegt der **Instruktionsmaxime** (= Inquisitionsprinzip), wonach das Gericht *von Amts wegen* zur Erforschung der Wahrheit die Beweiserhebungen auf alle Tatsachen und Beweismittel zu erstrecken hat, die für die Entscheidung von Bedeutung sind. Verletzt das Gericht diese nach § 244 Abs. 2 begründete **Aufklärungspflicht**, setzt es sein Urteil der Gefahr einer Aufhebung in der Revisionsinstanz aus. Die Aufklärungspflicht reicht so weit, wie die Umstände, die dem Gericht bekannt sind oder aus den Akten und dem Verfahrensablauf bekannt sein müssen, zum Gebrauch eines oder eines weiteren Beweismittels drängen oder den Gebrauch doch nahelegen[97]. Sie erfasst nicht nur die Einführung eines Beweismittels überhaupt, sondern auch die Ausschöpfung benutzter Beweismittel, z. B. die Vornahme der erforderlichen Vorhalte während einer Zeugenvernehmung[98]. Die Aufklärungspflicht gebietet es ferner, sich auf das bestmögliche und sachnächste Beweismittel zu stützen, das dem Gericht zur Verfügung steht und sich nicht ohne Not mit mittelbaren Beweisen bzw. Beweissurrogaten zu begnügen[99].

290 Die **Befragung der Zeugen** erfolgt durch den Vorsitzenden, der den übrigen Prozessbeteiligten in der nach § 240 bezeichneten Reihenfolge zu ergänzenden Fragen das Wort erteilt[100]. Im deutschen Strafprozess wird von der Möglichkeit des Kreuzverhörs (§ 239), bei welchem der Vorsitzende die Befragung der von der Staatsanwaltschaft und Verteidigung benannten Zeugen diesen vorrangig überlässt, fast nie Gebrauch gemacht. Das **Kreuzverhör** ist ein Fremdkörper in der StPO; es widerspricht der dominierenden Stellung des Vorsitzenden, dem nicht nur die Vernehmung des Angeklagten und die Auf-

---

94 BGH NStZ 19, 668. Nach § 267 Abs. 3 S. 5 muss das Vorliegen einer Verständigung nach § 257c auch in den Urteilsgründen angegeben werden; BGH NJW 13, 1316 zu der Frage, ob dies auch bei informeller Verständigung gilt.
95 BGH StV 12, 712: ausdrückl. Erklärung des Gerichts; NStZ 13, 417.
96 BVerfG NJW 13, 1058; dazu *Meyer* NJW 13, 1850; *Kudlich* NStZ 13, 379.
97 BGH NJW 78, 113 f. m. w. N.; insbes. bei Widersprüchen zwischen Beweismitteln: BGH NJW 92, 2840; 91, 3290; StV 91, 245, 547; 89, 467; 87, 91. Aktenbeiziehung: BGH NStZ 00, 46; missglückter Beweisantrag, BGH NJW 17, 96.
98 BGH NJW 92, 2840; ferner NJW 92, 2838; StV 89, 423.
99 BGH StV 89, 518; NStZ 89, 282; 88, 45; BVerfG NJW 03, 2444. S. Rn. 121, 168a.
100 Gegenseitige Befragung von Mitangeklagten ist untersagt, § 240 Abs. 2 S; BGH StV 96, 471; BVerfG NJW 96, 3408. Kein Fragerecht des Ehegatten als Beistand; BayObLG NJW 98, 1655; s. Rn. 86a.

nahme des Beweises obliegen, sondern der insgesamt die Sachleitung der Hauptverhandlung inne hat (§ 238 Abs. 1). Grundsätzlich ist die gesamte Beweisaufnahme in der Hauptverhandlung konzentriert. Außerhalb der Hauptverhandlung dürfen nur Augenscheinnahmen (§ 225) und nach § 223 dann Vernehmungen durchgeführt werden, wenn dem Erscheinen eines Zeugen oder Sachverständigen in der Hauptverhandlung für längere oder ungewisse Zeit Krankheit oder Gebrechlichkeit oder andere nicht zu beseitigende Hindernisse entgegenstehen. Solche **kommissarischen Vernehmungen** durch ersuchte oder beauftragte Richter unterliegen strengen formalen Sicherungen, denn sie stellen einen ausgelagerten Teil, eine Art Ausschnitt der Hauptverhandlung, dar. Die Verfahrensbeteiligten (insbesondere auch Verteidiger und Angeklagte) sind von der geplanten kommissarischen Vernehmung zu benachrichtigen und besitzen dabei ein Anwesenheitsrecht (§ 224). Bei zu Unrecht unterbliebenen Benachrichtigungen liegt jedenfalls keine *richterliche* Vernehmung vor; die Niederschrift kann dann nicht als richterliches Protokoll in der Hauptverhandlung nach § 251 Abs. 1 verlesen werden[101]. Das sorgfältig geführte Protokoll über kommissarische richterliche Beweiserhebungen wird später in der Hauptverhandlung als Urkunde verlesen; eine schlichte mündliche Bekanntgabe als gerichtskundige Tatsachen reicht nicht aus[102].

Im Ausgangsfall könnte der Zeugin S. nicht durch ein Ausweichen auf eine kommissarische Vernehmung geholfen werden, denn ihrem Erscheinen in der Hauptverhandlung stehen keine ernsthaften Hindernisse entgegen. Ferner wäre mit der persönlichen Gegenwart des Angeklagten L. während der kommissarischen Vernehmung zu rechnen, dessen Anwesenheitsrecht nur dann gewissen Einschränkungen unterliegt, wenn er sich in Haft befindet (§ 224 Abs. 2). Eine simultane Videoübertragung für die in einem anderen Raum befindlichen Anwesenheitsberechtigten wie bei der richterlichen Vernehmung im Vorverfahren (§ 168e) hat der Gesetzgeber bei der kommissarischen Vernehmung nach §§ 223, 224 als ausgelagertem Teil der Hauptverhandlung nicht vorgesehen. Fraglich ist, ob eine optisch-akustische Abschirmung der Zeugin während ihrer Aussage zulässig ist[103]. Es bleibt also dabei, dass die S. zwar in der Hauptverhandlung aussagen muss, ihr dort aber gem. § 247a die Anwesenheit im Sitzungssaal erspart bleiben kann. Auch lässt sich verhindern, dass die S. vom Angeklagten L. direkt befragt wird, da nach § 241a die Vernehmung von Zeugen unter 18 Jahren vom Vorsitzenden allein durchgeführt wird.

291 Student A. hat mit einer Farbdose politische Parolen an die Wand eines Behördengebäudes gesprüht und ist wegen Sachbeschädigung vor dem Schöffengericht angeklagt. Der Vorsitzende Richter R. vernimmt den Hausmeister H. als Zeugen über den Inhalt und das Aussehen der Parolen und überlässt anschließend dem Staatsanwalt, der aber keine Fragen hat, und dem Verteidiger V. das Fragerecht. V. stellt als erstes an H. die Frage, wie er politisch zur Ausübung des Widerstandsrechts im „Dritten Reich" stehe. R. weist die Frage des V. als nicht zur Sache gehörig zurück.

292 Der Vorsitzende muss sicherstellen, dass der Zeuge zur Sache im Zusammenhang vortragen kann, Angriffe abwehren, die mit dem Anspruch des Zeugen auf angemessene Behandlung und Ehrenschutz unvereinbar sind und nicht erforderliche Fragen nach entehrenden Tatsachen sowie unzulässige, ungeeignete und nicht zur Sache gehörende Fragen des Verteidigers, Angeklagten, Staatsanwalts oder der Schöffen gem. § 241 Abs. 2

---

101 Wie bei § 168c; vgl. BGHSt 34, 231; 31, 140; 26, 332. Die Benachrichtigungspflicht gilt auch bei Vernehmungen durch den Richter im Ausland, BGH NJW 88, 2187.
102 BGH NJW 00, 1204 ff.
103 S. Rn. 124b; dagegen: BGHSt 32, 115, dafür: BGHSt 51, 232. Gesichtsverhüllung grundsätzl. unzul., § 176 Abs. 3 GVG; Ausn.: § 68 Abs. 3 S. 3 StPO.

zurückweisen[104]. Eine vom Vorsitzenden nicht zurückgewiesene Frage muss der Zeuge beantworten, so als ob der Vorsitzende sie selbst gestellt hätte. Der Zeuge kann sich nicht aussuchen, wessen oder welche Fragen er zu beantworten bereit ist. **Ungeeignete Fragen** sind solche, die in tatsächlicher Hinsicht nichts zur Wahrheitsfindung beitragen können oder aus rechtlichen Gründen nicht gestellt werden dürfen[105]. Ungeeignet sind z. B. bereits beantwortete Fragen, die nur der Verfahrensverzögerung dienen[106], Suggestivfragen, deren Beantwortung Missverständnisse bewirken, oder nach bestimmten strafprozessualen Vorschriften unzulässige Fragen, z. B. die einem Zeugen zur Unehre gereichen würden, ohne dass sie unerlässlich wären (vgl. § 68a). **Nicht zur Sache gehörende Fragen** sind ein Unterfall der mangelnden Eignung und dadurch gekennzeichnet, dass nicht einmal mittelbar eine Beziehung zur angeklagten Tat besteht[107]. Fragen zu einem sachfremden Beweisthema können auch durch eine Entscheidung zu diesem Thema insgesamt zurückgewiesen werden[108]. Dagegen ist eine pauschale Entziehung des gesamten Fragerechts unzulässig[109].

Behauptungen in einer Frage des Verteidigers sind nicht automatisch als Einlassung des Angeklagten zu werten[110]. Im Fall ist die Frage des Verteidigers jedoch ungeeignet, denn die Befragung des Zeugen zum Widerstandsrecht fördert das Verfahren gegen A. in keiner Weise. Sie lässt sich sogar als nicht zur Sache gehörig qualifizieren. Falls sich V. mit der Zurückweisung der Frage durch den Vorsitzenden nicht abfinden will, muss er eine **Entscheidung des Gerichts nach § 238 Abs. 2** (Zwischenrechtsbehelf) herbeiführen[111]. Das setzt voraus, dass es sich bei der Zurückweisung der Frage um eine Anordnung des Vorsitzenden handelt, die sich auf die **Sachleitung** bezieht. Die Sachleitung umfasst die materielle und formelle Verhandlungsleitung[112], d. h. alle Maßnahmen zur Durchführung der Hauptverhandlung. Auch die Gestaltung des äußeren Verfahrensablaufs (z. B. Ablehnung, dem Verteidiger und Angeklagten Gelegenheit zur Besprechung zu geben) kann Sachleitung sein; nach neuerer Auffassung gehören auch **sitzungspolizeiliche** Anordnungen (§ 176 GVG) zur Sachleitung[113]. Über die Beanstandung einer Sachleitungsanordnung entscheidet das *Gericht*, d. h. sämtliche Richter des Spruchkörpers. Unterlässt V. die Beanstandung, so kann er sich nachträglich nicht mehr auf eine Verletzung von Rechten des Angeklagten durch die Sachleitungsanordnung des Vorsitzenden berufen, der V. **verwirkt** das Rügerecht[114]. Die Einlegung des Zwischenrechtsbehelfs nach § 238 Abs. 2 ist allerdings nicht erforderlich, soweit kein Ermessen des Richters besteht[115]. Hat er jedoch um einen Gerichtsbeschluss gebeten, so kann er sich in einer später durchgeführten Revision darauf stützen, er sei in einem für die Verteidigung wesentlichen Punkt durch einen Beschluss des Gerichts unzulässig beschränkt worden (§ 338 Nr. 8), wenn das Gericht den Vorsitzenden in seiner Entscheidung bestätigt hat. Dann prüft das Revisionsgericht die Rechtmäßigkeit der Sachleitungsanordnung nach. Stellt dagegen der Vorsitzende selbst oder ein beisitzender Richter eine unzulässige oder

---

104 BGH NJW 04, 239. Bei unzulässigen Fragen des Vorsitzenden selbst oder der Beisitzer entscheidet unmittelbar das Gericht nach § 242; a. A. *Dölp* NStZ 93, 419, der insoweit ein Beanstandungsrecht verneint.
105 BGHSt 13, 252 f.; 21, 334, 360.
106 Aber nicht schon jede Wiederholungsfrage, BGH NStZ 81, 71; StV 91, 2.
107 BGHSt 2, 284, 287; NStZ 85, 183.
108 BGHSt 13, 252; BGH NJW 04, 239 f.
109 RGSt 38, 57; einschr. bei „fortgesetzten erhebl. Missbrauch" für einzelne Abschnitte: BGH MDR 73, 371; OLG Karlsruhe NJW 78, 436.
110 BGH NStZ 15, 207.
111 Auch des Strafrichters als Einzelrichter; so die h. M. KK-*Schneider* § 238, 14; a. A. BayObLG VRS 24, 300.
112 Vgl. LR-*Becker* § 238, 19 ff.
113 BGH NJW 09, 680.
114 BGHSt 1, 322, 325 (st. Rechtspr.); 55, 65 (Verlöbnis); einschr. BGH NStZ 12, 585 (Urkundenverlesung); KK-*Schneider* § 238, 17 f.; a. A. *Gössel* § 21 A II 3.
115 BGH NStZ 17, 182; 12, 585; näher *Habetha* NJW 16, 3628.

ungeeignete Frage, so können der Verteidiger oder der Staatsanwalt nach § 242 unmittelbar eine Entscheidung des Gerichts herbeiführen.

Die Amtsermittlungspflicht des Gerichts nach § 244 Abs. 2 besteht unabhängig von den Anträgen und Wünschen der Verfahrensbeteiligten. Rein theoretisch wäre daneben ein besonderes **Beweisantragsrecht** überflüssig. Gleichwohl sieht das Gesetz in § 244 Abs. 3 bis 6 die Möglichkeit des Beweisantrags vor, um eine zusätzliche Sicherheit für eine umfassende Sachverhaltsaufklärung zu schaffen[116]. Das Beweisantragsrecht reicht daher über die richterliche **Aufklärungspflicht** hinaus[117]. Seine eigentliche Bedeutung erlangt das Beweisantragsrecht erst dadurch, dass ein Beweisantrag nicht nach Gutdünken oder auch nur Ermessen des Gerichts, sondern allein aus gesetzlich enumerativ aufgeführten Gründen abgelehnt und das Gericht so gegen seinen Willen zu Beweiserhebungen gezwungen werden kann. Dies ist auch sinnvoll, da forensische Erfahrung lehrt, dass blindes Vertrauen in die Objektivität des Gerichts schädlich ist und sich die Notwendigkeit zusätzlicher Beweiserhebungen aus der Sicht der jeweiligen Verfahrensbeteiligten ganz anders als für das Gericht darstellen kann. Nach der Legaldefinition des § 244 Abs. 3 liegt ein Beweisantrag vor, wenn der Antragsteller ernsthaft verlangt, Beweis über eine bestimmt behauptete konkrete Tatsache, die die Schuld- oder Rechtsfolgenfrage betrifft, zu erheben und dem Antrag zu entnehmen ist, weshalb das bezeichnete Beweismittel die behauptete Tatsache belegen soll.

Grundsätzlich können alle nichtrichterlichen Verfahrensbeteiligten – wie der Angeklagte, Staatsanwalt, Nebenkläger, Privatkläger, Einziehungsbeteiligte usw. – Beweisanträge stellen. In der Praxis des Strafverfahrens ist das Beweisantragsrecht aber zunächst eine wesentliche Möglichkeit des Verteidigers, auf den Gang der Hauptverhandlung Einfluss zu nehmen. Diese Rechtslage eröffnet auch **Missbrauchsmöglichkeiten**[118], die den Gesetzgeber zunehmend dazu bewegen, in besonderen Verfahrensarten das Beweisantragsrecht zu beschneiden[119]. Ohne gesetzliche Grundlage ist die Ansicht des BGH, der Angeklagte könne bei „exzessivem" Gebrauch des Beweisantragsrechts davon ausgeschlossen und darauf verwiesen werden, dass Beweisantragsrecht nur von seinem Verteidiger ausüben zu lassen[120]. Aus der Sicht des Gerichts sind Beweisanträge immer „exzessiv", weil damit das Gericht – wie vom Gesetz gewollt – zu einer Beweisaufnahme gezwungen wird, die es aus seiner Sicht für überflüssig erachtet. Das Spannungsverhältnis zwischen Gericht und Verfahrensbeteiligten, die das Beweisantragsrechts ausüben, ist strukturell angelegt. Der Angeklagte besitzt eine selbstständige Verfahrensrolle und ist nicht nur Objekt; der Verteidiger ist *nicht* sein Vertreter, sondern tritt als Beistand *neben* ihn[121]. Daher spricht für die Ansicht des BGH nichts außer einem vermeintlichen Interesse des Gerichts an einem „kurzen Prozess". Dagegen lässt sich der missbräuchlichen Ausübung des Beweisantragsrechts in den Fällen begegnen, in denen anzunehmen ist, dass eine aus der Luft gegriffene, ohne jede tatsächliche Anhaltspunkte und ohne jede begründete Vermutung aufs Geratewohl aufgestellte Behauptung vorliegt, denn

---

116 Umfassende Monografien dazu: *Alsberg*, Der Beweisantrag im Strafprozess, 7. Aufl. (2019); *Hamm/Hassemer/Pauly*, Beweisantragsrecht, 2000; s. ferner *Schulz* StV 91, 354; *Herdegen* NStZ 84, 97; 99, 176; 00, 1; *Julius* MDR 89, 116; *Perron* ZStrW 96, 128.
117 BGH NJW 97, 2762 f.; *Widmaier* NStZ 94, 414 ff.; *Foth* JR 96, 99.
118 Markante Beispiele: BGHSt 47, 278; BGH NJW 05, 2466; LG Wiesbaden NJW 95, 409.
119 So im Privatklageverfahren (§ 384 Abs. 3), beschleunigten Verfahren beim Strafrichter (§ 420 Abs. 4), bei Verhandlung aufgrund Einspruchs gegen einen Strafbefehl (§ 411 Abs. 2 S. 2), im Bußgeldverfahren (§§ 77 Abs. 2 OWiG).
120 BGHSt 38, 111 ff. „Exzessiven" Beweisanträgen des Verteidigers selbst kann das Gericht in Extremfällen so begegnen, dass es eine Frist setzt und für danach gestellte Beweisanträge deren Ablehnung wegen Prozessverschleppung vorweg beschließt und bescheidet, BGH NJW 05, 2466, 2468; näher *Börner* NStZ 20, 460.
121 S. Rn. 85a. Behauptungen des Verteidigers in einem von ihm gestellten Beweisantrag sind daher auch nicht automatisch dem Angeklagten zuzurechnen, BGH NStZ 15, 208.

dies wäre trotz korrekter Formulierung kein echter Beweisantrag, sondern nur ein **Schein-Beweisantrag**, der weder nach § 244 Abs. 6 besonders beschieden werden muss noch im Rahmen der Aufklärungspflicht Beachtung verdient[122]. Nach der neu gefassten Gesetzeskonzeption stellen auch Beweiserhebungen, die nichts Sachdienliches zugunsten des Angeklagten erbringen können, dem Antragsteller dieses bewusst ist und er nur **Prozessverschleppung** bezweckt, keine echten Beweisanträge mehr dar (Abs. 6 S. 2). Es bedarf in diesen Fällen, deren subjektive Voraussetzungen aber nur schwer belegbar sind, keiner Ablehnung durch Gerichtsbeschluss; vielmehr genügt die Zurückweisung durch den Vorsitzenden. Auch ohne dass Verschleppungsabsicht nachweisbar ist, vermag der Vorsitzende gem. Abs. 6 S. 3 nach Abschluss der amtlichen Beweisaufnahme eine Frist zu bestimmen, innerhalb derer Beweisanträge zu stellen sind. Gleichwohl können solche auch noch nach Fristablauf gestellt werden; nur dürfen diese dann auch erst im Urteil selbst (negativ) beschieden werden.

294 A. ist vor der Großen Strafkammer des Landgerichts wegen schwerer räuberischer Erpressung angeklagt, weil er eine Bank überfallen haben soll. Sein Verteidiger V. verliest in der Hauptverhandlung folgenden Antrag: „Zum Beweis dafür, dass der Angeklagte zum Zeitpunkt des Überfalls auf die Bank nicht am Tatort anwesend war, sondern mit dem Zeugen Z. in dessen Wohnung Renovierungsarbeiten vorgenommen hat, beantrage ich die Vernehmung des Zeugen Z." Der Vorsitzende stellt fest, dass Z. rechtskräftig wegen Meineides zu einer zweijährigen Freiheitsstrafe verurteilt worden ist und sich dem Vollzug der Strafe durch Flucht nach Paraguay entzogen hat. Auslieferungsbemühungen der Bundesrepublik sind vergeblich geblieben, obwohl die jetzige Anschrift des Z. in Paraguay bekannt ist.

295 Ein **Beweisantrag** muss ein bestimmtes Beweismittel bezeichnen, also im Fall des Zeugenbeweises den Namen und grundsätzlich auch dessen ladungsfähige Anschrift enthalten[123]. Der Vorsitzende kann zwar einem Beweisantrag ohne weiteres stattgeben, eine Ablehnung eines Beweisantrags aber nur unter eng begrenzten Voraussetzungen und durch Gerichtsbeschluss möglich ist. Ein Beweisantrag setzt ferner die konkrete und bestimmte **Behauptung einer Tatsache** voraus[124]. Dies fehlt z. B., wenn der Antrag nur Schlussfolgerungen enthält. Im Falle von Bewertungen (z. B. „unglaubwürdig, verhaltensgestört, süchtig, angeheitert") müssen die Tatsachen bezeichnet werden, aus denen die Beweispersonen die entsprechenden Schlüsse gezogen haben sollen[125]. Bei einem auf eine Zeugenvernehmung abzielenden Beweisantrag kommt hinzu, dass der Zeuge die behauptete Tatsache aufgrund eigener Wahrnehmung bekunden kann, denn Gegenstand des Zeugenbeweises können nur solche Umstände und Geschehnisse sein, die mit dem Beweismittel unmittelbar bewiesen werden können[126]. Soll aus den Wahrnehmungen des Zeugen auf ein bestimmtes weiteres Geschehen geschlossen werden, so handelt es sich dabei nur um das Beweisziel des Antrags; nicht dieses weitere Geschehen, sondern nur die Wahrnehmung des Zeugen ist tauglicher Gegenstand des Zeugenbeweises[127]. Zu diesen beiden Voraussetzungen muss eine dritte hinzutreten, die sog. **Konnexität** zwischen Beweismittel und Beweisbehauptung, die im Falle des Zeugenbeweises nur bedeutet, dass der Antrag erkennen lassen muss, weshalb der Zeuge überhaupt

---

122 Vgl. BGH NJW 97, 2762, 2764; 12, 2213 (DNA-Muster).
123 Die Angabe der ladungsfähigen Anschrift eines Zeugen braucht dabei nicht unbedingt vollständig sein, BGH NStZ 81, 309; jedoch muss diese ermittelbar sein: OLG Köln NStZ-RR 97, 309.
124 BGH NJW 98, 1723, 1725; 91, 435. Zu sog. Negativtatsachen: BGH NStZ 00, 267; Thür. OLG StraFO 04, 422; *Burgard* wistra 00, 88.
125 BGHSt 37, 162 ff.
126 BGH NJW 98, 1723, 1725 (Wienand).
127 BGHSt 39, 251, 253.

etwas zu dem Beweisthema bekunden können soll[128]. Diese kann sich vielfach von selbst verstehen, zuweilen aber erläuterungsbedürftig sein und den Verdacht nahelegen, die Behauptung sei nur aufs Geratewohl aufgestellt und aus der Luft gegriffen.
Ein echter Beweisantrag muss ferner die **Schuld- oder Rechtsfolgenfrage** zum Gegenstand der Beweiserhebung machen und nicht nur prozessual erhebliche Umstände betreffen, die im Freibeweisverfahren geklärt werden können. **Doppelrelevante** Tatsachen, die sowohl die Schuld- oder Rechtsfolgenseite als auch verfahrensrechtlich erhebliche Umstände betreffen (z. B. Verhaltensweisen des Angeklagten, aus denen sich sowohl die Verhandlungs- als auch Schuldfähigkeit schließen lässt) unterliegen grundsätzlich dem Strengbeweis und damit der Möglichkeit, einen Beweisantrag zu stellen[129]. Der Beweisantrag ist von einem bloßen **Beweisermittlungsantrag** und Beweisanregungen zu unterscheiden, denen das Gericht nur im Rahmen der Aufklärungspflicht nachzukommen braucht[130]. Beweisermittlungsanträge bezeichnen entweder die Beweistatsache nicht hinreichend genau oder nennen kein bestimmtes Beweismittel.
Im Fall hat V. einen echten Beweisantrag gestellt, denn die bestimmte Beweistatsache besteht in der Anwesenheit des Angeklagten zur Tatzeit in der Wohnung des Zeugen Z.; diese Tatsache ist für die Schuldfrage von Bedeutung. Auch wird ein bestimmtes Beweismittel bezeichnet, nämlich die Zeugenaussage des Z., der über seine eigene Wahrnehmung Angaben machen soll. Die Konnexität ist erkennbar, da es um die Wohnung des Z. geht, in der dieser selbst mit dem A. gemeinsam Arbeiten ausgeführt haben soll. Der Verteidiger darf diesen Antrag auch dann stellen, wenn er sich nicht sicher ist, dass die zu beweisenden Tatsachen zutreffen, er es aber für möglich hält; freilich muss er den Antrag in der Form einer bestimmten Behauptung formulieren, da bei der Äußerung von Vermutungen von einem Beweisermittlungsantrag und keinem echten Beweisantrag auszugehen ist[131]. Ein Beweisantrag ist **mündlich** in der Hauptverhandlung zu stellen[132]; dies geschieht in der Regel in Form der Verlesung eines schriftlich als Anlage zum Protokoll gegeben Antrags. Das Gericht ist verpflichtet, einen Beweisantrag entgegenzunehmen und als wesentliche Förmlichkeit gem. § 273 Abs. 1 S. 1 in das Protokoll aufzunehmen; unterlässt der Vorsitzende dies bewusst, so gilt das Protokoll als gefälscht[133]. Unter besonderen Umständen kann allerdings das Gericht nach § 257a den Verfahrensbeteiligten bei Beweisanträgen wie auch sonstigen Anträgen und Anregungen die Schriftform aufgeben und dann nach den formalen Regeln des Urkundenbeweises vorgehen; diese, z. T. als „Maulkorbparagraph" bezeichnete Vorschrift bedarf jedoch restriktiver Handhabung und muss auf Fälle eindeutiger Verfahrensverzögerung beschränkt werden[134]. Ein Beweisantrag kann in jedem Stadium der Hauptverhandlung bis zum Beginn der Verkündung des Urteils gestellt werden[135]; eine Ablehnung wegen Verspätung ist nicht zulässig; späte Stellung des Antrags berechtigt aber eventuell andere Verfahrensbeteiligte zu einem Antrag auf Aussetzung (§ 246). Eine Fristsetzung des Vorsitzenden nach Abschluss der amtlichen Beweisaufnahme (Abs. 6 S. 3) hindert nicht an

---

128 BGH StV 91, 148; 82, 101; BGH NJW 98, 1725; 94, 1294; 93, 2881; NStZ 98, 97; 99, 522; dazu *Widmaier* NStZ 93, 602 f.
129 KK-*Krehl* § 244, 8.
130 BGH NStZ 82, 296; StV 88, 469; 97, 562; NJW 91, 435; zur Abgrenzungsfrage: BGH GA 81, 228; StV 82, 155; NStZ 92, 397; 89, 334. Auch wiederholte Beweisanträge gelten als Beweisermittlungsanträge, BGHSt 46, 73.
131 Vgl. BGH NJW 93, 867; StV 89, 237; NJW 93, 2881; s. Rn. 84 ff. Unzulässig sind aber aus der Luft gegriffene Vermutungen, BGH NStZ 94, 592.
132 OLG Frankfurt NStZ-RR 98, 210; ungenügend ist die schriftliche Einreichung vor der Hauptverhandlung.
133 Dies müsste in einer Revisionsbegründung ausgeführt werden, OLG Bamberg NJW 13, 1251; bei versehentl. Falschbeurkundung ist ein Antrag auf Protokollberichtigung zu stellen.
134 Teleologische Reduktion. Näher zum Sinn: BT-Drucks. 12/6853, S. 60, 102 f.
135 BGHSt 21, 118, 124; BGH NJW 05, 2466 f. danach steht es dem Gericht frei, ob es erneut in die Verhandlung eintritt (bis zum Abschluss der mündl. Urteilsbegründung).

der Stellung von Beweisanträgen nach Fristablauf (Abs. 6 S. 4), sondern lässt nur die Folge eines gerichtlichen Ablehnungsbeschlusses vor dem Urteil entfallen.

296 Eine Ablehnung des hier formal einwandfreien, aber in der Sache wenig aussichtsreichen Beweisantrags kann der Vorsitzende nicht allein vornehmen; nach § 244 Abs. 6 bedarf es zur Ablehnung eines Beweisantrags eines **Gerichtsbeschlusses**. Dies wäre bei einem bloßen Beweisermittlungsantrag nicht erforderlich. Die Gründe der Ablehnung sind im Einzelnen darzulegen; eine formelhafte Wiederholung des Gesetzestextes genügt nicht[136]. Wird der Beweisantrag durch das Gericht zu Unrecht abgelehnt, ergibt sich daraus für § 338 Nr. 8 ein Revisionsgrund für den Angeklagten. Bei fälschlich abgelehnten Beweisanträgen der StA kann ein relativer Revisionsgrund nach § 337 gegeben sein. Der Gerichtsbeschluss, mit dem ein Beweisantrag abgelehnt wird, muss zwar nicht unbedingt sofort, aber doch bis zum Abschluss der Beweisaufnahme (§ 258) ergehen[137]. Eine Ausnahme bilden insoweit sog. **Hilfsbeweisanträge**, die für den Fall gestellt werden, dass das Gericht den Angeklagten verurteilen will. Hilfsbeweisanträge können aus der Natur der Sache hinaus erst mit der mündlichen Urteilsbegründung abschlägig beschieden werden[138]. Sie gelten als Sonderfälle der auch sonst zulässigen **bedingten** Beweisanträge, die ein Beteiligter unter der Voraussetzung stellt, dass eine bestimmte Prozesslage eintritt[139], z. B. das Gericht eine bestimmte Entscheidung trifft oder einen Zeugen für glaubwürdig hält. Vielfach wird vertreten, dass auch sonstige bedingte Beweisanträge, die nicht Hilfsbeweisanträge sind, erst im Urteil beschieden werden müssen, es sei denn, der Antragsteller erkläre ausdrücklich, dass er auf die Bescheidung durch Gerichtsbeschluss (d. h. vor dem Urteil) nicht verzichte[140]. Diese Fiktion eines Verzichts auf § 244 Abs. 6 S. 1 überzeugt nicht, denn sie widerspricht offensichtlich der Interessenlage des Antragstellers, dem gerade daran gelegen ist, vor dem Urteil die Auffassung des Gerichts zu der Beweisfrage zu erfahren.

297 Die *abschließende* Aufzählung der Ablehnungsgründe bei Beweisanträgen ergibt sich aus den Absätzen 3 S. 3 bis 5 des § 244. Der Gesetzgeber hat dabei Grundsätze festgeschrieben, die sich schon in der Rechtsprechung des Reichsgerichts nach und nach entwickelt hatten. Der gemeinsame Grundgedanke aller Ablehnungsgründe ist das **Verbot der Beweisantizipation**, d. h. der Vorwegnahme von Beweisergebnissen ohne Beweiserhebung[141]. Der für den **Augenscheinbeweis** geltende Abs. 5 stellt keinen wirklichen Ablehnungsgrund dar, denn das darin angesprochene pflichtgemäße Ermessen des Gerichts bedeutet nichts anderes, als dass hier die allgemeinen Grundsätze der Aufklärungspflicht (§ 244 Abs. 2) gelten[142]. Diese Regeln gelten auch für einen Auslandszeugen wie im Ausgangsfall[143]. Die Ablehnung versteht sich von selbst bei **Unzulässigkeit** der Beweiserhebung, z. B. körperlichen Eingriffen bei Zeugen, ohne dass § 81c Abs. 2 dies gestattet; Beweiserhebungen, die gegen § 136a verstoßen; Vernehmung eines Mitangeklagten als Zeugen usw.

---

136 OLG Düsseldorf NJW 92, 1521 f.; anders Rn. 285c.
137 BGHSt 19, 24, 26.
138 BGHSt 32, 10, 13; Ausn. bei KG StV 88, 518; BGH NStZ-RR 98, 14. Unzulässig, wenn Hilfsbeweisantrag auf verkappten „deal" hinausläuft, BGH NJW 95, 603; dazu *Kudlich* JuS 97, 507.
139 Vgl. BGHSt 29, 396; NStZ 89, 191; 91, 547; OLG Hamm NStZ-RR 00, 176; näher: *Scheffler* NStZ 89, 158; *Schlothauer* StV 88, 548; *Niemöller* JZ 92, 884. Unzul. Hilfsbeweisantrag gegen Schuldspruch bei BGH NStZ 98, 209.
140 KK-*Krehl* § 244, 93 m. w. N.; einschr. BGH StV 90, 149.
141 BGH NJW 97, 2762 ff.; *Alsberg*, Der Beweisantrag im Strafprozess, S. 415, 418, 589. Anders im Bußgeldverfahren (§ 77 Abs. 2 OWiG), aber OLG Celle NJW 10, 3794 („wie ein Ei dem anderen").
142 BGH NStZ 81, 310; 88, 88; *Kühne* 442 ff.
143 Außerdem für einen auf Verlesung von Ausgangsdokumenten gerichteten Urkundenbeweis (Reaktion auf BGH StV 16, 343).

298 Zu den echten Ablehnungsgründen gehört dagegen die **Offenkundigkeit** der Beweistatsache; das sind zum einen **allgemeinkundige** Tatsachen, d. h. solche, von denen verständige Menschen regelmäßig Kenntnis haben oder über die sie sich durch allgemein zugängliche Erkenntnismittel ohne besondere Fachkunde jederzeit zuverlässig unterrichten könnten[144], z. B. aus Lexika, Wikipedia, Zeitungen, Landkarten usw., und **gerichtskundige** Tatsachen, d. h. solche, die ein Richter des Spruchkörpers im Zusammenhang mit seiner amtlichen Tätigkeit in einem anderen Verfahren zuverlässig in Erfahrung gebracht hat[145]. Gerichtskundig können aber auch gesicherte Feststellungen anderer Richter aus deren Urteilen sein. In diesen Fällen kann aber beantragt werden, dass der Vorsitzende die Offenkundigkeit förmlich zu Protokoll anerkennt. Diese Grundsätze gelten auch, wenn das Gericht das Gegenteil der behaupteten Beweistatsache für offenkundig hält[146].

298a Ebenso wenig bedarf es der Beweiserhebung bei **Bedeutungslosigkeit** der Beweistatsache für die Entscheidung, die aber nur dann gegeben ist, wenn die Beweiserhebung auch bei ihrer glaubwürdigen Bestätigung auf das Urteil keinerlei Einfluss haben könnte[147]. Der Tatrichter darf Indiztatsachen nur als bedeutungslos ansehen, wenn sie selbst für den Fall ihres Erwiesenseins die Entscheidung nicht beeinflussen können, weil sie nur mögliche, aber nicht zwingende Schlüsse zulassen und das Gericht in freier Beweiswürdigung den möglichen Schluss nicht ziehen will, weil es ihn in Hinblick auf die gesamte Beweislage für falsch hält[148]. Beispielsweise kann die Entscheidungsbedeutung bei Beweistatsachen fehlen, die eine gar nicht angeklagte Tat oder einen bereits eingestellten Tatkomplex betreffen. Die unter Beweis gestellte Tatsache ist so, als sei sie erwiesen, in das aufgrund der bisherigen Beweisaufnahme erlangte Beweisergebnis einzustellen und im Wege einer prognostischen Betrachtung zu prüfen, ob hierdurch die bisherige Überzeugung des Gerichts – ggfs. in Anwendung des Zweifelssatzes – in einer für den Schuld- oder Rechtsfolgenausspruch bedeutsamen Weise erschüttert würde[149]. Der ablehnende Beschluss muss die Erwägungen anführen, aus denen der Tatrichter den im Beweisantrag behaupteten Tatsachen keine Bedeutung beimisst[150]; eine formelhafte Wiederholung des Gesetzestextes genügt nicht. Mit der Behandlung als „bedeutungslos" dürfen sich die späteren Urteilsgründe dann nicht in Widerspruch setzen[151].

298b Ist die Beweistatsache **schon erwiesen**, kann der Antrag gleichfalls abgelehnt werden. Grundsätzlich gilt zwar das Verbot der Beweisantizipation[152]. Ausnahmsweise darf aber ein Gericht – zugunsten oder zu Ungunsten des Angeklagten – einen Beweisantrag unter Vorwegnahme einer späteren Beweiswürdigung ablehnen, wenn eine Beweistatsache bereits feststeht. Das Gericht darf sich jedoch nicht darauf berufen, dass das *Gegenteil* der behaupteten Beweistatsache bereits erwiesen sei[153]. Auch bei diesem Ablehnungsgrund gilt, dass sich das spätere Urteil nicht mit den als erwiesen erachteten Tatsachen in Widerspruch setzen darf[154].

---

144 BGHSt 6, 292; dazu OLG Düsseldorf StV 92, 314; NJW 93, 2452 f. („es gibt kein Postwertzeichen über DM 65").
145 Vgl. BGHSt 10, 183; 34, 209, 210; 6, 292; 36, 354, 359; 45, 354, 357; wistra 91, 226; OLG Düsseldorf NJW 92, 1521. Aber nicht Erkenntnisse des beauftragten Richters, BGH NJW 00, 1204 f.
146 OLG Bamberg NStZ 15, 235.
147 BGH NJW 97, 2762 f.; BGH NStZ 92, 551, 567; 00, 436; wistra 95, 30; OLG Düsseldorf NJW 92, 1521.
148 BGH NJW 88, 501 f.; aber BGH NStZ-RR 12, 82 f.
149 BGH NStZ 19, 547 (auch bei Negativtatsachen); 19, 294, 232 (Hilfstatsachen); 18, 111 (Leasing); 16, 365 (innere Tatsachen); 15, 599 (tatsächliche); 354 (Begründungstiefe); 179 (Swinger-Club).
150 BGH NJW 05, 1132 f.
151 BGH StV 97, 338.
152 BGH StV 89, 187; KK-*Krehl* § 244, 65. Näher *Schweckendieck* NStZ 97, 257.
153 Ausnahme beim weiteren Sachverständigen nach § 244 Abs. 4; s. Rn. 303.
154 BGH NStZ 89, 83.

299 Völlige **Ungeeignetheit** des Beweismittels berechtigt zur Ablehnung, die gegeben ist, wenn es sich um ein Beweismittel handelt, dessen Inanspruchnahme von vornherein gänzlich nutzlos wäre, so dass die Erhebung sich in einer reinen Förmlichkeit erschöpfen müsste; die völlige Ungeeignetheit muss sich aus dem Beweismittel selbst ergeben. Das sonstige Ergebnis der Beweisaufnahme darf hierzu nicht herangezogen werden; es gilt ein strenger Maßstab[155]. Notfalls ist die Frage der Eignung im Freibeweisverfahren zu klären[156]. Geringer Beweiswert bedeutet noch nicht *völlig* ungeeignet[157], aber nicht schon, wenn er aus den vorhandenen Anknüpfungstatsachen keine eindeutigen Schlüsse ziehen, sondern nur Wahrscheinlichkeitsaussagen tätigen kann[158]. Völlig ungeeignet kann auch ein sich im Ausland aufhaltender Zeuge sein, der nur audiovisuell (§ 247a) vernommen werden kann, dieser Weg dem Richter aber im konkreten Fall als absolut untauglich erscheint, zur Sachaufklärung beizutragen und die Beweiswürdigung zu beeinflussen[159]. Wegen des Verbots der Beweisantizipation darf die völlige Ungeeignetheit des Beweismittels nicht auf das bisherige Beweisergebnis gestützt werden. Beispielsweise ist die Benennung eines Sachverständigen zu einem Beweisthema, zu dem es keine gesicherten wissenschaftlichen Erkenntnisse gibt wie bei parapsychologischen Erscheinungen, völlig ungeeignet[160]. Völlig ungeeignet soll auch ein Zeuge sein, der von vornherein als ganz und gar unglaubwürdig zu betrachten ist[161]. Enge Beziehungen zum Beschuldigten, Tatbeteiligung und Vorstrafen wegen Aussagedelikten sind für sich genommen nicht ausreichend. Daher ist es im Fall nicht zulässig, den Beweisantrag des V. wegen völliger Uneignung des Z. als Zeugen abzulehnen, auch wenn er wegen Meineides vorbestraft ist.

300 **Unerreichbarkeit** des Beweismittels ist als Ablehnungsgrund gegeben, wenn das Gericht unter Beachtung der ihm obliegenden Aufklärungspflicht alle der Bedeutung des Zeugnisses entsprechenden Bemühungen zur Beibringung desselben vergeblich entfaltet hat und auch keine begründete Aussicht besteht, dass dieses in absehbarer Zeit beigebracht werden kann[162]. Die Unerreichbarkeit kann sich aus rechtlichen oder tatsächlichen Gründen ergeben. Beispielsweise führt die abschließende Versagung oder Beschränkung der Aussagegenehmigung nach § 54 zur Unerreichbarkeit[163]. Im Ausgangsfall muss sich das Gericht einen persönlichen Eindruck von der Glaubwürdigkeit des Z. verschaffen und kann sich nicht mit der Verlesung eines Vernehmungsprotokolls begnügen, das ein ausländischer Richter oder ein Konsularbeamter aufgenommen hat. Bemühungen, den Z. zum Erscheinen zu veranlassen, sind hier deshalb aussichtslos, weil sich Z. wegen einer Straftat abgesetzt hat. Bei dem Befolgen einer Ladung im Inland müsste er mit dem Vollzug der Strafhaft rechnen. Die Zusicherung sicheren Geleits (§ 295) kommt nicht in Betracht, weil dadurch nur vom Vollzug der Untersuchungshaft, aber nicht der Strafhaft verschont werden kann; gegen Z. liegt bereits ein rechtskräftiges Urteil vor (vgl. § 295 Abs. 3)[164]. Daher könnte der Beweisantrag des V., gestützt auf den Ablehnungsgrund der Unerreichbarkeit, zurückgewiesen werden, falls auch eine audio-visuelle Vernehmung nach § 247a ausscheidet[165].

---

155 BGH NJW 89, 1045 f.; BVerfG NJW 04, 1443.
156 BGH NStZ 19, 103 (morphologischer Gutachter und Videoaufnahme); zur Unterscheidung um Beweisziel: BGH NStZ-RR 14, 316.
157 BGH StV 97, 338 (anthropologisch-morphologisches Vergleichsgutachten); NStZ 00, 156 (Zeuge).
158 BGH NStZ 12, 345.
159 BGHSt 55, 11, 22, wo aber der Fall gerade abgelehnt wird.
160 BGH NJW 78, 1207.
161 KG JR 83, 479; zurecht krit. *Kühne* 450. S. auch BGH NJW 97, 2764. u. U. ist auch ungeeignet ein Zeuge, der abschließend erklärt hat, er werde von seinem ZVR Gebrauch machen, BGH NStZ 82, 126.
162 BGHSt 29, 390; NJW 91, 186.
163 BGHSt 33, 70, 72; 83, 87 ff.; NJW 88, 2187 f.; NStZ 81, 32; s. Rn. 143 ff.; 108a.
164 Zum sicheren Geleit BGHSt 32, 68, 73 f.
165 Vgl. BGHSt 55, 11, 22.

Allerdings ist auch auf Zeugen, deren Ladung im **Ausland** zu bewirken wäre, der schon **301**
für den **Augenscheinbeweis** allgemein geltende Ablehnungsgrund des § 244 Abs. 5 zu
erstrecken, wonach das Gericht die Beweiserhebung nach **pflichtgemäßem Ermessen**
ablehnen kann, wenn es diese zur Erforschung der Wahrheit nicht für erforderlich erachtet[166]. Maßgebendes Kriterium ist daher, ob die Erhebung des beantragten Beweises ein
Gebot der Aufklärungspflicht ist; das Verbot der Beweisantizipation gilt insoweit
nicht[167]. Angesichts der möglicherweise prozessentscheidenden Bedeutung der Aussage
des Alibizeugen Z. wird man aber auch nach der jetzigen Gesetzesfassung des § 244
Abs. 5 nicht einfach unterstellen dürfen, der Z. werde das Alibi nicht glaubhaft bestätigen. Die Aufklärungspflicht gebietet höhere Anstrengungen des Gerichts, wenn es um
maßgebliche Zeugen geht als beim Augenscheinbeweis, der zumeist nur das Überzeugungsbild abrundet. Eine Ablehnung des Beweisantrags nach § 244 Abs. 5 muss vorliegend daher als unzulässig betrachtet werden[168].

Wahrunterstellung wirkt als Ablehnungsgrund nur zugunsten des Angeklagten. Sie **302**
besteht darin, dass eine erhebliche Behauptung, die zur Entlastung des Angeklagten
bewiesen werden soll, so behandelt werden kann, als wäre die behauptete Tatsache wahr.
Nicht ausreichend konkretisierte, unklare oder in sich widersprüchliche Beweistatsachen dürfen nicht als wahr unterstellt werden; geschieht dies dennoch, so ist das Gericht
an diese Zusage gebunden, als wenn es sich um eine konkretisierte Beweisbehauptung
gehandelt hätte[169]. Von dem Ablehnungsgrund der Wahrunterstellung wird recht häufig
Gebrauch gemacht, wobei aber nicht selten verkannt wird, dass dies nur bei den Angeklagten entlastenden Behauptungen nach dem Gesetz zulässig ist[170]. Die Wahrunterstellung stellt nur eine Vorwegnahme des Grundsatzes *in dubio pro reo* dar, um dem Gericht
überflüssige Beweiserhebungen zu ersparen[171]. Falls das Gericht die Beweistatsache als
unerheblich ansieht, darf es keine Wahrunterstellung vornehmen, sondern muss den Ablehnungsgrund der fehlenden Entscheidungsbedeutung wählen. Allerdings kommt es
nach der Rechtsprechung dafür nur auf den *Zeitpunkt des Ablehnungsbeschlusses* an[172];
falls sich bis zum Zeitpunkt der Urteilsberatung aus dem weiteren Verfahrensablauf
doch die Unerheblichkeit ergeben hat, verneint die Rechtsprechung eine Verpflichtung
des Gerichts, den Antragsteller auf einen Wechsel der Bewertung hinzuweisen[173]. Die
späteren Urteilsgründe dürfen mit der als wahr unterstellten Tatsache nicht in **Widerspruch** stehen[174]. Das Gericht muss bei der Urteilsfindung die Zusage einer bis zum
Schluss unwiderrufen gebliebenen Wahrunterstellung einlösen. Das Gericht könnte
zwar die Wahrunterstellung widerrufen, müsste den Angeklagten und Verteidiger vor
der Urteilsverkündung aber davon unterrichten und Gelegenheit geben, sich auf die
veränderte Sachlage einzustellen. Wenn dies nicht geschieht, verletzt das Gericht den
Anspruch des Angeklagten auf ein faires Verfahren und verstößt auch gegen § 244 Abs. 3

---

166 BGH NStZ 98, 158; 94, 593; StV 97, 511; 283; NJW 94, 1484; Aufwand darf berücksichtigt werden, BGH NJW 02, 2405. BVerfG NJW 97, 999 f. bestätigt Verfassungsmäßigkeit.
167 BGH NJW 94, 1484; 01, 695; NStZ 94, 554; 94, 593. Zur notwendigen Begründungstiefe: OLG Köln Beschl. v. 11.4.2008 – 81 Ss 189/07 – 49/08.
168 In diese Richtung tendierend wohl auch BGH StV 94, 283. Auch die Möglichkeit des § 247a ist in Betracht zu ziehen; BGH NJW 99, 3788; 00, 2517; s. Rn. 287a. Ausführl. *Rose* NStZ 12, 18; *Roth* NStZ 14, 551; *Hettich* NStZ 19, 647. S. auch Kap. III des Europäischen Rechtshilfeabkommens.
169 BGH NStZ 18, 48.
170 BGH NJW 07, 2566. = BGHSt 51, 364 ff.
171 Zu den Grenzen der Wahrunterstellung: BGH StV 90, 293; wistra 90, 196; NJW 00, 443 (Krenz).
172 BGH GA 72, 272.
173 BGH NStZ 81, 86; einschr. BGHSt 30, 383; a. A. *Gössel* § 29 C III c; *Schlüchter* 553.4.
174 BGH NStZ 18, 48; 83, 567; NJW 89, 845; es dürfen aber andere als die gewünschten Schlüsse gezogen werden, BGH StV 90, 7.

S. 2, so als ob der Beweisantrag von vornherein mit einer unzutreffenden Begründung abgelehnt worden wäre[175].

303 Ein Beweisantrag auf Bestellung eines Sachverständigen muss – anders als bei Zeugen – nicht unbedingt eine Tatsachenbehauptung i. e. S. zum Gegenstand haben, denn ein Sachverständiger kann dem Gericht auch allgemeine wissenschaftliche Erkenntnisse und Schlussfolgerungen vermitteln. Daher muss hier die notwendige Beweisbehauptung im Antrag weiter ausgelegt werden[176]. Ein weiterer gravierender Unterschied zum Antrag auf Zeugenbeweis besteht darin, dass die Person des Sachverständigen nicht konkret benannt werden muss, denn nach § 73 trifft die Auswahl des Sachverständigen der Richter. Der Antragsteller kann hinsichtlich der Person des Sachverständigen also nur Anregungen aussprechen. Besitz der erforderlichen Sachkunde durch das Gericht selbst führt zur Ablehnung von Beweisanträgen auf Vernehmung eines **Sachverständigen**[177]. Weitergehende Ablehnungsgründe sieht das Gesetz vor, wenn bereits ein Sachverständiger gehört wurde und die Vernehmung eines **weiteren Sachverständigen** Inhalt des Beweisantrages ist (§ 244 Abs. 4)[178]. Nach § 244 Abs. 4 S. 2 kann ein solcher Antrag mit der Begründung abgelehnt werden, durch ein früheres Gutachten sei das Gegenteil der behaupteten Tatsache bereits erwiesen. Ohne diese Regelung könnte die Hauptverhandlung zu einem endlosen „Expertenkrieg" verschleppt werden. Ihre Begrenzung erfährt diese krasse Ausnahme vom Verbot der Beweisantizipation durch § 244 Abs. 4 S. 2, 2. HS: bei zweifelhafter Sachkunde des früheren Gutachters[179]; wenn dieser von unzutreffenden Voraussetzungen ausgegangen ist; wenn das Gutachten Widersprüche enthält oder wenn ein neuer Sachverständiger über überlegene Forschungsmittel verfügt. Forschungsmittel in diesem Sinne sind Hilfsmittel und Verfahren, deren sich der Sachverständige für seine wissenschaftlichen Untersuchungen bedient und deren Anwendung auch den Erstgutachter in entscheidungserheblicher Weise zu einem zuverlässigeren und überzeugenderen Ergebnis hätte gelangen lassen[180]. Gemeint sind nur solche Forschungsmittel, die infolge Ausbildung, Forschung, technischer Möglichkeiten, Institutsausstattung und Erkenntnismöglichkeit dem wissenschaftlichen Verfügungskreis eines Sachverständigen zuzurechnen sind, aber z. B. nicht psychologische Explorationen, reichhaltigeres Beobachtungsmaterial[181] oder allgemein umfangreichere Kenntnisse. Den Beleg für alle diese Umstände zu führen, stellt hohe Ansprüche an den Beweisantragsteller, der sich dazu in ganz fremde Materien intensiv einarbeiten muss. Ist sein Antrag auf einen weiteren Sachverständigen erfolgreich, kommt dies der wissenschaftlichen „Vernichtung" des ersten Sachverständigen gleich.

304 Kein Beweisantrag ist erforderlich bezüglich der vom *Gericht* vorgeladenen und erschienen Zeugen und Sachverständigen sowie der von der *StA oder dem Gericht* gem. § 214 Abs. 4 herbeigeschafften sächlichen Beweismittel[182]. In diesen Fällen entsteht gem. § 245 Abs. 1 die Beweiserhebungspflicht ohne Weiteres. Dabei genügt noch nicht das

---

175 BGHSt 32, 44 ff.; zur Rüge der StA: BGH NJW 92, 2838.
176 Tendenziell so BGH NStZ 19, 628. Ferner zum Sachverständigenantrag: BGH NStZ 16, 116, 337, 342.
177 Vgl. BGH NStZ-RR 97, 171; StV 91, 245, 547; 90, 532; 86, 45; NStZ 90, 136; 87, 423; OLG Koblenz VRS 90, 136; Düsseldorf StV 91, 553; BayObLG ZLR 94, 308; eigene Sachkunde des Gerichts kann u. U. auch durch ein Gutachten erst vermittelt werden, BGH NStZ 84, 467; zu den Grenzen BGHSt 55, 5. Sachkunde nur eines Mitglieds eines Kollegialgerichts genügt, BGHSt 12, 18; a. A. *Gössel* § 29 C II c 9.
178 Dazu BGH NJW 89, 176 f.; StV 88, 371; zum weiteren Sachverständigen einer anderen Fachrichtung BGH NJW 87, 93.
179 Z.B. belegbar durch ein methodenkritisches Gutachten, BGHSt 46, 347 ff.
180 BGHSt 23, 176, 186.
181 BGH NJW 98, 2458, 2460 (auch nicht die Möglichkeit, den Angekl. zu untersuchen).
182 Aber z. B. nicht die vom *Angeklagten* gestellten Zeugen oder vom *Verteidiger* vorgelegten Schriftstücke; vgl. BGH NJW 94, 2904, 2906. Noch nicht erschienene Zeugen können abgeladen werden, BGH NStZ 19, 234.

körperliche Vorhandensein an Gerichtsstelle. Genauso wenig reicht zum Entstehen der Beweiserhebungspflicht nach § 245 Abs. 1 aus, dass Personen in der Anklageschrift als Beweismittel bezeichnet werden oder Gegenstände beschlagnahmt worden sind; vielmehr bedarf es neben dem Vorhandensein zusätzlich der Erklärung des Gerichts, den einzelnen Gegenstand als Beweismittel benutzen zu wollen; für ein Begehren der übrigen Prozessbeteiligten, gem. § 245 Abs. 1 die Beweisaufnahme auf **präsente Beweismittel** zu erstrecken, ist daher nur insoweit Raum, als das Gericht erklärt hat, im Gegensatz zu seiner früheren Meinung den Gegenstand oder die Person als Beweismittel doch nicht benutzen zu wollen[183].

In anderen Fällen bedarf es bei präsenten Beweismitteln eines besonderen **Beweisantrags**, der aber nach § 245 Abs. 2 nur unter noch engeren Voraussetzungen als sonst ablehnbar ist. Präsente Beweismittel i. S. d. Abs. 2 sind die *vom Angeklagten unmittelbar (§§ 220 i. V. m. 38) oder der StA* vorgeladenen und auch erschienenen Zeugen oder Sachverständigen – jedoch nicht die ohne Ladung nur *gestellten* Zeugen oder Sachverständigen – sowie die sonstigen herbeigeschafften sächlichen Beweismittel. Als Ablehnungsgründe kommen hier nur in Betracht: Unzulässigkeit, bereits Erwiesensein, Offenkundigkeit, völlige Uneignung, Prozessverschleppung. Als zusätzlichen Ablehnungsgrund führt § 245 Abs. 2 auf, dass zwischen dem Gegenstand der Urteilsfindung und der Beweiserhebung **kein Zusammenhang** besteht. Hiermit will der Gesetzgeber über den Ablehnungsgrund der Bedeutungslosigkeit nach § 244 Abs. 3 hinausgehen und nur das Fehlen jeglicher Sachbezogenheit der Beweistatsache, nicht nur mit der Urteilsfindung, sondern mit dem gesamten Verfahren, als Ablehnungsgrund für präsente Beweismittel begründen[184].
In der Praxis spielt die Möglichkeit einer Selbstladung durch den Angeklagten weniger bei Zeugen als bei Sachverständigen eine bedeutsame Rolle, da insoweit eine Möglichkeit eröffnet ist, am Auswahlrecht des Gerichts nach § 73 vorbei einen eigenen Sachverständigen in das Verfahren einzubringen, der – notfalls gegen den Willen des Gerichts – in der Hauptverhandlung angehört werden muss[185]. Allerdings hat der Angeklagte bei dem **präsenten Sachverständigen** in Kauf zu nehmen, dass er diesen über den Gerichtsvollzieher laden (§ 38) und eine Entschädigung anbieten (§ 220 Abs. 2) muss; auch kann der präsente Sachverständige nur zu solchen Fragen vernommen werden, die er sofort zu beantworten vermag, ohne dass er zur Vorbereitung eine Unterbrechung der Hauptverhandlung benötigt[186]. Er muss sein Gutachten aufgrund des Wissens erstatten, das er zum Zeitpunkt seiner Vernehmung bereits besitzt; Prozessverzögerungen dürfen aufgrund seiner Vorbereitungswünsche nicht entstehen. Soweit er sich allerdings *vor* der Hauptverhandlung vorbereiten möchte und zu diesem Zweck z. B. den Beschuldigten in der Untersuchungshaft aufsuchen will, darf seine Tätigkeit nicht durch das Gericht torpediert werden, z. B. durch willkürliche Verweigerung einer Besuchserlaubnis[187].

Gem. § 257 haben der Staatsanwalt, Verteidiger und der Angeklagte nach jeder einzelnen Beweiserhebung Gelegenheit, dazu eine Erklärung abzugeben[188]. Diese Erklärungen dürfen jedoch nicht den Schlussvortrag (**Plädoyer**) vorwegnehmen, der erst nach Abschluss der Beweisaufnahme zunächst vom Staatsanwalt, dann vom Angeklagten oder

---

183   BGHSt 37, 168, 171 f.; zu präsenten Beweismitteln: *Marx* NJW 81, 1415; *Arnoldi* NStZ 18,6.
184   *MG-Schmitt* § 245, 25.
185   Näher zu dieser Verteidigungsstrategie: *Widmaier* StV 85, 526 ff.
186   BGH StV 93, 340 ff.; ferner NJW 98, 2461; 97, 3180 f.; *Detter* NStZ 98, 61. Zur Entschädigung: OLG München NStZ 81, 450.
187   BGH NJW 97, 3180 f.
188   Zur Bedeutungsaufwertung der Vorschrift durch BGH NJW 92, 1463 (Rügeverlust eines Beweisverwertungsverbots infolge unterlassener Beschuldigtenbelehrung), s. Rn. 31.

seinem Verteidiger gehalten wird. Das Plädoyer des Staatsanwalts[189] enthält eine zusammenfassende Würdigung des Ergebnisses der Beweisaufnahme, die in einem bestimmten Antrag auf Bestrafung oder auf Freispruch des Angeklagten gipfelt. Eine Bindung des Gerichts an den Antrag des Staatsanwalts besteht nicht; der Schlussantrag hat rein empfehlenden Charakter. Das Plädoyer des Verteidigers[190] setzt sich meist kritisch mit der Argumentation der StA auseinander, so dass dem Staatsanwalt ein Recht auf Erwiderung zusteht (§ 258 Abs. 2). Einen bestimmten Antrag braucht der Verteidiger nicht zu stellen und wird dies auch meist nur tun, wenn er einen Freispruch seines Mandanten erstrebt. An sich gilt auch während der Plädoyers der Grundsatz der Öffentlichkeit, jedoch sind Einschränkungen möglich[191].

305a Dem Angeklagten steht nach § 258 Abs. 2, 2. HS, Abs. 3 **das letzte Wort** zu. Die Vorschrift verfolgt den Zweck, dem Angeklagten die Möglichkeit einzuräumen, seine Auffassung noch unmittelbar vor der Beratung und Verkündung des Urteils darlegen zu können[192], was psychologisch erhebliche Wirkung entfalten kann. Es handelt sich nur um ein Recht und keine Pflicht der Angeklagten, die in der Praxis häufig aus gutem Grund dem Ratschlag folgen, sich nur den Ausführungen ihres Verteidigers anzuschließen[193], um sich nicht noch zu guter Letzt um den Kopf zu reden. Dass es sich um das „letzte" Wort handeln muss, ist wörtlich zu nehmen; meldet sich danach noch eine andere Person z. B. ein Verteidiger zu Wort (ausgenommen natürlich ein anderer Mitangeklagter, dem ebenfalls ein letztes Wort zusteht), so muss das letzte Wort erneut erteilt werden[194]. Dies gilt erst recht, wenn man sogar wieder in die Verhandlung eingetreten ist[195]. Ein Wiedereintritt liegt nicht nur in jeder Prozesshandlung, die ihrer Natur nach in den Bereich der Beweisaufnahme fällt, sondern bereits in jeder Handlung, in der sich der Wille des Gerichts zum Weiterverhandeln in der Sache zeigt[196], z. B. auch Rückfragen des Gerichts. Es gibt auch kein „allerletztes Wort"[197].

III. Urteil

306 A. ist vor dem Schöffengericht wegen Trickdiebstahls in einem Selbstbedienungsladen angeklagt worden. Im letzten Wort des Angeklagten gibt er die Tat zu. Bei der anschließenden Beratung wollen die Schöffen den A. im Sinne der Anklage für schuldig sprechen, während der zu Ausbildungszwecken im Beratungszimmer anwesende Rechtsreferendar ungefragt erklärt, nach h. M. sei die Tat als Betrug anzusehen. Der Vorsitzende möchte dagegen am liebsten das Verfahren einstellen, da die Tat möglicherweise verjährt sei. Schließlich überstimmen die beiden Schöffen, ein Lehrer und eine Hausfrau, den Vorsitzenden und verlangen von ihm die Verkündung und Begründung des Urteils.

---

189 Einzelheiten zum empfohlenen Inhalt Nr. 138 RiStBV; zum Fall der Weigerung des Staatsanwalts, ein Plädoyer zu halten: OLG Stuttgart NStZ 92, 98.
190 Bei Weigerung des Verteidigers kann weiterverhandelt werden, BGH NStZ 81, 295; zur Vorbereitungszeit: KG NStZ 84, 523.
191 Wenn für Teile der Hauptverhandlung die Öffentlichkeit zum Schutz von Persönlichkeitsrechten nach § 171b GVG ausgeschlossen waren, ist auch für das gesamte Plädoyer keine Öffentlichkeit zugelassen, BGH NStZ 19, 549; 18, 620, 180; NStZ-RR 19, 321.
192 BGH NStZ 93, 551; NJW 03, 1131 f.; bei Unterlassung: Revisionsgrund BGHSt 22, 278; NJW 90, 1613.
193 Zu Formulierungen: BGH StV 99, 5.
194 BGHSt 48, 181 = BGH NJW 03, 113 1; dazu *Rübenstahl* GA 04, 33.
195 BGH NStZ 86, 470; 85, 464; 88, 512; 93, 94; NStZ 12, 587; NStZ-RR 12, 152. OLG Düsseldorf StraFO 00, 193.
196 BGH NJW 18, 414; NStZ 19, 426 („Erörterung der Sach- und Rechtslage"), aber nicht bei der bloßen Entgegennahme von Hilfsbeweisanträgen, BGH NStZ 18, 489.
197 BGH NStZ-RR 17, 349.

Prozesshindernisse (= fehlende Verfahrensvoraussetzungen) sind in jeder Lage des Verfahrens – selbst in der Revision – von Amts wegen zu beachten. Als Verfahrenshindernisse kommen nur solche Umstände in Betracht, die nach dem ausdrücklich erklärten oder dem Zusammenhang ersichtlichen Willen des Gesetzes für das Strafverfahren so schwer wiegen, dass von ihrem Nicht-Vorliegen die Zulässigkeit des Verfahrens im Ganzen abhängig gemacht werden muss[198]. Als anerkannte Prozesshindernisse gelten insbesondere: Verjährung, fehlender Strafantrag (bzw. -ermächtigung), anderweitige Rechtshängigkeit[199], Strafklageverbrauch[200], Fehlen deutscher Gerichtsbarkeit, Unwirksamkeit des Eröffnungsbeschlusses[201]. Sie lassen – ungeachtet ihres gesetzessystematischen Standorts (z. B. auch im StGB wie beim Strafantrag und der Verjährung) – das kriminalethische Unwerturteil des materiellen Strafrechts unberührt und sagen nur etwas über die Frage aus, ob das *Verfahren* durchgeführt werden soll[202]. **307**

Auch die **Verhandlungsfähigkeit** des Angeklagten ist Verfahrensvoraussetzung, d. h. der Angeklagte muss in der Lage sein, seine Interessen innerhalb und außerhalb der Hauptverhandlung vernünftig wahrzunehmen, die Verteidigung in verständiger und verständlicher Weise zu führen sowie Prozesserklärungen abzugeben und entgegenzunehmen[203]. Indes führt nicht jede Einschränkung geistiger, psychischer und körperlicher Fähigkeiten zur Wahrnehmung von Verteidigungsrechten gleich zur Verhandlungsunfähigkeit, da auch in diesen Fällen die Schuld- und Straffrage in einem rechtsstaatlichen Verfahren geklärt werden muss[204]. Die Grenze zur Verhandlungsunfähigkeit ist erst überschritten, wenn dem Angeklagten auch bei Inanspruchnahme von verfahrensrechtlichen Hilfen wie dem Verteidiger, einem Dolmetscher usw. eine selbstverantwortliche Entscheidung über grundlegende Fragen seiner Verteidigung und eine sachgerechte Ausübung der von ihm persönlich auszuübenden Verteidigungsrechte nicht mehr möglich ist[205]. **307a**

Die Rechtsprechung verfolgt gegenüber Konstruktionen des Schrifttums, durch welche gesetzlich nicht eindeutig ableitbare, neuartige Prozesshindernisse geschaffen werden sollen, berechtigt eine restriktive Linie. So ist ein Verfahrenshindernis der **überlangen Verfahrensdauer** grundsätzlich nicht anzuerkennen, unangemessene Verfahrensverzögerungen wirkten sich grundsätzlich nur im Bereich der Einstellungsmöglichkeiten nach dem Opportunitätsprinzip (§§ 153 ff.) und auf das Strafmaß aus[206]; der BGH ist insoweit zur sog. Vollstreckungslösung übergegangen und behandelt von der Justiz zu verantwortende Verfahrensverzögerungen, als ob ein Teil der verhängten Strafe bereits vollstreckt worden wäre[207]. Ein Prozesshindernis, welches zu einer Einstellungsentscheidung führt, ist entgegen der überholten Auffassung von der „Selbstbeendigung" des Verfahrens auch der Tod des Angeklagten[208]. Überhaupt sind fehlerhafte und auch un- **307b**

---

198 Vgl. BGHSt 15, 287, 290; 32, 345, 350, 36, 294 f.S. Aufstellung bei *Beulke* 273 ff.
199 Vgl. BGH NStZ 20, 235.
200 S. Rn. 275. Zu den Beweisgrundsätzen: BGH NJW 01, 1734.
201 Vgl. dazu Rn. 279.
202 S. Rn. 3.
203 BGH NJW 95, 1951 (Mielke); 1973 (im Revisionsverfahren); BVerfG NJW 05, 2382 (Risikoschwangerschaft).
204 KG NStZ 16, 374; OLG Düsseldorf NJW 98, 395 f.
205 BVerfG NStZ 95, 391; OLG Düsseldorf NJW 98, 396.
206 BVerfG NJW 03, 2225; 1897; 95, 1277 f.; 92, 2472 f.; enger: NJW 84, 967; 93, 3254 ff.; BGHSt 35, 137 ff.; Ausnahmefall: BGH NStZ 88, 283; wistra 99, 190; NJW 03, 2759; 01, 1146; StraFO 02, 266; bedenkl. daher OLG Zweibrücken NStZ 89, 134; LG Berlin StV 91, 371 (Schmücker); Bad Kreuznach NJW 93, 1725. Rüge in Revision hier erforderl.; BGH wistra 99, 139. Näher *Vogelsang* NJW 94, 1845. S. auch Rn. 272.
207 BGH NJW 08, 860; 09, 3734; 16, 1972; wistra 19, 407; *Ignor/Bertheau* NJW 08, 2209; zur Übergangszeit: BGH NJW 08, 2451; Verzögerungen im Ausland: BGH NJW 11, 3314.
208 Seit BGHSt 45, 108; zuletzt BGH NJW 12, 2822.

faire Vorgehensweisen der Strafverfolgungsorgane nicht geeignet, Verfahrenshindernisse zu begründen, sondern führen nur im Einzelfall zu Beweisverwertungsverboten[209]. Die gegenteilige Position entspringt dem Denken in den Kategorien des Parteiprozesses und liefe auf eine informale Disposition der Strafverfolgungsbeamten über die Strafverfolgung im Einzelfall hinaus[210]. Daher führt auch der Einsatz von **Lockspitzeln** (*agents provocateurs*) nicht zu einem Prozesshindernis, sondern selbst bei intensiver Einwirkung nur zur Strafmilderung[211].

308 Stellt sich nach Eröffnung des Hauptverfahrens ein nicht behebbares Prozesshindernis heraus, so muss das Gericht durch **Beschluss nach** § 206a das Verfahren endgültig einstellen. Hat jedoch – wie hier – die Hauptverhandlung einmal begonnen, so bedarf es zur Erledigung der Instanz eines **Urteils**[212]. Bei fehlenden Verfahrensvoraussetzungen handelt es sich dann um ein sog. **Prozessurteil** gem. § 260 Abs. 3, das inhaltlich auf „Einstellung" lautet. Beschlüsse und Urteile unterscheiden sich dadurch, dass Urteile in jedem Fall instanzerledigende Entscheidungen sind, die aufgrund einer Hauptverhandlung ergehen[213]. Ist dagegen das Gericht der Auffassung, Verfahrenshindernisse bestünden nicht, so muss ein **Sachurteil** gefällt werden, das Aufschluss über das Bestehen eines Strafanspruchs und dessen eventuelle Höhe gibt. Es lautet auf „Freispruch" oder auf Schuldigsprechung einer oder mehrerer Straftaten i. V. m. der Verurteilung zu einer bestimmten Freiheits- oder Geldstrafe. Es beinhaltet auch die Nebenstrafen (z. B. Fahrverbot nach § 44 StGB) und Nebenfolgen (z. B. Maßregeln der Sicherung und Besserung) der Tat[214]. Durch die Neuregelung des Rechts der Vermögenseinziehung aus dem Jahr 2017[215] ist die nunmehr obligatorische Einziehung von Taterträgen (§ 73 StGB) zu einem zentralen Gegenstand des Urteils geworden, zuweilen für den Angeklagten einschneidender als die Strafe. Nur unter engen Voraussetzungen kann das Gericht nach § 421 Abs. 1 mit Zustimmung der StA von einer an sich gegebenen Einziehung absehen. Prinzipiell geht das Eigentum an dem eingezogenen Gegenstand auf den Staat über, es sei denn, das Opfer macht binnen 6 Monate nach Rechtskraft des Urteils seine Ansprüche geltend (§ 75 StGB, § 459j StPO).

308a Die Urschrift des Urteils darf nicht wieder aus den Akten entfernt werden[216]. Die Urteilsformel wird auch als **Tenor** bezeichnet und später vollstreckt. Welcher Straftatbestand Gegenstand des Schuldspruchs ist, hat das Gericht unabhängig von der Ansicht der StA zu beurteilen. Solange nur die Identität des Verfahrensgegenstandes (Tat im prozessualen Sinne) gewahrt bleibt[217], muss das Gericht natürlich seine Entscheidung auf dem letzten Erkenntnisstand der Beweisaufnahme aufbauen (§ 264 Abs. 1). Eine Bindung an die rechtliche Würdigung der Anklageschrift besteht nicht (§ 264 Abs. 2). Das Gericht hat nur vor Urteilsfällung dem Angeklagten Gelegenheit zur Umstellung

---

209 BGHSt 33, 283; vgl. auch NJW 87, 3087; 84, 1907; 85, 2838; NStZ 84, 466; dies gilt auch für Zusagen der StA, BGH NJW 90, 1924, oder Völkerrechtsverstöße, BVerfG NJW 95, 651 f. Ausn.: Verfahrenshindernis aus dem Übermaßverbot für DDR-Spione, die vom Territorium der DDR aus agiert haben; BVerfG NJW 95, 1811, 1816 f.; BayObLG NJW 96, 669.
210 Dazu eingehend BGHSt 32, 345, 353.
211 BGHSt 32, 345; 33, 356 (Gr. Senat); 45, 321; BGH NStZ-RR 00, 240; NJW 00, 1123; 15, 1083; BayObLG NStZ 99, 527; weitergehend: EGMR StV 99, 127; *Kudlich* JuS 00, 951.
212 Vgl. KG NJW 93, 947 (Honecker); aber Freispruch vorrangig, wenn Unschuld bereits feststeht, MG-*Schmitt* § 260, 44.
213 *Kühne* 547; instanzerledigende Beschlüsse: §§ 153 Abs. 2; 153a Abs. 2; 206b.
214 Auflagen und Weisungen bei Aussetzung der Strafe zur Bewährung werden jedoch durch besonderen Beschluss auferlegt (§ 265a).
215 Dazu *Köhler* NStZ 17, 497, 665; *Trüg* NJW 17, 1913; *Reh* wistra 18, 414; *Binder* NZWiSt 19, 411; BR-Drucks. 237/17. S. auch Rn. 194.
216 Vgl. BGHR StPO § 274 Abs. 1 S. 1 Urteilsurkunde 1; KK-*Greger* § 275, 59.
217 Z.B. kann es daran bei neuen Tatzeiten fehlen; BGH NJW 00, 3293; s. Rn. 276.

seiner Verteidigung zu geben, indem es gemäß § 265 auf die **Veränderung des rechtlichen Gesichtspunktes** hinweist. § 265 konkretisiert den nach Art. 103 Abs. 1 GG gewährleisteten Anspruch auf rechtliches Gehör[218]. Dabei genügt jeder Hinweis den Anforderungen des § 265, der den Angeklagten und seinen Verteidiger in die Lage versetzt, die Verteidigung auf den neuen rechtlichen Gesichtspunkt einzurichten[219]. Hätte z. B. im Ausgangsfall der Referendar mit seiner Ansicht, es habe sich um einen Betrug gehandelt, Recht gehabt, so dürfte kein Urteil ergehen, bevor nicht der Angeklagte gem. § 265 auf die Möglichkeit einer Verurteilung nach § 263 StGB, der dann verlesen werden sollte, aufmerksam gemacht worden ist. Über Veränderungen gegenüber der Anklageschrift bzw. dem Eröffnungsbeschluss in rechtlicher Hinsicht hinaus, hat der Gesetzgeber nunmehr die Hinweispflicht nach § 265 bedeutsam erweitert (Abs. 2 Nr. 3). Auch bei einer veränderten *Sachlage*, welche zu seiner genügenden Verteidigung der Angeklagte kennen muss, ist der Hinweis jetzt auch vorgeschrieben[220]. Er kann dann einen Antrag auf Aussetzung des Verfahrens stellen, mit dem er eventuell das ganze Verfahren sprengen könnte (Abs. 3).

309 Stellt das Gericht in der Beweisaufnahme ein von der angeklagten Tat unabhängiges Ereignis fest, das einen Straftatbestand erfüllt, kann es diese Tat nicht gleich mit aburteilen. In diesen Konstellationen bedarf es grundsätzlich der Einleitung eines neuen Ermittlungsverfahrens durch die StA und einer weiteren Anklageschrift, die zum Hauptverfahren zugelassen werden muss. Rein rechtlich besteht auch die Möglichkeit der Erhebung einer mündlichen **Nachtragsklage** (§ 266) durch den Staatsanwalt in der Hauptverhandlung. Dieser Weg wird von der Praxis selten gegangen, da die Sachverhaltsaufklärung meist unvollständig ist und die Erhebung einer Nachtragsanklage von der Zustimmung des Angeklagten abhängt. Eine solche Zustimmung müsste der Angeklagte ausdrücklich und eindeutig erklären; es genügt nicht, dass er lediglich keine Einwendungen erhebt und sich auf den mündlich erhobenen Tatvorwurf einlässt[221]. Einer Wiederholung der bisherigen Beweisaufnahme zu dem neuen Anklagepunkt bedarf es nicht, falls eine klare Zustimmung erfolgt. Im Fall bedürfte es keiner Nachtragsklage, selbst wenn die Rechtsansicht des Referendars zutreffend gewesen wäre, sondern nur des rechtlichen Hinweises nach § 265, da ungeachtet der anderen rechtlichen Qualifizierung als „Betrug" nach wie vor dieselbe Tat im prozessualen Sinne Gegenstand des Verfahrens geblieben wäre.

310 Bei der Urteilsfindung entscheidet das Gericht über das Ergebnis der Beweisaufnahme nach seiner freien Überzeugung, die aber aus dem Inbegriff der Hauptverhandlung geschöpft werden muss (§ 261). Der **Grundsatz der freien Beweiswürdigung** besagt, dass der Richter *ohne Bindung an gesetzliche Beweisregeln* und nur seinem Gewissen verantwortlich prüft, ob er an sich mögliche Zweifel überwinden und sich von einem bestimmten Sachverhalt überzeugen kann[222]; ebenso wenig wie der Tatrichter gehindert werden kann, an sich mögliche, wenn auch nicht zwingende Folgerungen aus bestimm-

---

[218] BGH NJW 88, 501; z. B. Austausch der Bezugstat bei Verdeckungsmord, BGHSt 56, 121; zum System des § 265: *Wachsmuth* ZRP 06, 121.
[219] BGH NJW 85, 2488; z. B. bezügl. Täterschafts- oder Teilnahmeform, BGH NStZ 92, 292; 95, 247; StV 96, 82; Sachverhaltsannahmen, BGH StV 91, 502; Tatzeit, BGH StV 91, 149; NStZ 94, 502; Konkurrenzen, BGH StV 91, 101; 96, 584; Tatbestandsalternativen: BGH StV 97, 237; Abweichung von „Zusicherungen", BGH NJW 89, 2270; NStZ 97, 561; Berücksichtigung nach §§ 154, 154a ausgeschiedener Teile, BGH NJW 83, 1504; NStZ 94, 195; OLG Oldenburg NJW 09, 3669: Übergang von Widerstand zu Vollrausch; aber nicht: besondere Schwere: BGH NJW 96, 3285. Näher *Küpper* NStZ 86, 249.
[220] BGH NStZ 20, 97; dazu *Schlosser* NStZ 20, 267.
[221] BGH NJW 84, 2172; weniger streng sind die formalen Voraussetzungen des Einbeziehungsbeschlusses selbst, BGH NJW 90, 1055.
[222] BVerfG NJW 03, 2444; BGHSt 10, 208 f.; 29, 18 f.; BGH NJW 96, 1420 f. (Radarfoto); *Miebach* NStZ 20, 72.

ten Tatsachen zu ziehen, ebenso wenig kann ihm vorgeschrieben werden, unter welchen Voraussetzungen er zu einer bestimmten Folgerung und bestimmten Überzeugung kommen muss[223]. Der Grundsatz der freien Beweiswürdigung ist ein zentrales Element des deutschen Strafprozesses, mit dem er sich gegen überwundene frühere Epochen der Strafrechtsgeschichte und manche andere Rechtsordnung abhebt. Formale Beweisregeln wie z. B. das Erfordernis eines Geständnisses oder der Satz „zweier Zeugen Mund tut die Wahrheit kund" – wie aus früheren Rechtsepochen überliefert – haben sich letztlich stets als Irrweg erwiesen. Auch der Grundsatz der freien Beweiswürdigung ist indes nicht ohne Gefahren; er setzt ein hohes Vertrauen in die Qualität und das Berufsethos des einzelnen Richters voraus. Entscheidend ist nach § 261 nur die subjektive Gewissheit des Richters von der Schuld des Angeklagten, mögen auch intuitive Momente die persönliche Überzeugung des Richters beeinflussen. Der Richter ist weder durch eine bestimmte Anzahl von Zeugenaussagen noch deren Beeidigung noch ein Geständnis des Angeklagten oder an dessen Widerruf gebunden. **Vorfragen** aus anderen Rechtsgebieten beurteilt der Richter selbstständig, selbst wenn bereits ein Urteil eines anderen Gerichts vorliegen sollte (vgl. § 262).

311 Die Schuld des Angeklagten muss für den Richter ohne jeden Zweifel feststehen. Hat der Richter insoweit konkrete Zweifel, die nicht nur aus der allgemeinen Unzulänglichkeit des menschlichen Erkenntnisvermögens herzuleiten sind, muss er nach dem (materiellrechtlichen) Grundsatz **in dubio pro reo** von der für den Angeklagten günstigeren Möglichkeit ausgehen. Gründe, die zu *vernünftigen* Zweifeln in einer für den Schuldspruch relevanten Frage Anlass geben, stehen einer Verurteilung entgegen; der „vernünftige" Zweifel hat seine Grundlage in rationaler Argumentation, welche die Indizien, die zugunsten des Angeklagten sprechen, vollständig und in ihren sachverhaltsbedeutsamen Aspekten erfasst[224]. Der Satz *im Zweifel für den Angeklagten* ist nicht schon verletzt, wenn der Richter hätte zweifeln *müssen*, sondern nur, wenn er verurteilte, obwohl er gezweifelt *hat*[225]. Die Anwendung des Grundsatzes kann dazu führen, dass innerhalb desselben Verfahrens bei mehreren Angeklagten von der jeweils günstigsten Möglichkeit auszugehen ist, z. B. wenn sich die Angeklagten gegenseitig der Täterschaft bezichtigen und schließlich alle freigesprochen werden[226]. Der Zweifelssatz gilt aber nur bei der Beurteilung tatsächlicher Sachverhalte (auch der Stichhaltigkeit eines Alibis), nicht von **Rechtsfragen**[227]. Der Grundsatz in *dubio pro reo* ist keine Beweis-, sondern eine Entscheidungsregel; auf einzelne Elemente der Beweiswürdigung, Indizientatsachen und Anknüpfungstatsachen für Gutachten ist der Zweifelssatz daher nicht anwendbar[228]. Während an sich für **Verfahrensfragen**, die auch dem Freibeweis unterliegen, der Grundsatz *in dubio pro reo* nicht zur Anwendung kommt[229], muss bei Prozessvoraussetzungen nach ihrer Natur differenziert werden; jedenfalls für die Frage der Verjährung gilt *in dubio pro reo*[230]. Eine Abstufung des Zweifels, die zu den früher zulässigen Freisprüchen 2. Klasse („aus Mangel an Beweisen") führen konnte, lässt sich nicht durchführen. Ebenso wenig sind verschiedene Grade der subjektiven Gewissheit anzuerkennen; ein sog. Indizienprozess kann zu ebenso zuverlässigen Ergebnissen führen wie direkte Beweise (z. B. Tatzeugen).

---

223 BVerfG NJW 91, 2893 f. (Produzentenhaftung); OLG Bremen NZV 91, 41; dazu *Alwart* GA 92, 545.
224 BGH NJW 88, 3273 f.; NStZ-RR 99, 332; BVerfG NJW 03, 2444. Näher zum Grundsatz: *Foth* NStZ 96, 423; *Stuckenberg* JABl. 00, 568.
225 BVerfG NJW 88, 477; MDR 75, 468 f.
226 Vgl. BGH StV 96, 81; entsprechend ist bei allen Beteiligten von Beihilfe auszugehen, wenn von keinem die sichere Überzeugung der Täterschaft gewonnen werden konnte; vgl. BGH Urt. v. 7.5.1996 (1 StR 168/96). Bei Zeugensperrung: BGHSt 49, 122 (Motassdeq).
227 BGHSt 14, 68, 73; zum Alibi: BGH NJW 83, 1865 m. w. N.; zu Schätzungen: *Krause* StraFO 02, 249.
228 BGH NJW 07, 3792, 3794; 05, 2324.
229 BGHSt 51, 180, 183; 21, 4, 10.
230 Vgl. BGHSt 18, 274, 277; 46, 349.

312 Die **Grenzen** der freien Beweiswürdigung ergeben sich nach § 261 im Wesentlichen daraus, dass sich die Beweiswürdigung lediglich auf den **Inbegriff der Hauptverhandlung** stützen darf. Das bedeutet: nur zulässigerweise in die Hauptverhandlung eingebrachte Beweismittel dürfen die Überzeugungsbildung des Richters beeinflussen. Das ist beispielsweise nicht der Fall, wenn der Richter sich auf privat erlangte Erkenntnisse stützt[231], Aktenteile berücksichtigt, die entgegen §§ 249 ff. nicht in der Hauptverhandlung verlesen wurden usw. Im Übrigen darf das Gericht seine Befugnis zur freien Beweiswürdigung nicht willkürlich ausüben und muss die Beweise erschöpfend würdigen; es hat gesicherte wissenschaftliche Erkenntnisse (z. B. die 1,1-Promille-Grenze), die Gesetze der Logik und Erfahrungssätze des täglichen Lebens zu beachten[232]. Auch Beweisverwertungsverbote schränken die freie Beweiswürdigung ein[233]. Die Beweiswürdigung als solche ist aber grundsätzlich nicht überprüfbar; dem Revisionsgericht ist es daher verwehrt, die Beweiswürdigung des Tatrichters durch seine eigene zu ersetzen[234]. Jedoch kann es die Vertretbarkeit der Begründung der Überzeugungsbildung, Lücken in der Darstellung[235] und Widersprüche[236] feststellen und nimmt so eine wenigstens abgestufte Kontrolle der Überzeugungsbildung der Instanzgerichte vor. Die Überzeugungsbildung des Tatrichters ist letztlich nur dann fehlerfrei, wenn dieser sich mit allen wesentlichen für und gegen den Angeklagten sprechenden Umständen auseinander gesetzt hat[237]. Ist z. B. ein Radarfoto für die Überzeugung des Gerichts von der Schuld des Angeklagten ausschlaggebend gewesen, verlangt die Rechtsprechung des BGH, dass entweder dieses Foto selbst zum Bestandteil der Urteilsgründe wird oder eine so ausführliche Beschreibung in die Urteilsgründe aufgenommen wird, dass es dem Revisionsgericht möglich wird, die Vertretbarkeit der Überzeugungsbildung nachzuvollziehen[238]. Für Teilbereiche der Beweiswürdigung hat die Rechtsprechung Regeln entwickelt wie z. B. für Gruppenaussagen von Polizeibeamten[239], biostatistische Wahrscheinlichkeitsbeurteilungen[240], Aussage gegen Aussage[241], Aussagekonstanz[242] usw.

313 Die Urteilsfindung in ihrem technischen Ablauf erfolgt in geheimer **Beratung** der Mitglieder des erkennenden Gerichts, das sich dazu in aller Regel in das Beratungszimmer zurückzieht[243]. Gem. § 193 GVG dürfen dabei außer den zur Entscheidung berufenen Richtern nur noch die bei demselben Gericht zu ihrer juristischen Ausbildung beschäftigten Personen – wie hier der Referendar[244] – zugegen sein, aber nicht – wie im Ausgangsfall geschehen – an der Beratung selbst teilnehmen. Bei der **Abstimmung** wiegt die Stimme eines Schöffen nicht geringer als die eines Berufsrichters. Gem. § 263 bedarf es zu jeder für den Angeklagten nachteiligen Entscheidung über die Schuldfrage und Rechtsfolge einer Mehrheit von 2/3 der Stimmen[245]. Daher können beim Schöffenge-

---

231 BGH NJW 89, 2205 f.; OLG Frankfurt StV 83, 192.
232 BGHSt 29, 18, 20; BGH NJW 96, 1420 f. (Radarfoto); vgl. ferner BGHSt 16, 204 ff.; StV 87, 51, 288; 88, 514; NJW 88, 2898; NStZ 93, 95; s. auch Rn. 347a, 186b (wiederholtes Wiedererkennen).
233 S. Rn. 162.
234 BGHSt 10, 208, 210; 29, 18, 20.
235 Z.B. BGH NJW 19, 945; NStZ-RR 18, 16; 10, 152; 17, 383; NStZ 17, 600; OLG Düsseldorf NJW 98, 692.
236 BGH NStZ 97, 96 (widerlegte Einlassung).
237 Vgl. BGH NJW 88, 3273; 92, 252; 12, 3736 (Alternativgeschehen); OLG Köln NVZ 91, 122.
238 BGH NJW 96, 1420 ff. (Radarfoto).
239 KG NStZ 19, 360.
240 BGH NStZ 19, 169.
241 BGH NStZ 19, 42; 17, 551; NStZ-RR 18, 219; 16, 382.
242 BGH NStZ-RR 17, 52.
243 Ausnahmsweise kann eine erneute Beratung auch durch kurze Verständigung im Sitzungssaal erfolgen, BGH NJW 92, 3181 f.; aber die Beratung muss äußerl. erkennbar sein, BGH NStZ 92, 552; NStZ-RR 98, 142. Die Beratungsdauer ist revisionsrechtl. nicht angreifbar, BGH NJW 91, 50 f.; zur Urteilsberatung näher Michel DRiZ 92, 363.
244 Aber nicht schon ein Student, BGH NJW 95, 2645; dazu *Bayreuther* JuS 96, 686.
245 Ansonsten genügt die absolute Mehrheit: § 196 Abs. 1 GVG.

richt – wie hier – und bei der Kleinen Strafkammer die beiden Schöffen den Vorsitzenden überstimmen, der dieses aufgrund des **Beratungsgeheimnisses** aber nicht zu erkennen geben darf (§ 43 DRiG). § 197 GVG legt die Reihenfolge der Abstimmung fest: – falls vorhanden – zuerst der Berichterstatter, dann die Schöffen (nach Lebensalter: der jüngere zuerst), nunmehr die Berufsrichter (nach Dienstalter), zuletzt der Vorsitzende. Zum Abschluss der Beratung wird der Urteilstenor schriftlich fixiert und dann einschließlich der Kostenregelung am Schluss der Verhandlung *öffentlich* im Sitzungssaal **verkündet**. Dies muss spätestens am 11. Tage nach Schluss der Verhandlung geschehen (§ 268 Abs. 3 S. 2). Es folgen noch die mündliche Eröffnung der wesentlichen Urteilsgründe und eine Rechtsmittelbelehrung.

314 Die mündliche **Urteilsbegründung** hat nur vorläufigen Charakter; binnen fünf Wochen muss ein schriftlich abgefasstes Urteil zu den Akten gebracht werden (§ 275)[246]. Zur Fristwahrung genügt, dass der Richter das fertiggestellte Urteil in seinem Dienstzimmer zur Abholung bereit hält[247] Die Verletzung dieser Vorschrift wirkt sich als absoluter Revisionsgrund aus (§ 338 Nr. 7), wenn nicht unvorhersehbare und unabwendbare Umstände die Einhaltung der Frist unmöglich gemacht haben[248]. Die einmal zu den Akten gebrachte Urschrift des Urteils darf nicht wieder aus diesen entfernt und in dem Verteidiger nicht zugänglichen gesonderten Gerichtsakten versteckt werden[249]. Das **schriftliche** Urteil enthält nach dem Rubrum die Urteilsformel (Tenor) und die Liste der angewendeten Strafnormen. Darauf folgen die Gründe der Entscheidung, über deren Inhalt § 267 Einzelheiten festlegt. Grundsätzlich gilt, dass eine Gliederung in die Feststellung der für erwiesen gehaltenen Tatsachen[250] und in eine Beweiswürdigung erfolgt. Es gilt der **Grundsatz der Einheit der Urteilsgründe**, welcher indes nicht derart überstrapaziert werden darf, dass sich die Tatsachenfeststellungen unsystematisch verstreut an unterschiedlichster Stelle wiederfinden[251]. Da die schriftliche Urteilsbegründung die Grundlage einer eventuellen späteren Überprüfung durch ein Revisionsgericht darstellt[252], ist erhebliche Sorgfalt auf die Ausführlichkeit der Darstellung anzuwenden, da ansonsten die Aufhebung des Urteils droht[253]. Weichen schriftliche und mündliche Urteilsbegründung voneinander ab, so ist das schriftlich Festgehaltene entscheidend[254].

Die angewandten Strafvorschriften müssen genannt werden, wobei das Gericht zuweilen, aber nicht immer Rechtsausführungen macht. Eine klassische „Subsumtion" braucht nicht vorgenommen zu werden. Bedeutsamen Raum nehmen die Erwägungen des Gerichts zur Strafzumessung ein. Wird ein Urteil noch vor Ablauf der Begründungsfrist rechtskräftig, so können die Urteilsgründe gem. § 267 Abs. 4 abgekürzt werden[255]. Zur Vollständigkeit des schriftlichen Urteils ist die **Unterschrift** der Berufsrichter erfor-

---

[246] Verlängerungsmöglichkeit nach § 275 gegeben, wenn die Hauptverhandlung länger als drei Tage gedauert hat; zum Fall der Verhinderung einzelner Richter an der Unterschriftsleistung: BGH NStZ 93, 96; zum Schriftbild einer Unterschrift: OLG Oldenburg NJW 88, 2812. Zustellung bleibt bei fehlender Unterschrift wirksam: BGHSt 46, 263. Überlastung: BGH NStZ 19, 548; NJW 19, 1159.
[247] BGHSt 29, 43.
[248] OLG Hamm NJW 88, 1991; Bremen NZV 93, 82; zur Berechnung der Frist: BGHSt 35, 259 f.; NJW 88, 3215; *Rieß* NStZ 82, 441.
[249] Vgl. BGHR StPO § 274 Abs. 1 S. 1 Urteilsurkunde 1; KK-*Greger* § 275, 59.
[250] Bezugnahmen auf die Akten sind bei Abbildungen zulässig; dazu BGH NJW 96, 1420 ff.; OLG Hamm NZV 98, 171 (Radarfoto); Ersatz: Beschreibung: KG NZV 98, 123.
[251] Vgl. BGH bei *Miebach* NStZ 89, 15; geschlossene Darstellung erf., BGH NJW 20, 559.
[252] BGH NStZ 98, 51 (dient nicht der Dokumentation). Bei Freispruch: BGH NJW 02, 1811.
[253] Z.B. BGH NStZ-RR 98, 6 (zu pauschal und knapp); 277 (Steuerberechnung); 258 (Erörterung psychotischer Erkrankung); 96, 336 (Punktesachen), StV 96, 410; NStZ-RR 98, 174 (Sexualdelikt).
[254] OLG Düsseldorf NJW 89, 466; *Peters* § 53 II 7b; das Urteil selbst muss aber unverändert bleiben, BGH NJW 91, 1900.
[255] Verfassungsrechtl. zul.: BVerfG NJW 04, 209.

derlich, die an der Entscheidung mitgewirkt haben. Im Ausgangsfall bleibt dem überstimmten Vorsitzenden nichts anderes übrig, als das gegen seine Überzeugung gefällte Urteil mündlich und schriftlich zu begründen, wobei – unter Beachtung des Beratungsgeheimnisses – schwer zu verbergen sein wird, dass der Verfasser der Begründung innerlich anderer Auffassung ist.

Nur der Urteilstenor, nicht jedoch die Urteilsgründe erwachsen in **Rechtskraft**. Dabei bedeutet **formelle** Rechtskraft, dass das Urteil nicht mehr mit Rechtsmitteln angreifbar ist[256]. Sie tritt ein bei ungenutztem Ablauf einer Rechtsmittelfrist, bei Rechtsmittelverzicht oder bei der Verkündung von Revisionsurteilen. Die Folgen der formellen Rechtskraft liegen darin, dass ein Urteil vollstreckt werden kann (§ 449) und ins Bundeszentralregister einzutragen ist[257]. Die **materielle** Seite der Rechtskraft besteht darin, dass das Urteil inhaltlich unabänderlich ist[258], auch soweit die Strafverfolgungsorgane an einer Änderung interessiert wären. Die materielle Rechtskraft eines Urteils, die mit der formellen Rechtskraft eintritt, wirkt sich als ein umfassendes Verfahrenshindernis aus, soweit der Prozessgegenstand reicht (*ne bis in idem*). Der damit verbundene Strafklageverbrauch erfasst die Tat unter jedem rechtlichen Gesichtspunkt[259]. An sich hat das Strafklagverbrauch nur innerstaatliche Wirkung: durch Art. 54 SDÜ ist diese jedoch auf die Mitgliedsstaaten des Schengen-Abkommens erweitert worden[260]. Eine z.B. nur als Körperverletzung angeklagte Tat, die zum Freispruch führt, sich aber später als versuchter Mord herausstellt, darf nicht erneut angeklagt werden (vgl. Art 103 Abs. 3 GG). Nur in seltenen Fällen wird die aufgrund des Prinzips der Rechtssicherheit erforderliche Rechtskraft durchbrochen[261], so nach § 357 im Falle der **Revisionserstreckung** auf Mitangeklagte oder durch das Wiederaufnahmeverfahren nach §§ 359 ff. Tritt eine schwere Tatfolge erst nach dem letzten Verhandlungstag ein, beispielsweise der Tod des Opfers nach einer rechtskräftigen Verurteilung des Täters wegen Körperverletzung, bleibt es bei der Rechtskraft; eine „Vervollständigungs- oder Ergänzungsklage" wäre ohne rechtliche Grundlage[262]. Das Wesen der Rechtskraft ist umstritten: fraglich ist, ob durch die Rechtskraft die Vollstreckung sachlich unrichtiger Urteile rechtmäßig wird (**prozessuale Gestaltungstheorie**) oder ob diese rechtswidrig bleibt und nur ein Notwehrrecht gegen die Vollstreckung entfällt (**prozessrechtliche Rechtskraft**, Theorie der h. M.)[263]. Jedoch spricht eher für die prozessuale Gestaltungstheorie, dass sich nach dem Grundsatz der Einheit der Rechtsordnung die Rechtmäßigkeit eines Verhaltens oder eines Zustandes aus jedem Rechtsgebiet, also auch aus dem Verfahrensrecht, ergeben kann. Im praktischen Ergebnis unterscheiden sich beide Theorien nicht.

Nur **nichtige** Urteile erwachsen nicht in Rechtskraft. Jedoch müsste dazu ein so schwerer und offen zutage liegender Mangel gegeben sein, dass auch bei Berücksichtigung der Belange der Rechtssicherheit und des Rechtsfriedens vom Standpunkt der Gerechtigkeit aus es schlechterdings unerträglich wäre, das so zustande gekommene Urteil als mit staatlicher Autorität ausgestatteten, in einem rechtsförmlichen Verfahren gefundenen verbindlichen Richterspruch anzuerkennen und gelten zu lassen[264].

---

256 *Roxin/Schünemann* § 50, 2.
257 Näher zu den Konsequenzen: *Ranft* 1879 ff.
258 *Roxin/Schünemann* § 52, 10.
259 Dies gilt auch bei rechtskräftigen Strafbefehlen, vgl. BGH NJW 11, 792, aber nicht Bußgeldbescheiden, soweit über diese keine gerichtl. Entscheidung erging (§§ 84 ff. OWiG).
260 BGHSt 56, 11 (La Spezia).
261 Z.B. OLG München NJW 08, 1331 (Vorrang des Verschlechterungsverbots); BGH NJW 08, 1008 (bei Entstehung nach § 206a, wenn Tod des Angeklagten fingiert).
262 BVerfG NJW 84, 604.
263 Näher *Peters* § 54 II 1a; *Gössel* § 33 E II b 2.
264 BGHSt 33, 126 f.; nicht schon bei Zuständigkeitsmängeln, OLG Düsseldorf NJW 88, 2811, oder Abfassung des Urteils in Knittelversen, OLG Karlsruhe NJW 90, 2009.

IV. Sonderformen des Hauptverfahrens

1. Beteiligung des Verletzten

315 Während eines Handballspieles wird der Spieler H. von einem Mitglied der gegnerischen Mannschaft, dem B., in rüder Weise und offensichtlich vorsätzlich gerempelt, so dass H. stürzt und sich einen Arm bricht. H. erleidet durch einen Krankenhausaufenthalt einen Verdienstausfall von 11000 Euro. Er verlangt von B. eine Entschuldigung und die Erstattung des finanziellen Verlustes. Als B. diese Forderungen in einem Brief ca. 4 Monate nach dem Geschehnis zurückweist, will H. mit allen strafrechtlichen und zivilrechtlichen Konsequenzen gegen B. vorgehen. H. stellt schriftlich Strafantrag bei der StA, die das besondere öffentliche Interesse an der Strafverfolgung bejaht und Anklage wegen vorsätzlicher Körperverletzung gegen B. vor dem Amtsgericht erhebt.

316 Körperverletzung gehört nach § 374 Abs. 1 Nr. 4 zu den sog. **Privatklagedelikten**. Unter diese Vorschrift fallen eine Reihe weiterer Tatbestände, bei denen ein Verfolgungsinteresse der Allgemeinheit nicht grundsätzlich besteht. Dazu gehören Hausfriedensbruch, Beleidigung, Verletzung des Briefgeheimnisses, einfache und fahrlässige Körperverletzung, Bedrohung, Nachstellung („Stalking"), Bestechungsdelikte im geschäftlichen Verkehr (§ 299 StGB), Sachbeschädigung und bestimmte Tatbestände aus strafrechtlichen Nebenbestimmungen des Wettbewerbsrechts und des gewerblichen Rechtsschutzes. Die meisten Privatklagedelikte sind gleichzeitig Antragsdelikte, ohne dass dies zwingend der Fall wäre[265]. Die Privatklage ist dadurch gekennzeichnet, dass der **Verletzte** an die Stelle der StA tritt und die Strafverfolgung betreibt[266]. Sinn und Zweck des Privatklageverfahrens ist die Entlastung der staatlichen Strafrechtspflege in Fällen leichterer Kriminalität[267]. Es handelt sich um ein Strafverfahren, bei welchem der *staatliche Strafanspruch* (nicht aber zivilrechtliche Interessen) nicht durch öffentliche Klage, sondern durch den Privatkläger geltend gemacht wird, der für sich selbst Genugtuung erstrebt[268]. Dem Wesen nach handelt es sich um eine Art Prozessstandschaft. Im Grunde ist das Rechtsinstitut der Privatklage überholt und spiegelt die Illusion einer in der Praxis nicht funktionierenden Alternative zum Offizialverfahren vor.

Der Verletzte hat als Privatkläger keine eigenen Zwangsrechte zur Durchführung eines Vorverfahrens und wird daher regelmäßig zunächst eine Anzeige bei der StA erstatten, um später in den dort angelegten Aktenvorgang über einen Rechtsanwalt als Prozessvertreter (§ 378) Akteneinsicht zu erlangen (§ 406e). Vor Anklageerhebung vor dem Amtsgericht muss der Privatkläger bei den meisten Privatklagedelikten gemäß § 380 einen **Sühneversuch** vor einer Vergleichsbehörde (z. B. einer gemeindlichen Behörde) unternehmen, dem theoretisch eine „Befriedungsfunktion" zukommen soll[269]. Ferner verlangt das Gesetz vom Privatkläger, einen Gebührenvorschuss (§ 379a) und sogar eine Sicherheitsleistung zugunsten des Beschuldigten (§ 379) zu erbringen[270]. Die Klageerhebung vor dem AG muss durch eine **Anklageschrift** erfolgen, die den formellen Erfordernissen einer staatsanwaltschaftlichen Anklageschrift nach § 200 entspricht (§ 381). Das Gericht kann bei hinreichendem Tatverdacht das Hauptverfahren eröffnen, es aber bei geringer Schuld des Täters zu jedem Zeitpunkt nach § 383 Abs. 2 ohne weitere

---

265 Z.B. nicht §§ 224, 241 StGB; umgekehrt Antrags-, aber keine Privatklagedelikt: § 248a StGB.
266 Nur der unmittelbar Verletzte wie bei § 172; s. Rn. 270.
267 Treffen Offizial- und Privatklagedelikt zusammen, ist daher die Privatklage unzulässig; *Schlüchter* 810.
268 BVerfG 74, 358, 374; zum Sinn der Privatklage: *Grebing* GA 84, 1.
269 BVerfGE 74, 358, 374 f.; zum fehlenden Sühneversuch: OLG Hamm NJW 84, 249.
270 Prozesskostenhilfe ist mögl., § 397a; OLG Köln NStZ-RR 00, 285; aber nicht für den Beschuldigten, OLG Düsseldorf NStZ 89, 92. Zum fehlenden Gebührenvorschuss: OLG Hamburg NStZ 89, 244.

Voraussetzungen **einstellen**, was für den Privatkläger ein erhebliches Risiko bedeutet[271]. Die Hauptverhandlung im Privatklageverfahren gleicht im Wesentlichen dem Offizialverfahren mit folgenden Abweichungen: statt des Staatsanwalts verliest der Vorsitzende den Eröffnungsbeschluss. Die Rechte der StA nimmt in der Hauptverhandlung der Privatkläger wahr. Für die Parteien des Privatklageverfahrens besteht keine strenge Anwesenheitspflicht (§§ 378, 387). Nach § 384 Abs. 3 ist der Vorsitzende in der Gestaltung der Beweisaufnahme frei. Beweisanträge besitzen nur die Bedeutung einer Anregung[272]. Es gibt die Möglichkeit der Widerklage (§ 388) und der Klagerücknahme (§ 391). Kommt es zu einer Verurteilung des Angeklagten, so handelt es sich um eine vollwertige Vorstrafe, die auch in das Bundeszentralregister eingetragen wird[273].

Vorliegend ist zwar § 223 StGB ein Privatklagedelikt, jedoch hat die StA die Verfolgung übernommen, wozu sie gemäß § 377 bis zum Eintritt der Rechtskraft bei jedem Privatklagedelikt berechtigt ist. Sie wird dies tun, wenn sie ein nicht nur privates, sondern öffentliches Interesse an der Strafverfolgung bejaht (§ 376)[274]. Damit verliert der Verletzte sein Recht, die Privatklage zu betreiben. Jedoch gehört die vorsätzliche Körperverletzung (§ 223 StGB) auch zum Kreis der **Nebenklagedelikte** nach § 395 Abs. 1. Das ursprüngliche Konzept der Nebenklage bestand darin, dem durch Übernahme der Sache durch die StA um sein Privatklageverfahren gebrachten Verletzten einen Ausgleich zu verschaffen. Jedoch hat der Gesetzgeber inzwischen zur Stärkung des Opferschutzes die Nebenklage von der Privatklage emanzipiert und zu einem eigenen Rechtsinstitut ausgebaut[275]. Nach § 395 sind u. a. nebenklagefähig: Tatbestände zum Schutz der sexuellen Selbstbestimmung, Beleidigung, vorsätzliche und in besonderen Fällen auch fahrlässige Körperverletzungen[276], Delikte gegen die Freiheit der Person, vorsätzliche Tötungsdelikte[277], Straftatbestände zum Schutz des Wettbewerbs und des gewerblichen Rechtsschutzes[278]. Die Nebenklagebefugnis besteht auch nach erfolgreich durchgeführtem Klageerzwingungsverfahren ohne Beschränkung auf bestimmte Deliktsarten (§ 395 Abs. 1 Nr. 3). Mit dem neuen Abs. 3 des § 395 hat der Gesetzgeber im Jahr 2009 die bisherigen Grenzen der Nebenklagebefugnis nahezu uferlos ausgeweitet, indem auch „bei anderen rechtswidrigen Taten" – beispielhaft werden §§ 185 ff., 229, 244, 249 ff., 316a StGB genannt – Nebenklage erhoben werden kann, wenn dies „aus besonderen Gründen" geboten erscheint[279]. Kein Hinderungsgrund zur Erhebung der Nebenklage liegt vor, wenn das nebenklagefähige Delikt nicht allein Gegenstand des Verfahrens ist, sondern in Tateinheit, Tatmehrheit, ja sogar Gesetzeskonkurrenz mit einem anderen Delikt steht[280].

Der Verletzte kann eine schriftliche **Anschlusserklärung** als Nebenkläger (§ 396) in jeder Lage eines Strafverfahrens abgeben[281], sogar noch nach Ergehen eines – noch

---

271 Zur Beachtung der Unschuldsvermutung im Rahmen der Nebenentscheidungen: BVerfG NJW 92, 1611; 91, 829; 87, 2427.
272 Vgl. BGHSt 12, 333.
273 Ausgeschlossen ist die Privatklage aber im Jugendgerichtsverfahren; vgl. § 80 JGG.
274 Zu den Kriterien Nr. 86 RiStBV; zur Frage der gerichtl. Überprüfbarkeit: *Kröpil* DRiZ 86, 19.
275 Dazu *Beulke* DAR 88, 114; *Rüth* JR 82, 265; *Kühne* 121.1.
276 Aufgrund des Opferrechtsreformgesetzes v. 24.6.2004 auch: §§ 180a, 181a StGB und § 4 Gewaltschutzgesetz.
277 Sofern erfolgreich, steht die Nebenklagebefugnis den Eltern, Kindern, Geschwistern oder dem Ehegatten des Opfers zu; § 395 Abs. 2; dazu *Schlüchter* JZ 90, 585; auch bei durch Todeserfolg qualifizierten Delikten, BGH NJW 08, 2199. Aber nicht dem geschiedenen Ehegatten, BGH NJW 12, 3524.
278 Zur Nebenklage in Wirtschaftsstrafverfahren: *Rieks* NStZ 19, 643; *Rhode* wistra 18, 65; *Daim* wistra 17, 180.
279 BGBl. 09 I 2280; restriktiv zu den besonderen Gründen BGH NJW 12, 2601.
280 *MG-Schmitt* § 395, 4.
281 Eingeschränkt im Jugendgerichtsverfahren (§ 80 Abs. 3 JGG); BGH NJW 96, 1007 f.

nicht rechtskräftigen[282] – Urteils (§ 395 Abs. 4 S. 2). Inzwischen ist anerkannt, dass auch im Sicherungsverfahren nach §§ 414 ff. gegen schuldunfähige oder schuldverminderte Straftäter die Nebenklage möglich ist[283]. Ein erhöhter Verdachtsgrad für die zum Anschluss berechtigende Tat ist nicht erforderlich; sie muss nur in Betracht kommen[284]. Der Nebenkläger besitzt im Verfahren weder eine Amtsstellung noch ist er als Rechtspflegeorgan zu betrachten[285]. Obwohl die Rolle des Nebenklägers in einer Hauptverhandlung neben der StA in ihrer Bedeutung sehr zurücktritt, hat der Nebenkläger doch die Möglichkeit, auf die Sachverhaltsaufklärung durch Erklärungen, Ausübung des Fragerechts, Beanstandung von Fragen anderer und der Anordnungen des Vorsitzenden sowie Beweisanträge Einfluss zu nehmen (§ 397)[286] und gemäß § 401 unabhängig von der Staatsanwaltschaft Rechtsmittel einzulegen[287]. Eventuell ist sogar das eigentliche Motiv für die Anschlusserklärung, sich die Option der Rechtsmitteleinlegung zu erhalten, weil der Verletzte befürchtet, die StA könne sich leicht mit einem zu milden Urteil abfinden[288]. Jedoch ist ein nur auf eine Verschärfung der Rechtsfolgen gerichtetes Rechtsmittel des Nebenklägers gem. § 400 unzulässig; er muss sich schon gegen den Schuldspruch wenden, soweit das Nebenklagedelikt berührt ist[289]. Im Ausgangsfall könnte man sich fragen, ob nicht über vier Monate nach dem Ereignis durch den Verlust des Strafantragsrechts auch die Möglichkeit der Nebenklage verloren gegangen ist. Dies wurde früher überwiegend angenommen[290]. Da der jetzt geltende § 395 jedoch nicht mehr auf § 374 und damit die Voraussetzungen der Privatklage verweist, ist dies nach heutiger Rechtslage nicht mehr vertretbar[291]. H. könnte sich daher dem von der StA betriebenen Verfahren gegen B. als Nebenkläger anschließen.

318 Daneben steht es dem H. frei, seine zivilrechtlichen Schadensersatzansprüche gegen B. geltend zu machen. Regelmäßig wird er dazu Klage in einem bürgerlich-rechtlichen Rechtsstreitverfahren vor dem Zivilgericht erheben. In einfach gelagerten Sachverhalten bietet es sich aber an, einen zusätzlichen Zivilprozess zu vermeiden und die vermögensrechtlichen Ansprüche im Strafverfahren gleich mitzuentscheiden. Dafür sieht die StPO in §§ 403 ff. das sogenannte **Adhäsionsverfahren** vor[292]. Sind vermögensrechtliche Ansprüche aus einer Straftat erwachsen, wie beispielsweise hier ein Verdienstausfall infolge einer Körperverletzung, kann der Verletzte gegen den Beschuldigten diesen Anspruch durch einen Antrag bei dem Gericht geltend machen, bei welchem die strafrechtliche Anklage der StA erhoben worden ist[293]. Dabei folgt die zivilrechtliche der strafrechtlichen Zuständigkeit, so dass es beim Amtsgericht auf die Höhe des Streitwerts nicht

---

282 Nicht mehr nach Rechtskraft: BGH NStZ-RR 97, 136; OLG Düsseldorf NStZ-RR 97, 11.
283 BGHSt 47, 202 = NJW 01, 3489; OLG Frankfurt NStZ-RR 00, 17; Hamburg NJW 01, 238; Saarbrücken NStZ 97, 453. S. zum Sicherungsverfahren Rn. 324 ff.
284 OLG Düsseldorf NStZ 97, 204.
285 BGH NJW 90, 2479.
286 Unter den Voraussetzungen des § 397a ist ihm ein Rechtsanwalt als Beistand zu bestellen.
287 Zu den Rechtsmitteln des Nebenklägers: BGH NJW 92, 1398, 2306; 90, 2479; NStZ 88, 565; OLG Karlsruhe NStZ 88, 427; vgl. auch *Riegner* NStZ 90, 11.
288 Aber kein Rechtsmittel zugunsten des Angekl.; OLG Frankfurt NStZ-RR 01, 22. Zur Stellung des Nebenklägers in der Revision: BGH NStZ 88, 565; NJW 92, 1398; 2306; 97, 2123; NStZ 97, 97; NStZ-RR 96, 141.
289 Vgl. BGH NStZ-RR 97, 371.
290 Vgl. OLG Düsseldorf NJW 83, 1337 m. w. N.
291 BGH NStZ 92, 452; OLG Nürnberg NJW 91, 712; KG NStZ 91, 148; abw. bei uneingeschr. Antragsdelikten OLG Frankfurt NJW 91, 2036.
292 Dazu *Ganderath* NStZ 84, 399; *Schirmer* DAR 88, 121; *Köckerbauer* NStZ 94, 305; *Rössner* ZRP 98, 162; *Stoffers/Möckel* NJW 13, 830. Unzulässig aber im Jugendgerichtsverfahren; vgl. § 81 JGG; dazu *Hinz* ZRP 02, 475.
293 Auch der mittelbar Verletzte, *MG-Schmitt* § 403, 2; u. U. sogar der Erbe. Auch der Insolvenzverwalter ist Verletzter i. S. v. § 403; *KK-Zabeck* § 403, 7; a. A. LG Stuttgart NJW 98, 322 f.; für § 406e ebenfalls abl. OLG Koblenz NStZ 88, 89; Frankfurt NStZ 07, 168, was aber insolvenzrechtl. nicht überzeugt.

ankommt. H. könnte daher seine Schadensersatzansprüche in Höhe von 11000 Euro im Adhäsionsverfahren auch vor dem Amtsgericht einklagen. Den Antrag darf der Verletzte – schriftlich oder mündlich zu Protokoll des Urkundsbeamten – bis zum Beginn der Schlussvorträge stellen (§ 404). Er entspricht der zivilrechtlichen Klageeinreichung und muss den Gegenstand und Grund des Anspruchs bestimmt bezeichnen, möglichst auch die Angabe der Beweismittel enthalten[294].

Das Gericht kann dann im Zusammenhang mit der Durchführung des Strafverfahrens über den zivilrechtlichen Anspruch mit entscheiden. Die Entscheidung steht einem **zivilrechtlichen Urteil** gleich und eignet sich als Vollstreckungstitel (§ 406). Das Gericht kann auch ein Grundurteil erlassen, um die Berechtigung von Schmerzensgeld festzustellen[295]. Der Antrag muss sich jedoch zur Erledigung im Strafverfahren eignen. Daher hat das Gericht die Möglichkeit, durch Beschluss den Adhäsionsantrag zurückzuweisen, wenn er das Strafverfahren *erheblich* verzögern würde. Adhäsionsanträge spielen bisher in der Praxis eine geringe Rolle. Sie sind weder bei den Richtern der Strafgerichtsbarkeit, die ihre zivilrechtlichen Kenntnisse auffrischen müssten, noch bei manchen Rechtsanwälten, die es vorziehen, einen Zivilprozess zu führen, beliebt. Auch ist zu bedenken, dass sich nach Antragstellung das weitere Verfahren ausschließlich nach den Vorschriften der StPO richtet[296], sodass die im Vergleich zum Zivilprozess strengeren Beweisgrundsätze gelten. Ob im Fall das Gericht über den zulässigen Adhäsionsantrag des H. entscheiden wird, ist also offen. Falls es den B. tatsächlich zur Zahlung verurteilt, kann dieser nach strafprozessrechtlichen Grundsätzen dagegen Rechtsmittel einlegen (§ 406a Abs. 2)[297].

2. Beschleunigung des Hauptverfahrens

In einer Großstadt ist ein Heimspiel der örtlichen Vereinsmannschaft angesagt, dessen Ausgang voraussichtlich über den Klassenabstieg entscheiden wird. Die Polizei befürchtet im Anschluss an das Spiel gewalttätige Ausschreitungen der Fans beider Seiten. Tatsächlich kommt es nach dem Spiel zu Massenschlägereien, bei denen als besonders aktiver Teilnehmer der 22-jährige Hooligan H. festgenommen wird, der schon öfters mit der Justiz in Konflikt geraten ist und bisher alle Ladungen ignoriert hatte. Da H. geständig ist, überlegt der zuständige Staatsanwalt, wie er die Sache auf dem schnellsten Wege erledigen kann. An eine Einstellung nach dem Opportunitätsprinzip ist aber angesichts des Vorverhaltens des H. nicht zu denken.

Die Möglichkeit einer sofortigen Hauptverhandlung sieht die StPO in den §§ 417 ff. vor[298]. Dieses sog. **beschleunigte Verfahren** ist vom Gesetzgeber durch das Verbrechensbekämpfungsgesetz von 1994 mit großen Erwartungen neu gestaltet worden[299]. Es ist zulässig vor dem Amtsgericht (Strafrichter oder Schöffengericht), wenn die Sache aufgrund eines einfachen Sachverhalts oder der klaren Beweislage zur sofortigen Verhandlung geeignet ist. Die Verhandlung muss dann aber sofort oder innerhalb kurzer Frist, jedenfalls deutlich zügiger als im Normalverfahren durchgeführt werden können, was organisatorischer Vorbereitung bedarf, wie sie im Ausgangsfall beispielhaft vorliegt. Es

---

294 Zur Fassung des Antrags: BGH NStZ 20, 310; NJW 20, 784; NStZ-RR 18, 223.
295 BGHSt 47, 378 = NJW 02, 3560; auch Anerkenntnis und Vergleich möglich.
296 BGH NJW 91, 1243; gilt auch für das Anlehnungsrecht, BVerfG NJW 07, 1670.
297 Berufung, Revision, näher BGH NStZ 88, 237. Bei Aufhebung und Rückwirkung in der Revision bleibt aber die Adhäsionsentscheidung bestehen, BGH NJW 08, 1239. Keine Bindung des Adhäsionsurteils im Zivilprozess, BGH NJW 13, 1163.
298 Aber nicht im Jugendstrafverfahren, § 79 Abs. 2 JGG; dafür aber das vereinfachte Jugendverfahren, §§ 76 ff. JGG.
299 Zur Neuregelung: *Loos/Radtke* NStZ 95, 569; 96, 7; krit. *Scheffler* NJW 94, 2194; *Neumann* StV 94, 276.

darf jedoch nicht eine höhere Strafe als eine Freiheitsstrafe von einem Jahr (**Strafbann**) oder eine Maßregel der Sicherung und Besserung mit Ausnahme der Entziehung der Fahrerlaubnis verhängt werden (§ 419 Abs. 1 S. 2, 3). Zur Durchführung des beschleunigten Verfahrens bedarf es eines entsprechenden Antrags der StA (§ 417)[300] und der Annahme der Eignung durch das erkennende Gericht (§ 419 Abs. 1).

320a Die Beschleunigungsmöglichkeiten bestehen zunächst darin, dass nicht unbedingt eine Anklageschrift eingereicht zu werden braucht, sondern eine **mündliche Anklageerhebung** im Termin ausreicht (§ 418 Abs. 3)[301]. Ein Zwischenverfahren findet nicht statt[302]. Wird der Beschuldigte dem Gericht vorgeführt oder stellt er sich ihm freiwillig, bedarf es nicht der Einhaltung einer Ladungsfrist; nur in sonstigen Fällen beträgt diese 24 Stunden (§ 418 Abs. 2). Durch die Einführung der **Hauptverhandlungshaft** nach § 127b Abs. 2 sind die Möglichkeiten der Vorführung gezielt in Hinblick auf die Förderung beschleunigter Verfahren erweitert worden[303]. Denn wenn ein dringender Tatverdacht vorliegt (hier schon aufgrund des Geständnisses gegeben), eine unverzügliche Entscheidung im beschleunigten Verfahren wahrscheinlich ist und aufgrund bestimmter Tatsachen die Befürchtung besteht, der Beschuldigte werde der Hauptverhandlung fernbleiben, darf für die maximale Dauer von einer Woche ab Festnahme nach § 127b Abs. 2 die Untersuchungshaft angeordnet werden. Angesichts des einfachen Sachverhalts und auch der klaren Beweislage im Fall des H. eignet sich die Sache zu Verhandlung im beschleunigten Verfahren. Auch wird bei dem vorliegenden Vorwurf wohl kaum der Strafbann von einem Jahr Freiheitsstrafe überschritten werden. Ist eine Freiheitsstrafe von mindestens sechs Monaten zu erwarten, bedarf es der Bestellung eines **Verteidigers** für das beschleunigte Verfahren (§ 418 Abs. 4). In einem beschleunigten Verfahren vor dem Schöffengericht bedarf es schon nach § 140 Abs. 1 Nr. 1 eines Verteidigers ohne Rücksicht auf die Straferwartung. Da H. bisher Ladungen der Justiz stets unbeachtet gelassen hat, liegen ferner bestimmte Tatsachen vor, dass er der Hauptverhandlung fernbleiben werde. Demnach besteht für die StA die Möglichkeit, auf den Erlass eines Haftbefehls nach § 127b Abs. 2 hinzuwirken und in den nächsten Tagen einen Antrag auf Aburteilung im beschleunigten Verfahren zu stellen.

320b Der Beschuldigte muss einer Durchführung des beschleunigten Verfahrens nicht unbedingt zustimmen; zeigt er sich jedoch nicht kooperationswillig, kann er durch Antragstellungen und Rechtsmitteleinlegung den Beschleunigungseffekt zunichtemachen. Die nach § 420 Abs. 1 und 2 vorgesehenen Verfahrenserleichterungen durch Aufhebung des **Unmittelbarkeitsprinzips** bei der Beweisaufnahme sind von der Zustimmung aller Verfahrensbeteiligter – auch des Angeklagten – abhängig (§ 420 Abs. 3). Zustimmungsfrei ist dagegen die durchschlagende und bedenkliche Außerkraftsetzung des Beweisantragsrechts, sofern – wie zumeist – das beschleunigte Verfahren vor dem Strafrichter, d. h. dem Einzelrichter, durchgeführt wird (§ 420 Abs. 4); zwar kann der Angeklagte immer noch „**Beweisanträge**" als solche stellen; jedoch lassen sich diese – anders als im Normalverfahren[304] – schon ablehnen, wenn das Gericht die Beweiserhebung nach den Grundsätzen der Aufklärungspflicht nicht für geboten erachtet.

321 Von noch größerer Bedeutung zur beschleunigten Abwicklung von Strafverfahren ist das **Strafbefehlsverfahren**. Die §§ 407 ff. erlauben ein summarisches Verfahren vor dem Amtsgericht zur schnellen Bewältigung leichterer Kriminalität[305]. Es handelt sich dabei

---

300 Zur Rücknahmemöglichkeit: BayObLG NJW 98, 2152.
301 Zur Form OLG Hamburg NJW 12, 631.
302 Zum Problem des fehlenden Eröffnungsbeschlusses, wenn sich nachträgl. herausstellt, dass § 417 nicht vorlag: OLG Düsseldorf NJW 03, 1470.
303 S. Rn. 64a.
304 Vgl. Rn. 293 ff. § 420 Abs. 4 gilt aufgrund Verweisung auch im Strafbefehlsverfahren, § 411 Abs. 2 S. 2.
305 Dazu *Ranft* JuS 00, 633; das Strafbefehlsverfahren ist mit Art. 6 MRK vereinbar, EGMR NJW 93, 717.

um ein **schriftliches** Verfahren ohne mündliche und öffentliche Hauptverhandlung. Voraussetzung für das Strafbefehlsverfahren ist, dass entweder als Rechtsfolge nur eine Geldstrafe der Einziehung oder auch eine Freiheitsstrafe bis zu einem Jahr in Betracht kommt[306]. Eine zusätzliche Voraussetzung der Verhängung einer Freiheitsstrafe durch Strafbefehl besteht darin, dass ein Verteidiger vorhanden sein muss und der Vollzug der Freiheitsstrafe zur Bewährung ausgesetzt werden kann.

Die StA hat beim AG einen schriftlichen **Antrag** auf Erlass eines Strafbefehls zu stellen[307], kann diesen aber keinesfalls selbst erlassen, da die Ausübung der Strafgewalt beim Richter verbleiben muss[308]. Allerdings wird der zu erlassende Strafbefehl regelmäßig von der StA technisch so weit vorbereitet, dass der Richter nur noch zu unterzeichnen braucht. Der Antrag beinhaltet bereits ein konkret beziffertes Maß der Strafe. Im Übrigen entspricht der Strafbefehlsantrag in seiner Funktion und seiner äußeren Gestaltung (ohne wesentliches Ergebnis der Ermittlungen) einer Anklageschrift und tritt – wenn ihm vom Gericht entsprochen wird – an die Stelle des Eröffnungsbeschlusses. Aufgrund der Umgrenzungs- und Informationsfunktion der Antragsschrift muss die Tat, die dem Beschuldigten zur Last gelegt wird, ebenso konkretisiert sein wie im regulären Verfahren; ansonsten ergibt sich ein Verfahrenshindernis[309]. Im Ausgangsfall käme auch ein Strafbefehlsverfahren in Betracht, da angesichts der klaren Beweislage die Durchführung einer Hauptverhandlung nicht unbedingt erforderlich erscheint. Die Frage der Vorstrafen ließe sich auf dem Aktenwege durch Erfordern eines Auszuges aus dem Bundeszentralregister klären. Allerdings müsste es noch bei einer Bewährungsstrafe bleiben. Die Geständigkeit des F. ist ein Indiz dafür, dass er sich vermutlich mit einem Strafbefehl abfinden wird, falls er das Strafmaß nicht als zu hoch empfindet.

Der Richter[310] hat drei Möglichkeiten, auf den Antrag der StA zu reagieren:
1. Wenn er Bedenken gegen den Erlass des Strafbefehls hat, weil er von einem hinreichenden Tatverdacht nicht überzeugt ist, muss er den Antrag der StA **ablehnen**[311], die gegen seinen Beschluss wie gegen die Ablehnung der Eröffnung des Hauptverfahrens sofortige Beschwerde einlegen kann (§ 408 Abs. 1 S. 3).
2. Die richterlichen Bedenken können sich darauf beschränken, dass ohne mündliche **Hauptverhandlung** entschieden werden soll oder dass die beantragte Strafe unangemessen erscheint, obgleich der Richter hinreichenden Tatverdacht bejaht; dann beraumt er die Hauptverhandlung an, welche in den üblichen Formen abläuft.
3. Der Richter kann dem Antrag der StA folgen und den Strafbefehl **erlassen**, der dann dem Beschuldigten zugestellt wird[312]. Wenn der Beschuldigte nicht binnen zwei Wochen nach Zustellung schriftlich oder zu Protokoll der Geschäftsstelle Einspruch gegen den Strafbefehl einlegt, wird der Strafbefehl rechtskräftig und vollstreckbar (§ 409 Abs. 1 Nr. 7).

Obwohl § 410 seinem Wortlaut nach eindeutig bestimmt, dass ein Strafbefehl bei nicht rechtzeitigem Einspruch die **Wirkung eines rechtskräftigen Urteils** erlangt, hat der BGH früher nur eine eingeschränkte Rechtskraft des Strafbefehls angenommen, da dieser in einem summarischen und schriftlichen Verfahren ergehe, bei welchem die Sach-

---

306 Die sonstigen durch Strafbefehl festsetzbaren Folgen ergeben sich aus § 407 Abs. 2.
307 Antragstellung ist u. U. auch noch im Normalverfahren möglich, vgl. § 408a.
308 Vgl. BVerfGE 22, 49 ff.; 73 ff.
309 OLG Düsseldorf NJW 89, 2145.
310 Entgegen dem Wortlaut des § 408 Abs. 1 kommt infolge der Erweiterung der Zuständigkeit des Einzelrichters durch das Rechtspflegeentlastungsgesetz (bis 2 Jahre Freiheitsstrafe) nur noch der Strafrichter und nicht mehr das Schöffengericht in Betracht.
311 *Schlüchter* 788.5; *Rieß* JR 88, 133.
312 Schlägt die Zustellung fehl, ist ein Prozessvoraussetzung nicht gegeben, da der wirksame Strafbefehl an die Stelle des Eröffnungsbeschlusses tritt, BGHSt 23, 280; a. A. BayObLG NJW 61, 1782. Fristbeginn mit Zustellung: OLG München NStZ-RR 16, 249.

verhaltsaufklärung zwingend hinter dem Niveau der Beweisaufnahme einer mündlichen Hauptverhandlung zurückbleibe[313]. Sollten daher nachträglich qualifizierende Tatumstände oder ein real konkurrierender Tatbestand bekannt werden, könne ein neuer Strafbefehl erlassen werden, welcher die erhöhte Strafbarkeit der neuen Umstände berücksichtige. Das BVerfG ist dieser Rechtsprechung zu Recht entgegengetreten, da dem Strafbefehl nicht eine geringere materielle Rechtskraft zukommen kann als Einstellungen nach § 153a StPO und Beschlüssen nach §§ 72, 84 OWiG, ohne dass sich ein mit Art. 3 Abs. 1 GG unvereinbarer Wertungswiderspruch ergäbe[314].

323 Der Beschuldigte kann sich gegen den Strafbefehl durch Einlegung eines **Einspruchs binnen zwei Wochen** wehren[315]. Eine Begründung ist nicht erforderlich. Der rechtzeitige Einspruch führt zur Anberaumung eines Termins zur **Hauptverhandlung** (§ 411 Abs. 1), die im Großen und Ganzen in den üblichen Verfahrensformen abläuft. Abweichungen bestehen insoweit, als sich der Angeklagte von einem mit schriftlicher Vollmacht versehenen Verteidiger vertreten lassen kann, also in Abwesenheit verhandelt werden darf (§ 411 Abs. 2 S. 1). Außerdem gelten bei der Beweisaufnahme dieselben Grundsätze wie im beschleunigten Verfahren, d. h. das Unmittelbarkeitsprinzip ist eingeschränkt und das Beweisantragsrecht stark entwertet[316]. Während der Hauptverhandlung in erster Instanz kann der Angeklagte seinen **Einspruch** jederzeit **zurücknehmen**, bedarf dazu nach Aufruf der Sache jedoch der Zustimmung der StA (vgl. § 411 Abs. 3 S. 2); nimmt der Angeklagte den Hauptverhandlungstermin nicht wahr – weder persönlich noch durch einen Verteidiger – so muss sein Einspruch verworfen werden (§ 412)[317]. Dieses **Verwerfungsurteil** weist Parallelen mit einem zivilrechtlichen Versäumnisurteil auf. Auch gegen das Verwerfungsurteil kann wie gegen eine reguläre aufgrund einer durchgeführten Hauptverhandlung ergangene Entscheidung Berufung eingelegt werden, die allerdings – wenn die Verwerfung zu Unrecht erfolgte – nur zur Zurückweisung der Sache durch das LG an das AG führt, weil dem Angeklagten sonst eine Tatsacheninstanz verloren ginge[318].

3. Verfahrensformen mit präventiven Bezügen

324 B. leidet unter schizophrenen Wahnvorstellungen, die ihn dazu treiben, Liebespaare in Kraftfahrzeugen zu überfallen und grausam zu töten. Staatsanwalt S. beauftragt in dem von ihm gegen B. geführten Ermittlungsverfahren wegen Mordverdachts den psychiatrischen Sachverständigen P. mit der Untersuchung des B. auf seinen Geisteszustand. P. kommt mit eingehender Begründung zu dem Ergebnis, dass die Schuldunfähigkeit des B. nicht eindeutig festgestellt, andererseits aber auch nicht ausgeschlossen werden könne.

325 S. kann eine Anklage gegen B. nicht erheben, da solche hinreichenden Tatverdacht voraussetzt (§ 203). Dieser liegt nicht vor, denn eine Verurteilungswahrscheinlichkeit besteht nicht, weil nach dem Grundsatz *in dubio pro reo* das Gericht von der Schuldunfä-

---

313 Vgl. BGHSt 3, 13 ff.; 28, 69; zunächst gebilligt von BVerfGE 3, 48 ff.
314 BVerfG NJW 84, 604. Wiederaufleben der mangelnden Gleichstellung von Strafbefehl und Urteil aber im Beamtenrecht, BVerwG NJW 00, 3297; und Anwaltsrecht, BGHSt 45, 46. Auch ist die Wiederaufnahme etwas erleichtert, BVerfG NJW 07, 207.
315 Mögl. ist auch ein beschränkter Einspruch, z. B. hinsichtl. des Strafmaßes; BGH NJW 20, 1380; OLG Düsseldorf NStZ-RR 97, 113, 284. Einspruch kann auch mittels Computerfax eingelegt werden, BVerfG NJW 02, 3534.
316 § 411 Abs. 2 S. 2, der auf § 420 verweist; dazu Rn. 320.
317 Aber nicht, wenn der Angekl. genügend entschuldigt ist; OLG Köln NStZ-RR 97, 208. § 230 gilt nur eingeschränkt, KG NJW 07, 2345.
318 BGH NJW 89, 1869 f.

higkeit des B. ausgehen und ihn freisprechen müsste[319]. Bei Verhandlungsunfähigkeit müsste das Verfahren eingestellt werden[320]. Dieses Ergebnis wäre unbefriedigend, da in den Fällen, in denen sich die Schuldunfähigkeit erst nach Eröffnung des Hauptverfahrens herausstellt, zwar auch ein Freispruch erfolgt, wegen der **Zweispurigkeit** des materiellen Strafrechts jedoch Maßregeln der Sicherung und Besserung – unter anderem die Einweisung in ein psychiatrisches Krankenhaus nach § 67 StGB – verhängt werden können. Die Lücke, die sich vor Anklageerhebung ergäbe, schließt das **Sicherungsverfahren** nach §§ 413 bis 416. Wenn ein Strafverfahren nur wegen der Schuld- und Verhandlungsunfähigkeit des Beschuldigten nicht durchgeführt werden kann, ist es möglich, auf Antrag der StA in einem selbstständigen Verfahren die Maßregel zu verhängen[321]. Ergibt sich bereits im Ermittlungsverfahren, dass nicht mit einer Verurteilung zu einer Strafe zu rechnen ist, sondern dringende Gründe für eine Unterbringung in einem psychiatrischen Krankenhaus oder einer Entziehungsanstalt sprechen, tritt an die Stelle der Untersuchungshaft die Möglichkeit der **einstweiligen Unterbringung** nach § 126a, wenn die öffentliche Sicherheit dies erfordert; unter den gleichen Voraussetzungen ist bei Gefahr im Verzug auch eine vorläufige Festnahme durch Polizeibeamte oder Staatsanwälte nach § 127 Abs. 2 2. Alt. zulässig[322].

Die **Antragsschrift** der StA entspricht in ihrem Aufbau weitgehend der Anklageschrift (§ 414)[323]. Der Antrag ist beim Landgericht anzubringen, wenn die Unterbringung in einem psychiatrischen Krankenhaus angestrebt wird; handelt es sich nur um Maßregeln wie Einweisung in eine Entziehungsanstalt, Entziehung der Fahrerlaubnis oder Berufsverbot, ist das Sicherungsverfahren vor dem Schöffengericht durchzuführen. Entscheidende Voraussetzung für das Sicherungsverfahren ist, dass die Anordnung einer Maßregel zu erwarten ist. Dafür müssen außer der Schuldfähigkeit oder Verhandlungsfähigkeit alle sonstigen Voraussetzungen der Bestrafung materieller und formeller Art gegeben sein. Um Symptomtaten, in welchen sich die besondere Gefährlichkeit des Beschuldigten ausdrückt, braucht es sich nicht zu handeln. Ausreichend ist, wenn aus Anlass einer Straftat die Maßregel verhängt werden könnte[324]. Allerdings setzt schon § 63 StGB für die Unterbringung in ein psychiatrisches Krankenhaus voraus, dass die Gesamtwürdigung des Täters und seiner Tat ergibt, dass von ihm erhebliche Straftaten zu erwarten sind und er deshalb für die Allgemeinheit gefährlich ist. Der Fall Mollath lässt Zweifel aufkommen, ob die gesetzliche Regelung nicht dem Richter in diesen Fällen zu großen Spielraum zubilligt[325]. Umso wichtiger ist es, dass die StA ihr Ermessen bei der Antragstellung restriktiv ausübt.

Im Fall lässt sich die Schuldunfähigkeit des B. nicht positiv feststellen, sodass man meinen könnte, die Voraussetzungen von § 71 StGB für eine Unterbringung in einer psychiatrischen Anstalt seien nicht gegeben. Das Sicherungsverfahren soll jedoch die Lücke füllen, die sich aus der Undurchführbarkeit des Strafverfahrens wegen möglicher Schuldunfähigkeit ergibt. Deshalb reicht es für das Sicherungsverfahren aus, dass wegen der in Betracht kommenden Schuldunfähigkeit das Strafverfahren nicht betrieben wer-

---

319 S. Rn. 280, 275, 267.
320 BGHSt 46, 346: Kein Übergang ins Sicherungsverfahren.
321 Keine Subsidiarität gegenüber familienrechtl. oder verwaltungsrechtl. Maßnahmen ähnl. Art, BGHSt 24, 98; a. A. *Peters* § 64 I.
322 Vgl. Rn. 62, 65. Zum Beschleunigungsgebot in diesen Fällen BVerfG NJW 12, 513.
323 Antrag liegt nicht in Anklage; BGHSt 47, 52. Bes. Antragsschrift auch bei Übergang vom Strafverfahren erf., BGH NStZ 16, 693.
324 BGHSt 5, 140.
325 Vgl. BVerfG NJW 13, 3228; OLG Nürnberg NJW 13, 2692, s. auch SZ 15.7.2013 „Die Verrechtlichung eines rechtlosen Rechts" 19.7.2013 „Ich habe mir nie die Urteile in Sachen Mollath zu eigen machen wollen" 25.7.2013 „Mollath muss in der Psychiatrie bleiben".

den kann, ohne dass die Schuldunfähigkeit positiv festgestellt werden müsste[326]. Die Abwicklung des Sicherungsverfahrens entspricht weitgehend dem Strafverfahren (§ 414 Abs. l). Allerdings kann die Hauptverhandlung auch in Abwesenheit des Betroffenen durchgeführt werden (§ 415), der nicht die Bezeichnung „Angeklagter", sondern „Beschuldigter" trägt[327]. Dagegen überzeugt es nicht, dass der BGH die Gleichstellung mit dem Normalverfahren so weit treibt, dass er die Beweisverwertungsverbote ungeschmälert anwendet[328]. Dies widerspricht dem präventiven Charakter des Sicherungsverfahrens.

326 E. ist Verleger eines Buches, das gegen die Türken in Deutschland gerichtet ist und mit dessen vorsätzlicher Verbreitung E. die Tatbestände der Volksverhetzung (§ 130 StGB) und der Aufstachelung zum Rassenhass (§ 131 StGB) erfüllt. Wegen des Ablaufs der Verjährungsfrist muss die StA das Verfahren gegen E. nach § 170 Abs. 2 einstellen. Staatsanwalt S. fragt sich, ob er nun die beschlagnahmte Restauflage des Buches an E. zurückgeben muss.

327 Wäre es nicht zur Verjährung und damit zur Einstellung des Verfahrens gegen E. gekommen, so hätte nach § 74d StGB in der Hauptverhandlung als Nebenfolge der Tat die Einziehung der Restauflage angeordnet werden können. Die Einziehung durch ein Urteil, das primär eine Entscheidung über die Bestrafung des Angeklagten enthält, wird als **subjektives Verfahren** bezeichnet. Falls der einzuziehende Gegenstand nicht dem Angeklagten gehört oder falls ein anderer Rechte an dem Gegenstand hat, die mit der Einziehung erlöschen würden, muss dieser Dritte die Möglichkeit haben, seine Rechte in der Hauptverhandlung zu vertreten. Dafür erhält er die Stellung eines **Einziehungsbeteiligten**, der an der Hauptverhandlung teilnehmen (§ 435) und dabei ähnliche Rechte wie ein Angeklagter geltend machen kann (§ 430). Dies hat nach § 428 Abs. 1 S. 2 die weitreichende Folge, dass ein Einziehungsbeteiligter (z. B. auch eine AG oder GmbH als juristische Personen) sich in jeder Lage des Verfahrens des Beistands eines Rechtsanwalts als Verteidiger bedienen darf. Daher gelten für diesen Verteidiger des Einziehungsbeteiligten auch das ZVR nach § 53 Abs. 1 Nr. 2 (nicht nur Nr. 3!) und das Beschlagnahmeverbot nach § 97 ohne teleologische Beschränkungen[329].

328 Die Einziehung setzt nicht in jedem Fall ein subjektives Verfahren voraus. § 76a StGB lässt eine selbstständige Einziehung zu, wenn aus tatsächlichen Gründen keine bestimmte Person verfolgt werden kann (z. B. eine Falschmünzerbande hat sich mit unbekanntem Ziel ins Ausland abgesetzt und ein Lager mit Falschgeld hinterlassen) oder wenn in den in § 76a Abs. 2 StGB bezeichneten Fällen aus rechtlichen Gründen keine bestimmte Person verfolgt werden kann, z. B. wegen Verhandlungsunfähigkeit des Angeklagten[330]. Ein solcher rechtlicher Grund ist auch die Verjährung bei der Einziehung von Schriften[331]. In diesen Fällen sieht die StPO das **objektive Verfahren**, d. h. ohne Anklage einer bestimmten Person, zum Zwecke der Einziehung vor (§§ 440 ff.) Die StA muss beim Gericht einen Antrag im objektiven Verfahren stellen, der auf Einziehung des bezeichneten Gegenstandes lautet[332]. Die Antragsschrift entspricht im Wesentlichen dem Aufbau einer Anklageschrift (§ 440 Abs. 2). Hier bräuchte also eine Rückgabe der Restauflage nicht erfolgen, da diese im objektiven Verfahren eingezogen werden kann.

---

326 BGHSt 22, 1; a. A. *Peters* § 64 II 1.
327 Näher zum Sicherungsverfahren *Ranft* 2345 f.
328 BGH NJW 94, 333 (gefährlicher, schuldunfähiger Brandstifter); s. Rn. 31 f.
329 S. Rn. 136 ff.; 208 näher *Schneider* Anm. zu LG Braunschweig NStZ 16, 308.
330 OLG Celle NStZ-RR 96, 209.
331 BGH NJW 83, 1205; klargestellt auch durch § 76a Abs. 1 Nr. 1 StGB n. F.; zur Pressebeschlagnahme nach §§ 111b ff.: *Kramer*, Taschenbuch für Kriminalisten, Bd. 39, S. 147 ff.
332 Antragstellung liegt im Ermessen der StA, BGHSt 7, 357.

G. Die Rechtsbehelfe

I. Rechtsbehelfe gegen Eingriffsmaßnahmen im Strafverfahren
1. Beschwerde

329 Aufgrund eines Durchsuchungsbeschlusses des Ermittlungsrichters beim Amtsgericht werden das Vorstandsbüro und das private Penthouse des Vorstandsvorsitzenden V. eines Unternehmens der chemischen Industrie durchsucht, der strafbare Verstöße gegen Umweltbestimmungen zu verantworten haben soll. Bei der Durchsuchung werden gem. § 110 zahlreiche Papiere mitgenommen. Die Durchsicht der Papiere dauert bei der Polizei immer noch an. V. ist empört und möchte mit allen denkbaren Rechtsbehelfen die Rechtswidrigkeit der Durchsuchung selbst festgestellt wissen, um sich gegenüber seinem Aufsichtsrat rehabilitieren zu können. Er verlangt außerdem, dass die Durchsicht der Papiere sofort abgebrochen wird, weil der Staatsanwalt diese Tätigkeit auf seine Ermittlungsperson bei der Polizei nicht delegiert habe.

330 Formlose Rechtsbefehle wie **Gegenvorstellungen**, Sachaufsichtsbeschwerde und **Dienstaufsichtsbeschwerde** führen zu einer innerdienstlichen Überprüfung eines Vorgangs. Die Anordnung der Durchsuchung durch den Ermittlungsrichter unterliegt nach § 26 DRiG als richterliche Entscheidung keiner Dienstaufsicht. Lediglich die Durchsicht der Papiere durch Polizeibeamte wäre mittels einer Aufsichtsbeschwerde angreifbar, da dies eine entsprechende Anordnung des Staatsanwalts nach § 110 erfordert hätte[1]. Anordnungen und Vorgehensweisen der Polizei im Rahmen der Strafverfolgung werden durch den polizeilichen Vorgesetzten überprüft, wenn das persönliche Verhalten des Beamten beanstandet wird (Dienstaufsichtsbeschwerde i.e.S.); die Sachaufsichtsbeschwerde gegen polizeiliche Strafverfolgungsmaßnahmen wird dagegen aufgrund der Sachleitungsbefugnis der StA von dieser bearbeitet[2]. V. ist hier aber an formellen Feststellungen der Rechtswidrigkeit der Durchsuchung interessiert. Formlosen Rechtsbehelfen wird auch nachgesagt, sie seien „form-, frist- und zwecklos".

330a Für V. kommt als **ordentlicher** Rechtsbehelf die Einlegung des Rechtsmittels der Beschwerde in Betracht. Die **Beschwerde** ist ein Rechtsmittel gegen alle richterlichen Entscheidungen (Beschlüsse und Verfügungen) mit Ausnahme der Urteile (§ 304)[3]. Die Beschwerde dient der Kontrolle richterlicher Entscheidungen, die eine vom Urteil unabhängige Belastung (Beschwer) enthalten, z.B. Haftbefehle, Beschlagnahmebeschlüsse, Ordnungsgeldbeschlüsse usw. Entscheidungen der erkennenden Gerichte, *die der Urteilsfällung vorausgehen,* unterliegen nicht der Beschwerde (§ 305). Gegen sitzungspolizeiliche Maßnahmen nach §§ 178, 180 GVG (Ungebühr) sieht § 181 GVG eine befristete Beschwerde vor[4]. Sie können nämlich im Rahmen der Berufung oder Revision überprüft werden. Damit sind von der Beschwerde Entscheidungen ausgeschlossen, die in innerem Zusammenhang mit der Urteilsfällung stehen und nur deren Vorbereitung dienen wie beispielsweise die Terminbestimmung durch den Vorsitzenden, Trennung

---
1 S. Rn. 254.
2 Vgl. Rn. 106, 103, 269; näher *Werner* NJW 91, 19; *Hohmann* JR 91, 10.
3 Die reine Untätigkeitsbeschwerde ist zwar unzulässig, nicht aber die Beschwerde gegen die Unterlassung einer rechtlich gebotenen richterlichen Handlung, BGH NJW 93, 1279 f.m.w.N. OLG Frankfurt NJW 02, 453 f. Eine „außerordentl." Beschwerde gibt es nicht; BGH NJW 99, 2290.
4 Str., ob gegen sitzungspolizeil. Maßnahmen nach § 176 GVG Beschwerde mögl. ist, dafür: BVerfG NJW 15, 2175, offengelassen: BGH NStZ 16, 369; bei Pressevertretern: OLG Bremen StV 16, 549.

verbundener Verfahren, Ablehnung eines Beweisantrages usw.[5] In § 305 S. 2 werden eine Reihe von richterlichen Entscheidungen aufgeführt, bei denen schon der Gesetzgeber selbst diesen inneren Zusammenhang mit der Urteilsfindung verneint. Bei Durchsuchungsbeschlüssen fehlt der innere Zusammenhang zur Urteilsfindung aber ebenfalls, obwohl solche Beschlüsse in § 305 nicht ausdrücklich genannt sind, denn sie enthalten als Zwangsmaßnahme eine über eine mögliche Verurteilung hinausgehende Beschwer. Im Fall handelt es sich außerdem um eine Entscheidung des Ermittlungsrichters, also nicht um einen Beschluss des erkennenden Gerichts, sodass § 305 Satz 1 nicht einschlägig ist.

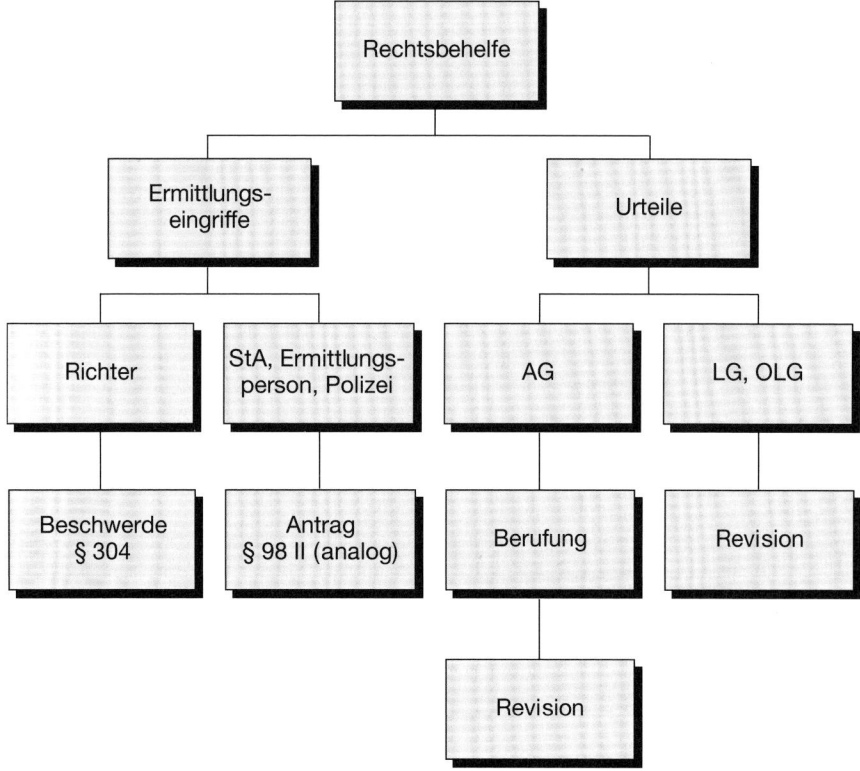

Abb. 14: Rechtsbehelfe

Die Beschwerde ist **nur gegen richterliche Entscheidungen**[6] statthaft, nicht gegen Anordnungen der StA, ihrer Ermittlungspersonen oder der Polizei. Entscheidungen der Amtsgerichte und Landgerichte unterliegen der Beschwerdemöglichkeit, soweit das Gesetz sie nicht ausdrücklich einer Anfechtung entzieht[7]. Dabei kommt es nicht darauf an, ob der Ermittlungsrichter oder das erkennende Gericht die Entscheidung getroffen

---

5   Zur Terminierung: OLG Karlsruhe StV 91, 509; KG StV 89, 8; Frankfurt StV 95, 9. Pflichtverteidigerbestellung: OLG Stuttgart NStZ-RR 98, 110; Hamm StV 95, 64; abl. Koblenz NStZ-RR 96, 206; Akteneinsicht: OLG Brandenburg NJW 96, 67; Hamm NStZ-RR 96, 210; a.A. Frankfurt NStZ-RR 96, 238; Verfahrenstrennung: OLG Düsseldorf NStZ-RR 96, 142.
6   Gegen Untätigkeit in besonderen Fällen: OLG Dresden NJW 05, 3363.
7   Z.B. §§ 304 Abs. 3; 28 Abs. 1; 81c Abs. 3 S. 4; 161a Abs. 3 S. 4; 201 Abs. 2 S. 2; 310 Abs. 2.

hat. Zum Wesen der Beschwerde gehört das Vorhandensein einer übergeordneten richterlichen Instanz. Daher scheidet sie gegen Entscheidungen im Revisionsverfahren aus. Gegen Beschlüsse und Verfügungen des BGH mit Ausnahme der Verfügungen des Ermittlungsrichters beim BGH ist die Beschwerde nicht zulässig (§ 304 Abs. 4, 5). Entsprechendes gilt für Beschlüsse und Verfügungen der Oberlandesgerichte mit Einschränkungen für die Fälle, in denen das OLG im ersten Rechtszug zuständig ist (§ 304 Abs. 4 Satz 2).

330b Soweit V. hier gegen die richterliche Durchsuchungsanordnung *selbst* vorgehen will, ist damit gem. § 304 die Beschwerde einschlägig; hätte nur eine Eilanordnung bei Gefahr im Verzug durch die StA oder ihre Ermittlungspersonen vorgelegen, wäre dagegen keine Beschwerde möglich gewesen[8]. Dagegen betrifft die förmliche Beanstandung der Durchsicht der Papiere, die hier entgegen § 110 von Polizeibeamten statt von der StA vorgenommen wird, Art und Weise des Vollzuges einer noch nicht erledigten richterlichen Anordnung. Nach der früheren Rechtsprechung wurde auch in diesen Fällen die Beschwerde als zulässig erachtet[9], weil ja der Richter immer noch in die Art und Weise des Vollzugs seiner Anordnung eingreifen könne[10]. Dieser Begründungsansatz war allerdings schon immer zweifelhaft, weil die Vollstreckung richterlicher Anordnungen nach § 36 Abs. 2 in die Kompetenz der StA fällt und jedenfalls der Ermittlungsrichter nach § 162 Abs. 3 nur zur Prüfung der rechtlichen Zulässigkeit einer beantragten Maßnahme befugt ist. Zu Recht ist daher der BGH von seiner bisherigen Rechtsprechungslinie abgerückt und sieht die Beschwerde nur noch in Ausnahmefällen als das einschlägige Rechtsmittel an, soweit es um die Art und Weise des Vollzugs einer richterlichen Anordnung geht. Lediglich in den Fällen, in denen in der richterlichen Anordnung selbst *ausdrücklich und evident* bestimmte Festlegungen über die Art und Weise des Vollzugs enthalten sind und diese angegriffen werden, bleibt die Beschwerde einschlägig[11]. Die genannten Entscheidungen betrafen zwar Konstellationen, in denen die Maßnahme insgesamt schon abgeschlossen war und nicht – wie hier infolge der Durchsicht der Papiere – noch andauerte. Jedoch muss die neue Rechtsprechung bei Abgrenzung zwischen Rechtsmitteln gegen richterliche und nicht-richterliche Anordnungen in der Frage der Art und Weise des Vollzugs ebenso bei noch nicht abgeschlossenen Maßnahmen zur Unzulässigkeit der Beschwerde führen; einschlägig ist das gegen Anordnungen der Strafverfolgungsbehörden (StA, Ermittlungspersonen der StA, Polizei) zulässige Rechtsmittel. Hier enthielt der richterliche Durchsuchungsbeschluss keine Festlegung dazu, wer die Durchsicht der Papiere vornehmen dürfe; dies wäre eine Entscheidung der StA gewesen. Daher ist insoweit nicht die Beschwerde einzulegen, sondern ein Antrag auf richterliche Überprüfung nach § 98 Abs. 2 analog zu stellen[12].

331 Beschwerdeberechtigt ist jede Person, welche durch die richterliche Entscheidung eine unmittelbare **Beschwer** erlitten hat[13]. Dieses ist nicht nur der Beschuldigte, sondern auch ein Zeuge, Sachverständiger oder eine andere Person, die durch die richterliche Entscheidung belastet wurde (§ 304 Abs. 2). In jedem Falle ist die StA zur Einlegung der Beschwerde berechtigt, wie sich aus § 296 ergibt sowohl zugunsten als auch zu Lasten des Beschuldigten[14]. Im Fall kommt es nicht darauf an, ob die Durchsuchung

---

8 S. aber Rn. 334 ff.
9 BGH NJW 73, 2035; StV 88, 90.
10 BGHSt 28, 206, 209; BGH StV 88, 90; NJW 90, 57; OLG Karlsruhe NStZ 95, 48; *Beulke* 324.
11 BGHSt 45, 183 = NJW 99, 3499; dem folgend Ermittlungsrichter beim BGH NJW 00, 84 f.
12 Dazu später: Rn. 333 ff.
13 Z.B. auch der Nebenkläger, OLG Karlsruhe MDR 74, 332; noch keine Beschwer bei bloßer Anordnung einer Kontrollstelle, BGHSt 35, 363 f.; s. Rn. 241.
14 Abzulehnen die Einschränkungen bei OLG Frankfurt NJW 95, 1305.

bei V. nach § 102 oder § 103 stattfand, denn als Inhaber der Räumlichkeiten war er durch den Durchsuchungsbeschluss in jedem Fall beschwert.
Jedoch ist doch die Einlegung einer Beschwerde vom Grundsatz her nur solange möglich, wie die angegriffene richterliche Entscheidung noch Wirkungen zeitigt. Gegen **erledigte** richterliche Anordnungen, die bereits abschließend vollzogen worden sind, ist die Beschwerde wegen fehlenden Rechtsschutzinteresses grundsätzlich unzulässig[15]. Auf keinen Fall ergibt sich ein Rechtsschutzinteresse aus einem irgendwie gearteten **Rehabilitationsinteresse** eines von Zwangsmaßnahmen Betroffenen[16], denn der Umstand, Adressat einer Zwangsmaßnahme im Strafverfahren zu sein, hat für sich genommen noch keinen diskriminierenden Charakter. In der Vergangenheit hatte die Rechtsprechung bei abschließend vollzogenen richterlichen Entscheidungen nur dann ausnahmsweise ein Rechtsschutzinteresse anerkannt, wenn sie willkürlich waren oder eine Wiederholung der Maßnahmen drohte oder wenn wegen der Folgen der richterlichen Entscheidung ein nachwirkendes rechtliches Interesse an einer Beschwerdeentscheidung bestand[17]. In Abkehr von seinem früheren Standpunkt vertritt das BVerfG nunmehr, dass darüber hinaus ein Rechtsschutzinteresse auch in Fällen **tief greifender Grundrechtseingriffe** gegeben sei, in denen die direkte Belastung durch den angegriffenen Hoheitsakt sich nach dem **typischen Verfahrensablauf** auf eine Zeitspanne beschränke, in welcher der Betroffene die gerichtliche Entscheidung in der von der Prozessordnung gegebenen Instanz kaum erreichen könne[18]. Eine nachträgliche Heilung formeller Mängel der angegriffenen Entscheidung durch den Beschluss des Beschwerdegerichts kann in diesen Fällen nicht mehr eintreten[19].
Bei **Durchsuchungen**, die ja gewichtig in das Grundrecht der Wohnungsfreiheit nach Art. 13 GG eingreifen, aber typischerweise abgeschlossen sind, bevor es möglich ist, ist damit eine richterliche Kontrolle im Wege der Beschwerde nach § 304 zu erreichen. Im vorliegenden Fall ist es ausnahmsweise anders, weil die Durchsuchung mit Verlassen der Räumlichkeiten nur scheinbar abgeschlossen war, in Wirklichkeit aber infolge der anschließenden Durchsicht der mitgenommenen Papiere fortgesetzt wurde. Die **Durchsicht der Papiere** nach § 110 ist noch als Teil der Durchsuchung selbst zu betrachten, auch wenn sie außerhalb der Durchsuchungsräumlichkeiten erfolgt[20]. Deshalb bliebe hier schon nach überkommenen Maßstäben die Beschwerde gegen die richterliche Anordnung selbst zulässig[21]. Sie wäre aber wohl unbegründet, denn die Durchsicht der Papiere war nicht expliziter Inhalt des Beschlusses[22]. Der Umstand, dass hier ausnahmsweise wegen der fortdauernden Durchsicht der Papiere schon nach bisherigen Maßstäben ein Rechtsmittel zulässig zwar, ändert aber nichts daran, dass dies bei Durchsuchungen *typischerweise* gerade nicht der Fall ist. Deshalb gebietet die Effektivität des Rechtsschutzes bei Durchsuchungen, dass auch nach abgeschlossener Durchsuchung eine Kontrolle der Maßnahme mittels der Beschwerde nach § 304 stattfindet, die sonst regelmäßig leerliefe. Anders verhält es sich z. B. bei Beschlagnahmeanordnungen, bei denen während der gesamten Dauer der Beschlagnahme die Beschwerde eingelegt und betrieben werden kann und deshalb der typische Verfahrensablauf gerade nicht das Rechtsmittel ineffektiv werden ließe[23].

---

[15] BVerfGE 49, 329; BGH MDR 79, 69 f.; NJW 78, 1815; 73, 2035.
[16] Dazu ausführl. BGHSt 37, 79, 82 ff.; LG Frankfurt NJW 96, 1008 (Schneider); a. A. *Amelung* NJW 79, 1687 f.
[17] Vgl. OLG Celle NJW 97, 2964; LG Bremen NJW 97, 1168; BGHSt 33, 196, 207 f.; 36, 30; BVerfGE 49, 329.
[18] BVerfGE 96, 27 = NJW 97, 2163; ebenso BVerfG NJW 98, 2131 (Aufgabe von BVerfGE 49, 329); aber nicht mehr zwei Jahre später, BVerfG NJW 03, 1514.
[19] BVerfG NJW 04, 3171; 12, 2097.
[20] LG Frankfurt NJW 97, 1170 m. w. N.; s. Rn. 254. Nach BGH NJW 95, 3397 gilt dies bis zum Beschlagnahmeantrag der StA.
[21] Vgl. Rn. 330b.
[22] S. Rn. 254.
[23] Grenzfall: bereits erfolgte Auskunftserteilung nach § 12 FAG; LG Frankfurt NJW 97, 1170.

Die **Einlegung** der Beschwerde ist nach § 306 Abs. 1 *formgebunden*. Sie muss **schriftlich** **332**
oder zu Protokoll der Geschäftsstelle des Gerichts erfolgen, dessen Entscheidung angefochten wird (*iudex a quo*). Der Sinn dieser Regelung besteht darin, dass der Richter seine eigene Entscheidung korrigieren kann, falls er die in der Beschwerde vorgebrachten Gründe für überzeugend hält (§ 306 Abs. 2: **Abhilfeverfahren**)[24]. Wird der Beschwerde nicht abgeholfen, muss sie spätestens vor Ablauf von drei Tagen dem Beschwerdegericht (*iudex ad quem*) zugeleitet werden. Das Beschwerdegericht ist grundsätzlich das nächsthöhere Gericht, also bei Beschwerden gegen Entscheidungen des Amtsgerichts das Landgericht, bei Beschwerden gegen Entscheidungen des Landgerichts das OLG.
Das Beschwerdegericht entscheidet ohne mündliche Verhandlung (§ 309) und kann in seinem Beschluss auch die angegriffene Entscheidung zum Nachteil des Beschwerdeführers ändern, wenn diesem vorher Gelegenheit zur Gegenerklärung gegeben worden ist (§ 308). Die Beweiswürdigung des unteren Gerichts ist aber vom Beschwerdegericht, dem ja die unmittelbare Anschauung der Beweise fehlt, nur eingeschränkt nachprüfbar[25]. Gegen die Entscheidung des Beschwerdegerichts[26] ist eine **weitere Beschwerde** grundsätzlich nicht möglich[27]. Eine Ausnahme gilt insoweit nur für Beschlüsse, die Verhaftungen, eine Anordnung des dinglichen Arrests[28] oder einstweilige Unterbringungen betreffen (§ 310). Der Beschwerdeführer kann das Rechtsmittel selbst einlegen und bedarf dazu nicht eines Rechtsanwalts. Unterläuft ihm ein Irrtum in der Bezeichnung des zulässigen Rechtsmittels, ist dies nach § 300 stets unschädlich. Die einfache Beschwerde ist **nicht fristgebunden**; eine Verwirkung durch Zeitablauf kann daher nicht in Betracht kommen[29]. Nur in den gesetzlich besonders bestimmten Fällen der **sofortigen Beschwerde** muss diese binnen einer Woche eingelegt werden (§ 311 Abs. 2). Eine aufschiebende Wirkung haben weder einfache noch sofortige Beschwerden (§ 307), es sei denn, die Aussetzung der Vollziehung der angefochtenen Entscheidung wird richterlich besonders angeordnet oder die aufschiebende Wirkung ist im Einzelfall ausdrücklich gesetzlich vorgesehen (z. B. § 81 Abs. 4). Daher braucht etwa eine laufende Durchsuchung, gegen deren Anordnung Beschwerde eingelegt wird, keinesfalls abgebrochen zu werden, um eine Entscheidung des Gerichts abzuwarten. Es ermangelt der Beschwerde also an dem für Rechtsmittel ansonsten typischen *Suspensiveffekt*, während der **Devolutiveffekt** (Entscheidung durch das nächsthöhere Gericht) durchaus gegeben ist. Eine gewisse Ähnlichkeit mit der Beschwerde weist der Antrag auf nachträgliche Feststellung der Rechtswidrigkeit verdeckter Ermittlungsmaßnahmen nach § 101 Abs. 7 S. 2[30].

2. Rechtsbehelfe gegen Anordnungen der StA, ihrer Ermittlungspersonen und der Polizei

Nach einem nächtlichen Disco-Besuch des 19jährigen J. gerät der von ihm gesteuerte **333**
Pkw von der Fahrbahn ab und muss aus einem Straßengraben geborgen werden. Ein Streifenwagen der Polizei trifft kurze Zeit später am Unfallort ein. Polizeimeister M. ordnet gegenüber dem unverletzten J. die Entnahme einer Blutprobe an. Da J. heftig um sich schlägt, legen die Beamten ihm Handfesseln an, einerseits um sich selbst zu schützen, andererseits um so die Anordnung durchzusetzen. Auf diese Weise gelingt

---

[24] Dazu BGH NJW 92, 2169; 88, 1224.
[25] BGH NJW 13, 247 f.; s. auch Rn. 280.
[26] Grundsätzl. muss das Beschwerdegericht selbst entscheiden; Zurückverweisung nur in Ausnahmefällen mögl.: BGH NJW 92, 2775. Dann Bindungswirkung analog § 358, OLG Düsseldorf NJW 02, 2963.
[27] Auch dann nicht, wenn die erstmalige Belastung (z. B. TKÜ-Anordnung) erst in der Beschwerdeinstanz angeordnet wurde; OLG Frankfurt NStZ-RR 96, 78.
[28] Beschl. nach § 111b Abs. 2 i. V. m. § 111d bei Beträgen von mehr als 20000 Euro, aber nicht durch StA od. Drittbeteiligte, OLG München NJW 08, 389; Hamburg NJW 08, 389; Hamburg NJW 08, 1830.
[29] Im Ergebnis anders: LG Potsdam NJW 04, 696.
[30] S. Rn. 222, 265e.

> es, den J. in das nächste Krankenhaus zu verbringen, wo die Blutentnahme erfolgt. Sie ergibt nach Auswertung einen BAK von 1,9 ‰. J. hält das Vorgehen der Beamten für rechtswidrig, insbesondere die Fesselung, die zu deutlichen Blutergüssen und Schmerzen an den Handgelenken geführt hat.

334 Die Beschwerde nach § 304 wäre hier nicht statthaft, da sich J. nicht gegen eine richterliche Entscheidung wehrt, sondern gegen eine solche einer Ermittlungsperson der StA, die diese nach § 81a Abs. 2 S. 2 wegen Verdachts eines Verkehrsdelikts nach § 316 StGB selbst treffen durfte. Für solche Fälle sieht die StPO kein ausdrückliches Rechtsmittel vor. Eine analoge Anwendung der Vorschriften über die Beschwerde scheitert daran, dass diese spezifisch auf unabhängige richterliche Anordnungen zugeschnitten ist und einen gerichtlichen Instanzenzug voraussetzt, wie auch § 304 Abs. 4 und 5 zeigt. Lediglich für die Beschlagnahme, welche die StA oder ihre Ermittlungspersonen anordnen, bestimmt § **98 Abs. 2 S. 2**, dass der Betroffene[31] jederzeit **richterliche Entscheidung** beantragen kann, die der Überprüfung der Eilanordnung dient. Der Antrag kann bei dem Amtsgericht eingereicht werden, in dessen Bezirk die Maßnahme stattgefunden hat. Die Entscheidung trifft aber der nach § 162 zuständige Ermittlungsrichter. Der Grundgedanke des § 98 Abs. 2 S. 2, 3 lässt sich jedoch auch auf die Anordnung anderer Zwangsmaßnahmen der StA und ihrer Ermittlungspersonen übertragen, bei denen das Gesetz keinen eigenen Rechtsbehelf vorsieht und damit der Rechtsschutz lückenhaft wäre. Die **entsprechende Anwendung** des § 98 Abs. 2 S. 2 (Antrag auf richterliche Entscheidung) hat sich weitgehend durchgesetzt, jedenfalls für solche Eilanordnungen der StA und ihrer Ermittlungspersonen, bei denen grundsätzlich der Richter zuständig wäre, z. B. bei Durchsuchungen und der hier vorliegenden Untersuchung[32]. Aber auch soweit keine primäre Zuständigkeit des Ermittlungsrichters gegeben ist (z. B. bei der Erkennungsdienstlichen Behandlung nach § 81b 1. Alt.), empfiehlt sich die analoge Anwendung des § 98 Abs. 2 S. 2, 3 als geeignetem Rechtsbehelf, denn die Interessenlage unterscheidet sich nicht wesentlich von den Eingriffsfällen, in denen nur aufgrund einer Eilkompetenz gehandelt wurde[33]. Eine Aufspaltung des Rechtsweges wäre durch sachliche Unterschiede nicht geboten. Es entspricht der grundlegenden Aufgabenstellung des Ermittlungsrichters, über die Rechtmäßigkeit von Zwangsmaßnahmen im Vorverfahren zu wachen, auch wenn es der Schutz des Bürgers nicht immer zwingend erscheinen lässt, sämtliche Zwangsmaßnahmen von vornherein seiner Anordnungskompetenz in Form eines Richtervorbehalts zu unterstellen.

Im Ausgangsfall wäre daher an sich ein Antrag analog § 98 Abs. 2 S. 2 des J. auf richterliche Entscheidung über die Anordnung der Blutprobe durch Polizeimeister M. einschlägig. Eine aufschiebende Wirkung kommt dem Antrag nach § 98 Abs. 2 S. 2 (analog) ebenso wenig zu wie der Einlegung der Beschwerde. Allerdings ist zu bedenken, dass die Maßnahme inzwischen erledigt ist und damit die Grundsätze prozessualer Überholung eingreifen könnten. Während das BVerfG bei seiner ursprünglichen Entscheidung zum Rechtsschutz von erledigten *richterlichen* Anordnungen noch offen gelassen hatte, ob dies auch so bei nicht-richterlichen Anordnungen gelte[34], hat inzwischen der BGH dies in Zusammenhang mit der nachträglichen Feststellung der Rechtswidrigkeit einer vor-

---

31 Das ist aber z. B. nicht der Beamte, dessen im Eigentum des Dienstherrn stehender Dienstcomputer beschlagnahmt wird, BVerfG NJW 07, 3343.
32 Vgl. BVerfG NJW 07, 1345; BGHSt 28, 206, 209; 35, 363 f.; NJW 78, 1013; OLG Karlsruhe NJW 92, 642 f.; m. w. N.; Celle StV 85, 137.
33 Vgl. OLG Braunschweig NStZ 91, 551; Karlsruhe Die Justiz 89, 356; Oldenburg GA 91, 225; Stuttgart StV 88, 424; anders natürl., wenn ein noch speziellerer Rechtsbehelf vorgesehen wie z. B. in §§ 161a, Abs. 3, 163a Abs. 3.
34 Vgl. BVerfG NJW 98, 669; s. Rn. 331.

läufigen – von einem Polizeibeamten verfügten – Festnahme bejaht[35]. Dem ist nur zuzustimmen, denn der Rechtsschutz gegen nicht-richterliche Anordnungen kann schon nach der Grundwertung des Art. 19 Abs. 4 GG nicht hinter dem gegen richterliche Anordnungen zurückbleiben, sondern muss eher weiter reichen.

Ob man bei der **Untersuchung**, die sicherlich als schwerwiegender Grundrechtseingriff in Art. 2 Abs. 2 GG anzusehen ist, sagen kann, dass regelmäßig das Rechtsmittel leerliefe, wenn nicht ein nachträglicher Rechtsschutz verbürgt wäre, ist nicht unbedingt mit der gleichen Pauschalität wie bei der Durchsuchung zu bejahen, denn Untersuchungen wohnt nicht notwendigerweise jenes Überraschungsmoment inne, das den kriminalistischen Erfolg der Durchsuchung bedingt und den effektiven Rechtsschutz dort so erschwert. Jedoch ist wenigstens bei Blutproben, die der Ermittlung des BAK dienen, der typische Ablauf so, dass diese so schnell angeordnet und vollzogen werden müssen, dass dem Betroffenen kaum Zeit und Möglichkeit zur Herbeiführung einer richterlichen Überprüfung nach § 98 Abs. 2 analog bleibt[36]. Daher müssen die Rechtsschutzgrundsätze bei diesen Blutproben wie bei Durchsuchungen gelten. Im Ergebnis ist J. daher berechtigt, nachträglich den Antrag auf richterliche Überprüfung der Blutprobenanordnung durch den Hilfsbeamten der StA analog § 98 Abs. 2 zu stellen[37].

Die Anlegung der Handfesseln könnte als **Art und Weise des Vollzuges** der Anordnung der Blutprobe unverhältnismäßig gewesen sein. Nimmt man auch in diesem Fall ein fortbestehendes Rechtsschutzbedürfnis an nachträglicher Feststellung der Rechtswidrigkeit der Maßnahme an, so fragt es sich, welches Rechtsmittel einschlägig ist. Nach früherer Rechtsprechung wurde dann, wenn es um die nachträgliche Überprüfung der Art und Weise einer erledigten Anordnung ging, ein Antrag an das OLG gem. § 23 EGGVG für zulässig erachtet[38]. Dabei machte es keinen Unterschied, ob es um die nachwirkende Feststellung der Rechtswidrigkeit des Vollzuges erledigter richterlicher oder nicht-richterlicher Anordnungen ging[39].

Diese Rechtsprechung ist inzwischen aufgegeben worden, denn sie führte zu einem schwer durchschaubaren System von Rechtsbehelfen, welches es dem Bürger nahezu unmöglich machte, den ihm inhaltlich garantierten Rechtsschutz zu erlangen. Als den sachnäheren Rechtsbehelf betrachtet die Rechtsprechung nunmehr auch in den Fällen erledigter Anordnungen, bezüglich derer die Art und Weise des Vollzugs beanstandet wird, den **Antrag auf richterliche Entscheidung gem. § 98 Abs. 2 analog**[40]. Lediglich in den seltenen Fällen, in denen in einer richterlichen Anordnung selbst ausdrücklich und evident die Art und Weise der Vollziehung geregelt ist, gilt die Beschwerde[41]; wenn – wie im vorliegenden Fall – von vornherein eine nichtrichterliche Anordnung selbst erging, bleibt es uneingeschränkt bei dem Antrag nach § 98 Abs. 2 analog.

Insgesamt ist bei dem Rechtsbehelf nach § 98 Abs. 2 (analog) zu beachten, dass er sich immer nur auf Maßnahmen im laufenden Strafverfahren aufgrund eines zureichenden Verdachts im Einzelfall beziehen kann; betrifft die Anordnung künftige Strafverfahren oder sonstige Fragen des Strafverfahrensrechts im weiteren Sinne (d. h. der Strafrechtspflege)[42], ist nur eine Anfechtung nach § 23 EGGVG beim OLG möglich.

---

35 BGH NJW 98, 3653 f.
36 Vgl. BVerfG NJW 07, 1345.
37 Die Einschlägigkeit des Antrags analog § 98 Abs. 2 zur nachträgl. Feststellung unter der Voraussetzung des Rechtsschutzbedürfnisses entsprach schon bisher h. M.; vgl. BGHSt 28, 57; 37, 82; auch BGH NJW 98, 3654.
38 BGHSt 28, 206; 36, 83; 37, 79, 82; a. A. *Beulke* 326.
39 BVerwGE 47, 255, 262.
40 BGH NJW 99, 730 (nichtrichterl. AO) unter Aufgabe von BGHSt 37, 79; BGHSt 45, 183 = NJW 99, 3499; NJW 00, 84 f. (richterl. AO); OLG Karlsruhe NJW 02, 3117.
41 BGH NJW 99, 3499; s. Rn. 331.
42 S. Rn. 3b.

334b Bei reinen **Prozesshandlungen** ist nach h. M. ein Antrag an das OLG gem. § 23 EGGVG oder sonst ein Rechtsmittel nicht zulässig[43]; das sind solche Maßnahmen, die der Einleitung, Durchführung und Gestaltung des Strafverfahrens dienen, ohne selbst in Grundrechte einzugreifen[44], z. B. Vernehmung, Verfahrensverbindung, -trennung usw. Bei Grundrechtseingriffen ist es jedoch aufgrund der Rechtsweggarantie des Art. 19 Abs. 4 GG ausgeschlossen, die Unanfechtbarkeit von Maßnahmen anzunehmen. Die Anlegung der Handfesseln ist keine Prozesshandlung, sondern betrifft die Art und Weise des Vollzuges einer (erledigten) Zwangsmaßnahme in Vollziehung einer nichtrichterlichen Anordnung, sodass nach neuerer Rechtsprechung der Antrag analog § 98 Abs. 2 S. 2 einschlägig ist, wenn man ein nachwirkendes Feststellungsinteresse bejaht.

334c Hier stellt sich höchstens noch die Frage, ob die Anlegung der Handfesseln nicht eine Maßnahme der Gefahrenabwehr war, da sie auch dem Schutz der Beamten vor dem heftig um sich schlagenden J. diente. Daher könnte an eine Überprüfung auf dem **Verwaltungsrechtsweg** gedacht werden. Die Fesselung bezweckte sowohl den Schutz der Beamten als präventive Maßnahme als auch die Durchsetzung der Blutprobe zur Strafverfolgung („repressiv"); es handelt sich eine sog. *doppelfunktionelle* Maßnahme[45]. Nach überwiegender Auffassung ist es möglich, eine Zwangsmaßnahme eines Polizeibeamten *gleichzeitig* auf Rechtsgrundlagen des Polizeirechts und des Strafprozessrechts zu stützen[46]. Lediglich im Rahmen ihrer gerichtlichen Überprüfung sei die Frage zu stellen, in welchem Rechtsgebiet der „Schwerpunkt" der Maßnahme gelegen habe, um so den geeigneten rechtlichen Prüfungsmaßstab und den zuständigen Gerichtszweig zu ermitteln[47]. Die sog. **Dominanzentscheidung**, d. h. Feststellung der Schwerpunktsetzung des handelnden Beamten, richtet sich grundsätzlich nach seinem erkennbar geäußerten Willen. Wenn z. B. ausdrücklich eine Erklärung abgegeben wird, in welcher die Rechtsgrundlage, aufgrund derer er handeln wollte, bezeichnet wird, ist damit der Schwerpunkt eindeutig bestimmt. Wenn dagegen keine ausdrückliche Dominanzentscheidung erfolgt ist, so soll das Schwergewicht nach der *objektiven Zweckrichtung* ermittelt werden[48].

Im Ausgangsfall hat M. keine ausdrücklichen Erklärungen abgegeben, ob die Fesselung nun auf § 81a StPO oder auf die polizeiliche Generalklausel bzw. Standardermächtigung des Polizeirechts gestützt sein sollte. Daher müsste nach dem objektiven Schwergewicht der Maßnahme gefragt werden. Hier ging es wohl in erster Linie um die Durchsetzung der Blutprobe selbst, die ohne Fesselung nicht hätte realisiert werden können. Der Gesichtspunkt der Eigensicherung trat dahinter zurück, da außergewöhnliche Gefahren für die Beamten nicht ersichtlich sind und auch der eigene Schutz nur aus der Notwendigkeit des strafprozessualen Zwangs resultierte. Im Ergebnis wäre daher zur nachträglichen Überprüfung der Anlegung der Handfesseln ein Antrag an das AG gem. § 98 Abs. 2 analog einschlägig.

334d Die h. M. zu der Zulässigkeit **doppelfunktioneller Maßnahmen** überzeugt zwar in ihren Ergebnissen zur Rechtswegfrage, nicht jedoch in ihrem Ausgangspunkt, wonach es rechtlich möglich sein soll, Eingriffsmaßnahmen gleichzeitig auf Rechtsgrundlagen der StPO und des Polizeirechts zu stützen und erst im Rahmen der gerichtlichen Überprüfung zu fragen, wo der Schwerpunkt gelegen habe. Dieser theoretische Ansatz erfolgt

---

[43] BVerfG NJW 85, 1019, 84, 1451; OLG Karlsruhe NStZ 82, 434; Hamburg NJW 72, 1586; s. auch Fn. 32.
[44] Vgl. OLG Hamm NJW 73, 1089; NStZ-RR 96, 10; NStZ 95, 4132; KG NJW, 109; Karlsruhe NJW 78, 1595.
[45] Grundlegend dazu und zur Abgrenzung: *Dörschuck* Kriminalistik 97, 740 ff.
[46] Grundlegend: *Emmerig* DVBl. 58, 338; ebenso *Götz*, Allg. Polizei- und Ordnungsrecht, 9. Aufl. (1988), 426; wohl auch BGH NJW 91, 2651.
[47] BVerwG 47, 255, 264; OVG Berlin NJW 71, 637; VGH Mannheim DÖV 89, 171; a. A. *Schenke* NJW 11, 2838, der beide Rechtswege für eröffnet hält.
[48] Vgl. OVG Berlin NJW 71, 637; *Dörschuck* Kriminalistik 97, 744 ff. plädiert für eine Doppelprüfung.

zu einseitig aus der Sicht nachträglicher Überprüfung im Rechtsbehelfsverfahren. Letztlich muss auch dort entschieden werden, an welchen Normen die Anordnung zu messen ist, sodass der Wert einer Konstruktion gleichzeitiger Begründung der Maßnahme auf beide Rechtsgebiete unklar bleibt. Die Dominanzentscheidung lässt sich aber nicht auf das Rechtsbehelfsverfahren vertagen, denn schon vorher muss klar sein, welchem Regime an Regelungen (StPO oder Polizeirecht) die Maßnahme unterliegt. Dies betrifft z. B. die Frage, welche – möglicherweise einander widersprechenden – Form- und Verfahrensvorschriften zur Anwendung gelangen, z. B. bei einer Durchsuchung. Auch die Weisungskompetenzen und Verfahrensherrschaft (StA oder Ordnungs- und Polizeibehörde?) gehen völlig auseinander, je nachdem, ob die Maßnahme polizeirechtlich oder strafprozessual begründet wird, wie z. B. die einfache Frage zeigt, was mit einer beschlagnahmten Sache weiter zu geschehen hat und wer darüber verfügen kann. Daher ist die Konstruktion gleichzeitiger Anwendbarkeit der Rechtsgrundlagen beider Rechtsgebiete auf eine polizeiliche Maßnahme abzulehnen[49]. Die Dominanzentscheidung muss sofort getroffen werden: eine Maßnahme kann nur entweder auf dem Polizeirecht *oder* dem Strafprozessrecht beruhen, wobei die Abgrenzung sehr wohl nach den Maßstäben der h. M. erfolgen darf, die nach dem erkennbaren Willen und zweitrangig nach dem objektiven Schwergewicht fragt (subjektiv-objektive Kombinationsformel). Dem folgt im Ergebnis auch der BGH in seiner Entscheidung zur legendierten Polizeikontrolle[50]. Dort wurde eine Fahrzeugkontrolle, die dem Auffinden von Rauschgift diente, auf das Polizeigesetz gestützt, obwohl (sekundär) auch strafprozessuale Zwecke verfolgt wurden. Es bestehe weder ein allgemeiner Vorrang der StPO gegenüber dem Gefahrenabwehrrecht, noch sei dies umgekehrt der Fall. Die aufgrund einer polizeirechtlichen Durchsuchung gewonnenen Erkenntnisse können nach § 161 Abs. 3 S. 1 StPO auch im Strafverfahren verwendet werden.

II. Rechtsmittel gegen Urteile

1. Berufung

Der Kraftfahrer K. ist vom Schöffengericht wegen unerlaubten Entfernens vom Unfallort zu einer Geldstrafe von 80 Tagessätzen je 50,– Euro verurteilt worden. K. ist der Meinung, das Schöffengericht habe den Sachverhalt nicht genügend aufgeklärt und sei deshalb zu Unrecht davon ausgegangen, er habe nicht eine angemessene Zeit am Unfallort gewartet. Außerdem habe das Gericht den § 142 StGB falsch ausgelegt. K. befürchtet jedoch, die Einlegung eines Rechtsmittels könne für ihn von Nachteil sein, weil das Amtsgericht bisher übersehen habe, dass er zum Tatzeitpunkt auch ohne Fahrerlaubnis gefahren sei.

Die Berufung (§§ 312 ff.) ist das Rechtsmittel gegen Urteile der Amtsgerichte, welches zu einer vollständigen tatsächlichen und rechtlichen Überprüfung durch das Landgericht führt. Das Berufungsverfahren ist daher im Wesentlichen durch die vollständige Wiederholung des erstinstanzlichen Verfahrens einschließlich der Beweisaufnahme mit nur einigen Verfahrensabweichungen charakterisiert. Der Sinn und Zweck des Rechtsinstituts der Berufung besteht darin, dass die Urteile der Amtsgerichte, die bei der Bewältigung der Massenkriminalität relativ schnell arbeiten müssen, durch eine **zweite Tatsacheninstanz** kontrolliert werden können[51]. An der Berufung wird vielfach kritisiert, dass eine erneute Beweisaufnahme nicht unbedingt eine bessere Sachverhaltsauf-

---

49 So auch *Achenbach* JA 81, 602; *Merten/Merten* ZRP 91, 216; krit. auch *Gusy* StV 91, 499 („Rosinentheorie").
50 BGH NJW 17, 3173, 3176 f.; s. auch Rn. 48a.
51 Zum Sinn der Berufung: *Schlüchter* 668; *Kühne* 659 f.; *Ranft* 1991.

klärung als in erster Instanz bedeute, da durch den weiteren Zeitablauf die Erkenntnismöglichkeiten eher abgeschwächt als verbessert werden. Dennoch ist sie als Rechtsinstitut unverzichtbar, da ihre Abschaffung zu einer durchgreifenden Änderung der Arbeitsweise bei den Amtsgerichten und damit – realistisch betrachtet – letztlich zu erheblichen Verfahrensverzögerungen führen würde.

Für die Behandlung einer Berufung – gleichviel ob es sich um eine solche gegen Urteile des Strafrichters oder des Schöffengerichts handelt – ist jetzt *immer* die **Kleine Strafkammer** des LG zuständig, die regelmäßig in der Besetzung von einem Berufsrichter und zwei Schöffen tagt[52]. Die Große Strafkammer ist nur noch für erstinstanzliche Angelegenheiten zuständig. Eine weitere grundlegende Neuerung ist die seit 1993 geltende Einschränkung der Statthaftigkeit der Berufung, wenn der Angeklagte zu einer Geldstrafe von nicht mehr als 15 Tagessätzen verurteilt worden ist[53]. In diesen Fällen bedarf es nach § 313 Abs. 1 einer besonderen **Annahme** der Berufung durch das Berufungsgericht (§ 322a)[54]. Obwohl die – auch ablehnende – Entscheidung unanfechtbar ist (§ 322a S. 2), ist sachlich die Annahme auszusprechen, wenn die Berufung nicht *offensichtlich unbegründet* ist (§ 313 Abs. 2). Offensichtliche Unbegründetheit liegt vor, wenn für jeden Sachkundigen anhand der Urteilsgründe und einer eventuell vorliegenden Berufungsbegründung sowie des Protokolls der Hauptverhandlung erster Instanz ohne längere Prüfung erkennbar ist, dass das Urteil sachlichrechtlich nicht zu beanstanden ist und keine Verfahrensfehler vorliegen, welche die Revision begründen[55]. Bei dieser Beurteilung darf das Berufungsgericht den gesamten Akteninhalt berücksichtigen und ist nicht etwa nur auf die Urteilsbegründung angewiesen. Der Gesetzgeber will mit dem Annahmeverfahren rechtsmissbräuchliche Berufungen zurückdrängen. Ob der Ansatz tauglich ist und nicht sogar zu Verlängerungen der Verfahren führen wird, bleibt abzuwarten[56]. Besonders bedenklich erscheint an dem Annahmeverfahren, dass der Strafrichter und das Schöffengericht mit der Wahl des Strafmaßes Einfluss auf die Überprüfbarkeit ihrer eigenen Urteile nehmen können[57].

337 Die Berufung muss **binnen einer Woche** nach Verkündung des Urteils zu Protokoll der Geschäftsstelle des Gerichts erster Instanz oder bei diesem **schriftlich** eingelegt werden (§ 314 Abs. 1)[58]. Sinn und Zweck der Berufungseinlegung beim *iudex a quo*, dass das Gericht des ersten Rechtszuges im Falle der Verspätung die Berufung sofort als unzulässig verwerfen kann (§ 319). Die einwöchige Berufungseinlegungsfrist beginnt wohlgemerkt schon mit der mündlichen Urteilsverkündung, nicht etwa erst mit der Zustellung der schriftlichen Urteilsgründe. Eine **Berufungsbegründung** ist manchmal zweckmäßig, aber nicht zwingend (§ 317). Der Angeklagte bedarf zur Berufungseinlegung und Durchführung des Berufungsverfahrens nicht notwendig eines Verteidigers, er kann die Berufung selbst einlegen. Auch die StA hat die Möglichkeit der Berufungseinlegung,

---

52 S. Rn. 114; nach § 76 Abs. 3 GVG ist die Zuziehung eines weiteren Berufsrichters erforderl., wenn die Berufung gegen Urteile des Erweiterten Schöffengerichts erfolgt. Zum Proberichter als Vorsitzenden: OLG Rostock NStZ 20, 243.
53 Nach § 313 Abs. S. 2 bedarf auch die Berufung der StA der Annahme, wenn im Falle des Freispruchs bzw. der Einstellung die StA nicht mehr als 30 Tagessätze beantragt hatte; dies gilt nicht bei Antrag auf Freispruch, OLG Karlsruhe MDR 96, 517; Koblenz NStZ 94, 601; Celle NStZ-RR 96, 43.
54 Gilt aber nicht für Sprungrevision; OLG Celle NJW 97, 2463 f.; OLG Stuttgart NJW 02, 3487. S. Rn. 341; näher *Meyer-Goßner* NStZ 98, 19; NJW 03, 1369; *Hartwig* NStZ 97, 111.
55 BVerfG NJW 96, 2786 f. Z. B. nicht gegeben, wenn beachtl. Beweisanträge angekündigt werden.
56 KK-*Paul* § 313, 5: ineffizient, weil es nur auf den Vortrag des Berufungsführers ankommt; ebenfalls krit. *Kühne* 617.2. Näher zum Annahmeverfahren: *Fezer* NStZ 95, 265.
57 Dennoch gilt das Annahmeverfahren als verfassungsgem., vgl. OLG Frankfurt NStZ-RR 97, 273.
58 Auch schon in Anschluss an die Hauptverhandlung, aber keine Beurkundungspflicht des Protokollführers, vgl. OLG Düsseldorf NJW 88, 153; unzutreffende Bezeichnung schadet nicht (§ 300); zur notwendigen Schriftform s. Rn. 342; Computerfax reicht, Unterschrift verzichtbar OLG München NJW 03, 3429; NJW 08, 1331.

und zwar wie bei allen Rechtsmitteln sowohl zugunsten als auch zu Ungunsten des Angeklagten (§ 296 Abs. 2). Rechtsmissbräuchlich ist die in der Praxis anzutreffende Berufungseinlegung der StA, nur weil schon der Angeklagte Berufung eingelegt hatte. Diese Nr. 147 Abs. 1 S. 3 RiStBV widersprechende Taktik dient dem Ziel, den Angeklagten um sein Verschlechterungsverbot[59] zu bringen und ihn so unter Druck zu setzen, sein Rechtsmittel zurückzunehmen.

Falls der Berufungsführer nur mit einzelnen, abtrennbaren Teilen des erstinstanzlichen Urteils unzufrieden ist, kann er die Berufung auf bestimmte Beschwerdepunkte **beschränken** (§ 318), beispielsweise auf das Strafmaß oder bestimmte Straftatbestände[60]. Das Ausmaß der Bindungswirkung einer Beschränkung bestimmt das Rechtsmittelgericht unter dem Gesichtspunkt der inneren Einheit (Widerspruchsfreiheit) des tatrichterlichen Erkenntnisses im Hinblick auf die übergeordneten Verfahrensziele der auf Wahrheitsfindung und Gerechtigkeit ausgerichteten staatlichen Strafrechtspflege sowie der Verpflichtung zu einem gesetzmäßigen Verfahren[61]. Eine Beschränkung auf den Rechtsfolgeausspruch ist dann nicht zulässig, wenn zwischen den Erörterungen zur Schuld und zur Rechtsfolgenfrage ein so enger Zusammenhang besteht, dass eine getrennte Überprüfung des angefochtenen Urteils nicht möglich ist, ohne dass der nicht angefochtene Teil mitberührt wird[62].

Da im Fall K. in tatsächlicher und rechtlicher Hinsicht Bedenken gegen das amtsrichterliche Urteil hegt, wäre für ihn die Berufung in der Tat das gegebene Rechtsmittel. Eine Beschränkung kommt für ihn nicht in Betracht. Falls er sich vor Eingang der schriftlichen Urteilsbegründung noch nicht entscheiden kann, ob es sinnvoll sei, Revision einzulegen, die nur in rechtlicher Hinsicht zu einer Überprüfung des Urteils führt, darf er bei der Einlegung des Rechtsmittels dessen **Bezeichnung zunächst offen lassen** und braucht sich erst mit Ablauf der Revisionsbegründungsfrist zwischen Berufung und Revision zu entscheiden[63]. Aus dem Gedanken der Sicherung und Effektuierung des Wahlrechts ergibt sich, dass dies auch dann nicht ausgeschlossen ist, wenn das Rechtsmittel zunächst anders bezeichnet worden ist, z. B. zuerst als „Berufung" oder umgekehrt als „Revision"; solange keine abschließende und endgültige Entscheidung für die Revision vorliegt, ist das Rechtsmittel als Berufung zu qualifizieren[64].

Der **Ablauf der Hauptverhandlung** im Berufungsverfahren entspricht im Wesentlichen dem der ersten Instanz, wobei gewisse Abweichungen zu beachten sind. Ist im Falle **nicht entschuldigten Ausbleibens** des Angeklagten bei Beginn der Hauptverhandlung, die auf seine Berufung hin anberaumt wurde, weder er selbst noch ein Verteidiger *mit nachgewiesener Vertretungsvollmacht* erschienen, so ist sein Rechtsmittel ohne weitere Behandlung ähnlich wie bei einem zivilrechtlichen Versäumnisurteil zu verwerfen (§ 329)[65]. Dabei kommt es nicht darauf an, ob sich der Angeklagte entschuldigt *hat*,

---

59 S. Rn. 339.
60 BGHSt 19, 46, 48; 21, 256, 258; OLG München NJW 06, 1985 (Anregung des Gerichts); aber nicht bei Tateinheit: BGHSt 6, 229 f.; näher *Milzer* NStZ 93, 69; *Wankel* JABl. 98, 65. Vermögenseinziehung nach § 73 StGB betrifft nicht das Strafmaß, OLG Hamburg wistra 18, 396.
61 BGH NJW 80, 1807; BayObLG NJW 91, 2582.
62 BGHSt 33, 59; z. B. Straftat lag nicht vor, BayObLG NJW 92, 3311. Fälle unwirks. Beschränkung: OLG Saarbrücken NStZ 97, 149; Frankfurt NStZ-RR 97, 46; Oldenburg NStZ-RR 96, 77.
63 BGHSt 2, 63; 5, 338; 13, 388; NJW 04, 789; OLG Köln NStZ-RR 96, 175; sogar noch im Berufungsverfahren; OLG Zweibrücken, NStZ 94, 203. Entscheidung muss in der vorgeschriebenen Form erklärt werden; BayObLG NStZ-RR 98, 51.
64 BGH NJW 89, 2960 f.
65 OLG Oldenburg NJW 09, 1762 (trotz unübersichtl. Ladung); Voraussetzung ist das Vorliegen der Verfahrensvoraussetzungen (BGHSt 46, 230) und eine ordnungsgem. Ladung mit Hinweis auf die Folgen des Ausbleibens, OLG Bremen StV 89, 54; körperl. Erscheinen im Zustand der Verhandlungsunfähigkeit (z. B. betrunken) steht dem Nicht-Erscheinen gleich, BGHSt 23, 331. Nach LG Berlin NStZ-RR 97, 338 auch „völliges Schweigen".

sondern ob er genügend entschuldigt *ist*, d. h. ihn – auch in subjektiver Hinsicht – tatsächlich kein Verschulden trifft[66] (z. B. Krankheit, Autopanne usw.). Dieses muss das Gericht notfalls im Wege des Freibeweises klären[67]. Zweifel an einer genügenden Entschuldigung dürfen nicht zu Lasten des Angeklagten gehen, weil sonst der Ausnahmecharakter der Vorschrift (Abwesenheitsurteil!) verkannt würde[68]. Der EGMR hielt § 329 a. F. für konventionswidrig[69]. Der deutsche Gesetzgeber hat daraufhin die Vorschrift durch eine sehr ins Detail gehende, unübersichtliche Regelung neu gefasst[70], deren Kernpunkt darin besteht, dass jetzt zumindest ein Verteidiger den abwesenden Angeklagten im Berufsverfahren vertreten darf. Als formale Falle verlangt der Gesetzgeber aber, dass dieser eine Vertretungsvollmacht nachweisen kann.

Statt der Verlesung des Anklagesatzes durch die StA erfolgt eine richterliche Verlesung des erstinstanzlichen Urteils (§ 324). Die Beweisaufnahme muss im Grundsatz vollständig wiederholt werden, neue Beweismittel sind unbeschränkt zulässig, auch wenn sie schuldhaft in der ersten Instanz nicht vorgebracht wurden. § 325 sieht nur eine gewisse Lockerung des Unmittelbarkeitsprinzips in der Berufungsverhandlung vor, wonach unter bestimmten Voraussetzungen Protokolle über die Aussagen der in der Hauptverhandlung des ersten Rechtszugs vernommenen Zeugen und Sachverständigen verlesen werden dürfen[71]. Damit erspart man sich z. T. die erneute Vorladung und persönliche Vernehmung dieser Personen. Bei den Schlussvorträgen **plädiert** zunächst der Berufungsführer, dann der Berufungsgegner, auch wenn dieser die StA ist.

339 Die wichtigste Besonderheit des Rechtsmittelverfahrens gegen Urteile ist das **Verschlechterungsverbot** (Verbot der *reformatio in peius*). Das Verschlechterungsverbot ist kein *formales* Entscheidungshindernis im Berufungsverfahren, sondern hat das Ziel, dem Angeklagten die durch die Erstentscheidung geschaffene Lage sachlich zu erhalten[72]. § 331 untersagt die für den Angeklagten nachteilige Änderung des Urteils in Art und Höhe der Rechtsfolgen der Tat, wenn lediglich der Angeklagte oder die StA zugunsten des Angeklagten Berufung eingelegt hat. Diese Vorschrift soll – im diametralen Gegensatz zu den Tendenzen des Annahmeverfahrens – verhindern, dass der Angeklagte von der Einlegung des Rechtsmittels abgeschreckt wird, weil er das Risiko einer härteren Bestrafung fürchtet. Daher darf das Berufungsgericht nicht eine Geldstrafe in eine Freiheitsstrafe ändern, die Einzelstrafen einer Gesamtstrafe heraufsetzen, eine Strafaussetzung zur Bewährung aufheben, eine Freiheitsstrafe verlängern usw. Maßregeln der Sicherung und Besserung fallen ebenfalls unter das Verschlechterungsverbot; eine Ausnahme gilt nur für die Anordnung der Unterbringung in einem psychiatrischen Krankenhaus oder in einer Entziehungsanstalt kraft der ausdrücklichen Regelung in § 331 Abs. 2. Auch auf Bewährungsauflagen in einem neben dem eigentlichen Urteil ergehenden Beschluss nach § 268a bezieht sich das Verschlechterungsverbot nicht[73]. Dagegen bleibt

---

66 BGHSt 17, 391, 396; OLG Bremen StV 87, 11. Falsche Auskunft des Verteidigers: BayObLG NStZ-RR 97, 339. Querulantenwahn kann entschuldigen; OLG Brandenburg NJW 98, 842. Verkehrsbedingte Verspätung: OLG Hamm NZV 97, 493. Wartefrist: mindestens 15 Minuten; OLG Frankfurt NStZ-RR 98, 211. Zur Bedeutung des ärztl. Attests, OLG Düsseldorf NJW 85, 2207; näher zu den mögl. Entschuldigungsgründen: OLG Köln NJW 93, 1354; BayObLG NJW 96, 1836; OLG Bamberg NJW 95, 740.
67 BGH NJW 87, 1776; BayObLG NJW 98, 172.
68 OLG Frankfurt NJW 88, 2965; Düsseldorf NW 85, 2207 f. Zu weitgehend daher: BayObLG NJW 99, 3424 (unterlassene Therapie).
69 EGMR NStZ 13, 350; dazu *Gerst* NStZ 13, 310; *Mosbacher* NStZ 13, 312.
70 *Frisch* NStZ 15, 69; *Franz* StV 19, KG NStZ 16, 234.
71 Aber nicht, wenn sie prozessentscheidend sind, OLG Zweibrücken wistra 92, 38.
72 BGH NJW 89, 45 f. (zu beachten bei Gesamtstrafenbildung); vgl. auch *Bringewat* JuS 89, 527. Nach LG Köln NStZ-RR 97, 369 können daher Tagessätze erhöht werden, wenn dafür ein Fahrverbot entfällt. Nach BGHSt 45, 308 sind Kompensationen mögl. Vorrang hat aber die Rechtskraft; unzutr. daher OLG München NJW 08, 1331 mit krit. Anmerkungen *Meyer-Goßner*.
73 OLG Oldenburg NStZ-RR 97, 9.

es auch nach der Verschärfung des Einziehungsrechts (§ 73 ff. StGB) dabei, dass hier das Verbot der *reformatio in peius* gilt, selbst wenn der Richter der Vorinstanz nur vergessen hatte, darüber zu entscheiden[74].

Im Ausgangsfall braucht K. also nicht befürchten, dass seine Berufung zu einer höheren Strafe oder Maßregel gegen ihn führt. Das Verschlechterungsverbot bezieht sich nur auf die Rechtsfolgen der Tat, nicht auf den Schuldspruch selbst[75]. Stellt das Berufungsgericht fest, dass die angeklagte Tat einen schwerwiegenderen Straftatbestand erfüllt als vom Amtsgericht angenommen, muss es den Schuldspruch entsprechend verschärfen, ohne jedoch die Strafe heraufsetzen zu dürfen. Hier muss K. also damit rechnen, dass der Urteilsspruch nunmehr auf eine tateinheitliche Begehung des unerlaubten Entfernens vom Unfallort und des Fahrens ohne Fahrerlaubnis lauten wird.

2. Revision

340 A. wird von der Wirtschaftsstrafkammer zu einer Freiheitsstrafe von 9 Monaten verurteilt. Auf die Belehrung des Vorsitzenden nach der Urteilsverkündung über mögliche Rechtsbehelfe äußert sich der A. nicht, ruft aber am folgenden Tag bei der Geschäftsstelle des LG an und erklärt fernmündlich Rechtsmittelverzicht. Der Geschäftsstellenbeamte hält dies in einer Aktennotiz fest. Nunmehr kommen A. Zweifel. Noch am selben Tag teilt er dem LG brieflich mit, er lege doch Revision ein. Einige Wochen später erhält A. die schriftliche Urteilsbegründung, in der es heißt, strafschärfend sei berücksichtigt worden, dass A. „eindeutig" eine Täuschungshandlung habe nachgewiesen werden können. Fast einen Monat darauf bespricht A. den Fall mit dem bekannten Münchner Verteidiger Rechtsanwalt R. Dieser setzt in seiner Kanzlei sofort ein Schreiben an das LG ab, in welchem es heißt: „In der Strafsache gegen A. begründe ich die Revision namens des Angeklagten wie folgt: Ich rüge die Verletzung materiellen Rechts. Gez. Rechtsanwalt R.". Dieses Schreiben übermittelt er auf der Stelle per Telefax dem LG.

341 Ein Erfolg der Revision des A. setzt zunächst deren Zulässigkeit voraus. Dazu müsste die Revision gegen das Urteil des Landgerichts überhaupt statthaft sein. Revision kann **gegen alle Urteile** eingelegt werden, die nicht selbst Revisionsurteile sind (vgl. §§ 333, 335)[76]. Auch Berufungsurteile und Urteile der Amtsgerichte unter Auslassung der Berufungsinstanz (**Sprungrevision** nach § 336) sind mit der Revision angreifbar[77]. Im Gegensatz zur Berufung stellt die Revision ein inhaltlich beschränktes Rechtsmittel dar, denn es führt nur zur Überprüfung des angefochtenen Urteils auf **Rechtsfehler**; über die tatsächlichen Feststellungen des Urteils wird nicht erneut Beweis erhoben. Die Aufgabe, sich eine Überzeugung von der Schuld oder Nicht-Schuld des Angeklagten zu bilden, ist allein dem Tatrichter gestellt[78]; das Revisionsgericht befasst sich dagegen ausschließlich mit Rechtsfragen. Ob eine Trennung von Tatsachenfeststellung und Rechtsanwendung aus logischen Gründen überhaupt durchführbar ist, wird z.T. angezweifelt; indes ist diese Unterscheidung der Ausgangspunkt der gesetzlichen Regelung[79].

---

74 BGH NStZ 20, 184; 19, 228; *Schmidt* NStZ 18, 631.
75 BGHSt 14, 5 ff.; NJW 90, 2143; KK-*Paul* § 331, 2; *Gössel* § 35c IIa; *Kühne* 632; a. A. *Peters* § 74 III 5.
76 Eingeschränkt nur im Jugendgerichtsverfahren: § 55 Abs. 2 JGG. Im Bußgeldverfahren entspricht der Revision die Rechtsbeschwerde, § 79 OWiG.
77 Einer besonderen Annahme bedarf es nicht; OLG Celle NJW 97, 2463 f.
78 Vgl. BGHSt 10, 208, 210; auch BVerfG NJW 91, 2893; zu den Einschränkungen: *Herdegen* StV 92, 590.
79 Vgl. auch *Roxin/Schünemann* § 55, 10.

Der **rechtspolitische Sinn** der Revision ist umstritten[80]. Sie dient zwar der Wahrung der **Gerechtigkeit im Einzelfall**, aber unter Beschränkung auf den Gesichtspunkt, ob der Vorinstanz Rechtsfehler unterlaufen sind. Für den Angeklagten als juristischen Laien ist nur schwer einsichtig, dass die Frage, ob er die Tat wirklich begangen hat oder nicht, für das Revisionsgericht keine Rolle spielt. Die innere Rechtfertigung für diese Beschränkung der Revision liegt darin, dass sich mit zunehmendem Zeitablauf die gerichtlichen Erkenntnismöglichkeiten in tatsächlicher Hinsicht verschlechtern und bei Verfahren, in welchen vorinstanzlich bereits mehrere Berufsrichter an der Beweiserhebung mitwirken konnten, eine relative Zuverlässigkeit für die Richtigkeit der Feststellung tatsächlicher Umstände spricht. In diesem Sinne ist dem Gedanken eines „realistischen Rechtsschutzes" (*Roxin*) beizupflichten.

Die Revision dient aber nicht allein der Durchsetzung der Einzelfallgerechtigkeit, sondern trägt auch zur Sicherung der **Rechtseinheit** bei, die wegen der richterlichen Unabhängigkeit nur mittels einer rechtlichen Überprüfung der Urteile durch höhere Gerichte gewährleistet werden kann. Jedoch kann die Wahrung der Rechtseinheit bei der Revision des *Angeklagten* nicht der dominierende Gesichtspunkt sein, denn das hieße, dass einem einzelnen Bürger die Belastungen und Risiken, die mit dem Betreiben eines Rechtsmittels verbunden sind, zur Verfolgung von Interessen der Allgemeinheit aufgebürdet würden. Es widerspräche der Subjektstellung des Angeklagten im Strafverfahren, *seiner* Revision primär eine erzieherische Aufgabe gegenüber den Instanzgerichten zur Einhaltung der Rechtseinheit und Prozessordnungsmäßigkeit zuzuschreiben. Ein *allgemeiner* Anspruch des Angeklagten auf ein prozessordnungsgemäßes Verfahren, der es ihm ermöglicht, die Verletzung sämtlicher Normen der StPO zu rügen, kann deshalb nicht bejaht werden, obwohl der Wortlaut des § 337 nur von einer „Verletzung des Gesetzes" ohne weitere Einschränkungen spricht. Die Revisibilität einer Norm ist vielmehr jeweils gesondert zu entscheiden[81]. Daher ist es richtig, dass der Angeklagte nach der sog. **Rechtskreistheorie** nur dann die Revision betreiben kann, wenn er die Verletzung einer Rechtsnorm rügt, die zumindest *auch* ihn schützen will[82].

341a Anders verhält es sich mit der **Revision der StA**, falls diese die Revision nicht ausdrücklich nur zugunsten des Angeklagten betreiben will (vgl. § 296 Abs. 2, anders: § 301). Die gesetzliche Aufgabenstellung der StA im Hauptverfahren besteht in erster Linie in der Kontrolle der Gerichte auf Beachtung der Rechtsnormen überhaupt. Sie ist die „Hüterin des Gesetzes" auch und gerade gegenüber den Gerichten, denn selbst richterliche Macht bedarf der Überwachung und Beschränkung, wie die Erfahrungen des Inquisitionsprozesses bewiesen haben[83]. Die Funktion der Sitzungsvertretung der StA und ihrer Rechtsmittelbefugnisse besteht daher ganz wesentlich in der Durchsetzung der Prozessordnungsmäßigkeit. Daher dient die Revision *der StA* grundsätzlich der Wahrung der Rechtseinheit. Die Einschränkungen der Rechtskreistheorie gelten bei einer von der StA betriebenen Revision also nur, wenn sie das Rechtsmittel lediglich zugunsten des Angeklagten eingelegt hat, was aber nur sehr selten vorkommt.

342 Im Fall wendet sich A. gegen ein Urteil der Strafkammer des Landgerichts, gegen das nach § 333 die Revision statthaft ist. Er müsste die Revision wirksam **eingelegt** haben. Gemäß § 341 hat dies bei dem Gericht, dessen Urteil angefochten wird, **binnen einer**

---

[80] *Roxin/Schünemann* § 53 f., 10: realistischer Rechtsschutz; Rechtsstaatsprinzip; *Dahs/Dahs* Rn. 2: Vorrang der Rechtseinheit; *Peters* § 75 I; die Frage für müßig erklärt *Kühne* 682; zur revisionsrichterl. Rechtsfortbildung: *Kempf/Schilling* NJW 12, 1849; *Basdorf* NStZ 13,186; näher zur Revision: *Schünemann* JA 82, 71, 123; *Herdegen* NJW 03, 3513; *Schneider* NStZ 19, 324.
[81] BGHSt 33, 148, 154.
[82] BGHSt 11, 213; 32, 10, 12; dazu *Bauer* NJW 94, 2530; *Hauf* wistra 95, 53; keine Revision des Angekl. gegen seinen Freispruch, BGH NJW 16, 728 (Mollath); s. auch Rn. 141.
[83] S. Rn. 288a.

Woche nach Verkündung des Urteils zu geschehen. Der *iudex a quo* hat nämlich nach § 346 die Möglichkeit, bei formellen Mängeln der Revisionseinlegung und -begründung diese durch Beschluss als unzulässig zu verwerfen. Die Revisionseinlegungsfrist von einer Woche ab Urteilsverkündung hat A. hier ersichtlich eingehalten. In der Form muss die Revisionseinlegung **zu Protokoll der Geschäftsstelle** oder **schriftlich** erfolgen; auch das ist hier durch den Brief des A. gegeben.

Bedenken gegen die Wirksamkeit der Revisionseinlegung ergeben sich aber aus dem von A. erklärten **Rechtsmittelverzicht** (§ 302). Nicht jeder erklärte Rechtsmittelverzicht ist jedoch rechtsgültig. Er setzt zwar nicht unbedingt eine Rechtsmittelbelehrung voraus, darf aber nicht aus einer unüberlegten und übereilten Stimmungslage heraus erfolgt sein[84]. In letzter Zeit mehren sich die Fälle, in denen der BGH Verzichtserklärungen zum Rechtsmittel nachträglich für unwirksam erkannt hat[85]. Insbesondere wenn dem Urteil eine Absprache bzw. Verständigung[86] vorausging, besteht die Gefahr der Überrumpelung des Angeklagten. Daher verbietet der Gr. Senat des BGH in seinem grundlegenden Beschluss v. 3.3.2005[87] ein Hinwirken auf solch einen Verzicht durch das Gericht. Nach § 302 Abs. 1 S. 2 ist ein Rechtsmittelverzicht nach vorausgegangener Verständigung nunmehr ausdrücklich gesetzlich ausgeschlossen. Ein durch den Verteidiger erklärter Rechtsmittelverzicht bzw. die Zurücknahme eines Rechtsmittels durch den Verteidiger bedarf einer ausdrücklichen Ermächtigung (§ 302 Abs. 2)[88]. § 302 sieht im Übrigen keine besondere Form für einen Rechtsmittelverzicht vor, nach allgemeiner Ansicht erfolgt der Verzicht auf ein Rechtsmittel jedoch der gleichen Form wie dessen Einlegung[89]. Deshalb hätte der Rechtsmittelverzicht hier schriftlich erfolgen müssen. Das Merkmal der **Schriftlichkeit** – anders als in § 126 BGB – schließt nicht unbedingt das Erfordernis einer handschriftlichen Unterzeichnung ein; entscheidend ist, welcher Grad von Formenstrenge nach den maßgeblichen Verfahrensvorschriften sinnvoll zu fordern ist[90]. Schriftliche Einlegung eines strafprozessualen Rechtsmittels – gleiches gilt auch für den Rechtsmittelverzicht – erfordert eine (durch den Urheber selbst oder von ihm ermächtigte Person) niedergeschriebene Erklärung und eindeutige Erkennbarkeit des Erklärenden, die sich regelmäßig aus der Unterschrift ergibt; eine *eigenhändige* Unterschrift ist kein wesentliches Erfordernis der Schriftlichkeit; es genügt vielmehr, dass aus dem Schriftstück in einer jeden Zweifel ausschließenden Weise ersichtlich ist, von wem die Erklärung herrührt und dass kein bloßer Entwurf vorliegt[91]. Letzteres ist der Fall, wenn ein Telefax mit dem ausdrücklichen Hinweis „per Fax vorab" versehen ist; dann muss die eigentliche Erklärung im Original nachfolgen.

Hier hat A. nur *fernmündlich* den Rechtsmittelverzicht erklärt. Die aufgrund eines Telefongesprächs erfolgte aktenmäßige Aufnahme des Verzichts durch den Geschäftsstellenbeamten erfüllt nicht die Form der Erklärung **zu Protokoll der Geschäftsstelle**. Diese setzt **körperliche Anwesenheit** des Revisionsführers vor dem Geschäftsstellenbeamten voraus, da nur so der Schutzzweck der Formerfordernisse – Schutz vor Übereilung und

---

84 Vgl. BGH NStZ 84, 181; wistra 92, 309; 91, 271; StV 88, 372; NStZ 86, 277; NStZ 18, 615; OLG Stuttgart NJW 90, 1494. Zur Frage der Rechtsmittelbelehrung: BGH NStZ 84, 329; GA 80, 469; aber u. U. Wiedereinsetzung in den vorigen Stand, s. Rn. 351a; auch bei rechtsstaatswidrigen Zusagen, BGH NJW 95, 2568.
85 Vgl. BGHSt 45, 51 (Art und Weise des Zustandekommens); 227 (vorweg abgenommen); 46, 257 (falsche Belehrung); NJW 99, 258; OLG Jena NJW 03, 3071 (Drohung).
86 S. Rn. 119a.
87 BHGSt 50, 40 = NJW 05, 1440; überhaupt ist ein nach einer Urteilsabsprache erklärter Rechtsmittelverzicht unwirksam, BGHSt 51, 275. Jedoch hat der rechtswidrig vereinbarte Rechtsmittelverzicht nicht die Unwirksamkeit der Absprache im Übrigen zur Folge, BGH NJW 08, 1752.
88 Dazu BVerfG NJW 93, 456.
89 BGHSt 18, 257, 260; KK-*Paul* § 302, 8.
90 BVerfGE 15, 288, 292.
91 Gem. Senat der Obersten Gerichtshöfe des Bundes, NJW 80, 172, 174.

Rechtsunkenntnis – gewährleistet ist[92]. Eine Konstruktion, wonach der Geschäftsstellenbeamte als *ermächtigte* Person des A. anzusehen sei, der für diesen eine *schriftliche* Erklärung in Vermerkform aufgenommen habe[93], überzeugt nicht. Er ist vielmehr nur Adressat einer (fern)mündlichen Erklärung des A. und will nicht für diesen, sondern für die Strafverfolgungsorgane tätig werden. Für die Zwecke der Formenstrenge wie Rechtsklarheit und Schutz vor übereilten Erklärungen spielt es eine ganz erhebliche Rolle, ob der Angeklagte sich dessen bewusst ist, ob er eine andere Person zur Erklärung einer Revisionseinlegung oder eines Rechtsmittelverzichts für ihn ermächtigt. Daher ist bei fernmündlichen Erklärungen gegenüber dem Geschäftsstellenbeamten die Schriftform grundsätzlich nicht gewahrt, auch wenn dieser darüber einen Vermerk aufnimmt[94].

343 Anders als für die Berufung ist bei der Revision nach § 344 eine streng formgebundene **Revisionsbegründungsschrift** zwingend erforderlich, die von einem **Verteidiger** oder einem Rechtsanwalt unterzeichnet sein muss (§ 345 Abs. 2). Rechtlich würde es auch ausreichen, wenn die Revisionsbegründung durch den Angeklagten selbst zu Protokoll der Geschäftsstelle erklärt wird; wegen der erforderlichen eingehenden Rechtskenntnisse wird der Angeklagte aber nur selten dazu praktisch in der Lage sein[95]. Mit der Unterzeichnung der Revisionsbegründungsschrift hat der Rechtsanwalt oder Verteidiger zu erkennen zu geben, dass er inhaltlich in vollem Umfang die Verantwortung dafür übernimmt; daher darf er sich dabei nicht auf fremde Schriftstücke – z. B. Schriftsätze des Angeklagten – beziehen[96]. Der unterzeichnende Verteidiger oder Rechtsanwalt[97] braucht zwar nicht unbedingt den Schriftsatz in jeder Beziehung selbst verfasst zu haben, muss sich jedoch an der Begründung gestaltend beteiligt haben und die Verantwortung übernehmen[98]. § 344 Abs. 2 dient dazu, dass die Revisionsanträge des Angeklagten und deren Begründung in seinem Interesse in möglichst geeigneter Form niedergelegt werden; auch soll dem Revisionsgericht die Prüfung grundloser und unverständlicher Anträge erspart bleiben[99]. Das **Schriftformerfordernis** soll nicht nur Zweifel über den Verfasser ausschließen, sondern auch gewährleisten, dass dem Schriftstück der Inhalt der abgegebenen Erklärung so bestimmt entnommen werden kann, dass er dem Revisionsgericht eine zuverlässige Grundlage für die weitere Behandlung der Rügen bietet[100]. Anders als bei der bloßen *Einlegung* des Rechtsmittels, bei welchem das Gesetz lediglich Schriftform verlangt[101], muss die Revisionsbegründungsschrift ausdrücklich auch **unterzeichnet** sein, sodass in diesem Zusammenhang die Rechtsprechung eine **eigenhändige** Unterschrift des Rechtsanwalts oder Verteidigers verlangt[102]. Enthält – wie hier – das per Telefax übermittelte Original eine handschriftliche Unterzeichnung, so entspricht diese Übermittlungsform dem § 345 Abs. 2[103]. Dabei muss dann aber auch die

---

92 BGH NJW 81, 1627.
93 So aber BGH NJW 84, 1974 f.
94 Ebenso BGH NJW 81, 1627 m. w. N. unzutr. LG Münster NJW 05, 166.
95 KG NStZ 16, 628; OLG Dresden NStZ 16, 499; unangemessene Fallstricke zieht BGH NStZ-RR 97, 8, wonach ein „bloßes Diktat" gegenüber dem Geschäftsstellenbeamten nicht genügen soll. S. auch OLG Stuttgart NStZ-RR 98, 22.
96 Vgl. BGH wistra 89, 68; KG JZ 87, 217; OLG Düsseldorf wistra 92, 39.
97 Letzterer braucht nicht unbedingt schon als Verteidiger tätig geworden zu sein, BVerfG NJW 96, 713.
98 BVerfG NJW 96, 713; BGHSt 25, 272 ff.; NStZ 00, 211.
99 BGHSt 32, 326, 328; 25, 272 ff.; vgl. auch BVerfG NJW 96, 713.
100 BGHSt 33, 44 f. (z. B. nicht gegeben, wenn unleserl. Handschrift oder qualitativ unzulängl. Fotokopien).
101 S. Rn. 342.
102 BGHSt 12, 317 (st. Rechtspr.); Ausnahme bei Telegrammen und Fernschreiben: BGH NJW 82, 1470. Zur Frage des Bildes der Unterschrift: OLG Frankfurt NJW 89, 3030. Von mehreren Verteidigern gemeinsam unterzeichneter Schriftsatz ist zul.; BGH NStZ 98, 99.
103 OLG Hamburg NJW 89, 3167; Koblenz NStZ 84, 236; techn. Mängel beim Empfang sich dürfen z.N. des Nutzers auswirken: BVerfG NJW 96, 2857; 07, 3117; zum Zugangsnachweis bei Fax: OLG Karlsruhe NStZ 94, 200; Düsseldorf NJW 95, 2303. Näher zu prozessrechtl. Problemen bei der Verwendung von Telefax: *Pape/Nothoff* NJW 96, 417.

letzte Seite der Revisionsbegründungschrift mit der Unterschrift noch bis 24.00 Uhr des letzten Tages der Frist bei Gericht eingehen[104]. Eine Übermittlung per E-Mail genügt nur dann, wenn sie von der verantwortlichen Person signiert und auf einem sicheren Übermittlungsweg eingereicht wurde (§ 32a Abs. 3 Sonstige elektronische Dokumente z. B. mittels des besonderen elektronischen Anwaltspostfach „bea" müssen mit einer qualifizierten elektronischen Signatur versehen sein[105]).

Inhaltlich muss die Revisionsbegründungsschrift erkennen lassen, in wie weit das Urteil angefochten wird und ob die Verletzung materiellen oder formellen Rechts gerügt wird[106]. Bei der **Sachrüge** genügt die Formulierung „Ich rüge die Verletzung materiellen Rechts"; sie führt zur vollständigen Überprüfung der materiell-rechtlichen Seite des Urteils unter allen Aspekten[107]. Jedoch ist es für den Revisionsführer häufig zweckmäßig, eingehendere Rechtsausführungen zu machen. Die Rüge verfahrensrechtlicher Fehler ist sehr viel schwieriger zu begründen. Das Revisionsgericht befasst sich nur mit solchen **Verfahrensrügen**, die ausdrücklich in der Revisionsbegründungsschrift geltend gemacht werden[108]. Dazu müssen die Tatsachen vorgetragen werden, aus denen sich die angebliche Verletzung einer Verfahrensvorschrift ergeben soll. Dagegen ist nicht unbedingt auszuführen, aus welchen Tatsachen sich die Kausalität des Verfahrensverstoßes ergibt[109]. Die Pflicht zur erschöpfenden Darlegung der den Verfahrensmangel enthaltenden Tatsachen besteht dann nicht, wenn die entsprechenden Unterlagen dem Verteidiger nicht zugänglich sind[110]. Wird beispielsweise geltend gemacht, ein Zeuge sei unter Verstoß gegen § 60 vereidigt worden, hat der Verteidiger dies in der Revisionsbegründungsschrift unter Wiedergabe der einschlägigen Stelle im Sitzungsprotokoll zu belegen. Es werden hohe Anforderungen an die Vollständigkeit des Vortrags in der Revisionsbegründung gestellt, z. B. muss auch das Fortwirken eines Verfahrensverstoßes dargelegt werden[111]. Bezugnahmen auf das Sitzungsprotokoll oder in den Akten befindliche Urkunden sind unzulässig; vielmehr muss die Revisionsbegründungsschrift aus sich selbst heraus eine Beurteilung der Frage durch das Revisionsgericht erlauben. In den letzten Jahren ist eine Entwicklung in der Revisionsrechtsprechung zu erkennen, wonach die Darstellungserfordernisse für Verfahrensmängel in einem Maße überzogen und fast willkürlich festgesetzt werden, dass dies zu einer weitgehenden Wirkungslosigkeit der Verfahrensrüge in der Praxis geführt hat, die nur noch in seltenen Fällen erfolgreich ist[112]. Statt dieser an Rechtsverweigerung grenzenden Tendenz Einhalt zu gebieten, bewegt sich leider das BVerfG im Rahmen der Verfassungsbeschwerde in die gleiche

344

---

104 Nach KG NJW 97, 1864 nicht gegeben, wenn die Übermittlung vor 24.00 Uhr beginnt und um 0.02 die letzte Seite eingeht; aber Wiedereinsetzung mögl.; s. Rn. 351a.
105 OLG Düsseldorf NJW 20, 1452.
106 Zur Abgrenzung der späteren Konkretisierung des Antrags von einer Teilrücknahme: BGHSt 38, 4ff.; bei einer Teilanfechtung kann eine Erweiterung des Antrags bis zum Ablauf der Rechtsmitteleinlegungsfrist (aber nicht -begründungsfrist) vorgenommen werden, BGH NJW 93, 476.
107 BGHSt 25, 272; die StA hat Nr. 156 Abs. 2 RiStBV zu beachten. Zum gänzlich fehlenden Antrag: BGH NJW 03, 839.
108 Nicht ausreichend ist die sog. Protokollrüge, bei der – ohne Behauptung des Verstoßes selbst – nur der Inhalt des Protokolls wiedergegeben wird, BGHSt 7, 162. Beachte das damit in Verbindung stehende Problem der Wahrheitspflicht des Verteidigers: BGH StV 99, 582, 585; auch Rn. 85.
109 BGH NJW 98, 3284 (Lübeck); *Herdegen* NStZ 90, 517; anders aber bei den „unechten" relativen Revisionsgrund nach § 338 Nr. 8; BGHSt 30, 131, 135 Schwankend betr. Tatsachen, die ein Verwertungsverbot begründen, BGH NJW 03, 368, 1880.
110 Vgl. BayObLG NJW 92, 2242 f.; einschr. OLG Hamm NJW 04, 381.
111 BGH NJW 95, 2047. S. auch BGH NStZ 98, 52; OLG Köln NStZ-RR 97, 367; Celle NStZ 97, 554.
112 Zur Problematik: *Schlothauer* StraFO 00, 289; *Meyer-Goßner* StV 00, 696; *Kutzer* StraFO 00, 325; *Miebach* NStZ-RR 00, 6; zu der minimalen Erfolgsquote: *Nack* NStZ 97, 153. Beispiele: BGH NJW 97, 66 (Sachsenbau); NStZ 00, 49; KG StV 00, 187; OLG Hamm NJW 06, 1449 (Angabe der Dauer, in welcher der Staatsanwalt fest geschlafen hat).

Richtung[113]. Die Abgrenzung, wann die Verfahrens- und wann die Sachrüge zu erheben ist, kann erhebliche Schwierigkeiten bereiten[114].
Im Fall wurde nur die Sachrüge erhoben; dafür genügt die Formulierung des R. Das Gericht wird sich also mit Verfahrensmängeln nicht mehr auseinander setzen. Nur das Fehlen von Prozessvoraussetzungen hat das Gericht in jeder Lage des Verfahrens zu beachten, ohne dass dies besonders gerügt zu werden bräuchte[115].

345 Die Revisionsbegründungsschrift muss nach § 345 **binnen eines Monats** nach Zustellung der schriftlichen Urteilsgründe beim Gericht, dessen Urteil angegriffen wird (*iudex a quo*), eingehen[116]. Diese recht kurze Frist kann nicht verlängert werden[117]. Sie beginnt regelmäßig erst ab Zustellung der schriftlichen Urteilsgründe zu laufen und nicht ab mündlicher Verkündung des Urteils, weil ohne Kenntnis der schriftlichen Urteilsgründe und des Akteninhalts eine sachgerechte Revisionsbegründung nicht erfolgen kann[118]. Der Bürger ist berechtigt, die ihm vom Gesetz eingeräumte Frist bis zu ihrer Grenze auszunutzen; für die Rechtzeitigkeit des Eingangs eines fristwahrenden Schriftstücks ist allein entscheidend, dass es innerhalb der Frist tatsächlich in die Verfügungsgewalt des Gerichts gelangt – ohne Rücksicht auf das Ende der Dienstzeit[119]. Die Frist ist dagegen nicht gewahrt, wenn die Revisionsbegründung innerhalb der Frist gleich beim Revisionsgericht (*iudex ad quem*) und – von dort weitergeleitet – erst nach Ablauf der Monatsfrist beim *iudex a quo* eingeht[120]. Der Sinn des gesetzlich vorgeschriebenen Weges der Revisionsbegründungsschrift besteht darin, gem. § 346 solche Revisionsanträge vom Revisionsgericht fernzuhalten, die nicht einmal den formalen Anforderungen genügen. Der *iudex a quo* hat in diesen Fällen das Rechtsmittel für unzulässig zu erklären[121].

346 Die StA hat die Möglichkeit, eine **Revisionsgegenerklärung** abzugeben (§ 347) und sendet dann die Vorgänge an das **Revisionsgericht**. Das ist in allen Verfahren, welche ursprünglich beim Amtsgericht angeklagt wurden, das OLG, in erstinstanzlich beim LG oder OLG behandelten Sachen der BGH (§§ 121, 135 GVG). Der BGH verfügt inzwischen über 6 Strafsenate, verteilt auf Karlsruhe und Leipzig. Deren Zuständigkeit bezieht sich grundsätzlich auf bestimmte OLG-Bezirke und die darin gelegenen Landgerichte. Beim 1. Strafsenat besteht die Besonderheit, dass dort Revisionen in Steuerstrafsachen für das gesamte Bundesgebiet ressortieren. Das Revisionsgericht hat nach § 349 Abs. 2 auf Antrag der StA die Möglichkeit, die Revision als **offensichtlich unbegründet** zu verwerfen. Das setzt Einstimmigkeit bei den Richtern des zuständigen Revisionssenats voraus. Bei offensichtlicher Unbegründetheit, die recht häufig angenommen wird[122], findet weder eine Hauptverhandlung in der Revisionsinstanz statt, noch

---

113 BVerfG StV 00, 233 (Sedlmayr); 467 (Hörfalle I); 472 (Hörfalle II). Aber Gegentendenzen in BVerfG NJW 05, 1999; NJW 05, 1176.
114 Z.B. bedarf es zur Rüge der Verletzung des Anspruchs auf Verfahrensbeschleunigung nach Art. 6 Abs. 1 S. 1 MRK der Geltendmachung eines Verfahrensmangels, BGHSt 49, 342; s. auch Rn. 347a, b.
115 S. Rn. 307; jedoch muss wenigstens eine zulässige Revision vorliegen, BGHSt 16, 115; einschr. BGHSt 22, 213.
116 Allerdings können reine Rechtsausführungen nachgeschoben werden, BGH NStZ 93, 552; dies gilt insgesamt für die Erläuterung der Sachrüge.
117 Vgl. OLG Düsseldorf NStZ 84, 91; dazu *Grabenwarther* NJW 02, 109.
118 Beachte: keine Zustellung vor Fertigstellung des Protokolls: BGH NJW 91, 1902; zur Zustellung bei Mehrfachverteidigung: BGHSt 22, 221; NJW 87, 2824.
119 BVerfG 40, 42; 69, 381; 385 f. Für die Berechnung der Frist gilt § 43 StPO; § 188 BGB findet keine – auch nicht analoge – Anwendung, BGHSt 36, 241 f. Eingangsnachweis bei Fax: OLG Düsseldorf NJW 95, 2303.
120 Dies gilt sogar bei gemeinsamer Briefannahmestelle im Falle falscher Adressierung, OLG Frankfurt NJW 88, 2812; vgl. auch BGH NJW 83, 123; OLG Stuttgart NStZ 87, 185.
121 Dagegen kann eine Entscheidung des Revisionsgerichts herbeigeführt werden: § 346 Abs. 2.
122 Vgl. *Meyer* StV 84, 226; *Krehl* GA 87, 162; *Kühne* 675 ff.; zur Unbedenklichkeit BVerfG NJW 87, 2219 f. BGH zu Kombinationen im Beschlussverfahren: NJW 97, 2061.

muss die Entscheidung unbedingt begründet werden. Geht das Revisionsgericht nicht nach § 349 vor, so kommt es zu einer Hauptverhandlung vor dem zuständigen Senat des Revisionsgerichts. Die – regelmäßig recht kurze – **Revisionsverhandlung** unterscheidet sich ihrem äußeren Charakter nach stark von den Verhandlungen der Tatsacheninstanzen, da eine Beweisaufnahme grundsätzlich nicht mehr stattfindet. Lediglich das Vorliegen von Verfahrensmängeln kann im Freibeweisverfahren geklärt werden. Die Revisionsverhandlung zeichnet sich durch die Erörterung von Rechtsfragen aus, sodass die Anwesenheit des Angeklagten nicht zwingend erforderlich ist. Ein nicht auf freiem Fuß befindlicher Angeklagter hat nach § 350 nicht einmal einen Anspruch auf Anwesenheit in der Revisionsverhandlung[123]. Beim BGH besteht der Spruchkörper in Revisionsverhandlungen aus 5 Bundesrichtern, beim OLG auch aus drei Berufsrichtern; Schöffen gibt es in Revisionsgerichten nicht[124]. Obwohl bei der Rechtsfindung im konkreten Fall Aufgabe, Leistung und Verantwortung aller Mitglieder des erkennenden Gerichts gleich sind[125], kommen doch dem Berichterstatter und dem Vorsitzenden eine besondere Bedeutung zu. Der Vorsitzende soll aufgrund seiner Sachkunde, Erfahrung und Menschenkenntnis in der Lage sein, einen richtunggebenden Einfluss durch geistige Überzeugungskraft auszuüben[126]. Der Berichterstatter führt regelmäßig durch einen kurzen und konzentrierten Vortrag am Beginn der Verhandlung in die Kernfragen des Verfahrens ein. Sitzungsvertreter der StA ist in Revisionsverhandlungen ein Vertreter der Bundesanwaltschaft bzw. der General-StA, nicht jedoch der Staatsanwalt, der noch vor dem Instanzgericht aufgetreten ist, selbst wenn er die Revision eingelegt und begründet haben sollte. Dagegen ist in Strafsachen – anders als in Zivilverfahren – jeder Verteidiger ohne Rücksicht auf seine örtliche oder gerichtliche Anwaltszulassung berechtigt, vor dem BGH aufzutreten. Ob er damit gut beraten ist, wenn ihm die revisionsgerichtliche Erfahrung fehlt, steht auf einem anderen Blatt geschrieben. Dem Vortrag des Berichterstatters folgt ein Rechtsdialog zwischen StA, Verteidiger und einzelnen Mitgliedern des Senats, wobei auch hier – sollte er anwesend sein – dem Angeklagten das letzte Wort gebührt (§ 351 Abs. 2).

Die Revision ist **begründet**, wenn das angefochtene Urteil auf einer Verletzung des Gesetzes beruht (§ 337 Abs. 1). Unter Gesetz ist in diesem Zusammenhang jede Rechtsnorm zu verstehen, die sich aus einer anerkannten Rechtsquelle ergibt, also beispielsweise förmliche Gesetze, Gewohnheitsrecht, Rechtsverordnungen, Satzungen, transformiertes Völkerrecht. Das Gesetz muss den Rechtskreis des Angeklagten schützen[127] und darf nicht bloße Ordnungsvorschrift sein[128]. Die meisten Revisionen werden auf Verletzungen des StGB und der StPO gestützt. Ein **relativer Revisionsgrund** nach § 337 ist dann gegeben, wenn der festgestellte Gesetzesverstoß sich möglicherweise auf das Urteil ausgewirkt hat[129]. Ist der **Ursachenzusammenhang** ausgeschlossen oder rein theoretisch, so ist die Revision nicht begründet[130]. So kann es sein, dass sich aus der Urteilsbegründung ergibt, dass das Gericht zwar einen Beweis fehlerhaft erhoben, seine Überzeugung darauf aber nicht gestützt oder nur fehlerhafte Hilfserwägungen angestellt hat[131]. Da sich das Urteil aus dem Inbegriff der Hauptverhandlung ergibt, kann es unmittelbar

---

123 In diesen Fällen hat sein Verteidiger die Rechte des Angeklagten auszuüben, BGH NStZ 95, 393.
124 S. Rn. 114.
125 BVerfGE 26, 72, 76.
126 BVerfG NJW 12, 2334, 2336 zur Problematik des Doppelvorsitzes in zwei Senaten (Fall Fischer); Fischer/Eschelbach/Krehl StV 13, 395.
127 BGHSt 11, 213; s. Rn. 341, 141.
128 Dazu *Bohnert* NStZ 82, 5; gleiches gilt für Sollvorschriften, BGH NJW 92, 850.
129 BGHSt 1, 350; StV 90, 52; 96, 82 (st. Rechtspr.).
130 Vgl. BGH NJW 89, 1741, 1743 f. (Weimar).
131 Anders wenn schon die Hauptbegründung fehlerhaft, BGH NJW 90, 2328 f.; Bay ObLG NJW 90, 2328.

nicht auf Verfahrensfehlern des **Vorverfahrens** beruhen[132]. Fehlerhafte Verfahrensvorgänge in der Hauptverhandlung können zuweilen durch Wiederholung in einwandfreier Form geheilt werden[133]. In der Revisionspraxis sind die Fälle, in denen zwar Rechtsfehler festgestellt werden, aber ein Kausalzusammenhang mit dem Urteil ausgeschlossen wird, ausgesprochen häufig[134].
Die geltend gemachten Verfahrensmängel im Ablauf der Hauptverhandlung (z. B. Unterlassung vorgeschriebener Belehrungen, fehlerhafte Vereidigung; besonders beliebt, aber selten erfolgreich: Verletzung der Aufklärungspflicht[135]) müssen **bewiesen** werden; notfalls erhebt das Revisionsgericht im Freibeweisverfahren *insoweit* – aber nicht in der Schuldfrage – eigene Beweise, z. B. durch die Vernehmung von Verfahrensbeteiligten aus der Vorinstanz, um die objektiven Gegebenheiten nachträglich festzustellen. Dies gilt allerdings nicht, soweit die unwiderlegliche **Beweiskraft des Protokolls** der Hauptverhandlung reicht (§ 274). Zum Beweis der Förmlichkeiten des Verfahrens ist allein das Protokoll als Beweisgrundlage zugelassen, auch wenn es inhaltlich nicht zutrifft[136]. Allerdings hat der BGH die Beweiskraft stark relativiert, in dem er die bewusst unwahre Protokollrüge für unzulässig erklärt und nachträgliche Protokollberichtigungen erlaubt, die einer bereits eingelegten und begründeten Revision den Boden entziehen (Rügeverkümmerung)[137]. Verfahrensrügen können im Einzelfall verloren gehen durch nicht rechtzeitige Geltendmachung (**Präklusion**), Verzicht (z. B. auf Zustellung der Anklageschrift) oder **Verwirkung**, z. B. wenn ein Prozessbeteiligter einen Verfahrensverstoß durch arglistiges Verhalten selbst herbeigeführt hat, wobei aber Arglist des Verteidigers nicht dem Angeklagten entgegengehalten werden darf[138].

347a Das **sachliche Recht** ist verletzt, wenn eine auf den festgestellten Sachverhalt anzuwendende Norm nicht oder nicht richtig oder eine unanwendbare bzw. nicht existierende Rechtsnorm angewendet worden ist[139]. Z.B. gehört dazu die unzutreffende Subsumtion und Auslegung der Tatbestandsmerkmale der Vorschriften des StGB. Jedoch kann die Abgrenzung schwierig sein; so werden die Verletzung der Denkgesetze, des Grundsatzes *in dubio pro reo* und die Überzeugungsbildung auf der Grundlage unverwertbarer Beweise als sachlich-rechtliche Mängel angesehen[140]. Grundsätzlich können auch Fehler der richterlichen Überzeugungsbildung (§ 261) einen sachlich-rechtlichen Urteilsmangel begründen. Hier ist jedoch zu beachten, dass es nicht Aufgabe des Revisionsrichters ist, die **Beweiswürdigung** des vorinstanzlichen Richters in jeder Beziehung zu korrigieren, denn nur der Tatrichter vermag sich eine volle subjektive Überzeugung aus dem Inbegriff einer Hauptverhandlung mit Beweisaufnahme zu bilden. Das Revisionsgericht kann diese Überzeugungsbildung nur begrenzt nachprüfen, z. B. in Bezug auf Willkür, Verstöße gegen die Logik und Denkgesetze, gegen gesicherte wissenschaftliche Erkenntnisse oder Erfahrungstatsachen[141]. Hingegen darf der Revisionsrichter seine nur auf Bruchstücken beruhende Beweiswürdigung nicht an die Stelle derjenigen des Tatrichters setzen. Das Revisionsge-

---

132 BGHSt 6, 326, 328; wohl aber auf Fehlern der gerichtl. Vorinstanz, dazu BGH NJW 92, 850.
133 BGHSt 30, 74, 76; NJW 86, 260 f.
134 Z.B. BGH NStZ-RR 98, 15 (letztes Wort nicht gewährt); 97, 331 (kein weiterer Sachverst.); StV 97, 113 (Befangenheitsantrag); NJW 92, 850 (Pflichtverteidiger); näher zur „Beruhensfrage": *Herdegen* NStZ 90, 513.
135 Dazu *Dahs* Rn. 314. Bei Änderungen des Verfahrensrechts während der Revision gilt das neue Recht, BayObLG NJW 08, 1592.
136 S. Rn. 286.
137 BGHSt 51, 88; NJW 07, 2419 (Rügeverkümmerung). S. Rn. 286.
138 OLG Hamm NJW 60, 1361; BGHSt 24, 280, 283. Jedoch keine Abwesenheitsrüge nach § 338 Nr. 5, wenn der Verteidiger sich eigenmächtig entfernt; BGH NStZ 98, 209. Zum Verzicht: BGH GA 86, 372; Präklusionsfälle: §§ 6a S. 2, 217 Abs. 2; 222b Abs. 1 S. 1; 246 Abs. 2 S. 2.
139 Vgl. KK-*Gericke* § 337, 28.
140 Zur Abgrenzung: *Neumann* GA 88, 387.
141 Vgl. auch BGH NJW 99, 1562 (Pistazieneis); 96, 1420; NStZ-RR 08, 146; OLG Düsseldorf NStZ 93, 99; *Herdegen* NJW 03, 3513; ferner Rn. 310 ff.

richt hat dessen Schlussfolgerungen, die nur möglich, aber nicht zwingend sein müssen, grundsätzlich hinzunehmen; eine Grenze findet dies jedoch dort, wo sich die tatrichterliche Würdigung in Vermutungen erschöpft, die nicht durch entsprechende Tatsachen belegt sind. Entfernt sich der Tatrichter in seinen Schlussfolgerungen so sehr von einer festen Tatsachengrundlage, dass sie nur noch seinen Verdacht, nicht dagegen die für eine Verurteilung erforderliche Überzeugung zu begründen vermögen, liegt hierin ein Verstoß gegen § 261[142]. Die Auslegung des Gesetzes überprüft das Revisionsgericht in vollem Umfang, aber nur begrenzt – auf methodische Verstöße – die von Verträgen[143].

Zur Feststellung, ob das angefochtene Urteil auf einem sachlich-rechtlichen Mangel beruht, ist das Revisionsgericht auf die Urteilsurkunde (insbesondere die Urteilsbegründung) angewiesen; andere Erkenntnisquellen sind ihm verschlossen[144]. Dem Revisionsgericht ist eine eigene Beweisaufnahme nicht gestattet, weil dieses auf eine weitere Tatsacheninstanz hinausliefe und damit der Grundidee der Revision widerspräche. Auch die sog. **Aktenwidrigkeit** ist ein irrelevanter Aspekt bei der Begründetheit der Sachrüge, da die Akten nur Beweisfragmente darstellen und eine umfassende Beweiswürdigung nicht zulassen[145]. Davon zu unterscheiden ist allerdings die *Verfahrensrüge*, das Gericht habe bei seiner Urteilsfindung erhebliche Beweise außer Betracht gelassen oder mit falschem Inhalt zugrunde gelegt, die Gegenstand der Hauptverhandlung gewesen seien; in diesen Fällen können wörtlich protokollierte Aussagen und in den Akten befindliche Urkunden ohne Rekonstruktion der Hauptverhandlung **mit den Mitteln des Revisionsrechts** auf ihre Übereinstimmung mit dem Urteilsinhalt durch das Revisionsgericht untersucht werden und damit die Verletzung des § 261 StPO unter verfahrensrechtlichen Aspekten begründen, weil das Urteil eventuell nicht auf dem Inbegriff der Hauptverhandlung beruht[146]. Dagegen sind Mängel in der Behandlung der Beweisverwertungsverbote mit der Sachrüge zu beanstanden[147]. Auch fehlerhafte Urteilserwägungen zur Rechtsfolge der Tat – insbesondere zur Strafzumessung[148] – sind typisch sachlich-rechtliche Gesichtspunkte. Da solche Verstöße häufig sind, hat der Gesetzgeber die der Revision üblicherweise gesetzten Grenzen durchbrochen und in § 354 Abs. 1a vorgesehen, dass das Revisionsgericht von der Aufhebung eines Urteils, bei dem nur die Strafzumessung fehlerhaft war, absehen kann, wenn es nach seinem eigenen Eindruck die verhängte Rechtsfolge als angemessen empfindet[149]. Auf Antrag der StA kann es sogar die Rechtsfolgen angemessen herabsetzen. So ist der Gesichtspunkt, die Tat sei „eindeutig nachweisbar", keine zulässige Überlegung, um die Strafe zu verschärfen, sondern Grundvoraussetzung, um überhaupt den Schuldspruch fällen zu können. Im Ausgangsfall wäre daher die Sachrüge begründet. Ob die Rechtsfolge angemessen war, lässt sich nach dem Sachverhalt hier nicht beurteilen.

Bei **absoluten Revisionsgründen** bedarf es eines möglichen Ursachenzusammenhangs zwischen dem Gesetzesverstoß und dem Urteil nicht. Sie stellen eine scharfe Waffe in der Hand des Revisionsführers dar, weil er ohne Beruhensnachweis das Urteil zu Fall bringen kann. Absolute Revisionsgründe sind nur in den abschließend in § 338 genann-

---

142 BGH NJW 08, 1827, 1829 (Mietkaution).
143 BGH NJW 03, 1821; OLG Köln NJW 07, 1150; ebenso bei Beleidigung, OLG Frankfurt NJW 03, 77.
144 BGH NJW 88, 3161 f.
145 OLG Koblenz VRS 46, 440. Erhebt das Revisionsgericht doch Beweis, verletzt es Art. 101 GG, vgl. BVerfG NJW 80, 1945; 04, 1790.
146 Vgl. BGH bei *Miebach* NStZ 87, 18; BGH NStZ-RR 98, 17; StV 91, 548; 91, 549 f.; 93, 115; 93, 459; NJW 07, 92 (Wörz); eingehend zu diesem „Einfallstor" tatsächl. Feststellungen in der Revisionsinstanz: *Schlothauer* StV 92, 134.
147 OLG Celle StV 97, 68. Sehr bedenklich ist die Weigerung des BGH, ein auf Völkerrecht beruhendes Beweisverwertungsverbot noch in der Revision zu beachten, BGHSt 51, 202 (Thyssen).
148 Näher *Schäfer*, Die Praxis der Strafzumessung, 3. Aufl. (2001).
149 BVerfG NJW 07, 2977; BGH NJW 06, 3362; 1822; 1605; 05, 1813.

ten Fällen gegeben[150]. Die Aufnahme bestimmter Verfahrensmängel in diesen Katalog erfolgte vor allem deshalb, weil bei manchen Verfahrensregeln – obwohl von grundlegender Bedeutung – ihrer Natur nach die Kausalität des Verstoßes auf die Urteilsfindung kaum jemals nachweisbar wäre und der Verstoß daher folgenlos bliebe. Die Nr. 1 bis 3 des § 338 betreffen Mängel in der Zuständigkeit und Besetzung des Gerichts (Nr. 1: keine vorschriftsmäßige Besetzung des Gerichts, soweit nicht das Rügerecht des Revisionsführers verwirkt worden ist[151], Nr. 2: Mitwirkung ausgeschlossener Richter oder Schöffen, Nr. 3: Mitwirkung von Richtern oder Schöffen, die wegen Besorgnis der Befangenheit begründet abgelehnt wurden, Nr. 4: Unzuständigkeit des Gerichts[152]). Die Nr. 5 und 6 gehen von Mängeln im Verfahrensablauf aus, nämlich der Durchführung einer Hauptverhandlung in Abwesenheit von Personen, deren Anwesenheit das Gesetz vorschreibt und Verletzung der Vorschriften über die Öffentlichkeit des Verfahrens[153]. Formelle Mängel des Urteils begründen nach Nr. 7 die Revision, wenn das Urteil keine Entscheidungsgründe enthält oder nicht innerhalb des in § 275 festgelegten Zeitraums zu den Akten gebracht worden ist. Die Nr. 8 betrifft den Fall, dass die **Verteidigung** in einem für die Entscheidung wesentlichen Punkt durch einen Beschluss des *Gerichts*, also nicht nur des Vorsitzenden, unzulässig **beschränkt** worden ist. Das sind vor allen Dingen die Fälle, in denen das Gericht nach § 238 Abs. 2 eine vom Verteidiger beanstandete Sachleitungsanordnung des Vorsitzenden bestätigt oder nach § 244 Abs. 6 einen Beweisantrag der Verteidigung abgelehnt hat[154]. Obwohl § 338 Nr. 8 systematisch als absoluter Revisionsgrund eingeordnet worden ist, genügt doch in diesen Fällen der reine Verfahrensverstoß nicht, um die Revision zu begründen. Von einer „Beschränkung" der Verteidigung lässt sich nur sprechen, wenn sich der Verstoß auch tatsächlich ausgewirkt hat[155].

349 Ist die Revision begründet, so wird das angefochtene Urteil aufgehoben (§ 353); jedoch ist in der Praxis die Erfolgsquote von Revisionen insgesamt relativ gering[156]. Eine eigene Sachentscheidung trifft das Revisionsgericht nur in Ausnahmefällen[157]. Grundsätzlich führt die Aufhebung des Urteils zur **Rückverweisung** an das Gericht, dessen Urteil aufgehoben wird, aber an eine andere Abteilung, Kammer oder einen anderen Senat dieses Gerichts oder an ein anderes Gericht gleicher Ordnung (§ 354)[158]. Dort muss erneut eine Hauptverhandlung stattfinden. Bei dieser erneuten Hauptverhandlung ist das Untergericht gem. § 358 Abs. 1 an die rechtliche Beurteilung des Revisionsgerichts, die der Aufhebung des Urteils zugrunde gelegt ist, bei seiner Urteilsfindung gebunden[159]. Um eine zeitaufwendige Neuauflage des gesamten Verfahrens in der Tatsacheninstanz zu vermeiden, machen Revisionsgerichte gerne von der Möglichkeit Gebrauch, die tatsächlichen Feststellungen eines Urteils bestehen zu lassen oder nur teilweise aufzuheben, z. B. die objektiven Tatsachen festzuschreiben und nur zur Neuverhandlung der Vorsatzfrage zurückzuverweisen[160]. Bezüglich reiner Hinweise und Empfehlungen in Revisionsurteilen („Segelanweisungen") besteht keine Bindungswirkung. Erstreckt

---

150 Bezügl. der Einzelheiten sei insbes. auf die Darstellungen bei *Sarstedt/Hamm*, Die Revision im Strafverfahren, 6. Aufl., Rn. 194 ff., und bei *Dahs* Rn. 118 ff. verwiesen.
151 Dabei muss die nicht-vorschriftsmäßige Besetzung objektiv erkennbar sein; BGH NJW 97, 403.
152 Näher zur Besetzungsrüge *Niemöller* StV 87, 311.
153 S. Rn. 285 ff.
154 S. Rn. 292.
155 Ferner zu absoluten Revisionsgründen: *Hilger* NStZ 83, 37.
156 Erfolgsquote liegt bei ca. 15 %; näher *Nack* NStZ 97, 153.
157 Auch Schuldspruch durch das Revisionsgericht und Rückverweisung wegen des Strafmaßes mögl.; OLG Düsseldorf NJW 91, 1123 f.; 86, 2518 f.
158 Zu den verschiedenen Möglichkeiten: BGH NJW 88, 3216 f.; u. U. Verweisung an Gericht niedrigerer Ordnung denkbar: § 354 Abs. 2. Auch Teilentscheidungen sind ausnahmsw. möglich, BGHSt 49, 209.
159 Auch das Revisionsgericht selbst ist gebunden, BGH NJW 73, 1273; NStZ-RR 20, 119; a. A. *MG-Schmitt* § 358, 8 m. w. N.
160 Z.B. BGH wistra 99, 149; NJW 97, 66 (Sachsenbau).

sich das Urteil, soweit es aufgehoben wird, noch auf andere Angeklagte, muss auch gegen diese erneut verhandelt werden, denn sie sind nach § 357 so zu behandeln, als ob sie gleichfalls Revision eingelegt hätten (**Revisionserstreckung** auf Mitverurteilte)[161]. Lediglich in den nach § 354 Abs. 1 näher bezeichneten Fällen, in welchen eine erneute Sachverhaltsaufklärung im Rahmen einer Hauptverhandlung auch wegen des Strafmaßes nicht erforderlich ist, kann das Revisionsgericht selbst abschließend entscheiden.

III. Außerordentliche Rechtsbehelfe

1. Wiedereinsetzung in den vorigen Stand

A. ist von der Strafkammer zu einer Freiheitsstrafe von einem Jahr wegen Serienbetruges verurteilt worden, obwohl er von dem gefragten und anerkannten Rechtsanwalt V. verteidigt wird. V. legt in Absprache mit A. rechtzeitig Revision ein. Bei der Vorbereitung der umfangreichen Revisionsbegründungsschrift merkt V., dass er wegen zeitlicher Überlastung die Verfahrensrügen nicht innerhalb der Revisionsbegründungfrist wird fertig stellen können, was er dem A. allerdings verschweigt. Dieser geht davon aus, die Angelegenheit werde fristgerecht erledigt. Tatsächlich lässt V. die Revisionsbegründungsfrist bewusst verstreichen, ohne einen Schriftsatz eingereicht zu haben. Als A. eine Woche später zufällig beim Büro des V. nachfragt, gesteht ihm dieser sein Versäumnis ein.

350

Für A. käme die Wiedereinsetzung in den vorigen Stand nach §§ 44 ff. in Betracht, die neben der Wiederaufnahme des Verfahrens und der Verfassungsbeschwerde einen außerordentlichen Rechtsbehelf darstellt. Die Wiedereinsetzung in den vorigen Stand schafft Abhilfemöglichkeiten bei **schuldloser Versäumung von Fristen** im Strafverfahren. Bei der Beurteilung, wann Verschulden verneint werden kann, dürfen die Anforderungen nicht überspannt werden, da das Rechtsinstitut der Wiedereinsetzung in den vorigen Stand unmittelbar der Gewährleistung des verfassungsrechtlich verburgten Rechtsschutzes dient[162]. Es genügt für die Wiedereinsetzung, dass der um sie Nachsuchende bei dem Bemühen, das Säumnis zu vermeiden, die Sorgfalt hat walten lassen, die man verständlicherweise von ihm erwarten konnte[163]. Z.B. muss derjenige, der eine feste Wohnung hat und diese nur vorübergehend nicht benutzt, für die Zeit seiner Abwesenheit keine besonderen Vorkehrungen hinsichtlich möglicher Zustellungen treffen[164]. Umgekehrt kann die Versäumung einer Frist, die auf die Verwendung veralteter Postleitzahlen zurückzuführen ist, als verschuldet betrachtet werden[165]. Die Unterlassung vorgeschriebener **Rechtsmittelbelehrungen** wirkt im Strafverfahren – anders als im Verwaltungsprozess – nicht etwa so, dass die Frist erst gar nicht zu laufen beginnt, sondern nur als gesetzlich fingierter Fall mangelnden Verschuldens (§ 44 S. 2)[166]. Erst recht ist die Versäumung einer Rechtsmittelfrist als unverschuldet anzusehen, wenn zwar die Belehrung erteilt wurde, aber durch das Gericht ein Rechtsmittelverzicht durch

351

---

161 Zu den Grenzen der Revisionserstreckung: BGH NJW 95, 2424. Nicht bei jugendlichen Mitangeklagten, BGHSt 51, 34.
162 BVerfG NJW 95, 2544; 93, 847 f.; 91, 351; näher *Saenger* JuS 91, 842.
163 OLG Düsseldorf NJW 88, 1923; zu den Maßstäben: *Fünfsinn* NStZ 85, 486; Beispiele bei *Kühne* 376. Zweifelhaft, ob man für Einzelbriefkasten zu sorgen hat; so LG Neuruppin NJW 97, 23337.
164 BVerfG NJW 93, 847; auch NJW 91, 2209; 13, 592. LG Zweibrücken NStZ 98, 267: Abwesenheit von mehreren Wochen; OVG Koblenz NJW 97, 3260: Urlaub.
165 OLG Düsseldorf NJW 94, 2841; Frankfurt NStZ-RR 97, 137; ebenso veraltete Faxnr. OVG Saarlouis NJW 08, 456; aber anders bei besetztem Faxgerät des Empfängers, BVerfG NJW 06, 1505; dazu *Roth* NJW 08, 785.
166 Zum Kausalitätsnachweis BVerfG NJW 91, 2277; OLG Zweibrücken VRS 95, 356.

rechtsstaatlich bedenkliche und später nicht eingehaltene Zusagen über Vergünstigungen bei der Strafvollstreckung herbeigeführt wurde[167]. Bei der Justiz zurechenbaren Fehlern, die zur Fristversäumung geführt haben, ergibt sich aus dem Grundsatz des fairen Verfahrens sogar, dass der säumige Verfahrensbeteiligte über die Möglichkeit eines Wiederaufnahmeantrags zu belehren ist[168].

351a A. hat hier die einmonatige Revisionsbegründungsfrist nach § 345 versäumt. Zu prüfen ist, ob er dieses verschuldet hat (§ 44). A. hat sich auf seinen Verteidiger verlassen, gegen dessen Zuverlässigkeit keine Bedenken ersichtlich waren. A. selbst trifft also kein Verschulden; es fragt sich nur, ob sich A. hier fremdes Verschulden zurechnen lassen muss. Das **Verschulden eines Verteidigers** ist grundsätzlich dem Angeklagten nicht anzulasten[169], denn der Verteidiger ist nicht Vertreter des Angeklagten, anders als beispielsweise der Prozessbevollmächtigte eines Antragstellers im Klageerzwingungsverfahren[170] oder einer Partei im Zivilprozess. Dies gilt auch für die Revisionsbegründungsfrist mit der Folge, dass der Angeklagte nicht für das Verschulden seines Verteidigers einstehen muss. Dieser Umstand kann zur missbräuchlichen Verlängerung der gesetzlichen vorgeschriebenen Revisionsbegründungsfrist führen, denn wenn der Verteidiger gezielt die Frist verstreichen lässt und einige Zeit später erfolgreich Wiedereinsetzung in den vorigen Stand unter Hinweis auf das fehlende Verschulden seines Mandanten begehrt, stellt dieses das gezielte Ausnützen einer Gesetzeslücke dar. Den zwischenzeitlich vom BGH geäußerten Erwägungen, deshalb in den Fällen der nicht rechtzeitig begründeten Verfahrensrügen das Verteidigerverschulden ausnahmsweise dem Angeklagten zuzurechnen[171], ist die weitere Rechtsprechung aber nicht gefolgt[172]. Trotz der damit verbundenen Bedenken ist dem letztlich beizupflichten, da Pflichtverletzungen des nur *neben* den Beschuldigten und nicht als Vertreter an seine Stelle tretenden Verteidiger nicht zu seinem Nachteil ausschlagen dürfen. In Ausnahmefällen es daher sogar denkbar, dass zur Nachholung einzelner Verfahrensrügen eine Wiedereinsetzung in den vorigen Stand gewährt wird[173].

352 Nach § 45 Abs. 1 muss der Antrag auf Wiedereinsetzung in den vorigen Stand **binnen einer Woche** nach Wegfall des Hindernisses bei dem Gericht gestellt werden, bei dem die Frist wahrzunehmen gewesen wäre. Die Wiedereinsetzungsgründe müssen dabei **glaubhaft** gemacht werden, was regelmäßig durch die Vorlage schriftlicher Versicherungen von Zeugen oder des Antragstellers selbst geschieht. Glaubhaftmachung bedeutet nicht Beweis in vollem Umfange, sondern nur Wahrscheinlichkeit in einem ausreichenden Maße[174]. Demjenigen, der eine Tatsache glaubhaft zu machen hat, obliegt es, diese soweit zu beweisen, dass das Gericht sie für wahrscheinlich hält; dabei muss er das Gericht in die Lage versetzen, ohne verzögerliche Ermittlungen (z. B. Zeugenvernehmungen) die Entscheidung zu treffen[175]. Eidesstattliche Versicherungen sind gesetzlich im Wiedereinsetzungs-

---

167 BGH NJW 95, 2568 (LG Chemnitz); auch bei vorweg erklärtem Rechtsmittelverzicht; BGHSt 45, 227; OLG Saarbrücken NJW 03, 2182 (mdl. Rechtsmittelbelehrung bei schwerhörigem Angeklagten).
168 BVerfG NJW 13, 446; ohne diese Belehrung wird die einwöchige Wiedereinsetzungsfrist nicht in Gang gesetzt.
169 BVerfG NJW 94, 1856; 91, 351; BGHSt 14, 306, 308; KG NJW 97, 1864; OLG Düsseldorf NJW 93, 341; 94, 2303; Frankfurt NJW 91, 1191; LG Schwerin NJW, 1448; s. auch Rn. 85a; anders, wenn Beschuldigter die Unzuverlässigk. seines Anwalts kannte; BGH NStZ 97, 560.
170 OLG Nürnberg NStZ-RR 98, 143; ebenso beim Privatkläger: OLG Düsseldorf NJW 93, 1344.
171 BGH NJW 93, 742 (5. Senat).
172 Vgl. BGH NJW 97, 1516; 94, 3112; restriktiv: BGH NStZ 97, 95; NStZ-RR 96, 201. Ferner zur Problematik Revisionsbegründungsfrist und Wiedereinsetzung: *Sobota/Loose* NStZ 18, 72; BGH wistra 99, 108; NStZ-RR 19, 349; BayObLG StV 00, 407.
173 BGH NStZ-RR 96, 233; 97, 302.
174 Vgl. BGH NStZ 91, 144.
175 OLG Düsseldorf NJW 85, 2207; eingeschränkt bei offensichtl. Tatsachen, OLG München NJW 85, 214; Bremen StV 91, 505.

verfahren nicht vorgesehen; werden Erklärungen als eidesstattliche Versicherungen bezeichnet, lassen sie sich aber als schlichte Erklärungen zur Glaubhaftmachung heranziehen[176]. Im Fall würde z. B. eine anwaltliche Versicherung genügen, welche die Umstände darlegt, welche zur Fristversäumung bei der Sachrüge geführt haben.
Innerhalb der Wiedereinsetzungsfrist von **einer Woche** muss auch die versäumte Handlung **nachgeholt** werden, zweckmäßigerweise gleichzeitig mit dem Wiedereinsetzungsantrag. V. müsste hier also die Revisionsbegründung in der dafür vorgesehenen Form dem Wiedereinsetzungsantrag beifügen, sonst wäre schon der Wiedereinsetzungsantrag unzulässig[177]. Über den Antrag auf Wiedereinsetzung befindet nach § 46 das Gericht, das zur Entscheidung in der Sache selbst berufen gewesen wäre, hier also der BGH als Revisionsgericht. Als Zeitpunkt des Wegfalls des Hindernisses, von dem an die einwöchige Wiedereinsetzungsfrist zu laufen beginnt, ist die Mitteilung des V. an A. anzusehen, die Revision sei nicht begründet worden. Allerdings könnte es ein, dass A. bei falscher rechtlicher Beratung oder aus anderen Gründen die Durchführung des Wiedereinsetzungsverfahrens als aussichtslos ansieht. Aber auch gegen die schuldlose Versäumung der *Wiedereinsetzungsfrist* des § 45 selbst ist wiederum ein Wiedereinsetzungsverfahren möglich, das begründet wäre, da ein falscher Rechtsrat des Verteidigers einen für den Angeklagten unabwendbaren Irrtum hervorruft[178].

2. Wiederaufnahme des Verfahrens

> Die M. ist wegen Mordes an ihrem Ehemann rechtskräftig zu einer lebenslangen Freiheitsstrafe verurteilt worden und sitzt in einer Justizvollzugsanstalt ein. Ausschlaggebend für ihre Verurteilung war die Aussage der Belastungszeugin Z., die das von M. behauptete Alibi mit ihrer Aussage widerlegt hatte. Von einem Besucher in der Justizvollzugsanstalt erfährt M. nun, dass Z. nach der Urteilsverkündung gesagt haben solle, sie habe mit ihrer Aussage letztlich der Gerechtigkeit zum Durchbruch verholfen, auch wenn ihre Aussage nicht stimme. M. möchte aufgrund dieser Äußerung der Z. eine Aufhebung ihrer rechtskräftigen Verurteilung erstreben.

353

Ordentliche Rechtsbehelfe lassen sich gegen die Verurteilung der M. nicht mehr einlegen, denn das Urteil ist rechtskräftig. M. könnte zwar gegen die letztinstanzliche Verurteilung binnen eines Monats **Verfassungsbeschwerde** beim Bundesverfassungsgericht einlegen, die jedoch unzulässig wäre, wenn M. nur die Verletzung einfachen Rechts rügt und das Urteil nicht auf einer spezifischen Verfassungsverletzung beruht[179]. Andererseits spricht der Umstand, dass sich der Beschwerdeführer gegen eine strafrechtliche Verurteilung wendet, für die Annahme einer solchen Verfassungsbeschwerde durch das BVerfG, weil die Kriminalstrafe die am stärksten eingreifende staatliche Sanktion für begangenes Unrecht darstellt und den Beschwerdeführer existenziell betrifft[180]. Das BVerfG hat sogar schon im Wege der einstweiligen Anordnung im Rahmen des Verfassungsbeschwerdeverfahren die Vollstreckung einer Freiheitsstrafe ausgesetzt[181]. Die im Verfassungsbeschwerdeverfahrens beliebte Rüge der Verletzung des Grundrechts des rechtlichen Gehörs nach Art. 103 Abs. 1 GG ist in Zusammenhang mit Angriffen auf Beschlüsse der Strafgerichte aber unzulässig, wenn nicht zur Erschöpfung des Rechtswegs zunächst

354

---

176 OLG Koblenz VRS 83, 271; Düsseldorf StV 90, 486.
177 BGH NJW 97, 1516; OLG Köln NStZ-RR 96, 212.
178 Vgl. BVerfG NJW 94, 1856; OLG Düsseldorf NJW 82, 60.
179 Zur Anfechtbarkeit von Zwischenentscheidungen, BayVerfGH NJW 91, 2953; zur Problematik landesrechtlicher Verfassungsbeschwerdeverfahren, BerlVerfGH NJW 93, 513 (Honecker); keine Ausschaltung der Strafgerichte: BVerfG NJW 87, 2288.
180 BVerfG NJW 98, 443.
181 BVerfG NJW 95, 1953 (Lüneburg).

die **Nachholung rechtlichen Gehörs nach § 33a StPO** beantragt wurde, dessen Sinn gerade in der Entlastung des Bundesverfassungsgerichts besteht[182]. Dabei ist § 33a nicht wortklauberisch eng, sondern so auszulegen, dass er *jeden* Verstoß gegen Art. 103 Abs. 1 GG im Beschlussverfahren erfasst[183]. Mit § 33a hat der StPO-Gesetzgeber bereits vor Ergehen der Grundsatzentscheidung des BVerfG[184] zur Anhörungsrüge der verfassungsrechtlichen Notwendigkeit Rechnung getragen, den Rechtsschutz bei Versäumung rechtlichen Gehörs einfach gesetzlich vorzusehen. Gegenüber § 33a spezieller sind § 311a im Beschwerdeverfahren und § 356a in der Revision. Erfolgsaussichten, gegen das Urteil mit der Verfassungsbeschwerde vorzugehen, sind im Fall der M. nicht erkennbar. M. stünde es aber frei, ein **Gnadengesuch** beim zuständigen Landesjustizminister einzureichen. Einen Rechtsanspruch auf Aufhebung ihres Urteils oder Beendigung der weiteren Strafvollstreckung hat sie im Gnadenverfahren nicht[185].

355 Einen außerordentlichen Rechtsbehelf zur Beseitigung von **Justizirrtümern** bei rechtskräftigen Urteilen der Strafgerichte enthalten die §§ 359 ff. mit dem sog. **Wiederaufnahmeverfahren**. Dieses hat die Funktion, den Konflikt zwischen den Grundsätzen der Gerechtigkeit und der Rechtssicherheit, die sich beide gleichermaßen aus dem Rechtsstaatsgedanken ableiten lassen, zu lösen, indem es um der materialen Gerechtigkeit willen gestattet, das Prinzip der Rechtssicherheit zu durchbrechen[186]. Die Wiederaufnahme eines durch rechtskräftiges Urteil bereits abgeschlossenen Verfahrens gibt es sowohl zugunsten als auch zu Ungunsten des Angeklagten. Die Wiederaufnahmegründe zugunsten des Verurteilten (§ 359) sind großzügiger bemessen, als wenn die StA zum Nachteil des Angeklagten die Wiederaufnahme betreibt (§ 362). Die Wiederaufnahme des Verfahrens ist auch noch nach abgeschlossener Strafvollstreckung, ja manchmal sogar noch nach dem Tode des Verurteilten – letzteres aber nur mit dem Ziel der posthumen Freisprechung betrieben durch die in § 363 Abs. 2 bezeichneten Angehörigen – möglich, da sie insgesamt der Rehabilitierung dient[187]. Während die Revision als ordentlicher Rechtsbehelf zur Überprüfung der rechtlichen Grundlagen eines Urteils führt, erstreckt sich die Wiederaufnahme grundsätzlich auf die **tatsächliche Entscheidungsbasis** des Urteils, sodass das Wiederaufnahmegericht nicht etwa im Lichte neuerer Rechtsprechung oder späterer gesetzlicher Bestimmungen die angegriffene Entscheidung rechtlich neu zu beantworten hat[188].

355a Der Verurteilte kann die Wiederaufnahme durchsetzen, wenn **neue Tatsachen oder Beweismittel** beigebracht werden, die geeignet sind, die Freisprechung des Angeklagten oder eine geringere Bestrafung bzw. wesentlich andere Entscheidung über eine Maßregel der Sicherung und Besserung aufgrund eines milderen Strafgesetzes zu begründen (*propter nova*). Es reicht allerdings nicht aus, aufgrund desselben Strafgesetzes eine andere

---

182 Vgl. BVerfG NStZ 94, 498; BVerfGE 42, 243, 248 f.
183 BVerfGE 42, 243, 250; BayObLG MDR 94, 607 f.; also auch Rechtsausführungen: *Maunz/Dürig* Art. 103, 66.
184 BVerfGE 107, 395 = NJW 03, 1924; im Revisionsverfahren gilt der speziellere § 356a, dazu OLG Jena 08, 354.
185 Gerichtl. nicht überprüfbar, BVerwG NJW 83, 187; BVerfG NJW 01, 3771; zum Widerruf: OLG Hamburg NJW 03, 3574.
186 BVerfG NJW 95, 2024; 90, 3193 f.; näher *Bottke* NStZ 81, 135; *Wasserburg* ZRP 97, 412. Andere rechtl. Grundlagen gelten für die Aufhebung von DDR-Strafurteilen: Rehabilitierung v. 31.8.1990, BGBl. I 1459; dazu *Pfister* NStZ 91, 165, 264. Zur Aufhebung nationalsoz. Unrechts in der Strafrechtspflege: *Beckmann* JZ 97, 922; s. auch OLG Jena NJW 98, 915; LG Köln NJW 98, 2688; Lübeck NJW 98, 2685; Berlin NJW 98, 1002.
187 Vgl. § 371 Abs. 1; z. B. BGHSt 31, 365, 368; 93, 1481 ff.; KG NJW 91, 250 (Ossietzky); BGH NStZ 83, 424 (van der Lubbe).
188 Vgl. BGH NJW 93, 1481 f.; KG NJW 91, 2505 f.; OLG Bremen NJW 81, 2827; Ausnahme: § 79 BVerfGG sowie § 359 Nr. 6 (E6MR), dazu *Selbmann* ZRP 06, 124.

Strafbemessung zu erstreben (§ 363)[189]. Neu sind solche Tatsachen, die dem (früher) erkennenden Gericht nicht bekannt waren und daher von ihm nicht berücksichtigt werden konnten[190]. Eine Tatsache, deren Gegenteil das angegriffene Urteil feststellt, ist denkgesetzlich keine neue Tatsache[191]. Jedoch sind solche Tatsachen neu, die das Gericht aus einer in der Hauptverhandlung abgegebenen Erklärung eines Zeugen oder Sachverständigen nicht zur Kenntnis genommen oder falsch verstanden hat und sie deshalb bei seiner Entscheidung nicht hat berücksichtigen können[192]. Neue Beweismittel können sogar Sachverständige sein, wenn sie über Forschungsmittel verfügen, die den früheren überlegen sind[193], was angesichts des Fortschritts der Wissenschaften nicht selten der Fall ist. Der Wiederaufnahmegrund der neuen Tatsachen oder Beweise wirkt nur *zugunsten* des Verurteilten. Dies gilt ebenso bei den Wiederaufnahmegründen der Aufhebung eines zivilgerichtlichen Urteils (§ 359 Nr. 4) oder einer verfassungswidrigen Norm (§ 79 BVerfGG)[194], auf denen das Strafurteil beruhte.

355b Sowohl zugunsten als auch zu Lasten des Angeklagten wirken als Wiederaufnahmegründe Urkundenfälschungen[195], vorsätzliche Falschaussagen von Zeugen oder Sachverständigen und Richterdelikte, auf denen das Urteil beruht (vgl. § 359 Nr. 1 bis 3, § 362 Nr. 1 bis 3). Besteht in diesen Fällen der behauptete Wiederaufnahmegrund in einer **Straftat**, muss nach § 364 zunächst ein rechtskräftiges Urteil über das Vorliegen der angenommenen Straftat ergehen. Seinem Wesen nach nur zum Nachteil des Angeklagten existiert der Wiederaufnahmegrund des gerichtlichen oder außergerichtlichen **Geständnisses** (§ 362 Nr. 4), das ein Freigesprochener nachträglich ablegt. Damit wird verhindert, dass sich ein rechtskräftig Freigesprochener zu seinen Taten nach Verfahrensabschluss bekennt, seine „Story" gar an Presseorgane verkauft und damit die Glaubwürdigkeit der Strafrechtspflege diskreditiert. Das Geständnis führt nur bei vollständigem Freispruch zur Wiederaufnahme, nicht aber bei einer zu milden Verurteilung[196]. Rechtspolitisch diskutiert wird derzeit, ob nicht auch Ergebnisse einer DNA-Analyse zur Wiederaufnahme zum Nachteil eines Freigesprochenen führen sollten[197], was aber abzulehnen ist, weil damit unterschiedliche Grade der Gewissheit bei der Verurteilung eines Angeklagten anerkannt würden. Hier könnte sich M. auf den Wiederaufnahmegrund der vorsätzlich falschen uneidlichen Aussage der Zeugin Z. nach § 359 Nr. 2 berufen. Wegen § 364 müsste dazu Z. allerdings rechtskräftig nach § 153 StGB verurteilt werden. M. könnte die Wiederaufnahme leichter betreiben, wenn sie sich darauf bezieht, dass die nun bekannt gewordenen Tatsachen, die gegen die Glaubwürdigkeit der Z. sprechen, neu i. S. v. § 359 Nr. 5 sind, denn für diesen Wiederaufnahmegrund gelten die Beschränkungen des § 364 nicht[198].

356 Der äußere Ablauf des Wiederaufnahmeverfahrens gliedert sich in mehrere Stufen. M. muss nach § 366 einen formgebundenen **Wiederaufnahmeantrag** unter Angabe der Wiederaufnahmegründe und Beweismittel bei dem nach § 140a GVG zuständigen Ge-

---

189 Dies gilt nicht, wenn zwar der Schuldspruch als solcher gleich bliebe, aber Einzeldelikte wegfielen, BGHSt 48, 153.
190 Vgl. OLG Düsseldorf NJW 87, 2030; *Peters* § 76 III 2; krit. *Gössel* § 39 A I. Neue Tatsache kann u. U. sogar der Widerruf des eigenen Geständnisses sein, OLG Köln NStZ 91, 96; StV 89, 98; Stuttgart NJW 99, 375.
191 BGH NStZ 00, 218; aber LG Gießen NJW 94, 465 ff.
192 OLG Düsseldorf NJW 87, 2030.
193 KG NJW 91, 2505, 2507.
194 Dazu BVerfG NJW 02, 2305 (Sitzblockade), BGH NJW 97, 670 (MfS-Agenten); KG NJW 12, 2985 („Nr. 7" in § 359); BayVerfGH NJW 19, 3371.
195 Vgl. OLG Nürnberg NJW 13, 2692 (Mollath).
196 *Schlüchter* 769.2; a. A. *Peters* § 76 III 7.
197 Vgl. *Scherzberg* ZRP 08, 80.
198 Vgl. OLG Düsseldorf NStZ-RR 99, 245.

richt stellen[199]. Damit ist das sog. **Additionsverfahren** (Zulässigkeitsprüfung) eingeleitet, in welchem das Gericht die formellen Voraussetzungen prüft und die Schlüssigkeit der vorgetragenen Wiederaufnahmegründe beurteilt[200]. Es handelt sich dabei um ein anderes Gericht gleicher sachlicher Zuständigkeit wie das Gericht, gegen dessen Entscheidung sich der Antrag richtet[201]. Der Wiederaufnahmeantrag muss ähnlich wie die Revision von einem Verteidiger oder Rechtsanwalt unterzeichnet sein oder zu Protokoll der Geschäftsstelle angebracht werden[202]. Dazu kann dem Verurteilten nach §§ 364a, 364b ein Verteidiger von Amts wegen bestellt werden[203]. Die Schlüssigkeitsprüfung erstreckt sich im Fall des § 359 Nr. 5 (*propter nova*) auch auf eine gewisse Wertung der Beweiskraft der angebotenen Beweismittel, denn – um festzustellen, ob die neuen Tatsachen/Beweismittel geeignet sind, die in der Vorschrift genannten Ziele zu erreichen – ist zu prüfen, ob die Schuldfrage *vom Standpunkt des erkennenden Gerichts* aus anders entschieden worden wäre, wenn die neuen Umstände dem Gericht bekannt gewesen wäre; dabei sind sie zu dem gesamten Inhalt der Akten und den früheren Beweisergebnissen in Beziehung zu setzen; das Wiederaufnahmegericht ist an eine – denkgesetzlich mögliche – Beweiswürdigung und an eine – nicht offensichtlich unhaltbare – Rechtsauffassung des erkennenden Gerichts gebunden[204] Ist das Beweismittel ein Zeuge, so ist zu unterstellen, dass er so aussagen werde, wie es der Antragsteller behauptet, nicht aber auch, dass die Tatsachen zutreffen, die der Zeuge bekunden soll[205]. Jedoch darf in diesem Zulassungsverfahren schon aus verfassungsrechtlichen Gründen nicht die Eignung der neuen Beweise vorschnell mit Argumenten negiert werden, deren Feststellung nach der Struktur des Strafprozesses der Durchführung einer Hauptverhandlung unter Wahrung der Rechte des Angeklagten vorbehalten ist[206].

357 Führt das Additionsverfahren zur Annahme der Zulässigkeit des Wiederaufnahmeantrags, folgt in der zweiten Stufe eine Begründetheitsprüfung (**Probationsverfahren**). Das Probationsverfahren besteht in der Feststellung, ob der Wiederaufnahmegrund tatsächlich gegeben ist. Dazu bedarf es regelmäßig einer Beweisaufnahme (vgl. § 369)[207]. Für die Beurteilung der Frage, ob eine erneute Verhandlung der Sache voraussichtlich zu einem anderen Ergebnis führen werde, gilt der Grundsatz *in dubio pro reo* nicht[208]. Von dieser Prognoseentscheidung ist zu unterscheiden, dass für die im Antrag behaupteten und als zulässig erachteten Tatsachen nicht voller, jeden Zweifel ausschließender Beweis zu erbringen ist, sondern die Behauptungen nach § 370 lediglich *genügende Bestätigung* finden müssen[209]. Bestätigt sich aber der Wiederaufnahmegrund, führt dieses zur Aufhebung des angefochtenen Urteils und regelmäßig zu einer Wiederholung der Hauptverhandlung über den ursprünglichen Vorwurf (§ 370 Abs. 2). Nur in den Ausnahmefällen des § 371 kann auf eine neuerliche Hauptverhandlung verzichtet werden, nämlich wenn der Verurteilte bereits verstorben ist oder die StA bei genügenden Beweisen einer sofortigen Freisprechung zustimmt.

---

199 Antrag ist gegen das Urteil mit Schuldspruch zu richten; OLG Koblenz NStZ-RR 98, 18; bloß mildere Bestrafung reicht nicht (§ 363), aber BGH NJW 03, 1261.
200 Dabei dürfen neue Beweise der Gegenseite nicht verwendet werden, OLG Celle MDR 91, 1077; einschr. OLG Braunschweig NStZ 87, 377. Zur Mitwirkungspflicht der StA: *Wasserburg* NStZ 99, 286.
201 Die konkreten Wiederaufnahmezuständigkeiten werden durch Präsidiumsbeschluss des OLG festgelegt (§ 140a Abs. 2 GVG); Wiederaufnahmegerichte für Urteile des Reichsgerichts sind die Oberlandesgerichte, BGHSt 31, 365, 367.
202 Vgl. OLG Hamm MDR 89, 183; s. Rn. 343.
203 KG NJW 13, 182.
204 BVerfG NJW 95, 2024.
205 KG NJW 92, 450 (John).
206 Vgl. BVerfG NJW 95, 2024 f.
207 Zu Beweiserleichterungen bei der Urkundenverlesung: OLG Jena MDR 97, 88.
208 OLG Karlsruhe GA 74, 250.
209 Vgl. BVerfG NJW 90, 3193 f.; LG Hamburg NJW 87, 3016; OLG Frankfurt StV 96, 138 (Weimar).

Zusammenfassung der Grundsätze des Strafverfahrens

Akkusationsprinzip	Anklagegrundsatz: Beschränkung der gerichtl. Entscheidung auf die in der staatsanwaltschaftlichen Anklage bezeichnete Tat	§§ 155, 264
Beschleunigungsgrundsatz	Verpflichtung der Strafverfolgungsbehörde, eine abschließende Entscheidung über die Strafbarkeit eines Beschuldigten in angemessener Zeit herbeizuführen	Art. 20 GG: Rechtsstaatsprinzip, Art. 6 MRK
Faires Verfahren		Art. 20 GG: Rechtsstaatsprinzip
Freie Beweiswürdigung	keine Bindung an gesetzliche Beweisregeln	§ 261
Freie Gestaltung des Ermittlungsverfahrens		§§ 161, 163
Instruktionsmaxime (Gegensatz: Verhandlungsmaxime)	Aufklärungs-, Ermittlungs-, Untersuchungsgrundsatz: Strafverfolgungsbehörden haben den Sachverhalt ohne Bindung an Anträge von Amts wegen zu erforschen	§§ 155, 244 Abs. 2
Konzentrationsmaxime	die Hauptverhandlung soll möglichst in einem Zuge durchgeführt werden	§ 229
Legalitätsprinzip (Gegensatz: Opportunitätsprinzip)	Verpflichtung der Strafverfolgungsbehörde zur Strafverfolgung	§§ 152, 163
Mündlichkeitsprinzip	Beweismittel sind in die Hauptverhandlung mündlich einzubringen durch Aussage, Verlesung u.a.	§§ 69, 249 u.a.
Öffentlichkeitsprinzip	die Hauptverhandlung muß der Öffentlichkeit zugänglich sein	§ 169 GVG
Offizialprinzip (Gegensatz: Privatklageprinzip)	die Strafverfolgung muß von den staatlichen Organen von Amts wegen, unabhängig vom Willen des Verletzten erfolgen	§§ 152, 163
Rechtliches Gehör		Art. 103 Abs. 1 GG, §§ 33, 163a Abs. 1
Unmittelbarkeitsprinzip	der Personalbeweis darf nicht durch den Urkundenbeweis ersetzt werden	§ 250
Verhältnismäßigkeitsprinzip	alle strafprozessualen Eingriffe müssen tauglich, erforderlich und verhältnismäßig i.e.S. sein	Art. 20 GG: Rechtsstaatsprinzip

Abb. 15: Zusammenfassung der Grundsätze des Strafverfahrens

Stichwortverzeichnis

Das Sachverzeichnis verweist auf die Randnummern.

A
Abhilfeverfahren 332
Ablehnungsgesuch 119b
Ablehnungsverfahren
– bei Richter 119
– bei Staatsanwalt 104
Abschirmung
– optisch-akustische 290
Absichtsurkunde 156
Absprache 50, 119a, 288a
Abstammungsuntersuchung 263
Abstimmung 313
Abwesenheitsverfahren 287b
Additionsverfahren 356
Adhäsionsverfahren 16, 318
agent provocateur 307b
Akkusationsprinzip 7, 96
Akteneinsicht
– des Verteidigers 94
– zu externen Zwecken 94b
Aktenvollständigkeit
– Grundsatz der 94, 107b
Aktenwidrigkeit 347a
Akustische Raumüberwachung 227a
Amtsgericht 111
Amtsgrundsatz 174
Amtshilfe 108 f., 115
Amtspflichtverletzung 267
Anbahnungsverhältnis 86a
Anfangsverdacht 22, 31, 115, 140, 165, 171, 176
Angehörigenprivileg 178, 200
Angeklagter 20
Angeschuldigter 20, 280
Anklage 316
– mündliche 320a
Anklageerhebung 275
Anklagesatz 277, 288
Anklageschrift 99
Anknüpfungstatsachen 146a
Annahmeverfahren 336
Anschlusserklärung 317
Anschrift
– ladungsfähige 122
Antragsdelikt 316
Anwaltsverschulden 351a
Anwesenheitspflicht 287
Anzeige 173
Anzeigeverpflichtung 173
Arzt 138a, 148a, 162, 202, 208, 260
Attest
– ärztliches 159b

auf frischer Tat betroffen 57
auf frischer Tat verfolgt 57
Aufgabenzuweisungsnorm 179
Aufklärungspflicht 289
Aufruf der Sache 288, 323
Auftrag 108
Aufzeichnungen 200
Augenscheinbeweis 152, 297
Augenscheingehilfe 121, 146
Ausbleiben
– nicht entschuldigtes 338
Ausermittlungspraxis 107a
Ausforschung 238
Auskunftsperson 121
Auskunftsverlangen 108a
Auskunftsverweigerungsrecht 140
Auslandstat 274b
Auslandszeuge 300
Aussageerpressung 52a
Aussagegenehmigung 101, 144, 300
Aussageverpflichtung 122b
Aussageverweigerungsrecht 19, 30, 31 f., 34
Ausschließungsgrund 118, 150
Ausschlussverfahren 88a, 90
Ausschreibung zur
– Aufenthaltsermittlung 58
– Festnahme 58
Ausschuss
– von der Anwesenheit 287a
Aussetzung 284a
Autotelefon 220c

B
Bedeutungslosigkeit 298a
Befangenheit 104, 119, 150
Befragung
– informatorische 28c, 31
– konfrontative 92
Befragung zur Person 288
Befundtatsachen 149
Behörde 239
Behördenakten 189
Behördengutachten 159b
Beiakten 94
Beistand 86a
Beistücke 94
Belastungszeuge
– zentraler 92, 132a, 144b, 265d
Belehrung 27, 28a, 30a
– qualifizierte 32b
Belehrungspflicht 27, 31, 131, 140
Benachrichtigung 290

Stichwortverzeichnis

Beobachtung
- polizeiliche 242b
Beratung 313
Beratungsgeheimnis 313
Berichtsurkunde 156
Berufshelfer 138a
Berufsrichter 117a
Berufung 336
Berufungsbegründung 337
Berufungsbeschränkung 337
Berufungseinlegung 337
Beschlagnahme 79, 188
Beschlagnahmeanordnung 190a
Beschlagnahmeverbot 91, 131, 198
Beschleunigtes Verfahren 64a, 320
Beschleunigungsgrundsatz 284a
Beschluss 308
Beschuldigter 19 f., 184b, 325a
Beschwer 331
Beschwerde 190a, 330a, 332
- sofortige 280, 322, 332
- weitere 80, 332
Besitztümer
- befriedete 239
Bestandsdaten 220e
Betreten 230
Betroffener 20
Beugehaft 45
Beurlaubung 287a
Beweisanregung 295
Beweisantizipation
- Verbot der 297, 298b f., 303
Beweisantrag 293, 304a
- bedingter 296
Beweisantragsrecht 293
Beweisaufnahme 120, 289
Beweisbedeutung 190, 197 f., 216
Beweiserhebungsverbot 162
Beweisermittlungsantrag 295
Beweismethodenverbot 162
Beweismittel 295
- präsentes 304
- Unerreichbarkeit des 300
- Ungeeignetheit des 299
Beweismittelbeschlagnahme 198
Beweismittelverbot 162
Beweisthemenverbot 162
Beweisverwertungsverbot 27, 31 f., 36, 142, 162, 202, 224, 265e
Beweiswürdigung 347a
- Grundsatz der freien 310
Bezeichnung 337
Bilanz 204
Blankoermächtigung 234a
Blutprobe 162 ff., 168a, 208, 260, 263
Brechmittel 167, 260
Brief
- anonymer 156
Buchführungsunterlagen 206
Bundesamt für Justiz 103

Bundesanwalt 103
Bundesgerichtshof 111
Bundeszentralregister 103, 314a
Bußgeldverfahren 4

C
Campmobil 242
Constitutio Criminalis Carolina 7

D
Datei 103a
Datenabgleich 216, 218
Datenschutz 108a, 198, 214, 218
Deal 288a
Denkgesetze 347a
Devolutionsrecht 102b
Devolutiveffekt 332
Dezernate 102a
Dienstaufsicht 103
Dienstaufsichtsbeschwerde 104, 269, 330
DNA-Analyse 260b
Dominanzentscheidung 108b, 334c
Doppelfunktionelle Maßnahme 108b, 334c
Drohungen 49
Durchsicht der Papiere 254, 329
Durchsuchung 16, 167a, 168a, 230, 330
- der Person 236
- formlose 230
- von Sachen 237
Durchsuchungsbefehl 234
Durchsuchungszeit 247a

E
Editionspflicht 210
Ehegatte 128
Eid 123
Eigenmacht 287
Eigenrecherche 137
Eingriff 260
Eingriffe
- körperliche 44
Einsichtsfähigkeit 51
Einspruch 322 f.
Einstellung
- vorläufige 271
Einstellung des Verfahrens 308
Einstellungsbescheid 268
Einstellungsnachricht 23, 268
Einwohnermeldeamt 218
Einzelfallgerechtigkeit 341
Einziehung 193
Einziehungsbeteiligter 327
E Mail 220
Entschädigung
- finanzielle 124
Entscheidung
- richterliche 190a, 334
Ergänzungsklage 314a
Ergreifung 246
Ergreifungsort 113

Stichwortverzeichnis

Erinnerungsvermögen 51
Erkennungsdienstliche Behandlung 184
Ermächtigungsgrundlage 179
Ermittler
– verdeckter 265e
Ermittlung
– Abschluss der 275
Ermittlungen
– verdeckte 265a
Ermittlungshilfe 108
Ermittlungsperson der StA 102a, 106b, 109
Ermittlungsrichter 115, 330a
Ermittlungsverfahren 169, 171
– freie Gestaltung des 176 f.
Ermittlungsverlauf
– hypothetischer 165a
Ermüdung 43a
Ersatzordnungshaft 122a
Ersuchen 108
Erzwingungshaft 122b

F
Fachhochschule 86, 175
Fahrtenbuch 36
Fangschaltung 153, 220
Fernmeldegeheimnis 167a, 220
Fernmeldeverkehr 220
Fernsprechzelle 221
Fernwirkung 52, 165 f.
Festnahme
– vorläufige 54
Fingerabdruck 184
– genetischer 260b
Flucht 68
Fluchtgefahr 69
Fluchtverdacht 61
Förmlichkeit
– wesentliche 250
Fotokopie 156
Fragen
– nicht zur Sache gehörende 292
– ungeeignete 292
Freibeweis 3, 31, 46, 120, 346
Freiheitsentziehung 53, 183
Freispruch 85, 308, 355b
Friede
– familiärer 126
Frist 345
Fristversäumnis 351
Führerschein 196
Funkzellenabfrage 220d
Fürsorgepflicht 124a

G
Gäfgen 52a
Gastraum 226
Gebäudedurchsuchung 244
Gefahr im Verzug 109a
Gefahrenabwehr 17, 74, 106a, 108b, 185, 218, 225

Gegenüberstellung 182, 184a, 186
– wiederholte 186b
Gegenvorstellung 330
Gehör
– rechtliches 27, 354
Gemeinschuldner-Beschluss 36
Gendatei 260e
Generalbundesanwalt 103
Generalklausel 179
Generalstaatsanwalt 103
Gerichtshilfe 170
Gerichtspolizei (police judiciaire) 106b, 109
Gerichtssprache 156
Gerichtsstand 113
Geringfügigkeit
– Einstellung wegen 272
Geschäftsraum 227a, 239
Geschäftsstellenbeamter 342a
Geschäftsverteilungsplan 118
Gesetzgebungskompetenz 3c, 11c
Gestaltungstheorie
– prozessuale 314a
Geständnis 26, 71, 160a, 288a, 355b
Gewährsmann 108a
Glaubhaftmachung 140a
Gnadengesuch 354
Grobsichtung 254
Große Strafkammer 112
Grundrechtseingriff 167, 179, 331, 334b
Grundsatz der freien Beweiswürdigung 162
Grundsatz des Fairen Verfahrens 165a, 168a
Gutachten 146a
Gutachtenverweigerungsrecht 148a

H
Haftbefehl 67, 75, 76, 287
– europäischer 75a
Haftbeschwerde 80
Haftgrund 68
– absoluter 73
Haftprüfung 80, 82
Haftrichter 64, 115
Haftverschonung 77
Handakten 94
Hauptverfahren
– Eröffnung des 280
– Zulassung des 279
Hauptverhandlung 283
– Inbegriff der 310, 312
– Vorbereitung der 284
Hauptverhandlungshaft 64a, 320a
Haussuchung 230, 238
Hehler 233
Herausgabeverlangen 210
Herrin des Ermittlungsverfahrens 98
Hilfsbeamter der StA 109
Hilfsbeweisantrag 296
Hilfsstrafkammer 112
Hinweisgeber 173, 265a
Hörfalle 30

Stichwortverzeichnis

Hörmuschel 153
Hypnose 48

I
Identitätsfeststellung 182
Immutabilitätsprinzip 275, 280
IMSI-Catcher 220d
in dubio pro reo 311, 347a
Indizienprozess 311
Inhaltsprotokoll 286
Inquisitionsprozess 30, 96, 169, 310
Instruktionsmaxime 289
Intimsphäre 167, 208
Inverwahrungnahme 188
IP-Adresse
– dynamische 220e
iudex a quo 332, 337, 342, 345
iudex ad quem 332

J
Jugendstrafkammer 112
Justizbehörde 3b, 334a
Justizirrtum 355
Justizverwaltungsakt 3b, 185
Justizvollzugsanstalt 83

K
Katalogtat 221, 265e
Kaution 78 f., 270
Kennzeichen-Screening 242
Kernbereich privater Lebensgestaltung 167a, 227a
Kinder 121
Klageerzwingungsverfahren 270, 317
Klagerücknahme 316
Kleine Strafkammer 114, 336
Konfrontation 186
Konnexität 295
Konstitutivurkunde 156
Kontaktsperre-Entscheidung 180
Kontaktsperregesetz 92
Kontrollstelle 241
Konzentrationsmaxime 284a
Krankenanstalt
– psychiatrische 110a, 258
Krankenblatt 208
Krankenhaus 207
– psychiatrisches 325
Krankenpapiere 165
Krankenschwester 162
Kreuzverhör 290
Kriminalakte 3c
Kriminalität
– organisierte 6, 122
Kronzeuge 274
Kurierdienste 197

L
Ladungsfrist 320a
LaGrand 36b

Landgericht 111
Lauschangriff 226
– großer 227a
– kleiner 225
Lebenspartnerschaft 127
Legalitätsprinzip 23, 98, 107, 176, 265e, 267
Legende 265a, 265e
Leichenfund 172
Lichtbild 228
List 46
Lockspitzel 307b
Lügen 46
Lügendetektor 42

M
Mandat 106b
Massenscreening 260d
Maßnahme
– doppelfunktionelle 334c f.
Menschenrechtskonvention 9
Menschenwürde 38, 230, 260a
Minderjähriger 134
Misshandlung 43
Molekulargenetische Untersuchung 260b
Mündlichkeitsprinzip 157

N
Nachtragsklage 277, 309
Nachtsichtgerät 228
Nachtzeit 43a, 247a
Narkoanalyse 44
Nebenklage 16, 317
Nebenraum 239
Nebentat
– unwesentliche 274a
Negativattest 255
nemo tenetur se ipsum accusare 30, 36
NOEB 265a
Notstaatsanwalt 115
Notstand
– rechtfertigender 180

O
Obduktion 172
Oberlandesgericht 111
Oberstaatsanwalt 102a
Objektivitätspflicht 98
Observation 228
– kurzfristige 228a
– längerfristige 228a
Offenkundigkeit 298
Öffentlichkeit
– mittelbare 285a
Öffentlichkeitsprinzip 285, 285b
Offizialprinzip 174
Online-Durchsuchung 220b, 230
Opferschutz 16, 317
Opportunitätsprinzip 176, 272
Ordnungsgeld 122a
Ordnungsvorschrift 347

Stichwortverzeichnis

Ordnungswidrigkeit 4, 140b
Organisierte Kriminalität 6, 122
Ortstermin 152
Ortung 220d

P
Papiere
– Durchsicht der 254, 329, 331
Parität des Wissens 85b
Passivitätsprinzip 30, 36, 186a, 211
Patientenblätter 202
Peilsender 228
Perseveranztheorie 184a
Personalbeweis 120
Personenfeststellung 56, 183
Persönlichkeitsrecht
– allgemeines 167a, 226
Pfleger 134, 264
Pflichtverteidiger 90
Phantombild 58
Plädoyer 93, 305
police judiciaire 109
Polizei 105, 106b, 144, 170
Polizeidienstvorschriften 11, 11b
Polizeivollzugsdienst 106a, 109
Polygraph 42
Postbeschlagnahme 197
Postgeheimnis 197
Postkontrolle 253
Präklusion 347
Prävention 17
Pressefreiheit 137, 167a
Pressemitarbeiter 137
Privatklage 16, 271
Privatklagedelikt 316
Privatsphäre 167, 208
Probationsverfahren 357
propter nova 355a
Protokoll 286, 344, 347
– richterliches 30a, 160a
Protokollberichtigung 286
Protokollfälschung 286
Protokollführer 286
Provider 254
Prozesshandlung 94a, 334b
Prozesshindernis 307
Prozessurteil 308
Prozessverschleppung 85
Prozessvoraussetzung 27, 311

Q
Quälerei 47
Quellenschutz 137
Quellen-TKÜ 220b

R
Rasterfahndung 214
Rauschgiftkonsument 224
Rechtsanwalt 124
Rechtsbehelf 329

Rechtseinheit 341
Rechtsentwicklung 7
Rechtsfehler 341
Rechtsfolgen 339
Rechtskraft 314a
– eingeschränkte 322
– formelle 314a
– materielle 314a
– prozessrechtliche 314a
Rechtskreistheorie 141, 163, 341
Rechtslehrer 86
Rechtsmittel 100, 114
Rechtsmittelbelehrung 351
Rechtsmittelverzicht 342
Rechtspflege – Organ der 85
Rechtspfleger 100a
Rechtsprechung
– höchstrichterliche 99, 267
Rechtsquelle 6
Rechtsschutzinteresse 331
Rechtsstaatsprinzip 168a
reformatio in peius 339
Rehabilitationsinteresse 331
Rehabilitierung 355
Reihengentests 260d
Rekognition 186
Rekonstruktion 184
Rektaluntersuchung 260
Revision 341, 347
Revision der StA 341a
Revisionsbegründungsfrist 351a
Revisionsbegründungsschrift 343, 345
Revisionseinlegung 342
Revisionseinlegungsfrist 342
Revisionserstreckung 314a, 349
Revisionsgegenerklärung 346
Revisionsgericht 346
Revisionsgrund
– absoluter 348
– relativer 347
Revisionsverhandlung 346
Richter 110a, 117
– als Notstaatsanwalt 102
– beauftragter 287b
– blinder 117
– ersuchter 287b
– gesetzlicher 118
– nächster 76
– zuständiger 76
Richterdelikt 355b
Richtlinien für das Strafverfahren und das
    Bußgeldverfahren 11
Richtmikrofon 225
Rollenvertauschung
– manipulierte 25
Rückverweisung 349
Rüge-Verkümmerung 286
Rundfunkaufnahme 285a

Stichwortverzeichnis

S
Sachaufsichtsbeschwerde 330
Sachbeweis 120
Sachkunde 147
Sachleitung 292
Sachleitungsbefugnis 170
Sachleitungsfunktion 25a
Sachrüge 3, 344, 347a
Sachurteil 308
Sachverständige
– präsenter 304a
Sachverständiger 110a, 134a, 146, 260c
– Bestellung als 148
– weiterer 147, 303
Sanktionsschere 288a
Schadensersatzanspruch 318
Schein-Beweisantrag 293
Scheinehe 128
Schleppnetzfahndung 242a
Schlussvortrag 93, 101, 305
Schöffe 117 f.
Schöffengericht 111
– erweitertes 111
Schriftform 343
Schriftlichkeit 342
Schuldinterlokut 288
Schuldspruch 339
Schusswaffengebrauch 11b, 63
Schutzschriften 93
Schweigen
– partielles 34
Schweigepflicht 202, 208
Schwerpunkt-StA für Wirtschaftsdelikte 102a
Schwurgerichtskammer 112
Selbstbegünstigungsprivileg 178
Selbstbelastung 30, 140
Selbstleseverfahren 157
Sequenzzuständigkeit 113
Sicheres Geleit 300
Sicherheit 64, 78
Sicherheitenbeschlagnahme 192
Sicherheitsleistung 78 f., 270, 316
Sicherstellung 188
Sicherungshaftbefehl 83
Sicherungsverfahren 325
Sicherungsverteidiger 90
Sitzungspolizei 285b, 292
Sitzungsvertreter der StA 100
Speicheltest 260
Sperrerklärung 108a, 189
Spezialitätsgrundsatz 168b
Spontanäußerung 28a, 134b
Sprungrevision 341
Spurenakten 94
Spurengrundsatz 262
Spurenträger 190
Staatsanwaltschaft 95
Steckdosenprinzip 153, 220a
Steuerberater 205 f.
Steuerfahndung 109

Stimmmessung 184
Strafanspruch 2, 17
Strafantrag 3, 173, 317
Strafanzeige 271
Strafbann 320
Strafbefehl 321
Strafkammer 111
Strafklageverbrauch 275, 314a
Strafrechtspflege 3b, 185, 334a
Strafrichter 111
Strafsenat 111, 112a
Straftat
– besonders schwere 227a
– schwere 221
– von erheblicher Bedeutung 215, 228
Straftaten
– milieubedingte 265e
– von erheblicher Bedeutung 242b, 265b
Strafvereitelung 85, 123
Strafverfahrensrecht 2, 3b, 17, 184c
Strafvollstreckungskammer 112
Straßenkontrolle 241
Strengbeweis 120
Stubenarrest 247
Substitutionsrecht 102b
Sühneversuch 316
Suspensiveffekt 332
Symptomtaten 325a

T
Tagebuch 167
Tat im prozessualen Sinne 276, 308a
Taterzeugnis 193, 205
Tatort 113
Tatsache
– allgemeinkundige 298
– bestimmte 232, 244
– doppelrelevante 295
– gerichtskundige 298
Tatsachenbehauptung 295
Tatverdacht
– dringender 67
– hinreichender 67, 169, 267
– zureichender 22, 171
Tatwerkzeug 193, 205
Täuschung 31, 46
Teilnahme 123, 203, 233
Telefax 220, 343
Telefonüberwachung 220
Tenor 308a, 314
Tonbandaufnahmen 153
– heimliche 46

U
Übergangszeit 179
Überhaft 75
Überlastung 82a
Übersetzung 109
Unabhängigkeit 117a
Ungebühr 285b

Stichwortverzeichnis

unmittelbarer Zwang 11b, 11d
Unmittelbarkeitsprinzip 158 f., 320b, 338
Unschuldsvermutung 9, 65, 81
Unterbrechung 284a
Unterbringung
– einstweilige 65
Unterschrift 314
– eigenhändige 342, 343
Untersuchung
– körperliche 186a, 259
– psychische 257
Untersuchungshaft 65
Untersuchungshaftvollzugsordnung 81
Untersuchungsrichter 115
Untersuchungsverweigerungsrecht 264
Urkunden 156
Urkundenbeweis 156
Urkundsperson 286
Urteil 308
– nichtiges 314b
Urteilsbegründung 314
Urteilsformel 314

V

Verabreichung von Mitteln 44
Veränderung
– des rechtlichen Gesichtspunkts 308a
Veräußerungsverbot 195
Verborgenhalten 68
Verbrechensbekämpfung
– vorbeugende 3c, 172
Verdächtiger 16, 22, 183a, 231
Verdeckter Ermittler 108a, 265a
Verdunkelungsgefahr 71
Vereidigung 123
Vereidigungsverbot 123
Vereinigung
– kriminelle 223
Verfahren
– beschleunigtes 320
– Einstellung des 8, 99, 267
– faires 85b
– objektives 328
– subjektives 327
– summarisches 321
Verfahrensdauer
– überlange 272, 307b
Verfahrenshindernis 307, 314a
Verfahrensrüge 3, 286, 344, 347
Verfahrenstrennung 25 f., 128, 132a
Verfahrensvoraussetzung 307
Verfassungsbeschwerde 354
Verfolgung
– auf frischer Tat 57
Vergleich 50, 119a
Vergleichsbehörde 316
Verhältnismäßigkeit 69a
Verhältnismäßigkeitsprinzip 11b, 63, 115, 234b, 260a
Verhandlungsfähigkeit 44, 287, 307a, 325a

Verhandlungsunfähigkeit 68
Verjährung 3, 27
Verkehrsdaten 220c
Verlesung 157
Verletzter 173, 270, 316
Verlobung 127
Vermerk 22, 160 f.
Vermutung 232
Vernehmung 27, 38, 40, 134a f.
– formlose 28a
– kommissarische 287b, 290
– richterliche 132 f., 159, 290
Vernehmungsmethode
– verbotene 42
Verschlechterungsverbot 339
Verschwägerte 129
Verschwiegenheitspflicht 137
Versprechen 50
Verständigung 119a, 288a
Verteidiger 85, 203, 221, 293, 320a, 351a
– bestellter 90
Verteidigerpost 91 f.
Verteidigung
– gemeinschaftliche 88
– notwendige 89
Vertrauensbeziehung 137
Vertraulichkeitszusage 108a, 144a
Vertretung
– gesetzliche 134
Verurteilter 20
Verwaltungsleiter 138a
Verwaltungsvorschrift
– allgemeine 11
Verwandte 129
Verwerfung 338, 346
Verwerfungsurteil 323
Verwirkung 292, 347
Verzeichnis 255
Videoaufzeichnung 159a, 228
Video-Band 153
Videoübertragung
– simultane 287c
Videovernehmung 124b
V-Mann 144a, 265a
Völkerrecht 168b
Volkszählungs-Urteil 36, 179
Vollmachtsurkunde 86a
Vollstreckungsbehörde 100a
Vollstreckungshaftbefehl 83
Vollstreckungstitel 318
Vollzug
– Art und Weise des 11c, 330b, 334 f.
Vollzugsbehörde 100a
Vorbefassung 119
Vorbereitungspflicht 122d
Voreid 146a
Vorermittlungen 172
Vorfragen 310
Vorführung 65, 122a
– beim Richter 64

317

Stichwortverzeichnis

Vorführungsbefehl 287
Vorhalt 155, 160
Vormundschaftsgericht 134
Vorschaltbeschwerde 270
Vorverfahren 169
V-Personen 265a

W
Waffengleichheit 85b
Wahlgegenüberstellung 186 ff.
Wahllichtbildvorlage 182
Wahrheitspflicht 122c
Wahrunterstellung 302
Wanze 226
Wechselwirkungslehre 163b
Weisungsgebundenheit 102b
Wesentliches Ergebnis der Ermittlungen 277
Widerklage 316
Widerspruchslösung 31, 32a, 163b, 222a
Widerstand 249
Wiederaufnahme 273
Wiederaufnahmeantrag 356
Wiederaufnahmeverfahren 14, 355
Wiedereinsetzung in den vorigen Stand 351, 352
Wiedereinsetzungsfrist 351, 352
Wiederholungsgefahr 74, 265b, 331
Wiener Konsularrechtsabkommen 36b
Wirkung
– aufschiebende 332, 334
Wirtschaftsreferent 147
Wirtschaftsstrafkammer 112
Wissen
– privates 177
Wohngemeinschaft 238
Wohnortangabe 122
Wohnraumüberwachung
– akustische 227a

Wohnsitz 113
Wohnung 225, 238, 265c
Wort
– letztes 305a
Wortprotokoll 286

Z
Zählervergleichseinrichtung 220
Zentralkartei 218
Zeuge 121
– gestellter 304a
– sachverständiger 121, 146
– vom Hörensagen 121, 132
Zeugenbeistand 124
Zeugengrundsatz 262
Zeugenschutz 122, 124b
Zeugenzuziehung 250
Zeugnisverweigerungsrecht 91, 126, 148a, 160, 198
Zollfahndung 109
Zufallserkenntnisse 222a
Zufallsfund 244, 253
Zufallsurkunde 156
Zugriff
– erster 107
Zusage 119a
Zusammenhangtat 224
Zusatztatsachen 149
Zuständigkeit
– bewegliche 112
– örtliche 113
Zustelldienste 197
Zwang 109a
– körperlicher 45
– unmittelbarer 108, 264b
Zwangsmaßnahme 179, 247, 334
Zwischenrechtsbehelf 292
Zwischenverfahren 279

2., überarbeitete Auflage 2020
400 Seiten. Kart. € 32,–
ISBN 978-3-17-038966-3
Grundstudium Recht
Auch als E-Book erhältlich

Eisele/Heinrich

Strafrecht Allgemeiner Teil
für Studienanfänger

Das Werk richtet sich – der Konzeption der Reihe entsprechend – in erster Linie an Studierende der Rechtswissenschaft in den ersten Semestern und will insoweit die Grundlagen des Rechtsgebietes verständlich und im Überblick darstellen. Es werden die für das grundsätzliche Verständnis notwendigen Strukturen des Strafrechts erörtert, wobei keinerlei Vorkenntnisse vorausgesetzt werden. Inhalt sind die allgemeinen Lehren des Strafrechts sowie die für den strafrechtlichen Deliktsaufbau wesentlichen Elemente des Tatbestandes, der Rechtswidrigkeit und der Schuld. Anhand einer Vielzahl kleinerer Fälle sollen die Problemstellungen verdeutlicht und die Studierenden in die Lage versetzt werden, die Klausuren und Hausarbeiten im Grundstudium erfolgreich zu bewältigen. Dies wird durch konkrete Klausurtipps, Formulierungshilfen, Merksätze, Definitionen und Aufbauschemata sichergestellt.

Prof. Dr. Jörg Eisele ist Inhaber des Lehrstuhls für Deutsches und Europäisches Straf- und Strafprozessrecht, Wirtschaftsstrafrecht und Computerstrafrecht an der Universität Tübingen, Prof. Dr. Bernd Heinrich ist Inhaber des Lehrstuhls für Strafrecht, Strafprozessrecht und Urheberrecht, ebenfalls an der Universität Tübingen.

Leseproben und weitere Informationen:
www.kohlhammer.de

2020. 660 Seiten. Kart. € 49,–
ISBN 978-3-17-022965-5
Grundstudium Recht
Auch als E-Book erhältlich

Eisele/Heinrich
Strafrecht Besonderer Teil
für Studienanfänger

Das Werk richtet sich – der Konzeption der Reihe entsprechend – in erster Linie an Studierende der Rechtswissenschaft in den ersten Semestern und möchte insoweit die Grundlagen des Strafrechts Besonderer Teil verständlich und im Überblick darstellen.

Das Studienbuch trifft eine bewusste Auswahl derjenigen Tatbestände und Probleme, die erfahrungsgemäß in den Anfangssemestern und damit für die Orientierungs- und Zwischenprüfung eine wichtige Bedeutung erlangen. Behandelt werden Straftaten gegen die Person und die Allgemeinheit sowie Eigentums- und Vermögensdelikte in einem Band. Anhand einer Vielzahl kleinerer Fälle sollen die Problemstellungen verdeutlicht und die Studierenden in die Lage versetzt werden, Prüfungsarbeiten im Grundstudium erfolgreich zu bewältigen. Weitere Hinweise, Kriterien für die Klausurbewertung, spezielle Klausurtipps und Prüfungsschemata ergänzen die Darstellung und tragen zur Übersichtlichkeit bei.

Prof. Dr. Jörg Eisele ist Inhaber des Lehrstuhls für Deutsches und Europäisches Straf- und Strafprozessrecht, Wirtschaftsstrafrecht und Computerstrafrecht an der Universität Tübingen, Prof. Dr. Bernd Heinrich ist Inhaber des Lehrstuhls für Strafrecht, Strafprozessrecht und Urheberrecht, ebenfalls an der Universität Tübingen.

Leseproben und weitere Informationen:
www.kohlhammer.de